"十二五"普通高等教育本科国家级规划教材

食品工程原理

主　编　刘伟民　赵杰文
主　审　马海乐　管国锋

中国轻工业出版社

图书在版编目（CIP）数据

食品工程原理 / 刘伟民，赵杰文主编 .—北京：中国轻工业出版社，2024.5

ISBN 978-7-5019-8060-4

Ⅰ.①食… Ⅱ.①刘… ②赵… Ⅲ.①食品工程学－高等学校－教材 Ⅳ.①TS201.1

中国版本图书馆 CIP 数据核字（2011）第 092663 号

责任编辑：张 靓　责任终审：唐是雯　封面设计：锋尚设计
版式设计：宋振全　责任校对：杨 琳　责任监印：张 可

出版发行：中国轻工业出版社（北京鲁谷东街 5 号，邮编：100040）
印　　刷：三河市万龙印装有限公司
经　　销：各地新华书店
版　　次：2024 年 5 月第 1 版第 10 次印刷
开　　本：787×1092　1/16　印张：25.5
字　　数：632 千字
书　　号：ISBN 978-7-5019-8060-4　定价：52.00 元
邮购电话：010－85119873
发行电话：010－85119832　010－85119912
网　　址：http://www.chlip.com.cn
Email：club@chlip.com.cn

240764J1C110ZBW

本书编写人员

主　编　刘伟民　赵杰文　（江苏大学）

副主编　黄阿根　（扬州大学）

李保国　（上海理工大学）

张建伟　（天津科技大学）

张　彧　（大连工业大学）

参　编　阮　征　（华南理工大学）

傅　亮　（暨南大学）

陈厚荣　（西南大学）

许学勤　（江南大学）

柴春祥　（天津商业大学）

万惠萍　（大连工业大学）

张　岩　（青岛农业大学）

杨小明　（江苏大学）

任晓锋　（江苏大学）

主　审　马海乐　（江苏大学）

管国锋　（南京工业大学）

前　言

食品工业生产涉及众多食品成品、半成品的生产和原料的处理，其生产过程中包含众多的物理操作——单元操作。这些单元操作必须满足食品物料的特性，如热敏性、易氧化变质性、易腐败性以及多为固体、液体甚至是多为非牛顿型流体的特性，从而形成了有别于传统“化工原理”的“食品工程原理”。“食品工程原理”课程是食品科学与工程专业的主干课程之一，担负着培养学生食品领域主要工程能力的重任。

食品工程原理课程应该给学习者以必要的系统内容和方法论的学习，以使学习者能够学会对食品生产过程和设备进行选择和设计，学会主要设备的操作，解决食品生产中出现的问题，模拟现有单元操作知识的形成过程获得创新思维和创新能力的拓展，去开发新的单元操作。为实现上述教学目标，需要有好的教材相匹配，国内众多教师多年来进行了不懈努力，编写了不少优秀教材，值得肯定和赞赏。在此基础之上，为了系统化讨论食品工业中重要的单元操作，本教材的编者融合了多年教学和使用各种教材以及自身教学的体会，以创新的态度，研究得到了一条各单元操作归一表述的新主线，并按照此主线系统化论述了食品工程众多单元操作的具体内容和方法论，编写成此教材。将众多单元操作归一讨论，可使读者思路清楚，并可通过类比学习掌握。本教材奉献了多位长期在一线从事本课程教学和科研“双肩挑”教师的经验体会，希望选用本教材和配套教学资源的学生和教师能有所受益。

本教材由江苏大学刘伟民教授、赵杰文教授担任主编，扬州大学黄阿根副教授、上海理工大学李保国教授、天津科技大学张建伟副教授、大连工业大学张彧教授担任副主编，华南理工大学阮征副教授、暨南大学傅亮副教授、西南大学陈厚荣副教授、江南大学许学勤副教授、天津商业大学柴春祥副教授、大连工业大学万惠萍讲师、青岛农业大学张岩博士、江苏大学杨小明教授和任晓锋讲师参编，江苏大学马海乐教授和南京工业大学管国锋教授担任主审。

全书除绪论和附录外共分 9 章，编写分工为：刘伟民、赵杰文编写绪论和第 1 章（除 1.7），许学勤编写 1.7，黄阿根编写第 2 章，柴春祥编写 3.1、3.4、3.5，陈厚荣编写 3.2、3.3，张岩、刘伟民编写第 4 章，张建伟编写第 5 章，张彧、万惠萍编写第 6 章，万惠萍、张彧编写第 7 章，傅亮编写第 8 章（除 8.5），阮征编写 8.5，李保国编写第 9 章，刘伟民、杨小明、任晓锋编写附录。全书由刘伟民按照系统化论述归一主线修改统稿，并设计多个综合例题（有“＊”的例题）和进行配套的电子讲稿、讲课 ppt、实验、课程设计等辅助教学资源的开发，赵杰文负责规划和协调工作，杨小明和任晓锋协助辅助教学资源的开发。各位编者提供各自的详细习题解答。

在本书编写过程中，江苏大学及其食品科学与工程一级博士点学科的领导和同仁、各参编学校的有关领导给予了热情支持和多方面的指导，在此向他们表示衷心的感谢！同时，对教材编写中参考的众多文献资料的作者也表示衷心的感谢！对第一主编的大学同窗好友，南京高源环保工程有限公司总经理沈国栋高级工程师提供的多种传热设备的制造参观便利和帮助表示真诚的谢意！

虽然本书的编者希望尽自己所能编出一本好教材，但因水平所限，书中不妥或错误之处在所难免，恳请读者批评指正。

编　者

目　录

0　绪论 ……………………………………………………………………………………… (1)
0.1　食品工业生产过程及单元操作概念 ………………………………………………… (1)
0.1.1　食品工业生产过程 ………………………………………………………………… (1)
0.1.2　单元操作 ……………………………………………………………………………… (1)
0.2　“单元操作学”的形成和内容 ……………………………………………………… (2)
0.2.1　“单元操作学”的形成 …………………………………………………………… (2)
0.2.2　“单元操作学”的内容 …………………………………………………………… (2)
0.3　单元操作表述的系统化和简化 ……………………………………………………… (3)
0.3.1　单元操作内容系统化和简化表述的揭示 ………………………………………… (3)
0.3.2　单元操作内容表述的归一主线 ……………………………………………………… (3)
0.4　食品加工特性及食品工程原理的特点 ……………………………………………… (4)
0.4.1　食品物料特点及其对加工过程的要求 …………………………………………… (4)
0.4.2　食品工程原理的特点 ……………………………………………………………… (4)
0.5　食品工程原理涉及的概念 …………………………………………………………… (5)
0.5.1　物理量量纲、单位制度及单位换算 ……………………………………………… (5)
0.5.2　物料衡算 ……………………………………………………………………………… (7)
0.5.3　能量衡算 ……………………………………………………………………………… (7)
0.5.4　三传量通量 …………………………………………………………………………… (8)
0.5.5　平衡关系 ……………………………………………………………………………… (8)
0.5.6　研究方法论 …………………………………………………………………………… (8)
0.6　本课程的性质和学习方法 …………………………………………………………… (8)
0.6.1　本课程的性质 ………………………………………………………………………… (8)
0.6.2　本课程的学习方法 …………………………………………………………………… (8)
思考题 ………………………………………………………………………………………… (9)
习题 …………………………………………………………………………………………… (9)

1　流体流动及输送机械 ……………………………………………………………… (10)
1.1　流体静力学 …………………………………………………………………………… (10)
1.1.1　重力场静止流体的压强分布规律 ………………………………………………… (10)
1.1.2　流体平衡微分方程及静力学方程的推导 ………………………………………… (13)
1.2　流体流动的衡算方程 ………………………………………………………………… (14)
1.2.1　流体流动的物料衡算 ……………………………………………………………… (15)
1.2.2　流体流动的能量衡算 ……………………………………………………………… (15)
1.2.3　流体流动的动量衡算 ……………………………………………………………… (18)

1.3　动量通量或阻力损失的求取……（19）
1.3.1　流动阻力的表示方法……（19）
1.3.2　不同流体流动型态及其阻力特点……（21）
1.3.3　边界层及其流动阻力……（22）
1.3.4　等径圆直管中阻力计算和动量通量表达……（23）
1.3.5　量纲分析规划实验求取局部阻力损失和动量通量……（31）
1.3.6　两类数学模型法求解非圆形管道阻力损失……（35）
1.4　管路计算……（37）
1.4.1　简单管路的计算问题……（37）
1.4.2　复杂管路的计算问题……（39）
1.5　基于流体力学原理的几种流量测量……（41）
1.5.1　毕托管……（41）
1.5.2　孔板流量计……（42）
1.5.3　转子流量计……（43）
1.6　非牛顿型流体及阻力计算原则……（44）
1.6.1　非牛顿型流体……（44）
1.6.2　非牛顿型流体阻力计算原则……（44）
1.7　流体输送机械……（45）
1.7.1　流体输送所需能量的分析……（45）
1.7.2　离心泵……（46）
1.7.3　气体输送机械……（55）
1.7.4　真空技术及真空泵……（58）
思考题……（62）
习题……（63）
本章主要符号说明……（67）

2　基于动量传递的非均相物系分离与分散……（69）
2.1　颗粒的沉降分离……（69）
2.1.1　颗粒及颗粒群的几何特性……（69）
2.1.2　重力沉降……（73）
2.1.3　离心沉降……（77）
2.2　过滤……（82）
2.2.1　过滤操作的基本概念……（82）
2.2.2　过滤的数学模型方法……（83）
2.2.3　过滤基本方程式……（85）
2.2.4　过滤过程计算……（87）
2.2.5　过滤常数的测定……（90）
2.2.6　过滤机械及其计算……（91）
2.3　流化床操作和气力输送……（96）

2.3.1 流体通过流化床层的压降 …… (96)
2.3.2 流化床的操作与流化质量的提高 …… (99)
2.3.3 气力输送简介 …… (100)
2.4 液体搅拌 …… (102)
2.4.1 混合效果度量 …… (102)
2.4.2 混合机理 …… (103)
2.4.3 搅拌器 …… (104)
2.4.4 搅拌器的功率 …… (105)
2.4.5 搅拌器放大 …… (108)
2.5 乳化 …… (109)
2.5.1 乳化剂的使用 …… (109)
2.5.2 乳化分散方法 …… (110)
2.5.3 机械均质 …… (110)
2.6 气流超微粉碎简介 …… (111)
2.6.1 气流粉碎的优缺点 …… (111)
2.6.2 气流粉碎的工质 …… (112)
2.6.3 气流式超微粉碎机的类型 …… (112)
思考题 …… (113)
习题 …… (114)
本章主要符号说明 …… (115)

3 传热 …… (118)
3.1 热传导 …… (118)
3.1.1 傅里叶定律和稳态热传导 …… (118)
3.1.2 非稳态固体导热 …… (123)
3.2 对流传热 …… (127)
3.2.1 对流传热过程的数学描述 …… (127)
3.2.2 对流传热系数 …… (129)
3.3 传热过程计算 …… (137)
3.3.1 稳态过程的传热计算 …… (137)
3.3.2 非稳态对流传热 …… (147)
3.4 热辐射 …… (149)
3.4.1 热辐射三定律 …… (149)
3.4.2 固体壁面间的辐射传热 …… (151)
3.5 换热器 …… (153)
3.5.1 间壁式换热器 …… (153)
3.5.2 列管式换热器设计和选型 …… (160)
3.5.3 传热过程的强化措施 …… (167)
思考题 …… (168)

习题……………………………………………………………………………………（168）
本章主要符号说明……………………………………………………………………（171）

4 侧重传热的食品单元操作 ……………………………………………………（173）
4.1 蒸发 ……………………………………………………………………………（173）
4.1.1 蒸发概述 ……………………………………………………………………（173）
4.1.2 单效蒸发的计算及蒸发器的生产强度 ……………………………………（176）
4.1.3 多效蒸发 ……………………………………………………………………（179）
4.2 热杀菌 …………………………………………………………………………（181）
4.2.1 杀菌效果的表征 ……………………………………………………………（181）
4.2.2 热杀菌时间的计算 …………………………………………………………（183）
4.3 结晶 ……………………………………………………………………………（184）
4.3.1 结晶的基本概念 ……………………………………………………………（184）
4.3.2 食品工业常用结晶方法与设备……………………………………………（186）
4.3.3 结晶操作的基本计算 ………………………………………………………（188）
4.4 制冷 ……………………………………………………………………………（190）
4.4.1 蒸汽压缩制冷的原理 ………………………………………………………（190）
4.4.2 理论蒸汽压缩制冷流程 ……………………………………………………（191）
4.4.3 实际蒸汽压缩制冷流程 ……………………………………………………（191）
4.4.4 蒸汽压缩制冷循环的计算 …………………………………………………（192）
4.4.5 冷冻能力的换算 ……………………………………………………………（193）
4.4.6 制冷剂和载冷剂 ……………………………………………………………（194）
4.5 冷冻浓缩和食品冻结简介 ……………………………………………………（195）
4.5.1 冷冻浓缩 ……………………………………………………………………（195）
4.5.2 食品冻结 ……………………………………………………………………（195）
思考题……………………………………………………………………………………（195）
习题……………………………………………………………………………………（196）
本章主要符号说明……………………………………………………………………（197）

5 传质基础 ………………………………………………………………………（198）
5.1 对流传质的基本概念 …………………………………………………………（199）
5.1.1 相组成的表示方法 …………………………………………………………（199）
5.1.2 扩散现象及稳态分子扩散的计算…………………………………………（200）
5.1.3 对流传质 ……………………………………………………………………（204）
5.2 总传质系数与速率方程 ………………………………………………………（206）
5.2.1 相际传质速率方程式 ………………………………………………………（206）
5.2.2 相际总传质系数与相内分传质系数的关系 ………………………………（208）
5.2.3 传质理论简介………………………………………………………………（210）
5.2.4 传质系数的求取 ……………………………………………………………（210）

5.3　平衡关系和理论级 ……………………………………………………………… (211)
5.3.1　平衡关系 ……………………………………………………………………… (211)
5.3.2　理论级 ………………………………………………………………………… (213)
5.4　三传类比 …………………………………………………………………………… (214)
5.4.1　三种传递间的类比 …………………………………………………………… (214)
5.4.2　三种传递的类似关系 ………………………………………………………… (214)
5.5　两类传质设备 ……………………………………………………………………… (215)
5.5.1　板式塔和填料塔基本结构 …………………………………………………… (215)
5.5.2　塔型选择的一般原则 ………………………………………………………… (216)
5.6　板式塔的设计 ……………………………………………………………………… (217)
5.6.1　塔板结构简介 ………………………………………………………………… (217)
5.6.2　板式塔设计程序 ……………………………………………………………… (219)
5.6.3　初选塔板间距和塔高的估算 ………………………………………………… (219)
5.6.4　塔径的确定 …………………………………………………………………… (220)
5.6.5　塔板结构参数的确定 ………………………………………………………… (222)
5.6.6　塔板流体力学计算 …………………………………………………………… (225)
5.7　填料塔的设计计算 ………………………………………………………………… (229)
5.7.1　填料的类型与选择 …………………………………………………………… (229)
5.7.2　填料塔工艺尺寸的计算 ……………………………………………………… (230)
5.7.3　填料层压降的计算 …………………………………………………………… (234)
5.7.4　塔附属高度和塔内件的设计 ………………………………………………… (235)
思考题 …………………………………………………………………………………… (236)
习　题 …………………………………………………………………………………… (236)
本章主要符号说明 ……………………………………………………………………… (237)

6　传质的理论级模型方法——以精馏为例 ……………………………………… (239)
6.1　蒸馏的平衡关系 …………………………………………………………………… (240)
6.1.1　气液平衡物系的自由度和拉乌尔定律 ……………………………………… (240)
6.1.2　双组分气液相平衡图 ………………………………………………………… (241)
6.1.3　相对挥发度与相平衡关系的近似表达式 …………………………………… (241)
6.1.4　非理想物系的气液相平衡 …………………………………………………… (242)
6.1.5　总压对相平衡的影响 ………………………………………………………… (243)
6.2　简单蒸馏和平衡蒸馏 ……………………………………………………………… (243)
6.2.1　简单蒸馏 ……………………………………………………………………… (243)
6.2.2　平衡蒸馏 ……………………………………………………………………… (244)
6.3　二元物系连续精馏计算及设计 …………………………………………………… (245)
6.3.1　精馏 …………………………………………………………………………… (245)
6.3.2　双组分连续精馏计算 ………………………………………………………… (246)
思考题 …………………………………………………………………………………… (256)

习　题……………………………………………………………………………………（257）
本章主要符号说明……………………………………………………………………（258）

7　传质的微分填料高度模型方法——以吸收为例 ……………………………（260）
7.1　吸收的平衡关系 ……………………………………………………………（261）
7.1.1　气体的溶解度……………………………………………………………（261）
7.1.2　影响平衡关系的主要因素 ………………………………………………（261）
7.1.3　亨利定律 …………………………………………………………………（262）
7.2　吸收计算 ……………………………………………………………………（262）
7.2.1　吸收塔的物料衡算 ………………………………………………………（262）
7.2.2　填料层高度的计算 ………………………………………………………（264）
思考题……………………………………………………………………………………（272）
习　题……………………………………………………………………………………（273）
本章主要符号说明……………………………………………………………………（274）

8　其他侧重传质的食品单元操作 ………………………………………………（276）
8.1　萃取 …………………………………………………………………………（276）
8.1.1　萃取的平衡关系 …………………………………………………………（277）
8.1.2　萃取的计算………………………………………………………………（280）
8.2　浸取 …………………………………………………………………………（284）
8.2.1　浸取的相关概念 …………………………………………………………（284）
8.2.2　浸取的平衡关系 …………………………………………………………（285）
8.2.3　浸取的计算………………………………………………………………（285）
8.2.4　超临界流体浸取技术 ……………………………………………………（289）
8.3　吸附 …………………………………………………………………………（291）
8.3.1　吸附的基本概念 …………………………………………………………（291）
8.3.2　吸附分离理论……………………………………………………………（291）
8.3.3　吸附计算 …………………………………………………………………（292）
8.4　离子交换 ……………………………………………………………………（296）
8.4.1　离子交换的基本概念 ……………………………………………………（296）
8.4.2　离子交换理论……………………………………………………………（298）
8.4.3　离子交换装置及交换区高度计算原则 …………………………………（299）
8.5　膜分离 ………………………………………………………………………（301）
8.5.1　分离膜和膜分离在食品工业的应用 ……………………………………（301）
8.5.2　膜分离的类型……………………………………………………………（301）
8.5.3　分离膜材料和膜组件 ……………………………………………………（306）
8.5.4　膜分离过程的数学模型及有关计算 ……………………………………（308）
思考题……………………………………………………………………………………（314）
习　题……………………………………………………………………………………（314）

本章主要符号说明…………………………………………………………………（316）

9　热质同时传递——以干燥为例 ………………………………………………（317）
9.1　湿空气的性质 ………………………………………………………………（317）
9.1.1　湿空气的状态参数 ……………………………………………………（317）
9.1.2　湿空气的焓湿图及应用 ………………………………………………（321）
9.2　干燥过程的衡算 ……………………………………………………………（324）
9.2.1　物料衡算 ………………………………………………………………（324）
9.2.2　热量衡算 ………………………………………………………………（325）
9.2.3　空气通过干燥器的焓变 ………………………………………………（329）
9.3　干燥速率与干燥时间 ………………………………………………………（329）
9.3.1　物料中的水分及干燥的相平衡…………………………………………（329）
9.3.2　干燥速率曲线……………………………………………………………（331）
9.3.3　干燥过程的传质机理 …………………………………………………（332）
9.3.4　干燥时间的计算…………………………………………………………（332）
9.4　干燥设备 ……………………………………………………………………（335）
9.4.1　对流干燥器………………………………………………………………（335）
9.4.2　非对流式干燥器…………………………………………………………（337）
9.5　喷雾干燥 ……………………………………………………………………（338）
9.5.1　液滴的雾化………………………………………………………………（339）
9.5.2　液滴在干燥室内的传热与传质…………………………………………（341）
9.6　冷冻干燥 ……………………………………………………………………（345）
9.6.1　冷冻干燥过程原理 ……………………………………………………（345）
9.6.2　冷冻干燥传热传质理论 ………………………………………………（346）
9.6.3　冷冻干燥机………………………………………………………………（350）
思考题…………………………………………………………………………………（352）
习　题…………………………………………………………………………………（353）
本章主要符号说明……………………………………………………………………（354）

附录……………………………………………………………………………………（356）

参考文献……………………………………………………………………………（393）

0 绪　　论

0.1　食品工业生产过程及单元操作概念

0.1.1　食品工业生产过程

食品工业提供的产品种类繁多,如糖、烟、酒、油、盐、面粉、茶、乳粉、牛乳、火腿肠、饼干、面包、纯净水、脱水蔬菜等。食品工业生产过程是对食品原料进行物理、生物、化学、生物化学等的加工或操作,以获取食品成品或中间产品的过程。

有些食品工业生产过程通过一个或多个纯物理过程即可得到成品或中间产品,此类生产过程被划分成一个或多个物理操作步骤或称操作单元。

另有一些食品工业生产过程,涉及生物、化学、生物化学等加工或以这些加工为主,过程的核心应当是生物、化学等反应和反应器。为了过程能经济有效地进行,反应器中应保持某些优化操作条件,如适宜的压强、温度、浓度、界面积等,食品原料必须经过一系列的预处理,以除去杂质,达到必要的纯度、温度、压强、接触面积等,这些过程可称为前处理。反应物同样需要经过各种后处理过程加以精制,以获得最终成品或中间产品。反应前后的处理过程涉及的操作仍是物理操作,且占过程总操作的比例较大,所耗设备费和操作费在总费用中所占比例也就较大。

以啤酒生产过程为例,从原料到产品经历下述过程:原料麦芽、大米粉碎→混合预浸→糊化、糖化→过滤→ 麦汁煮沸定浓→酒花分离→麦汁冷却→发酵→啤酒过滤→灌装→杀菌→成品啤酒,糖化、发酵过程是典型的具有化学、生物特征的过程,其余前后处理的操作步骤或操作单元则以物理操作为主要特征,为糖化和发酵提供优化条件以及用于得到成品,在啤酒生产过程中所占比例较大,消耗了啤酒生产企业较多的设备投资和操作费用。

对整个食品工业生产过程而言,物理操作步骤或操作单元非常重要。

0.1.2　单 元 操 作

食品工业生产过程和类似的其他工业生产过程如化工、石油、制药、生物工程、材料等可统称为化工类型生产过程。化工类型生产过程中都包含有各类物理操作步骤,这些物理操作步骤称为单元操作(unit operation),如流体输送、粉碎、均质、乳化、搅拌、过滤、沉降、离心分离、加热、冷却、蒸发、结晶、冷冻、吸附、脱气、萃取、浸提、蒸馏、干燥、膜分离等。

单元操作的特点:各类单元操作都是物理操作或以物理操作为主;单元操作应用于不同化工类型的生产过程,其原理相同;同一单元操作的设备在各种化工类型生产过程中可以通用,但其数量和排列顺序按照不同工艺的要求当然可以发生变化。

食品工业中的单元操作由化学工程学科的“单元操作学”分化而来,并结合食品生产的特点形成食品工程原理课程的主要内容。为了解此点,必须首先了解“单元操作学”的有关知识。

0.2 “单元操作学”的形成和内容

0.2.1 “单元操作学”的形成

包含食品工业生产过程的化工类型各生产过程大部分由物理操作即单元操作组成,具有相似性,但早期的化工类型各生产过程的研究和表达却彼此独立,既不统一,又难以简化。随着研究的深入,人们发现化工类型各生产过程所用物理操作单元具有超越行业的共性,可以合并进行研究,这就需要发展一门学科来系统讨论物理操作单元的原理,以统一和简化化工类型各生产过程的描述,这门学科就是“单元操作学”。

20世纪初,为了适应化学工业发展和专业教育的需要,美国麻省理工学院的W. H. Walker、W. K. Lewis 和 W. H. McAdams 合著了《Principles of Chemical Engineering》,讨论了化工中一些物理操作单元的原理,奠定了“化工单元操作(学)”或“化工原理”的基础。“单元操作学”的基本原理起初由“化工单元操作(学)”或“化工原理”课程传播。随着科学和技术的发展,“化工单元操作学”与其他领域的物料和加工特性相结合,形成各专业内的单元操作学如“食品工程原理”、“制药工程原理”、“生物工程原理”等。

0.2.2 “单元操作学”的内容

单元操作学是研究各类单元操作的学科,因作为一门学科存在,其内容应该包含统一的研究对象和统一的研究方法即方法论。

单元操作学统一的研究对象是化工类型生产过程中的各种单元操作,如流体流动及输送机械、非均相物系的分离、传热、均相物系的分离如精馏和吸收等、热质同时传递过程如干燥等操作,需要系统阐述各单元操作的原理、设备设计、操作和开发方法。经研究发现,尽管单元操作种类繁多,但其原理本质上都统一于“三传(three - transfer)”过程原理,即动量传递(momentum transfer)、热量传递(heat transfer)和(物)质量传递(mass transfer)原理,因此,单元操作学的统一研究对象是隐含了“三传”原理的各单元操作。通过有选择的讨论可揭示“三传”原理和方法的若干单元操作,单元操作学应该能够实现对各种单元操作表达方法的统一。

单元操作学统一的研究方法是实验研究法和数学模型法。实验研究法主要是采用量纲(或因次)分析规划的实验方法,以使实验结果具有普遍性,能够“由此及彼”、“由小及大”,也即水、空气等的实验结果能推广应用于其他物料,实验室小型设备上获得的结果能推广应用于工业生产大型设备,而其他实验法为辅助手段。数学模型法主要为借助实验验证正确性和确定模型参数的“半理论半经验”的数学模型法,纯数学模型法也在不断得到发展。

0.3 单元操作表述的系统化和简化

0.3.1 单元操作内容系统化和简化表述的揭示

编者经过研究和总结,得到了系统化和简化理解各单元操作的框图,如图 0-1 下部虚框内容所示。图 0-1 下部虚框中的框图是对现有各类单元操作类教材所隐含的关于各单元操作之间关系及相似性的揭示和简明图示。图中的通量是指宏观上单位时间单位传递面积上动量、热量或(物)质量,如以平均流速计算的管内流体的动量等,阻力强度指单位面积上的传递阻力。图中的通量也可换成速率,但传递阻力强度需换成传递阻力。

图 0-1 单元操作系统化和简化思路揭示和归一表述

0.3.2 单元操作内容表述的归一主线

在揭示并图示出各单元操作的关系后,编者对各单元操作的本质属性进行了归一,得到了图 0-1 上部虚框中的归一主线,为采用新的框架和思路编写本教材奠定了基础。图0-1 中的 C_T 单位为 m^2/s,K_T 单位为 m/s,理解为"三传"系数。三传量(three - transfer quantity)浓度差指单位体积的动量、热量、(物)质量之差。

0.4 食品加工特性及食品工程原理的特点

单元操作学结合食品工业生产的特殊要求而形成的学科在国内称为“食品工程原理”。食品工程原理有其自身的一些特点，为讨论之，需首先了解食品物料及加工过程的特点。

0.4.1 食品物料特点及其对加工过程的要求

食品物料及加工过程的特点：

(1)物料具有热敏性和氧化变质性，加工中更多要求低温、缺氧条件，故更多应用真空输送、真空过滤、真空脱气、真空冷却、真空蒸发、真空结晶、真空干燥、真空蒸馏、真空包装、冷冻浓缩、冷冻干燥等单元操作；

(2)物料具有易腐败性，浓缩食品、干制食品、冷冻食品和速冻食品成为主要形式，加工中更多应用冷冻浓缩、半透膜浓缩、辐射干燥、冷冻升华干燥、低温冷冻、速冻等单元操作；

(3)物料相态多为固态和液态，与化工多为气态和液态不同，提取、分离、净制以及混合、乳化、粉碎等单元操作占有相当重要的地位，同时应用吸附、离子交换、浸出、过滤分离以及膜分离、超临界流体萃取等单元操作；

(4)非牛顿型流体是液体的主要形式，与牛顿型流体有很大不同，加工设备要适应这种特点。

0.4.2 食品工程原理的特点

食品工程原理将单元操作学的原理和具有特殊性要求的食品生产过程相结合，形成了能够解决食品工业生产过程工程问题的知识体系和研究方法，成为处理食品工业生产问题的单元操作学，涉及更多的单元操作，处理更为复杂的问题，在真空技术、冷冻技术、结晶、膜分离、分子蒸馏、超临界流体技术等方面得到更深的发展。

食品工业涉及众多单元操作，如：流体流动、流体输送机械、真空技术、过滤、沉降、流态化、气力输送、搅拌、乳化、均质、气流粉碎、传热、蒸发、冷冻、结晶、冷冻浓缩、热力杀菌、萃取、浸取、蒸馏、吸附、离子交换、膜分离、干燥、吸收等。正是由于需讨论众多的单元操作，使得食品工程原理具有单元操作众多且“繁”、“杂”、“难”的特点。

为了使食品工程原理教材易于使用和理解，本书编者研究得到了图0－1的归一主线，并按照此主线组织编写了本教材，以有利于教师施教和学生学习，应对食品工程原理“繁”、“杂”、“难”的特点。按照归一主线理解各种单元操作设备的计算和开发思路，在学习了以流体流动为代表的动量传递过程计算后，可从总体上领会食品工程原理的实质内容和方法，并可以采用类比法学习其他的单元操作，达到事半功倍之效果。

为了弱化食品工程原理“繁”、“杂”、“难”的特点，本教材力争归一表述食品工程单元操作，按如下思路组织食品工程原理的内容：

(1)在流体流动和输送机械中，重点阐述图0－1归一主线的方法和含义及动量传递的原理、计算内容和开发方法；

(2)将真空技术、过滤、沉降、流态化、气力输送等归并到以动量传递为特征的颗粒和流体相的分离中，将乳化、搅拌、气流粉碎等归并到以动量传递为特征的颗粒和流体相的分散

中,并在流体流动动量通量计算原理的基础上类比给出有关计算公式;

(3)按类比法简化组织传热的基本内容,再接以传热为特征的单元操作,包含"蒸发、制冷、冷冻浓缩、蒸发和结晶";

(4)传质部分强调传质通量计算的"级式模型"和"微分模型",并分别以蒸馏和吸收为代表,其他传质过程归并到以传质为特征的单元操作中学习,如"萃取、浸提、吸附、离子交换"等,并尽可能采用两种模型处理萃取、浸提、吸附等的计算;

(5)以干燥为例,论述单元操作中的"三传"综合应用问题。

0.5 食品工程原理涉及的概念

0.5.1 物理量量纲、单位制度及单位换算

0.5.1.1 物理量量纲和单位制度

物质、物体、现象或过程可定量出的属性称为物理量。物理量既有数值又有单位,两者缺一不可。物理量的单位是用以量度同类量的标准量,可用带幂符号式表示,故物理量的单位通常指物理量的"定量属性符号幂式",如"m"、"kg"、"s"、"kg/m^3"等。

物理量的定性属性如长度、质量、时间、密度等称为物理量的"量纲(dimension)"。"纲"在此指"主要的"、"基本的"性质。一个物理量的主要性质是指该物理量所要描述的物质世界范畴,如长度范畴、质量范畴、时间范畴、密度范畴等。"量纲"也可用一定的带幂符号式表示,如长度性质用"L"表示、质量性质用"M"表示、时间性质用"T"表示、密度性质用"ML^{-3}"表示等,故直接将"物理量定性符号的幂式"定义为"量纲",也称"因次"。"因"指"原故",即"从哪儿来、属于什么、定义属性即定性(用符号)","次"指"次幂",故物理量的"因次"本意还是指"物理量定性符号的幂式"。

一般指定具有单一属性、不能互相表达即彼此独立的物理量作为基本物理量,如长度、质量、时间、温度等,其他的物理量则可由基本物理量表达,为导出物理量,如密度可由质量除以体积表达,体积正比于长度的三次方,故最终密度可由质量和长度表达。基本物理量对应基本量纲或因次,导出物理量对应导出量纲或因次。

单位制是由选定的一组基本单位和由其导出的单位组成的一系列完整的单位体制。基本单位可以选择,由于基本单位不同,组成的单位制也就不同,如市制、英制、米制、国际单位制等。单元操作学科在形成过程中,使用过各种单位制。在中国,根据国家法律规定现使用SI制。对学习者而言,应能熟练各种单位制度数据的换算,因为仍会在各种场合下使用到历史资料和数据。单位换算虽说概念简单,但如不加以注意,仍有可能发生错误。

1960年10月第11届国际计量大会通过了国际单位制度,即SI制,选用7个基本物理量及单位,分别为长度和米(m)、质量和千克(kg)、时间和秒(s)、热力学温度和开尔文(K)、发光强度和坎德拉(cd)、电流和安培(A)以及物质的量和摩尔(mol),其余为导出量和导出单位以及辅助单位,并可以使用表示十进制倍数或分数的词冠。我国1993年颁布国家标准GB 3100~3102—1993,实行中国国家法定计量单位制(SI单位加我国承认的少数几种非SI制单位如时、分、日、海里等)。

本教材约定:一般情况下均使用基本SI制单位作为变量的单位,基本变量和单位对应

为长度 m、质量 kg、时间 s、温度 K、物质的量 mol，导出变量和单位对应为力 N、功和热 J、功率 W、压强 Pa 等。本教材中如对变量单位不作说明，则理解为均按约定处理，但在使用到十进制倍数或分数的词冠时或其他单位时则对变量单位作出说明。使用单位时请注意符号字母用正体、组合分母加括号或全用幂式不用分母形式、分子为纯数时只用幂式（如波数用 m^{-1}）等。尽管物理量的定义和使用有严格规定，但鉴于实际存在的一些矛盾和兼顾单元操作学课程的发展历史，本教材仍会使用一些约定俗成的符号。顺便提及：本课程领域除了涉及物理量的国际标准外，还会大量涉及设备的型号，由于各种新标准在不断推出，国内还要与国际接轨，所以读者需要自己查阅有关标准和手册丰富这方面知识，并应理解教材不是标准和手册，无法过多涉足。

0.5.1.2　物理量的单位换算

可采取乘换算因数的方法进行换算，换算因数可查附录，如 1ft 换成以 m 为单位的换算因数为 $1\text{ft}\times\frac{1\text{m}}{3.28\ \text{ft}}=1\text{ft}\times(0.305)\frac{\text{m}}{\text{ft}}=0.305\text{m}$，0.305 即为 ft 换为 m 的换算因数。

两个相同的物理量之比为纯数 1，其数字部分即为换算因数，但应将目标单位（要换算到的单位）表示的物理量放在分子上，用此法不容易产生错误。

【例 0-1】工程单位制中，基本物理量是长度（m）、时间（s）和力[kg(f)]，质量是导出量，求其单位，并求将工程制的质量单位换为 SI 制 kg 的换算因数。

解：(1) 因为 $F = ma$　所以 $[m] = [F/a] = \text{kg(f)}/(\text{m/s}^2) = \text{kg(f)}\cdot\text{s}^2/\text{m}$。[ ]表示求单位或量纲。

(2) $1\text{kg(f)}\cdot\text{s}^2/\text{m} = 1\text{kg(f)}\cdot(\text{s}^2/\text{m})\cdot\frac{9.81\text{N}}{1\text{kg(f)}} = 9.81\text{kg}$，换算因数为 9.81。

为快速换算，应基本熟知：①1kg = 2.2b（磅）；②1m = 3.28（≈ 3.3）ft（英尺）；③1kg(f) = 9.81N；④$1\text{N} = 10^5\text{dyn}$（达因）；⑤1Btu（英热单位）= 1055J（用 1kJ 作记忆背景，由水的比热容换算，即 $1\frac{\text{Btu}}{\text{lb}\cdot°\text{F}}=\frac{4187\text{J}}{\text{kg}\cdot°\text{C}}$）；⑥1cal = 4.187J；⑦1℃ 温差 = 1.8℉ 温差 = 1K 温差。温度单位有摄氏（Celsius-scale）、华氏（Fahrenheit-scale）、兰氏（Rankine-scale）和热力学温度（开氏，Kelvin-scale）单位。各制度单位下的温度可依据水的冰点和沸点知识进行相互之间的换算。常压水的冰点分别是 0℃、32℉、273.15×1.8°R、273.15K，常压水的沸点分别为 100℃、212℉、373.15×1.8°R、373.15K，冰点和沸点间对应摄氏、华氏、兰氏和热力学温度分别为 100、180、180、100 等分。针对同一物理量温度，根据线段比例关系换算各种温度，应有：

$$\frac{t_C-0}{100-0}=\frac{t_F-32}{212-32}=\frac{t_K-273.15}{373-273.15}=\frac{t_R-273.15\times1.8}{373.15\times1.8-273.15\times1.8}$$

如人体正常温度为 37℃，可换算为 98.6 ℉、558.27°R 和 310.15K。

0.5.1.3　经验公式换算

有些公式是根据实验得到的规律的总结，但不是物理方程，这些公式中物理量的单位被指定，公式中的物理量符号只代表物理量的数值部分，故也称数字公式。有时，为了批量处理数据，需要将经验公式转换成新的指定单位的数字公式。这类公式换算的原则是：原来给出的公式成立，故应将新单位的物理量（加“′”表示）还原到原公式所要求的单位后，将还原后得到的“数字连同带‘′’符号部分”代入原公式，再变化，此为“还原”法则。

【例 0-2】在冷凝器中蒸汽在管外与管内冷却水经管壁换热,管子洁净时计算总传热系数 K 的经验式为: $\frac{1}{K}=207.36+\frac{1934.33}{u^{0.8}}$, K 的单位为 Btu/($\text{in}^2\cdot\text{s}\cdot{}^\circ\text{F}$),水流速 u 的单位为 ft/s。试将公式换成 K 用 W/($\text{m}^2\cdot\text{K}$)、u 用 m/s 为单位的公式。

解:设新单位下的物理量为 K' W/($\text{m}^2\cdot\text{K}$), u'm/s,将 K' 、u' 还原

$$K'\frac{\text{W}}{\text{m}^2\cdot\text{K}}=K'\frac{\text{J}}{\text{m}^2\cdot\text{K}}\times\frac{1\text{Btu}}{1055\text{J}}\times\frac{1\text{K}}{1.8^\circ\text{F}}\times\left(\frac{1\text{m}}{39.37\text{in}}\right)^2=(3.40\times10^{-7}K')\left(\frac{\text{Btu}}{\text{in}^2\cdot\text{s}\cdot{}^\circ\text{F}}\right)$$

$$u'\frac{\text{m}}{\text{s}}=u'\frac{\text{m}}{\text{s}}\times\frac{3.28\text{ft}}{1\text{m}}=(3.28u')\text{ft/s}$$

代入原始公式,并化简:

$$\frac{1}{3.40\times10^{-7}K'}=207.36+\frac{1934.33}{(3.28u')^{0.8}}\Rightarrow\frac{1}{K'}=7.05\times10^{-5}+\frac{2.54\times10^{-4}}{(u')^{0.8}}$$

上例也可按物理方程左右单位一致的原则,将纯数值 207.36 和 1934.33 配上单位,然后将该两数值由旧单位向新单位换算,变量符号 K 和 u 不转换,转换结果和上述答案一致。上例还可以采用如下方法:设新单位下的物理量为 K' W/($\text{m}^2\cdot\text{K}$)、u'm/s,将此两个变量乘以纯数 1,再将纯数 1 分别写成 $\left(\frac{\text{Btu}}{\text{in}^2\cdot\text{s}\cdot{}^\circ\text{F}}\right)\Big/\left(\frac{\text{Btu}}{\text{in}^2\cdot\text{s}\cdot{}^\circ\text{F}}\right)$ 和(ft/s)/(ft/s) ,将分母上的 $\left(\frac{\text{Btu}}{\text{in}^2\cdot\text{s}\cdot{}^\circ\text{F}}\right)$ 和(ft/s)分别换算成新单位后恰好和带“′”的新物理量单位约去,只留下数字部分,分子上的 $\left(\frac{\text{Btu}}{\text{in}^2\cdot\text{s}\cdot{}^\circ\text{F}}\right)$ 和(ft/s)是原公式要求的单位,符合还原法则。

需特别指出,上例不可以仅将原公式中的变量符号 K 和 u 的单位向新单位转化,因为转化后的变量符号 K 和 u 还是原单位下的变量符号,所得与 K 和 u 相乘的数字有自己的单位,公式并未转化成使用新单位的公式。因单位换算错误导致计算错误的情况时有发生,需谨慎对待。

0.5.2 物 料 衡 算

物料衡算是本课程中常用的手段,必须掌握。根据物质守恒定律,对衡算范围(也称控制体)内进出的物料量进行衡算,即输入物质量等于输出物质量加积累物质量,可写出衡算方程(时间基准为 1s、1h 等):

$$\sum G_\text{I}=\sum G_\text{O}+\sum G_\text{A} \tag{0-1}$$

对稳态过程(过程参数不随时间变化的过程),物质积累量为零,则有:

$$\sum G_\text{I}=\sum G_\text{O} \tag{0-2}$$

对不稳态过程(过程参数随时间变化的过程),一般列出微元时间 $d\tau$ 内的微分物料衡算式,再积分求解。

0.5.3 能 量 衡 算

能量衡算也是本课程中常用的手段,同样必须掌握。根据能量守恒定律,对衡算范围内进出的能量进行衡算,即输入能量等于输出能量加积累能量,可写出衡算方程(时间基准为 1s、1h 等):

$$\sum Q_I = \sum Q_O + \sum Q_A \tag{0-3}$$

对稳态过程能量积累量为零,则有:

$$\sum Q_I = \sum Q_O \tag{0-4}$$

对不稳态过程,一般列出微元时间 $d\tau$ 内的能量衡算式,再积分求解。

0.5.4 三传量通量

图0-1中将单元操作的核心计算归一为三传量通量的计算,其表达式为:

$$三传量通量 = \frac{三传量浓度差表示的推动力}{1/K_T\ 代表的传递阻力强度} = K_T \times 三传量浓度差 \tag{0-5}$$

或采用三传量速率的表达式:

$$三传量速率 = \frac{三传量浓度差表示的推动力}{1/(K_TA)代表的传递阻力} = K_TA \times 三传量浓度差 \tag{0-5a}$$

两公式的差异在于传递面积 A,计算速率的传递阻力与面积成反比,因总阻力为 $1/(K_TA)$,故以单位面积计的阻力强度则为 $1/K_T$。本教材一般采用三传量通量表达式。

式(0-5)或式(0-5a)是理解本课程的钥匙,其地位非常重要,建议熟练掌握和运用。

0.5.5 平 衡 关 系

平衡关系涉及过程的方向、推动力大小及极限,是三传的基本问题,如气液平衡、萃取平衡、液固平衡、干燥平衡、传热平衡等。平衡问题也属于单元操作课程全局性的问题。

0.5.6 研究方法论

依据图0-1,本课程的方法论涉及纯数学模型法、需用实验验证正确性和确定模型参数的“半理论半经验”的数学模型法、量纲分析规划的实验法和未经量纲分析规划的单一实验法,其中“半理论半经验”的数学模型法和量纲分析规划的实验法是单元操作课程方法论的核心,必须加以掌握,其他两种方法也应给予足够重视。

0.6 本课程的性质和学习方法

0.6.1 本课程的性质

食品科学与工程本科教学计划认定本课程为学科基础课,给予其重要地位,要求本课程培养学生食品生产过程选择、设备设计选型和操作等的能力。本课程涉及物理学、机械工程学、高等数学、物理化学、计算技术等学科,理论性强,与生产紧密相连,需要解决工程实际问题,给学生以较好的学习能力、分析和解决问题能力及创新能力等的综合训练。

0.6.2 本课程的学习方法

依照培养创新型、应用型人才的要求,提出以下几点学习建议:

(1)理论学习重视定义、内容的系统性和全局性的把握　食品工程原理定义多,重视定义的内涵和准确表达对理解和掌握课程非常重要。学习新定义推出的思维方法能有效训练学习者的创造意识和能力。食品工程已有单元操作多,新单元操作也会不断推出,系统全局把握食品工程单元操作的内涵可保证学习者思路清晰,建议读者应足够重视图0-1归一主线。

(2)实践环节重视独立思考和动手 本课程为解决工程实际问题,一般配有丰富的练习、典型的实验和以综合训练为目标的课程设计等实践环节。读者应该重视各实践环节的学习,注意独立完成,在实践环节中还要注意融合运用现代计算机技术。食品工程单元操作的计算有些需要试差、查表等,可综合运用Excel、C语言、各种统计分析软件等。

实践环节可以培养学生创造力开发的智力因素和非智力因素的多个方面,如形象思维、抽象思维、观察力、记忆力、想象力、思维力、操作能力、自学能力、毅力、紧迫感、好奇心、追求兴趣、自信心、求实态度、崇高的理想、开阔视野、不满足,等等,是学生获得创造力培养的有效途径。

(3)重视创造能力的培养和训练 国内高等教育围绕"面向现代化、面向世界、面向未来"的目标进行改革,基本实现从精英教育到大众教育的转型,然而从强调系统深入专业教育为特征的专家教育到以创造教育为主要特征的大学素质教育的转型却受多方面因素的牵制。中国大学生丰富的智力资源亟待开发,受教育者成为具有创造力的人才是我们国家的未来和希望,在本课程学习中提出培养创造能力的问题非常必要。

食品工程原理的发展本身就是创造的结果,各单元操作内容和研究方法的创造过程将对读者有良好的引领创造的作用。将创造学学科关于创造性思维、创造技法等的知识应用到食品工程原理的学习中,可以实现食品工程原理和创造学的有机结合,达到专业创新的效果,因此,建议读者掌握创造学的基础知识,在本课程的学习中主动结合创造学的原理和技法,获得创新的成果。创造学家们总结出了300多种创造技法,运用这些技法,我们在本课程学习中可以获得实际的创造锻炼,甚至可以直接得到创造成果,本教材在编写创新方面进行的尝试可算是身体力行。

使用本教材时,如果专业的教学计划分配给本课程的学时数较少,如60学时及以下,目录中有"*"的章节以及有"*"的综合例题可用于学生自学及提高。

思考题

1. 什么是单元操作,为什么要研究单元操作,单元操作学的核心问题是什么?
2. 食品工业有哪些单元操作,如何理解这些单元操作内在本质的联系?

习 题

1. 根据水的比热容在两种单位制度中的定义,推导英热单位Btu换算为J的换算因数。(1055)

2. 变换例0-2中的经验公式,使K以Btu/(ft^2·h·℉)为单位,由变换后的公式再变换为SI制单位表示的公式。$\left[\frac{1}{K}=0.00040+\frac{3.731\times10^{-3}}{u^{0.8}},\frac{1}{K'}=7.05\times10^{-5}+\frac{2.54\times10^{-4}}{(u')^{0.8}}\right]$

1 流体流动及输送机械

【学习要求】 流体及其流动规律是本课程的基础。要求掌握与流体流动、管路及输送机械相关的各种概念;掌握流体物料衡算、能量衡算、动量衡算方法;掌握静力学基本方程的应用;掌握利用连续性方程、伯努利方程、流体流动阻力计算公式解决管路计算及输送机械选用的工程实际问题;理解图0－1归一主线所述四种研究方法在本章中的具体应用,为传热和传质的学习奠定基础。

流体(fluid)是液体和气体的总称,关于流体流动(fluid flow)的理论是单元操作学的基础。"三传"即动量传递、热量传递(传热)和(物)质量传递(传质)是单元操作学的主要内容,都与流体的流动密切相关。食品工业生产过程涉及各种流体的输送和驱动流动的操作问题,需要研究流体的流动规律,以便开发得到管路设计、驱动机械选择的计算公式,而传热传质大多在流动条件下进行,流动对过程有着重要影响,相应的过程传递通量(transfer flux)计算公式都与流体流动有关。流体受力流动,依牛顿第二定律力可用动量变化率表示,与受力有关的问题自然可用物理学理论来描述,首先讨论代表动量传递的流体流动内容,知识过渡顺理成章。根据图0－1单元操作学归一体系可知,掌握了动量通量的表达、研究和计算方法后,其他两传量(热量、质量)的表达、研究和计算方法就可类比掌握。鉴于上述这些原因,需对流体流动规律首先加以研究,以全面揭示图0－1单元操作学归一体系的含义,为系统化和简化掌握单元操作学奠定坚实的基础。静止流体是流动流体的一种特例,代表力平衡规律的一种特殊情况,该力平衡规律可用压强关系表示,相对简单且有广泛的应用,故首先介绍流体力学(fluid mechanics)中的流体静力学(hydrostatics,fluid statics)。在此之后,再讨论描述流体动力学(fluid dynamics)中的运动流体参数间关系的物料衡算和热量衡算方法及结果,继而深入了解运动流体内部结构,对研究方法加以论述,给出流动阻力计算的公式,从而完整得到速度或动量通量的表达式或规律,用于设计输送流体的管道或选用输送机械。

1.1 流体静力学

1.1.1 重力场静止流体的压强分布规律

流体的分子间有间隙,且个别分子的运动很复杂,人们转而采用"质点"或"微团"作为最小考察对象描述流体。质点指含有大量分子的流体微团,其尺度远小于设备尺寸但又比分子自由程要大很多。以质点为基础,可认为流体是由大量质点组成的连续介质,质点彼此间没有空隙,但质点概念不适用于高真空稀薄气体。重力场中同一种连续不可压缩静止流体中压强(也称压力)p 与密度 ρ、重力加速度 g 和相对流体高度 h 间的关系在中学物理中描述为:

$$p_2 = p_1 + \rho g h \tag{1-1}$$

式(1-1)中 p_2 为较 p_1 处位置低 h 的压强，式中各物理量的单位均采用基本 SI 单位，即质量用 kg，长度用 m，时间用 s。为了推广使用式(1-1)，现对该式进行变换：正如物理学中选定势能基准面——指定势能为零的平面一样，按照方便的原则，指定某一高度处平面的高度 z 为零，即选定高度基准面($z=0$)，如设备的底部平面、地面等，将 p_1 相对于高度基准面的高度定义为 z_1，p_2 相对于高度基准面(reference plane)的高度定义为 z_2，则式(1-1)中，$h=z_1-z_2$，代入式(1-1)，变换后有

$$p_2 + \rho g z_2 = p_1 + \rho g z_1 = p^+ \tag{1-2}$$

将式(1-2)各端同乘以体积 V 再同除以体积 V 后，可知静止、连续、同一不可压缩流体中单位体积流体的机械能在不同位置守恒，即压强能与势能(也称位能)之和守恒，且单位体积流体各种机械能的单位与压强单位相同，所以定义"$p+\rho g z$"为"和压强"，记为 p^+，p 加上标"+"号，表示对单位体积的流体机械能求"和"并以压强能形式表示。请注意区分："和压强"形式虽是压强，实际却表示单位体积静止流体的总机械能。式(1-2)表明同一不可压缩连续静止流体中"和压强"处处相等，表示单位体积流体的机械能即压强能与势能之和在不同位置守恒，此为流体静力学的基本规律。对气体而言，一般具有可压缩性，但对食品工厂涉及的设备高度而言，气体压强随高度的变化较小，可认为重力对压强影响可以忽略，然而，在海拔高度比较高的航空和气象问题上，气体重力对压强的影响不可忽略，应该用可压缩流体的静压强公式计算。式(1-2)中流体密度对不同流体而言具有不同数值，不同流体接触的界面处，尽管真实压强相同，但和压强也不同。静止流体中，因 $p_1^+ = p_2^+$，即 $\Delta p^+ = p_1^+ - p_2^+ = 0$，$p^+$ 单位为 N/m^2，即[kg(m/s)]/($m^2 \cdot s$)，为动量通量单位，可视为流体静止时和压差等效于动量通量。静止为流体的特殊形式，故可用图 0-1 归一主线理解。

【例 1-1】使用 U 形压差计(U tube manometer)测量倾斜水管上的压差，如图 1-1 所示，求水管上垂直于管轴线的截面 1 和 2 的和压强 p_1^+、p_2^+ 之差 $p_1^+ - p_2^+$ 的规律，已知 U 形压差计中的指示剂为水银，设其密度为 ρ_i，水的密度设为 ρ，压差计右侧管中水银的净高差为 R，并请注意：虽然管内轴向有流动，忽略随机因素影响，两个截面上管径向部分没有净流量，以截面上的固定点作为考察点(称欧拉考察法)，而不采用跟踪流体质点考察(称为拉格朗日考察法)方法，可理解为管径向流体静止，故截面 1 和 2 上的和压强分别为 p_1^+、p_2^+，且为定值。

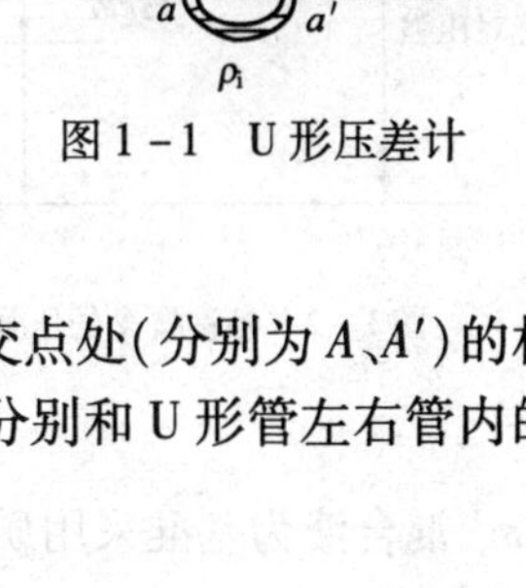

图 1-1　U 形压差计

解：以 aa' 为高度基准面($z=0$)，截面 1、截面 2 与管轴线的交点处(分别为 A、A')的相对高度分别为 z_1、z_2，A、A' 点的实际压强分别为 p_1、p_2，截面上的水分别和 U 形管左右管内的水连为一体，均为静止的同一流体，故有：

$$p_{1,\rho}^+ = p_1 + \rho g z_1 = p_{a,\rho}^+ = p_a + 0$$

对 U 形管中水银部分：

$$p_{a,\rho_i}^+ = p_{B,\rho_i}^+, p_a + 0 = p_B + \rho_i g R \Rightarrow p_B = (p_1 + \rho g z_1) - \rho_i g R$$

对 U 形管中右部分的水部分：

$$p_{B,\rho}^+ = p_{2,\rho}^+, p_B + \rho g R = p_2 + \rho g z_2$$

$$[(p_1+\rho g z_1)-\rho_i g R]+\rho g R=p_2+\rho g z_2 \Rightarrow p_1^+ - p_2^+ = (\rho_i-\rho)gR$$

$$\Delta p^+ = p_1^+ - p_2^+ = (\rho_i-\rho)gR$$

上式中,$R=R_2-R_1$,为U形管中指示剂的下游处液面读数减上游处液面的读数。

式(1-2)涉及压强和密度,表达出重力场中流体静止时的力平衡规律,可用于确定液位高度和液封高度、测量压强、重力澄析(分离不同密度的轻重两相液体)等。式(1-2)形式虽然简单,但应用广泛。

使用式(1-2),还涉及压强、密度的有关概念和计算。

压强指单位面积上的垂直作用力。压强在使用上习惯称为压力,但建议根据定义规范称为压强。压强按SI制基本单位表达为N/m^2,即Pa,其各种单位制下的换算关系需要熟练加以掌握,以方便阅读各种文献,具体换算关系为:

$1bar=10^5Pa=100kPa=0.1MPa$

$1atm=760mmHg=10.33mH_2O=1.013\times10^5Pa=101.3kPa=0.1013MPa$(物理大气压)

$1at=1kg(f)/cm^2=735.6mmHg=10mH_2O=9.81\times10^4Pa=98.1kPa$(工程大气压)

压强还有表压、真空度、绝压、负压等概念。绝对压强(absolute pressure)指单位面积上所受垂直压力的绝对数值。采用弹簧管测压强时,弹簧管为中空管并弯成大半个圆,弹簧管在管内被测压强和管外大气压强共同作用下发生伸缩,带动与弹簧管相连的指针旋转指示出压强数值,故所示数值为抵消大气压强后的数值,被称为表压(gage pressure)。表压强是以大气压强为计算基准的压强数值,等于绝对压强减大气压强。当绝对压强小于大气压时,弹簧管收缩,指示出小于大气压强的数值。一般弹簧管在管内为大气压强时并无伸缩,指示值定为零而非0.1013MPa,故收缩时压强表的读数(表压)为负值,称为负压。绝对压强小于大气压强状态是真空状态,大气压强减绝对压强的大小表示真空程度大小,也称真空度(vacuum pressure),等于负的表压。这些压强之间的关系如图1-2所示,说明压强在使用中应交代清楚是何种压强,即应标注绝压、表压或真空度。

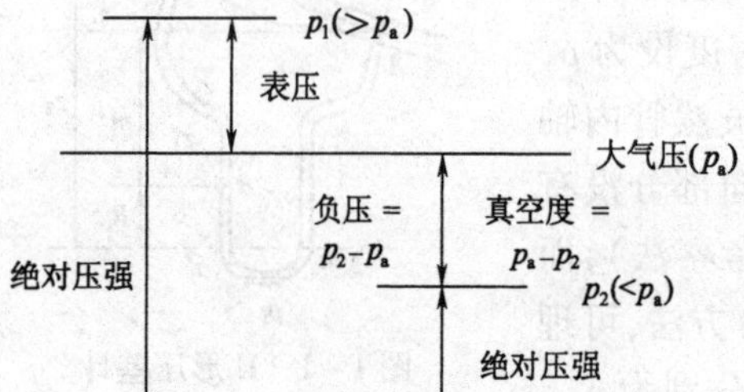

图1-2　各种概念的压强之间的关系

密度指单位体积的质量,单位为kg/m^3,密度的倒数称比体积(质量体积),用v表示,单位为m^3/kg。常需计算混合物的密度:对液体混合物,可忽略混合时的体积效应,将体积相加,采用质量衡算或体积衡算计算混合液体的密度,即如果已知各单组分的质量分率为w_i,密度为ρ_i,则混合液体的密度ρ_m以1kg混合液为基准采用体积衡算法求出,为$1/\rho_m=\sum(w_i/\rho_i)$,而如已知各单组分的体积分数为$x_i$,密度为$\rho_i$,则混合液体的密度$\rho_m$以$1m^3$混合液为基准采用质量衡算法求出,为$1\cdot\rho_m=\sum(1\cdot x_i\cdot\rho_i)$;低压混合气体的密度采用理想气体状态方程计算,为$\rho_m=pM_m/(RT)$,其中$M_m$为平均分子摩尔质量,基本SI单位为mol/kg,可按摩尔分数计算,式中各量均采用基本SI单位,R为8.314J/(mol·K),p的单位为Pa,T的单位为K,密度单位为kg/m^3。

1.1.2 流体平衡微分方程及静力学方程的推导

微元分析法经常用于推导单元操作参数表达式。现应用此法推导流体静力学方程式(1－2)。取均匀、连续、静止流体中的一个微元作受力分析,如图1－3所示。流体受两类力的作用:一类是与质量或体积(密度为常数时)成正比的质量力(或体积力),用 F_m 表示;另一类是与表面积成正比的表面力,用 F_s 表示。表面力中与表面垂直的力称正压力,单位面积的正压力即压强。表面力中与面积平行的力为剪力,单位面积的剪力为剪应力。

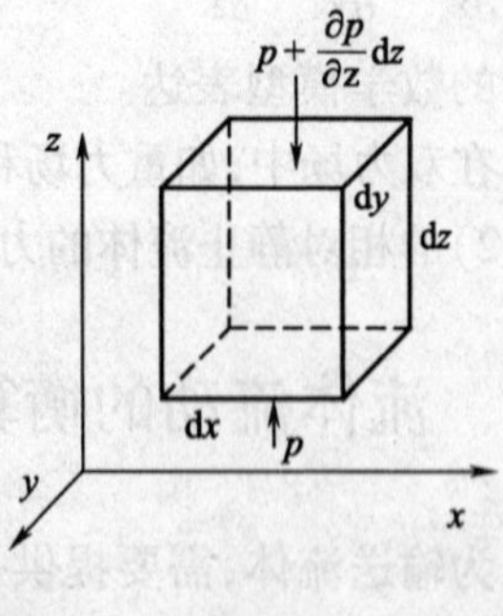

图1－3 流体微元 z 向受力

z 方向上的受力平衡为:

$$p \cdot dx \cdot dy - \left(p + \frac{\partial p}{\partial z}dz\right) \cdot dx \cdot dy - \rho \cdot dx \cdot dy \cdot dz \cdot g = 0$$

可得到$\frac{\partial p}{\partial z} + \rho g = 0$,或$\frac{\partial p}{\partial z} = \rho(-g)$。同理有$\frac{\partial p}{\partial x} = 0$,$\frac{\partial p}{\partial y} = 0$,

故有:$\frac{\partial p}{\partial z}dz + \frac{\partial p}{\partial x}dx + \frac{\partial p}{\partial y}dy = -\rho g \cdot dz$。根据 p 的全微分的概念,有:

$$dp + \rho g dz = 0 \tag{1-3}$$

式(1－3)为只存在重力场时的微元平衡微分方程,也称重力场中的欧拉(Euler)平衡微分方程。对不可压缩流体 ρ 为常数,积分式(1－3),得到式(1－2),即得到不可压缩流体的静力学方程。代入气体密度 $\rho = pM_m/(RT)$,积分后可得可压缩流体的静力学方程。例如,海拔0～11km的大气对流层,海平面温度规定为15℃,海平面压强为101.325kPa,随着海拔高度增加温度下降率为0.0065K/m。11～25km为同温层,温度为－56.5℃,海拔25～90km为臭氧层,90～300km为电离层,300km为外层空间。如要求取对流层、同温层的压强,需要利用对流层和同温层的相关条件积分后得到相应的表达式。

z 轴方向力的平衡式中$(-g)$ 等于$(-mg/m)$,即单位质量物体的质量力在 z 方向分量,负号代表方向与所选的向上为正的方向相反。更一般的情况,以 $\vec{F}_m$ 代表质量力(向量),$\vec{f}_m$ 代表单位质量物体的质量力,$\vec{f}_m$ 在立体空间 $\vec{i}$ 方向分量的标量以 X 表示,在 $\vec{j}$ 方向的分量标量以 Y 表示,在 $\vec{k}$ 方向分量标量以 Z 表示,三方向相互垂直。上述推导中 $X = 0$,$Y = 0$,$Z = -g$,而针对更一般情形下(如以后涉及的重力和离心力双场)的推导,X 和 Y 都不为零。根据向量的定义,向量(X,Y,Z) 对应 $\vec{f}_B$,$(\partial p/\partial x, \partial p/\partial y, \partial p/\partial z)$ 也对应一个向量。X 和 Y 都不为零时,重复平衡式1－3的推导过程,得到向量$(\partial p/\partial x, \partial p/\partial y, \partial p/\partial z)$ 等于向量$(\rho X, \rho Y, \rho Z)$,所以有:

$$\frac{\partial p}{\partial x}\vec{i} + \frac{\partial p}{\partial y}\vec{j} + \frac{\partial p}{\partial z}\vec{k} = \rho(X\vec{i} + Y\vec{j} + Z\vec{k})$$

$$\nabla p = \rho \cdot \vec{f}_m \tag{1-4}$$

式(1－4)称为向量式表达的欧拉(Euler)平衡微分方程的向量式。

由 p 全微分的概念并重复式(1－3)的推导过程,又有:

$$dp = \frac{\partial p}{\partial x}dx + \frac{\partial p}{\partial y}dy + \frac{\partial p}{\partial z}dz = \rho(Xdx + Ydy + Zdz) \tag{1-5}$$

式(1－5)为欧拉平衡微分方程表达式。顺便提及，∇读作 Nabla 或 del，为哈米尔顿 Hamilton 首先引用，可称哈符，代表向量符 $\frac{\partial}{\partial x}\vec{i}+\frac{\partial}{\partial y}\vec{j}+\frac{\partial}{\partial z}\vec{k}$ 或$(\partial/\partial x,\partial/\partial y,\partial/\partial z)$。而 $\nabla^2=\Delta=\frac{\partial^2}{\partial x^2}+\frac{\partial^2}{\partial y^2}+\frac{\partial^2}{\partial z^2}$，称为拉普拉斯算符，简称拉符，可用于非稳态传递过程如动量、热量和传质量的数学模型表达。

在双力场中，如重力场和离心力场共存时，X、Y不为零，式(1－5)可用于推导出不同于式(1－2)的相对静止流体的力学规律，用于离心泵、离心机的分析，详见后续有关章节相应内容。

1.2　流体流动的衡算方程

为输送流体，需要提供一定的管路和输送机械。为设计流体输送管路或选用输送机械，一般需要设法算出输送流体的质量通量或输送流体的速度。流体的质量通量或输送流体的速度与动量通量可互相表示。按照图0－1归一主线，单位时间单位截面积管道输送流体的三传量可由三传量通量计算，此处三传量为动量。动量通量正比于动量浓度，即正比于质量流速，也即正比于密度乘流速，此为质量通量或输送流体的速度与动量通量的关系，故求流体流速可理解为图0－1归一主线所示的三传量之一的动量通量与流速的关系。流体的速度与其他表征过程的参数之间联系密切，各参数之间的关系一般由物料衡算、能量衡算、动量衡算方程以及力平衡方程关联。物料、能量衡算的方法为本门课程解决问题的基本方法，动量衡算方程使用较少，而流体内部受力分析及力平衡方法是关联流速与其他参数关系的基本方法。本节首先引入物料、能量和动量衡算方程。

单位时间内流过流道任一截面的流体量称为流量。以体积计称为体积流量，单位为 m^3/s，以 V_s 表示，或单位为 m^3/h，以 V_h 表示；以质量计时称为质量流量，以 W_s 表示，单位为 kg /s。

流速是单位横截面上流过的流体量。

体积流速是指单位时间和横截面上流过的流体体积，即 $V_s/A=u$，单位为 m /s，是速度的单位，故体积流速是一般意义上的流体速度，简称流速，表示流体以体积计的流通密度或通量。管内流速非特指时一般为管内的平均流速。

质量流速是指单位时间单位横截面上流过的流体质量，即 $W_s/A=\rho V_s/A=\rho\cdot u$，用符号 G 表示，单位为 $kg/(m^2\cdot s)$，代表流体以质量计时的流通密度或通量。

工业生产中，流速一般要通过优化过程加以确定，但在生产过程中已经形成了选择流速的经验。水及一般液体的流速为1～3m/s，此流速范围内流动阻力大小比较适当，输送比较经济，黏度大的液体流速为0.5～1m/s，低压气体流速为8～15m/s，易燃易爆气体流速小于8m/s，较高压强气体流速为15～25m/s，水蒸气的流速为20～60m/s，压强较高时流速可选高值，过热水蒸气可选高值。请注意把握常用液体流速(0.5～3m/s)和气体流速，对计算和设计结果的初步检验有利，例如选管径时，一般先设一合理流速，再经选管、圆整、校验等步骤加以确定，如果液体的流速超过3m/s很多，输送能耗会很大，不符合工程一般要求，就需注意检查计算是否有误和选择是否合理。

表征过程的参数如速度、压强、密度等不随时间变化但可随位置变化的流动定义为稳态流动或定态流动，而参数随时间变化的流动定义为非稳态流动或非定态流动，推广到过程，则有稳态过程和非稳态过程之分。

1.2.1 流体流动的物料衡算

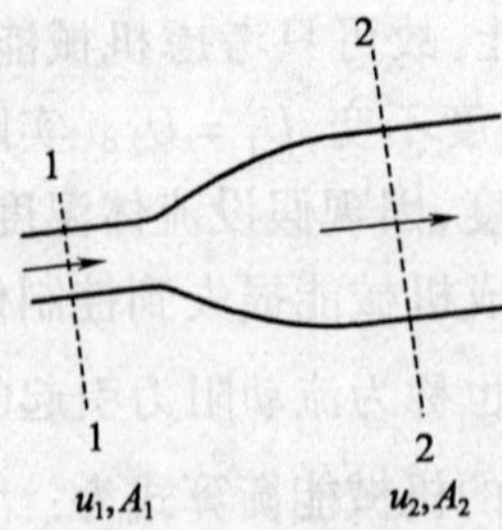

图1-4 流动系统物料衡算

按照0.5.2所述，针对如图1-4所示的流动系统，按质量衡算方法对控制体内(衡算范围)进行物料衡算，时间以1s为基准。

由式(0-1)和式(0-2)，输入控制体质量=积累质量+输出质量，对稳态过程，积累质量=0。所以有：

$$\rho_1 u_1 A_1 = \rho_2 u_2 A_2 = \rho_1 V_{s1} = \rho_2 V_{s2} = W_s = \text{常数} \quad (1-6)$$

若流体不可压缩，ρ 为常数，则有：

$$u_1 A_1 = u_2 A_2 \quad (1-6a)$$

式(1-6a)也称为不可压缩连续流体流动的连续性方程，是物质守恒的表现。

1.2.2 流体流动的能量衡算

1.2.2.1 总能量衡算式

食品工业中常见的流体流动过程如图1-5所示。衡算范围或控制体为垂直于管道的1-1截面、2-2截面和管道及设备壁面所围范围。设过程无电能、化学能等能量形式的输入和输出，过程稳态，输入输出衡算范围的流体为 m kg，位置的基准面(也称位能或势能基准面)取泵座平面，即泵座平面高度 $z=0$，位置1、2处的相对高度为 z_1 和 z_2，管中流速以平均流速 u_1、u_2 计算。为得到总能量衡算式，应分别列出输入、输出控制体的各种能量。

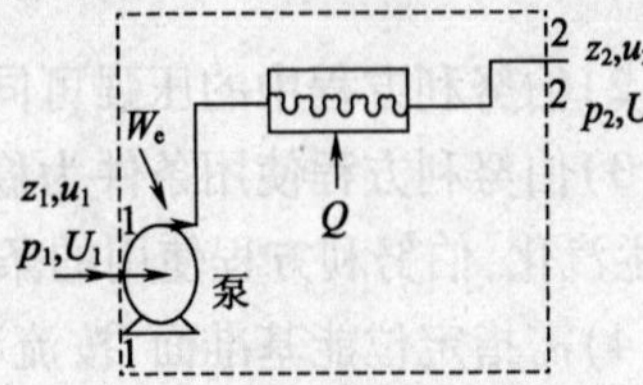

图1-5 稳态流动系统能量衡算

输入能量：①位能 mgz_1；② 动能 $mu_1^2/2$；③ 压强能 p_1V_1 或 $mp_1v_1 = mp_1/\rho_1$；④热力学能或内能 mU_1，单位质量流体热力学能设为 U J/kg；⑤外界功 $W_e = mw_e$(w_e 为每千克流体获得的功，J/kg，对外作功为负)；⑥ 输入热量 $Q = mq_e$(q_e 为每千克流体获得热量 J/kg，放热为负)。

输出的能量：①mgz_2；②$mu_2^2/2$；③$p_2V_2 = mp_2v_2 = mp_2/\rho_2$；④$mU_2$。

稳态过程有：输入能量=输出能量，故得到：

$$mgz_1 + \frac{1}{2}mu_1^2 + m\frac{p_1}{\rho_1} + mU_1 + mw_e + mq_e = mgz_2 + \frac{1}{2}mu_2^2 + m\frac{p_2}{\rho_2} + mU_2$$

以1 kg流体为衡算基准，有：

$$gz_1 + \frac{u_1^2}{2} + \frac{p_1}{\rho_1} + U_1 + w_e + q_e = gz_2 + \frac{u_2^2}{2} + \frac{p_2}{\rho_2} + U_2 \quad (1-7)$$

利用焓的定义 $H = U + pv$，将上式可写成：

$$H_1 + gz_1 + \frac{u_1^2}{2} + w_e + q_e = H_2 + gz_2 + \frac{u_2^2}{2} \quad (1-8)$$

写成增量式：

$$q_e + w_e = \Delta H + g\Delta z + \Delta(u^2/2) \tag{1-9}$$

上式在针对换热器使用时：$w_e = 0, g\Delta z \approx 0, \Delta(u^2/2) \approx 0$，故有：

$$q_e = \Delta H \tag{1-10}$$

1.2.2.2 机械能衡算式

热力学能和热能不能直接转变为可用于流体输送的机械能，故可只考虑机械能衡算。假设控制体内无换热器 $q_e = 0$，流体不可压缩，$\rho_1 = \rho_2 = \rho$，流体温度不变，$U_1 = U_2$。实际流体因存在黏性，流动过程中消耗机械能转化为热能，升高流体的温度，因现假设流体温度不变，故需要在思路上作转换，将实际转化为热能的消耗机械能，虚拟成机械能损失到控制体外而非用于升温，并设 1 kg 流体的此机械能损失为 $\sum h_{f1-2}$ (J/kg)，也称为流动阻力引起的能量损失，简称阻力损失。由式(1-7)去除热量部分，得到流体流动的机械能衡算式为：

$$gz_1 + \frac{u_1^2}{2} + \frac{p_1}{\rho} + w_e = gz_2 + \frac{u_2^2}{2} + \frac{p_2}{\rho} + \sum h_{f1-2} \tag{1-11}$$

上式即为广义的伯努利(*Bernoulli*)方程，每项能量的单位均为 J/kg。

使用伯努利方程要注意以下问题：

(1)无机械能损失的流体称为理想流体，对理想流体，$\sum h_{f1-2} = 0$，无外界功输入时 $w_e = 0$，得到狭义的伯努利方程：

$$gz_1 + \frac{u_1^2}{2} + \frac{p_1}{\rho} = gz_2 + \frac{u_2^2}{2} + \frac{p_2}{\rho} \tag{1-12}$$

(2)伯努利方程中的压强可同时以绝对压强计算，也可同时以表压强计算，且更方便。

(3)伯努利方程使用条件为稳态、不可压缩、连续流体，若液体在流动过程中因压强降低而发生汽化，伯努利方程使用的条件便不能得到满足。

(4)需指定位能基准面，按流动方向指定 1-1 截面和 2-2 截面，1-1 截面在上游，2-2 截面在下游，且两个截面应处于已知参数较多的位置。1-1 和 2-2 截面与流动方向垂直，2-2 截面的位置还需要明确是在出口内侧还是外侧，涉及是否计算出口处动能或出口处机械能损失问题，在内侧需要计算动能，但不需要计算出口阻力损失，在外侧则相反，然而，两种情况下的结果都为 $u_2^2/2$，u_2 为出口管内的流速，只是需要严格区分有关概念。

(5)伯努利方程有三种计量基准形式，式(1-11)是按照 1kg 为基准，按照 1N 计量和 1m³ 计量的公式见式(1-13)和式(1-14)：

$$z_1 + \frac{u_1^2}{2g} + \frac{p_1}{\rho g} + H_e = z_2 + \frac{u_2^2}{2g} + \frac{p_2}{\rho g} + \sum H_{f1-2} \tag{1-13}$$

$$p_1 + \rho g z_1 + \frac{\rho u_1^2}{2} + P_e = p_2 + \rho g z_2 + \frac{\rho u_2^2}{2} + \Delta P_f \tag{1-14}$$

式(1-13)中每项能量单位为 J/N，即 m，相当于液柱的高度，称为“头”，故 $p/(\rho g)$ 称为静压头，$u^2/(2g)$ 称为动压头，z 称为位头，静压头与位压头之和为冲压头。H_e 和 $\sum H_{f1-2}$ 分别代表牛顿型流体获得的外功和机械能损失。式(1-14)中每项能量单位为 J/m³，即 Pa，虽然简化为压强单位，但表征每立方米流体具有的能量，$\rho u^2/2$ 被称为动压，P_e 和 ΔP_f 分别为 1m³ 流体获得的外功和总机械能损失。

(6)液体一般作为不可压缩流体对待，对气体，$(p_1 - p_2)/p_2 < 10\%$ 且管长除以管径大于

1000 时，ρ 以平均压强计算得到的 ρ_m 代替计算，近似为不可压缩，对高压气体输送可视为不可压缩，其余情况气体应为可压缩气体。对无外功输入的流程，应将伯努利方程式(1－12)进行微分，用$(1/\rho)dp$ 替代压强项的微分，机械能损失项也按照管长微分，并将气体的等温、绝热或多变状态方程分别等代入积分求解，可参阅有关著作。

(7)若流体静止，则伯努利方程转化为 p^+ = 常数，即为静力学方程。

(8)输送设备的有效功率 $N = W_s w_e = \rho V_s w_e$。

(9)在管内流动时，因管截面上各点速度不同，有速度分布，u 取平均值，用截面上的平均速度计算的动能一般不等于截面上动能的平均值，可校正，但一般计算忽略此差异。

【例 1－2】用泵将贮池中常温下的水送至位于楼顶的水槽中，贮液池水面维持恒定，各部分的相对位置如图 1－6 所示。已知输水管的直径为 $\Phi 57 \times 3.5$mm，排出管出口处的压强为常压，送水量为 15.5m³/h，水流经全部管道（不包括管出口）的能量损失为 50J/kg，试求泵的功率（效率 η 取 0.65）。

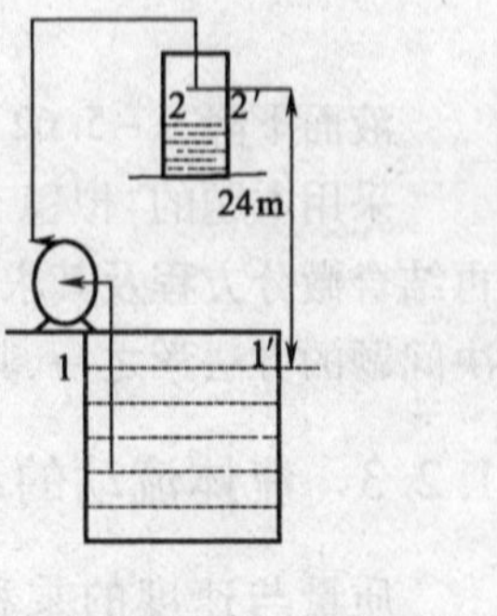

图 1－6　例题 1－2 附图

解：选池中水面为 1－1′截面，并为位能基准面，管道出口内侧的横截面为 2－2′截面，在 1－1′、2－2′截面间列伯努利方程：

$$gz_1 + \frac{p_1}{\rho} + \frac{u_1^2}{2} + w_e = gz_2 + \frac{p_2}{\rho} + \frac{u_2^2}{2} + \sum h_{f1-2}$$

上式中，$p_{1(表)} = 0, p_{2(表)} = 0, u_1 = 0, z_1 = 0, z_2 = 24\text{m}, \sum h_{f1-2} = 50\text{J/kg}, \rho = 1000\text{kg/m}^3$

$$u_2 = \frac{4V_s}{\pi d^2} = \frac{4 \times 15.5/3600}{3.14 \times 0.05^2} = 2.19(\text{m/s})$$

代入伯努利方程：

$$0 + 0 + 0 + w_e = 9.81 \times 24 + 0 + \frac{2.19^2}{2} + 50 \Rightarrow w_e = 287.84(\text{J/kg})$$

$$N_e = w_e W_s = w_e \rho V_s = 287.84 \times 1000 \times 15.5/3600 = 1239.31(\text{W}) \approx 1.24(\text{kW})$$

$$N = \frac{N_e}{\eta} = \frac{1.24}{0.65} = 1.91(\text{kW})$$

【例 1－3】如图 1－7 所示，水槽放满水至出口高度为 9m，且水槽足够深，用内径 40mm 的水管放水，问 4h 后液面下降多少米？设流动阻力 $\sum h_f = 40u^2$，u 为管中水的流速。

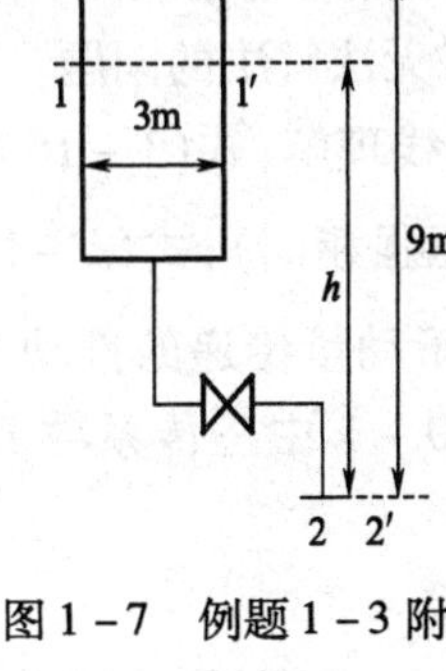

图 1－7　例题 1－3 附图

解：由于水槽中液面不断下降，管中水的流速不断变化，过程属于非稳态。解题原则是采用“拟稳态”方法。在任一时刻 τ，设液面高度（距出口）为 h，经微元时间 $d\tau$ 后，液面高度变化 dh，由于 $d\tau$ 时间很短，可认为液面高度在 $d\tau$ 时间内近似不变，管中流速也不变，在 $d\tau$ 时间内过程为稳态，该时间段内管中的流速可由伯努利方程求出。由 $d\tau$ 时间内的物料衡算列出微分方程，求解微分方程得到问题的解答。如图所示画定 1－1′，2－2′截面，且以管出口内侧的 2－2′截面所在的水平面为位能基准面，列伯努利方程：

$$gz_1 + \frac{p_1}{\rho} + \frac{u_1^2}{2} = gz_2 + \frac{p_2}{\rho} + \frac{u_2^2}{2} + \sum h_{f1-2}$$

$p_{1(表)} = p_{2(表)} = 0, u_1 \approx 0, u_2 = u, \sum h_{f1-2} = 40u^2, z_1 = h, z_2 = 0$,代入伯努利方程,得到:

$$9.81h = 40.5u^2, u = 0.492\sqrt{h}$$

针对 $d\tau$ 时间内出入系统的水进行衡算:输入 = 输出 + 积累

$$0 = \frac{1}{4}\pi d^2 u d\tau + \frac{1}{4}\pi D^2 dh \qquad 0 = d^2(0.492\sqrt{h})d\tau + D^2 dh$$

$$d\tau = -\left(\frac{D}{d}\right)^2 \frac{dh}{0.492\sqrt{h}} = -\left(\frac{3}{0.04}\right)^2 \frac{dh}{0.492\sqrt{h}} = -11432.92\frac{dh}{\sqrt{h}}$$

$$\int_0^{4\times3600} d\tau = -11432.92\int_9^h \frac{dh}{\sqrt{h}} \qquad h = 5.62(m)$$

液面下降 9 - 5.62 = 3.38 (m)。

采用本题的"拟稳态"方法将不稳态过程转化为稳态过程,列出表征过程参数间的关系,再结合微分方程及其求解得到结果。此种解决问题的方法在本课程中经常被采用,属于解决问题的方法学之一,其实质就是微分方程在本课程中的应用。

1.2.3 流体流动的动量衡算

质量与速度的乘积 mu 定义为动量,且由此可得到牛顿第二定律的另一种表达式 $\sum F_x = d(u \cdot m)/d\tau$,说明指定方向上流体动量的变化率等于此方向上流体所受合力。动量变化速率与动量通量相差一个传递面积,故可互相转换。

针对图 1-8 的管流系统,x 方向的动量守恒定律为:

$$\sum F_x = \left(\int_{A_2} u \cdot \rho \cdot u dA \cdot \cos\alpha_2\right) - \left(\int_{A_1} u \cdot \rho \cdot u dA \cdot \cos\alpha_1\right) + \frac{\partial}{\partial\tau}\int_V \rho u_x dV \qquad (1-15)$$

对稳态流动:$\frac{\partial}{\partial\tau}\int_V \rho u_x dV = 0$。若管道截面上速度均匀分布,则有:

$$\sum F_x = W_s(u_{2x} - u_{1x}) \qquad (1-16)$$

同理可得到 y、z 方向的动量守恒式分别为:$\sum F_y = W_s(u_{2y} - u_{1y})$, $\sum F_z = W_s(u_{2z} - u_{1z})$, W_s 为质量流量。能够明确给出流体受力大小的情况并不常见,但有些次要的力可以省略,从而用动量衡算式解决机械能衡算式无法解决的问题。

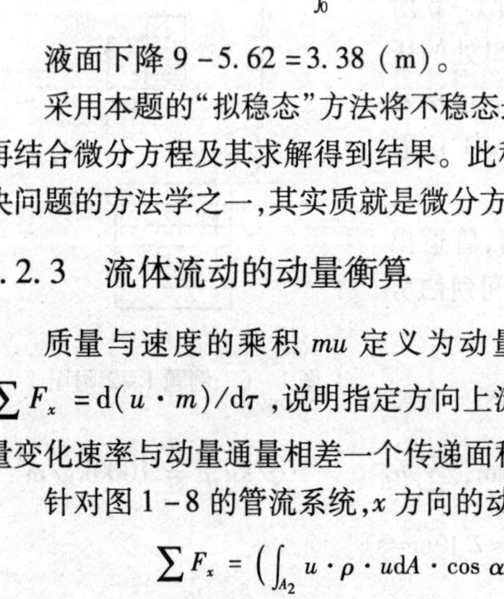

图 1-8 动量衡算

指定方向某一控制体内的动量守恒式也可按照图 0-1 归一主线理解:式(1-16)左边合力 $\sum F$ 除以面积后单位为压强单位,相当于动量通量(单位与压强相同);式(1-16)右边将流速乘以 ρ 即得到质量流速,质量流速等于动量浓度差,相当于动量传递的推动力,剩余部分为质量流量 W_s 除以密度再除以面积,单位为 m/s,恰为图 0-1 中三传系数 K_T,即 $K_T = W_s/(\rho A)$。变截面时用动量变化速率理解比较方便。

【例 1-4】求图 1-9 所示流体流过突然扩大管道的 h_f。

解:因 p_2 未知,无法用伯努利方程求 h_f。现进行受力分析,如图 1-9 所示,小管段 F_f 相

对较小,可忽略,由动量守恒定律:

$$p_1A_1 - p_2A_2 + F_n = \rho(u_2A_2)u_2 - \rho(u_1A_1)u_1$$

设 $F_n = p_1(A_2 - A_1)$,则:

$$p_2 - p_1 = \rho u_2(u_1 - u_2),\ p_2 = p_1 + \rho u_2(u_1 - u_2)$$

为求 h_f,使用伯努利方程:

$$gz_1 + \frac{p_1}{\rho} + \frac{u_1^2}{2} = gz_2 + \frac{p_2}{\rho} + \frac{u_2^2}{2} + h_f$$

$$h_f = \frac{(u_1 - u_2)^2}{2} = \left(1 - \frac{A_1}{A_2}\right)\frac{u_1^2}{2}$$

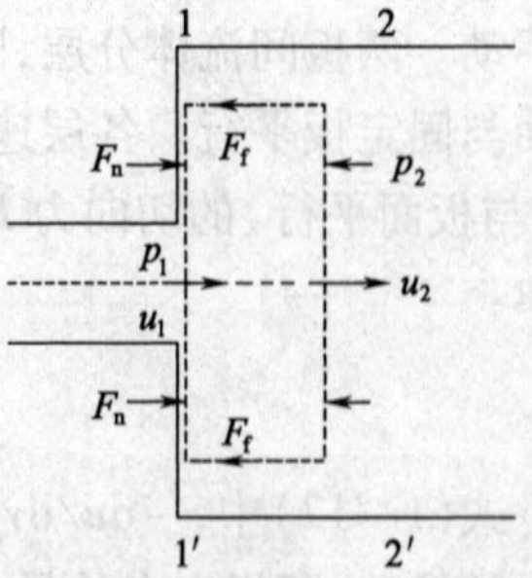

图 1-9 突然扩大的受力

所求 h_f 基本与实际情况相符合。伯努利方程可用于方程中其他物理量均已知时 h_f 的计算,动量守恒式可用于重要外力均能确定而次要外力可忽略时 h_f 的计算,但两者都要通过实验校正。

1.3 动量通量或阻力损失的求取

伯努利方程对流体流动速度、w_e 等多个参数进行了关联,可以用于输送管道和输送机械的选择计算,但前面的例题却都基于直接给出机械能损失项或称阻力损失项,而实际情况却是需要求出流体流动中的机械能损失或阻力损失。机械能损失源于流体流动过程中不同速度质点的动量交换,体现内部质点交换动量的大小,为了得到可用于设计的流速计算式或 w_e 式,还需要深入分析流动流体的内部结构,研究流体流动过程动量传递的机理,并根据机理,运用数学模型法求出 $\sum h_f$ 。在无法求解复杂机理方程时,可采用量纲分析规划实验,并用实验的结果给出计算 $\sum h_f$ 所需的参数;也可采用半理论半经验的数学模型法求解过程阻力损失;而对一些特别的设备,过程相当复杂,则直接采用未经量纲分析规划的实验进行测定,给出表征过程动量传递结果的关联图或表,如离心泵中的流动过程。

1.3.1 流动阻力的表示方法

各种流体的组成不同,有其自身的特性,根据流体受力后表现出的阻止流体流动的特性,流体分为牛顿型流体和非牛顿型流体。流体在外力作用下可流动,但流体又具有抗拒流动的特性,称为黏性。流体抗拒流动或具有黏性,源于分子的热运动。与一静止的流体层相接触的另一流体层若发生流动,由于分子热运动的原因,静止层流体必然将分子扩散进具有一定速度的流体层,从而阻止该层流体的流动。分子的热运动是流体的一种属性,故源于分子热运动的黏性也成为流体的一种属性。流体运动时,若流体质点运动速度不同,相接触的流体质点必然交换动量,形成流动的阻力,或称内摩擦力,表征出流体的黏性。牛顿型流体因分子热运动在具有不同速度的质点间交换动量而形成的流动阻力可以用牛顿黏性定律表达。

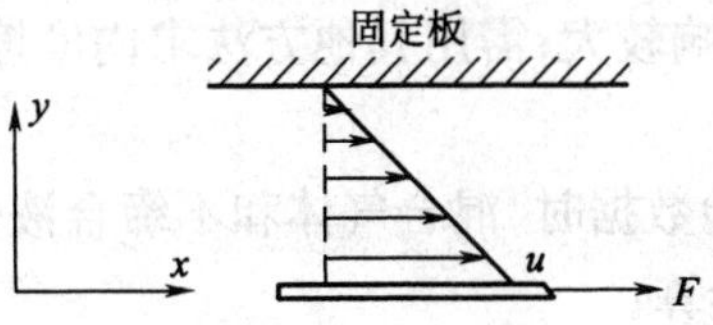

图 1-10 剪切受力流体速度分布

设有间距很小的上下两平行平板,其间充满流体,如图 1-10 所示,若上板固定,下板施加一平行于平板的切向力 F 使此平板以较小的速度 u 作匀速运动，紧贴于运动板上方的流体层以与平板相同的速度运动，而紧靠上层板面下的液体静止不动。两板间流体分层，同一层上各质点速度相同，不同层的流体速度不同，各层等速度值面与固定板平行。各层速度以图中不同长度的箭头表示，既表大小又表方向。设单位面积（与板面平行）的切向力 F/S 为流体的剪应力 τ'，对牛顿型流体，剪应力 τ' 服从牛顿黏性定律：

$$\tau' = -\mu\frac{\mathrm{d}u}{\mathrm{d}y} \tag{1-17}$$

式(1－17)中，$-\mathrm{d}u/\mathrm{d}y$ 为速度梯度。物理量在等值面上某点处的梯度是其增值最快方向上的导数，即指定点的最大方向导数，等于该点处指向物理量增值方向的法向量上的导数或法向量。指定点的法线只有一条，但法向量却有两个，且方向相反。物理量在指定点处指向减值方向的法向量上（减值最快方向）的导数或法向量，是最小方向导数，其他方向上如图中斜线向上的方向上的导数介于前两者之间。若求出的是最小方向导数，则导数前要加负号，才为梯度。图1－10中因为求导方向为 y 方向，是速度减值最快方向，所求导数为最小方向导数，为负值，故公式中要加负号。如果速度求导方向为增值最快方向，即图中 y 反向，则去负号。简言之，$\pm\mathrm{d}u/\mathrm{d}y$ 的正负号选择应保证 $\pm\mathrm{d}u/\mathrm{d}y$ 为最大方向导数（>0）。

μ 为流体的黏性系数，简称黏度，单位按式(1－17)为 $\mathrm{N\cdot s/m^2}$。式(1－17)所示关系，称为牛顿黏性定律。剪应力与速度梯度的关系符合牛顿黏性定律的流体，称为牛顿型流体（Newtonian fluids），包括所有气体和大多数液体，而不符合牛顿黏性定律的流体称为非牛顿型流体（Non－Newtonian fluids），如食品、高分子溶液、胶体溶液及悬浮液等。非牛顿型流体阻力规律需用其他方法表达。

内摩擦力也称为黏滞力（viscous force）或黏性摩擦力（viscous friction），体现出所消耗的有用机械能的大小，代表有用机械能的损失。机械能的损失源于内摩擦力这一阻力，故称为阻力损失，应理解为阻力引起的（机械能）损失。

μ 也称为动力黏度（dynamic viscosity），其量纲（式）为：

$$[\mu] = \left[\frac{\tau'}{\mathrm{d}u/\mathrm{d}y}\right] = \frac{M\cdot LT^{-2}\cdot L^{-2}}{LT^{-1}\cdot L^{-1}} = ML^{-1}T^{-1}$$

μ 过去常用 cP（厘泊）为单位，现 SI 单位为 $\mathrm{Pa\cdot s}$，$1\mathrm{cP} = 1\mathrm{mPa\cdot s}$

定义 $\upsilon = \mu/\rho$ 为运动黏度（kinematic viscosity），其单位为 $\mathrm{m^2/s}$，曾用 $\mathrm{cm^2/s}$ 为其单位，$1\mathrm{cm^2/s}$ 为 1St（斯托克斯），简称沲。

常见的流体的黏度 μ 的数值可由附录查到。

温度、压强对黏度 μ 有影响，且对液体和气体的作用规律不同：对液体而言，温度升高，黏度降低，对气体则相反；压强对液体的黏度基本没有影响，压强增加对气体黏度增加很少，只在极高或极低压强才考虑此变化。液体黏度大约为气体黏度的百倍。多数食品液体的结构比较复杂，已经不是牛顿型流体，组成物对内摩擦力影响较大，需用其他方法求内摩擦力，详见非牛顿型流体内容部分。

混合物的黏度原则上应通过实验测定，但在缺乏实验数据时，混合气体和不缔合液体的黏度可根据摩尔分率分别按照式(1－18)和式(1－19)计算：

$$\mu_m = \frac{\sum y_i M_i^{1/2}\mu_i}{\sum y_i M_i^{1/2}} \tag{1-18}$$

$$\mu_m = \sum (x_i \lg \mu_i) \tag{1-19}$$

式(1－18)中的 M 为分子的摩尔质量。

1.3.2　不同流体流动型态及其阻力特点

流速不同,流体具有不同的流动型态,动量交换形式也不同,导致阻力不同,所以为求阻力,必须对流体的流动型态和结构进行研究。

1.3.2.1　雷诺实验

英国物理学家雷诺(Osborne Reynolds)在1883年通过实验揭示出流体有两种流动型态。如图1－11所示,阀门开度由小到大,玻管中出现如下现象:阀门开度很小时水平管中心出现一根红直线,揭示流体分层流动,称为层流、滞流(laminar flow);阀门开度大到一定程度时管中心的红线开始弯曲、抖动、断裂,随着阀门开度继续增加,程度加剧,说明流型正在转化;当阀门开度较大使得管中流速较大时,红墨水分布到整个水平管中,此时的流型称为湍流、紊流(turbulent flow)。实验证明:层流时流体分层流动,层与层间没有质点交换;湍流时流体在径向上也有质点交换,动量传递程度加剧,阻力将变大。

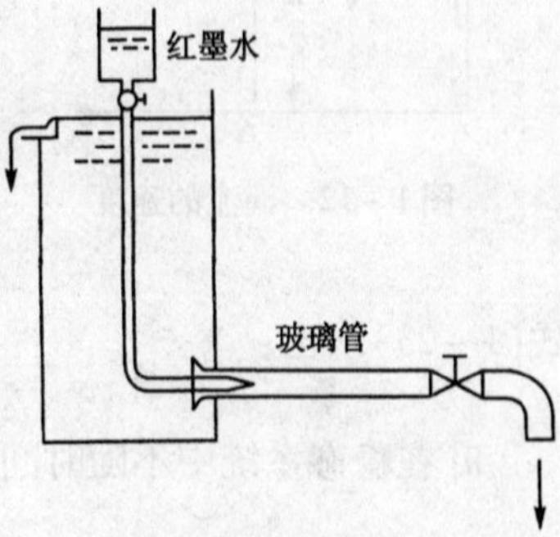

图1－11　雷诺实验

1.3.2.2　流型判据雷诺数

流体的流动型态受物性参数密度 ρ 和黏度 μ、流动参数管内平均流速 u 和设备结构参数管径 d 影响,将这些影响参数组合成一个物理量群,其量纲为"1",称为雷诺准数,简称雷诺数。量纲"1"代表纯数,组合的物理量群的每个物理量都有量纲,但整个物理量群却没有量纲,只具有数的性质而不具有物理量的性质,故称"准数(式)",此处"准"具有"如同、类似"含义。雷诺准数的表达式为:

$$Re = \frac{du\rho}{\mu} \tag{1-20}$$

上式右边求量纲的结果为量纲1,即 $\left[\frac{du\rho}{\mu}\right] = \frac{L \cdot LT^{-1} \cdot ML^{-3}}{ML^{-1}T^{-1}} = L^0M^0T^0$ 。

雷诺通过实验确定:流体在圆管内流动,$Re \leqslant 2000$ 时为层流;$Re \geqslant 4000$ 时为湍流;Re 在2000～4000间可能是层流也可能是湍流,但并不是第三种流型,称为过渡流(transition flow),视外界条件而定。一般工程计算阻力时将 Re 大于2000理解为按湍流算。非管内流动的雷诺数的定义和流型判定范围有所不同。将 Re 稍加变换,分子变成 ρu_2,分母变成 $\mu u/d$,则分子相当于形成流动推动力的压强差,理解为惯性力,分母为阻止流动的黏性剪应力,理解为黏性力,故 Re 为惯性力和黏性力之比,表征相互对立的两种因素对流体流动的影响。

1.3.2.3　层流与湍流中的动量传递特征

层流时流体分层流动,层与层之间没有质点的宏观混合,只有质点的碰撞交换动量,动量交换少,阻力损失较小,但对以后要讨论的传热和传质而言,层流下传热以热传导为主,而传质以分子扩散为主,传递量也就较小,或者说传热或传质的阻力较大,往往形成传递过程的控制步骤。由于支配过程的因素相互矛盾,设计时需要综合考虑各因素的影响。

湍流时，质点作不规则的杂乱运动，产生大小不等的漩涡(vortice)，由碰撞而产生的附加阻力较黏性阻力大很多，即由于质点的碰撞而产生动量交换的程度要大很多。借助牛顿黏性定律的表达方法，可以将湍流时的动量通量或阻力表达成：

$$\tau' = (\mu + \mu')\frac{du}{dy} \tag{1-21}$$

μ'为涡流黏度(eddy viscosity)，但与μ是物性参数不同，μ'与时间、位置有关，不再是物性参数，与流体流动属性有关，且难以确定，所以式(1-21)难以实际用于湍流阻力计算。

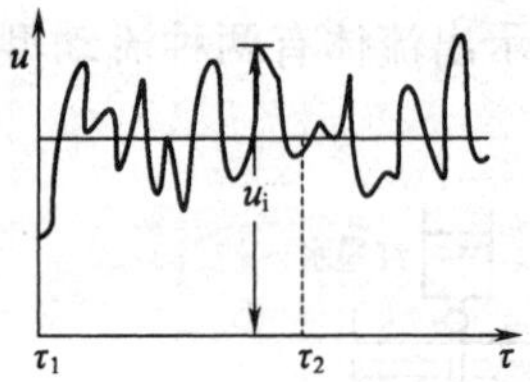

图1-12　湍流的速度

湍流时，管道截面上某一点(欧拉考察法)流经的质点运动速度大小和方向具有不确定性，有轴向速度，还有径向速度，是一合成速度，如图1-12所示，但在某一段时间τ内，某点沿管径的速度总在一平均值附近波动，可写成：

$$u_i = \bar{u}_i + u'_i \tag{1-22}$$

u_i称瞬时速度(instantaneous velocity)，u_i'称脉动速度(deviating velocity)，$\bar{u}_i$称时均速度(time average velocity)，由式(1-23)求出：

$$\bar{u}_i = \frac{1}{\tau_2 - \tau_1}\int_{\tau_1}^{\tau_2} u_i d\tau \tag{1-23}$$

$\bar{u}_i$在稳态系统中不随时间变化，给使用带来方便。

1.3.3　边界层及其流动阻力

阻力源于速度不同流体质点的动量交换，故实际流体存在速度梯度的场合均存在阻力，且阻力的大小还与流型有关。流体在输送过程中总要与固体壁面如管、阀门、弯头等管路结构部件接触，流体流经固体壁面时必然受固体壁面影响，不同位置点的流体受影响程度不一样。如图1-13所示，在壁面处紧贴壁面的流体速度为零，此层流体上方一层的流体速度不为零，因存在速度差异，流体质点发生动量交换，确定了本层流体的速度。依此类推，各层流体的速度都因动量交换后而确定，且离壁面越远速度越大，直至达到流体的主体部分速度u_0，故在近壁面区域一段范围内，流体存在速度梯度。以流体质点速度为主体速度的0.99倍为界限的近壁区即为流体的边界层(boundary layer)。流体被分成两部分，即边界层部分和主体部分，主体部分的流体基本不受影响，一般只需着重考察边界层中流体的动量交换过程。边界层中的速度梯度大小代表了边界层中阻力的大小，也就代表传递动量的大小，所以固体壁面附近存在的流体边界层是阻力存在之处。

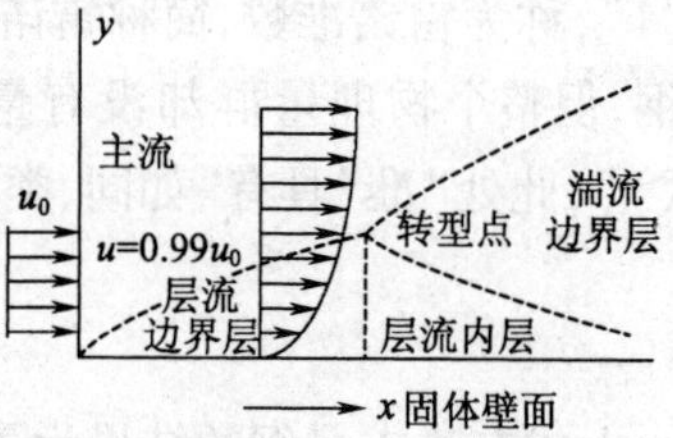

图1-13　流体流动的边界层

随x变大，流体在流动中因动量交换，受影响区域越来越大，即离壁更宽区域内的流体有速度分布，说明边界层随x增大在发展。边界层在发展过程中流型还可能发生变化，即动量交换的程度还会发生变化，如图1-13所示，原来是层流边界层，经转型点后会变成湍流边界层，但即使是湍流边界层，在紧贴壁面附近仍存在层流层，称为层流内层(viscous sublayer)。层流内层上方为过渡层(buffer layer)，再上方为湍流层。边界层中的流型用Re_x =

$u_0 x\rho/\mu$ 判断。光滑圆管内湍流流动时层流内层的厚度 b 可按照 $61.5dRe^{7/8}$ 估算，d 为管径，系数 61.5 根据所采用的平均流速与管中心最大流速的比值不同而有所变化，Re 越大，b 越小，如对 100mm 管，当 $Re=1\times10^5$ 时，$b=0.26$mm。层流内层的厚度 b 虽小，但因层流内层中为层流，对后续要讨论的传热和传质过程都有重要影响，不可忽略。

工业中常用圆管，流体在圆管中流动时，当然受圆管壁面影响而存在边界层。圆管中管入口处称为“入口段”的一段范围内，边界层在发展，此段管内的参数不稳定，至边界层发展到管轴心位置时，边界层汇合。汇合时边界层内若还是层流，则以后整个管内都是层流；汇合时若边界层是湍流，则以后的管流也是湍流。汇合后管中的阻力是汇合边界层的阻力。一般入口段长度 L_i 为（50 ~ 100）倍管径 d，且当管内为层流时，入口段的长度 L_i 等于 $0.06dRe$，而当管内为湍流时，L_i 等于 $4.4dRe^{1/6}$，由于入口段为不稳定过程，故测量有关参数均需要避开此段。

流体流经曲面时，流线发生变化，还可能产生边界层的分离，并因产生漩涡导致更多的阻力损失。流线为一瞬时光滑曲线，其上各点的切线方向与该点的瞬时速度方向相同，为按照欧拉法考察的几何基础。另有迹线概念，指一质点的运动轨迹线，为拉格朗日法考察的几何基础，两者在稳态时重合。如图 1－14 所示为流体流经一圆柱形体的情形，A 点处流体因圆柱形体的阻挡，速度为零，动能全部转换为压强能，A 点称为驻点。因驻点处压强最大，流体被挤向两侧，至 B 点以后由于流道变宽，流体的速度 u 变小，压强 p 增大，流体在反向压差作用（B 点后越向右压强越大）及黏性力作用下，使靠近壁面处但不处于壁上的质点流速为零。在此流速为零的质点右侧离壁更远一点处的流体的速度也将为零，以此类推，从而可得一流速 u 为零的质点连成的一曲面，且在该曲面上方仍为速度受到影响的边界层区域，该曲面下方即为流体与壁面产生分离的区域。在逆压强梯度作用下，流体在分离区域内倒流，分离区域为漩涡所补充。以上所述过程即为边界层分离。边界层发生分离将交换更多的动量，产生更多阻力或机械能损失，形成阀门、各种管件如弯头或三通等及管口的阻力。源于边界层分离造成的阻力工程上称为局部阻力或形体阻力。

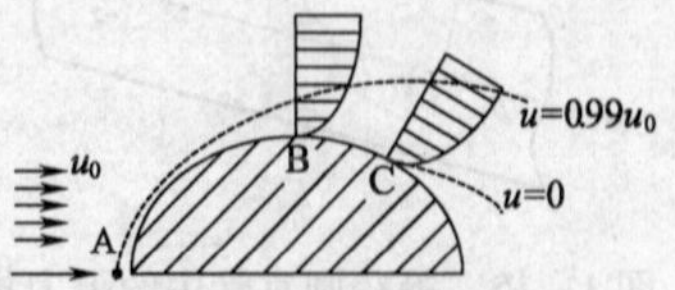

图 1－14　边界层分离

边界层是形成流体流动阻力的场所，决定了流动阻力的大小，对设备的选型和设计及流动理论研究都具有重要作用。边界层的分离对管路中的一些阀门、各种管件、流体出入口等处的阻力具有决定作用。阻力是由速度不同的质点碰撞交换动量形成，总出现在固体壁面附近具有速度梯度的边界层中或有边界层分离的地方，故阻力总是出现在直管、阀门、管件等中，因工厂中主要用管道输送流体，故需要研究得到直管和连接管道的管件、阀门等阻力计算方法，以便设计输送管路，完成流体输送任务。

1.3.4　等径圆直管中阻力计算和动量通量表达

前已述及，直管的壁面作用于流体，形成边界层，且边界层是阻力存在的主要区域。管中的边界层在轴心处汇合，之后形成整个管内的阻力，为了维持流体的流动，必须提供推动力克服此阻力。

1.3.4.1 圆直管中范宁公式和动量通量表达式

利用伯努利进行计算时，需要首先计算$\sum h_f$，由伯努利方程知：

$$gz_1+\frac{u_1^2}{2}+\frac{p_1}{\rho}+w_e=gz_2+\frac{u_2^2}{2}+\frac{p_2}{\rho}+\sum h_{f1-2}$$

在一段直管内，设$w_e=0$，则$\sum h_{f1-2}=-\left(g\Delta z+\frac{\Delta u^2}{2}+\frac{\Delta p}{\rho}\right)$，可用$\Delta p_f=\rho\sum h_{f1-2}$表示$1m^3$流体由于流动阻力消耗的能量，也称为阻力损失，即阻力引起的能量损失（energy loss 或 frictional loss），单位为J/m^3（即N/m^2，Pa），此值与所选截面1和2间管轴心处的压差p_1-p_2（压强变化）不是同一个物理概念。仅在无外功输入$w_e=0$、水平管$\Delta z=0$、等管径$u_1=u_2$时，$\Delta p_f=p_1-p_2$。

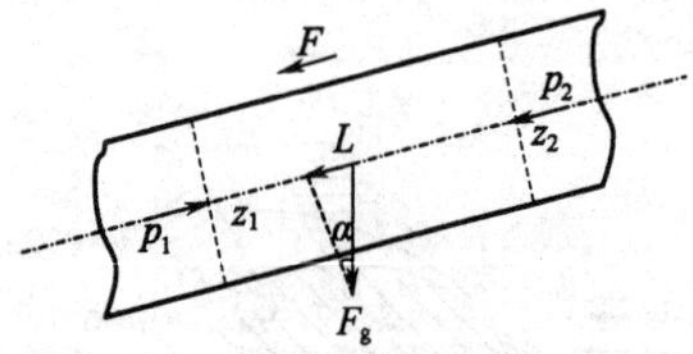

图1-15 等径圆直管中的阻力损失

等径直管阻力损失，可由受力平衡推导出。如图1-15所示，图中位能基准面未标出，z_1、z_2为相对于位能基准面的高度，令R为管半径，d为管直径，τ_w'为壁面处剪应力，有：

$$(p_1-p_2)\pi R^2=F+\rho\pi R^2Lg\frac{z_2-z_1}{L}$$

$$(p_1-p_2)\pi R^2=\tau'_w(2\pi RL)+\pi R^2\rho g(z_2-z_1)$$

$$p_1^+-p_2^+=2\tau'_wL/R=4\tau'_wL/d$$

或按式(1-16)理解，由于等径圆管稳态流动，物料衡算得到$u_1=u_2$，故在管轴方向上可运用式(1-16)，结果仍为力平衡式。

又由伯努利方程：$p_1^+-p_2^+=\rho\sum h_f$

$$\sum h_f=\frac{\Delta p^+}{\rho}=\frac{4\tau'_wL}{\rho d}=\frac{8\tau'_w}{\rho u^2}\frac{L}{d}\frac{u^2}{2}=\lambda\frac{L}{d}\frac{u^2}{2} \tag{1-24}$$

$$\lambda=\frac{8\tau'_w}{\rho u^2} \tag{1-25}$$

$$\Delta p^+=\frac{4\tau'_wL}{\rho ud}\rho u=\lambda\frac{L}{d}\left(\frac{u}{2}\right)(\rho u)=K_T(\rho u)=\frac{\rho u}{1/K_T} \tag{1-26}$$

上面公式中的λ称为摩擦因数，令$\lambda=4f$，则f为范宁因子。式(1-24)即为范宁(Fanning)公式，因推导时没有涉及流型，故层流和湍流均可用。$\rho\sum h_f$或Δp_f是流动过程中的内部阻力损失，且以压强单位表示，即表示单位体积流体的机械能损失，而施加压强Δp^+为合外力（p_1A、p_2A，重力分量）所产生的和压力差，是使此控制体内的流体从不流动（$u=0$）到以流速u流动的主导因素，即Δp^+使流体获得动量，故可用式(1-26)计算流体从不流动到以速度u流动的通量。若用全部合力计算，控制体两截面上的动量浓度差为零，全部合力为零，即为动量守恒式的结果。所以，可用控制体中流体的外部合力（不含内摩擦力）所形成的Δp^+进行以u流动的流体的动量流通计算。

一段等径圆直管稳流时任一垂直于流向的截面上的K_T可写成：

$$K_T=\frac{4\tau'_wL}{\rho ud}=\lambda\frac{L}{d}\left(\frac{u}{2}\right)=\frac{h_f}{u}=\frac{\Delta p^+}{\rho u} \tag{1-26a}$$

由于λ与流型有关，不同流型中的λ特点和大小不同，动量传递系数K_T将有不同的求法，可由理论推导求、半理论半经验模型法求、由量纲规划的实验求或直接由掩盖求通量实质的具体实验求，因此可以按照图 0 - 1 归一主线表达流体流动问题。圆直管中求流动阻力 $\rho\sum h_f(=\Delta p^+)$ 就是求动量通量，所以归类于动量传递。大量的求取过程阻力、流速、压差等问题的实质是求过程的动量通量，均属于动量传递。

1.3.4.2 纯数学模型法求解牛顿型流体在圆直管中层流流动阻力损失和动量通量

当流体为牛顿型流体且在管中作层流流动时，可以根据物理规律，从理论上求出阻力损失的表达公式，或得到动量传递三传系数 K_T 值。由式(1 - 26)求三传系数 K_T，需要求层流时管壁处 τ'_w，因此必须求得管内的速度分布，以求出 $(du/dr)|_{r=R}$，并由$\tau'_w=-\mu(du/dr)_{r=R}$ 求出 K_T，从而用于求直管层流时的阻力损失，故本节将首先推导得到牛顿型流体在直管中流动时层流的速度分布式。

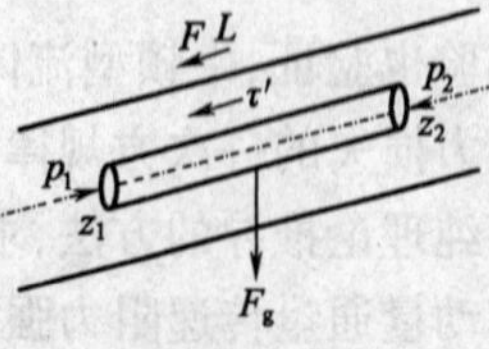

图 1 - 16　圆直管层流速度分布推导

取轴心处的微型圆柱体范围内的流体进行受力分析，如图 1 - 16 所示。根据得到范宁公式的推导方法，得到 $(p_1^+-p_2^+)\pi r^2=\tau'(2\pi rL)$，将 $\tau'=-\mu\dfrac{du_r}{dr}$ 代入其中，有：

$$(p_1^+-p_2^+)r=-\mu\frac{du_r}{dr}(2L),\ -du_r=\frac{(p_1^+-p_2^+)r}{2\mu L}dr,\int_{u_r}^{0}-du_r=\frac{\Delta p^+}{4\mu L}\int_r^R d(r^2)$$

$$u_r=\frac{\Delta p^+}{4\mu L}(R^2-r^2)=u_{max}\left(1-\frac{r^2}{R^2}\right)\tag{1-27}$$

$$u_{max}=\frac{\Delta p^+}{4\mu L}R^2\tag{1-28}$$

根据式(1 - 27)所绘的管内速度分布侧形为抛物线，如图 1 - 17 所示，并由此式按照管截面积求管内平均速度，可得：

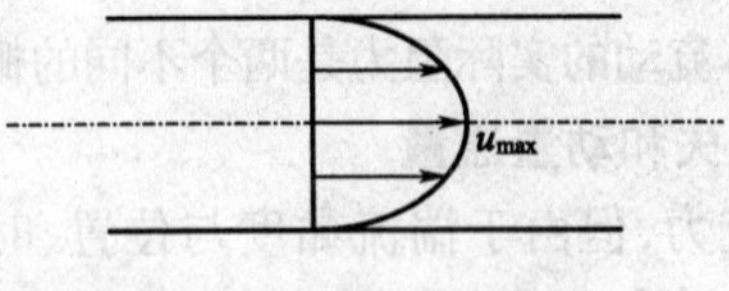

图 1 - 17　层流时的速度侧形

$$\bar{u}=\frac{1}{\pi R^2}\int_0^R u(2\pi r)dr$$

$$=\frac{u_{max}}{R^2}\int_0^R\left(1-\frac{r^2}{R^2}\right)d(r^2)=\frac{u_{max}}{2}\tag{1-29}$$

即层流时等径直管中牛顿型流体的平均速度为管中心处最大速度的一半。在不会引起歧义时，平均速度一般直接用 u 表示，不再在其上方加短杠。用式(1 - 27)还可以求出层流时用平均速度计算的动能是管截面上动能平均值的 0.5 倍。在层流时使用伯努利方程直接用平均速度近似计算动能，因为一般动能项较小，就不加以校正。

由式(1 - 27)求管壁处的速度梯度，得到：

$$\left.\frac{du}{dr}\right|_{r=R}=-\frac{u_{max}}{R^2}(2R)=-\frac{2u_{max}}{R}=-\frac{4u}{R}=-\frac{8u}{d}$$

$$\lambda=\frac{8\tau'_w}{\rho u^2}=\frac{8(-\mu)(-4u/R)}{\rho u^2}=\frac{32\mu}{\rho uR}=\frac{64}{du\rho/\mu}=\frac{64}{Re}$$

$$\lambda=\frac{64}{Re}\tag{1-30}$$

$$h_f=\frac{\Delta p^+}{\rho}=\lambda\frac{L}{d}\frac{u^2}{2}=\frac{32\mu Lu}{\rho d^2}\tag{1-31}$$

$$\Delta p^+ = \frac{32\mu Lu}{d^2} \tag{1-32}$$

$$K_T = \frac{32\mu L}{\rho d^2} = \frac{32\upsilon L}{d^2} \tag{1-33}$$

$$\rho h_f = \Delta p_f = \Delta p^+ = K_T(\rho u) = \frac{\rho u}{1/K_T} = \frac{\rho u}{d^2/(32\upsilon L)} \tag{1-34}$$

式(1－32)也称为哈根－泊谡叶方程(Hagen－Poisseuille)。由式(1－28)和式(1－29)的关系，可以直接得到式(1－30)、式(1－32)，即：

$$u_{max} = \frac{\Delta p^+}{4\mu L}R^2 = 2u, \Delta p^+ = \frac{32\mu Lu}{d^2}, \lambda = \frac{64}{Re}$$

实验也验证，牛顿型流体在圆管中层流流动时，$\lambda = 64/Re$，$h_f \propto u$，而非 $h_f \propto u^2$，称为层流时阻力损失的一次方规律。

用纯理论推导的方法，求出了层流时圆直管中的动量传递系数 K_T，如式(1－33)所示，可计算动量通量传递阻力强度 $1/K_T$，用于求此过程的动量通量。圆直管层流的动量通量表达式完全符合图 0－1 三传通量归一主线的思想。

动量传递的总阻力为 $1/(K_TA)$，可见动量传递总阻力与传递面积成反比，面积越大，动量传递总阻力反而越小，因整个传递面积 A 上的总阻力为 $1/(K_TA)$，故单位面积($1m^2$)上的动量传递阻力当然为 $1/K_T$，或按照总动量传递阻力扩大 A 倍理解，即 $A[1/(K_TA)] = 1/K_T$。借用压强定义形式定义单位面积上的动量传递阻力为阻力强度，此为关于图 0－1 三传阻力强度定义的解释。

如采用动量传递速率概念，层流时动量传递速率方程为：

$$\Delta p^+ A = K_TA(\rho u) = \frac{\rho u}{1/(K_TA)} = \frac{\rho u}{1/(8\pi\upsilon L)} \tag{1-34a}$$

请注意动量通量表达式中的传递(公式)阻力与流体流动的实际阻力是两个不同的概念。

1.3.4.3 量纲分析规划实验法求湍流时圆直管阻力损失和动量通量

湍流流动时，可以用式(1－21)表达流体所受剪应力，但由于湍流黏度与位置、时间有关，难以求出，所以该式实用程度不大，无法像层流时那样求出速度分布，转而采用实验测定圆管湍流的速度分布式，归纳出为：

$$u_r = u_{max}(1 - r/R)^{1/n} \tag{1-35}$$

当 $4 \times 10^4 < Re < 1.1 \times 10^5$，$n = 6$；$1.1 \times 10^5 < Re < 3.2 \times 10^6$，$n = 7$；$Re > 3.2 \times 10^6$，$n = 10$。将式(1－35)代入类似式(1－29)平均速度的表达式，得到 $\bar{u} = 2u_{max}\left(\frac{1}{1+1/n} - \frac{1}{2+1/n}\right)$，并由此计算出：当 $n = 6$ 时，$\bar{u} = 0.791u_{max}$；$n = 7$ 时，$\bar{u} = 0.82u_{max}$；$n = 10$ 时，$\bar{u} = 0.866u_{max}$。湍流时的速度侧形如图 1－18 所示，比层流钝，说明截面上的速度更加均匀化，湍动强化了动量传递。式(1－35)在 $n = 7$，$\bar{u} = 0.82u_{max}$ 时用于计算得到的动能平均值，近似等于用平均速度计算的动能，故伯努利方程中的动能校正因子在湍流时约等于1，无需校正，而湍流在工业中较常见，所以伯努利方程使用平均速度计算平均动能。

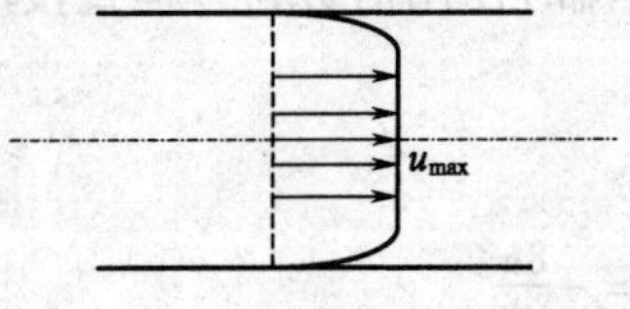

图 1－18　圆直管中湍流时的速度侧形

尽管经实验后总结出 u 的分布式，但湍流时 λ 仍然难于理论求解，因此化学工程学家通过实验的方法给出湍流时 λ 的计算图或总结出经验公式，其中 λ 的关联图称为摩擦因数图或莫狄(Moody)图，如图 1－19 所示。

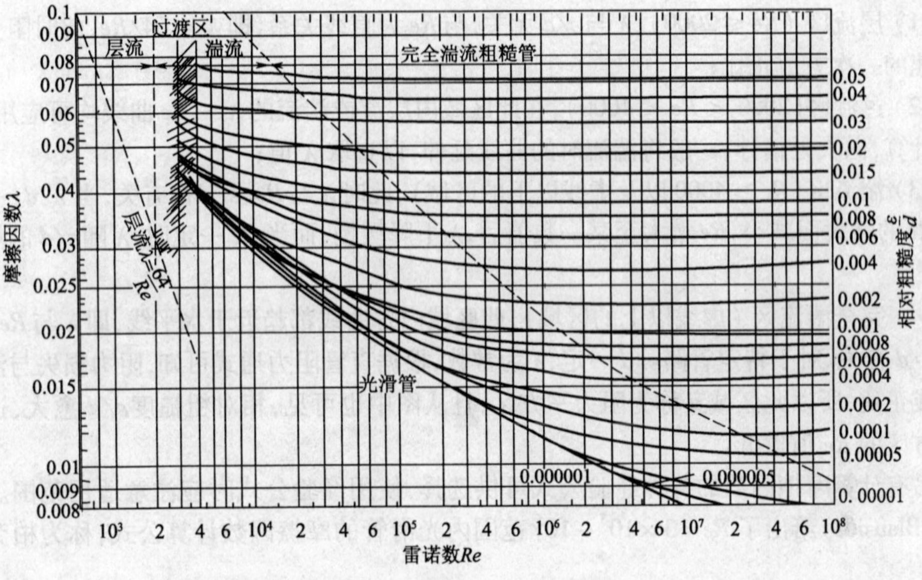

图 1－19　摩擦因数 λ 与雷诺数 Re 及相对粗糙度 ε/d 的关系

实验测出湍流的 λ 后，由动量通量公式(1－26)知，$K_T = \lambda Lu/(2d)$，此为湍流时的三传系数，用于计算湍流时的动量通量，此方法符合图 0－1 归一主线，属于用量纲分析规划实验并测定 λ 最终求三传系数 K_T 的思路。尽管与层流时通过理论推导求取三传系数的方法不同，但仍统一于图 0－1 归一主线。

湍流时 λ 与 Re 和 ε/d 有关，ε/d 是管子的相对粗糙度，ε 为管子的绝对粗糙度，以管壁凸出物高度的平均值表达。实际工业管道的绝对粗糙度难以精确测定，可用测定流动阻力的方法用摩擦阻力系数图反推计算得到。实验测定并绘制摩擦阻力系数图时，可以用人工粗糙管代替，将大小相同的沙粒均匀黏着在普通管上即可获得，故而粗糙度可以精确测定。常用管道的当量绝对粗糙度见表 1－1。

表 1－1　某些工业管道的当量绝对粗糙度

管道类别	绝对粗糙度 ε/mm	管道类别	绝对粗糙度 ε/mm
无缝黄铜管、铜管及铝管	0.01～0.05	干净玻璃管	0.0015～0.01
新的无缝钢管或镀锌铁管	0.1～0.2	橡皮软管	0.01～0.03
新的铸铁管	0.3	木管道	0.25～1.25
只有轻度腐蚀的无缝钢管	0.2～0.3	陶土排水管	0.45～6.0
只有显著腐蚀的无缝钢管	0.5 以上	很好、整平的水泥管	0.33
旧的铸铁管	0.85 以上	石棉水泥管	0.03～0.8

图 1－19 横坐标和纵坐标都是对数坐标，称为双对数坐标图。图上横坐标方向两点的

距离是两个横坐标读数值的对数值之差，而横坐标值数字直接标绘在图上，不用再求对数，纵坐标方向也同此，所以用插值法求两已知点间某 x 或 y 值时，应使用量取的距离和各相关点横坐标或纵坐标数字的对数值按比例求解。

根据 Re 不同，图 1－19 可分为四个区域：

（1）层流区（$Re \leqslant 2000$），λ 与 ε/d 无关，与 Re 为直线关系，即 $\lambda = 64/Re$，此时阻力损失与流速的一次方成正比；

（2）过渡区（$2000 < Re < 4000$），在此区域内层流或湍流的 $\lambda \sim Re$ 曲线均可应用，对于阻力计算，向大处估计，一般将湍流时的曲线延伸，以查取 λ 值；

（3）湍流区（$Re \geqslant 4000$ 以及虚线以下的区域），此时 λ 与 Re、ε/d 都有关，当 ε/d 一定时，λ 随 Re 的增大而减小，Re 增大至某一数值后，λ 下降缓慢，而当 Re 一定时，λ 随 ε/d 的增加而增大；

（4）完全湍流区（虚线以上的区域），此区域内各曲线都趋近于水平线，即 λ 与 Re 无关，只与 ε/d 有关。对于特定管路 ε/d 一定，λ 为常数，根据直管阻力通式可知，阻力损失与流速的平方成正比，所以此区域又称为阻力平方区，且从图中也可见，相对粗糙度 ε/d 愈大，达到阻力平方区的 Re 值愈低。

另有计算摩擦因数的各种经验公式可供选择，使用经验公式时应注意适用范围。柏劳修斯（Blausius）给出了 $Re = 3\times10^3 \sim 10^5$ 范围内光滑管的摩擦因数计算公式，称为柏劳修斯公式：

$$\lambda = \frac{0.3164}{Re^{0.25}} \tag{1-36}$$

在更宽的 Re 范围 $Re = (3\times10^3) \sim (3\times10^6)$ 内，有顾毓珍公式：

$$\lambda = 0.0056 + \frac{0.500}{Re^{0.32}} \tag{1-37}$$

由柯尔布努克（Colebrook）的过渡区和湍流区及尼古拉则（Nikuradse）和卡门（Karman）的阻力平方区的摩擦因数计算式，可合并得到如下的摩擦阻力系数一般回归式：

$$\frac{1}{\sqrt{\lambda}} = 1.14 + \lg\left(\frac{\varepsilon}{d} + \frac{9.35}{Re\sqrt{\lambda}}\right)^{-2} \tag{1-38}$$

式（1－38）可以给出 $Re = 3\times10^3 \sim 10^7$ 光滑管（$\varepsilon/d = 0$）及粗糙管 $Re = 3\times10^3 \sim 10^8$ 及 $\varepsilon/d = 0.00001 \sim 0.05$ 范围内的摩擦阻力系数计算，是一通用算式，可称为 CNK 公式，一般求解时需试差，可用 Excel 表计算，摩擦阻力系数初值按完全平方区计算，即去掉 $9.35/(Re\sqrt{\lambda})$ 项计算，然后反复试差计算得到结果。

1983 年 Haaland 提出了相应于摩擦阻力系数图的一个估计摩擦阻力系数 λ 的对数方程：

$$\frac{1}{\sqrt{\lambda}} \approx -1.8\lg\left[\frac{6.9}{Re} + \left(\frac{\varepsilon/d}{3.7}\right)^{1.11}\right] \tag{1-38a}$$

此式无需试差。

【例 1－5】已知 20℃ 的水在内径为 25mm 的 50m 长管中以 0.05m/s 的流速流动，求阻力损失。假如流速变成 1.75m/s，管的绝对粗糙度为 0.2mm，试用查图法和 Excel 表求解阻力损失。

解：查 20℃ 的水的物性参数，得到密度 $\rho = 998.2\mathrm{kg/m^3}$，黏度 $\mu = 0.001\mathrm{Pa\cdot s}$。

(1)流速为0.05m/s时的 Re

$$Re = \frac{du\rho}{\mu} = \frac{0.025 \times 0.05 \times 998.2}{0.001} = 1247.6$$

应用层流时的阻力损失计算公式：

$$h_f = \frac{\Delta p^+}{\rho} = \lambda \frac{L}{d}\frac{u^2}{2} = \frac{32\mu Lu}{\rho d^2} = \frac{32 \times 0.001 \times 50 \times 0.05}{998.2 \times 0.025^2} = 0.13\ (\text{J/kg})$$

(2)流速为1.75m/s时的 Re

$$Re = \frac{du\rho}{\mu} = \frac{0.025 \times 1.75 \times 998.2}{0.001} = 4.37 \times 10^4, \varepsilon/d = 0.2/25 = 0.008$$

查图1－19,得到 $\lambda = 0.037$,由范宁公式得到：

$$h_f = \frac{\Delta p^+}{\rho} = \lambda \frac{L}{d}\frac{u^2}{2} = 0.037 \times \frac{50}{0.025} \times \frac{1.75^2}{2} = 113.3\ (\text{J/kg})$$

由公式(1－38),调用 Excel 表计算,见表1－2,得 $\lambda = 0.0367$,由范宁公式得到 h_f = 112.4J/kg。

在表格的A列中从上至下依次输入符号 d、u、ρ、μ、Re、ε、ε/d、λ_0、λ,以便辨认,Re、ε/d、λ_0、λ 可不输入表达式,只输名称符号。在B列输入或计算A列的对应值,得到 ε/d、$Re = du\rho/\mu$、λ_0、λ,计算时注意需要按A列的表达式从等号开始输入,公式中相应的变量要用变量值所在的单元格代替,如计算 Re 时用到 u,则应选中或输入B2,而不能用 u 或具体数值1.75。第1次计算完后,λ_0 与 λ 不等,作第2次计算,将C8等于B9,为第二次计算的 λ_0 设初值,再将B1至B7选中、复制,粘贴到C1至C7中,将B9的公式在单元格右下"＋"号状态下拖至(复制格式)C9,完成第2次运算,重复此法,直至 λ 相等(指达到规定的精度)。本题若用式(1－38a)计算则无需试差。采用上法是为了强调Excel的应用。

表1－2　　用 Excel 表求解 CNK 公式的 λ

	A	B	C	D
1	d	0.02500	0.02500	0.02500
2	u	1.75000	1.75000	1.75000
3	ρ	998.20000	998.20000	998.20000
4	μ	0.00100	0.00100	0.00100
5	$Re = du\rho/\mu$	43671.25000	43671.25000	43671.25000
6	ε	0.00020	0.00020	0.00020
7	ε/d	0.00800	0.00800	0.00800
8	λ_0 = 1/POWER(1.14 - 2 * LOG10(B7),2)	0.03515	0.03673	0.03670
9	λ = 1/ POWER(1.14 - 2 * LOG10(B7 + 9.35/ B5/SQRT(B8)),2)	0.03673	0.03670	0.03670

摩擦因数图由实验测定的数据绘制,而测定实验的规划方法是单元操作学重要的方法论,广泛应用于三传理论的研究。湍流摩擦因数 λ 的实验求取首先需采用量纲分析规划实验,然后再进行实验测定,得到结果,下面将对此法作详细说明。

首先对湍流流动阻力损失作初步实验,尽可能分析列出主要影响因素为：

$$h_f = f(d, L, \varepsilon, \rho, \mu, u) \tag{1-39}$$

式(1-39)中设备条件为管径 d、管长 L、绝对粗糙度 ε；流动条件为流速 u；流体性质条件为密度 ρ、黏度 μ。一般来说，通过实验确定函数 f 的方法为：如求 h_f-d，则固定其他参数不变，改变 d，得到各个 h_f，于是得到 h_f-d 的关系，以此类推，可依次得到 h_f-L、$h_f-\varepsilon$、$h_f-\rho$、$h_f-\mu$ 和 h_f-u 的关系。按照此法实验，将需做很多次实验，但最大的缺点还在于为使 ρ、μ、d 不同需换不同流体和管子，也即需要遍及所有流体和管子。这种实验方法不能"由小及大，由此及彼"，即小实验上做的数据不能用在大设备上，常用流体水、空气的实验数据不能用于特殊流体如乙醇等。本课程是用量纲分析规划实验方案后再实验测定，解决实验结果能"由小及大，由此及彼"的问题。

量纲的基本概念在绪论中已有阐述。一定的量制中，如力学量制(范畴)，基本量纲已经确定。力学量制的基本量纲是长度 L、质量 M、时间 T，该量制中的其他物理量的量纲均可由此3个基本量纲表达，如重力加速度 g 的量纲为 LT^{-2}，是导出量纲。基本量纲互相独立，不能互相表达，即用 M、T 不能表达出 L。一个物理量的量纲和自身量纲相比当然为纯数1，称量纲1，也即无量纲。基本量纲可选基本物理量与其对应，如管径 d 对应 L 等，并用基本物理量反代，则某导出物理量除以自身量纲用基本物理量反代后的组合体，结果一定是一个量纲为1的数，称为准数。

例如：μ 的量纲是 $ML^{-1}T^{-1}$，d、ρ、μ 作为与 L、M、T 对应的基本物理量而被选中，则得到基本量纲的基本物理量表达式为 $L-[d]$，$M-[\rho d^3]$，$T-[u^{-1}d]$，方括号[ ]表示求物理量或物理量组合体的量纲，故有：

$$\frac{[\mu]}{ML^{-1}T^{-1}}=\frac{[\mu]}{[\rho d^3][d^{-1}][(u^{-1}d)^{-1}]}=\left[\frac{\mu}{\rho du}\right]=\left[\frac{1}{Re}\right]$$

$$\mu\text{ 准数化}:\pi_1=\frac{du\rho}{\mu}=Re=\frac{\text{惯性力}}{\text{黏性力}};L\text{ 准数化}:\pi_2=\frac{L}{d};\varepsilon\text{ 准数化}:\pi_3=\frac{\varepsilon}{d};$$

$$h_f\text{ 准数化}:\pi_4=\frac{[h_f]}{L^2T^{-2}}=\frac{[h_f]}{[d^2(u^{-1}d)^{-2}]}=\frac{[h_f]}{[u^2]}=Eu=\frac{\text{单位质量流体阻力损失}}{\text{单位质量流体动能}}$$

Eu 为欧拉准数，于是待求函数关系转变成：

$$\frac{h_f}{(u^2/2)}=f_1(Re,\varepsilon/d,L/d) \tag{1-39a}$$

$$\varphi(\pi_1,\pi_2,\pi_3,\pi_4)=0 \tag{1-39b}$$

式(1-39)有7个变量，而式(1-39b)只有4个变量，变量减少的数目等于力学系统基本量纲的数目。将物理方程中导出的物理量"准数"化，具有的优点是：

(1)方程(1-39)转换为准数方程后，新方程中准数变量的个数与原方程变量个数相比减少了基本量纲数的个数，故力学系统中减少3个，热学中减少4个，因为热学系统中增加了温度基本量纲，此种规律称为 π 定理，使得实验次数因此减少很多。

(2)以准数作为变量，变化此变量的数值的实验操作更有选择余地，可选择最方便的操作使准数变量发生变化。以变化 Re 为例，改变4个物理量 μ、ρ、d 和 u 的任一个或几个的数值均可改变 Re，但其中以改变 u 最为方便，因为只要变化阀门的开度即可实现，而不需通过置换流体改变 ρ 使 Re 获得改变，所以测定实验得到简化，且在小实验装置上，以水、空气等常见流体为介质，通过改变阀门开度、使用人工粗糙管等方法得到普遍适用的准数关系曲线或方程，即实现了"由小及大，由此及彼"的实验思想。

单元操作学使用了许多形式的准数,但采用何种基本物理量反代基本量纲使准数具有一定的物理含义,如 Re 代表惯性力与黏性力之比,此问题不属于量纲分析范畴,需由研究者根据研究目的加以选择。

在实验前用量纲分析作简单数学处理,将实际变量转化成准数变量,再用实验测定准数变量间的关系,以图或求出的幂积式(必要时分段)表达所求规律。此种实验方法是单元操作学研究方法论的主要内容之一,摩擦因数图即由此法得到。

物理量准数化也可采用比较基本量纲的方法进行,因为物理方程两边的量纲应该一致,称为量纲一致原则,所以可将某一物理量写成基本物理量的幂式,再比较量纲,求出幂即可,如方程式(1-39)整体也能比较量纲,但相对比较复杂。

以 μ 的准数化为例,μ 的量纲为 $ML^{-1}T^{-1}$,设 $\mu = d^x u^y \rho^z$,等式右边的量纲为 $L^x(LT^{-1})^y(ML^{-3})^z$,应等于左边的量纲 $ML^{-1}T^{-1}$,故有下列方程组:

$$\begin{cases} x + y - 3z = -1 \\ z = 1 \\ -y = -1 \end{cases} \Rightarrow \begin{cases} x = 1 \\ y = 1 \\ z = 1 \end{cases}$$

一般而言,管道越长,阻力损失越大,即阻力损失与 L 成正比,故可将 L/d 提出函数符外,得到 $\dfrac{h_f}{(u^2/2)} = \dfrac{L}{d}f_2(Re, \varepsilon/d)$,令:

$$\lambda = f_2(Re, \varepsilon/d) \tag{1-40}$$

则得到范宁公式(1-24)。只要测出 $\lambda = f_2(Re, \varepsilon/d)$ 关系,即可计算各种牛顿型流体在各种直径管道中湍流流动时的阻力。层流阻力尽管理论已经推动出求解公式,但一样可用实验测定。按照式(1-40),λ 的自变量是两个准数 Re 和 ε/d,故测定结果可“由小及大、由此及彼”。如果没有用量纲分析导出式(1-40),而仅用范宁公式(1-24)安排实验测定 λ,也能测 λ,并一样能得到 Re,所以能绘出 λ 与 Re 关系图,但测定结果只能用于实验流体和管道,而不能推广使用,因为此种情况下,Re 只能用实验条件下的 ρ、μ 和 d 计算,范宁公式本身不能证明 Re 可以用其他条件的 ρ、μ 和 d 计算,也即范宁公式本身无法证明式(1-40)成立。

依据范宁公式(1-24)测定 λ,对等径直管牛顿型流体的流动,首先选用一具有固定 ε/d 值的人工粗糙管,因 Δp^+、u、L 可测,故在一种阀门开度下使用测定的 Δp^+、u、L 数据,按照范宁公式 1-24 可计算得到一个 λ 值和 Re,然后改变阀门开度,得到不同组 λ 和 Re 值,再将各 λ 和 Re 值代表的点绘在双对数坐标上,最终得到摩擦阻力系数图中的一条曲线。改用不同的人工粗糙管,重复上述方法可得到各种 ε/d 下 λ 和 Re 对应关系曲线,即得到摩擦阻力系数图中的各条曲线。

湍流时等径圆直管中三传系数 $K_T = \lambda(L/d)(u/2)$,λ 与 Re 有关,即与流速有关。充分湍流时,λ 与 Re 无关,K_T 正比于 u。非完全湍流时,速度对 K_T 的影响综合了 λ 的影响因素,u 增大,λ 减小,根据柏劳修斯方程,光滑管的 λ 与 u 的 0.25 次方成正比,故在柏劳修斯方程成立的范围内,K_T 与 $u^{0.75}$ 成正比,流动越向完全湍流区靠近,K_T 就越近似与 u 成正比,所以光滑管中 K_T 与 $u^{0.75\sim1}$ 成正比,而非光滑管中动量传递较光滑管更大,故其 K_T 比光滑管中的值要大,也应与 u^n 成正比,且有 $0.75 < n \leqslant 1$。

1.3.5 量纲分析规划实验求取局部阻力损失和动量通量

流体在管路的进出口、弯头、阀门、扩大、缩小等局部位置流过时,流速大小和方向都会发生改变，产生边界层分离，形成漩涡，损耗能量，即使是层流流动，在这些局部位置也可能会湍流化。局部阻力损失一般难于精确计算，通常由实验测定管件或阀门等的局部阻力系数或当量长度(equivalent length)，用于计算动量通量或阻力损失。局部阻力的物理模型为当量长度 L_e 的等径直管的阻力，测定实验一样可以按照圆直阻力管量纲分析的思路理解。

1.3.5.1 局部阻力系数法

由于局部阻力损失多由边界层分离产生，流动中流体产生漩涡较多，湍动比较强烈，故可认为一定尺寸和结构的管件或阀门的阻力损失与 Re 无关，服从阻力平方定律，单位质量流体的阻力损失 h_f' 为动能的某个倍数，即：

$$h_f' = \zeta \frac{u^2}{2} \tag{1-41}$$

式(1-41)中 ζ 称为局部阻力系数，常用管件的 ζ 值可在表1-3中查得，注意速度 u 均以小管中的速度计。当流体自大容器进入相对很小的管内时，管截面积与容器截面积(平行于管截面)之比近似为零，$\zeta_i = 0.5$，称为进口阻力系数，相反，当流体自管子进入容器或排放到管外空间，$\zeta_o = 1$，称为出口阻力系数。由于管出口的局部阻力系数为1，阻力损失大小与出口管内的动能等值，但显然属于不同概念，故伯努利方程的截面1-1和2-2需要明确定义，使用时才不会发生概念错误。2-2截面若选在出口管外侧，管外流速为零，但包含出口阻力损失，动能项为零，2-2截面若在出口管内侧，包含动能项，但没有出口阻力损失。

表1-3　管件和阀件的局部阻力系数 ζ 值

管件和阀件名称	ζ 值										
标准弯头	45°, $\zeta=0.35$						90°, $\zeta=0.75$				
90°方形弯头	1.3										
180°回弯头	1.5										
活管接	0.4										
弯管 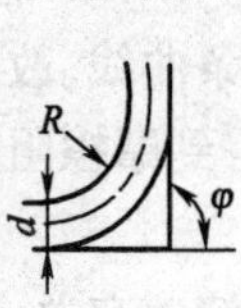	R/d \ φ	30°	45°	60°	75°	90°	105°	120°			
	1.5	0.08	0.11	0.14	0.16	0.175	0.19	0.20			
	2.0	0.07	0.10	0.12	0.14	0.15	0.16	0.17			
突然扩大 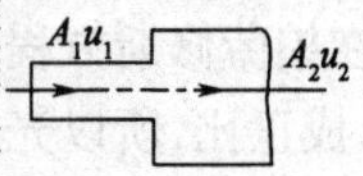	$\zeta=(1-A_1/A_2)^2$　$h_f=\zeta u_1^2/2$										
	A_1/A_2	0	0.1	0.2	0.3	0.4	0.5	0.6	0.7	0.8	0.9	1.0
	ζ	1	0.81	0.64	0.49	0.36	0.25	0.16	0.09	0.04	0.01	0
突然缩小 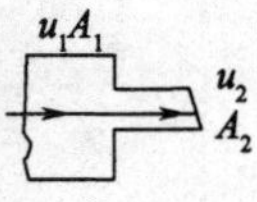	$\zeta=0.5(1-A_2/A_1)$　$h_f=\zeta u_2^2/2$										
	A_2/A_1	0	0.1	0.2	0.3	0.4	0.5	0.6	0.7	0.8	0.9	1.0
	ζ	0.5	0.45	0.40	0.35	0.30	0.25	0.20	0.15	0.10	0.05	0

续表

<table>
<tr><td>管件和阀件名称</td><td colspan="10">ζ 值</td></tr>
<tr><td>流入大容器的出口</td><td colspan="10">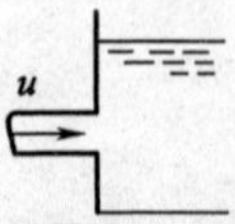 $\zeta=1$(用管中流速)</td></tr>
<tr><td>入管口(容器→管)</td><td colspan="10">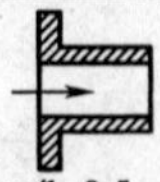 $\zeta=0.5$</td></tr>
<tr><td rowspan="3"></td><td>没有底阀</td><td colspan="9">2~3</td></tr>
<tr><td rowspan="2">有底阀</td><td>d/mm</td><td>40</td><td>50</td><td>75</td><td>100</td><td>150</td><td>200</td><td>250</td><td>300</td></tr>
<tr><td>ζ</td><td>12</td><td>10</td><td>8.5</td><td>7.0</td><td>6.0</td><td>5.2</td><td>4.4</td><td>3.7</td></tr>
<tr><td rowspan="2">闸 阀</td><td colspan="2">全开</td><td colspan="3">3/4 开</td><td colspan="3">1/2 开</td><td colspan="2">1/4 开</td></tr>
<tr><td colspan="2">0.17</td><td colspan="3">0.9</td><td colspan="3">4.5</td><td colspan="2">24</td></tr>
<tr><td>标准截止阀(球心阀)</td><td colspan="5">全开 $\zeta=6.4$</td><td colspan="5">1/2 开 $\zeta=9.5$</td></tr>
<tr><td rowspan="2">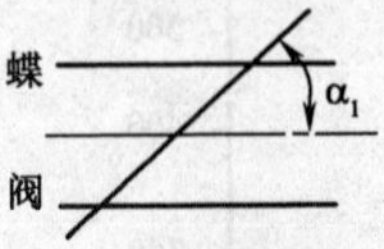</td><td>θ</td><td>5°</td><td>10°</td><td>20°</td><td>30°</td><td>40°</td><td>45°</td><td>50°</td><td>60°</td><td>70°</td></tr>
<tr><td>ζ</td><td>0.24</td><td>0.52</td><td>1.54</td><td>3.91</td><td>10.8</td><td>18.7</td><td>30.6</td><td>118</td><td>751</td></tr>
<tr><td rowspan="2">旋塞 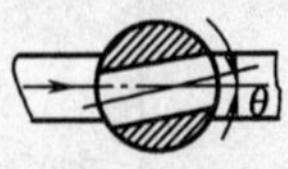</td><td>θ</td><td colspan="2">5°</td><td colspan="2">10°</td><td colspan="2">20°</td><td colspan="2">40°</td><td>60°</td></tr>
<tr><td>ζ</td><td colspan="2">0.05</td><td colspan="2">0.29</td><td colspan="2">1.56</td><td colspan="2">17.3</td><td>206</td></tr>
<tr><td>角阀(90°)</td><td colspan="10">5</td></tr>
<tr><td>单向阀</td><td colspan="5">摇板式 $\zeta=2$</td><td colspan="5">球形单向阀 $\zeta=70$</td></tr>
<tr><td>水表(盘形)</td><td colspan="10">7</td></tr>
</table>

1.3.5.2 当量长度法

将流体流过管件或阀门的局部阻力损失,近似看成是某个长度的直管阻力损失,用范宁公式(1-24)计算。当量长度 L_e 由实验测得,常用管件与阀门的当量长度如图 1-20 所示。

管路往往由直管和管件、阀门等构成,因此流体流经管路的总阻力应是直管阻力和所有局部阻力之和,且在管径不同时,应分开计算后再相加。计算局部阻力时,可用局部阻力系数法,亦可用当量长度法,两者都是近似的计算方法,注意对同一管件或阀门不要用两种方法重复计算,最终结果见式(1-42):

$$\sum h_f = \sum h_f + \sum h_f' = \sum\left(\lambda \frac{L+\sum L_e}{d} + \sum \zeta\right)\frac{u^2}{2} \qquad (1-42)$$

不论是采用当量法还是局部阻力系数法,都是局部阻力的近似计算方法。

按照动量通量等于三传系数 K_T 乘以动量浓度差推动力理解,局部阻力损失的三传系数 K_T 由实验测得的阻力系数或当量长度计算,用阻力系数法计算时管件阀门等的 $K_T = \zeta u/2$,用当量长度计算时 $K_T = \lambda u L_e/(2d)$,ζ 相当于 $\lambda L_e/d$,都与 λ 有关,而 λ 与量纲分析有关,故阻力系数或当量长度测定实验应理解为基于量纲分析。管件和阀门等的动量通量计算方法

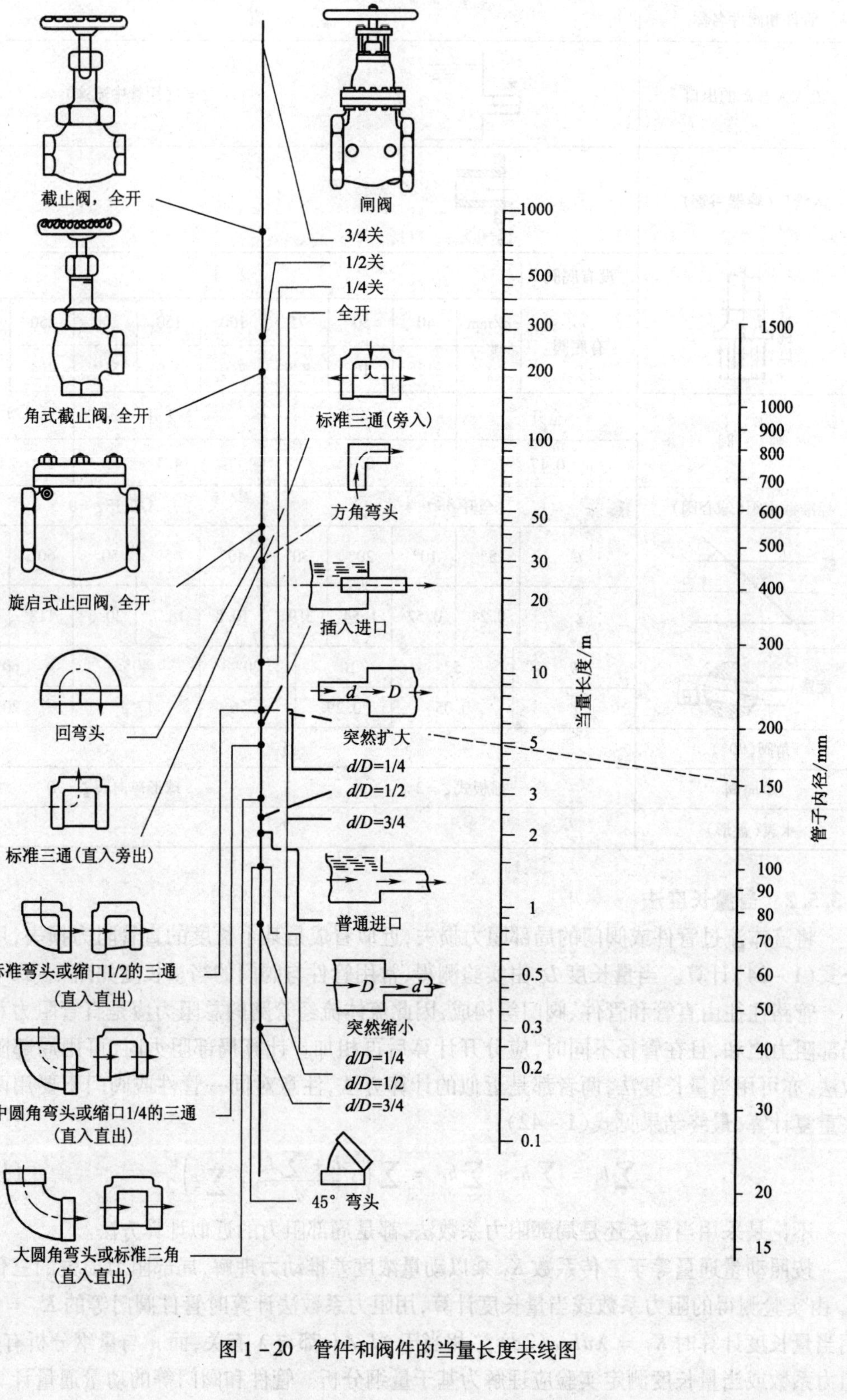

图 1－20　管件和阀件的当量长度共线图

仍统一于图 0－1，得到动量通量即得到阻力损失 $\rho\sum h_f'$。

【例 1－6】将某种浓度的苹果汁按 1.5kg/s 的流量由敞口的一贮槽中泵送入另一高位贮槽，如图 1－21 所示，两贮槽均为常压。输送管为 $\varphi 38\times 3$mm 卫生管，视为光滑管，管长 50m。管路中装有 3 个 90°的标准弯头，1 个全开 90°角阀。供料槽的液位维持 2m，管出口距地面高度为 10m，假设产品的黏度 μ 为 2.0×10^{-3}Pa·s，密度 ρ 为 1000kg/m³，泵的效率取 60%，试计算泵的功率。

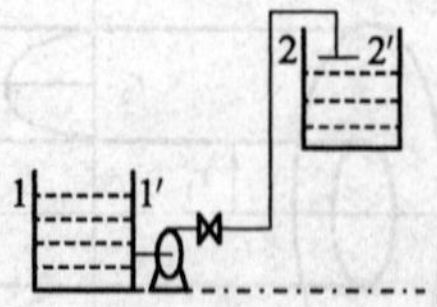

图 1－21 例题 1－6 附图

解：取地面为位能基准面，低位槽苹果汁面为 1－1′截面，管出口内侧为 2－2′截面，列伯努利方程：

$$\frac{p_1}{\rho}+gz_1+\frac{u_1^2}{2}+w_e=\frac{p_2}{\rho}+gz_2+\frac{u_2^2}{2}+\sum h_f$$

$z_1=2\text{m}, z_2=10\text{m}, p_{1(表)}=0, p_{2(表)}=0\ , u_1=0$，管内径 $d=0.032$m

$$u_2=\frac{W_s/\rho}{(\pi/4)d^2}=\frac{1.5/1000}{0.785\times 0.032^2}=1.87(\text{m/s})$$

$$Re=\frac{du\rho}{\mu}=\frac{0.032\times 1.87\times 1000}{2.0\times 10^{-3}}=2.99\times 10^4$$

由柏劳修斯式(1－36)，计算得到 $\lambda=0.0241$。

查局部阻力系数 ζ 值：$\zeta_{突然缩小}=0.5, \zeta_{90°弯头}=0.75, \zeta_{角阀全开}=5.0$

$$\sum h_f=\left(\lambda\frac{L}{d}+\sum\zeta\right)\frac{u_2^2}{2}=\left(0.0241\times\frac{50}{0.032}+0.5+0.75\times 3+5.0\right)\times\frac{1.87^2}{2}=79.39\ (\text{J/kg})$$

$$w_e=g(z_2-z_1)+\frac{u_2^2}{2}+\sum h_f=9.81\times(10-2)+\frac{1.87^2}{2}+79.39=159.62\ (\text{J/kg})$$

$$N=\frac{w_eW_s}{\eta}=\frac{159.62\times 1.5}{0.6}=399.0\ (\text{W})$$

本例题还可以利用 Excel 表进行比较计算，可以求管子长度为 30，70，90，110，130m 时泵的功率，也可求管内径为 27，36，44mm 泵的功率，以此对输送过程进行选择。建议读者用 Excel 电子表格求解，以达训练目的。

1.3.6 两类数学模型法求解非圆形管道阻力损失

一般管道为圆管，但也有使用非圆管的情形。牛顿型流体在非圆形管道中流动时的阻力损失计算可采用数学模型法加以解决。数学模型有纯数学模型和半理论半经验数学模型之分。

圆管内层流摩擦因数 λ 即为采用纯数学模型法推导得到。单元操作学的理论研究有一部分公式采用纯数学模型法推导，在形状规则、初始和边界条件确定时能进行数学推导。如规则的非圆形管道，如圆环、矩形、三角形等截面管道，在牛顿型流体层流流动时，可以根据运动方程推导得到速度分布、动量通量或压强差公式和摩擦因数 λ 计算公式，再如以后将要讨论的球、长圆柱、大平板的导热和扩散传质理论求解问题，所以纯数学模型法为单元操作学研究方法之一，并且随着数学、计算技术的发展，会得到更加广泛的应用。单元操作的数学模型研究法在传递过程课程有更深入的研究，例 1－7 即为其讨论模型之一。

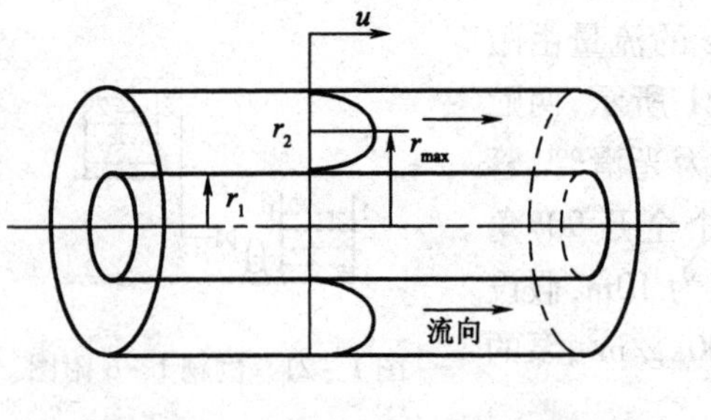

图 1-22　环隙中流动的速度分布

【例 1-7】套管由两根直径不同的同心管组成，套管内管和环隙可供两种不同流体通过，可用于冷热流体的换热，如图 1-22 所示，同心套管内管的外半径为 r_1，外管的内半径为 r_2，不可压缩流体在环隙沿轴向流过，求稳态层流时环隙内的速度分布、主体流速以及阻力损失的表达式。

解：采用柱坐标系下的连续性方程和运动方程（可参考传递过程教材）分析本题情形，有下述方程成立：

$$\frac{1}{r}\frac{\mathrm{d}}{\mathrm{d}r}\left(r\frac{\mathrm{d}u}{\mathrm{d}r}\right)=\frac{1}{\mu}\frac{\mathrm{d}p_{\mathrm{d}}}{\mathrm{d}z}=\text{常数} \tag{1-43}$$

边界条件为：(1) $r=r_1, u_z=0$；(2) $r=r_2, u_z=0$；(3) $r=r_{\max}, u_z=u_{\max}, \frac{\mathrm{d}u_z}{\mathrm{d}r}=0$，$r_{\max}$ 为环隙截面上最大流速 $u_{\max}$ 处距管中心的距离，z 为轴心方向，以流动方向为正。

将式(1-43)进行第一次积分，代入边界条件(3)，可得下式：

$$r\frac{\mathrm{d}u_z}{\mathrm{d}r}=\frac{1}{2\mu}\frac{\mathrm{d}p_{\mathrm{d}}}{\mathrm{d}z}(r^2-r_{\max}^2) \tag{1-43a}$$

根据边界条件(1)，对式(1-43a)进行第二次积分，得速度分布为：

$$u_z=\frac{1}{2\mu}\frac{\mathrm{d}p_{\mathrm{d}}}{\mathrm{d}z}\left(\frac{r^2-r_1^2}{2}-r_{\max}^2\ln\frac{r}{r_1}\right) \tag{1-43b}$$

由边界条件(2)，得速度分布另一表达式：

$$u_z=\frac{1}{2\mu}\frac{\mathrm{d}p_{\mathrm{d}}}{\mathrm{d}z}\left(\frac{r^2-r_2^2}{2}-r_{\max}^2\ln\frac{r}{r_2}\right) \tag{1-43c}$$

由式(1-43b)和式(1-43c)联立求解，得到

$$r_{\max}=\sqrt{\frac{r_2^2-r_1^2}{2\ln(r_2/r_1)}} \tag{1-43d}$$

已知速度分布，可根据平均速度乘以环隙截面积等于环隙体积流量的概念：

$$u=\frac{1}{A}\iint_A u_z\mathrm{d}A=\frac{2\pi}{\pi(r_2^2-r_1^2)}\int_{r_1}^{r_2}u_z r\mathrm{d}r$$

经积分得到环隙的平均速度为：

$$u=-\frac{1}{8\mu}\frac{\mathrm{d}p_{\mathrm{d}}}{\mathrm{d}z}(r_2^2+r_1^2-2r_{\max}^2)$$

z 方向上的压力降可表达为

$$\Delta p_{\mathrm{f}}=-\frac{\mathrm{d}p_{\mathrm{d}}}{\mathrm{d}z}L=\frac{8\mu uL}{(r_2^2+r_1^2-2r_{\max}^2)}=\frac{8\mu L}{\rho(r_2^2+r_1^2-2r_{\max}^2)}\rho u=K_{\mathrm{T}}\rho u$$

环隙中的动量通量即为上式中的 Δp_{f}，由此可得到此问题的 K_{T}。

半理论半经验数学模型法是单元操作学研究复杂问题常用的方法。该法针对复杂的物理现象，首先抓主要矛盾，进行简化，建立物理模型，使得物理模型能够体现实际问题的主要

方面，然后列出数学方程，求解方程。方程中往往有模型参数，需要用实验测定求出模型参数，并对模型进行有效性证明，这与量纲分析规划实验并进行实验测定参数关系的目的明显不同。该法的难点在于必须深刻理解过程，对过程进行合理简化，同时在指定的某侧面与原过程保持等效，而最终的检验性实验则要比量纲分析后的搜索性实验简易。如果对过程的本质不能做恰如其分的简化，半理论半经验的数学模型法就无法得到正确应用，仍需要采用量纲分析规划实验方法，搜索参数关系。

现讨论非圆管内的流体流动阻力计算问题。设想以等长的当量圆管内的流动代替非圆管内的流体流动，希望两种情形下流体体积相同，壁表面积相同，达到流速相近，速度分布相近，以使阻力损失"等效"，用数学公式描述此等效，得到：

$$\frac{V_e}{S_e}=\frac{\pi d_e^2 L/4}{\pi d_e L}=\frac{d_e}{4}=\frac{V}{S}$$

故取"4 倍的流通截面积 A 除以浸润周边 Π"作为当量圆管的直径 d_e，也等于"水力半径（hydraulic radius）"的 2 倍，即：

$$d_e=\frac{4A}{\Pi} \tag{1-44}$$

此时，可以计算得到，同样长度的实际管和模型圆管中，单位体积流体占有的表面积相同，表征出实际管阻力损失和模型管阻力损失相等最主要的因素，但因实际流速和速度分布不同，阻力不能完全相同，故真实圆管时阻力损失计算公式的有关参数仍需要用实验校正，这样才能得到非圆形管的阻力损失计算公式，此为非圆形管阻力损失求解可采用的半理论半经验的方法。尽管层流时计算一些非圆形管的阻力损失的 λ 可以按照纯数学模型的思路推导出来，但也可按照半理论半经验的数学模型法求解，而湍流时的非圆管的 λ 求解，首先使用数学模型法，将非圆管看成是当量直径为 d_e 的圆管，再应用范宁公式，也即直接使用摩擦阻力系数图得到摩擦阻力系数，因摩擦阻力系数图由量纲分析规划实验测得，故非圆管阻力计算综合了数学模型和量纲分析规划实验方法。

在层流时圆管摩擦阻力系数计算式中的系数为 64，而用于非圆管时可用检验性实验的实测数据 C 代替，C 见表 1-4。表 1-4 中的 C 值也可根据运动方程由理论推导得到。各种形状管层流时的 K_T 等于 $C\,L\upsilon/(2d_e^2)$。

表 1-4　某些非圆形管层流时 λ 计算式中的常数值

非圆形管的截面形状	正方形	等边三角形	环 形	长方形 长：宽 =2：1	长方形 长：宽 =4：1
λ 式中的常数 C	57	53	96	62	73

1.4 管 路 计 算

1.4.1 简单管路的计算问题

只有一条管线的管路是简单管路，在流体为不可压缩时，其计算所用的主要公式是连续性方程、伯努利方程和摩擦阻力系数方程，联立 3 个方程可以解出 3 个未知数，而摩擦阻力

系数方程又可用摩擦阻力系数图代替,使用图解法求解。三个方程分别为:

$$V_s = \frac{\pi}{4}d^2u$$

$$\frac{p_1}{\rho} + gz_1 + \frac{u_1^2}{2} + w_e = \frac{p_2}{\rho} + gz_2 + \frac{u_2^2}{2} + \left(\lambda\frac{l+l_e}{d} + \sum\zeta\right)\frac{u^2}{2}$$

$$\lambda = f(du\rho/\mu, \varepsilon/d)$$

计算分为设计型和操作型,其中设计型计算要求确定管径 d 和提供的动力($p_1/\rho + gz_1$)或 w_e,而操作型计算的管路已定,需要核算输送量 V_s 或其他参数。设计型问题的流速要按优化原则事先加以选择。流速本应进行优化,但在本课程中只按经验选用,不作优化计算,然而长距离输送却需要进行优化比较。一般来说,流速 u 增大,管子的直径 d 可下降,设备费用降低,但同时输送阻力引起的损失升高,能耗增大,故应对流速进行优化。操作型的计算往往需要试差或迭代,因为流量 V_s 未知,无法得到流速 u 和 h_f,所以一般情况下因 λ 变化较小而先假设其值,再校核,直至得到正确结果。

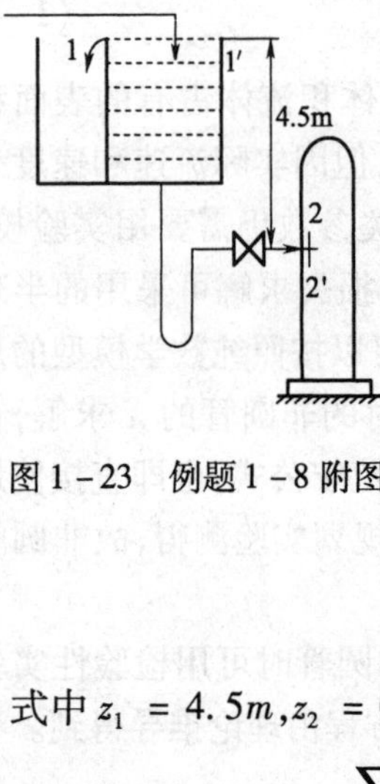

图 1－23　例题 1－8 附图

【例 1－8】如图 1－23 所示,已知高位槽中液体的密度 ρ 为 950kg/m^3,黏度 μ 为 1.24mPa·s,料液从高位槽输入塔中,高位槽液面维持恒定,并高于塔的进料口4.5m,塔内表压强为 3.82×10^3 Pa。输送管为 $\varphi 45 \times 2.5$mm,长为 35m(包括管件及阀门的当量长度,但不包括进出口损失),管壁的绝对粗糙度 $\varepsilon = 0.2$mm,试求每小时输送的体积流量,λ 可由 CNK 式计算,即 $\frac{1}{\sqrt{\lambda}} = 1.14 + \lg\left(\frac{\varepsilon}{d} + \frac{9.35}{Re\sqrt{\lambda}}\right)^{-2}$。

解:1－1′、2－2′(管出口内侧)截面选择如图 1－23 所示,管出口处水平面为位能基准面,列伯努利方程:

$$\frac{p_1}{\rho} + gz_1 + \frac{u_1^2}{2} = \frac{p_2}{\rho} + gz_2 + \frac{u_2^2}{2} + \sum h_{f1-2}$$

式中 $z_1 = 4.5m, z_2 = 0, u_1 \approx 0, u_2 = u, p_{1(表)} = 0, p_{2(表)} = 3.82 \times 10^3$ Pa

$$\sum h_f = \left(\lambda\frac{l+l_e}{d} + \zeta_i\right)\frac{u^2}{2} = \left(\lambda\frac{35}{0.04} + 0.5\right)\frac{u^2}{2}$$

$$u = \sqrt{\frac{2 \times (9.81 \times 4.5 - 3.82 \times 10^3/950)}{\lambda(35/0.04) + 1.5}} = \sqrt{\frac{80.25}{875\lambda + 1.5}}$$

利用所给公式试差时,先将公式右项含 Re 项去掉(即进入阻力平方区),由 $\varepsilon/d = 0.005$,得到 $\lambda_0 = 0.0305$,代入 u 的表达式,解出 $u_0 = 1.691$m/s,同时计算出第一次的 Re 数:

$$Re_0 = du_0\rho/\mu = 0.04 \times 1.691 \times 950/0.00124 = 51821.0$$

将所得的第一次 Re 数代入 λ 表达式的右边,右项 λ 以 λ_0 代入,得到 $\lambda_1 = 0.03216 \neq \lambda_0$ 后,以 λ_1 为初值重复上述过程得,$u_1 = 1.645$m/s,$Re_1 = 50411.3$,再得到 $\lambda_2 = 0.03215 \approx \lambda_1$,取 $\lambda = 0.0322$,最终得到 $u = 1.64$m/s,并由此计算流量:

$$V_s = \frac{1}{4}\pi d^2 \cdot u = 0.785 \times 0.04^2 \times 1.64 = 2.06 \times 10^{-3}\ (m^3/s) = 7.42(m^3/h)$$

本例题也可以用 Moody 图试差,还可参照例题 1－5,先假设流速值用 Excel 表完成 λ 计算,与流速表达式解出的 λ 值比较,直至所设流速值为最终结果,如采用式(1－38a)试差则更简单。

1.4.2　复杂管路的计算问题

复杂管路具有多条管线，即有分支、汇合、并联等管线，但复杂的管网不在本课程讨论范围内。一般以 1kg 流体为计算基准，故分叉点处的能量损失按三通等算，或忽略不计，然后按选定的一条管线列伯努利方程，而物料衡算在一定控制体内仍适用，故对分叉点而言，总流量等于各分支流量之和。

对并联管线各支路的阻力损失而言，由 1、2 两点所在的截面列伯努利方程，1、2 两点间的阻力损失等于各支路管的阻力损失，如图 1－24 所示，这是因为 1、2 点各参数保持不变，分别对 1Ⅰ2、1Ⅱ2、1Ⅲ2 等管线列伯努利方程，必有 $h_{f\,\mathrm{I}} = h_{f\,\mathrm{II}} = h_{f\,\mathrm{III}}$，而流量间的相互关系为 $V_1 = V_{\mathrm{I}} + V_{\mathrm{II}} + V_{\mathrm{III}} = V_2$。

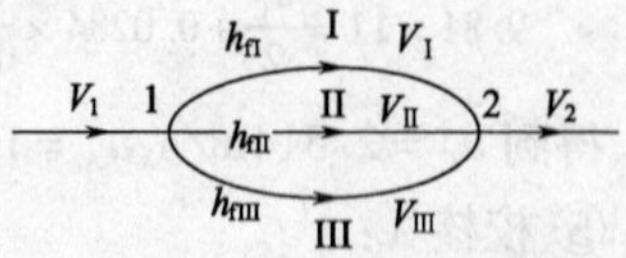

图 1－24　并联管路

对总管接若干分支管路的系统，如自来水公司的总水管向多个分支用户供水的系统，可以在总管源头和任一分支管出口间列出伯努利方程，结合连续性方程，分析分支管中流速的变化情况。一般而言，有如下三种情形：①如果总管阻力占全部阻力的主要部分，则总管中的流量不随启用支管数目的增加而增加，启用支管数目越多，每个支管中获得的流量下降，故自来水公司不能采用这种方式供水；②如果总管阻力占全部阻力的次要部分，则总管中的流量可以随启用的支管数目的增加而增加，且支管内的流速几乎不降低，启用支管数目越多，获得的总流量越大，所以自来水公司应采用此种方式供水，故而一般要求采用大直径输水管；③如果总管阻力和支管阻力相当，则情况介于上述两者之间。

【例 1－9】图 1－25 所示为一输水系统，高位槽的水面维持恒定，水分别从 BC 与 BD 两支管排出，高位槽液面与两支管出口间的距离均为 11m，AB 管段内径为 38mm，长为 58m，BC 支管的内径为 32mm，长为 12.5m，BD 支管的内径为 26mm、长为 14m，各段管长均包括管件及阀门全开时的当量长度（但不包括入口和出口阻力损失），绝对粗糙度 $\varepsilon_{AB} = 0.152\text{mm}$，$\varepsilon_{BC} = 0.128\text{mm}$，$\varepsilon_{BD} = 0.15\text{mm}$，输送流体的 $\rho = 1000\text{kg/m}^3$，$\mu = 1\text{cP}$，$\dfrac{1}{\sqrt{\lambda}} = 1.14 + \lg\left(\dfrac{\varepsilon}{d} + \dfrac{9.35}{Re\sqrt{\lambda}}\right)^{-2}$。

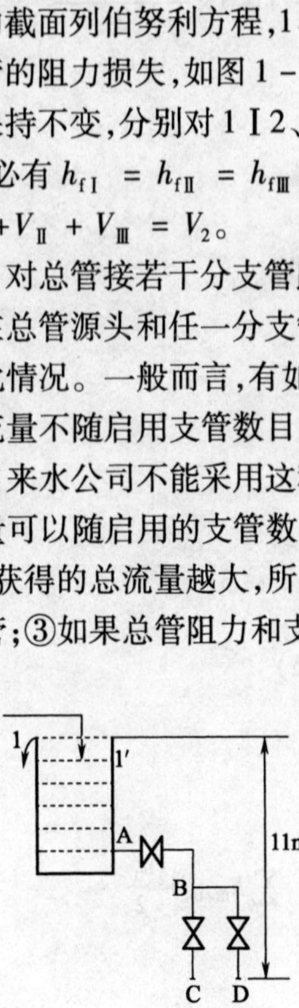

图 1－25　例题 1－9 附图

试计算：(1) 当 BD 支管关闭时，BC 支管的最大流量为多少？

(2) 所有阀门全开，试计算两支管的排水量各为多少？

解：(1) BD 管关闭时为简单管路，因管径不同，将 AB、BC 分开算即可。

① 在 1－1′、$C-C'$ 截面（管内侧）间列伯努利方程，令 $z_C = 0$

$$\frac{p_1}{\rho} + gz_1 + \frac{u_1^2}{2} = \frac{p_C}{\rho} + gz_C + \frac{u_C^2}{2} + \sum h_{f1-C}$$

$$= \frac{p_C}{\rho} + gz_C + \frac{u_C^2}{2} + \lambda_{AB}\frac{L_{AB}}{d_{AB}}\frac{u_A^2}{2} + \lambda_{BC}\frac{L_{BC}}{d_{BC}}\frac{u_C^2}{2} + 0.5\frac{u_A^2}{2}$$

② 由连续性方程：

$$u_A \times 0.785 \times 0.038^2 = u_C \times 0.785 \times 0.032^2$$
$$u_A = 0.709u_C$$

③ 求 λ 初值：

$$\varepsilon_{AB}=0.152, \varepsilon_{BC}=0.128, \varepsilon_{AB}/38=0.152/38=0.004, \varepsilon_{BC}/32=0.128/32=0.004$$

设流动进入阻力平方区，由 λ 公式去掉含 Re 项，得到 $\lambda_0=0.0284$。

④ 求解速度：代入数据解方程组

$$9.81\times 11=\frac{u_C^2}{2}+0.0284\times\frac{58}{0.038}\times\frac{(0.709u_C)^2}{2}+0.0284\times\frac{12.5}{0.032}\times\frac{u_C^2}{2}+0.5\times\frac{(0.709u_C)^2}{2}$$

得到 $u_C=2.514\text{m/s}, u_A=1.783\text{m/s}$。

⑤ 校核 λ：

$Re_A=\dfrac{d_Au_A\rho}{\mu}=\dfrac{0.038\times 1.783\times 1000}{0.001}=67754$，得到 $\lambda_1=0.03$。

⑥ 与初值不等，重新以 $\lambda=0.03$ 为 λ_{AB}、λ_{BC} 初值，重复以上计算。

$$u_C=2.449\text{m/s}, u_A=1.736\text{m/s}$$

⑦ 复核：

$Re_A=\dfrac{0.038\times 1.736\times 1000}{0.001}=65968$，得到 $\lambda_A=0.03$；

$Re_C=\dfrac{0.032\times 2.449\times 1000}{0.001}=78368$，得到 $\lambda_C=0.03$，计算有效。

⑧ 管路中流量：

$V_s=0.785\times 0.032^2\times 2.449=1.969\times 10^{-3}(\text{m}^3/\text{s})=7.1(\text{m}^3/\text{h})$

(2)所有阀门全开

① 列两支管的伯努利方程，下游截面均取内侧：

$$\left.\begin{aligned} gz_B+\frac{u_B^2}{2}+\frac{p_B}{\rho}&=gz_C+\frac{u_C^2}{2}+\frac{p_C}{\rho}+\sum h_{fB-C}\\ gz_B+\frac{u_B^2}{2}+\frac{p_B}{\rho}&=gz_D+\frac{u_D^2}{2}+\frac{p_D}{\rho}+\sum h_{fB-D}\end{aligned}\right\}\Rightarrow \sum h_{fB-C}+\frac{u_C^2}{2}=\sum h_{fB-D}+\frac{u_D^2}{2}$$

② AB、BC 和 BD 中 λ 初算：$\dfrac{\varepsilon_{BD}}{26}=\dfrac{0.15}{26}=0.0058$，其他同上。

假设进入阻力平方区　　可得到 $\lambda_{AB}=0.0284, \lambda_{BC}=0.0284, \lambda_{BD}=0.032$。

③ 支管速度之间关系：

$$\left(0.0284\times\frac{12.5}{0.032}+1\right)\frac{u_C^2}{2}=\left(0.032\times\frac{14}{0.026}+1\right)\frac{u_D^2}{2}\Rightarrow u_C=1.23u_D$$

④ 总管和支管速度关系：

$$u_A\times 0.038^2=u_C\times 0.032^2+u_D\times 0.026^2\Rightarrow u_A=1.34u_D$$

⑤ 1-1、D-D 间的伯努利方程：

$$gz_1+\frac{u_1^2}{2}+\frac{p_1}{\rho}=gz_D+\frac{u_D^2}{2}+\frac{p_D}{\rho}+\sum h_{f1-D}$$
$$=gz_D+\frac{u_D^2}{2}+\frac{p_D}{\rho}+\lambda_{AB}\frac{L_{AB}}{d_{AB}}\cdot\frac{u_A^2}{2}+\lambda_{BD}\cdot\frac{L_{BD}}{d_{BD}}\frac{u_D^2}{2}+0.5\frac{u_A^2}{2}$$

$$9.81\times 11=\frac{u_D^2}{2}+0.0284\times\frac{58}{0.038}\times\frac{(1.34u_D)^2}{2}+0.032\times\frac{14}{0.026}\times\frac{u_D^2}{2}+0.5\times\frac{(1.34u_D)^2}{2}$$

$$\Rightarrow u_D=1.49\text{m/s}, u_C=1.835\text{m/s}, u_A=2.000\text{m/s}$$

⑥ 校核各 λ,可调用例 1－5 的 Excel 表格计算:

$$Re_{AB}=\frac{0.038\times 2.000\times 1000}{0.001}=76000\Rightarrow\lambda_{AB}=0.03$$

$$Re_{BC}=\frac{0.032\times 1.835\times 1000}{0.001}=58720\Rightarrow\lambda_{BC}=0.03$$

$$Re_{BD}=\frac{0.026\times 1.492\times 1000}{0.001}=38792\Rightarrow\lambda_{BD}=0.034$$

⑦ 校核结果说明计算得到的 λ 值与前述假设值不相等,需重算,重复③～⑥:

$$u_A\times 0.038^2=u_C\times 0.032^2+u_D\times 0.026^2\Rightarrow u_A=1.34u_D$$

$$9.81\times 11=\frac{u_D^2}{2}+0.03\times\frac{58}{0.038}\times\frac{(1.34u_D)^2}{2}+0.034\times\frac{14}{0.026}\times\frac{u_D^2}{2}+0.5\times\frac{(1.34u_D)}{2}$$

$$\Rightarrow u_D=1.45\text{m/s}, u_C=1.79\text{m/s}, u_A=1.94\text{m/s}$$

校核各 λ:$Re_{AB}=73720, \lambda_{AB}=0.03$

$Re_{BC}=57280, \lambda_{BC}=0.03$

$Re_{BD}=3.77\times 10^4, \lambda_{BD}=0.034$

计算有效。

⑧ 计算得到流量:

$$V_C=0.785\times 0.032^2\times 1.79=1.44\times 10^{-3}(\text{m}^3/\text{s})=5.18(\text{m}^3/\text{h})$$

$$V_D=0.785\times 0.026^2\times 1.45=7.69\times 10^{-4}(\text{m}^3/\text{s})=2.77(\text{m}^3/\text{h})$$

1.5 基于流体力学原理的几种流量测量

生产过程中需核算成本,检查生产操作条件,或调节控制生产过程,常需测量流量。流量测量方法有多种,但基于流体力学原理的测量装置一般有毕托管(由测速间接测流量)、孔板流量计和转子流量计等。

1.5.1 毕 托 管

毕托管(Pitot tube)由直径较小的同心套管构成,外管管口顶端封闭,前端壁面四周开有测压小孔,内管前端开口,内外管末端分别与 U 形压差计的左右端相连,如图 1－26 所示。

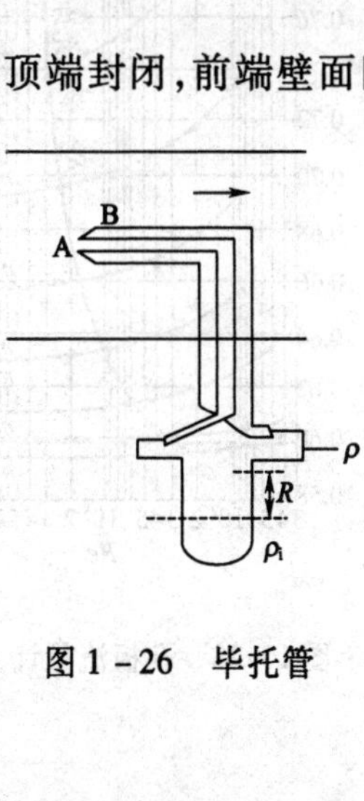

图 1－26 毕托管

测量时管口正对流动方向,管壁与流线平行,可测一点的流速,但应注意尽量减小对流动的影响,故毕托管的管径较小,A、B 距离较近。未放毕托管前,A、B 两点的流速相同,且因靠得很近,其间流动阻力和位能影响忽略不计,压强相同。放入毕托管后,A 点成为驻点,原动能 $u^2/2$ 转换为压强能,而 B 点未发生变化。A、B 两点的压强能之差为 $\frac{p_A^+}{\rho}-\frac{p_B^+}{\rho}=$

$\left(\frac{p_{A0}^{+}}{\rho}+\frac{u^2}{2}\right)-\frac{p_{B0}^{+}}{\rho}=\frac{u^2}{2}$，“o”表未放毕托管前，故有：

$$u=\sqrt{\frac{2\left(p_A^{+}-p_B^{+}\right)}{\rho}}=\sqrt{\frac{2(\rho_i-\rho)gR}{\rho}} \tag{1-45}$$

考虑实际影响因素，可乘一校正系数 C(0.98 ~ 1.00)，因 C 接近 1，故也可不校正。

一般用毕托管测得管中心处最大速度，再用管内平均速度与最大速度的关系求取平均速度，且不同的流型，两者有不同的关系。使用毕托管时应注意如下几点：管道相对较大、流体应清洁、压差较小时采用微压差计测压。

1.5.2 孔板流量计

孔板流量计(orifice meter)利用圆形板中心打孔的孔板节流装置，使流道截面缩小，造成流体的动能与压强能之间发生转换，在节流装置前后形成压差，且此压差与流量有关，并通过 U 形压差计测出压差，即可计算流量。孔板流量计的结构示意如图 1-27 所示，管径为 d，截面积为 A，孔板的孔径为 d_0，孔面积为 A_0，流线在孔板前后变化情况示于图中，2-2′处称为“缩脉”，然后扩至 3-3′截面，孔口至 3-3′间近管壁部分产生边界层分离，为漩涡所填充。在 1-1′与 2-2′处列伯努利方程，暂不考虑阻力损失：

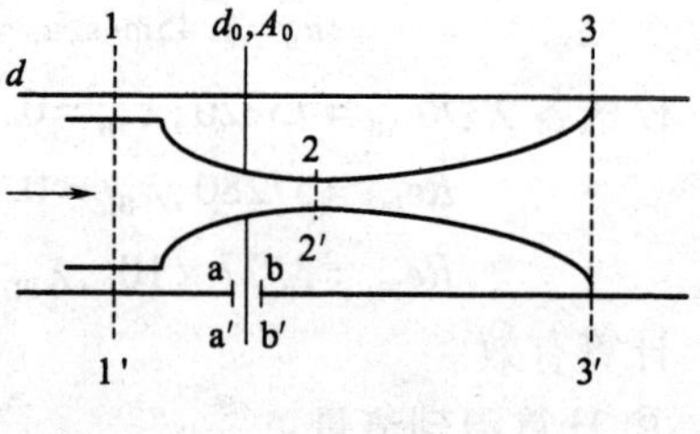

图 1-27　孔板流量计示意图

$$\frac{p_1}{\rho}+gz_1+\frac{u_1^2}{2}=\frac{p_2}{\rho}+gz_2+\frac{u_2^2}{2}\Rightarrow u_2^2-u_1^2=\frac{2(p_1^{+}-p_2^{+})}{\rho}$$

又 $u_1A_1=u_2A_2\Rightarrow u_1=\left(\frac{A_2}{A_1}\right)u_2$，代入上式：

$$u_2=\frac{1}{\sqrt{1-(A_2/A_1)^2}}\cdot\sqrt{\frac{2(p_1^{+}-p_2^{+})}{\rho}}$$

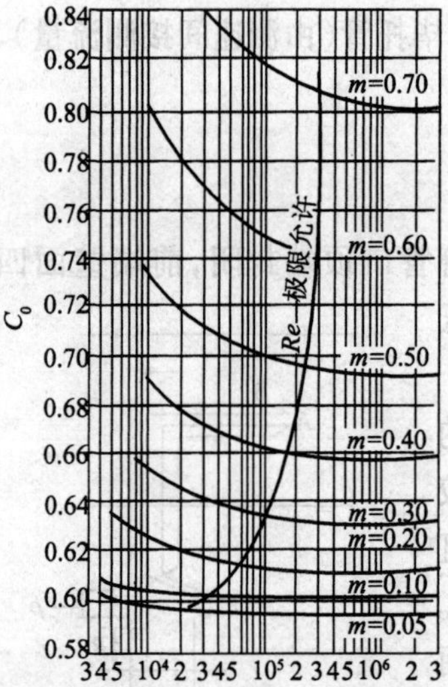

图 1-28　孔板流量计 C_0

缩脉位置易于变化，故以孔板开孔面积计，但孔板一般较薄，难以开孔取压，故通常在孔板前后用 U 形压差计取压，如以 $p_a^{+}-p_b^{+}$ 代替 $p_1^{+}-p_2^{+}$，需引入校正系数 C_1，又以孔板孔速 u_0 代替 u_2，A_0 代替 A_2，需再引入校正系数 C_2，再考虑阻力损失，引入修正系数，并与 C_1、C_2 合并为 C_0，有：

$$u_0=\frac{C_1C_2}{\sqrt{1-(A_0/A_1)^2}}\cdot\sqrt{\frac{2(p_a^{+}-p_b^{+})}{\rho}}=C_0\cdot\sqrt{\frac{2(\rho_i-\rho)gR}{\rho}} \tag{1-46}$$

流体体积流量为：

$$V_s=C_0A_0\cdot\sqrt{\frac{2(\rho_i-\rho)gR}{\rho}} \tag{1-47}$$

C_0 与流动 Re、$m=A_0/A$ 有关，需要通过实验测定，C_0 称孔板的流量系数，测定结果如图 1-28 所示。若管流 Re

大于某临界值Re_C，则C_0为常数，一般在0.6～0.85之间。计算时一般先假设C_0值，得到V_s后再校核C_0。

孔板流量计的缺点是为了造出测量流量所需的压差，采用孔板，形成较大阻力损失h_f：

$$h_f \approx \left(1 - 1.1\frac{A_0}{A}\right)\frac{p_a^+ - p_b^+}{\rho} \tag{1-48}$$

为克服孔板流量计h_f较大的缺点，采用渐缩渐扩的文丘里流量计（venturi meter），文丘里流量计的流量系数C_V在0.98以上，与孔板流量计相比，阻力损失较小，但结构变复杂。孔板流量计和文丘里流量计都是恒流通截面变压差型流量计。

1.5.3　转子流量计

转子流量计（rotameter）主要由锥度4°左右的微锥形的玻璃管或其他材料管及可由不同材料制成的转子（或浮子）组成，转子的直径略小于锥管直径，密度大于流体密度。根据转子受流体作用后在锥管中所处的位置指示流量，如图1-29所示。某一流量下流体自下而上流过转子时，转子受力平衡，指示一个读数值（标在管壁上），而流量变化增大时，平衡被破坏，转子上升，因流道扩大，转子上端面的压强变大，重新达到受力平衡，结果指示一个更大的流量数值。

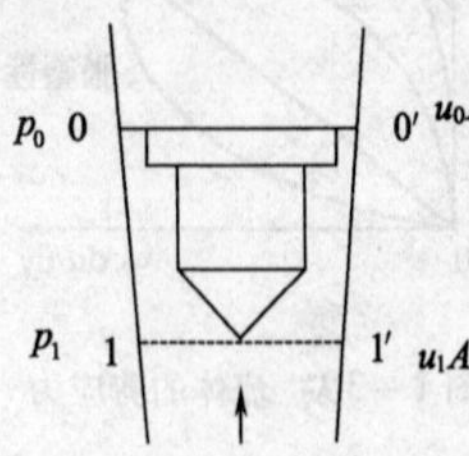

图1-29　转子流量计原理示意图

转子受重力和上下端面压差造成的升力作用平衡，重力为$\rho_R g V_R$，ρ_R为转子密度，V_R为转子体积。转子上下端面压差造成的升力按照伯努利方程分为两部分：一是转子的浮力$\rho g V_R$，ρ为流体密度；另一为动能差引起的升力，为$A_0\rho(u_0^2 - u_1^2)/2$，A_0为上端面处环隙面积。列出力平衡式有：

$$\rho_R g V_R = \frac{A_f}{2}\rho(u_0^2 - u_1^2) + \rho g V_R \tag{1-49}$$

由$u_1A_1 = u_0A_0$，得到：

$$u_0 = \frac{1}{\sqrt{1-(A_0/A_1)^2}}\sqrt{\frac{2V_R g(\rho_f - \rho)}{\rho A_R}} = C_R \cdot \sqrt{\frac{2V_R g(\rho_f - \rho)}{\rho A_R}} \tag{1-50}$$

$$V_s = u_0A_0 = C_R A_0 \cdot \sqrt{\frac{2V_R g(\rho_R - \rho)}{\rho A_R}} \tag{1-51}$$

C_R为转子流量计的流量系数。C_RA_0由实验测出，直接以刻度形式间接给出，标在锥管上。由V_s表达式知，流量与A_0、C_R、ρ有关，即不同的流体ρ不同，即使是转子处于同一高度，A_0相同，实际流体的流量与读数不同，因为锥管上的读数是用水或空气（20℃，101.3 kPa）测得的流量。用转子流量计测不同的流体时，实际状态流量需换算得到。换算原则较简单，因为转子的存在，湍动很易发生，认为C_R为常数，故可假设C_RA_0为常数，采用比例方法求取实际流体的流量，用s表示标态，用p表示实际状态：

$$\frac{V_p}{V_s} = \frac{C_{Rp}A_0}{C_{Rs}A_0} \cdot \frac{\sqrt{V_R g(\rho_R - \rho_p)/(A_R\rho_p)}}{\sqrt{V_R g(\rho_R - \rho_s)/(A_R\rho_s)}} = \sqrt{\frac{(\rho_R - \rho_p)/\rho_p}{(\rho_R - \rho_s)/\rho_s}} \tag{1-52}$$

凡是测量液体流量的转子计用水标定，凡是测量气体流量的转子计用空气标定，标定条件均为20℃、101.3 kPa，若流量计用于其他液体或气体，则必须进行换算，初学者往往忽略转子流量计读数的换算，造成错误，应对此加以重视。

1.6 非牛顿型流体及阻力计算原则

1.6.1 非牛顿型流体

不符合 $\tau' = \mu du/dy$ 规律的流体称为非牛顿型流体(non - newtonian fluid)。在流变学(rheology)中，非牛顿型流体有黏性流体和黏弹性流体(如面条)之分，而黏性流体又分为黏性与时间无关和与时间有关的流体，其中黏性与时间无关的非牛顿型流体有假塑性流体(pseudoplastic fluid)、胀塑性流体(dilatant fluid)、宾汉姆塑性流体(Bingham plastics)，黏性与时间有关的非牛顿型流体有触变性流体(thixotropic liquid)和流凝性流体(rheopectic substance)。黏性与时间无关的流体 τ' 与 du/dy 关系如图1－30所示。令：

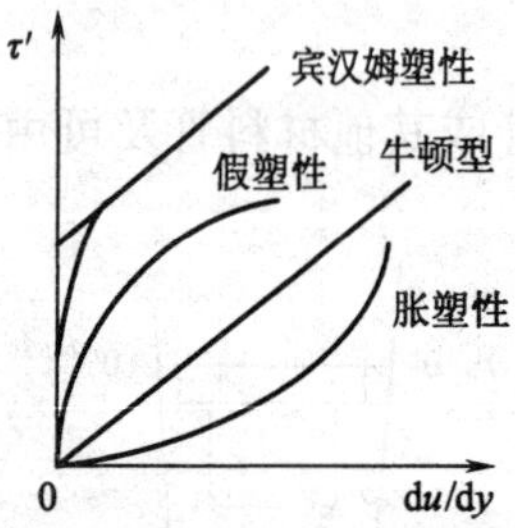

图1－30 流体的剪应力

$$\mu_a = \frac{\tau'}{du/dy} = K\left(\frac{du}{dy}\right)^{n-1} \tag{1-53}$$

符合式(1－53)关系的流体称为幂律流体。牛顿型胀塑性和假塑性流体均表示为幂律流体。食品工业中的非牛顿流体例子有：干酪、巧克力为塑性流体；蛋黄酱、动物血、果酱为假塑性流体；浓淀粉溶液、蜂蜜为胀塑性流体等。

1.6.2 非牛顿型流体阻力计算原则

梅茨纳(Metzner)提出幂律流体层流流动的阻力通式，仍按范宁公式表示：

$$h_f = \lambda \frac{l}{d} \cdot \frac{u^2}{2}$$

$$\lambda = \frac{64}{Re^*} \tag{1-54}$$

$$Re^* = \frac{d^{n'} u^{2-n'} \rho}{m} \tag{1-55}$$

$$m = 8^{n'-1} K' \tag{1-56}$$

对幂律流体，$n' = n$，$K' = K[(3n+1)/(4n)]^n$。上述各式中 K 为稠度系数，单位为 $Pa \cdot s^n$，K' 也称为稠度系数，n、n' 均称为流变指数，m 为拟黏度。

幂律规律流体在光滑管中作湍流流动时，范宁摩擦因子 $f = \lambda/4$，计算公式为：

$$\frac{1}{\sqrt{f}} = \frac{4.0}{n^{0.75}} \lg\left(Re_{MR} f^{1-n/2}\right) - \frac{0.4}{n^{1.2}} \tag{1-57}$$

为便于计算，式(1－57)已经绘成图，如图1－31所示，在 $n = 0.36 \sim 1.0$，梅茨纳型

$Re_{MR}=2900\sim36000$ 范围内上式的计算结果与实验结果误差较小。在 $n=0.2\sim1.0$ 范围内，幂律流体由层流向湍流过渡的临界雷诺数 Re_{MR} 为 2100 ~ 2400。

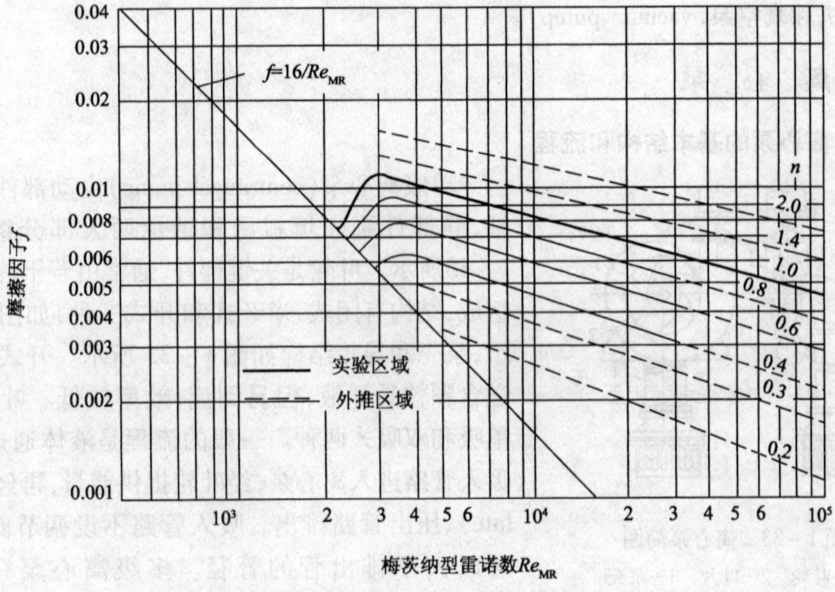

图 1－31　非牛顿型流体的范宁摩擦因子

1.7　流体输送机械

1.7.1　流体输送所需能量的分析

图 1－32 是带有输送设备将流体由低位设备输送至高位设备的管路系统。在 1－1′至 2－2′截面间列伯努利方程，有：

$$z_1+\frac{p_1}{\rho g}+\frac{u_1^2}{2g}+H_e=z_2+\frac{p_2}{\rho g}+\frac{u_2^2}{2g}+\sum H_{f1-2}$$

得到 $H_e=\dfrac{\Delta p^+}{\rho g}+\dfrac{\Delta u^2}{2g}+\sum\left[\left(\lambda\dfrac{L}{d}+\zeta\right)\dfrac{u^2}{2g}\right]$，又 $u=\dfrac{V_s}{\dfrac{\pi}{4}d^2}$，$\Delta u^2\approx0$，故有：

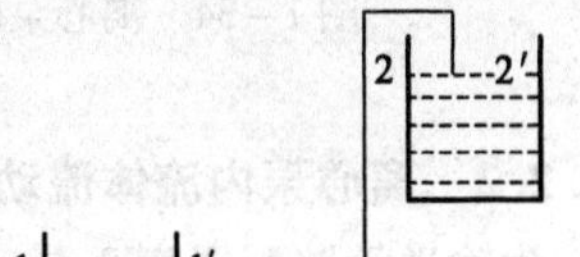

图 1－32　流体由低向高输送

$$H_e=\frac{\Delta p^+}{\rho g}+\sum\left[\frac{8\left(\lambda\dfrac{L}{d}+\zeta\right)}{\pi^2d^4g}\right]V_s^2=\frac{\Delta p^+}{\rho g}+BV_s^2 \tag{1-58}$$

进入阻力平方区，B 为常数。式(1－58)称为管路特性曲线(system head curve)，B 值较大时为高阻管路，B 值较小时为低阻管路，方程表达了在一定管路中以 V_s 流量输送流体时，外界所需向单位重量流体提供的能量，这种能量可由输送设备提供。在输送管路中，选择合理的输送机械可以提供管路所需要的流量和机械能。

向液体提供能量的设备称为泵,向气体提供能量的设备称为风机和压缩机及真空泵。泵有叶片式、往复式、旋转式等类型,风机与泵的结构有相似之处。本节主要介绍离心泵、往复式压缩机和真空泵(vacuum pump)。

1.7.2 离 心 泵

1.7.2.1 离心泵的基本结构和流程

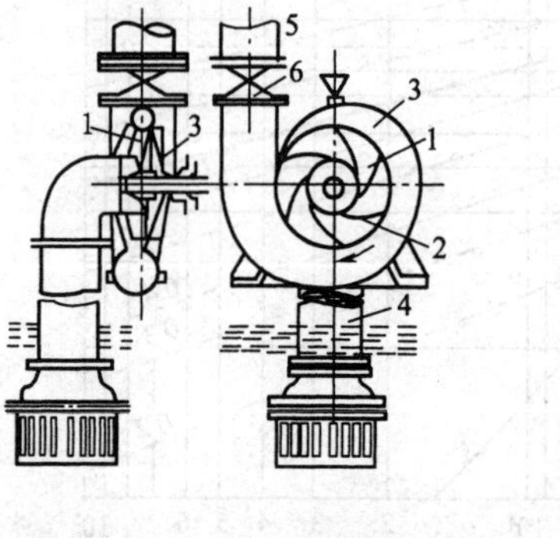

图 1－33 离心泵简图

1—叶轮 2—叶片 3—泵壳
4—吸入管 5—排出管 6—调节阀

单级离心泵(centrifugal pump)由动部件叶轮和泵轴、静部件泵壳填料函和轴承两大部分组成,如图 1－33所示。叶轮是关键部件,通常由若干片后弯叶片组成,结构有闭式、半开式和开式三种,如图 1－34 所示,泵壳和导轮结构如图 1－35 所示。开式叶轮可输送含颗粒悬浮液,但易倒流,效率较低。叶轮吸液有单吸和双吸式两种。一般的流程是液体通过底阀,由吸入管路进入离心泵,经叶轮提供能量,再经蜗道(volute)、压出管路排出。吸入管路不设调节阀,且管径可以大于排出管的管径。多级离心泵(multistage pump)的泵轴上接有多个叶轮,液体经过导壳的流道而被逐次引向下一级的叶轮,压强能逐级得到增加。

(a)闭式 (b)半闭式 (c)开式

图 1－34 离心泵的叶轮

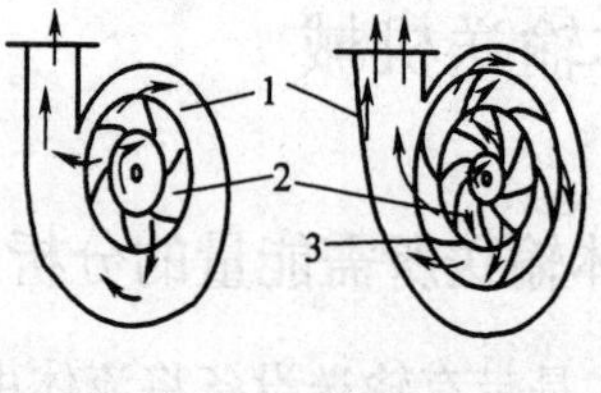

图 1－35 泵壳与导轮

1—泵壳 2—叶轮 3—导轮

1.7.2.2 离心泵内流体流动的数学模型

为输送管路配置离心泵,首先需要提供离心泵对单位重量的流体提供的机械能、功率、效率等参数与流量的关系,而这些关系本可由理论推导得出,但因离心泵内的流动复杂,理论推导的结果与实测结果差异较大,所以还需使用实验实测有关曲线。离心泵内流动较复杂,建立其动量传递通量数学模型的方法在单元操作学中具有代表性,故在此详细加以研究。

(1)考察方法 假定离心泵叶轮的叶片无限多、无限薄,其旋转为等角速的旋转,流体为理想流体,即不考虑阻力损失。考察方法有以下两种:①以静止坐标系为参照系,出口关闭时泵中液体作等速圆周运动,流体受力是泵壳所施向心力即径向压差,此力是离心力的反作用力,即使出口关闭,流体在叶片内不流动,但因旋转,叶片出口侧的压强还是比叶片进液侧的压强高,与重力场中静止流体在同一高度处压强相等的规律不同;②以旋转坐标为参照系,观察者随叶片等速旋转并观察,流体相对静止,同时受离心力和向心力的作用,处于平衡。

(2) 离心力场重力场双场中的 Euler 微分平衡方程

解　采用第二种考察方法时，由 Euler 微分平衡方程 $dp=\rho(Xdx+Ydy+Zdz)$，X、Y、Z 分别为 x、y、z 方向单位质量流体的质量力的分量。设叶轮水平放置，如图 1－36 所示 r 处，离心力为 $m\omega^2 r$，单位质量流体的离心力为 $\omega^2 r$，在 x 方向分量为 $\omega^2 x$，在 y 方向分量为 $\omega^2 y$，即 $X=\omega^2 x$，$Y=\omega^2 y$，$Z=-g$。

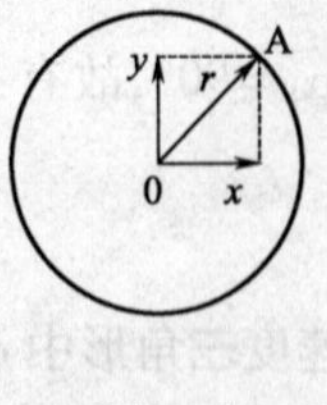

图 1－36　平放叶轮 r 处离心力

$$dp=\rho(\omega^2 xdx+\omega^2 ydy-gdz)=\rho(\omega^2 dx^2/2+\omega^2 dy^2/2-gdz)$$

$$=\rho(\omega^2 dr^2/2-gdz)=\rho(\omega^2 rdr-gdz)$$

积分上式：

$$p+\rho gz-\frac{\rho\omega^2 r^2}{2}=\text{常数} \tag{1-59}$$

式(1－59)中，ω 为 A 点旋转的切向圆周速度。

离心力场重力场双场中流体相对静止时压强的分布规律与重力场静止流体和压 $p^+=$ 常数不同，半径小处 p^+ 小，半径大处 p^+ 大，现定义：

$$p^{\pm}=p^+-\frac{\rho u^2}{2}=p+\rho gz-\frac{\rho u^2}{2} \tag{1-60}$$

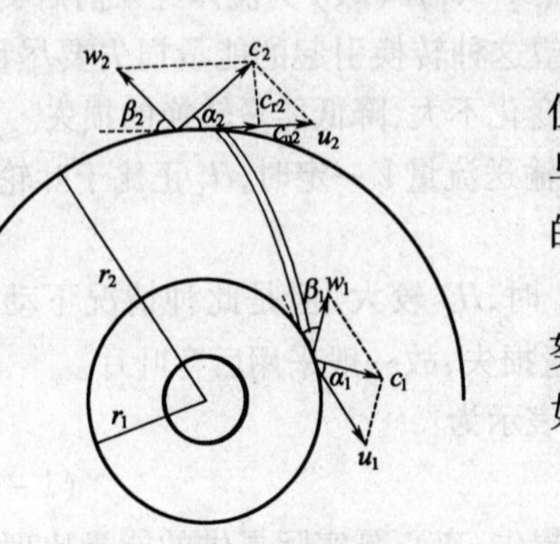

图 1－37　泵内流动的速度三角形

$p^{\pm}$ 为离心场中流体的"和差压"，即相对静止的单位体积流体所具有的和压强能减去旋转动压能，单位与压强单位相同。式(1－60)表明：双力场中相对静止的同一流体的"和差压" $p^{\pm}$ 处处相等。

(3)旋转坐标系为参照系时叶片间流体流动的伯努利方程　以旋转坐标系为参照系，泵出口打开时，如图 1－37 所示，流体流过叶片间的伯努利方程为：

$$\frac{p_1^{\pm}}{\rho g}+\frac{w_1^2}{2g}=\frac{p_2^{\pm}}{\rho g}+\frac{w_2^2}{2g}\Rightarrow\frac{p_1^+}{\rho g}-\frac{u_1^2}{2g}+\frac{w_1^2}{2g}=\frac{p_2^+}{\rho g}-\frac{u_2^2}{2g}+\frac{w_2^2}{2g}$$

$$\frac{p_2^+-p_1^+}{\rho g}=\frac{u_2^2-u_1^2}{2g}+\frac{w_1^2-w_2^2}{2g} \tag{1-61}$$

式(1－61)右边第一项为 1N 流体的离心力做功：

$$\int_{r_1}^{r_2}\frac{F}{mg}dr=\int_{r_1}^{r_2}\frac{m\omega^2 r}{mg}dr=\frac{\omega^2}{2g}(r_2^2-r_1^2)=\frac{u_2^2-u_1^2}{2g}$$

(4)静止坐标系为参照系时叶片间流体流动的伯努利方程

由速度三角形关系，有：

$$w_1^2=c_1^2+u_1^2-2c_1u_1\cos\alpha_1$$

$$w_2^2=c_2^2+u_2^2-2c_2u_2\cos\alpha_2$$

在静止坐标系中列伯努利方程为：

$$\frac{p_1^+}{\rho g}+\frac{c_1^2}{2g}+H_T=\frac{p_2^+}{\rho g}+\frac{c_2^2}{2g}$$

$$H_T=\frac{p_2^+-p_1^+}{\rho g}+\frac{c_2^2-c_1^2}{2g}=\frac{u_2^2-u_1^2}{2g}+\frac{w_1^2-w_2^2}{2g}+\frac{c_2^2-c_1^2}{2g} \tag{1-62}$$

$$H_T = \frac{u_2 c_2 \cos \alpha_2 - u_1 c_1 \cos \alpha_1}{g} \tag{1-63}$$

一般 $\alpha_1 = 90°$，故有：

$$H_T = \frac{u_2 c_2 \cos \alpha_2}{g} \tag{1-64}$$

又在速度三角形中 $c_2\cos \alpha_2 - c_{u2} = u_2 - c_{r2}\cot \beta_2 = u_2 - \frac{V_s}{2\pi r_2 b_2}\cot \beta_2$，故：

$$H_T = \frac{u_2^2}{g} - \frac{u_2 \cot \beta_2}{2g\pi r_2 b_2}V \tag{1-65}$$

式(1－65)中，$u_2 = \omega r_2 = 2\pi n r_2$，$n$ 为转速。式(1－62)～式(1－65)的 H_T 均表示离心泵在理想情况下对1N流体提供的机械能，称为离心泵的理论压头或扬程。由于 $\rho g H_T$ 为压强单位，也代表单位时间单位截面上的动量变化量，即离心泵中流体从外界获得的动量通量，此动量通量由输送机械离心泵叶片旋转提供给流体而获得，故 $\rho g H_T$ 实际代表了叶片向流体传递的动量通量的大小。

利用式(1－65)，可以说明下述一些问题：

(1) H_T 由3部分组成，$(u_2^2 - u_1^2)/(2g)$ 为旋转力场所作功转变成流体出口的压强能，$(w_1^2 - w_2^2)/(2g)$ 为流道扩大后动能转换成的压强能，$(c_2^2 - c_1^2)/(2g)$ 为流体经泵前后实际的动能差，在蜗壳中也被转换为流体的压强能，只是希望这种转换引起的能量损失要尽量小，故流体流出叶片的出口后要进入蜗壳，以使流动方向变化不大，降低能量转换的损失。

(2) 叶片出口宽度 b_2 和后弯角度 β_2 确定，离心泵输送流量 V 一定时，H_T 正比于叶轮直径 D、叶轮转速 n。

(3) H_T 与后弯角度 β_2 有关，当 $\beta_2 > 90°$(前弯)时，H_T 较大，但是此种情况下动能项 $c^2/(2g)$ 占据的百分比大，在蜗壳中转换时会引起能量损失，故一般采用后弯叶片。

(4) 在一定的转速和叶轮直径下，式(1－65)可表示为：

$$H_T = a' - b'V \tag{1-65a}$$

但实际上推导过程过于理想化，因实际存在各种损失，离心泵实际提供的能量比理论推导得到的能量低，纯数学模型导出的式(1－65a)无法使用，因而改为由实验测叶片提供的动量通量。实验测出的关系式写成：

$$H_T = a - bV^2 \tag{1-66}$$

(5) 理论上，流体密度 ρ 对 H_T 无影响，在相同的转速下，离心泵对任一种1N流体如水或空气提供的机械能均相等。由(式1－62)知，$\Delta p^+ \propto \rho g H_T$，叶轮出口与进口流体的压差应与流体密度有关。若泵内开始为空气所充满，则 Δp^+ 比灌满水时要小很多，在叶轮进口处产生的真空度很小，离心泵安装高度高于液面时，不能自动吸上被输送的液体。例如，由式(1－60)知，离心泵出口阀门关闭时，$p + \rho g z - \rho u^2/2 = p^+ - \rho u^2/2 = p^\pm =$ 常数，以输送常压常温下的水为例，假如出口阀门关闭，叶片平放在等高面上(即使是叶片垂直放，z 的差异在离心泵内较小，如半径为0.1m时，$g\Delta z$ 只有0.98，可忽略)，$z_2 = z_1$，中心处旋转的圆周速度 $u_1 = 0$，则半径为0.1m，$n = 2900$r/min时，$u_2 = 30$m/s，理论上达到的最大压差 $\Delta p = 460\rho$。泵安装在液面上方且不用液体灌泵时，泵内是空气，压差约为550Pa，此数值即使全部用于使进口处 p_1 降低，也只能达到550Pa的真空度，可使进口管内的水升高5.6cm。考虑泵出口压强的增加和泵内空气倒流等实际情况因素，泵吸入口的压强很难再降低，又泵的吸入管内液面升高很小，可忽略不计，故工程上泵安装在液面上方时，无法自动吸液，称为“气缚(air bound)”现象。可是，在同样泵的安装高度下，泵中灌满水时，水的密度为1000kg/m^3，泵启动后出口和入口压差理论上高达460kPa。泵的安装高度低于最大允许安装高度时，只要打开出口阀门，水就会因高压而迅速流出泵出口，假设泵入口水不能自动流进，进口管路和泵内将瞬间形成高真空，因外界液面上方是常压，由伯努利方程知，泵的叶轮入口处的高真空一定导致水自动流进，故泵入口管路内的水均会流动，也即灌泵后水可连续自动吸入。

1.7.2.3 离心泵能量的损失

离心泵内的实际情况比理论假设复杂，这是因为叶片为有限个，流体流线不可能与叶片完全吻合，流体具有内摩擦力，具有各种损失，使得实际压头比理论压头要低。各种损失为：

(1)容积损失　液体泄漏所造成，高压区流体被迫返回低压区，使已经获得能量的流体不能有效输送出去，造成机械能损失。

(2)水力损失　包括流体进出叶片时的冲击、叶片间流体因出口高压和进口低压的差压作用产生的环流、流体流动产生的内摩擦损失等。

(3)机械损失　轴与密封填料函有摩擦损失，轴与轴承、叶轮盖板外表与液体有摩擦损失等。

考虑上述因素后 $H = a' - b'V$ 关系变成 $H = a - bV^2$ 关系，由实验测出，如图1－38所示。

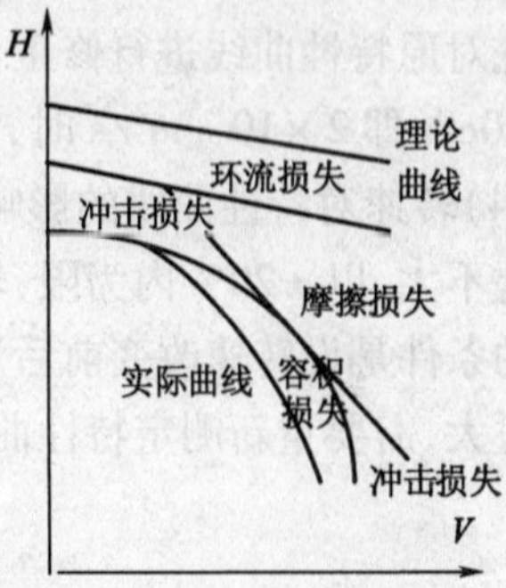

图1－38　离心泵中的能量损失

1.7.2.4 离心泵的主要性能参数与特性曲线

尽管1.7.2.2得到了离心泵的数学模型，并解释了一些问题，但因为泵内的流动很复杂，理论与实际情况差异较大，数学模型得到的压头公式在实际问题中难以得到应用，还需通过实验实测离心泵的性能曲线，以供选用离心泵。实测实验在图1－33所示的管路上进行。实测的 H_T 与流量 V 的关系曲线，代表了一定流量下离心泵叶片实际提供的机械能，也代表了泵内流体获得的动量通量($=\rho gH$)，这就是绪论图0－1所揭示的求取动量通量或三传量通量的转换目标法掩盖求动量通量的实质的处理方法，因理论上难以求出，采用实验直接测定目标参数。

(1)离心泵的性能　离心泵具有的操作特性可用性能参数表征。离心泵的主要性能参数有流量 V、压头(扬程) H、效率 η、轴功率 N、转速 n 以及后面即将讨论的允许汽蚀余量NPSH(h_n 或 Δh)、允许吸上真空高度 H_s 等，而表征性能参数间的关系曲线成为离心泵的特性曲线(characteristic curve)，主要有 $H-V$、$N-V$、$\eta-V$ 等，一定转速 n 下的离心泵的特性曲线如图1－39所示。离心泵的性能有两种表达方式，除特性曲线图外还有性能表可供查用，见附录或产品样本。

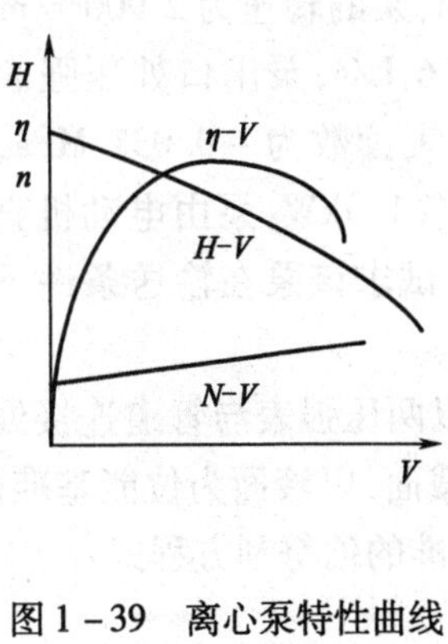

图1－39　离心泵特性曲线

离心泵流量通常以m^3/s、L/s、m^3/h为单位，可用 V 表示，与泵结构、尺寸、转速和所在管路有关。离心泵的压头或扬程(developed head)用 H 表示，单位为m，代表对

1N 流体所提供的有效能量，与升举高度不是同一个概念。离心泵的效率用 η 表示，可由容积效率（85% ~95%）、机械效率（96% ~99%）、水力效率（80% ~90%）相乘得到，是原动机提供能量损失大小的反映指标，通常小型泵的总效率为 50% ~70%，大型泵的总效率可高达 90%。轴功率用 N 表示，指泵轴的功率，如泵直接由电动机带动，则指电机传给泵轴的功率，单位为 W 或 kW。离心泵的有效功率 N_e 指流体自叶轮获得的能量，N 与 N_e 的关系为：

$$N = H\rho gV/\eta \tag{1-67}$$

（2）泵的特性曲线　主要有 $H-V$、$N-V$、$\eta-V$ 等，出厂前以 20℃ 的水做实验测得。由离心泵的特性曲线可知：使用离心泵时注意要在零流量下即关闭出口阀时启动，此时启动功率最小，可保护电机；离心泵需在最高效率范围区域内输送液体，以节约能量。

（3）液体性质对泵的性能影响　液体的密度只影响泵的功率，可按照式（1-67）计算。液体的黏度对特性曲线有影响，在输送黏度较大的流体时，特性曲线将有所变化，故在选泵时应先对原特性曲线进行修正，然后根据修正后的特性曲线进行选择，且通常当运动黏度 υ 大于 20cSt 即 $2\times10^{-5}m^2/s$ 时，需换算，换算系数可查有关著作提供的换算系数图。

（4）转速对特性曲线的影响　泵的转速发生变化时，同一台泵的特性曲线不同。如果转速相差不大，以 ±20% 内为限，转速改变后的特性曲线可从已知的特性曲线近似换算求出，换算的条件是设转速改变前后液体离开叶轮的速度三角形相似，泵的效率相等，但如果转速改变过大，需要重新测定特性曲线。离心泵的比例关系为：

$$\frac{V'}{V} = \frac{n'}{n} \tag{1-68}$$

$$\frac{H'}{H} = \left(\frac{n'}{n}\right)^2 \tag{1-69}$$

$$\frac{N'}{N} = \left(\frac{n'}{n}\right)^3 \tag{1-70}$$

满足几何、运动和动力相似律（affinity law）的一系列离心泵的特性曲线可以用系列特性曲线图表示，其中参变量比转数的表达式中包含有转速、流量和单位重量流体机械功（扬程）变量，用于描述系列中的泵的相似程度和输送机械分类。同一系列相似的泵的比转数相同，比转数越大，说明在同样流量下的扬程越小。

【例 1-10】离心泵性特性曲线的测定　采用图 1-40 所示的实验装置来测定离心泵的性能。泵的吸入管内径为 95 mm，排出管内径为 62 mm，两测压表盘中心间垂直距离因安装误差为 0.01m，泵的转速为 2 900 r/min，用 20℃ 的水测定，测出流量为 6 L/s，泵出口处压强表读数为 0.15MPa，泵入口处压强表读数为 -0.031 MPa，功率表测得电动机所消耗的功率 1.5kW，泵由电动机直接带动，电动机的效率为 95%。试求该泵在输送条件下的压头、轴功率和效率。

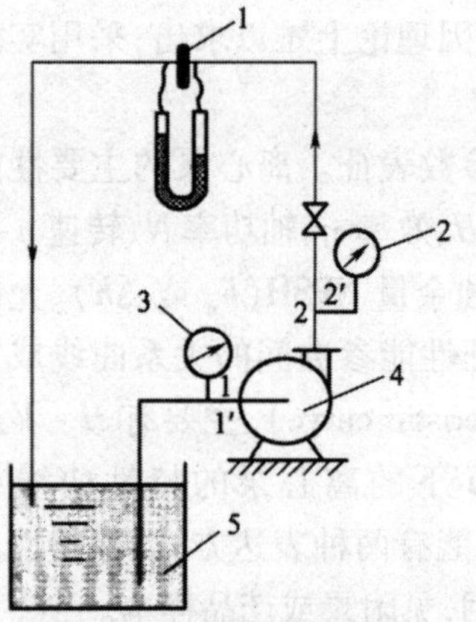

图 1-40　例 1-10 附图

1—流量计　2—压强表　3—真空计

4—离心泵　5—贮槽

解：（1）求泵的压头　以两压强表与管道连接处所在截面分别为 1-1′和 2-2′截面，以液面为位能基准面，在两截面间列以 1N 液体为基准的伯努利方程式：

$$z_1+\frac{p_1}{\rho g}+\frac{u_1^2}{2g}+H_e=z_2+\frac{p_2}{\rho g}+\frac{u_2^2}{2g}+H_{f1-2}$$

其中 $(p_2+\rho g z_2)-(p_1+\rho g z_1)=[1.5\times10^5-(-3.1\times10^4)]+\rho g(0.01)$ 是由静力学方程推导得到，因为测压表盘与测压口位置不同，表盘读数与测压口的表压也不同。$d_1=0.095\text{m}$，$d_2=0.062\text{m}$，

$$u_1=\frac{4V}{\pi d_1^2}=\frac{4\times6\times10^{-3}}{\pi\times0.095^2}=0.85(\text{m/s})$$

$$u_2=\frac{4V}{\pi d_2^2}=\frac{4\times6\times10^{-3}}{\pi\times0.062^2}=1.99(\text{m/s})$$

测压口间的管路很短，忽略流动阻力损失。泵的压头为：

$$H_e=0.01+\frac{1.5\times10^5-(-3.1\times10^4)}{1000\times9.81}+\frac{1.99^2-0.85^2}{2\times9.81}=18.63(\text{m})$$

(2)求泵的轴功率　功率表测得的功率为电动机的输入功率，泵由电动机直接带动，传动效率可视为100%，所以电动机的输出功率等于泵的轴功率。电机本身消耗部分功率，其效率为95%，于是电动机输出功率为 1.5 × 0.95 = 1.43kW，所以，泵的轴功率为 $N=1.43$ kW。

(3)求泵的效率　由式 1－66，$\eta=\frac{V\rho gH}{N}\times100\%=\frac{0.006\times1000\times9.81\times18.63}{1.43\times1000}\times100\%=76.7\%$

改变阀门的开度，可以测得多组数据，绘制出离心泵的特性曲线。

1.7.2.5　离心泵的流量调节和组合操作

(1)离心泵的流量调节　管路特性方程(1－58)和泵的特性方程(1－66)联立求解，可以得到同时符合管路和泵的流量和压头，称为离心泵的工作点，如图 1－41 所示。改变图 1－41 中工作点的位置即可调节流量，方法有如下几种：①改变管路特性曲线的位置，包括增大减小斜率或上下平移此线；②改变泵的特性曲线，包括改变转速等。例如，要增加管路的阻力，可以关小阀门开度，阻力变大，管路曲线更陡，流量变小，相反流量则变大，而将转速从 n_1 降到 n_2，工作点则由 1 变为 2。离心泵流量调节一定要注意节能，采用管路阀门调节简单易行，但能耗大。调节泵叶片转速的方法也可有效调节流量，但需要变速装置，一般大型泵采用此类方法。调节后的工作点一般应在高效区范围内。

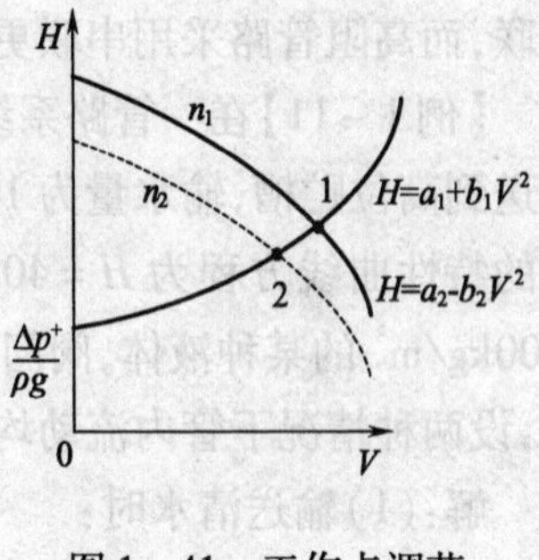

图 1－41　工作点调节

(2)离心泵的组合操作　在生产中有时会碰到泵的串联和并联操作的问题，例如油井、矿井的注水泵和抽水泵，高层建筑的消防用泵等。如有相同的两台泵，可以串联或并联操作，称为组合操作。串联时每台泵流过的流量相等，且等于泵组的流量，每台泵的压头相加后等于泵组的总压头。但要注意，串联泵组中的每台泵如果单独连接在管路中，单联泵的流量一般不会等于串联泵组的流量或串联泵组中每台泵的流量。并联时，泵组的流量等于每台泵流量之和，泵组的压头等于泵组中每台泵的压头。并联泵组中的每台泵如果单独连接在管路中，单联泵的压头一般也不会等于并联泵组的压头。

现代泵的制造业比较发达，能够提供各种规格的离心泵。一般应选用单台泵完成输送

任务,但在生产中会遇到流量调节问题,而长时间大范围的流量调节涉及能耗计算,需要在泵串并联理论的指导下进行多方案比较计算。例如,多台泵的串联涉及到多个电机的安装和管理,比较麻烦,常用多级离心泵替代,多级离心泵是泵串联的特例。在设计输送任务时一般会要求所选的多级离心泵有一个扬程裕量。系统刚开始投入工作时,为节能需要将此扬程减小,一般可采取拆除一级叶片的"拆级"措施,相当于少串接一台单叶片的离心泵。流量变化很大的场合,实际生产中一般以单台泵操作为主,需要时可采取并联泵组的方式操作,此时若为满足流量最大负荷而采用一台大流量的泵,则在仅需要小流量时,就需要大范围调节流量,使得泵不在高效区工作,能耗变大,不经济,但如果采用较小流量的泵并联,可使泵在大小流量负荷时基本都在高效区工作。是否选用一大一小的单泵进行操作,可通过计算比较后再作决定。泵的并联台数一般为 2~3 台。采用泵组方式操作时,应保证泵组中的每台泵在高效率区范围内工作,以达到节能目的。

如果单泵的特性方程为式(1-66),则可得串并联泵组的特性方程分别为:

$$H_{串} = 2a - 2bV_{串}^2 \tag{1-71}$$

$$H_{并} = a - (b/4)V_{并}^2 \tag{1-72}$$

上两式可采用"还原"法得到,先将单泵的压头用泵组的压头表示,单泵的流量用泵组的流量表示,再将单泵的压头和流量代入已知的单泵的特性方程。由式(1-71)和式(1-72)可绘出泵组特性曲线。

泵的组合方式还应该考虑管路的阻力特性。许多情况下单泵可以输液,只是流量达不到要求,此时可考虑管路阻力特性选择合理的组合方式。一般来说,低阻管路采用并联优于串联,而高阻管路采用串联更合适。

【例 1-11】在一管路系统中,用一台离心泵将密度为 1000kg/m^3 的清水从地面水池中输送到高位贮槽,输水量为 10L/s,两端液面位差 $\Delta z = 10\text{m}$,压力差 $\Delta p = 9.81 \times 10^4\text{Pa}$,离心泵的特性曲线方程为 $H = 40 - 7.2 \times 10^4 V^2$($H$-m,$V$-$\text{m}^3/\text{s}$),若用此管路系统输送密度为 1200kg/m^3 的某种液体,阀门开度与液面两端条件均保持不变,试求此时的管路特性曲线方程,设两种情况下管内流动均为湍流,λ 与 Re 无关。

解:(1)输送清水时:

$$V = 10\text{L/s} = 0.01\text{m}^3\text{s}, H = 40 - 7.2 \times 10^4 V^2 = 40 - 7.2 \times 10^4 \times 0.01^2 = 32.8(\text{m})$$

(2)输送清水时,由低位池液面 1-1′至高位槽液面 2-2′列伯努利方程:

$$\frac{p_1}{\rho} + gz_1 + \frac{u_1^2}{2} + w_e = \frac{p_2}{\rho} + gz_2 + \frac{u_2^2}{2} + \sum h_{f1-2}$$

$$\frac{p_1}{\rho g} + z_1 + \frac{u_1^2}{2g} + H_e = \frac{p_2}{\rho g} + z_2 + \frac{u_2^2}{2g} + \sum\left[\left(\lambda\frac{L+L_e}{d}+\zeta\right)\frac{\left(\frac{1}{0.25\pi d^2}\right)^2}{2g}\right]V^2$$

$$\Rightarrow H_e = \frac{\Delta p}{\rho g} + \Delta z + \frac{\Delta u_2^2}{2g} + \sum\left[\frac{8\left(\lambda\frac{L+L_e}{d}+\zeta\right)}{\pi^2 g d^4}\right]V^2, \Delta u^2 = 0$$

$$H_e = A + BV^2, A = \frac{\Delta p}{\rho g} + \Delta z, B = \sum\left[\frac{8\left(\lambda\frac{L+L_e}{d}+\zeta\right)}{\pi^2 g d^4}\right]$$

将 $H = 32.8$,$V = 0.01$ 代入上式:

$$B = \frac{H_e - A}{V^2} = \frac{32.8 - \dfrac{9.81\times10^4}{1000\times9.81} - 10}{0.01^2} = 1.28\times10^5(\mathrm{s^2/m^3})$$

(3)输送某种液体时,管路不变,λ 不变,B 为常数,则:

$$H'_e = A' + BV^2 = \frac{\Delta p}{\rho' g} + \Delta z + BV^2$$

$$= \frac{9.81\times10^4}{1200\times9.81} + 10 + 1.28\times10^5V^2 = 18.3 + 1.28\times10^5V^2$$

1.7.2.6 离心泵的安装高度

离心泵使用时必须有合适的安装高度(suction lift),否则会发生"汽蚀"现象。如图 1-42 所示,可列出 0-0′至泵入口处 1-1′截面间的伯努利方程,并得到泵的安装高度表达式:

$$H_g = \frac{p_a - p_1}{\rho g} - \frac{u_1^2}{2g} - \sum H_{f0-1} \tag{1-73}$$

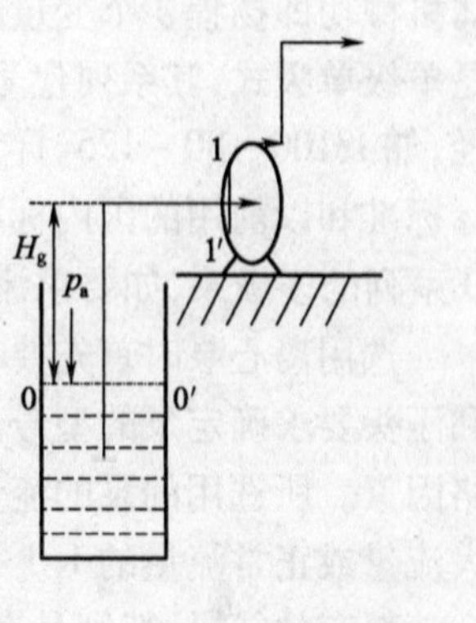

图 1-42　离心泵安装高度

一定流量 V 下,$u_1^2/(2g)$ 确定不变,$\sum H_{f0-1}$ 基本不变,泵入口 1-1′处的压强随安装高度 H_g 变化,且泵内叶轮入口处的压强较 1-1′处压强还要低,如果安装高度过高,则叶轮入口处的压强有可能下降到使被输送的液体在叶轮入口处首先发生汽化。液体汽化产生的气泡进入泵体后又被泵内高压淬灭,将形成局部空间,被四周的液体涌入填充,此时如同形成了无数细小的"水锤",若淬灭发生在叶片处,则"水锤"敲击叶片,又因液体多含有 O_2 等,会有腐蚀,叶片表面在敲击应力和被"水锤"强化了的腐蚀双重作用下可能产生剥落,使得叶片遭受破坏。液体汽化和气泡淬灭还会引起泵体震动,使输送效率大为降低,严重时无法吸液。上述现象称为离心泵的"汽蚀(cavitation)"。

为保证离心泵安全输液,必须对泵入口 1-1′处液体的压强 p_1 作出限制,不得低于某个数值(需大于液体饱和蒸汽压一定的数值)。由式(1-73)知,因 p_1 被确定,安装高度 H_g 并受到限制,不能高于某个数值。用于限制 p_1 达到泵抗汽蚀要求的泵性能参数有必需汽蚀余量和允许吸上真空高度,由泵制造厂通过实测后标在产品铭牌上。

汽蚀余量 NPSH(net positive suction head)国外也称正净吸入压头,国内以前的教材用 Δh 表示允许汽蚀余量,本教材用 h_n 表示泵性能产品样本上的必需汽蚀余量,其定义式为:

$$h_n = \frac{p_1}{\rho g} + \frac{u_1^2}{2g} - \frac{p_v}{\rho g} \tag{1-74}$$

泵工厂根据有关标准在泵出厂前用 20℃、101.3kPa 水做实验得到临界汽蚀余量,加上一定的安全量作为必需汽蚀余量 h_n,并列入泵产品样本。h_n 实为提供离心泵最大允许安装高度 H_g 计算所需的泵入口截面处的压强 p_1,故由伯努利方程变换,有:

$$H_g = \frac{p_a - p_1}{\rho g} - \frac{u_1^2}{2g} - \sum H_{f0-1} = \frac{p_a - p_v}{\rho g} - h_n - \sum h_{f0-1} \tag{1-75}$$

实际安装时,泵业标准还规定实际汽蚀余量要比 h_n 大 0.5m 以上,所以为安全起见,H_g 应再降低 0.5m 以上。输送介质和条件与测定用的水和条件不同时,h_n 可不作校正,因通常校正系数小于 1,不校正时计算得到的 H_g 小,说明额外获得安全裕量。h_n 与流量成正比,应按照最大输送流量要求计算。另外,以前还使用允许吸上真空高度表示抗汽蚀性能。允许吸上真空高度为用液柱高度表示的允许 p_1 的真空度,可转换成 h_n 用于 H_g 的计算。

1.7.2.7 离心泵的选用

离心泵有各种类型可供选用,如清水泵、耐腐蚀泵、油泵、液下泵、屏蔽泵、杂质泵、管道泵和低温用泵等。离心泵的性能和规格可由泵生产部门提供的泵样本查得。泵样本有表格形式和系列特性曲线图形式,图中每一扇形下方为对应型号的泵最佳工作范围即效率较高范围。满足几何、运动、动力三相似的系列离心泵的比转数 n_s(包含转速、流量和单位质量流体机械功即扬程 3 个变量的表达式)相等。清水泵是应用最广泛的离心泵,最普通的清水泵是单级单吸式,其系列代号为“IS”,规格表达为泵吸入口、压出口的直径(mm)和叶轮的外径,如 IS100－80－125,详见附录,其他泵的型号说明可参阅有关产品样本。泵的型号有国际标准和以前用的国内标准,国内标准正向国际标准靠拢。选泵时,如要求压力较高,可用 D 系列的多级泵,如要求流量大,可选用 Sh 系列的双吸离心泵。

选用离心泵时首先要根据输送流体的性质确定泵的类型,然后根据所需要输送的流量和压头要求确定泵的型号。几种型号同时满足时,要保证选用高效率的泵,但同时要考虑价格因素。所选用的泵的流量和压头要有一定的裕量。一般规定,额定工况的额定流量为最大流量或正常流量的 1.1～1.15 倍,额定扬程为所需扬程的 1.05～1.1 倍,但流量的调节又会消耗有效能量,特别是在长期运行的情形下,需作合理的考虑。

【例 1－12】某食品厂需用泵将水池中的 20℃清水输送到远处设备上去洗涤原料,管长 20m,水出口管与池水面净高差为 4m,要求水的流量为 $20m^3/h$,预计管件有 90°标准弯头($\zeta=0.75$)4 只、带滤水网的底阀($\zeta=8.5$)1 只、标准截止阀半开($\zeta=9.5$)2 只,试选择合适的离心泵。

解:已知 $L=20m, z_2=4m, z_1=0m, V=20m^3/h=5.56\times10^{-3}m^3/s$

$\rho=1000kg/m^3, \mu=1\times10^{-3}Pa\cdot s$。求 $d=?\quad H_e=?\quad N=?$

取 $u=2m/s$,

$$d=\left(\frac{V}{0.785u}\right)^{0.5}=\left(\frac{5.56\times10^{-3}}{0.785\times2}\right)^{0.5}=0.06(m)$$

圆整,选用 $\varphi76\times3mm$ 钢管,$d_i=0.07m$,

$$u=\frac{V}{d_i^2\pi/4}=\frac{5.56\times10^{-3}}{0.07^2\times0.785}=1.45(m/s)$$

$$Re=\frac{du\rho}{\mu}=\frac{0.07\times1.45\times1000}{0.001}=1.02\times10^5$$

取 $\varepsilon=0.2mm, \dfrac{\varepsilon}{d}=\dfrac{0.2}{70}=0.0026$,查出 $\lambda=0.028$,查出各 ζ。

$$\sum\zeta=4\times0.75+8.5+2\times9.5+1.0=31.5$$

$$H=\frac{\Delta p}{\rho g}+\Delta z+\frac{\Delta u^2}{2g}+\sum H_f=0+4+0+\left(0.028\times\frac{20}{0.07}+31.5\right)\times\frac{1.45^2}{2\times9.81}=8.2\ (m)$$

选 IS80－65－160 水泵,转速 $n=1450r/min$,可进一步查出 N、η 和 h_n 等数据,核算功率:

$$N_e=w_s\cdot g\cdot H=\rho\cdot V_s\cdot gH=1000\times5.56\times10^{-3}\times9.81\times8.2=447.3(W)=0.45(kW)$$

若 $\eta=60\%$,则 $N=\dfrac{0.45}{0.6}=0.75(kW)$

使用离心泵时要注意如下事项:①灌泵;②关闭出口阀门,启动;③关闭出口阀门,停泵防倒流;④安装于合适的高度防汽蚀;⑤启动前首先转动泵轴,常见因离心泵轴不能转动而强制启动烧坏电机的情况发生。

除离心泵外,还有往复泵(reciprocating pump)、齿轮泵(gear pump)、隔膜泵(diaphragm pump)、螺杆泵(screw pump)、磁力泵等形式的泵。往复泵的原理与后续即将介绍的往复式压缩机的原理较相似。齿轮泵的泵壳内有两个啮合齿轮,旋转的齿轮拨走吸入空间的液体,形成吸入空间内的低压而将液体吸入,同时挤压排出空间的液体,形成排出空间内的高压而将液体排出。齿轮泵的压头高而流量小,适用于输送黏稠液体以至膏状物,但不能输送含有固体粒子的悬浮液。隔膜泵利用活柱往复运动驱动具有弹性的隔膜松开和压紧,通过吸入活门和压出活门的交替开闭吸入和压出腐蚀性液体。螺杆泵与齿轮泵的原理相似,代替齿轮的是啮合的两螺杆。上述泵具有正位移(positive - displacement)性,即驱动电机的力将全部加到输出流体上,需用旁路进行泵流量调节,而不能用出口阀门调节流量,以防阀门关小或失误全关时因阻力过大而损坏设备和管路。磁力泵应用磁力学原理,实现无接触间接传动。电机带动外转子的磁钢旋转,使得隔离套里的内转子的磁钢与叶轮在磁力线作用下同步旋转,为全密封、无泄漏、无污染的新型工业用泵。

1.7.3 气体输送机械

气体输送机械包括通风机(fans)、鼓风机(blowers)、压缩机(compressor)和真空泵(vacuum pumps)等,工作原理和液体输送机械大体相同,但气体的可压缩性和低密度使气体输送机械又有自身的特点。气体的质量流量如与液体相同,气体的体积流量较液体体积流量要大很多,为在指定时间内完成输送任务,通常选用较高的流速,如15~25m/s,比输送液体常用的流速0.5~3m/s大很多,单位质量气体的阻力损失也较液体的阻力损失大,故风机所需提供的机械能或压头要比泵高,同时还由于气体的可压缩性,气体体积和温度会随着压强变化,表现出与液体不同的特点,以上所述特点给气体输送机械的设计和选用带来许多新的问题。

气体输送机械一般分为:

通风机——出口压强不大于15kPa(表压),压缩比1~1.15;

鼓风机——出口压强15~300 kPa(表压),压缩比小于4;

压缩机——出口压强300 kPa(表压)以上,压缩比大于4;

真空泵——用于减压,出口压强为大气压强。

1.7.3.1 通风机

通风机有轴流式和离心式通风机。轴流通风机的特点是排风量大而风压很小,一般仅用于通风换气,不用于气体输送。离心风机有广泛应用,常分为低、中、高压离心通风机,出口表风压分别为小于1.0kPa、1.0~3.0 kPa、3.0 ~15.0 kPa。离心通风机的结构和原理大体与离心泵相似,主要差别在于为提供高的通风量和机械能或压头,可采用大直径叶轮、短叶片和前弯叶片,但前弯叶片效率较低,故所有高效离心风机的叶片都为后弯叶片。

离心通风机的主要性能参数有风量、风压、轴功率和效率等,而风压有全风压、静风压和动风压之分。气体的体积流量需要规定温度和压强才有意义,风机的流量通常指进口状态下的体积流量。

对气体，通常以 $1m^3$ 作为计算基准，在风机进出口截面间（分别以 $1-1'$、$2-2'$表示）列伯努利方程，因为管道很短，忽略阻力，则有：

$$\frac{p_1}{\rho}+gz_1+\frac{u_1^2}{2}+w_e=\frac{p_2}{\rho}+gz_2+\frac{u_2^2}{2}$$

$$p_1+\rho gz_1+\frac{\rho u_1^2}{2}+P_e=p_2+\rho gz_2+\frac{\rho u_2^2}{2}$$

式中 $z_1=z_2=0$，$u_1\approx 0$，$P_e=\rho w_e$ 为风机向 $1m^3$ 气体提供的能量，则：

$$P_e=(p_2-p_1)+\frac{\rho u_2^2}{2} \tag{1-76}$$

式中 p_2-p_1 为静风压，$\rho u_2^2/2$ 为动风压。与离心泵相比，离心风机的性能多一个动风压。离心风机在出厂前用20℃、101.3kPa空气测定出了特性曲线，给出了 P_e，实际上是用实验测定的方法给出了离心风机的动量通量，故在选用风机时，应将 $1m^3$ 实际气体所需能量即实际所需的风压 P_e 换算成试验状况下的 P_e°，也即应以1kg气体为基准计算风机所能提供的机械能，故可按1kg流体为基准的伯努利方程压强能项理解下式：

$$P_e^{\circ}=P_e\left(\frac{\rho^{\circ}}{\rho}\right)=P_e\left(\frac{1.2}{\rho}\right) \tag{1-77}$$

然后根据 P_e° 及实际通过风机的气体体积流量选用风机。风机的流量应满足实际输送气体流量的要求，故无需换算。气体黏度与20℃空气相差不大时可对风压不作校正，若有较大差异，按离心泵的做法，也应考虑黏度的影响，校正风压。

离心风机的性能表示方法与离心泵的表示方法相似，可用表和系列曲线表示，见附录。比转数的定义也与离心泵的相似，表达式中包含了转速、流量和单位体积流体机械功即全压3个变量。型号中包含了用途（中文拼音首字母，基本型号无此项）、全压系数、比转数、进风方式、设计顺序号、机号（No后的数乘0.1等于叶轮直径，m）和传动方式等，如4-72-11No5 C。低压风机全压系数（如4）较小，比转数（如72）较大，高压风机全压系数（如9）较大，比转数（如27）较小。风机型号解释较为繁杂，需要时可查阅有关风机手册。

1.7.3.2 鼓风机

常用的鼓风机有旋转式和离心式两种，其中旋转式鼓风机与旋转式泵相似，机壳内有一个或两个旋转的转子，其特点是构造简单、紧凑、体积小、排气连续而均匀，适用所需压强不高而流量较大的情况。

（1）罗茨鼓风机　有两个常为腰形或三星形的转子，转子之间以及转子与壳之间缝隙很小，能使转子转动又无过多泄漏。两个转子旋转方向相反，转子旋转离开吸入口时，空间增大故而吸入气体，转子迫近压出口时，压缩并排出气体。罗茨鼓风机的风量和转速成正比，与出口压强无关，是正位移式容积型风机，流量范围为2~500m^3/min，出口表压80kPa以内，但40kPa左右效率高。罗茨鼓风机出口应安装气体稳压罐，并配安全阀，出口采用回流支路调节流量，操作温度不能越过80℃，防转子热膨胀卡死。

（2）离心鼓风机　离心鼓风机又称透平鼓风机，工作原理与离心泵相似，采用多级离心鼓风机产生较高的风压。离心风机送气量大，但出口压强不高，一般不超过300kPa（表压），压缩比不大，无需采用冷却装置，各级叶轮直径大致相同。

1.7.3.3 压缩机

压缩机主要有往复式和离心式两种类型。离心式压缩机结构和离心鼓风机相似，但级数更多，转速更高，风压高，流量大，压缩比高，气体温度升高，分成几段，叶轮直径逐级减小，各级间设冷却器，在现代化工企业有应用。往复式压缩机在食品厂的制冷车间应用具有代表性，故以下主要介绍往复式压缩机。

(1)往复式压缩机的结构和工作过程　单动往复式压缩机的结构示意如图1－43所示，主要部件由气缸、活塞、吸入和压出活门、活塞杆组成。活塞杆在原动机带动下作往复运动，使得活塞左右运动吸入和排出气体。气体可压缩、密度小，吸入和排出阀门故要很灵巧、精密。单动往复式压缩机的过程状态可在 $p-V$ 图上进行表示，如图1－44所示，其中 V_3 为余隙体积，为防活塞与缸体撞击而设，3→4 是余隙中高压气体膨胀过程，4→1 是吸气过程，1→2 是压缩过程，一般为多变压缩(polytropic compression)过程，1－2′表示绝热压缩(adiabatic compression)过程，1－2″表示等温压缩过程，2→3 为排气过程。

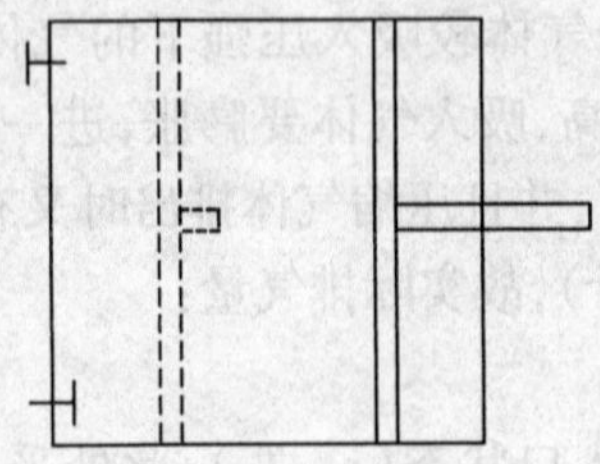

图1－43　单动往复式压缩机气缸

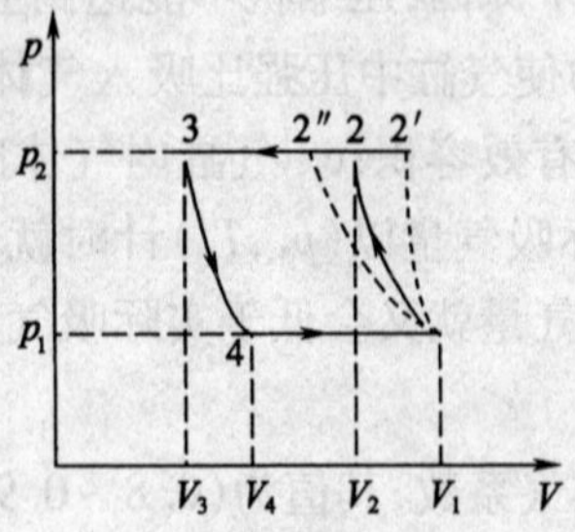

图1－44　气缸中气体的 $p-V$ 图

(2)往复式压缩机的计算

①余隙系数 ε：

$$\varepsilon=\frac{\text{余隙容积}}{\text{活塞扫过容积}}=\frac{V_3}{V_1-V_3}\tag{1-78}$$

大中型压缩机低压时的 ε 为8%，高压时达12%。

②容积系数 λ_0：

$$\lambda_0=\frac{\text{吸气容积}}{\text{活塞扫过容积}}=\frac{V_1-V_4}{V_1-V_3}\tag{1-79}$$

③多变过程 λ_0 与 ε 的关系：

对指数为 m 的多变过程：

$$p_1V_1^m=p_2V_2^m\Rightarrow\frac{V_2}{V_1}=\left(\frac{p_1}{p_2}\right)^{1/m}$$

由图1－44知：$V_4=V_3\left(\frac{p_2}{p_1}\right)^{1/m}$

$$\lambda_0=\frac{V_1-V_4}{V_1-V_3}=\frac{V_1}{V_1-V_3}-\frac{V_3(p_2/p_1)^{1/m}}{V_1-V_3}=\frac{V_1-V_3}{V_1-V_3}+\frac{V_3}{V_1-V_3}-\frac{V_3(p_2/p_1)^{1/m}}{V_1-V_3}$$

$$=1-\frac{V_3}{V_1-V_3}\left[(p_2/p_1)^{1/m}-1\right]=1-\varepsilon\left[(p_2/p_1)^{1/m}-1\right]\tag{1-80}$$

④出口气体的温度：

$$\frac{p_1V_1}{T_1}=\frac{p_2V_2}{T_2},\frac{T_2}{T_1}=\frac{p_2V_2}{p_1V_1}=\left(\frac{p_2}{p_1}\right)\cdot\left(\frac{p_1}{p_2}\right)^{\frac{1}{m}}=\left(\frac{p_2}{p_1}\right)^{1-\frac{1}{m}}\tag{1-81}$$

⑤压缩机的排气量或输气量：压缩机的排气量或输气量又称生产能力，等于排出气体的体积流量换算到吸入状态下的数值，即以吸入口的状态（p_1，T_1）计算排气体积流量。

气体理论流量对单动式往复压缩机而言为：

$$V' = ALn \tag{1-82}$$

式中 L——活塞的行程

A——活塞的面积

n——每秒钟往复的次数（一个往返为1次）

对双动式压缩机：

$$V' = (2A - a)Ln \tag{1-83}$$

式中 a——活塞杆截面积

由于以下原因，压缩机不能达到上述公式的体积流量：a. 余隙气体膨胀占用有效容积；b. 阀门阻力使气缸中压强比吸入气体压强低，吸入的气体较吸入压强下的气体又要膨胀，占用了气缸有效容积；c. 气缸内气体比吸入气体温度高，吸入气体要膨胀，进一步占用有效容积，故实际吸气量以（p_1，T_1）计时就小于理论容积 V'，并且压缩气体排出时又有各种泄漏，使得实际排气量就又会低于实际吸气量（均以 p_1，T_1 计），故实际排气量：

$$V_i = \lambda_d V' \tag{1-84}$$

λ_d 为排气系数，其值为$(0.8 \sim 0.95)\lambda_0$，i 代表吸入口状态（p_1，T_1），此处采用实测估算的方法，给出了压缩机的输气体积，也可以理解成实测估算了压缩机的动量通量。

⑥轴功率：以绝热过程为例，理论功率 N_a 为：

$$N_a = p_1 V_i \frac{k}{k-1}\left[(p_2/p_1)^{1-\frac{1}{k}} - 1\right] \tag{1-85}$$

k 为绝热指数。实际所需轴功率 N 为：

$$N = N_a/\eta_a \tag{1-86}$$

因为实际吸气量大于实际排气量，吸入的气体均需耗功，气体在气缸内湍动及通过阀门也要耗功，运动部件摩擦也会消耗有用功率，故需除以效率 η_a 求实际功率，一般取 $\eta_a = 0.7 \sim 0.9$，不再详细计算。

（3）采用多级压缩的原因　气体压缩比高时要求采用多级压缩，有以下几方面的原因：

①由 $T_2 = T_1 (p_2/p_1)^{1-\frac{1}{m}}$ 知道，压缩比高时，气体出口温度高，可使润滑油变质失效。

②由 $\lambda_0 = 1 - \varepsilon[(p_2/p_1)^{\frac{1}{m}} - 1]$ 知，压缩比高，λ_0 小，排气量变小，极限情况为 λ_0 等于零，也即压缩机不吸气，只是高压余隙气体在汽缸内压缩和膨胀，压缩机无法工作。

③减少功耗：采用多级压缩后，抽出的中间气体可以经过中间设冷却器，由 $p-V$ 图可分析出节省了部分功，但增设中间冷却器也使设备变得复杂。

④压缩机结构更为合理：压强越高，体积越小，可采用较厚的器壁；低压部分容积大，则采用较薄的器壁，故设备制造费用降低。

1.7.4 真空技术及真空泵

真空技术及真空泵的选用在食品工业中非常重要，源于食品原料的热敏性、易氧化变质性和易腐败性使得食品加工对真空有着较大的依赖程度。由于真空状态下流体的连续性假定已经不再适用，连续性流体的规律不再适用真空气体，所以需要研究得到新的公式供解决真空问题使用。

1.7.4.1 概述

(1)真空划分 真空按绝压划分为粗真空$(1\times10^5)\sim(1\times10^3)$Pa、低真空$(1\times10^3)\sim(1\times10^{-1})$Pa、高真空$(1\times10^{-1})\sim(1\times10^{-6})$Pa、超高真空$(1\times10^{-6})\sim(1\times10^{-10})$Pa、极高真空小于$1\times10^{-10}$Pa。

食品工业生产已可达高真空范围,即绝压达0.1Pa左右。

(2)获取的真空方法 真空可采用如下方法获得:①利用真空泵排气,此为主要的获取方法;②利用吸气剂(如磷、钛等物质)吸除气体;③采用冷凝吸附方法,如活性炭、分子筛等的冷凝吸附。

(3)真空泵分类 真空泵通常分为:①机械真空泵$(0.8\sim10^5\text{Pa})$,如活塞式、水环式、油环式、油封旋转式等;②分子泵,利用气体分子与泵叶表面作非完全弹性碰撞,气体分子在运动表面停留一个很短的时间,被带出排除;③蒸汽流泵,利用蒸汽流喷射形成负压带走气体;④液体喷射泵,利用液体喷射形成负压带走气体;⑤其他泵,如电离泵、离子泵、冷凝吸附泵等。

各类真空泵有各自的使用范围,而抽吸大量水蒸气又要求高真空时,可用真空机组。

(4)真空泵的性能参数 真空泵的性能也用性能参数表达,主要有:①抽气速率:在泵入口处的压力和一定温度下,单位时间内通过入口截面的气体体积;②极限压力:也称极限真空度,指泵在进口处所能达到的最低压力;③起始压力:真空泵能够开始正常工作时,其入口处所允许的最大压力;④前置真空:也称预备真空,指泵能够正常工作的排出口压力,可分为直接排大气、排出口为负压、不排气等。

1.7.4.2 稀薄气体流动的型态

流体连续的假定在高真空时已不再适用,真空下的流体有自身的运动规律。真空下气体动量的传递是依靠分子与壁面的碰撞,而没有分子间的碰撞传递,此状态称为气体的分子态,其传递的动量不是气体黏度的函数。

气体流动型态有分子流、中间流(黏性-分子流)、层流和湍流。流动型态也可由诺森数(Knudsen number)判定,或由$\bar{p}d$判定,即:

$$K_n = d/\bar{\lambda} \tag{1-87}$$

式中,$\bar{\lambda}$为分子平均自由程,$\bar{\lambda}=1/(\sqrt{2}\pi n\xi^2)$,$n$为单位体积分子个数,$\xi$为分子直径。流动型态及判据情况如下:① 黏性流的湍流 $Re>2000$;② 黏性流的层流 $Re>1100$,$d/\bar{\lambda}>100$,或$\bar{p}d>0.665$;③ 过渡中间流$1/3<d/\bar{\lambda}<100$或$0.02<\bar{p}d<0.665\text{Pa}\cdot\text{m}$;④ 稀薄分子流 $d/\bar{\lambda}<1/3$或$\bar{p}d<0.02\text{Pa}\cdot\text{m}$。

1.7.4.3 稀薄气体的通流量方程

设N为单位时间流经导管的气体分子数,n为分子密度,单位为$1/\text{m}^3$,在导管上游截面$(1-1')$与下游截面$(2-2')$间列稳流时的分子个数平衡方程,令V为体积流量,A为截面积,可以得到:

$$N_1 = A_1u_1\cdot n_1 = V_1n_1$$

$$N_2 = A_2u_2\cdot n_2 = V_2n_2$$

$$n_1V_1 = n_2V_2 = N \tag{1-88}$$

式(1-88)两边同时乘以k_0T,k_0为波兹曼常数1.38×10^{-23}J/K,且$nk_0T=p$,故有

$$p_1V_1 = p_2V_2 = V' = 常数 \tag{1-89}$$

V'称为通流量,其单位是 $Pa \cdot m^3/s$。式(1-89)说明稀薄气体稳态流动通流量为常数。

1.7.4.4 真空管路流动的基本方程

V' 与压差(p_1-p_2) 成正比,比例系数 C 称为流导,$1/C$ 称流阻,则:

$$V' = C(p_1-p_2) = \frac{p_1-p_2}{1/C} \tag{1-90}$$

$$\frac{1}{C} = \frac{p_1-p_2}{V'} = \frac{p_1}{V'} - \frac{p_2}{V'} = \frac{p_1}{p_1V_1} - \frac{p_2}{p_2V_2} = \frac{1}{V_1} - \frac{1}{V_2} \tag{1-91}$$

有关流导 C 的计算本教材不作介绍,需要时请查阅参考资料。

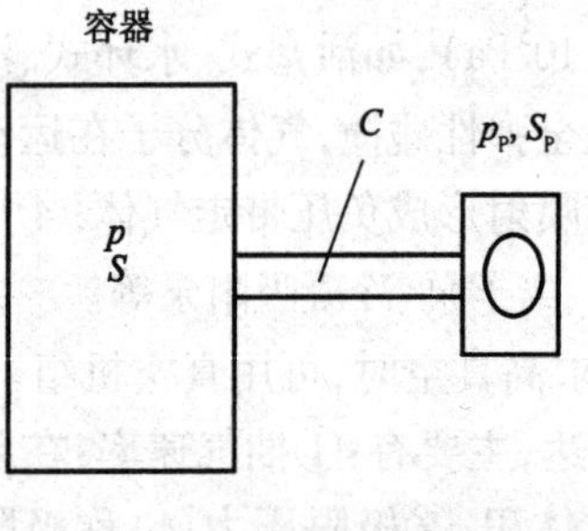

图1-45　真空管路

针对图1-45所示的真空管路,容器内的压强为 p,容器抽速为 $S\,m^3/s$,真空泵的入口压强为 p_p,真空泵的抽速为 $S_p\ m^3/s$,根据式(1-91)应有:

$$\frac{1}{S} = \frac{1}{S_p} + \frac{1}{C} \tag{1-91a}$$

由式(1-91a),即使真空泵的抽速 Sp 很大,当 C 很小时,容器抽速 S 接近 C,即容器的抽速仍很小,所选真空泵的抽速很大,仍然不能抽尽容器中的气体,需要降低管路的流阻,使 C 变大,于是需要使用大管、短管连接。实验室中常见旋转真空蒸发仪出气口与泵之间用橡胶软管连接,工作时软管被大气压扁,管道流阻变大,影响抽真空,应改用硬质管连接。

稀薄气体流动时,也可按照图0-1的归一主线理解,得到:

$$\frac{mu_p}{A\tau} = \frac{\rho Su}{A} = \frac{\rho_p S_p u_p}{A_p} = \frac{S_p}{A_p}(\rho_p u_p)$$

$$= u_p(\rho_p u_p) = K_T(\rho_p u_p) = \frac{SC}{A_p(C-S)}(\rho_p u_p) \tag{1-92}$$

读者可一试。

1.7.4.5 真空管路的计算

(1)真空室的极限压强　极限压强是指没有工艺中放出的气体,仅有真空室的漏气和材料表面出气等条件下所能达到的极限真空 p_L,高于泵的极限压强 p_0:

$$p_L = p_0 + V_0'/S \tag{1-93}$$

V_0'为空载时气体负荷,$Pa \cdot m^3/s$

(2)真空室的工作压强 p_W

$$p_W = p_L + V_1'/S \tag{1-94}$$

V_1'为工艺过程中放出气体负荷,$Pa \cdot m^3/s$。

(3)真空室抽气口附近的有效抽速　真空室抽气口附近的有效抽速 S 用式(1-91a)计算。

1.7.4.6 真空泵的选用和常见真空泵的结构

选用真空泵时,应根据真空泵的适用范围、真空系统的抽速及管道的流导加以确定。需抽除的气体量一般较难确定,包括:①单位时间从外界漏入真空系统的空气量 W_1(kg/h);

②与过程液体的饱和蒸汽压相当的蒸汽量 W_2(kg/h)；③用冷却水直接冷却时，冷却水释放出的溶解空气量 W_3(kg/h)；④工艺过程中产生的不凝性气体量 W_4(kg/h)；⑤材料出气量 W_5(kg/h)，因 W_3、W_4、W_5 很小，可以忽略，故真空泵的抽气量 $W=W_1+W_2$。W_1 的估计方法为将管道所有接缝长度相加，按每米漏入量为 0.05～0.07kg/h 计算总漏量，再乘以 2 作为 W_1。设真空系统中的工作压强为 p，干气体分压为 p_n，则 $p_n=p-p_v$，p_v 为系统温度下的可凝汽的饱和蒸汽压，$p_nV=\frac{W_1}{M_n}RT$，$p_vV=\frac{W_2}{M_v}RT \Rightarrow W_2=W_1\frac{M_vp_v}{M_np_n}$，而需排除气体量为 $V=\frac{(W_1+W_2)RT}{pM_m}$，$M_m$ 为平均的分子摩尔质量。之后再按管路流导的计算方法求出 C，由式(1－91a)得到泵的抽速，再结合真空度，选用真空泵。

【例 1－13】有一高真空系统，真空室的体积为 $1.5m^3$，以内径 250mm 的直角管道与真空机组相连，两直角边长度各为 1m，已知真空室的工作压强为 10^{-4} Torr(即 1Torr＝133.322Pa)，工艺过程放出的空气量为 10^{-2}Torr · L/s，总漏气量为 10^{-3}Torr · L/s，材料出气量为 10^{-2}Torr · L/s，气体温度为 20℃。试求：①系统的有效抽速；②管道的流导；③真空泵的抽速。

解：(1)求 S

$$V'=10^{-2}+10^{-3}+10^{-2}=0.021(\text{Torr}\cdot\text{L/s})=2.79\times10^{-3}(\text{Pa}\cdot\text{m}^3/\text{s})$$

$$S=\frac{V'}{p_w}=\frac{2.79\times10^{-3}}{10^{-4}\times133.3}=0.21(\text{m}^3/\text{s})$$

(2)求 C

$$d=0.25\text{m},\bar{p}d=10^{-4}\times133.3\times0.25=0.0033(\text{Pa}\cdot\text{m})<0.02\text{Pa}\cdot\text{s}$$

过程属分子流，

$$L_e=L_{直}+\frac{4}{3}d=1+1+\frac{4}{3}\times0.25=2.33(\text{m}),\ \frac{L_e}{d}=\frac{2.33}{0.25}=9.3<20\ 为短管$$

根据分子流短管流导的计算式

$$C=\sqrt{\frac{RT}{2\pi M}}A\cdot\alpha=\sqrt{\frac{8.314\times293.15}{2\times3.14\times0.029}}\times0.785\times0.25^2\times0.13=0.74(\text{m}^3/\text{s})$$

(3)泵的有效抽速 S_p

$$\frac{1}{S}=\frac{1}{S_p}+\frac{1}{C}$$

$$S_p=\frac{1}{\frac{1}{S}-\frac{1}{C}}=\frac{1}{\frac{1}{0.21}-\frac{1}{0.74}}=0.29(\text{m}^3/\text{s})$$

S_p 与 S 相近，说明管路的流阻不很大，管路配置合理。

常见的真空泵有往复式真空泵、旋转式真空泵、喷射真空泵。往复式真空泵的结构和往复式压缩机相似。旋转式真空泵有水环真空泵、旋片真空泵。水环真空泵结构示意如图 1－46 所示，主要结构和功能为：外壳 1 内偏心安装有叶轮，叶轮上有辐射状叶片 2；泵壳内充有约一半容积的水，当叶轮旋转时形成水环 3，水环具有液封作用，与叶片之间形成许多大小不同的密封小室；随着叶片

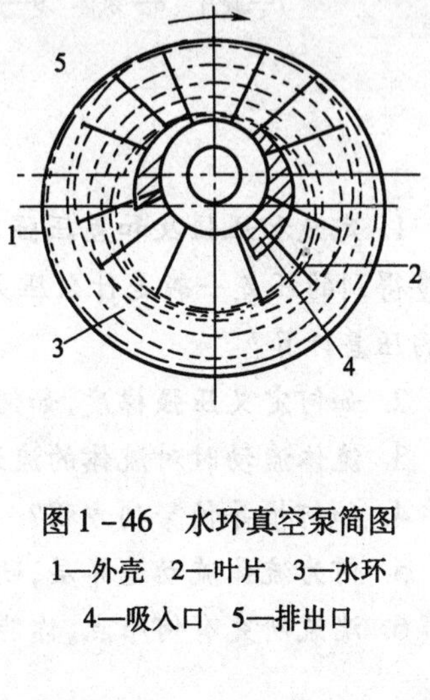

图 1－46 水环真空泵简图
1—外壳 2—叶片 3—水环
4—吸入口 5—排出口

旋转,当小室空间渐增时,气体从吸入口 4 吸入,当小室空间渐减时,气体由出口 5 排出。水环真空泵可使最低压强降至 18kPa 左右,此压强会受到水温的影响,其效率 30% ~50%。

旋片真空泵的结构示意如图 1-47 所示。主要由泵壳、带有两个旋片的偏心转子和排气阀片组成。当转子旋转时,旋片在弹簧及自身离心力的作用下,紧贴壁面随转子滑动,使吸气室扩大,形成真空,吸入气体,而当旋片转子旋转至垂直状态后继续旋转就压缩并通过排气阀排出气体。旋片的主要部分浸没于真空油中,以保密封和润滑。旋片真空泵可使压强降低至 1 ~10Pa。

喷射真空泵利用流体流动时压能转变成动能而使压强降低的原理,吸出气体或液体,制造真空。工作流体可以是蒸汽,也可以是液体,结构原理图如图 1-48 所示。工作蒸汽在喷射过程中,产生低压,从气体吸入口将气体吸入,在混合室混合后进入扩散管,速度逐渐降低,压强随之升高,再从压出口排出。喷射泵构造简单、紧凑,没有活动部件。单级喷射泵最低压强可达 10kPa,但是其效率很低,为 10% ~25%,可多级串接以提高效率。

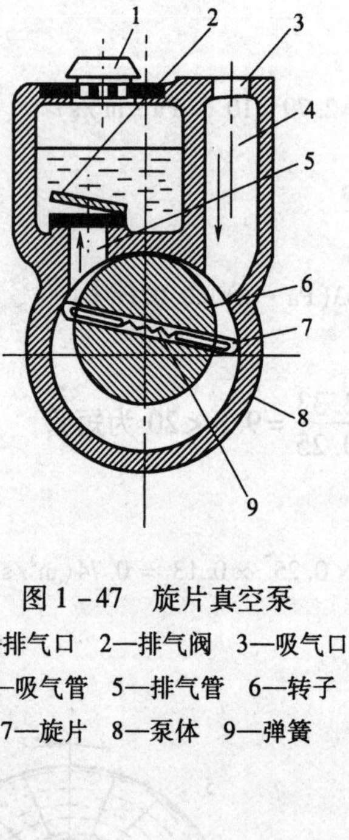

图 1-47 旋片真空泵

1—排气口 2—排气阀 3—吸气口
4—吸气管 5—排气管 6—转子
7—旋片 8—泵体 9—弹簧

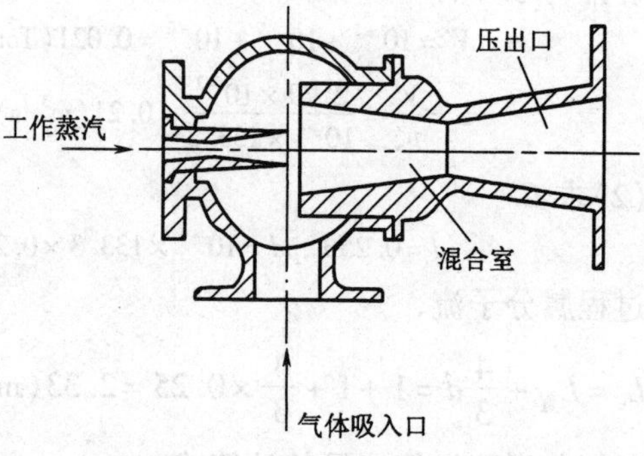

图 1-48 蒸汽喷射真空泵

思 考 题

1. 定义和压强及和差压强有何方便之处,和压强差与实际压强差有何不同,用压差计测量得到的压差一般是什么压差,U 形压差计测量水平管时的压差公式是否可以用于倾斜管的压差计算?

2. 如何定义压强梯度,如何理解 ∇p 为向量,如何理解 ∇p 的向量场?

3. 流体流动时对流体的流速有何要求,为何会提出这些要求?

4. 如何推导伯努利方程?

5. 何为流体流动边界层,研究边界层有何意义?

6. 湍流研究有何难点,你能利用图书馆数据库检索一下湍流研究的进展吗?

7. 如何理解层流时动量通量的计算公式？

8. 量纲分析用于规划实验有何意义，此法为什么很重要？

9. 什么是数学模型法，有几种类型，与量纲分析规划实验法有什么不同，离心泵的性能为什么要用实验测定，测定实验与量纲分析规划的实验有什么不同？

10. 你能定性绘出摩擦阻力系数图吗？

11. 局部阻力计算有几种方法，结果是否完全一致，为什么？

12. 城市供水管路的设计应该注意什么问题，总管阻力损失的大小对用户用水有什么影响，如何有效供水？

13. 离心泵的选用、安装、启动和操作中应该注意哪些问题？

14. 如何调节管路的工作点，调节方法各有何特点，哪种方法比较有效？

15. 如何根据单泵的特性曲线方程，写出组合泵组的特性曲线方程？

习　题

1. 蒸汽锅炉上装有一复式 U 形水银测压计，如附图所示，截面 2、4 间充满水，已知对某基准面而言各点的标高为 $z_0=2.1\text{m}$，$z_2=0.9\text{m}$，$z_4=2.0\text{m}$，$z_6=0.7\text{m}$，$z_7=2.8\text{m}$，试求锅炉内水面上的蒸汽压强。($p_{表}=3.02\times10^5\text{Pa}$)

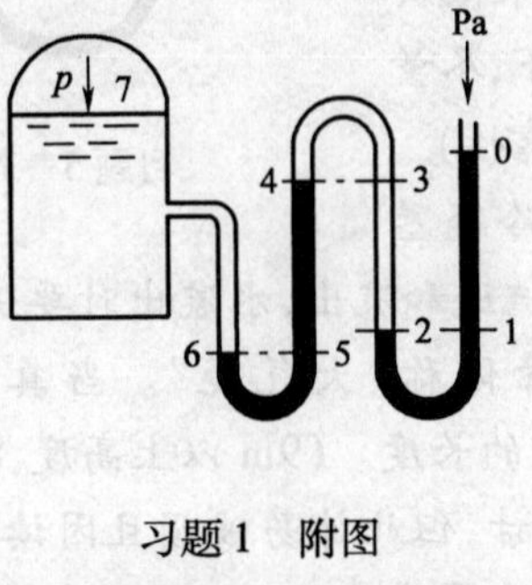

习题 1　附图

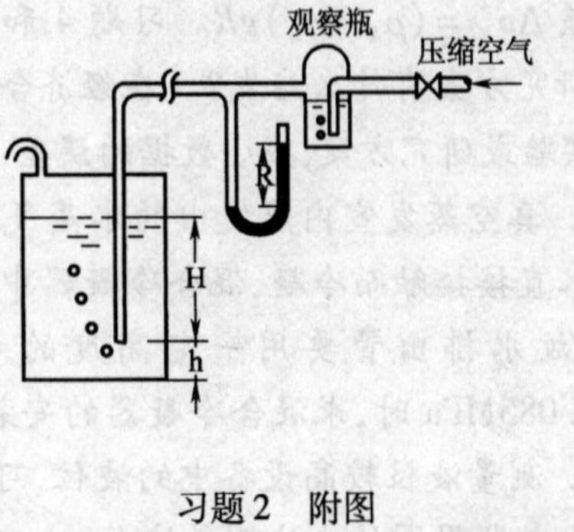

习题 2　附图

2. 用附图所示的装置在远处测量深埋地下贮罐内的液位高度，自管口通入压缩空气，用调节阀 1 调节其流量，控制管内空气流速很小，仅使鼓泡观察器内的气泡缓慢溢出，U 管读数 $R=300\text{mmHg}$，罐内液体的密度为 $\rho\ =\ 780\text{kg/m}^3$，贮罐上方与大气相通，求贮罐中液面离吹气管出口的距离 h。(5.22m)

3. 为在远处测量控制分相槽内的油和水的相界面位置，采用本题附图所示的装置。已知两吹气管出口的距离 $H=1\text{m}$，U 形管压差计的指示剂为水银，油的密度为 820kg/m^3，试求当压差计读数 $R=72\text{mm}$ 时，相界面与油层的吹气管出口距离 h。(0.267m)

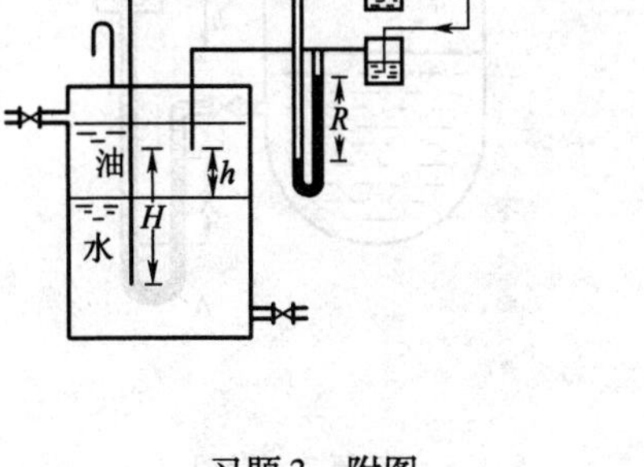

习题 3　附图

4. 采用毕托管测量一种喷动床干燥器热气体输送管路轴心的流速，毕托管输出的压差一开始使用垂直放置的 U 形压差计测量，指示剂为水，当管中心气体的流速为10m/s时，U形压差计多次测量的平均读数为20mm。由于风机在送风过程中造成指示剂液面波动，读数误差比较大，绝对误差可达10mm，相对误差为50%。现拟将U形压差计板面与水平面的夹角调整为一个小于90°的角度α，以放大R，增加读数精度，问α为多少度，可使读数R放大5倍，此时如果绝对误差还是10mm，相对误差为多少；若绝对误差还是10mm，要求相对误差小于5%，α为多少度；U管压差计需要读两根管中的读数，有何办法只需读单根管中的读数就能获得压差数据，如何减小此种测量的误差？（11.5°，10%，5.7°，采用斜管压差计，将左边U形管变成大截面的扩大室，右管可倾斜，可以证明只要扩大室直径合适，其液面微量变化引起的误差很小，可忽略）

5. 习题4的U形压差计如果仍需垂直放置，但又要放大R，解决的方案是使用与被测流体密度相近的指示剂或采用微差压差计。测气体压差采用U形压差计显然不易实现，可采用微差压差计，其结构是在U形管两根管的上方各连通一个直径比U形管直径大很多的圆柱形扩大室，俗称“水库”，U管内灌注一种指示剂A，两水库内灌注等高的另一种密度与A相近且不互溶的指示剂C，如附图所示。因水库的直径很大，库内液面高度的微小变化可导致较大的R值，并可认为两水库的液面高度近似等高。证明两水库液面上方的压差$\Delta p^+ = (\rho_A - \rho_B)gR$。习题4和习题5对你未来做实验或研究方案有什么启发？（在经济合理便利的情况下，尽量改变实验或研究方案，减小数据的误差，增加结论的可靠性）

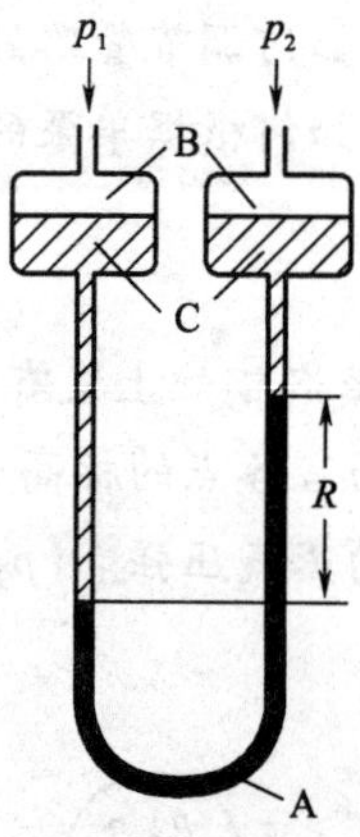

习题5　附图

6. 真空蒸发室内蒸发出的水蒸气需要送入混合冷凝器中与水直接接触而冷凝，混合冷凝器中的水需要连续流进和流出，水流出时要保证空气不能进入，故水排出管要用一定高度的水液封，排出管俗称“大气腿”。当真空表的读数为-0.085MPa时，求混合冷凝器的安装高度及大气腿的长度。（9m以上高度，8.66m）

7. 测量液位较高设备中的液位，可用玻璃管液位计，但此计易破损且因读数时不方便，可采用本题附图的办法测量液位，小室中的液位为罐中最高液位，液体为罐中液体，求h与R的关系，并说明方便读数的设计方法。[$h = (\rho_A - \rho)R/\rho$，将压差计安装到方便读数的位置，且选择A，使得$R$的变化范围在0.1～1m]

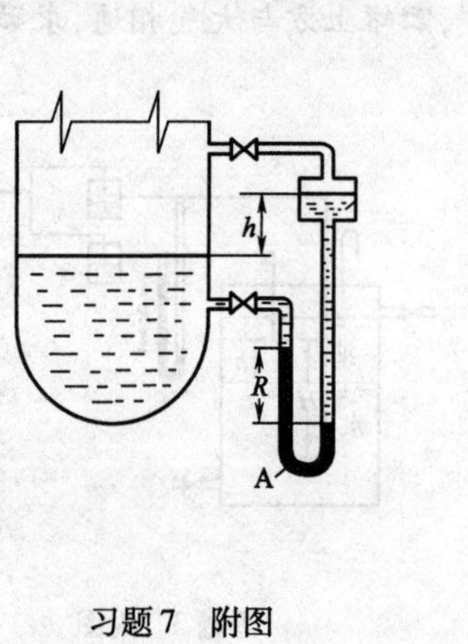

习题7　附图

8. 为了控制易发生气体爆炸设备中的压强不超过5kPa表压，并达到快速泄压的目的，需要安装水封，试求水封管应插入水面下的深度h。(0.51m)

9. 测量输水(ρ)管中某处较小的压差时，如用正装U形水银压差计，因压差太小，R太小，读数误差很大，可考虑倒装U形压差计，如图所示，倒U形管中封一段空气(ρ_i)，证明压差公式为$p_{1,\rho}^{+} - p_{2,\rho}^{+} = (\rho_i - \rho)gR$。

10. 三种油的密度分别为700kg/m^3、760kg/m^{3}和900 kg/m^3，能混溶，若三种油的质量分数分别为 22%、28% 和 50%，求混合液体的密度；若三种油的体积分数分别是 32%、26% 和 42%，再求混合液体的密度。($807.6kg/m^3$，$799.6kg/m^3$)

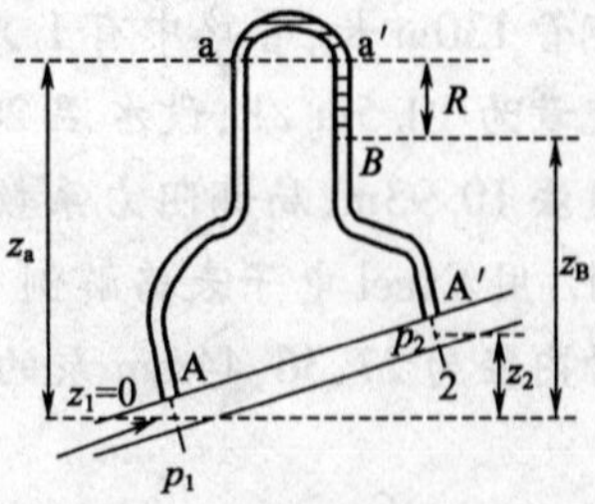

习题 9　附图

11. 某烟道气的组成为 CO_2 13%、H_2O 11% 和 N_2 76%，温度为 400℃，压强为 100kPa，以上百分数若分别为体积和质量分数，求混合气体的密度。($0.518kg/m^3$，$0.494kg/m^3$)

12. 以 $\Phi 60\times 3.5$m 的水煤气钢管满流输送 15℃ 的清水，在工业上常用的流速范围内选一流速，求水的质量流量、质量流速和体积流量。[例如选 2.0m/s，$V=4.412\times 10^{-3}$，$W_s=4.408kg/s$，$G=1998kg/(m^2\cdot s)$]

13. 某空气压缩机的吸入管路直径为 200mm，压出管路直径为 80mm，吸入管内气体的压强为 97.3kPa，温度为 30℃，压出管路气体的压强为 588.6kPa(表压)，温度为 80℃，已经测得吸入管内气体的平均流速为 20m/s，试求压出管的流速、质量流速和压缩机的排气量(以质量流量表示)。[24.1m/s，140.0 $kg/(m^2\cdot s)$，0.7 kg/s]

14. 用常压高位槽向设备内供应 20℃ 的水，水面保持恒定，输水管的内径为 27mm，设备内的表压为 30kPa，送水量要求为 $5m^3/h$，从高位槽液面至伸入设备内的管出口端外的全部阻力损失为 $15.0u^2$ J/kg，u 为管中流速，试求高位槽水面距出口管的高度。(11.1m，2.43 m/s)

15. 某冷冻盐水循环系统，盐水的密度为 $1100kg/m^3$，循环量为 $30m^3/h$，管路的直径相同，盐水由泵出口 A 处经两个串接的换热器而至高处 B 的能量损失为 80.5J/kg，由 B 经管路至泵进口再至出口 A 的能量损失为 39.2 J/kg，试计算：(1)若泵的效率为 70% 时，求泵的轴功率；(2)若 A 处的压强表读数为 200.5kPa，A、B 两点垂直高度为 7m，求 B 处的压强表读数。(1.57kW，表压 36.4kPa)

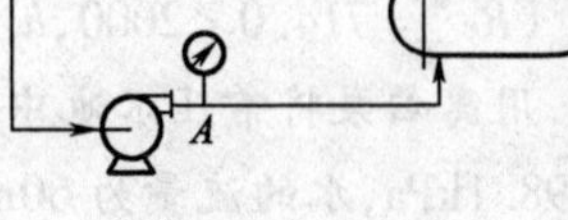

习题 15　附图

16. 敞口高位水槽直径为 2m，内部水位高 3m，用内径 40mm 的水管连接至低位敞口水槽底部放水，低位水槽的底部与高位水槽底部间距为 8m，低位水槽的直径为 1m，设至管侧外的全部流动阻力损失为 $40u^2$，u 为管中水的流速，求低位水槽内的水位为 2m 时所需时间。(13.5min)

17. 用黏度计测某液体食品的黏度，剪切速率为 $100s^{-1}$，剪切应力为 $4dyn/cm^2$，计算食品的黏度并用 Pa·s、cP、P、kg/(m·s) 和 mPa·s 表示；若液体食品的密度是 $1100kg/m^3$，求运动黏度，以 St、cSt 和 m^2/s 为单位。(0.004，4，0.04，0.004，4；0.0364，3.64，3.64×10^{-6})

18. 已知某种液体以层流方式在内径为 30mm 的直管中流动，管子两端的压降为 300Pa，流体的黏度为 5Pa·s，管长为 3m，用 Excel 计算管内横截面上不同点的流速和平均流速。(选 $r=0$、0.003，0.006，0.009，0.012，0.015m，得到 u：1.125×10^{-3}，1.08×10^{-3}，0.945×10^{-3}，0.72×10^{-3}，0.405×10^{-3}，0m/s，哈－泊方程计算平均流速 0.5625×10^{-3}m/s)

19. 证明湍流的平均流速近似为管内最大流速的 0.82 倍($n=7$ 时)。

20. 有一高位水槽，其水面离地面的高度为 H，水槽下面接有内径 53mm 的普通壁厚水煤气钢管 130m 长，管路中有 1 只全开的闸阀，4 只全开的截止阀，14 只标准 90°弯头，要求输水流量为 $10.5m^3/h$，设水温 20℃，$\varepsilon=0.2mm$，求 H；若已知 $H=20m$，求输水的流量。（当量长度法 10.93m，局部阻力系数法 9.71m；$14.2m^3/h$）

21. 用 Excel 电子表格解例 1－6，并计算管子长度为 30，70，90，110，130m 时泵的功率，再求管内径为 27，36，44mm 泵的功率，以此对输送过程进行选择。

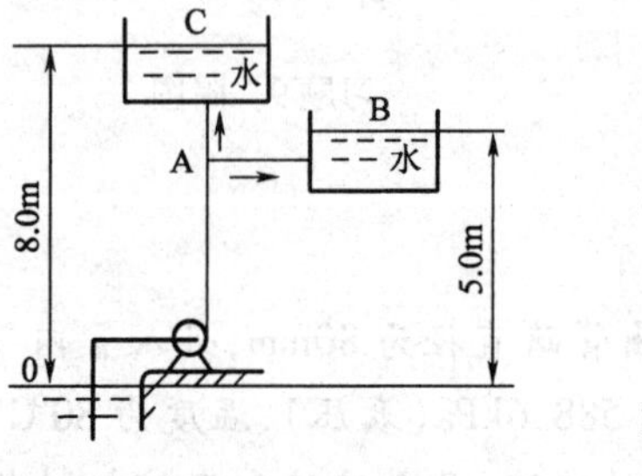

习题 22 附图

22. 如附图所示，水泵抽水输送至 B、C 水槽，已知各管内径相等，且 AB 段、AC 段和 OA 段（不包括泵内阻力）的管道长与局部阻力当量管长之和相等，假设 AB 与 BC 管段的摩擦因数 λ 均可取为 0.03，管段 BD 的绝对粗糙度 ε 可取为 0.15mm，在所有阀门全开时，试计算两支管的排水量。（$V_C=5.18m^3/h$，$V_D=2.77m^3/h$）

23. 在 $\Phi108\times4mm$ 的圆直管内用毕托管测流速。已知管内流体是 50℃的空气，压强为 $200mmH_2O$（表压），外界大气压为 1atm，气体黏度为 0.0196cP，在测管轴心处 u_{max} 时，U 形管压差计读数 R 为 10mm，压差计指示液为水，求管内气体流量。（$297.3m^3/h$）

24. 在内径为 50mm 的圆直管内装有孔径为 25mm 的孔板，管内流体是 25℃清水，按标准测压方式以 U 形压差计测压差，指示液为汞，测得压差计读数 R 为 500mm，求管内水的流量。（$V=3.38\times10^{-3}m^3/s$）

25. 密度 $1100kg/m^3$ 的果汁以 1.5 m/s 的平均流速流经 $\Phi32\times2.5m$，长为 20m 的光滑管，$n'=0.645$，$K=0.5Pa\cdot s^n$，求：(1) Re^* 及 h_f；(2) 若流量不变，管子改为 $\Phi25\times2.5mm$，再求(1)。（$Re^*=714.0<2000$，$h_f=74.73J/kg$；$Re^*=1327$，$h'_f=180.0J/kg$）

26. 用离心泵将常压水池中的 50℃水输送至与水池水面高差为 10m 处，出水管处的表压强为 98.1kPa，水的流量为 $60m^3/h$，输液管规格是 $\Phi102\times3.5mm$，安装 1 个全开标准截止阀，管长共 45m（包括除截止阀外的全部局部阻力的当量管长），管壁绝对粗糙度为 0.57mm，试求：(1) 截止阀全开时管路的特性曲线；(2) 将截止阀半开，输水流量为 $55m^3/h$，再求管路的特性曲线。（$H_e=20+2.19\times10^4V_s^2$，$H_e=20+2.5\times10^4V_s^2$）

27. IS 65－40－200 型离心泵在 $n=1450r/min$ 时的“扬程－流量”数据如下：

$V/(m^3/h)$	7.5	12.5	15
H_e/m	13.2	12.5	11.8

用该泵将低位槽的水输送至高位槽，输水管终端高于高位槽水面，已知低位槽水面与输水管终端的垂直高度差为 4.0m，管长 80m（包括局部阻力的当量管长），输水管内径 40mm，摩擦因数 $\lambda=0.02$，试用作图法求工作点流量。（$V=9.17m^3/h$）

28. IS65－40－200 型离心泵在 $n=1450r/min$ 时的“扬程－流量”曲线可近似用如下数

学式表达：$H_e = 13.67 - 8.30 \times 10^{-3} V^2$，式中 H_e 为扬程，m，V 为流量，m^3/h。用该泵将低位槽的水输至高位槽，输水管终端高于高位槽水面，已知低位槽水面与输水管终端的垂直高度差为 4.0m，管长 80m（包括局部阻力的当量管长），输水管内径 40mm，摩擦因数 $\lambda = 0.02$，请用解方程法求工作点流量。（$9.47m^3/h$）

29. IS100－80－160 型离心泵，$p_0 = 8.6m\ H_2O$，水温 15℃，将水由低位槽吸入泵，由管路情况基本的性能，知 $V = 60m^3/h$，查得 $h_n = 3.5m$，已知吸入管阻力为 $2.3m\ H_2O$，求最大安装高度。（2.63m）

30. 某食品厂需用泵将水池中的 20℃ 清水输送到 100m 管线远且高 10m 的常压设备中，流量要求为 $30m^3/h$，估计管件有 90° 弯头 4 只，带滤水网的底阀 1 只，标准截止阀 2 只，闸门 1 只，试选择合适的离心泵。（$H = 22.44mm$，选 IS 80－65－160 水泵，转速 $n = 2900r/min$，可进一步查出其他特性参数数据，核算功率：$N = 3.66kW$）

31. 某塔板冷模实验装置中有三块塔板，塔径 $D = 1.5m$，管路直径 $d = 0.45m$，要求塔内最大气速为 2.5m/s，已知在最大气速下，通过每块塔板的阻力损失约为 $120mmH_2O$，孔板流量计的阻力损失为 $400mm\ H_2O$，整个管路的阻力损失约为 $300mm\ H_2O$，设空气温度为 30℃，大气压为 740mmHg，试选择一适用的通风机。[$V = 1.59 \times 10^4 m^3/h$，$P_e^{\circ} = 1.15 \times 10^4 Pa = 1170mmH_2O$，从风机样本查出 9－27－101No7（$n = 2900r/min$）满足要求，该机性能如下：全压 $1210mm\ H_2O$，风量 $17100m^3/h$，轴功率 89kW]

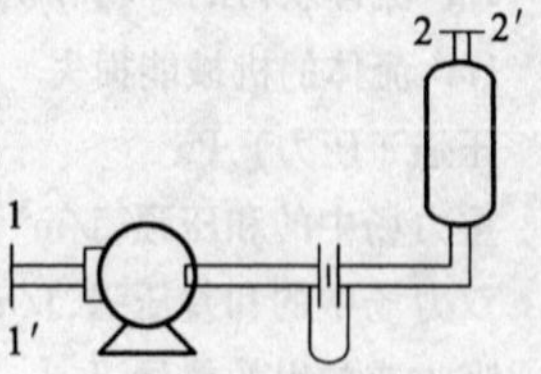

习题 31　附图

32. 大气状态是 10℃、750mmHg（绝压），现空气直接从大气吸入风机，然后经内径为 800mm 的风管输入某容器，已知风管长 130m，所有管件的当量管长为 80m，管壁粗糙度 $\varepsilon = 0.3mm$，空气输送量为 $2 \times 10^4 m^3/h$（按外界大气条件计），该容器内静压强为 $1.0 \times 10^4 Pa$（表压）。库存一台 9－26 型 No.8 离心式风机，2900r/min，当流量为 $21982\ m^3/h$，$p_e = 1565mm\ H_2O$，其出风口截面为 $0.392 \times 0.256m^2$，核算该风机是否适用。（可按压缩流体计算，标态风压 1214mm 水柱，适用）

33. 一单动单缸空气压缩机排气绝对压力为 $8kgf/cm^2$，活塞行程 90mm，缸径 240mm，曲轴转速 1500r/min，$\varepsilon = 0.08$，$m = 1.2$，绝热指数 $k = 1.4$，空气初始温度 $t_1 = 10℃$，求：(1) 空气出口温度；(2) 生产能力及原动机功率。（$t_2 = 125℃$，21.0kW）

本章主要符号说明

A　活塞的截面积或设备截面积，m^2

a　活塞杆的截面积，m^2

b　叶轮宽度，m

c　离心泵叶轮内液体质点运动的绝对速度，m/s

D　叶轮或活塞直径，m

d　管道直径，m

Eu　欧拉数

F　流体的受力，N

G　质量流速，$kg/(m^2 \cdot s)$

g　重力加速度，m/s^2

H　泵的压头或高度，m

H_e　管路系统所需的压头，m

H_f　管路系统的压头损失，m

H_g　离心泵的允许安装高度，m

h	高度,m
h_f	1kg 流体流动时克服阻力所损失的能量,J/kg
h_n	离心泵的必需汽蚀余量,m
K_T	三传量传递系数
L	长度,m
M	摩尔质量,kg/mol
m	质量,kg
N	泵或压缩机的轴功率,W 或 kW
N_a	按绝热压缩考虑的压缩机的理论功率,kW
N_e	泵的有效功率,W 或 kW
N	轴功率或功率,kW
P_e	$1m^3$ 流体获得的外功和机械能损失
ΔP_f	$1m^3$ 流体的机械能损失
p	压强（压力）,Pa
p^+	重力场中的和压强,J/m^3,Pa
$p^{\pm}$	双力场中的和差压强,J/m^3,Pa
Q	吸收或放出的热量,J
q_e	1kg 流体吸收或放出的热量,J/kg
R	摩尔气体常数,8.314J/(mol·K)
R	液柱压差计读数,或管道半径,m
Re	雷诺数
r	半径,m
T	绝对温度,K
U	单位质量流体热力学能,J/ kg
u	流速,m/s
V	体积,m^3
V_h	体积流量,m^3/h
V_s	体积流量,m^3/s
v	比体积,m^3/kg
W_s	质量流量,kg/s
w_e	1kg 流体所获得的能量,J/kg
w	离心泵叶轮内液体质点运动的相对速度,m/s
x	分率
y	气相摩尔分数
z	高度,m
α	绝对速度与圆周速度的夹角
β	相对速度与圆周速度反方向延线的夹角
ε	绝对粗糙度,mm
ζ	阻力系数
η	效率
τ	时间,s
λ	摩擦因数
μ	黏度,Pa·s
μ_e	涡流黏度,P 或 cP
υ	运动黏度,m^2/s
Π	润湿周边,m
ρ	密度,kg/m^3
τ'	内摩擦应力,Pa
ω	叶轮旋转角速度,rad/s

2 基于动量传递的非均相物系分离与分散

【学习要求】熟悉非均相物系分离与分散的基本概念、特点、理论体系及工程应用；重点理解颗粒床层压降损失和搅拌功率的研究方法与思路；熟练掌握过滤、沉降分离的基本原理与计算；理解流态化、气力输送、搅拌、均质、筛分、超微粉碎等单元操作的概念、原理及特点；学会用图 0－1 归一主线的思想系统化和简化理解非均相物系分离分散各单元操作。

第一章内容主要介绍了均相流体动量传递规律，而在食品工程中更多涉及具有不同物理性质（如密度）的分散相和连续介质组成的非均相混合物（heterogeneous mixture），其中的连续介质应是流体，如发酵醪液、固体悬浮液、乳浊液等非均相物系。处理非均相物系涉及的单元操作有沉降、过滤、搅拌、均质、气流粉碎等，这些单元操作的共同特点都是借助外部输入的力或能量或流体流动获得并传递的动量，使物系发生相对运动，实现混合物系的分离或分散，因此这些操作的理论基础仍隶属于动量传递。凭借外力作用使过程产生动量传递，可使非均相物系得到分离，而凭借外力或能量或流动流体传入的动量，可实现物料的混合、乳化、粉碎等分散性操作。在有流体参与的分散过程中，流动流体的剪切作用对分散至关重要，也即流动流体获得和传递的动量是形成分散的主要原因，所以流体参与的分散过程仍属动量传递过程。本章将主要讨论非均相物系分离和分散共性的动量传递成因、效果和动量通量计算公式的建立方法。学习时应把握动量传递的基本理论，结合非均相物系的特征，掌握所涉及的单元操作的要点，如能把握图 0－1 归一主线的思想，则可以系统化和简化理解本章的内容。

2.1 颗粒的沉降分离

在外力场作用下，利用非均相物系分散相和连续相的密度差，使两相发生相对运动而实现混合物分离的操作称为沉降分离（settling separation）。根据外力场的不同，沉降分离分为重力沉降（gravity settling）和离心沉降（centrifugal settling）。沉降属于流体相对于颗粒的绕流问题，因描述此类问题涉及颗粒几何特性的表征，故首先讨论之。

2.1.1 颗粒及颗粒群的几何特性

颗粒（particle）与流体之间的相对运动所具有的特点与颗粒本身有密切关系，受到颗粒体积（volume）、形状（shape）、表面积（surface area）或比表面积（specific surface）（单位体积颗粒的表面积）等几何特性的影响。为定量表达颗粒与流体间的相对运动，有必要先给出表征单个（individual）颗粒或颗粒群（particulate masses）颗粒的大小等几何特性（geometric characteristic）的方法。

2.1.1.1 单颗粒的几何特性

（1）球形颗粒　球形颗粒用直径 d（diameter）就可表达体积 v_p、表面积 s_p 和比表面积 a_p

等几何特性：

$$v_p = (\pi/6)d^3 \tag{2-1}$$

$$s_p = \pi d^2 \tag{2-2}$$

$$a_p = s_p/v_p = 6/d \tag{2-3}$$

（2）非球形颗粒　非球形（non - spherical）颗粒的大小可用公称（名义）尺寸（nominal size）d_n 表示，可以是正方体的边长、高和外径相等的空心圆柱体的外径、筛分的相邻两筛筛孔大小的平均值、体积等于非球颗粒体积的球（equivalent sphere）的直径 d_{ev} 等，可由使用者按方便的原则选用。对应于非球颗粒尺寸 d_n 的球形度 Φ_n（sphericity）的定义为：

$$\Phi_n = \frac{6v_p}{d_n s_p} \tag{2-4}$$

v_p 为非球颗粒的体积，可由质量和密度决定，或由计算得到，s_p 为非球颗粒表面积。若以 d_n 为直径，相应球称名义球，则 $6/d_n = \pi d_n^2/(\pi d_n^3/6) = a_n$，$a_n$ 为名义球的比表面积，式（2-4）成为 $\Phi_n = a_n/a_p$，a_p 为实际颗粒比表面积，即非球颗粒球形度为名义球比表面积除以实际颗粒比表面积。

特别指出：$d_n = d_{ev}$ 为单元操作学常用，如对应 d_{ev} 的球形度为 Φ_{ev}，则有

$$\Phi_{ev} = \frac{6v_p}{d_{ev}s_p} = \frac{a_{ev}}{a_p} = \frac{\pi d_{ev}^2/(\pi d_{ev}^3/6)}{s_p/v_p} = \frac{\pi d_{ev}^2}{s_p} \tag{2-5}$$

式（2-5）中，a_{ev} 为体积等量球的比表面积，πd_{ev}^2 为体积等量球的表面积，s_p 为实际颗粒表面积，同体积的颗粒以球表面积为最小，故 Φ_{ev} 总小于1。对同一颗粒而言，比表面积 $a_p = s_p/v_p$ 是定值，由式（2-4）、式（2-5）可知

$$\Phi_{ev} \cdot d_{ev} = \Phi_n \cdot d_n = 6/a_p \tag{2-6}$$

使用球形度一定要注意颗粒对应的名义尺寸。

故计算非球形颗粒比表面积时可使用名义球的直径 d_n 乘以相应的球形度 Φ_n。

【例2-1】有一高度和外径相等的空心圆柱的拉西环，外径为 d_n，内径为 $0.7d_n$，高为 d_n，求 d_{ev}、Φ_{ev} 及对应于以外径作为名义尺寸 d_n 的 Φ_n。

解：

$$v_p = 0.25\pi d_n^2 \cdot d_n - 0.25\pi(0.7d_n)^2 \cdot d_n = 0.401d_n^3$$

$$s_p = 2 \times 0.25\pi[d_n^2 - (0.7d_n)^2] + \pi d_n \cdot d_n + \pi(0.7d_n) \cdot d_n = 6.142d_n^2$$

$$d_{ev} = \sqrt[3]{\frac{6 \times 0.401d_n^3}{\pi}} = 0.915d_n, \Phi_{ev} = \frac{\pi d_{ev}^2}{s_p} = \frac{\pi(0.915d_n)^2}{6.142d_n^2} = 0.428$$

对应名义尺寸 d_n 计算球形度，

$$\Phi_n = \frac{6v_p}{d_n \cdot s_p} = \frac{6 \times 0.401d_n^3}{d_n(6.142d_n^2)} = 0.392$$

拉西环颗粒的球形度与所用的尺寸相对应，故用外径作名义尺寸，其球形度和对应 d_{ev} 的球形度不相同。几何相似的颗粒，对应于同一尺寸的球形度相同。例2-1中，d_n 为外径且可取不同数值，说明此种形状（壁厚为 $0.15d_n$）的拉西环，从大到小，其 Φ_{ev} 均为0.428，Φ_n 均为0.392，所以几何相似的大小颗粒，球形度相同。同一物料，密度相同，若质量相同，则实体体积相同，但空间形状却不一定相同，球形度可以为1（球），也可为很小的一个数值。例如，同样质量的面团，若为一个直径0.001m的实心球，球形度为1；若压成面皮，做成直径约为0.005m的近似空心球，以0.005m的空心球直径作为名义尺寸 d_n，按照比表面积的定义

计算得到空心球的球形度约为 $\Phi_n=4\times10^{-3}$。故似空心球类的颗粒用分样筛测量大小时，用相邻两筛的筛孔平均直径表示颗粒大小，颗粒的球形度却不等于1。

非球颗粒需要知道体积 v_p、名义尺寸 d_n 和球形度 Φ_n，才能确定颗粒的比表面积 a_p 和面积 s_p。由式(2－4)，非球颗粒的 $a_p=s_p/v_p=6/(\Phi_n d_n)$，若令与该颗粒比表面积等量的球(称比表面积当量球，研究颗粒在流体中所受阻力时常用)的直径为 d_{ea}，则有

$$d_{ea}=\Phi_n d_n \tag{2-7}$$

d_{ea}称为比表面积当量球直径。同理可定义表面积当量球直径 d_{es}

$$d_{es}=\sqrt{\frac{6v_p}{\pi\Phi_n d_n}} \tag{2-8}$$

令 $d_n=d_{ev}$，$\Phi_n=\Phi_{ev}$，由式(2－6)和式(2－7)，$d_{ea}=\Phi_{ev}d_{ev}$，式(2－8)变为 $d_{es}=d_{ev}/\Phi_{ev}^{0.5}$。

2.1.1.2　颗粒群的几何特性

食品工业中的颗粒一般是由大小不一，形状不同的颗粒成群组成，故需要表述颗粒群的多分散性，即给出颗粒群中各种颗粒的尺寸(大小程度)，因而常测定颗粒的尺寸分布，称为粒度分析(particle size analysis)，且为方便起见，常用某种平均值或当量值在某一侧面代替颗粒群的尺寸分布。由颗粒群堆积而成的床层所具有的空隙率、床层比表面等性质也都与粒子尺寸有关，粒子尺寸分布可用筛分方法测定。

(1)颗粒群粒子尺寸的筛分分析　不同尺寸范围内所含粒子的个数或质量称为粒子的尺寸分布。根据粒子尺寸的大致范围，可选择不同方法测定粒子尺寸分布，如筛分、显微检测等。对于70μm以上的颗粒群(工业固定床常用)，可用一套标准筛测量，此法称为筛分分析(screen analysis)，简称筛分。标准筛用金属丝网编织而成，每英寸(25.4mm)边长上孔的数目称为筛号或目数，并规定每一筛号的金属丝粗细和筛孔的净宽。表2－1给出几种标准筛与过去常用泰勒(Tyler)筛的目数与孔径大小。泰勒(Tyler)筛与现在的国际筛孔尺寸不重合，相邻两筛号的筛孔尺寸之比一般采用 $2^{0.5}$，不常采用 $2^{0.25}$(表2－1中按此列出)，所用网线的直径可推算出，如100目的网线直径为0.107mm。各种筛制的标准筛规格各不相同，但都在向国际筛(如ISO3310)统一，中国筛(GB 6003，表2－1中仅给出部分目数)、美国筛(E11－70)、日本筛、英国筛的筛孔尺寸都有与国际筛尺寸重合的筛，但目数(mesh)不同，也即使用的网线宽度不同，使用和阅读文献时应区分开。

筛分时将目数不同的筛子按筛号依次堆积，目数小的筛在上，目数大的筛在下。将试样倒入最上层筛面，振动筛子，并记下各层筛面上筛余物的质量。各层筛余粒子尺寸取夹此粒子的两层筛的筛孔尺寸(如14/20：过14目筛，截留于20目筛)的算术平均值。筛分结果可用分布函数或频率函数表示，分布函数表征粒径小于某指定值的颗粒所占总颗粒质量(或个数)分率与粒径的关系，可用坐标中的曲线表示；频率 f_i 是指某筛面上颗粒的质量分率 w_i 与夹此颗粒两筛的孔径(d_{i-1}、d_i)差之比，频率函数表征频率与粒径的关系，由 f_i 和 $d_{pi}=(d_i+d_{i-1})/2$ 绘出，$d_i\sim d_{i-1}$区间长度乘以此区间的 f_i 等于 w_i。

(2)颗粒群的平均尺寸　颗粒群平均尺寸用于代表粒度分布，其计算有多种方法，如算术平均法等，用何种方法平均，与要表达的对象有关。例如，在考虑流体在颗粒床层中缓慢爬流(creeping flow)所受的阻力，以便计算床层压强降时，因流动阻力与比表面积有关，为得到颗粒群的比表面积，常希望得到颗粒群的比表面积当量球直径 d_{ea}。按照式(2－7)，如用筛分法得到以筛孔大小表示的各个名义尺寸 d_{ni}，则希望得到颗粒群的调和尺寸 d_n，并结合

对应于 d_n 的颗粒群的平均球形度 Φ_n,从而得到颗粒群的比表面积。

表 2-1　　几种标准筛目数与孔的尺寸　　单位:mm

国际筛孔	中国筛号	筛孔尺寸	美国筛号	筛孔尺寸	泰勒筛号	筛孔尺寸	国际筛孔	中国筛号	筛孔尺寸	美国筛号	筛孔尺寸	泰勒筛号	筛孔尺寸
			3.5	5.6	3.5	5.60		40	0.450	40	0.425	35	0.417
			4	4.75	4	4.75	0.355	50	0.355	45	0.355	42	0.351
4.00			5	4.00	5	4.00		55	0.315	50	0.300	48	0.295
			6	3.35	6	3.35	0.25	65	0.25	60	0.250	60	0.246
2.80			7	2.80	7	2.80		75	0.200	70	0.212	65	0.208
	8	2.50	8	2.36	8	2.36	0.18	80	0.18	80	0.180	80	0.175
2.00	10	2.00	10	2.00	9	2.00		100	0.154	100	0.150	100	0.147
	12	1.60	12	1.70	10	1.70	0.125	120	0.125	120	0.125	115	0.124
1.40			14	1.40	12	1.40		150	0.100	140	0.106	150	0.104
	16	1.25	16	1.18	14	1.18	0.09	160	0.09	170	0.09	170	0.088
1.00	18	1.00	18	1.00	16	1.00		200	0.071	200	0.075	200	0.074
	20	0.900	20	0.85	20	0.850	0.063	240	0.063	230	0.063	250	0.061
0.710	26	0.700	25	0.710	24	0.710		300	0.050	270	0.053	270	0.053
	28	0.63	30	0.600	28	0.600	0.045	320	0.045	325	0.045	325	0.043
0.500	35	0.50	35	0.500	32	0.500		360	0.04	400	0.038	400	0.038

注:中国筛另有 24(号)/0.8, 32/0.56, 45/0.4, 60/0.28, 70/0.224, 90/0.160, 110/0.140, 130/0.112, 190/0.080, 260/0.056。

先考察实心均匀球形粒子群的比表面积当量平均直径 d_{ea}。设有一批大小不等的球形颗粒,其总质量为 m,经筛分分析得到各层筛筛余物的质量为 m_i,各层筛余物的平均直径为 d_i,设颗粒的密度为 ρ_p,则所有颗粒的总体积 V_p 为 m/ρ_p,各筛层颗粒的个数为 $m_i/(\rho_p v_{pi})$,$v_{pi}=\pi d_i^3/6$,$w_i=m_i/m$ 为质量分数,S_p 为所有颗粒的表面积,则有:

$$a_p=\frac{S_p}{V_p}=\frac{\sum\left(\pi d_i^2\frac{m_i}{\rho_p v_{pi}}\right)}{\frac{m}{\rho_s}}=\sum\frac{6w_i}{d_i}$$

将 a_p 用比表面积当量球的比表面积 $6/d_{ea}$ 代替,必有

$$d_{ea}=\frac{1}{\sum\frac{w_i}{d_i}}\tag{2-9}$$

对非球形颗粒群而言,用 $(d_n\Phi_n)_i$ 代替式(2-9)中的 d_i 即可计算非球形颗粒群比表面积当量球直径 d_{ea},从而得到颗粒群的比表面积为 $a_p=6/d_{ea}$。式(2-9)的 d_{ea} 是调和平均值(harmonic averaging value)。

(3)颗粒床层的空隙率、比表面积和各向同性

①床层空隙率：颗粒群填充成床层，具有空隙，用空隙率 ε(porosity 或 void fraction)定义这一性质：

$$\varepsilon = (V_b - V_p)/V_b \tag{2-10}$$

式中　V_b——床层体积，m^3

V_p——所有固体颗粒体积之和，m^3

颗粒的大小、形状、粒度分布与充填方式等因素影响空隙率：若充填时设备受到振动，则空隙率必定小；采用湿法充填(即设备内先充以液体)，则空隙率必大；大小不一的颗粒床层空隙率小；器壁处空隙率大；一般乱堆床的空隙率在0.47～0.70。

②床层比表面积：单位床层体积具有的颗粒表面积称为床层的比表面积 a_b，若忽略颗粒之间接触面积的影响，则有：

$$a_b = (1-\varepsilon)a_p \tag{2-11}$$

③床层的各向同性：设备足够大或颗粒足够小时，颗粒的床层用乱堆方法堆成，而非球形颗粒的定向是随机的，因而可认为床层是各向同性。各向同性床层的一个重要特点是，床层横截面上可供流体通过的自由截面(即空隙截面)与床层截面之比在数值上等于空隙率 ε，但在壁面处是个例外，ε 较大，故流体流动会趋向壁面，称为“壁效应(wall effect)”。

2.1.2　重力沉降

2.1.2.1　重力沉降速度计算式的推导

为分离气体或液体中的颗粒，可使颗粒和流体间形成相对运动。

由重力原因引起的颗粒沉降为重力沉降。单个颗粒在流体中沉降，或者颗粒群之间互不接触互不碰撞的沉降，称为自由沉降。当一个直径为 d 的球形颗粒放在静止流体中，颗粒密度 ρ_s 大于流体密度 ρ 时，则颗粒将在重力作用下作加速沉降运动。颗粒沉降受到三个力的作用，即向下的重力 F_g、向上的浮力 F_b 和向上的阻力 F_d，如图2－1所示。刚开始沉降时，由于阻力随相对运动速度的增加而相应增大，阻力达到某一数值后，阻力、浮力和重力达到平衡(即合力为零)，此后，颗粒便开始作匀速沉降运动，由于此均匀速度为加速终了阶段颗粒相对于流体的速度，故称为“终端速度”，也称沉降速度 u_t。加速运动阶段因时间较短，在整个沉降过程中可忽略不计。

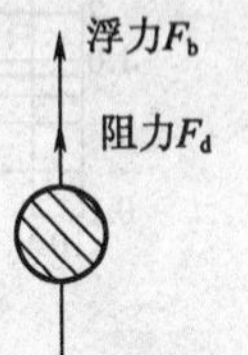

图2－1　沉降颗粒受力情况

将动量守恒定律应用于匀速沉降的颗粒，颗粒自由沉降速度的计算式通过颗粒合力为零的表达式得出：

$$\frac{\pi}{6}d^3\rho_p g = \frac{\pi}{6}d^3\rho g + \zeta A\frac{\rho u_t^2}{2} \tag{2-12}$$

式中　ζ——曳力系数(drag coefficient)

A——颗粒在垂直于其运动方向的平面上的投影面积，$A = \pi d^2/4$，m^2

u_t——颗粒相对于流体的运动速度，m/s

$$u_t = \sqrt{\frac{4gd(\rho_p - \rho)}{3\zeta\rho}} \qquad (2-13)$$

式2-13是沉降速度的原始计算式。得到沉降速度可用于计算流体在沉降设备中应停留的时间或处理量。由式(2-12)知：

$$\frac{\pi}{6}d^3(\rho_p - \rho)g/(\pi d^2/4) = \zeta(u_t/2)(\rho u_t) = K_T(\rho u_t) \qquad (2-12a)$$

可推导得到：

$$K_r = \sqrt{\frac{\zeta gd(\rho_p - \rho)}{3\rho}} \qquad (2-14)$$

式(2-12)左边为以单位颗粒投影面积计算的净重力推动力(即重力减浮力)使颗粒由静止到以运动时的运量通量，故可按式(2-12a)和式(2-14)，用图0-1归一主线理解 u_t 的计算，但需注意 K_T 与流体的动量浓度差对应。K_T 中的 ζ 由经量纲分析规划的实验测出。

通过量纲分析可知，ζ 是颗粒与流体相对运动时雷诺数 Re_t 的函数，由实验测得的综合结果示于图2-2中。雷诺数 Re_t 的定义为 $Re_t = du_t\rho/\mu$。

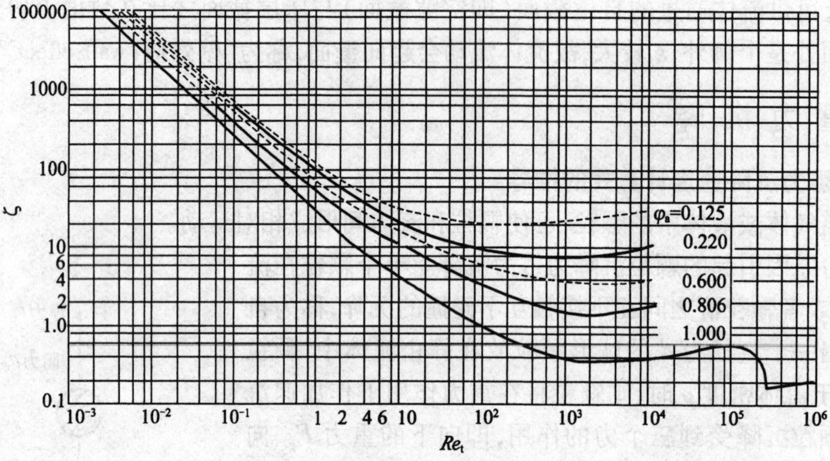

图2-2 几种形状颗粒的曳力系数

由图2-2看出，球形颗粒的曲线($\Phi = 1$)按 Re_t 值大致分为三个区，各区内的曲线可分别用相应的关系式表达。

层流区或斯托克斯(Stokes)定律区，$10^{-4} < Re_t < 1$(可近似用到2)。

$$\zeta = \frac{24}{Re_t} \qquad (2-15)$$

过滤区或艾仑(Allen)定律区 ($2 < Re_t < 500$)。

$$\zeta = \frac{18.5}{Re_t^{0.6}} \qquad (2-16)$$

湍流区或牛顿(Newton)定律区 ($500 < Re_t < 2\times10^5$)。

$$\zeta = 0.44 \qquad (2-17)$$

将式(2-15)、式(2-16)及式(2-17)分别代入式(2-13)，便可得到颗粒在各区相应的沉降速度公式，即斯托克斯(Stokes)定律区

$$u_t = \frac{d^2(\rho_p - \rho)g}{18\mu} \tag{2-18}$$

艾仑(Allen)定律区

$$u_t = 0.27\sqrt{\frac{d(\rho_p - \rho)g}{\rho}Re_t^{0.6}} \tag{2-19}$$

牛顿(Newton)定律区

$$u_t = 1.74\sqrt{\frac{d(\rho_p - \rho)g}{\rho}} \tag{2-20}$$

实际颗粒的沉降会受到颗粒浓度、流体黏度、器壁和颗粒形状粒度等因素的影响，需区别对待。在可达 Re_t 范围内，随雷诺数 Re_t 的增大，表面摩擦阻力的作用逐渐减弱，而形体阻力的作用逐渐增加，当雷诺数 Re_t 超过 2×10^5 时，出现湍流边界层，此时反而不易发生边界层分离，故曳力系数 ζ 值突然下降，但在沉降操作中很少达到此区域。

前述各种沉降速度关系式中，当颗粒的体积分数小于 0.2% 时，理论计算值的偏差在 1% 以内。当颗粒体积分数较高时，由于颗粒相互作用明显，便发生干扰沉降。

对于非球形颗粒，雷诺准数 Re_t 中的直径 d 要用颗粒的当量直径 d_{ev} 代替，曳力系数由图 2－2 中不同 Φ 值查出，列出受力平衡式，解出沉降速度。但这样做比较麻烦，后面将给出非球颗粒沉降速度或 d_{ev} 的计算方法。

自由沉降速度的公式不适用于非常微细颗粒（如 $d<0.5\mu m$）的沉降计算，这是由于流体分子热运动使得颗粒发生布朗运动，而当 $Re_t>10^{-4}$ 时，便可不考虑布朗运动的影响。

2.1.2.2　重力沉降速度的计算

计算在给定介质中球形颗粒的沉降速度，可采用以下方法。

（1）试差法　根据公式计算沉降速度 u_t 时，需要首先知道沉降雷诺数 Re_t 值才能选用相应的计算式，但是 u_t 为待求，Re_t 值未知，所以沉降速度 u_t 的计算需要用试差法。先假设沉降属于某一流型，选用与该流型相应的沉降速度公式计算 u_t，然后按 u_t 检验 Re_t 值是否在原设的流型范围内：如果与原假设一致，则求得的 u_t 有效；如果与原假设不一致，则按算出的 Re_t 值另选流型，并改用相应的公式求 u_t，直到满足条件为止。

（2）Ar 准数判据法　针对球形颗粒，由式（2－13），可得到 $3\zeta Re_t^2/4 = d^3(\rho_p - \rho)\rho g/\mu^2 = Ar$，$Ar$ 为阿基米德（Archimedes）数，可用 Stokes 区 $18Re_t$ 记忆，且在 $Re_t \leqslant 2\times10^5$ 全部范围内，有如下经验关系：

$$Re_t = \frac{Ar}{18 + 0.6\sqrt{Ar}} \tag{2-21}$$

得到 Re_t 后，在已知直径 d 时，可得到 u_t。若已知沉降速度为 u_t，要求球形颗粒的直径，则可按下法计算：由式（2－13）可得 $3\zeta Re_t^{-1}/4 = (\rho_p - \rho)g\mu/(\rho^2 u_t^3) = Ar\,Re_t^{-3} = c$，先根据已知数据计算出 c，再得到 $Ar = cRe_t^3$，代入式（2－21），试差解出 Re_t 后，再求出 d。试差时，可先去除式（2－21）中的 $0.6Ar^{0.5}$，解出一个 Re_1 和 d，将由 d 计算得到的 Ar 代入式（2－21）中的根号内，再解出 Re_2，比较 Re_2 和 Re_1，若误差在 3% 以内可停止计算，否则继续进行计算，直至满足误差要求。为了方便计算，已经绘出了 $\zeta Re_t^2 - Re_t$ 曲线图和 $\zeta Re_t^{-1} - Re_t$ 曲线图，代替试差求解 d。

针对非球形颗粒，用体积当量直径 d_{ev} 代表直径，按球形颗粒的方法进行计算，但式（2－

21)应变换成：

$$Re_t = \frac{Ar}{a + b\sqrt{Ar}} \tag{2-21a}$$

其中 a、b 为参数。$\Phi = 0.806, a = 25.0, b = 1.2$；$\Phi = 0.6, a = 33.6, b = 1.7$；$\Phi = 0.22, a = 37.1, b = 2.9$；$\Phi = 0.125, a = 41.7, b = 4.9$。对这些参数的由来作一说明：观察图 2－2，各球形度的曲线形状与球的相似，故考虑有式(2－21a)，对 $\Phi = 0.806$，在图 2－2 中查出 $Re = 0.01$ 和 $Re = 10000$ 的 ζ 分别为 3433 和 1.78，计算出 $Ar = 3\zeta Re_t^2/4$ 分别为 0.2575 和 1.33×10^8，代入式(2－21a)，解方程组，可得到 $a \approx 25.0$、$b \approx 1.2$ 的数值，其他参数值按此法类推求取。

(3) K 判据法　定义 $K = Ar^{1/3}$，因为 $Re = 2$ 时，$K = 3.3$，此值即为斯托克斯定律区的上限，同理可得牛顿定律区的下限 K 值为 43.6，故计算已知直径的球形颗粒的沉降速度时，可根据 K 值选用相应的公式计算 u_t，从而避免采用试差法。

2.1.2.3　重力沉降设备计算

利用重力沉降分离含尘气体中尘粒的降尘室(settling chamber)，一般可用于预分离，去除粒径较大的尘粒。

图 2－3 是气体在降尘室内流动及颗粒沉降过程示意图。当含尘气体进入降尘室后，由于流道截面积增大，速度降低，使气体在降尘室内的停留时间较长。若此时间等于或大于颗粒沉降到底部所需的时间(沉降时间)，颗粒便可从气体中分离出来。设 H 为降尘室高度，m；b 为宽度，m；L 为长度，m；u_t 为颗粒的沉降速度，m/s；u 为气体在降尘室内的水平速度，m/s。颗粒在降尘室中能被分离出来的条件为停留时间 τ(等于 L/u) 大于或等于沉降时间 τ_t(等于 H/u_t，由最不利位置处沉降分离出)。若含尘气体的流量为 V，m³/s，则 $V = ubH$，故由 $H/u_t \leqslant L/u = L/(V/bH) = LbH/V$ 推到得到。

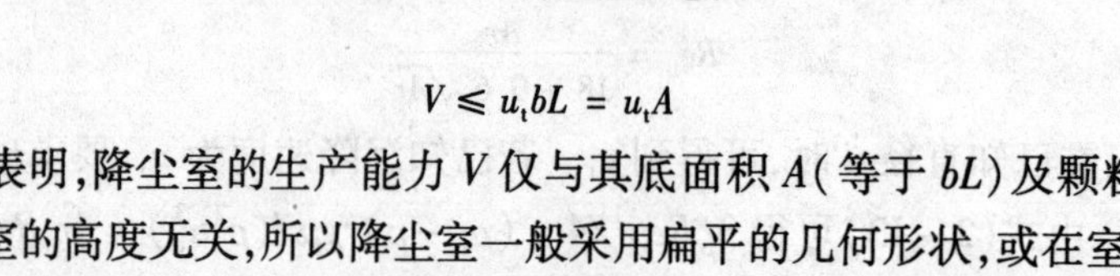

图 2－3　降尘室示意图

$$V \leqslant u_t bL = u_t A \tag{2-22}$$

式(2－22)表明，降尘室的生产能力 V 仅与其底面积 A(等于 bL)及颗粒的沉降速度 u_t 有关，而与降尘室的高度无关，所以降尘室一般采用扁平的几何形状，或在室内加多层隔板，形成多层降尘室，以提高生产能力，但也不是越多越好，间距太小出灰不方便，一般隔板间距为 40～100mm。此外，气体在降尘室内的速度不宜过高，一般应保证气体流动的雷诺数处于层流区，以免干扰颗粒的沉降或将已沉降下来的颗粒重新扬起，故通常 u 不超过 3m/s，而沉降速度 u_t 应按完全分离的最小颗粒直径计算。

降尘室结构简单，流动阻力小，但体积庞大，分离效率低，只适用于分离粒度大于 50μm 的粗颗粒，一般作为预除尘使用。

【例2-2】降尘室长5m，宽3m，高4m，内部隔板为15块，用来回收含尘气体中的球形颗粒，操作条件下含尘气体的流量为$36000m^3/h$，气体密度$0.90kg/m^3$，黏度为$0.03mPa·s$，尘粒密度为$3000\ kg/m^3$，试求(1)理论上能100%除去的最小颗粒直径；

(2)若气体处理量增加30%，要求处理效果不变，需要增加多少块隔板。

解：(1)降尘室面积$A=(n+1)\times A_{单}=16\times5\times3=240\ (m^2)$

u_t为100%能除去的最小颗粒的沉降速度，则其生产能力为

$$V=u_tA$$

$$u_t=V/A=36000/(3600\times240)=0.0417(m/s)$$

设尘粒在降尘室中为滞流沉降，则

$$u_t=\frac{d^2(\rho_p-\rho)g}{18\mu}$$

$$d_{\min}=\sqrt{\frac{18\mu u_t}{(\rho_p-\rho)g}}=\sqrt{\frac{18\times0.03\times10^{-3}\times0.0417}{(3000-0.9)\times9.81}}=2.77\times10^{-5}\quad(m)$$

校核：$Re_p=du_t\rho/\mu=2.77\times10^{-5}\times0.0417\times0.9/0.03\times10^{-3}=0.035<2$，假设成立，计算结果正确。

(2)气体处理量增加30%，要求处理效果不变，则新工况下需要的隔板数为n'块

$$V'=u_t\cdot(n'+1)\times A_{单}$$

$$n'=(V'/V)(n+1)-1=1.3\times(15+1)-1=19.8(块)(取20块)$$

需要增加5层隔板能满足新工况要求。

食品工业生产中另有分离悬浮液颗粒的沉降槽，有间歇和连续操作之分。沉降槽设备的计算原理与降尘室的计算原理相似，悬浮液的处理能力由颗粒在最不利位置处得到沉降分离的时间小于悬浮液在沉降槽中的停留时间决定。连续沉降槽可处理悬浮液流量的表达式同式(2-22)，其中沉降面积为沉降槽的横截面积。

食品工业生产中可利用流体对颗粒进行分级，如结晶过程中大小颗粒的分级，同样可根据颗粒沉降速度进行相关计算。

2.1.3　离心沉降

在离心力场中依靠离心力的作用，使流体中的颗粒产生沉降运动，称为离心沉降，由于离心力场提供的离心加速度可以比重力加速度大很多，故离心分离效果比重力分离要好。用离心加速度替换重力加速度后，离心沉降的计算方法可按照重力沉降的计算方法理解。

2.1.3.1　离心沉降速度计算式的推导

在讨论离心泵中液体的压强规律时，曾得到相对静止流体中和差压强$p^{\pm}$处处相等，且离心力场中沿旋转半径方向的压强大小不一样，半径越大处流体的压强越大。当流体中含颗粒时，颗粒在压差的作用下，形成向心力，旋转的颗粒本身又具有离心力（重力因与离心力垂直不予考虑，或重力相比于离心力忽略不计），在离心力和向心力合力作用下，颗粒发生相对于流体的运动。颗粒运动后将受到阻力作用，直至离心力、向心力和阻力三力平衡，形成颗粒的离心沉降速度，因此可按照重力沉降推导理解离心沉降速度的推导。令球形颗粒的直径为d，密度为ρ_p，流体密度为ρ，颗粒与中心轴的距离为R，切向速度为u_T，圆周运动的角速度为ω，颗粒与流体在径向上的相对速度即离心沉降速度为u_r，则离心力为$F_c=\frac{\pi}{6}d^3\rho_p$

$\dfrac{u_T^2}{R}$，向心力为 $F_i = \dfrac{\pi}{6}d^3\rho\dfrac{u_T^2}{R}$，阻力为 $F_d = \zeta\dfrac{\pi}{4}d^2\dfrac{\rho u_r^2}{2}$，上述三个力达到平衡，则可求得 u_r

$$u_r = \sqrt{\frac{4d(\rho_p - \rho)}{3\rho\zeta}\left(\frac{u_T^2}{R}\right)} \tag{2-23}$$

比较式（2－23）与式（2－13），颗粒的离心沉降速度 u_r 与重力沉降速度 u_t 具有相似的关系式，只是重力加速度 g 改为离心加速度 u_T^2/R。离心场强度与重力场强度的比值称为离心分离因数 K_c，且有

$$K_C = \frac{u_T^2}{Rg} = \frac{\omega^2 R}{g} \tag{2-24}$$

分离因数是离心分离设备的重要指标，对某些高速离心机，分离因数 K_c 值可高达数十万，旋风或旋液分离器的分离因数一般在 5～2500。例如，当旋转半径 $R = 0.4$m、切向速度 $u_T = 20$ m/s 时，$K_c = 102$，足见离心沉降设备的分离效果远较重力沉降设备好，故离心沉降在工程上应用更为广泛。

实际上，离心沉降时，由于其分离的颗粒小，沉降速度较慢，很多在层流区，颗粒与流体的相对运动属于层流，阻力系数 ζ 用式（2－15）表示，则沉降速度为

$$u_r = \frac{d^2(\rho_p - \rho)}{18\mu}\cdot\frac{u_T^2}{R} = \frac{d^2(\rho_p - \rho)}{18\mu}\omega^2 R \tag{2-25}$$

根据重力沉降速度用图 0－1 归一主线表达的方法，可以得到离心沉降速度用图 0－1 归一主线表达的方法，只需将重力沉降速度表达方法中的重力加速度 g 换成离心加速度 u_T^2/R 即可，因此比照重力沉降原理，可学习掌握离心沉降原理。

2.1.3.2 旋风分离器

旋风分离器（cyclone）是利用离心力作用净制气体的设备，其结构简单，制造方便，分离效率高，并可用于高温含尘气体的分离，所以在生产中得到广泛应用。

（1）构造与操作　如图 2－4 所示为具有代表性的旋风分离器的结构型式，称为标准旋风分离器，上部为圆柱形，下部为圆锥形，其各部分尺寸均标注在图中，另有其他形式的旋风分离器。含尘气体从圆筒上部的长方形切线进口进入旋风分离器里，进口的气速为 15～20m/s。含尘气体在器内受器壁限制，沿圆筒内壁作旋转向下的三维流动（称外旋流），在惯性离心力作用下，颗粒甩向器壁与气流分离，再沿内壁面落入底部的落灰斗。圆柱部分是主要除尘区域，到了圆锥部分，由于旋转半径缩小而切向速度增大，增强除尘效果。在圆锥底部附近，气流转变为旋转方向相同上升气流（称内旋流），由上部出口管排出。

旋风分离器内的静压强在器壁附近最高，仅稍低于气体进口处的压强，往中心逐渐降低，在气芯处可降至气体出口压强以下。旋风分离器内的低压气芯由排气管入口一直延伸到底部出灰口，如果出灰口或集尘室密封不良，便容易漏入气体，把已收集在锥形底部的粉尘重新卷起，严重降低分离效果。

（2）旋风分离器的性能　旋风分离器的性能用临界粒径、分离效率、压强降等性能参数表示。

①临界粒径：临界粒径 d_c 是分离器能够 100% 除去的最小粒径。它是判断分离效率高低的重要依据。推导临界粒径计算式假设有：进入旋风分离器的气流在器内按入口形状沿圆筒旋转 N_e 圈，沉降距离都为 B；器内颗粒与气体的流速相同，它们的平均切向流速等于进

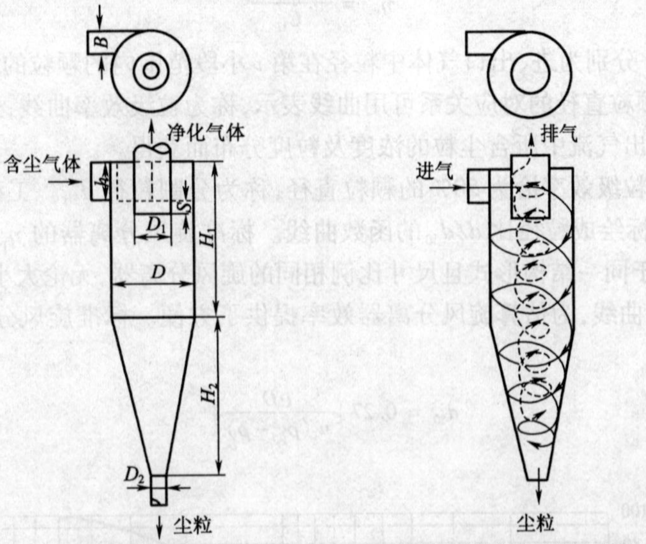

(a) 标准型旋风分离器
$h=D/2$　$B=D/4$　$D_1=D/2$　$H_1=2D$
$H_2=2D$　$S=D/8$　$D_2=D/4$

(b) 气体在旋风分离器内的运动情况

图 2-4　旋风分离器

口气速；颗粒的沉降运动服从斯托克斯定律。

颗粒在层流区作自由沉降，其径向沉降速度可用式(2-25)计算。因 $\rho \ll \rho_p$，故式(2-25)中的 $\rho_p - \rho \approx \rho_p$，旋转半径 R 可取平均值 R_{av}，颗粒到达器壁所需的沉降时间 τ_t 为 $18\mu R_{av}B/(d^2\rho_p u_i^2)$。令外圈气流的有效旋转圈数为 N_e，它在器内运行的距离便是 $2\pi R_{av}N_e$，则停留时间 τ 为 $2\pi R_{av}N_e/u_i$。若某种尺寸的颗粒所需的沉降时间 τ_t 恰好等于停留时间 τ，该颗粒就是理论上能被完全分离下来的最小颗粒，以 d_c 代表这种颗粒的直径，即临界粒径，则由 $\tau = \tau_t$ 推导可得：

$$d_c = \sqrt{\frac{9\mu B}{\pi N_e \rho_p u_i}} \tag{2-26}$$

对标准旋风分离器 $N_e = 5$；一般旋风分离器是以圆筒直径 D 为参数，其他尺寸都与 D 成一定比例。由式(2-26)可见，临界粒径随分离器尺寸增大而加大，因此分离效率随分离器尺寸增大而减小，所以当气体处理量很大时，常将若干个小尺寸的旋风分离器并联使用(称为旋风分离器组)，以维持较高的除尘效率。

②分离效率：旋风分离器的分离效率有两种表示法：一是总效率 η_0；一是粒级效率 η_{pi}。

总效率 η_0 是指进入旋风分离器的全部颗粒中被分离颗粒的质量分数，即

$$\eta_0 = \frac{C_1 - C_2}{C_1} \tag{2-27}$$

式中　C_1、C_2——分别为旋风分离器进、出口气体含尘浓度，kg/m^3

粒级效率是指定尺寸的颗粒被分离的质量分率。含尘气流中的颗粒通常具有一定的粒度分布，通过旋风分离器之后，各种尺寸的颗粒被分离的效率互不相同。通常是把气流中所含颗粒的尺寸范围等分成 n 小段，在第 i 个小段范围内的颗粒的粒级效率定义为

$$\eta_{pi} = \frac{C_{1i} - C_{2i}}{C_{1i}} \tag{2-28}$$

式中　C_{1i}、C_{2i}——分别为进、出口气体中粒径在第 i 小段范围内的颗粒的浓度，kg/m^3

粒级效率与颗粒直径的对应关系可用曲线表示，称为粒级效率曲线，这种曲线可通过实测旋风分离器进、出气流中所含尘粒的浓度及粒度分布而获得。

③分割粒径：粒级效率恰为50%的颗粒直径，称为分割粒径 d_{50}。工程上常把旋风分离器的粒级效率 η_{pi}标绘成粒径比 d/d_{50}的函数曲线。标准旋风分离器的 η_p 与 d/d_{50}的关系曲线见图2-5。对于同一结构形式且尺寸比例相同的旋风分离器，无论大小，皆可通用同一条 η_p 与 d/d_{50}的关系曲线，为估算旋风分离器效率提供了方便。标准旋风分离器的 d_{50}可用下式估算：

$$d_{50} = 0.27\left[\frac{\mu D}{u_i(\rho_p - \rho)}\right]^{0.5} \tag{2-29}$$

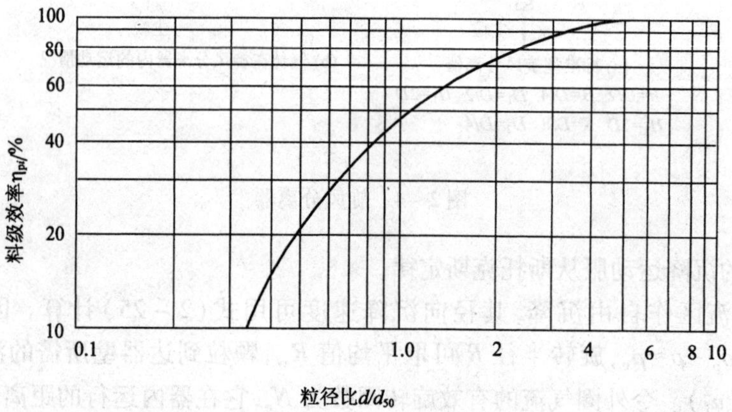

图2-5　标准旋风分离器的粒级效率曲线

④压强降：压强降是评价旋风分离器的一个重要性能指标，它是决定分离过程的能耗和合理选择风机的依据。气体流经旋风分离器时，由于进气管、排气管及主体器壁所引起的摩擦阻力，气体流动时的局部阻力及气体旋转所产生的动能损失等，造成气体的压强降，即

$$\Delta p = \zeta \frac{\rho u_i^2}{2} \tag{2-30}$$

式中 ζ 为阻力系数，对于同一结构型式及尺寸比例的旋风分离器，ζ 为常数，一般 ζ 为5~8（标准旋风分离器 $\zeta=8$），压强降 $\Delta p=500\sim2000Pa$。

影响旋风分离器性能的因素多而复杂，物系情况及操作条件是其中的重要方面。颗粒密度大、粒径大、进口气速高及粉尘浓度高等均有利于分离。如含尘浓度高则有利于颗粒的聚结，可提高效率，并且颗粒浓度增大可以抑制气体涡流，从而使阻力下降，所以较高的含尘浓度对压强降与效率两个方面均有利。有些因素则对这两方面有相互矛盾的影响，如进口气速 u_i 稍高有利于分离，但过高则导致涡流加剧，反而不利于分离，并突然增大压强降，因此 u_i 保持在15~25m/s范围为宜。

(3)旋风分离器的选用　选择旋风分离器时，首先根据系统的物性和分离任务的要求选定旋风分离器的型式，然后根据含尘气体的体积流量、要求达到的分离效率和允许的压降确定旋风分离器的尺寸和个数。CLT/B 型旋风分离器具有倾斜螺旋面进口，圆筒部分直径为 150～800mm，入口气速为 12～18m/s，阻力系数值取 5.0～5.5，压强降(气体密度为 1.2kg/m^{3}时)为 755～1707Pa，生产能力为 170～7130m^3/h；CLP/B 型旋风分离器带旁路分离室，圆筒部分直径 300～1060mm，入口气速为 12～20m/s，阻力系数值取 4.8～5.8，压强降为 412～1128Pa，生产能力为 700～14300m^3/h；扩散式旋风分离器圆筒部分直径 250～695mm，入口气速为 14～20m/s，压强降为 785～1570Pa，生产能力为 820～8740m^3/h。旋风分离器型号请查阅相关产品样本或参考文献[28]。

通常并联的分离效率优于串联，并且设备小、投资省，故工业生产中一般均采用多台旋风分离器并联操作的方法。

旋风分离器结构简单，造价低廉，没有活动部件，可用多种材料制造，操作条件范围宽广，分离效率较高，在食品行业中广泛应用于气－固体系、液－固体系及液－液体系分离、回收与环保。如淀粉、蔗糖、味精、酵母、麦芽、牛乳、饮料等产品的生产中都有应用，但它不适用于处理黏性粉尘、含湿量高的粉尘及腐蚀性粉尘。此外，气量的波动对除尘效果及设备阻力的影响较大。直径 200μm 以上的粗大颗粒，最好先用重力沉降法除去，以减少颗粒对分离器器壁的磨损。直径 5μm 以下的颗粒，需用袋滤器或湿法捕集。

【例2－3】某淀粉厂的气流干燥器每小时送出 10000m^3 带有淀粉的热空气，拟采用扩散式旋风分离器收取其中的淀粉，要求压强降不超过 1373Pa，已知气体密度为 1.0kg/m^3，试选择合适的型号。

解：当 u_i 不变时，气体通过旋风分离器的压强降与气体密度成正比，故可将压强降折算成气体密度为 1.2kg/m^3 时的数值用于查找型号：

$$\Delta p = 1373 \times 1.2/1.0 = 1648\ (\text{Pa})$$

查参考文献[28]知，扩散式旋风分离器(直径为 370mm)在 1570Pa 的压强降下操作时，生产能力为 2500m^3/h，现要达到 10000 m^3/h 的生产能力，可采用 4 台并联。

也可以作出其他选择，即选用的型号与台数不同上面的方案。所有这些方案在满足气体处理量及不超过允许压强降的条件下，效率高低和费用大小将不同，合适的型号只能根据实际情况和经验确定。

2.1.3.3　旋液分离器

旋液分离器是利用离心力的作用，使悬浮液中固体颗粒增稠或使粒径不同及密度不同的颗粒进行分级。其结构及操作原理，与上面介绍的旋风分离器相似。

由于液体的黏度约为气体的 50 倍，液体的($\rho_p-\rho$)比气体的小并且悬浮液的进口速度也比含尘气体的小，由式(2－25)可知，同样大小和密度的颗粒，悬浮液在旋液分离器中的沉降速度远小于含尘气体在旋风分离器中的沉降速度，因此要达到同样的临界粒径要求，则旋液分离器的直径要比旋风分离器小得多。

2.1.3.4　离心机

离心机(centrifuge)是利用惯性离心力分离液态非均相混合物的机械。它与旋液分离器的主要区别在于离心力是由设备(转鼓)本身旋转产生的。由于离心机可产生很大的离心力，故可用来分离用一般方法难于分离的悬浮液或乳浊液。根据分离方式，离心机可分为过滤式、沉降式和分离式三种基本类型，根据 K_c 值又可将离心机分为：常速离心机 $K_c < 3000$（一般为 600 ~ 1200），主要用于分离颗粒不大的悬浮液和物料的脱水；高速离心机 $3000 < K_c < 50000$，主要用于分离乳状和细粒悬浮液；超速离心机 $K_c > 50000$，主要用于分离极难分离的超微细粒的悬浮物系和高分子胶体悬浮液。最新式的离心机，其 K_c 可高达 500000 以上，常用来分离胶体颗粒及破坏乳浊液等。分离因数的极限值取决于转动部件的材料强度。

离心机沉降机的计算原则仍是利用式(2-23)或式(2-25)计算沉降时间，再计算获得流体的处理量。离心过滤机的计算使用下节过滤方程计算。离心机分离乳浊液需要设计轻重相溢流堰的位置以控制机内相界面位置，可根据双力场中和差压强的定义，列出最上端挡板处相界面两侧的和差压强，由界面处的压强为唯一值可得到相界面位置和重相溢流堰位置的关系，其中轻相和重相的另一表面压强为相等或均为大气压强。

2.2 过　　滤

2.2.1 过滤操作的基本概念

2.2.1.1 过滤原理

过滤是利用重力或人为造成的压差使悬浮液通过某种多孔性过滤介质，使悬浮液中的固体颗粒被截留，滤液则穿过颗粒层和介质流出，从而实现液固分离的操作。

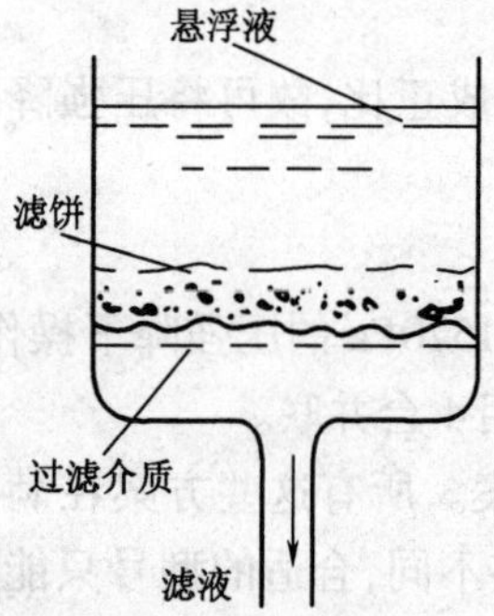

图 2-6　简单的过滤示意图

图 2-6 所示为过滤操作的示意图，过滤原料液称悬浮液（suspension）通常又称为滤浆（slurry）或料浆，过滤用的多孔性材料，称为过滤介质（medium），留在过滤介质上的固体颗粒，称为滤饼（cake）或滤渣，通过滤饼和过滤介质的清液，称为滤液（filtrate）。根据过滤推动力的不同将过滤分为常压过滤、加压过滤、真空过滤、离心过滤等。

2.2.1.2 过滤方式

（1）滤饼过滤（表面过滤）　若悬浮液中固体颗粒的体积分数大于 1%，则过滤过程中固体颗粒即便小于过滤介质孔径，但它们相互之间垒叠，在过滤介质道内和表面很快发生“架桥”现象，阻止小颗粒通过，并会在介质表面形成固体颗粒的滤饼层，起到过滤介质作用，这种过滤操作称为滤饼过滤（cake filtration），如图 2-7 所示。滤饼过滤中，真正起截留颗粒作用的是滤饼层而不是过滤介质。过滤操作刚开始时，滤液浑浊，随着滤饼层充分形成，滤液很快会清澈，操作时应将刚开始的浑浊滤液返回重新过滤。

在滤饼过滤过程中，滤饼会不断增厚，过滤的阻力随之增加，在推动力不变下，过滤速度会愈来愈小。滤液在滤饼中的流动一般为层流，流动通道细小且四通八达。

（2）深床过滤　悬浮液中固体颗粒的体积分数小于 0.1%，且固体颗粒粒径较小的悬浮液，过滤时固体颗粒截留在过滤介质床层内部且过滤介质表面不生成滤饼的过滤称为深床过滤，如图 2-8 所示。深床（deep bed）过滤中，由于悬浮液的粒子直径小于介质孔道直径，所以粒子随着液体一起流入床层内的曲折通道，在穿过此曲折通道时，因分子间力、静电作用力和层流黏性力的作用，使悬浮粒子黏附在孔道壁面上而被截留，过滤介质表面不生成滤饼，整个过滤过程中过滤阻力变化不大。

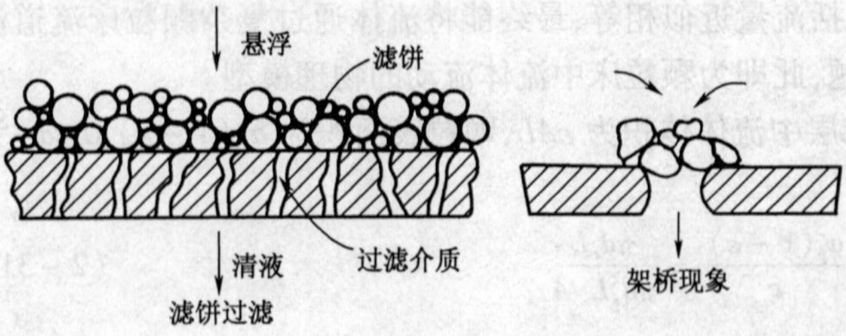

图 2－7　滤饼过滤示意图

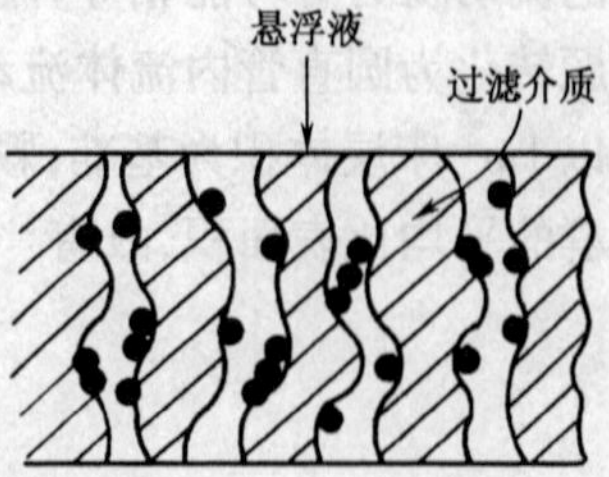

图 2－8　深床过滤示意图

2.2.1.3　过滤介质

(1) 织物介质　又称滤布，它由棉、毛、丝、麻等天然纤维及由各种合成纤维制成的织物，以及由玻璃丝、金属丝等织成的网。

(2) 粒状介质　包括细纱、木炭、石棉、硅藻土等细小坚硬的颗粒状物质，多用于深床过滤。

(3) 多孔道固体介质　它是具有很多微细内部孔道的固体材料，如多孔陶瓷，多孔高分子材料及多孔金属制成的管板材料。

2.2.1.4　滤饼可压缩性及助滤剂

过滤过程形成的滤饼不随操作压差的改变而变的滤饼称不可压缩性滤饼，如硅藻土，碳酸钙等，而当压差增加时，床层颗粒间的孔道会变窄，空隙率变小的滤饼称可压缩性滤饼，并且在食品工程领域大部分物料都具有这种特性，如各种酒类、调味品发酵制品的过滤滤饼都具有一定的可压缩性。

对于可压缩性滤饼，压差增加时，饼层颗粒间的通道变窄，有时会因颗粒过于细密而将通道堵塞，使过滤操作难以进行，为了避免此种情况，可将某种质地坚硬且能形成疏松床层的另一种固体颗粒预先涂于过滤介质上，或者混入悬浮液中，以形成较为疏松的滤饼，使滤液得以畅流，这种物质称为助滤剂，如活性炭、硅藻土、珍珠岩粉等。

2.2.2　过滤的数学模型方法

过滤是流体通过颗粒固定床层的操作。流体通过颗粒固定床层计算主要涉及床层压降和流体流速的关系表达式。由于固定床中颗粒间的空隙形成细小曲折的网状复杂通道，需要对此建立物理模型并进而得到数学模型，用以计算流体通过颗粒床层的压降。

2.2.2.1　颗粒床层的简化物理模型

细小而密集的固体颗粒床层具有很大的比表面积，给流体通过此种床层的流动阻力施加主要的影响，并使整个床层截面速度基本能均匀分布，在床层两端形成很大的压降，且该压降在工程设计中有其重要性。为得到压降的计算公式，可设法用简化物理模型替代颗粒床层。

设颗粒床层的高度为 L，空隙率为 ε，床层截面积为 A，颗粒层中流体实际流速为 u_1，流体的空床流速为 u，且有 $u_1 = u/\varepsilon$。现设想用一当量直径为 d_e，长度为 L 的圆管模拟颗粒床层，希望当量圆直管的总体积等于所讨论颗粒床层中空隙的体积,而其内表面积等于所有颗粒的表面积之和(忽略颗粒重叠部分),这样可以使得当量管中单位流体具有的固体表面积等于颗粒床层中单位体积流体拥有的表面积,即两者流体接触的比表面积相等,从而使得两者流体的流动阻力有可能相等,流速包括流量近似相等,最终能将流体通过复杂颗粒床流道流动问题转化为圆直管内流体流动问题,此即为颗粒床中流体流动的物理模型。

以 $1m^3$ 床层体积为基准,颗粒床层中流体体积为 εAL,颗粒表面积为 $a_p(1-\varepsilon)AL$,a_p 为颗粒群的平均比表面积,故有

$$\frac{a_p(1-\varepsilon)}{\varepsilon}=\frac{\pi d_e L}{\pi d_e^2 L/4} \tag{2-31}$$

$$d_e=\frac{4\varepsilon}{a_p(1-\varepsilon)} \tag{2-31a}$$

对直径为 d_e、长度为 L 的圆管和与其对应的颗粒床层而言,单位体积流体所占固体表面相同,则单位体积流体受阻力也可能近似相同,流体因是匀速运动,推动力也近似相同,保证速度近似同为 u_1,可推断出圆管的 $\Delta p^+/\rho=\lambda(L/d_e){u_1}^2/2$ 应该能表达出颗粒床层的阻力情况,因此可用直径为 d_e、长度为 L、流速为 u_1 的直管流动模型模拟流体通过颗粒床层的流动,但两种流动毕竟不完全相同,模拟只能是近似的,并需要通过实验加以验证、修正和求取模型参数 λ。

2.2.2.2 流体通过颗粒床层的数学模型

由物理模型,利用范宁公式得到数学模型为

$$\frac{\Delta p^+}{\rho}=\lambda\frac{L}{d_e}\frac{u_1^2}{2} \tag{2-32}$$

p^+ 为和压强,即 $p+\rho gh$。欧根(Ergun)总结了多人的试验数据,在 $0.67<Re_e<1667$ 范围内验证了模型正确,并回归各种数据后得到

$$\lambda=\frac{133.44}{Re_e}+2.32 \tag{2-33}$$

其中 $Re_e=\dfrac{d_e u_1\rho}{\mu}=\dfrac{4\rho u}{a_p(1-\varepsilon)\mu}$,是颗粒床层当量管中雷诺数的一般表达式,将式(2-33)、Re_e 表达式及 $u_1=u/\varepsilon$,代入式(2-32)得到

$$\frac{\Delta p^+}{L}=4.17\frac{(1-\varepsilon)^2a_p^2\mu u}{\varepsilon^3}+0.29\frac{(1-\varepsilon)a_p}{\varepsilon^3}\rho u^2 \tag{2-34}$$

又 $a_p=6/(\Phi_n d_n)$,d_n 为颗粒的名义尺寸或称定性直径,可以为体积等量球的直径、比表面积等量球的直径和其他尺寸,Φ_n 为对应于 d_n 的球形度,代入式(2-34),得到

$$\frac{\Delta p^+}{L}=150\frac{(1-\varepsilon)^2\mu u}{\varepsilon^3(\Phi_n d_n)^2}+1.75\frac{(1-\varepsilon)}{\varepsilon^3(\Phi_n d_n)}\rho u^2 \tag{2-35}$$

式(2-35)表明,流体所受阻力分为两部分:一部分是黏性阻力,与床层表观流速(superficial velocity)u 成正比;另一部分为惯性阻力,与 u^2 成正比。式(2-35)使用的条件为空隙率小于0.5,球形度大于0.6,颗粒直径和填充床直径之比小于0.4,不能是细长物体和环状填料。瓷环等塔用填料因空隙率较大,使得床层的空隙率也较大,为0.6~0.75,需要使用填料因子计算。欧根方程式的误差约为±25%。特别指出:式(2-34)中 ε 的影响最大,用后式(2-36)可计算 ε 从0.5降为0.4时 Δp^+ 增加2.8倍,但 ε 随装填情况而变,即使同一

人用同样物料同种装填方式也未必能重复，因此选取 ε 应当十分小心。d_n、Φ_n 对预测 Δp^+ 也有影响，若 Φ_n 从 0.384 下降到 0.333，Δp^+ 增加 33%。d_n 也如此。对工业上大小形状不一的固定床层物料，正确获取 d_n、Φ_n 也很重要。对细的粉碎物料，d_n 可用筛分法获取，而 Φ_n 测定方法依据之一就是式(2-35)。从使用方便角度来说，一般可考虑采用低速条件，直接使用床层压降公式测出颗粒群的比表面积。

如果雷诺数 $Re_e < 13.3$，式(2-34)后项的惯性项可忽略，演变成康采尼-卡曼(Kozeny-Carman)方程

$$\frac{\Delta p^+}{L} = 4.17\frac{(1-\varepsilon)^2 a_p^2 \mu u}{\varepsilon^3} \tag{2-36}$$

当 $Re_e > 667$ 时，式(2-34)中，前项黏性阻力项可忽略，可演变为布莱克-普朗姆(Blake-Plummer)方程

$$\frac{\Delta p^+}{L} = 0.29\frac{(1-\varepsilon)a_p}{\varepsilon^3}\rho u^2 \tag{2-37}$$

由于 ε 的决定性影响和 ε 重复的困难，不同研究者结论有差异显属正常，如 Kozeny 在 $Re_e < 6.67$ 时，得到 $\lambda = 160/Re_e$，式(2-36)变成为 Kozeny 方程

$$\frac{\Delta p^+}{L} = \frac{5(1-\varepsilon)^2 a_p^2 \mu u}{\varepsilon^3} \tag{2-38}$$

式(2-38)预测 Δp^+ 时误差在 10% 以内，优于 Ergun 方程。

Ergun 方程不是唯一用于预测颗粒床层压降的公式，Tallmadge 在 $0.067 < Re_e < 66667$ 范围内得到了一个与试验数据有良好吻合度的方程：

$$\frac{\Delta p^+}{L} = 150\frac{(1-\varepsilon)^2 \mu u}{\varepsilon^3(\Phi_n d_n)^2} + \left[1.75\frac{(1-\varepsilon)}{\varepsilon^3(\Phi_n d_n)}\rho u^2\right] \times 2.4\left[\frac{(1-\varepsilon)\mu}{\Phi_n d_n \rho u}\right]^{1/6} \tag{2-35a}$$

顺便对各种使用中定义的雷诺数作一解释：当使用比表面积当量球直径作为颗粒的直径时，颗粒雷诺数为 $Re_p = d_{ea}u\rho/\mu$，其中 $d_p = 6/a_p$，a_p 为颗粒的比表面积，欧根公式的雷诺数范围为 $1 < Re_p/(1-\varepsilon) < 2500$，可推导对应于上述床的当量管的雷诺数范围为 $0.67 < Re_e = (2/3)\ Re_p/(1-\varepsilon) < 1667$；当使用体积当量球直径作为颗粒的直径时，颗粒雷诺数为 $Re_p = d_{ev}u\rho/\mu$，其中 $d_{ev} = 6/(\Phi_{ev}a_p)$，欧根公式的雷诺数范围为 $1 < Re_p < 2500$，则有 $0.67 = 1 \times \dfrac{2\Phi_{ev}}{3(1-\varepsilon)} < Re_e = \dfrac{2\Phi_{ev}}{3(1-\varepsilon)}Re_p < 2500 \times \dfrac{2\Phi_{ev}}{3(1-\varepsilon)} = 1667$，因为 $\varepsilon < 0.5$，典型为 0.4，非球形颗粒球形度一般为 0.6 ~ 0.8，典型为 0.6，$\Phi_{ev}/(1-\varepsilon)$ 近似为 1，所以有此式；床层雷诺数 $Re_b = d_e u_1 \rho/(4\mu) = \rho u/[a_p(1-\varepsilon)\mu] = Re_e/4$，所以有 $0.17 < Re_b < 417$。为防止出现混乱，可使用颗粒床层当量管雷诺数 Re_e，这种雷诺数在管流中已经频繁使用，利于掌握。

欧根方程式(2-34)除可用于过滤计算外，还可用于气体通过颗粒床如流化床的计算。参照式(1-26)，不难理解经颗粒床层流动的流体流速的计算也符合图 0-1 归一主线。K_T 值可由式(2-34)导出，为 $4.17\dfrac{(1-\varepsilon)^2 a_p^2 \mu L}{\varepsilon^3} + 0.29\dfrac{(1-\varepsilon)a_p L}{\varepsilon^3}u$。

2.2.3　过滤基本方程式

单位时间内滤过的滤液体积，称为过滤速率；单位时间单位过滤面积的滤液体积，为过滤通量或滤液的流通密度，因为单位为 m/s，故也称为过滤速度。设过滤面积为 A，过滤时间

为 dτ,滤液体积为 dV,则过滤速率为 dV/dτ,而过滤速度为 dV/(Adτ)。过滤速率基本方程式描述滤液量随过滤时间的变化关系,它可用来计算获得一定量的滤液(或滤饼)所需要的过滤时间。

如前所述,悬浮液在过滤床层中的流动为层流,根据康采尼经验方程:

$$u = \frac{dV}{Ad\tau} = \frac{\varepsilon^3}{5a^2(1-\varepsilon)^2}\frac{\Delta p_c^+}{\mu L} \tag{2-39}$$

$$u = \frac{dV}{Ad\tau} = \frac{\Delta p_c^+}{r\mu L} \tag{2-40}$$

其中

$$r = \frac{5a^2(1-\varepsilon)^2}{\varepsilon^3} \tag{2-41}$$

令 v 为单位体积滤液所得滤饼体积,则任一瞬间的滤饼体积(固体体积 + 空隙体积)与当时已获得的滤液体积 V 之间的关系为

$$LA = vV \tag{2-42}$$

可得

$$\frac{dV}{Ad\tau} = \frac{\Delta p_c^+}{r\mu vV/A} = \frac{\Delta p_c^+}{\mu R} \tag{2-43}$$

式(2-43)中,Δp_c^+ 为过滤推动力,分母可理解为过滤的阻力,r 为比例系数,称比阻,单位为 $1/m^2$,反映颗粒特性,其值随物料而不同。

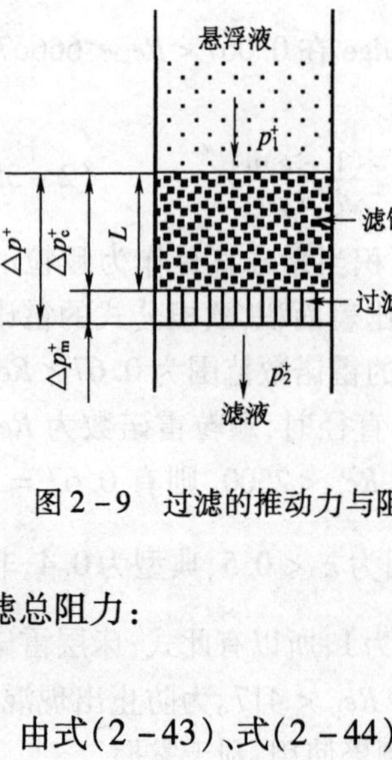

图 2-9 过滤的推动力与阻力

如图 2-9 所示,一个完整的过滤过程,滤液是由穿过滤饼层和过滤介质层串联而成,除了滤饼阻力外,还要考虑过滤介质阻力。可以把过滤介质阻力看作获得当量滤液量 V_e(需要时间为 τ_e)时所形成的滤饼层的阻力,表示过滤介质阻力 $r\mu vV_e/A$,而滤液通过过滤介质的压力降表示为 Δp_m^+。

由上述分析可知,滤液通过滤饼层及过滤介质的总压力降即总推动力可表示为滤饼层压降 Δp_c^+ 与过滤介质压降 Δp_m^+ 之和,即过滤总推动力:

$$\Delta p^+ = \Delta p_c^+ + \Delta p_m^+ \tag{2-44}$$

过滤总阻力为滤饼阻力与过滤介质阻力之和,即过滤总阻力:

$$\mu R = \mu R_c + \mu R_m = r\mu v(V + V_e)/A \tag{2-45}$$

由式(2-43)、式(2-44)与式(2-45)得

$$\frac{dV}{Ad\tau} = \frac{\Delta p^+}{r\mu v(V+V_e)/A} = \frac{\Delta p^+}{\mu(R_c+R_m)}$$

即有

$$\frac{dV}{Ad\tau} = \frac{A\Delta p^+}{r\mu v(V+V_e)} \tag{2-46}$$

或

$$\frac{dV}{d\tau} = \frac{A^2\Delta p^+}{r\mu v(V+V_e)} \tag{2-46a}$$

可压缩滤饼情况比较复杂式,它的比阻 r 是两侧压强差的函数,考虑到滤饼的压缩性,通常借助下面的经验式来粗略估算压强差增大时的比阻的变化,即

$$r = r_0(\Delta p^+)^s \tag{2-47}$$

式中　r_0——单位压强差下滤饼的比阻，$1/m^2$

Δp^+——过滤压强，Pa

s——可压缩性指数，无量纲，对不可压缩滤饼 $s=0$

将式(2-47)代入式(2-46)得

$$u=\frac{dV}{Ad\tau}=\frac{A(\Delta p^+)^{1-s}}{r_0\mu v(V+V_e)} \tag{2-48}$$

或

$$\frac{dV}{d\tau}=\frac{A^2(\Delta p^+)^{1-s}}{r_0\mu v(V+V_e)} \tag{2-48a}$$

式(2-48a)称为过滤速率基本方程式。它表示过滤操作中某一瞬时的过滤速率与物系性质、压力差、该时间以前的滤液量及过滤介质的当量滤液量之间的关系。参照式(1-26)理解，由式(2-48)得到：

$$\Delta p^+=\frac{r_0+\mu v(V+V_e)(\Delta p^+)^s}{A\rho}(\rho u)=K_T(\rho u) \tag{2-48b}$$

从而可由图0-1归一主线系统化和简化表达。

从式(2-48)更为清楚看出过滤操作的特点，随着过滤操作的进行，滤液越多，滤饼厚度越大，过滤的阻力就越大(要将滤液量理解为过滤阻力)。在工程上过滤操作压差一般是不变的，则过滤速率必然逐渐减小，所以说过滤过程是非定态操作。

在工程上，为了更简捷描述过滤速率方程，对式(2-48)常作如下变换：对一定的悬浮液，常可将 r_0、v、μ 皆视为不变，令

$$k=1/(r_0 v\mu) \tag{2-49}$$

$$K=2k(\Delta p^+)^{1-s} \tag{2-50}$$

并令 $q=V/A$，$q_e=V_e/A$，则式(2-48)可变换为

$$\frac{dV}{d\tau}=\frac{KA^2}{2(V+V_e)} \tag{2-51}$$

$$\frac{dq}{d\tau}=\frac{K}{2(q+q_e)} \tag{2-51a}$$

式(2-51)和式(2-51a)是更为常见过滤速率基本方程式。

式中，k 为表征物料过滤特性的常数，单位为 $m^4/(N\cdot s)$ 或 $m^2/(Pa\cdot s)$，称物料过滤特性常数；K 称为过滤常数，由物料性质和压强差决定，单位为 m^2/s；q 为单位过滤面积得到的滤液体积，反映了滤饼层阻力大小，单位为 m^3/m^2；q_e 则是反映过滤介质阻力，因为在整个过滤过程数值不变，称为介质常数，单位为 m^3/m^2。

要想用此式求出过滤时间与滤液量之间的关系式，还需要依据具体操作特点进行积分运算。

2.2.4　过滤过程计算

2.2.4.1　恒压过滤

若过滤操作是在恒定压强差下进行的，则称为恒压过滤。恒压过滤是最常见的过滤方式。恒压过滤时滤饼不断变厚，致使阻力逐渐增加，推动力 Δp^+ 恒定，因而过滤速率逐渐变小。

根据式(2-51)，恒压操作，从式(2-50)可知，K 为常数，则变量分离得

$$\int 2(V+V_e)dV=KA^2\int d\tau$$

初始阶段 $\tau=0, V=0$；终了阶段 $\tau=\tau, V=V$；积分得

$$V^2+2V_eV=KA^2\tau \tag{2-52}$$

$$q^2+2q_eq=K\tau \tag{2-52a}$$

式(2-52)即为工程上常用的恒压过滤计算公式，反映了完成一定滤液量与所需时间的对应关系。

若在初始阶段已经进行了过滤，产生了滤液量为 V_0，则在过滤介质上已经产生了预留滤饼层，这相当于在原过滤介质上又增加了一层过滤介质，计算时可将预留滤饼与原过滤介质合并成新的介质，其阻力将 V_e 写成 (V_e+V_0)，在这个预留滤饼的基础上再过滤体积为 V' 的滤液所用时间 τ' 应如下计算

$$\int_0^{V'}2[V+(V_e+V_0)]\mathrm{d}V=KA^2\int_0^{\tau'}\mathrm{d}\tau$$

积分得

$$V'^2+2(V_e+V_0)V'=KA^2\tau' \tag{2-53}$$

$$q'^2+2(q_e+q_0)q'=K\tau' \tag{2-53a}$$

当然，也可以按下式积分：

$$\int_{V_0}^{V}2(V+V_e)\mathrm{d}V=KA^2\int_{\tau_0}^{\tau}\mathrm{d}\tau$$

$$(V^2-V_0^2)+2V_e(V-V_0)=KA^2(\tau-\tau_0) \tag{2-53b}$$

令 $V'=V-V_0, \tau'=\tau-\tau_0$，验证式(2-53)和式(2-53b)结果一致。

2.2.4.2 恒速过滤

在工程上，若采用的是正位移泵，泵的送液能力与泵口压力无关，输液流量恒定不变，用这样的机械作为动力进液，属于恒速过滤情况，此种情形下有：

$$\frac{\mathrm{d}V}{\mathrm{d}\tau}=\frac{KA^2}{2(V+V_e)}=\frac{V}{\tau}$$

$$V^2+V_eV=\frac{1}{2}KA^2\tau \tag{2-54}$$

式(2-54)中的 K 值不是常数，而是对应 V，也即其中的压差与 V 对应。需要指出的是在工程上恒速过滤与恒压过滤往往组合进行，如采用的是正位移泵（尽管出口阻力变化，但单位时间排出泵的液体量不变），过滤初期阻力较小可维持恒定速率，属于恒速过滤，实际上当阻力增大一定极限，正位移泵压力旁路安全阀会顶开回流，过滤的压力维持不变，过滤操作实际上转入恒压过滤，这属于先恒速后恒压的情况，其计算仍可用式(2-53b)，但在理解上要做变换，将 τ_0 等量为恒压过滤时间，该时间段内得到实际恒速过滤的初始滤液量 V_0，而 $\tau'=\tau-\tau_0$ 为后续实际恒压过滤时间。

【例2-4】用板框压滤机过滤某固体悬浮液，悬浮液含固量2.5%（质量分数），滤饼含水量30%（质量分数），且压缩性指数为0.6，固体密度为2100kg/m³，过滤介质当量滤液量 $V_e=0.16\text{m}^3$，试计算：(1)首先以 $2.0\times10^{-3}\text{m}^3/\text{s}$ 速率恒速操作10min，压差增至50kPa，并在此压差下继续作等压操作，求过滤得到0.10m³ 滤饼的时间；(2)延长恒速操作时间使压差增至200kPa工作条件然后作等压操作，求过滤得到0.10m³ 滤饼的时间；(3)先以同样速率恒速操作10min，然后直接在200kPa压差下作等压操作，求过滤得到0.10m³ 滤饼的时间；(4)在200kPa差压下恒压过滤，求过滤得到0.10m³ 滤饼的时间。

解：以1000kg悬浮液为基准，则其中固体颗粒质量为 $1000\times0.025=25\text{kg}$，其体积为

25/2100 =0.0119m³;水的质量为975kg,体积为0.975m³。

物料衡算求滤饼和滤液体积:1000kg悬浮液中的固体颗粒全部进入滤饼,滤饼中含颗粒25kg,且为滤饼总质量的70%,故滤饼质量为25/0.7 = 35.7kg,饼层含水35.7×0.3 = 10.7kg,其体积0.0107m³,滤液体积=0.975−0.0107=0.964m³,饼层总体积=固体颗粒体积+饼层水体积=0.0119+0.0107=0.0226m³,故 v = 滤饼体积/滤液体积 = 0.0226/0.964 = 0.0235m³。

(1)为使用恒压过滤方程,需求转换点的压差,即求转换点的 K 值

$$V = V_{饼}/v = 0.10/0.0235 = 4.263(\text{m}^3)$$

恒压过滤 $$\frac{dV}{d\tau} = \frac{KA^2}{2(V+V_e)} = \frac{V_1}{\tau_1} \qquad ①$$

$$V_1 = (dV/d\tau) \times \tau_1 = 2.0 \times 10^{-3} \times 600 = 1.2\ (\text{m}^3)$$

$$KA^2 = 2\ (dV/d\tau)(V+V_e) = 2 \times 2.0 \times 10^{-3} \times (1.2 + 0.16) = 5.44 \times 10^{-3}(\text{m}^6/\text{s})$$

恒压过滤 $$V_2 = V - V_1 = 4.263 - 1.2 = 3.063\ (\text{m}^3)$$

由式(2−53) $$V_2^2 + 2(V_e + V_1)V_2 = KA^2\tau_2 \qquad ②$$

$$3.063^2 + 2 \times (1.2 + 0.16) \times 3.063 = 5.44 \times 10^{-3}\tau_2$$

$$\tau_2 = 3.26 \times 10^3(\text{s}) = 54.3\ (\text{min}) \qquad \tau_{总} = \tau_1 + \tau_2 = 64.3\ (\text{min})$$

(2)压差增至200kPa后

$$(KA^2)_2 = (\Delta p_2^+/\Delta p_1^+)^{1-s}(KA^2)_1 = (200/50)^{0.4} \times 5.44 \times 10^{-3} = 9.47 \times 10^{-3}(\text{m}^6/\text{s})$$

由①式左等式得

$$V_1 = KA^2/2(dV/d\tau) - V_e = 9.47 \times 10^{-3}/(2 \times 2.0 \times 10^{-3}) - 0.16 = 2.21\ (\text{m}^3)$$

$$\tau_1 = V_1/(dV/d\tau) = 2.21/2.0 \times 10^{-3} = 1105(\text{s}) = 18.4\ (\text{min})$$

$$V_2 = V - V_1 = 4.263 - 2.21 = 2.053\ (\text{m}^3)$$

$$V_2^2 + 2(V_e + V_1)V_2 = (KA^2)_2\tau_2$$

$$2.053^2 + 2 \times (2.21 + 0.16) \times 2.053 = 9.47 \times 10^{-3}\tau_2$$

$$\tau_2 = 1473(\text{s}) = 24.54\ (\text{min}) \qquad \tau_{总} = 18.4 + 24.54 = 42.9\ (\text{min})$$

(3)先恒速,同①情况,只是代入②时 KA^2 用 $(KA^2)_2$,即

$$3.063^2 + 2 \times (1.2 + 0.16) \times 3.063 = 9.47 \times 10^{-3}\tau_2$$

$$\tau_2 = 1870(\text{s}) = 31.2\ (\text{min}) \qquad \tau_{总} = 10 + 31.2 = 41.2\ (\text{min})$$

(4)一直保持200kPa的恒压,代入②时 KA^2 用 $(KA^2)_2$,则

$$4.263^2 + 2 \times 0.16 \times 4.263 = 9.47 \times 10^{-3}\tau$$

$$\tau = 2063(\text{s}) = 34.4\ (\text{min})$$

本题说明压差越大,推动力越大,完成同样的过滤任务,所需时间越短。另外对过滤过程用物料衡算方法求解 v 要熟练,因其对过滤问题求解较为关键。计算基准可取1000kg悬浮液,如本题所示。计算基准也可取1m³滤液,利用悬浮液密度寻求悬浮液质量和1m³滤液及 v m³滤饼的质量关系,并利用悬浮液密度寻求悬浮液体积组成关系,联立求解出悬浮液密度和 v。计算基准还可取1m³滤饼,视情况而定。总之,应以悬浮液中颗粒全部进入滤饼为桥梁,寻求其他参数。

2.2.5 过滤常数的测定

应用恒压过滤速率方程进行工程计算时，需要知道过滤常数 q_e 与 K，对可压缩性滤饼还要知道相关系数 s、r_0 等参数。各种悬浮液的性质及浓度不同，其过滤常数会有很大差别，由于没有可靠的预测方法，工业设计时要用悬浮液在小型实验装置中测定过滤常数，故下面说明实验应测的数据以及数据整理方法。

将恒压过滤基本方程式写成

$$\frac{d\tau}{dq} = \frac{2}{K}q + \frac{2}{K}q_e \tag{2-55}$$

在一定的 Δp^+ 下过滤，K 为常数，在 $\Delta\tau$ 内，得到的滤液为 Δq，则上式转换为

$$\frac{\Delta\tau}{\Delta q} = \frac{2}{K}q + \frac{2}{K}q_e \tag{2-56}$$

试验测定不同间隔 $\Delta\tau_i$ 内收集到体积 Δq_i，累计滤液体积为 q，以 $\Delta\tau_i/\Delta q_i$ 为纵坐标，以 q 横坐标作图关联试验点有线性关系，直线的斜率为 $2/K$，截距为 $2q_e/K$，即求得 K、q_e。

为了进一步求得滤饼的压缩性指数 s 以及物料特性常数 k、比阻 r_0，由式(2－49)和式(2－50)可知，可用上述在一定的压差下试验测定 K 值方法，改变压差，测定不同压差 Δp_i^+ 下 K_i 值来求得 s、k、r_0 等参数。根据式(2－50)，$K_i = 2k(\Delta p_i^+)^{1-s}$ 可得：

$$\lg K_i = \lg(2k) + (1-s)\lg(\Delta p_i^+) \tag{2-57}$$

以 $\lg K_i$ 为纵坐标，以 $\lg(\Delta p_i^+)$ 为横坐标作图关联试验点有线性关系，由直线的斜率可求出 s，由截距可求出 k，再根据式(2－49)即求 r_0。

【例 2－5】某固体悬浮液单位体积滤液所得的固体量 $v = 23.5\text{kg/m}^3$，在 25℃，压差 $\Delta p^+ = 1.0\times10^5\text{N/m}^2$ 条件下进行过滤操作，记录过滤时间与单位面积滤液量 q 的数据如例 2－5 附表第 1、2 列。求过滤常数 K 及 q_e。

解：按式(2－56)，将相应 $\Delta\tau/\Delta q$ 的值列于附表第三列，用 Excel 处理得 $\Delta\tau/\Delta q$ 与 q 线性关系为：$\Delta\tau/\Delta q = 20180\,q + 1517$，相关性 $R^2 = 0.998$，故有 $2/K = 20180\ (\text{s/m}^2)$，$K = 9.91\times10^{-5}(\text{m}^2/\text{s})$，$2q_e/K = 1517\ (\text{s/m})$，$q_e = 0.0752(\text{m}^3/\text{m}^2)$

若将上述试验改变压差，会测出一组 Δp_i、K_i 数据，按式(2－57)线性回归，则可求出 s、k、r_0 等过滤参数。

例 2－5　附　表

单位面积滤液量 $q/(\text{m}^3/\text{m}^2)$	过滤时间 τ/s	$\Delta\tau/\Delta q$/ $(\text{s}\cdot\text{m}^2/\text{m}^3)$
0.01	17.1	1710
0.02	19.2	1920
0.03	21.5	2150
0.04	23	2300
0.05	25.4	2540
0.06	27.2	2720

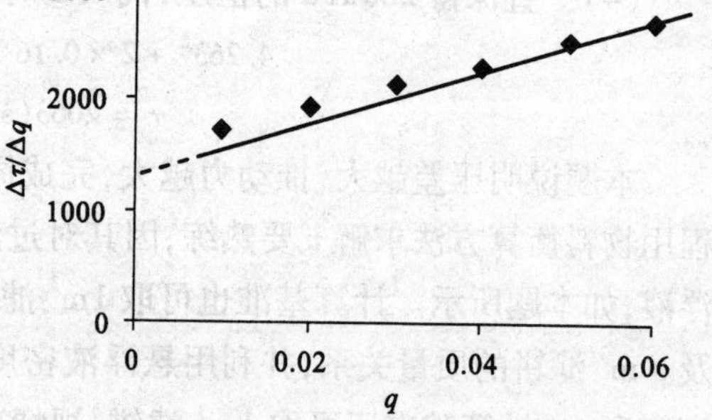

例 2－5 附图　$\Delta\tau/\Delta q$-q 的关系曲线

2.2.6　过滤机械及其计算

工业化生产过滤操作是通过过滤设备实现的，过滤设备有各种型式，这里只介绍最典型板框过滤机（属间歇操作）和转鼓真空过滤机（属连续操作）。

2.2.6.1　板框过滤机

板框过滤机（plate - and - frame filter）早为工业所使用，至今仍沿用不衰，它由多块带凹凸纹路的滤板和两侧覆盖着滤布的滤框交替排列组装于机架而构成，板和框一般制成正方形，框两侧覆以滤布，四个角端均开有圆孔，装合、压紧后即构成供悬浮液、滤液或洗涤液流动的通道，如图 2 - 10 所示。空框与滤布围成了容纳滤浆及滤饼的空间，框与右上角悬浮液通道开有小暗孔相连，供悬浮液进入滤框腔体，在过滤压差作用下，滤液向框两侧透过至滤板一侧。滤板上凸出纹路供支撑滤布用，凹陷纹路供透过滤液通道，滤板的左下角又开有小暗孔与滤液出口通道相连，完成过滤。

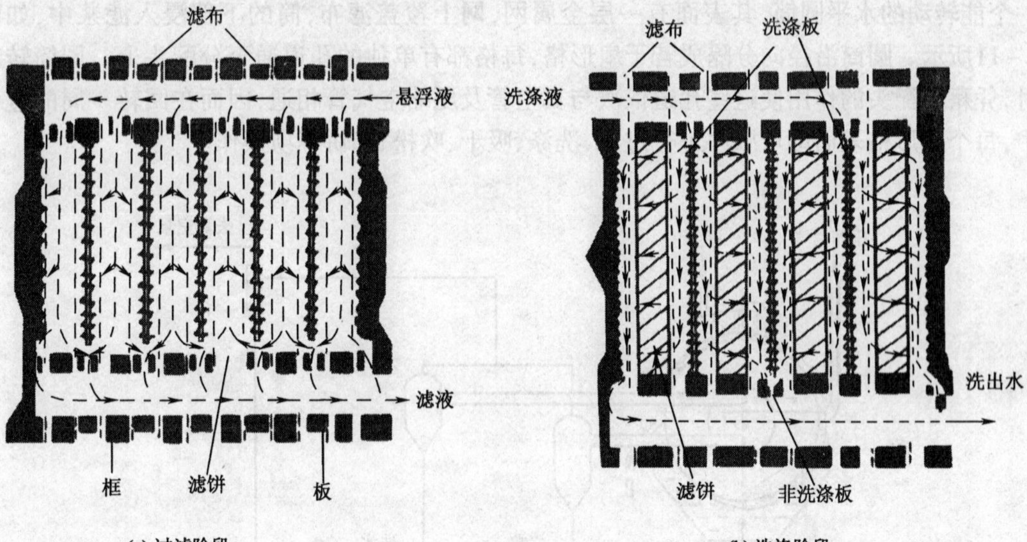

图 2 - 10　板框过滤机操作简图

滤饼洗涤有两种方式，一种为置换洗涤，其操作是在过滤结束后，在悬浮液通道里更换为洗涤液，将滤饼中滤液置换出来，它的特点是洗涤液在框内向两边流，洗涤面积为框一侧面积的 2 倍，而行程为框厚度的一半；另一种为横穿洗涤，洗涤液从左上角通道送入，洗涤板左上角上开有小孔与洗涤液通道相连，洗液较均匀迅速分布于框内凹槽然后透过滤布穿过整个滤框，再穿过另一侧滤布，进入另一块板的凹槽，从另一块板的右下端小暗孔流向洗涤液出口通道，完成洗涤。这种洗涤特点是洗涤面积等于框一侧的面积，而行程为整个框的厚度；横穿洗涤的洗涤液通道阻力分布更均匀，不易形成死角或沟流，故在板框过滤装置中更为常用。

横穿洗涤的板分为洗涤板与非洗涤板两种，洗涤板左上角两侧都是开了小暗孔分别与相连的两块框相通，故一块板可以供两个框的洗涤，另一块板只需要提供出口通道。

为了便于区别,常在板、框外侧铸有小钮或其他标志,通常非洗涤板为一钮,洗涤板为三钮,而框则为二钮。装合时即按钮数以 1 - 2 - 3 - 2 - 1 - 2…的顺序排列板与框,并压紧,而压紧装置的驱动可用手动、电动或液压传动等方式。洗涤结束后,旋开压紧装置并将板框拉开,卸出滤饼,清洗滤布,重新装合,进入下一个操作循环。

板框过滤机的操作表压,一般在 300 ~ 800kPa 的范围内,有时可高达 1500kPa。我国编制的压滤机系列型号一般包含机名、流动方式、压紧方式、公称面积、框内边长和框厚等,如 BAS 20/635 - 25 表示板框过滤机、暗流、手动压紧、$20m^2$ 过滤面积、框内边长 635mm 和框厚 25mm。

板框过滤机结构简单、制造方便、占地面积较小而过滤面积较大,操作压强高,适应能力强,故应用颇为广泛。它的主要缺点是间歇操作,生产效率低,劳动强度大,滤布损耗也较快。

2.2.6.2　转筒真空过滤机

转筒真空过滤机(rotary drum filter)是常用的一种连续操作的过滤机械。设备的主体是一个能转动的水平圆筒,其表面有一层金属网,网上覆盖滤布,筒的下部浸入滤浆中,如图 2 - 11所示。圆筒沿径向分隔成若干扇形格,每格都有单独的孔道通至分配头上。圆筒转动时,凭藉分配头的作用使这些孔道依次与真空管及压缩空气管相通,因而在回转一周的过程中,每个扇形格表面即可顺序进行过滤、洗涤、吸干、吹松、卸饼等项操作。

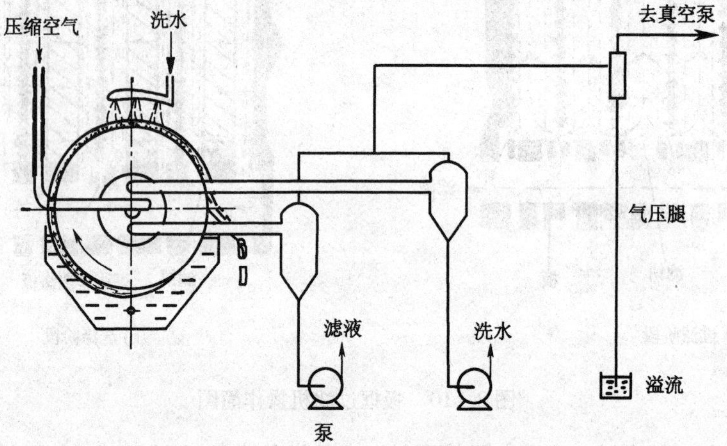

图 2 - 11　转筒真空过滤机装置示意图

分配头由紧密贴合着的转动盘与固定盘构成。转动盘随着筒体一起旋转,固定盘内侧面各凹槽分别与各种不同作用的管道相通。在转动盘旋转一周的过程中,转筒表面的不同位置上,同时进行过滤、吸干、洗涤、吹松、卸饼等操作。如此连续运转,整个转筒表面上便构成了连续的过滤操作。

转筒的过滤面积一般为 5 ~ $40m^2$,浸没部分占总面积的 30% ~ 40%。转速可在一定范围内调整,通常为 0.1 ~ 3r/min。滤饼厚度一般保持在 40mm 以内,转筒过滤机所得滤饼中液体含量很少低于 10%,常达 30% 左右。

转筒真空过滤机能连续自动操作,节省人力,生产能力大,特别适宜于处理量大而容易过滤的料浆,对难于过滤的胶体物系或细微颗粒的悬浮物,若采用预涂助滤剂的措施也比较方便。该过滤机附属设备较多,投资费用高,过滤面积不大。此外,由于它是真空操作,因而过滤推动力有限,不适宜温度高、饱和蒸汽大的滤浆,滤饼的洗涤也不充分。

2.2.6.3 滤饼的洗涤

洗涤滤饼的目的在于回收滞留在颗粒缝隙间的滤液,或净化固体颗粒。

单位时间内消耗的洗水体积称为洗涤速率,以$(dV/d\tau)_w$表示。由于洗水里不含固相,洗涤过程中滤饼厚度不变,因而在恒定的压强差推动下洗涤速率基本为常数。若每次过滤终了以体积为V_w的洗水洗涤滤饼,则所需洗涤时间为

$$\tau_w = \frac{V_w}{(dV/d\tau)_w} \tag{2-58}$$

式中 V_w——洗水用量,m^3

τ_w——洗涤时间,s

操作中,洗涤时间可为常数,也可以是V_w/V为常数。

由于洗涤是滤饼床层厚度及通道情况相同,根据基本过滤速率方程式(2-48a)可知,分母中的V及V_e实际上表示滤饼层及介质阻力大小,洗涤时阻力状况与过滤终了一样,也就是洗涤与过滤终了时的r、v、s、V及V_e都相都同,故有

$$\frac{dV}{d\tau} = \frac{A^2(\Delta p^+)^{1-s}}{r_0\mu v(V+V_e)} = \frac{KA^2}{2(V+V_e)}$$

如果洗涤液黏度μ_w与滤液黏度μ相等,洗涤操作压差Δp_w^+与过滤操作压差Δp^+相同,则对置换洗涤,洗涤速率$(dV/d\tau)_w$与过滤终了速率$(dV/d\tau)_w$相等,即

$$\left(\frac{dV}{d\tau}\right)_w = \left(\frac{dV}{d\tau}\right)_E = \frac{KA^2}{2(V+V_e)} \tag{2-59}$$

而对横穿洗涤,如前所述由于洗涤面积是过滤面积的一半,而洗涤通道长度是过滤终了的2倍,若仍满足上述两条件,则横穿洗涤的洗涤速率为过滤终了时过滤速率的1/4,即

$$\left(\frac{dV}{d\tau}\right)_w = \frac{1}{4}\left(\frac{dV}{d\tau}\right)_E = \frac{KA^2}{8(V+V_e)} \tag{2-60}$$

当洗水黏度、洗水表压(压差)与滤液黏度、过滤压强差有明显差异时,所需的洗涤时间可按下式进行校正,即

$$\tau'_w = \left(\frac{\mu_w}{\mu}\right)\left(\frac{\Delta p^+}{\Delta p_w^+}\right)^{1-s}\tau_w \tag{2-61}$$

式中 τ'_w——校正后的洗涤时间,s

τ_w——未校正后的洗涤时间,s

μ_w——洗水黏度,Pa·s

Δp^+——过滤终了时的压差,Pa

Δp_w^+——洗水压差,Pa

2.2.6.4 间歇过滤机的生产能力

过滤机的生产能力通常是指单位时间获得的滤液体积,少数情况下也有按滤饼的产量或滤饼中固相物质的产量来计算的。

间歇过滤机(discontinuous pressure filter)的特点是在整个过滤机上依次进行过滤、洗涤、卸渣、清理、装合等步骤的循环操作。在每一循环周期中,全部过滤面积只有部分时间在进

行过滤,而过滤之外的各步操作所占用的时间也必须计入生产时间内。因此在计算生产能力时,应以整个操作周期为基准。操作周期 T 为

$$T = \tau_F + \tau_w + \tau_D \tag{2-62}$$

式中 τ_F——一个操作循环内的过滤时间,s

τ_w——一个循环内的洗涤时间 s

τ_D——一个循环内的卸渣、清理、装合的辅助时间,s

生产能力的计算式为

$$Q = \frac{V}{T} = \frac{3600V}{\tau_F + \tau_w + \tau_D} \tag{2-63}$$

式中 V——一个操作循环内获得的滤液体积,m^3

Q——生产能力,m^3/h

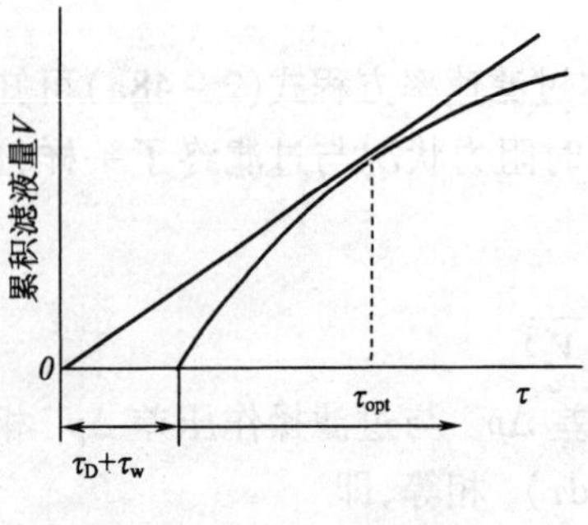

图 2-12　最佳过滤时间

对恒压过滤,过分延长过滤时间并不能提高过滤机的生产能力,由图 2-12 可知,通过曲线上任何一点与原点 0 连线的斜率即为生产能力。显然,对一定洗涤时间和辅助时间($\tau_w + \tau_D$),必然存在一个最佳过滤时间 τ_{opt},可使过滤机生产能力 Q(即图中切线的斜率)最大。

当洗涤液的体积为 V_w 且 V_w/V 是常数时,用恒压过滤公式求出 τ_F 和 τ_w 后代入式(2-62),并令 $b=$(8 或 2)V_w/V,横穿洗涤时为 8,置换洗涤时为 2,解 $d(1/Q)/dV=0$,得:

$$V_{opt} = \sqrt{\frac{KA^2\tau_D}{1+b}} \tag{2-64}$$

由最优滤液体积可以计算相应的过滤时间和洗涤时间,代入式(2-63)得到最优生产能力。另外,当忽略过滤介质阻力时,可证明最佳过滤时间与辅助时间的关系为:

$$\tau_{F,opt} = \frac{\tau_D}{1+b} \tag{2-64a}$$

如果洗涤时间是常数,则结论不同,分别为 $V_{opt} = KA^2(\tau_w + \tau_D)$,$\tau_{F,opt} = \tau_w + \tau_D$。

2.2.6.5　连续过滤机的生产能力

以转筒真空过滤机为例,连续过滤机的特点是过滤、洗涤、卸饼等操作在转筒表面的不同区域内同时进行。任何时刻总有一部分表面浸没在滤浆中进行过滤,任何一块表面在转筒回转一周过程中都只有部分时间进行过滤操作。

转筒表面浸入滤浆中的分数称为浸没度,以 φ 表示,即

$$\varphi = \frac{\text{转筒浸没面积}}{\text{转筒总表面积}} = \frac{\text{浸没角度}}{360} \tag{2-65}$$

转筒真空过滤的操作压差恒定不变,满足恒压过滤方程,其生产能力计算应作如下考虑:若转筒转速为 n(r/s),以转鼓转一圈为基准,则其周期 T(转一圈用时)为 $1/n$,用于过滤的时间为 $\varphi T = \varphi/n$,滤液使用恒压过滤公式计算,应得

$$V^2 + 2V_eV = KA^2(\varphi/n)$$

$$V = \sqrt{KA^2(\varphi/n + \tau_e)} - V_e \quad (2-66)$$

则生产能力为

$$Q = \frac{V}{T} = nV = n[\sqrt{KA^2(\varphi/n + \tau_e)} - V_e] \quad (2-67)$$

若忽略过滤介质阻力，则式(2-67)可简化为：

$$Q = \sqrt{KA^2 n\varphi} \quad (2-68)$$

可见，连续过滤机的转速愈高，生产能力也愈大。但若旋转过快，每一周期中的过滤时间便缩至很短，使滤饼太薄，难于卸除，也不利于洗涤，而且功率消耗增大。合适的转速需经实验决定。式(2-67)指出了提高连续真空过滤机生产能力的途径。

转筒的过滤面积一般为 5~40m^2，浸没部分占总面积的30%~40%，转速可在一定范围内调整，通常为0.1~3 r/min，滤饼厚度一般保持在40mm以内，转筒过滤机所得滤饼中液体含量很少低于10%，常达30%左右。转筒真空过滤机能连续自动操作，节省人力，生产能力大，特别适宜于处理量大而容易过滤的料浆，对难以过滤的胶体物系或细微颗粒的悬浮物，若采用预涂助滤剂措施也比较方便。该过滤机附属设备较多，投资费用高，过滤面积不大。此外，由于它是真空操作，因而过滤推动力有限，不适用于过滤温度较高及易挥发的滤浆，滤饼的洗涤也不充分。

【例2-6】在300kPa的压强差下对某悬浮液进行过滤试验，测得过滤常数 $K = 5.6 \times 10^{-5} m^2/s$，$q_e = 0.01 m^3/m^2$，又测得滤饼体积与滤液体积之比 $v = 0.05$，滤饼不可压缩。现拟用有25个框的BMY20/635-25型板框过滤机处理此料浆，过滤推动力及所用滤布也与试验用的相同，重装等全部辅助操作共需20min。试求：(1)过滤至框内全部充满滤渣所需的时间；(2)过滤完毕以相当于滤液量6%的清水进行洗涤，求洗涤时间；(3)求过滤机的生产能力(以每小时平均可得多少滤饼计)。(4)改用一台转筒真空过滤机操作，转鼓面积 $12m^2$，浸没度为0.35，操作真空度80kPa，若使该机具有上述上相同生产能力，求转速。

解：由板框过滤机型号可知，过滤面积为 $20m^2$，框厚25mm，边长635mm

(1) 充满板框时滤饼体积

$$V_{饼} = 0.635 \times 0.635 \times 0.025 \times 25 = 0.252\ (m^3),\ V = V_{饼}/v = 0.252/0.05 = 5.04\ (m^3)$$

$$V^2 + 2V_e V = KA^2\tau_2$$

$$5.04^2 + 2 \times 0.01 \times 20 \times 5.04 = 5.6 \times 10^{-5} \times 20^2 \tau_F,\ \tau_F = 1224(s) = 20.4(min)$$

(2)洗涤速率和洗涤时间

$$\left(\frac{dV}{d\tau}\right)_w = \frac{1}{4}\left(\frac{dV}{d\tau}\right)_E = \frac{KA^2}{8(V+V_e)} = \frac{5.6 \times 10^{-5} \times 20^2}{8(5.04 + 0.01 \times 20)} = 5.34 \times 10^{-4}(s)$$

$$\tau_w = \frac{V_w}{(dV/d\tau)_w} = \frac{5.04 \times 0.06}{5.472 \times 10^{-4}} = 566.3(s) = 9.44(min)$$

(3) 生产能力

$$Q = \frac{V}{T} = \frac{V}{\tau_F + \tau_w + \tau_D} = \frac{5.04}{20.4 + 9.44 + 20} \times 60 = 6.1\ (m^3/h)$$

(4)转筒真空过滤机操作

$$K' = (\Delta p^{+\prime}/\Delta p^{+}) \times K = (80/300) \times 5.6 \times 10^{-5} = 1.493 \times 10^{-5}(m^2/s)$$

$$Q = 3600[\sqrt{KA^2(\varphi n) + (nV_e)^2} - nV_e]$$

$$6.1 = 3600[\sqrt{1.493\times10^{-5}\times20^2(0.35n)+(0.01\times20n)^2}-0.01\times20n]$$

$$n = 0.00203\ (1/s) = 7.31\ (1/h)$$

2.3 流化床操作和气力输送

若流体通过固定床层向上流动时的流速增加而且超过某一限度时，颗粒会产生翻滚流动的现象，床层颗粒浮起，此种操作状态称为固体流态化(fluidization)，相应的颗粒床称为流化床(fluidized bed)，而当流体的操作速度再增大到一定程度后，固体颗粒将被气流从床层中带出，即为气力输送。固体流态化技术可以强化传热、传质。

本节着重讨论流态化和气力输送的基本原理和方法。

2.3.1 流体通过流化床层的压降

2.3.1.1 流体经过固体颗粒床层流动时的三种状态

当一种流体自下而上流过颗粒床层时，随着流速的加大，会出现如图2-13所示三种不同的操作状况。

(1) 固定床操作　流体通过床层的空塔速度 u 较低，床层空隙中流体的实际流速 u_1 小于颗粒的沉降速度 u_t，颗粒静止不动，颗粒床层为固定床，如图2-13所示。

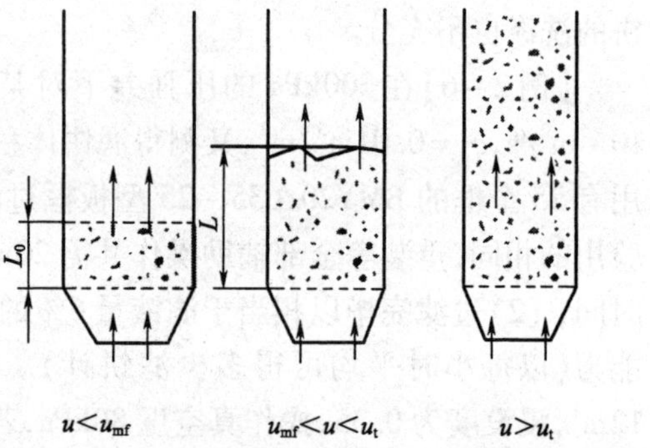

图2-13　流体通过床层的三个变化阶段

(2)流化床阶段　流体的流速逐步增大，当流体通过床层的压力降大致等于床层的总重力(包括固体颗粒床层及床层的空隙中的流体重力)时，固体颗粒刚好悬浮在向上流动的流体中，床层被认为开始流化，这时的床层称为临界流化床或初始流化床，这时的流速称为临界流化速度，用 u_{mf} 表示。继续增加流速，悬浮的固体颗粒床层继续膨胀，这个阶段称为流化床阶段。

颗粒床层的膨胀意味着床内空隙率 ε 的增大。床层内流体的实际流速 u_1 与空塔速度 u 的关系满足 $u_1=u/\varepsilon$，即随 ε 增大，u_1 下降；但在流化床内，由于 ε 是随 u 增大而增大，故实际上通过床层的 u_1 可保持不变。

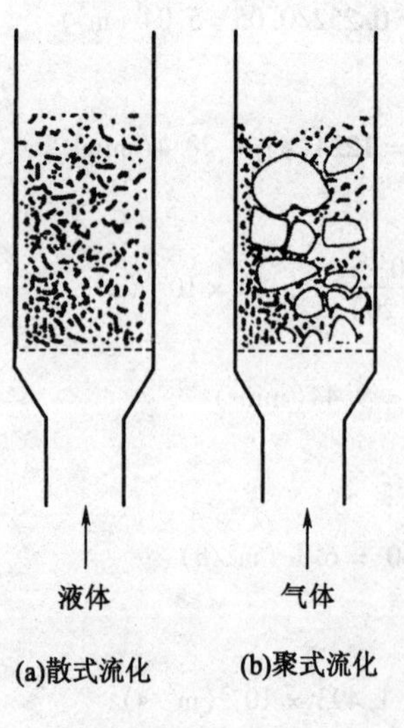

图2-14　散式流态化和聚式流态化

流化有散式流化和聚式流化之分。固体颗粒均匀地分散在流化介质中，流速增大时，床层逐渐膨胀，颗粒彼此分开，颗粒间的平均距离或床层中各处的空隙率均匀增大，床层高度上升，并有一稳定的上界面，此种流态化称为散式流化，如图2-14(a)所示。通常两相密度差小的系统趋向散式流化，故大多数液-固流化属于“散式流化”。对于密度相差较大的气固系统，在流态化的床层中存在两相，一相是空隙小而固体浓度大的气、固均匀混合物构成的流化的连续相（乳化相），另一相形成于床内出现的各空穴中涌入不断更新的过量的气体，夹带细微颗粒直至顶部逸出破裂。空穴的移动和合并表面看来酷似气泡运动，故称为气泡相。此种流态化状态称为聚式流化，如图 2－14（b）所示。气泡到达上界面处破裂，使得上界面以某种频率上下波动，床层压强降也随之波动，在发生聚式流化时，细颗粒被气体带到上方，形成"稀相区"，而较大颗粒留在下部，形成"浓相区"。

（3）气力输送阶段　流体流速增大到一定值时，流体对固体颗粒的流动摩擦阻力等于固体颗粒的净重力，即流体的实际速度 $u_1 \geqslant u_t$，这时床层的界面消失，不能再有稳定的固体颗粒床层，固体颗粒必将获得上升速度，随流体夹带流出，此时的流体流速称为带出速度。

2.3.1.2 流化床的主要特性

（1）液体样特性　从整体上看，流化床内颗粒像沸腾着的液体，具有类似液体的性质，如浮力、表面保持水平、阻力损失可用压差计测量、黏度等现象，如图 2－15 所示，其中固体颗粒悬浮可如液体一样流动具有良好的实用性能，它使流化床在操作中能够实现固体的连续加料和卸料。

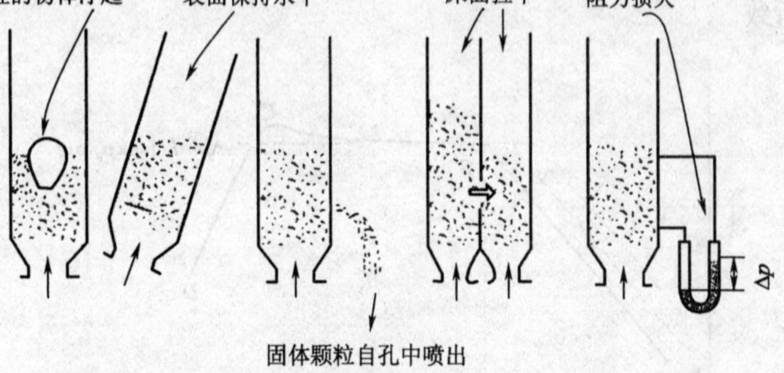

图 2－15　流化床的似液体样特性

（2）固体的混合　流化床内颗粒处于悬浮状态并不停地运动，从而造成床内颗粒的混合，特别是聚式流化，一部分气体以鼓泡形式高速流经床层到达床面后即破裂，使固体颗粒向上溅起，加之颗粒本身的沉降运动，从而使床内固体颗粒宏观上的均匀混合。

如果说在流化床内进行一个传热过程的操作，由于固体颗粒的强烈混合，很易获得均匀的温度，这是流化床的主要优点。

（3）不均匀性　在聚式流化中，大量的气体以鼓泡形式通过床层而与固体接触少，而乳化相（颗粒与流体均匀混合相）中的气体流速很低，与固体颗粒的接触时间很长，这种不均匀的接触和气流的不均匀分布可能导致沟流和节涌现象。

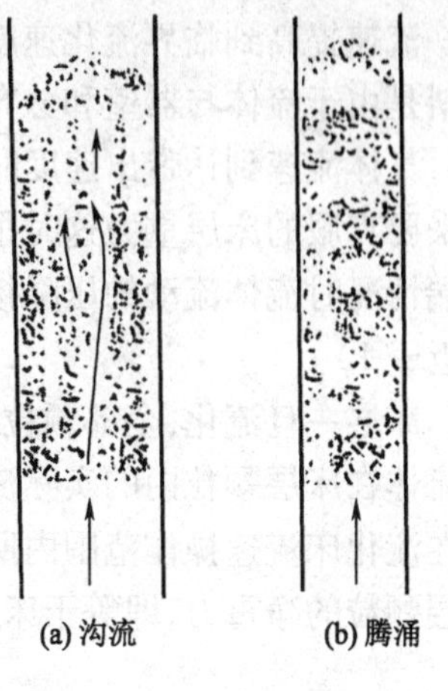

图 2－16　沟流与腾涌现象

沟流和节涌都发生在聚式流化中，如图 2－16 所示，它们会影响流化质量。沟流是流体通过床层形成短路，使流体通过床层分布不匀,有大量流体经过局部地区的通道没有与固体颗粒很好接触就上升,而床层的其余部分仍处于固定床状态而未被流化(死床),以致不可能得到良好的流化。

造成沟流的原因是气体分布不均匀、气速过小、粒度过细、密度过大等,应尽量避免。沟流的危害会引起气固接触时间的不均一性,如湿物料干燥中,会造成产品含水量不均,引起局部未干又局部过干等问题。

节涌也称为腾涌,是另一种反常现象。气体鼓泡通过流化床层时,因气泡汇合成为大气泡,且其直径达到床的直径,将床层颗粒分段,往上如活塞般地推动,然后崩裂,固体颗粒以较小集合体或以个别颗粒淋洒而下。节涌除了降低转化率和使床层温度不匀外,还会加速固体颗粒对设备的磨损。

导致节涌的原因是床径较小,床高对床径之比较大,以及气流分布不匀等。此外,大颗粒比小颗粒易产生节涌。

(4)恒压降　流体通过床层的压降 Δp^+ 与其空塔速度 u(以床截面积计算的速度)的关系,示于图 2-17。图中低流速区的直线 AB 为固定床阶段,如果颗粒较小,形成的毛细管通道直径不大,流体主要以层流形式流动。这时与床层过滤相似,Δp^+ 与 u 在对数坐标上成直线关系,直线 AB 的斜率约为 1。低速区内平行的各虚线是由于不同填充方式所造成的固定床空隙率不同所致。

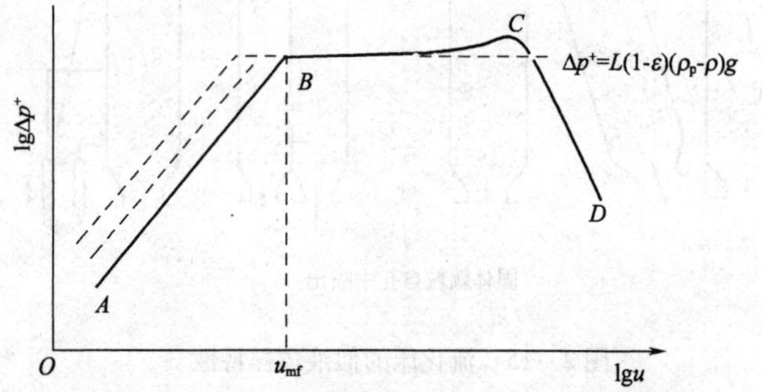

图 2-17　流体通过床层的压降与流动速度的关系

流速提高到临界流化速度 u_{mf},床层膨胀并开始流化,Δp^+ 基本不变。图中 BC 段略向上倾斜是由于流体与器壁和分布板的摩擦阻力随气速增大而造成的。

气体流速到达带出速度时,床层形成稀相流化床,颗粒被带走,床层的空隙率快速增大,原来要克服的床层重力这时很快下降,因而气体流动的压降随之骤然下降(图中 CD 段),到极端情况时流体流动的压降接近于空床的阻力,这时固体颗粒接近于全部带出(床层空隙率接近于 1)。

床层一旦流化,全部颗粒处于悬浮状态,这时作用力有重力、浮力和流体对颗粒的阻力,因流体在床层颗粒内的实际流速保持不变($u_1 = u/\varepsilon$,u 增大时 ε 也增大),故流化床内的颗粒在流化床流速操作范围内所受阻力也为定值,形成流体的"和压强差 Δp^+",且此阻力等于床层颗粒的净重力,即等于床层颗粒重力减去床层颗粒浮力,所以有:

$$\Delta p^+ = L(1-\varepsilon)(\rho_p-\rho)g \tag{2-69}$$

式中　L——床层高度

ε——对应于 L 的床层空隙率

如用实际压差分析，应有实际压差 Δp 乘以床层横截面积 A 等于床层颗粒重量 mg，浮力包含在压差中，不能重复，即应有：

$$\Delta p = mg/A \tag{2-70}$$

恒定的压降是流化床的重要优点，它使流化床中可以采用细小颗粒而无需担心过大的压降。另外，根据这一特点，在流化床操作时可以通过测量床层压降以判断床层流化的状况。如果床内出现节涌，压降有大幅度的起伏波动。若床内发生沟流，存在局部未流化的死床，此时床层压降较正常情况低。式(2-69)结合式(2-35)，可知流化床流体动量通量也符合图0-1主线。

2.3.2 流化床的操作与流化质量的提高

2.3.2.1 流化床的操作

要使固体颗粒床层在流化状态下操作，必须使气速高于临界流速，而最大气速需低于颗粒的沉降速度。

(1)临界流化速度　开始流化时床层的空塔速度为临界流化速度 u_{mf}，又称为最小流化速度，它对流化床的研究、设计和操作都是一个重要参数。如果床层由均匀颗粒组成，则 u_{mf} 为：

$$u_{mf} = \varepsilon u_t \tag{2-71}$$

实际流化床多由非均匀颗粒组成，上式不能适用。对非均匀颗粒组成的床层，实验测定和计算方法都可以确定起始流化速度 u_{mf}，推导时应用到式(2-36)、式(2-37)和式(2-69)，对工业常见的颗粒有 $1/(\Phi_n\varepsilon_{mf}^3)\approx 14$ 和 $(1-\varepsilon_{mf})/(\Phi_n^2\varepsilon_{mf}^3)\approx 11$，也即对典型工业常见的颗粒有 $\Phi_n=0.66$，$\varepsilon_{mf}=0.48$，但不适合孔隙率大的填料和细长物体。对小颗粒有：

$$u_{mf} = \frac{d_n^2(\rho_p-\rho)g}{1650\mu} \tag{2-72}$$

由式(2-72)计算所得 u_{mf} 的偏差为 ±34%。当需要确知某系统的临界流化速度时，应通过实验测定才可靠。但此式提供了有关变量对 u_{mf} 的影响，当实验条件和操作情况不同时，可用来对实验结果进行修正。

对大颗粒有：

$$u_{mf} = \sqrt{\frac{d_n(\rho_p-\rho)g}{24.5\rho}} \tag{2-73}$$

上述简化处理不适用于两种直径截然不同的颗粒所组成的床层，尤其当大颗粒直径与小颗粒直径之比大于6以上。此时，小颗粒可能已在大颗粒的空隙中流化，而大颗粒仍处于静止状态。

(2)最大流化速度　颗粒带出床层的空塔速度称最大流化速度，又称带出速度，按颗粒在静止流体中的沉降速度 u_t 公式计算。计算时需用相当数量的最小颗粒的直径。

(3)流化床的操作范围　流化床的操作范围，为空塔速度的上下极限，可用比值 u_t/u_{mf} 的大小来衡量。u_t/u_{mf} 称为流化数 K。K 值大小反映了流化床操作范围宽窄。对于细颗粒可得 $u_t/u_{mf}=91.7$，对于大颗粒可得 $u_t/u_{mf}=8.62$，说明小颗粒流化操作更灵活。实际生产中 u_t/u_{mf} 的差别很大，有些流化床的流化数高达数百，远远超过上述 u_t/u_{mf} 的高限值。

【例 2-7】某流化床反应器在 900℃、常压下用空气焙烧过滤助滤剂，此助滤剂的平均名义直径为 0.34mm，密度 $4200kg/m^3$。若焙烧过程中气体的物质的量不变，气体的性质可取该温度下空气性质，求此流化床的起始流化速度和带出速度。

解：900℃、常压下空气密度为 $\rho = 0.301\ kg/m^3$，黏度 $\mu = 4.67 \times 10^{-5} Pa \cdot s$

(1) 起始流化速度 u_{mf}　假设在层流区，按式(2-72)计算

$$u_{mf} = \frac{d_n^2(\rho_p - \rho)g}{1650\mu} = \frac{(0.34 \times 10^{-3})^2 \times (4200 - 0.301) \times 9.81}{1650 \times 4.67 \times 10^{-5}} = 0.0618 \quad (m/s)$$

$$Re_p = \frac{d_n u_{mf} \rho}{\mu} = \frac{0.34 \times 10^{-3} \times 0.0618 \times 0.301}{4.67 \times 10^{-5}} = 0.135 < 20$$

$Re/(1 - \varepsilon_{mf}) < 20$，假设有效，计算正确。

(2) 带出速度　设气-固相对运动处于过渡区 ($2 < Re_p \leqslant 500$)，则相应沉降速度公式得

$$u_t = 0.27\sqrt{\frac{d_n(\rho_p - \rho)g}{\rho} Re_p^{0.6}}$$

$$u_t = 0.27\sqrt{\frac{0.34 \times 10^{-3}(4200 - 0.301) \times 9.81}{0.301}\left(\frac{0.301 \times 0.34 \times 10^{-3} \times u_t}{4.67 \times 10^{-5}}\right)^{0.6}}$$

$$u_t = 3.31 \ (m/s)$$

$$Re_p = \frac{d_n u_t \rho}{\mu} = \frac{0.34 \times 10^{-3} \times 3.31 \times 0.301}{4.67 \times 10^{-5}} = 7.28, 2 < Re_p \leqslant 500，假设成立$$

流化数 $K = u_t/u_{mf} = 3.32/0.0618 = 53.6$

2.3.2.2 提高流化质量的措施

流化质量是指流化床均匀的程度，即气体分布和气、固接触的均匀程度。流化质量不高对流化床的传热、传质及化学反应过程都非常不利。聚式流化床中影响流化质量的因素很多，其中包括设备因素如高径比、直径、床层高、分布板等，固相物性密度及黏附性，流体物性密度及黏度等。聚式流化床中空穴的存在造成流化床不稳定，导致沟流、节涌，恶化了流化质量。

提高流化质量的措施：

(1) 分布板应有足够阻力，工业生产用的气体分布板形式很多，常见的有直流式、侧流式和填充式等。

(2) 在流化床的不同高度上设置若干层水平挡板、挡钢或垂直管束等内部构件，构件的作用是抑制空穴变大，改善气体在床层中的停留时间分布，减少气体返混和强化两相间的接触。

(3) 采用小粒径、宽度分布的颗粒，颗粒的尺寸和粒度分布对流化床的流动特性有重要影响，小粒径、宽分布的颗粒特别是细粉能起"润滑"作用，可提高流化质量，经验表明能够达到良好的流化的颗粒尺寸在 20～500μm 范围内。

2.3.3 气力输送简介

气体在管内流动，当速度增大至等于或大于固体颗粒的带出速度时，颗粒在流体中形成悬浮状态的稀相，并随流体一起带出，称为气力输送(pneumatic conveying)。

作为输送介质的气体，最常用的是空气，但在输送易燃易爆粉料时，也可采用其他惰性气体。

气力输送的优点:①可进行长距离、任意方向的连续输送,劳动生产率高,结构简单、紧凑,占地小,使用、维修方便。②输送对象物料范围广,粉状、颗粒状、块状、片状等均可,且温度可高达500℃。③输送过程中,可同时进行混合、粉碎、分级、干燥、加热、冷却等。④输送中,可防止物料受潮、污染或混入杂质,保持质量和卫生,且没有粉尘飞扬,保持操作环境良好。

气力输送的缺点:①动力消耗大(不仅输送物料,还必须输送大量空气);②易磨损物料;③易使含油物料分离;④潮湿易结块和黏结性物料不适用。

在食品工业中,气力输送有广泛的应用,特别是固体颗粒与粉末如糖、茶叶、盐、谷物、面粉、乳粉、淀粉等食品的输送。

气力输送按固相浓度分为稀相输送和密相输送。在气力输送中,常用混合比(或称固气比)R 表示气流中固相含量。混合比即单位质量气体所输送的固体质量,其表达式为 $R = G_s/G$,G_s 为单位管道面积上单位时间内加入的固体质量,kg/(s·m^2);G 为气体的质量流速,kg/(s·m^2)。混合比在25以下(通常 $R=0.1\sim5$)的气力输送称为稀相输送。在稀相输送中,固体颗粒呈悬浮状态。目前在我国,稀相输送的应用较多。混合比大于25的气力输送称为密相输送。在密相输送中,固体颗粒呈集团状态。密相输送的特点是低风量和高混合比,物料在管内呈流态化或柱塞状运动。此类装置的输送能力大,输送距离可长达100~1000m,尾部所需的气、固分离设备简单。由于物料或多或少呈集团状低速运动,物料的破碎及管道磨损较轻。目前密相输送已广泛应用于生产中物料的输送。

气力输送系统一般由供料装置、输料管路、卸料装置、闭风器、除尘装置和气力输送机械等组成。气力输送流程按气流压强分有:吸引式流程和压送式流程,如图2-18和图2-19所示。

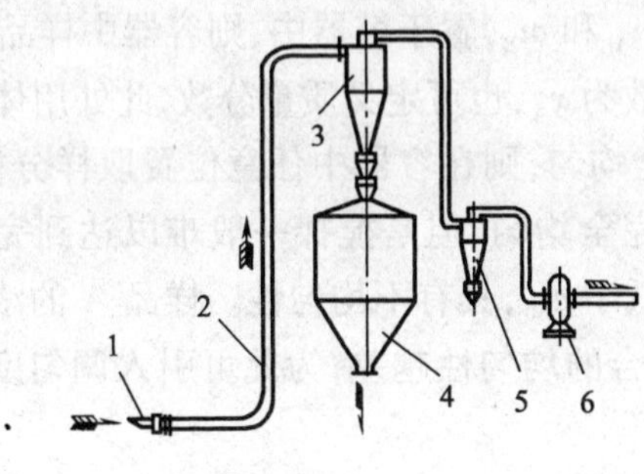

图2-18　吸引式气力输送装置图

1—吸嘴　2—输送管　3—一次旋风分离器　4—料仓　5—二次旋风分离器　6—抽风机

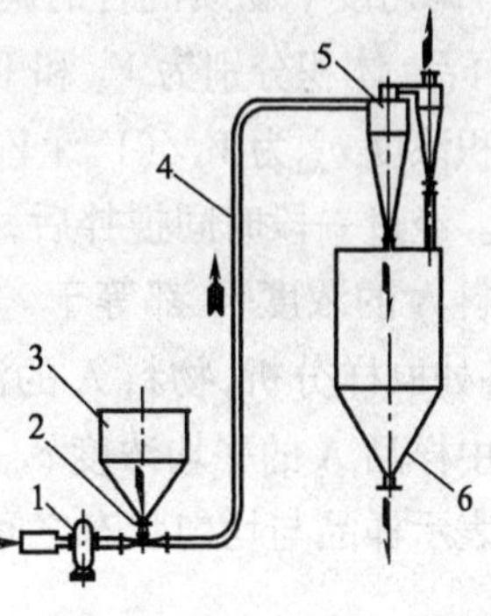

图2-19　压送式气力输送装置图

1—压气机械　2—回转式供料器　3—料斗　4—输料管　5—旋风分离器　6—料仓

输送管中的压强低于常压的输送称为吸引式气力输送。气源真空度不超过10kPa的称为低真空式,主要用于近距离、小输送量的细粉尘的除尘清扫;气源真空度在10~50kPa的称为高真空式,主要用在粒度不大、密度介于1000~1500 kg/m^{3}的颗粒的输送。吸引式输送的输送量一般都不大,输送距离也不超过50~100m。输送管中的压强高于常压的输送称为压送式气力输送,按照气源的表压强也可分为低压式和高压式压送两种:低压式气源表压强不超过 50kPa，这种输送方式在一般工厂中用得最多，适用于小量粉粒状物料的近距离输送；高压式气源表压强可高达 700kPa，它用于大量粉粒状物料的输送，输送距离可长达 600～700m。

气力输送可在水平、垂直或倾斜管道中进行，所采用的气速和混合比都可在较大范围内变化，从而使管内气、固两相流动的特性有较大的差异，再加上固体颗粒在形状、粒度分布等方面的多样性，使得气力输送装置的计算目前尚处于经验阶段。

2.4 液体搅拌

使两种或两种以上不同物质相互分散、混杂以达到一定均匀度的单元操作，称为混合（mixing）。在混合中，各组分的分配可以是分子状态，也可以是质点状态。常见的混合单元操作是液体与液体、固体与液体、固体与固体的混合。在食品工业中，混合操作主要为制备均匀混合物，也有的为通过物质混合促进传质和传热或其他物理量的混合。

混合体系中，一相为液体时的分散操作为液体搅拌（agitation）。液体搅拌的目的为互溶液体的混和、不互溶液体的分散和接触、气液接触、固体颗粒在液体中悬浮以及强化液体与器壁的传热等。因搅拌的本质都是流体获得动量并进行传递，发生分散作用，均相可作为非均相的一个特例看待，故对均相物系的搅拌也一并加以讨论。

2.4.1 混合效果度量

为了评价物质混合效果，常用 3 个参数来进行评价，即调匀度、偏离均匀强度和取样尺度评价。

（1）调匀度　物质混合的调匀度是指一种或几种组分在搅拌体系内的均匀性。设 A 和 B 两种样品，体积分别为 V_A 和 V_B，或质量分别为 m_A 和 m_B，置于容器中，则容器中样品 A 的平均体积浓度 c_{A0} 为 $V_A/(V_A+V_B)$，或定义体积分数为 x_A，也可定义质量分数，此处用体积浓度概念。经过一段时间搅拌后，如果搅拌已达完全均匀，则在容器中任意位置取样分析，样品中物料 A 的浓度 c_A 都等于 c_{A0}，表明搅拌已达完全均匀，但是搅拌一般难以达到完全均匀，在各处取样分析，物料 A 的浓度或高于 c_{A0} 或低于 c_{A0}，具有不均匀性。样品 A 的浓度 c_A 与容器中样品 A 的平均浓度 c_{A0} 偏差越大，说明混合的均匀性越差，为此可引入调匀度 I 的概念来表示样品与均匀状态之间的偏离程度：

$$I=\frac{c_A}{c_{A0}}\qquad(c_A<c_{A0})\tag{2-74}$$

$$I=\frac{1-c_A}{1-c_{A0}}\qquad(c_A>c_{A0})\tag{2-74a}$$

可见调匀度 $I\leqslant1$。

在搅拌釜有代表性的各处取样分析，所得样品调匀度的算术平均值，即得搅拌釜内样品的平均调匀度。

$$I=\frac{I_1+I_2+\cdots+I_n}{N}\tag{2-75}$$

对传热过程，同样也可以用釜内各点温度与平均温度的偏差来表示调匀度。

(2)偏离均匀强度　各次取样所得到的 c_A 与混合均匀时的 c_{A0} 有差异,差值的大小代表了偏离均匀的强度。此偏离均匀强度用标准方差表示:

$$\sigma^2 = \frac{1}{n}\sum_{i=1}^{n}(c_{Ai} - c_{A0})^2 \tag{2-76}$$

当值 c_{A0} 未知时,用 c_A 的多个取样的平均值代替,而用方差计算偏离强度,即

$$s^2 = \frac{1}{n}\sum_{i=1}^{n}(c_{Ai} - \overline{c_A})^2 \tag{2-76a}$$

(3)取样尺度　取样尺度是指取样分析混合效果时所取体积的大小。如果取样尺度向微观水平靠近,也能得到某组分的调匀度接近1,说明该组分的平均团聚体或颗粒比取样体积更小,即该组分团聚体或颗粒已经被减至很小的尺寸,已经接近甚至达到微观水平,否则按该组分团聚体或颗粒平均大小取样时,必然是完全取得该组分,或完全不能取得该组分,两种情形的调匀度均为零,不可能是接近1。在给出调匀度的同时,一并给出得到该调匀度的取样体积,既可评价混合均匀的程度,又可评价某组分团聚体或颗粒尺度被减小的程度。若混合要求达到微观均匀,则团聚体或颗粒的尺度必然处于微观尺度水平。

取样尺度接近零,即达到分子尺度的均匀,是混合程度的极限,并非所有液体的搅拌都可能达到这种混合均匀程度,而仅是限于互溶的液体搅拌。气液接触、互不相溶的、或不能完全互溶的两种液体的搅拌和有悬浮状固体的搅拌,都不可能达到分子尺度的均匀。对这些不可能达到分子尺度均匀的液体搅拌,混合程度愈高,则意味着调匀度愈高、分隔尺度愈小。调匀度和分隔尺寸由搅拌对象和操作要求决定。过高的要求代表机械设备投入和生产动力消耗的增加,需酌情处理。

2.4.2　混合机理

液体搅拌发生混合的机理有两种:一种机理是在釜内形成一个循环流动,称为总体流动,总体流动将液体破碎成较大的液团并带至釜内各处,造成大尺度上的均匀混合,对液团的尺寸没有要求,但必须将产生的液团分布到釜内的每一角落,同时要尽量消除死区,这就要求相应的搅拌器应提供大的流量;另一种机理是总体流动若为高度湍流,将产生高强度和小尺寸的旋涡,该种旋涡对液体有强烈的剪切破碎作用,从而产生小尺度的混合。液体的表面张力将抗衡破碎作用(可在混合液中加入少量的保护胶或表面活性物质,使液滴在碰撞时难以合并),最终形成具有一定尺度分布的液滴或分散相。对高黏度液体,可设法使搅拌桨直接推动的液体与周围运动迟缓的流体之间形成较大的速度梯度,由此造成的强剪切力将流体分散成较小的尺度,但此时总体流动应设法保证混合均匀。

气泡在液体中的分散原因原则上与液滴分散相同,只是气液表面张力比液液界面张力更大,分散更加困难。此外,气液密度差较大,大气泡更易浮升溢出液体表面。单位体积的气体,小气泡不但具有较大的相际接触面积,而且在液体中有较长的停留时间,所以气泡分散往往更需重视。一般搅拌釜内的气泡直径为2~5mm。

固体颗粒在液体中搅拌时,首先发生固体颗粒的表面润湿过程,即液体取代颗粒表面层的气体,并进入颗粒之间的间隙,接着是颗粒团聚体被流体动力所打散,即分散过程。通常的搅拌不会改变颗粒的大小,因此只能达到大尺度的宏观混合,对粗颗粒应有足够强的扫底总体流动和高度湍动以保证颗粒悬浮。

2.4.3 搅 拌 器

2.4.3.1 搅拌器的类型

液体搅拌,必须有容器和搅拌器才能实现。食品工业常用的搅拌釜是一个圆筒容器,其底部可以是平底,可以是锥底,也可以是碟形底。在搅拌釜中有一个搅拌器,由电动机(或通过变速器)带动搅拌器旋转,它随轴旋转而将机械能施加于液体推动液体运动。图2-20所示为生产中使用的一个典型的机械搅拌器装置,搅拌系统的主件是由搅拌器(或称叶轮)、搅拌釜、辅助装置等构成。

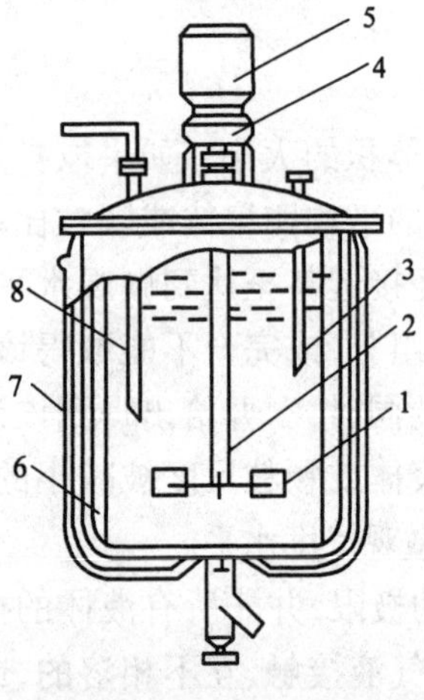

图2-20 典型搅拌容器
1—桨叶 2—搅拌轴 3—温度计插套
4—减速器 5—电机 6—挡板
7—夹套 8—料管

除了以上的机械搅拌方式外,生产中有时还用另一些搅拌方式,如气流搅拌、射流混合、静态混合等。食品生产中大多数搅拌均系机械搅拌,机械搅拌的核心是搅拌器,搅拌器有如下几种。

(1)桨叶式 平桨式搅拌器是一种结构和加工都简单的搅拌器,桨叶片数较少,分为平直叶和折叶式,它们的转速慢,流量小,平直叶主要产生径向流动,折叶式因叶片加工改向,故可增强轴向流动,一般用于混合要求不高的场合。

(2)旋桨式 这种搅拌器通常由三片(也有其他片数)螺旋桨构成,直径一般为容器直径的0.25~0.40倍,转速高,叶片端部的圆周速度一般为5~15m/s,压头较低,适用于低黏度($\mu<10$Pa·s)液体的搅拌。旋桨式搅拌器产生一股高速流体从轴向射出,因射流夹带使周围更多的流体一起流动,由于受釜壁所限,形成釜内总体流动。这种桨叶主要形成大循环量的总体流动,但湍流程度不高。主要适用于大尺寸的调匀,尤其适用于要求容器上下均匀的场合。大循环量的总体流动冲向釜底,也有利于固体颗粒的悬浮。

(3)涡轮式 通常涡轮式搅拌器形如离心泵叶片,一般由六片桨叶构成,可根据要求不同选择不同形式,使搅拌釜中液体产生径向与轴向运动。涡轮式搅拌器的直径一般为容器直径的0.3~0.5倍,转速较高,端部切线速度一般为3~8m/s,适用于低黏度或中等黏度($\mu<50$Pa·s)的液体搅拌。与旋桨式相比,涡轮式搅拌器所造成的总体流动回路较为曲折,出口的绝对速度很大,桨叶外缘附近造成激烈的旋涡运动和很大的剪切力,可将液体微团分散得更细,因此涡轮搅拌器对于要求小尺度均匀的搅拌过程更为适用,但是涡轮搅拌器的釜内有两个回路,对易于分层的物料(如含有较重固体颗粒的悬浮液)则不甚合适。与旋桨式相比,涡轮搅拌器具有流量小,压头大的特点。

(4)适合大黏度液体的搅拌器 上面三种类型的搅拌器都适用于黏度低的流体搅拌,可用增加直径、降低转速等方法来改善效果,但对黏度较大的流体($\mu>50$Pa·s)常采用低转速、大直径的搅拌器,这类搅拌器有锚式、框式和螺带式等。

2.4.3.2 强化湍动的措施

液流中湍动的强弱虽难以直接测量,但可从搅拌器所产生的压头大小反映出来。液体在容器内作循环流动,搅拌器对单位重量流体所提供的能量即压头,必定全部消耗在循环回路的阻力损失上,如果回路中消耗的能量越大,说明液流中旋涡运动越剧烈,内部剪应力越大,即湍动程度越高,所以提高液流的湍动程度与增加循环回路的阻力损失是同一回事,围绕着这个目标可采用以下措施。

(1)提高搅拌器的转速　搅拌器的工作原理与泵的叶轮相同,故无论是离心泵还是轴流泵,所产生的压头 H 和转速 n 的平方成正比,提高搅拌器的转速,搅拌器可提供较大的压头。

(2)阻止容器内液体的圆周运动　旋桨式和涡轮式搅拌器均造成液体快速圆周运动,它对混合并无显著作用,相反使釜内液面呈抛物线状,轴心处液面下凹减少了搅拌釜的有效容积,严重时甚至使搅拌器暴露于空气中而将空气卷入,破坏正常操作,因此必须设法抑制釜内液体的快速圆周运动。其方法有在搅拌釜内装挡板和破坏循环回路的对称性。

最常用的挡板是沿容器壁面垂直安装的条形钢板,它可以有效地阻止容器内的圆周运动。设置挡板后,液流在挡板后造成旋涡,这些旋涡随主体流动遍及全釜,提高了混合效果,自由表面的下陷现象也基本消失。挡板对流体的径向和轴向流动没有影响,但搅拌功率却可成倍增加。挡板通常设置四个已足够,再多也不会进一步增强湍动,如果容器非常大,则可适当增加挡板数目。此外,搅拌釜内的温度计插管、各种形式的换热管等也在一定程度上起着挡板的作用。

破坏循环回路的对称性,增加旋转运动的阻力,可有效地阻止圆周运动,增加湍动,提高混合效果,消除液面凹陷现象。对于小容器,可将搅拌器偏心或偏心倾斜安装,对大容器可将搅拌器偏心水平地安装在容器下部。

(3)导流筒　若搅拌器周围无固体边界约束,液体可沿各个方向回流到搅拌器入口,故不同的流动微元行程长短不一。在容器中设置导流筒,可以严格地控制流动方向,既消除了短路现象又有助于消除死区。对于旋桨式搅拌器,导流筒可安装在搅拌器的外面,对于涡轮式搅拌器,导流筒则应安装在搅拌器的上面。

2.4.4　搅拌器的功率

2.4.4.1　搅拌器的液体循环量与压头

从前述混合机理可知,为达到大尺度上的均匀,必须提供足够大的总体流动,而要达到小尺度上的均匀则必须提高总流的湍动强度。显然,为达到一定的混合效果,搅拌器必须提供足够大的流量 V,同时必须提供足够大的压头 H(搅拌器对每牛顿流体所做之功)。搅拌功率 N 计算式与离心泵有效功率计算式相同,可用式(2-77)计算。

$$N = VH\rho g \tag{2-77}$$

搅拌器的设计是设法增加搅拌器的功率,即设法通过搅拌器把更多的能量输入到被搅拌的液体中。涡轮式搅拌器采用效率很低的径向叶片,搅拌釜内设置挡板等,其目的都是为了增加搅拌器的功率消耗,因此搅拌釜内单位体积液体的能耗往往是断定过程进行得好坏的一个判据,而此点与流体输送不同,在完成一定输送任务的情况下,流体输送目的总是希望减少消耗功率。当然,搅拌装置仍然存在着能量的有效利用问题,搅拌所耗能量部分用于造成足够的液体输送量,部分用于湍动,应根据要求合理选择搅拌器类型及功率。

2.4.4.2　功率关联式

影响搅拌功率的因素可分为几何因素、物性因素和操作因素(转速 n)。其中几何因素包括：①叶轮直径 d；②叶片数目 z、形状及叶片长度 l 和宽度 B；③容器直径 D；④容器中液体高度 h；⑤叶轮距容器底部距离 h_1；⑥挡板数目及宽度 b。

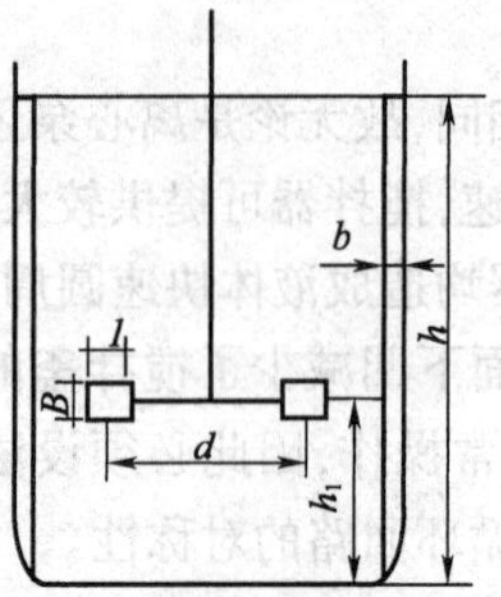

图 2-21　典型搅拌器各部分比例

涡轮叶片数 $z=6$；4 块挡板；$D/d=3$；$h/d=3$；$B/d=1/5$；$h_1/d=1$；$b/d=3/10$

对于特定的搅拌装置，通常以叶轮直径为特征尺寸，其他尺寸与叶轮直径成一定比例，如图 2-21 所示，则可将其他尺寸参数除以叶轮直径 d 变换成无量纲参数 $\alpha_1,\alpha_2,\alpha_3\cdots$，即

$$\alpha_1=\frac{D}{d};\quad \alpha_2=\frac{h}{d};\quad \alpha_3=\frac{l}{d}\quad \cdots$$

物性因素主要有液体的密度 ρ、黏度 μ，操作因素主要是叶轮转速 n 等。此外当液体表面有下凹现象时，必有部分液体被举到平均液面以上，这部分液体必须克服重力做功，因此重力加速度也是影响搅拌功率的物理因素之一。对于常用的安装挡板的搅拌装置，液面无下凹现象，则重力对搅拌功率的影响可以忽略不计。

由上述可知，搅拌功率 N 应是 ρ,μ,n,d 以及 $\alpha_1,\alpha_2,\cdots$ 的函数，即

$$N=f(\rho,\mu,n,d,g,\alpha_1,\alpha_2,\cdots) \tag{2-78}$$

式中物理量共含有 3 个量纲，根据 π 定理，若选定量纲独立的三个物理量 ρ、n、d 作为初始变量，利用量纲分析法可将上式转化为量纲 1 形式

$$\frac{N}{\rho n^3 d^5}=\varphi\left(\frac{d^2 n\rho}{\mu},\frac{dn^2}{g},\alpha_1,\alpha_2\cdots\right) \tag{2-79}$$

或

$$Eu=\varphi(Re_M,Fr,\alpha_1,\alpha_2\cdots) \tag{2-80}$$

式中，$Eu=N/\rho n^3 d^5$ 称为功率准数，也称欧拉数准数，代表施加于搅拌液体的力；$Re_M=d^2 n\rho/\mu$ 称为雷诺数，代表施加力与黏性曳力之比；$Fr=dn^2/g$ 称为佛鲁德（Froude）准数，代表施加力与重力之比。

对安装挡板的搅拌装置，系列几何相似的搅拌装置，不需考虑 g 的影响，对比变量 α_1、$\alpha_2\cdots$ 都为常数，式（2-80）可简化为：

$$Eu=\varphi(Re_M) \tag{2-81}$$

或

$$Eu=KRe_M^m \tag{2-82}$$

2.4.4.3　功率曲线

通过量纲分析得到搅拌功率关联式（2-82），与第一章湍流摩擦阻力系数求解的方法相似，其具体关系还需通过实验确定，有关设计手册中，列有不同情况下的搅拌装置的功率曲线或经验公式，供工程上选择使用。查阅这些图表或经验公式时，要注意搅拌液体的流型、搅拌器的形式、容器直径对搅拌器各部分的尺寸比例、液层深度等条件的限制，正确计算搅拌功率。

图 2-22 所示为全挡板、尺寸比例符合规定比例关系（即几何相似）的各种搅拌装置的功率曲线，其误差约为 20%。由图 2-22 可知，在低搅拌雷诺数（$Re_M<10$）的层流区内，功率曲线是斜率为 -1 的直线，即

$$N=C\mu n^2 d^3 \tag{2-83}$$

对图 2－22 所示的搅拌器装置，$C=71$。

当流动进入充分湍流区，即 $Re_M>10^4$，Eu 为与 Re_M 无关的常数。

$$N=C'\rho n^3 d^5 \tag{2-84}$$

对图 2－22 所示的搅拌装置，$C'=6.3$。必须说明，上述功率曲线是对单一液体测定的。对于非均相的液－液或液－固系统，用上述功率曲线进行计算时，须用混合物的平均密度和修正黏度以代替单一液体的密度、黏度。气－液两相系统的搅拌功率与充气量也有关，也须进行修正。各项修正方法可从有关设计手册中查到。此外，搅拌器的传动机械效率粗略估计可取 0.8～0.85，其启动时的功耗相当于正常运转的 2～3 倍，在选择电机时应予注意。

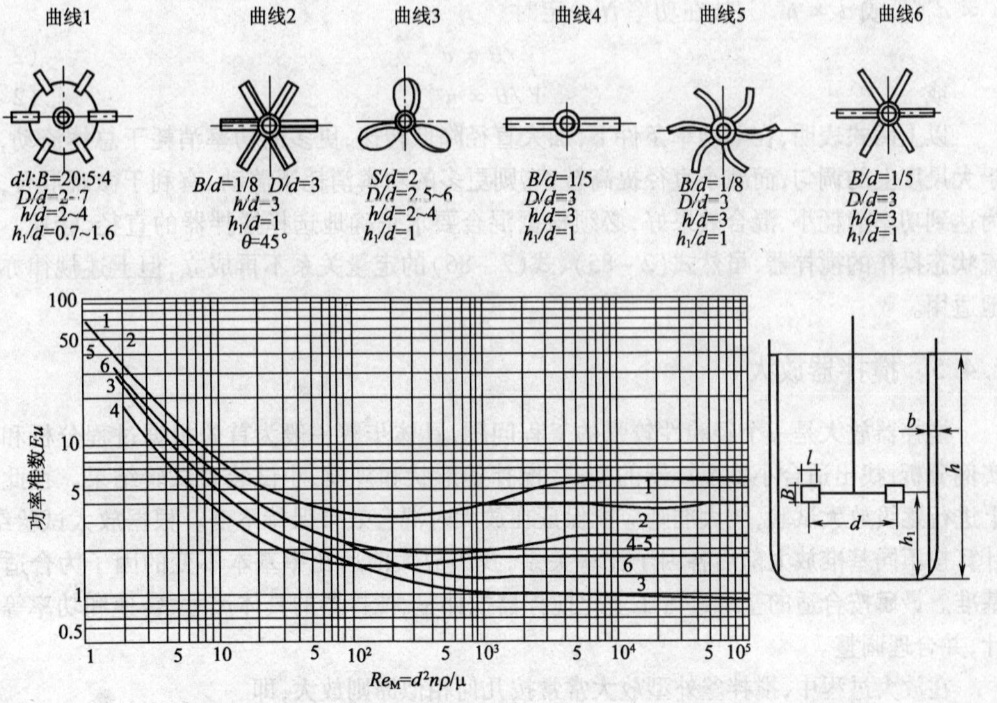

图 2－22　典型搅拌器功率曲线（全挡板条件）

【例 2－8】将维生素浓缩液与某液体原料混合的过程中，采用三叶旋桨式搅拌器进行搅拌，搅拌器的直径为 0.4m，转速为 60r/min，容器直径为 1.2m，容器内液层深度为 1.5m，其他尺寸如图 2－22 所示比例。已知液体原料的黏度为 15cP，密度 1520kg/m^3，试近似估算搅拌所需的功率。

解：$D/d=1.2/0.4=3$；$h/d=1.5/0.4=3.75$，其参数比都在曲线 3 规定的比例范围内，可直接按功率曲线计算。搅拌雷诺准数

$$Re_M=d^2 n\rho/\mu=0.4^2\times(60/60)\times1520/(15\times10^{-3})=1.62\times10^4$$

查图 2－39 得 $Eu=N/\rho n^3 d^5=0.9$

$$N=Eu\times\rho n^3 d^5=0.9\times1520\times1^3\times0.4^5=14.0(\text{W})$$

搅拌器功率的求取过程与离心泵的相似，故可以按照离心泵动量通量的表达符合图 0－1的归一主线的表述，由此说明搅拌器的动量通量的表达符合图 0－1 的归一主线。

2.4.4.4 搅拌功率的分配

为获得一定的搅拌效果,必须向搅拌器提供足够的功率。为提高能量的利用率,还存在一个能量的合理分配问题。

如果搅拌的目的只要求大尺度上的均匀性,则应有较大的流量 V,而并不追求高压头 H;如果搅拌的目的要求快速地分散成微小液团,则应有较小的 V 和较大的 H。因此,在同样的功率消耗条件下,通过调节流量 V 和压头 H 的相对大小,功率可作不同的分配。对不同的搅拌目的,可作不同的选择。

搅拌器流量取决于面积与速度($u \propto nd$) 的乘积,即 $V \propto nd^3$,压头 H 与速度 u 的平方成正比,即 $H \propto n^2d^2$,则 $V/H \propto d/n$。在湍流区,$N \propto n^3d^5$,当搅拌功率指定时,n^3d^5 为一定值,则 $n \propto d^{-5/3}$,或 $d \propto n^{-3/5}$,故在功率 N 一定时

$$V/H \propto d^{8/3} \tag{2-85}$$

或

$$V/H \propto n^{-8/5} \tag{2-86}$$

以上两式表明,在等功率条件下,加大直径降低转速,更多的功率消耗于总体流动,有利于大尺度上的调匀,而减小直径提高转速,则更多的功率消耗于湍动,有利于微观混合,因此为达到功率消耗小、混合效果好,必须根据混合要求正确地选择搅拌器的直径、转速。在滞流状态操作的搅拌器,虽然式(2-85)、式(2-86)的定量关系不再成立,但上述规律亦定性地适用。

2.4.5 搅拌器放大

搅拌器放大是一个经验性较强的工程问题,具体步骤一般为首先根据过程分析和工业实例分析,找出适合小型搅拌器的型式、搅拌釜形状和规模,小试装置试验结果。在此基础上进行逐级放大试验,放大准则应能保证在放大时混合效果保持不变。根据放大试验结果,计算按不同基准放大前后各因子比率关系,找出放大前后比率基本不变的因子为合适放大基准。最后按合适的基准进行工业化搅拌器搅拌釜、搅拌器的具体尺寸、转速和功率等的设计,并合理调整。

在放大过程中,搅拌釜外型放大常常按几何相似原则放大,即

$$d_1/D_1 = d_2/D_2 \quad d_1/h_1 = d_2/h_2 \quad d_1/B_1 = d_2/B_2 \quad \cdots$$

式中 D——搅拌釜直径,m

d——搅拌器直径,m

h——搅拌釜高度,m

下标 1、2 分别表示小型、大型搅拌器。放大前后搅拌釜的形状完全相同,并且相应各部分几何尺寸之比等于常数,当然有时需要进行适当调整。

对于不同的搅拌过程和搅拌目的,放大准则选择不同,下面介绍一些在工程上常用的放大方法:① 保持搅拌雷诺数($d^2n\rho/\mu$) 不变,因物料相同,由此准则可导出小型搅拌器和大型搅拌器之间应满足 $n_1d_1^2 = n_2d_2^2$;② 保持单位体积能耗 N/V_0 不变,V_0 系指釜内所装液体量,$V_0 \propto d^3$,则充分湍流区小型和大型搅拌器之间应满足 $n_1^3d_1^2 = n_2^3d_2^2$;③ 保持叶片端部切向速度 πnd 不变,$n_1d_1 = n_2d_2$;④ 保持搅拌器的流量和压头之比值,即 Q/H 不变,$n_1^{-1}d_1 = n_1^{-1}d_2$;⑤ 佛鲁德(Froude) 准数 $Fr(dn^2/g)$ 不变,$n_1^2d_1 = n_2^2d_2$。工程放大时,可根据逐级放大试验的效果,经计算判断并选用放大的准则适用。

2.5 乳　　化

食品工业上,大多数乳化液均为水相与油相的混合物。水相与油相通常不是纯水和纯油,如水相可为含水溶性的盐、糖或其他蛋白质有机物和胶体的水溶液,油相也可为含油溶性的烃类、蜡、树脂和其他物质的油溶液。当油相和水相混合时,有可能得到两种不同的乳浊液:油为分散相的,称为油/水(O/W)乳化液,例如牛乳;水为分散相的,称为水/油(W/O)浮化液,例如奶油,人造奶油是由油脂、水及其他添加剂(如乳、调味料食盐、香料、防腐剂等)的混合物。所谓乳化(emulsification)是将一种液相(或含微细固型粒子)以微小球滴或固型微粒子(称分散相)稳定分散在另一种不相溶的液相(称连续相)之中的过程,其产品为乳化液。为了获得稳定的乳化液,必须添加第三种物质,这种能使分散相分散并能使乳化液稳定的物质称为乳化剂。

乳化液稳定性的主要因素为:①液滴的沉降速度与滴径的平方成正比,乳化液如果微粒化达 1~2μm 即可有较好的稳定性。为防止大颗粒的强烈吸附和合并小液滴的倾向,进行微粒化的同时,有必要进行均质化,如牛乳均质。②沉降速度与两相密度差成正比,如清凉饮料中使用乳化白浊剂调整两相密度。③黏度高时,可减慢液滴的并合,如加入增黏剂甘油、黄原胶、阿拉伯树胶、海藻浸出胶质等。④粒子荷电,如使用如电解质。

2.5.1 乳化剂的使用

(1)乳化剂的作用　将油和水搅拌时,由于剪切等作用界面不断分裂,界面面积急剧增大,两相混为“一体”而形成乳化液,但这种乳化体系并不稳定,因为界面能形成极大的力,聚结的速度也急剧加快,此时必须添加乳化剂,才能形成稳定的乳化液。乳化剂是一种表面活性剂,多数含有亲水基团和亲油基团,当加入互不相溶的液体混合物后,它们会吸附分布在相界面上,亲水基团会伸入水相,亲油基团会伸入油相,大大降低界面张力,使原热力学不稳定体系变为稳定体系,防止水相或油相回复原状,持久保持稳定乳浊体系,同时在分散相外围形成亲水性(O/W)或亲油性(W/O)型的吸附层,防止液滴的并合。另外,离子性乳化剂会在两相界面上配位,提高分散液滴的电荷,加强其相互排斥力,阻止液滴的并合。

(2)乳化剂的亲水亲油平衡值　乳化剂是一种表面活性剂,对非离子型表面活性剂亲水亲油平衡值(HLB)是制取稳定的乳液的重要因素,也是正确乳化剂的依据,HLB 是指:

$$\mathrm{HLB}=\frac{\text{亲水基质量}}{\text{疏水基质量}+\text{亲水基质量}}\times\frac{100}{5}$$

一般 HLB 值在 1~20 之间,HLB=10 是亲水、亲油的分界线。即 HLB>10 的乳化剂为亲水性的,HLB<10 的乳化剂为亲油性的。完全疏水的石蜡 HLB=0,完全亲水的聚乙二醇 HLB=20,所以非离子型表面活性剂的 HLB 值在 0~20。食品行业用于油包水型(W/O)油溶性乳化剂的 HLB 值多为 3.5~6;用于水包油型(W/O)水溶性乳化剂的 HLB 值多为 8~18。

(3)常用乳化剂　乳化剂在食品加工业上使用很多,种类也很多,考虑其安全性,国家标准对不同食品行业容许使用的食品添加剂中的乳化剂都有严格限定,具体可查阅相关国家标准。常用乳化剂有:甘油脂肪酸酯、磷脂、固醇、脂肪酸、丙二醇、山梨糖醇脂肪酸酯、纤维素醚等。乳化剂的使用必须严格遵循规定的用量标准，不超过最大使用量。

2.5.2 乳化分散方法

添加乳化剂后，理论上可使乳化分散体系稳定保持成为可能，而要实现良好持久分散体系，还需将大液滴群不断地进行分裂为微粒群，工业上需要根据物系性质选用合适的分散方法，这里简单介绍一些常用方法。

(1)机械强制分散法　用于使用乳化剂量较少，靠乳化剂难以充分微粒化的情况，如使用均质机，胶体磨等进行乳化，此法应用广泛，但所得的微滴不稳定，易并合，需进行冷却和加稳定剂处理。

(2)同时乳化法　先将构成乳化剂的两部分分别溶解于油相和水相，然后将其混合并搅拌，从而在界面上形成乳化剂而进行乳化，采用此法所形成的乳化液比较均匀且稳定。

(3)转相法　如要制取O/W型乳化液时，应先将乳化剂溶解油相，每次加入少量水，成为均匀的W/O型乳化液，当加水到接近转相点时，进行充分搅拌，直至完全变成转相物之后，加余下的水稀释到所要求的乳化液。如果制取W/O型，则过程相反，人造奶油的生产可采用此法。

(4)浆体法　与转相法相似。例如制造O/W型乳化物时，是先在少量的水中加全部乳化剂，然后每次加少量油，制成非常黏稠的浆体。经充分搅拌，使油相成微滴分散后，将其加入全部的水相中进行稀释便制成所需的O/W型乳化物。

(5)自然乳化法　将乳化剂全部溶于油相，将其加入水中，不经搅拌而发生乳化作用。在乳化剂极易溶于油相，而水相和油相之间的界面张力非常小时，此法才有效。

根据不同要求，上述几种方法在实际应用上可以组合或作一定的改变。

2.5.3 机 械 均 质

通常将两种不互溶的液相(或含微细固型粒子液体)进行密切混合、充分均匀化的操作称均质(homogenization)，它是实现充分乳化的手段，具有高调匀度、低分隔尺度的液体混合操作，从搅拌机理上说更为强调小尺度混合。机械均质一般通过剪切、正压力撞击及高压突然释放产生超声空化效应等实现物料破碎、混合、均质化等效果。均质在饮料、乳制品、添加剂、微胶囊食品中都有应用，特别在乳制品行业已广泛使用。这里介绍与动量传递相关的两种均质机械。

(1)胶体磨　胶体磨由一固定的表面(固定体)和一旋转的表面(转动件)所组成。两表面间有可调节的微小间隙，物料就在此间隙中通过，由于转动件高速旋转，附于旋转面上的物料速度最大，而附于固定面上的物料速度为零，其间产生急剧的速度梯度，从而物料受到了强烈的剪力摩擦和湍动骚扰，产生乳化分散的作用。转动件之间的间隙通常为50～150μm，转速为3000～10000 r/min。卧式胶体磨适用于黏性相对较低的物料，立式胶体磨适用于黏度相对较高的物料。

(2)高压均质机　高压均质机是一种深加工设备，完成这种功能，主要靠高压均质阀完成，其主要由阀座、阀芯及碰撞环组成，结构如图2－23所示。高压液料(压力可高达70MPa)进入阀座内腔时，当其压力超过预先设定的高压弹簧作用下形成的压力时，阀芯向上移动，开启阀芯，阀芯和阀座之间会形成一个很小的缝隙，约≤0.4mm，高压液流以极高的线速度(通常达到200～300m/s)通过这个缝隙时,料液也产生极大压力降,瞬间失压,膨胀、爆炸(这个过程称空穴效应),由此产生高频振动和湍流,形成强烈的剪切和高速撞击,在碰撞环形成撞击效应,可将乳化液滴粉碎至1μm以下,从而获得较理想的乳化液或匀浆液。

这个过程实际上集中了超声波均质、高速剪切均质、射流碰撞效应原理于一体。一般均质机都具有两级均质,二级均质阀又称低压阀,它的功能主要给第一级高压一个合适的背压,集中第一级能量,使空穴效应发生在空隙的最佳区域,另外由于经第一级均质后所得到的细液滴的相界面上乳化剂分布不良,仍有重新并合的倾向,经低压的第二级处理,就可使乳化剂更好地分布在接触界面上,使乳化液更稳定。

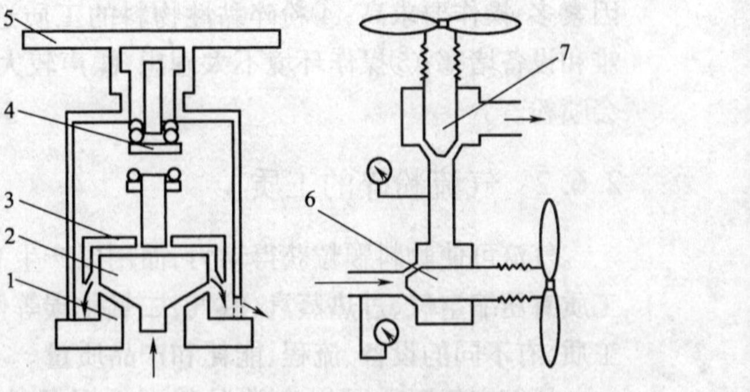

图2－23　均质阀结构示意图

1—阀座　2—阀芯　3—碰撞环　4—弹簧

5—调节阀柄　6—一级阀　7—二级阀

2.6　气流超微粉碎简介

粉碎(comminution, pulverization)有各种原理、方法及设备,食品生产过程中常见的有糖类、香料、胡椒、谷物、肉类、鲜果、蔬菜等的粉碎。根据物料性质的不同,脆性物料可选用以冲击力或挤压力为主要粉碎力的滚筒轧碎法、锤式粉碎法、盘击式粉碎法和气流式(pneumatic)超微(ultra－fine)粉碎法等,也可选用以摩擦力或剪切力为主要粉碎力的研磨法。对具有纤维结构且含有相当数量的液体物料可选用切割碎解法。对众多靠机械工件如锤、棒、叶片、盘、球产生冲击力和摩擦剪切力而粉碎物料的粉碎机的结构和工作原理,因与动量传递计算联系不多,本书不作介绍。此节仅对利用气流的动量传递进行粉碎的气流超微粉碎作简单介绍。

气流超微粉碎是利用高速气流(300～500m/s)或过热蒸汽(300～400℃),使颗粒互相进行碰撞和受到摩擦,从而实现粉碎。

2.6.1　气流粉碎的优缺点

气流粉碎的优点是:①粉碎强度大,粉碎产品细,可达数微米甚至亚微米,颗粒规整,表面光滑;②颗粒在高速旋流中分级,在离心力的作用下,粗粒不会混到细粒成品中,成品粒度均匀一致;③采用硬度极高、耐磨性极好的材料做衬里,保证产品完全不被金属或非金属污染;④高压工质通过喷嘴产生焦耳－汤姆逊效应的冷却效果,成品颗粒很快得到分离,可粉碎低熔点和热敏性物料;⑤除粉碎之外,还可实现粉碎与干燥、粉碎与混合、粉碎与包覆、粉碎与化学反应等联合作业;⑥设备结构简单,拆卸容易,维护检修工作少,且清洗快,易消毒,可进行无菌作业;⑦在微粉碎和超微粉碎过程中的能量利用率较高,一般气流粉碎机可达2%,个别可达10%,而球磨机仅约为0.6%。

气流粉碎的缺点是:①辅助设备多,一次投资较大;②粉碎操作成本较高;③影响运行的因素多,操作要求高;④粉碎黏性物料的工质选择受到限制,因为易发生黏壁而导致加料困难和设备堵塞;⑤操作环境不太理想,噪声较大,采用高温工质时环境的温度高,堵塞倒料时会喷粉。

2.6.2 气流粉碎的工质

气流可使物料颗粒获得动力,而用以产生高速气流的高压气体,一般称为工质。常用的工质有压缩空气、过热蒸汽、氮气、二氧化碳等惰性气体。对于一定的粉碎过程,采用不同的工质,有不同的设备、流程、能耗和产品质量。

压缩空气工质可以在常温甚至低温条件下工作,在粉碎低熔点、热敏性物料时具有优势。

过热蒸汽作为工质的优点是:①发生蒸汽的能源种类可以比较便宜,蒸汽易得,价格便宜,蒸汽的临界速度高,动能大,粉碎同样的物料,蒸汽工质的气固比小于空气工质的气固比,故蒸汽在经济上有吸引力;②蒸汽工质的压强可以很高,而其成本并不因为压强的提高而直线上升,因此可以采用压强比空气工质高得多的过热蒸汽进行气流粉碎,使粉碎设备的生产能力提高;③在同一温度下,过热蒸汽的黏度比空气低得多,气流的内摩擦消耗小;④黏性物料用高温蒸汽工质粉碎,可使产品流动性好,不易黏壁和堵塞装置;⑤蒸汽工质粉碎的超微粉体物料,不带静电,内聚现象小,长时间储存和运输,不发生结块现象,分散性好,而空气工质粉碎的一些物料,静电多,极易絮凝,影响分散效果。

对于低熔点、具热敏性或易氧化的物料,可采用惰性气体作为工质,但要保证工质的回收利用。

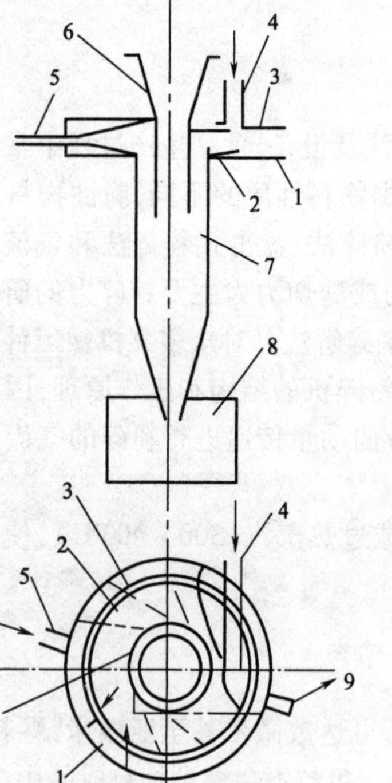

图 2-24 水平圆盘式气流粉碎机

1—气流分配室 2—粉碎分级室
3—气流喷嘴 4—喷射式给料器
5—高压气流入口 6—废气流排出管
7—产品收集器 8—产品贮斗 9—排污口

2.6.3 气流式超微粉碎机的类型

气流粉碎以冲击碰撞粉碎为主。气流粉碎机有水平圆盘(扁平)式、循环管(环形喷射)式、对喷式和超音速式等类型,它们都由加料装置、工质分配室、喷嘴、粉碎室、成品收集器、废工质排出管等基本部件构成。

图 2-24 所示为水平圆盘式气流粉碎机。高压气流经入口 5 进入气流分配室 1 中,分配室 1 与粉碎分级室 2 相通,气流通过喷嘴时速度高达每秒数百至千米。待粉碎物料经过文丘里喷射式给料器 4 进入粉碎分级室 2 的粉碎区,在高速喷气流作用下发生粉碎,由于喷嘴与

粉碎分级室2的相应半径呈一锐角，所以气流挟带着被粉碎的颗粒作回转运动，把粉碎合格的颗粒推到粉碎分级室中心处，进入产品收集器7。收集器实质上就是一个旋风分离器，与普通的旋风分离器的差异，仅在于挟带颗粒的气流是由其上口进入，在收集器内，颗粒沿器壁螺旋形地下降到产品贮斗8中，而废气流挟带着5%～15%的细颗粒经排出管6排出，待进一步捕集回收。

水平圆盘式气流粉碎机的进料粒度通常小于0.15mm，最大不超过6mm，成品粒度在0.2～5μm之间。进料粒度要求均匀，否则产品粒度将变大。

其他气流粉碎机和气流粉碎机的生产能力和工质所需传递功率的计算有需要时可参见相关参考资料，不再一一介绍。

思　考　题

1. 如何定义颗粒流体体系中的阻力系数（曳力系数），它与哪些因素有关？

2. 由欧根方程如何拓展到康采尼－卡曼（Kozeny－Carman）方程？

3. 已知球形颗粒作最松散填装时，空隙率为0.48，作最紧密填装时，空隙率为0.26。流体通过均匀球形颗粒按最松散填装方式填装组成的固定床，且流速极慢，当颗粒直径减半，且为最紧密装填时，其他条件不变，此时单位床层高度的压降为原来的多少倍？

4. 某板框过滤机恒压操作过滤某悬浮液，滤框充满滤饼所需要过滤时间为τ，假设在过滤压强变化范围内，滤饼的空隙率没有显著变化，单位滤液的滤饼体积可以看作不变。试推算下列情况下的过滤时间τ'是原来过滤时间τ的倍数：(1)$s=0$，压差减少一半，其他条件不变；(2)$s=0.5$，压差减少一半，其他条件不变；(3)$s=1$，压差减少一半，其他条件不变；(4)$s=0$，压差减少一半，温度由20℃（$\mu=1.0$mPa·s）升至40℃（$\mu=0.653$mPa·s）；(5)若压差提高一倍，上述各结果又是多少？

5. 如何用实验测定滤饼的压缩指数s和比阻常数r_0？

6. 转筒真空过滤机的生产能力计算时，过滤面积为什么用A而不用$A\varphi$？该机的滤饼厚度是否与生产能力成正比？

7. 斯托克斯定律区的沉降速度与各物理量的关系，应用的前提，颗粒的加速段可忽略不计的条件各是什么？

8. 提高流化质量的常用措施有哪些？

9. 气力输送的主要优点有哪些？

10. 某降尘室底面积A，高度H，对流量为V的气体理论上能100%除去的最小粒径为d，现在降尘室内加入n块隔板，将降尘室分隔，设沉降发生在Stokes区。回答下列问题：(1)若要求理论上100%除去的最小粒径仍为d，求此时气体的处理量；(2)若气体的处理量不变，求此时理论上100%除去的最小粒径；(3)若气体的处理量不变，求对粒径为$d/4$的粒子在加隔板前后理论上被除去的百分数。

11. 为什么要提出混合尺度的概念？

12. 要提高搅拌液流的湍动程度可采取哪些措施？

13. 大小不一的搅拌器能否使用同一条功率曲线，为什么？

14. 乳化液产生不稳定性的原因及其影响因素有哪些？

习　题

1. 有100g 混合物料，粒子尺寸为0.2～1mm，假设用筛分法测得1mm 粒子20g、0.75mm 粒子15g，0.55mm 粒子50g、0.2mm 粒子15g，对应尺寸的球形度依次为0.5，0.75，0.85 和0.98，求颗粒群的平均比表面积直径。（0.486mm）

2. 玉米淀粉水悬浮液于20℃时颗粒的直径为6～21μm，其平均直径为15μm，求其沉降速度，假设吸水后淀粉颗粒的相对密度为1.2。（2.45×10^{-6}m/s）

3. 用光滑小球在黏性流体中自由沉降可测定该液体的黏度。测试时用玻璃筒盛满待测液体，将直径为6mm 的钢球在其中自由沉降，下落距离为200mm，记录钢球的沉降时间。现用此法测试一种密度为1300kg/m^3 的糖浆，记录的沉降时间为7.32s，钢球的相对密度为7.9，试求此糖浆的黏度。（4.74Pa·s）

4. 某谷物的颗粒粒径为4mm，密度为1400kg/m^3，求在常温水中的沉降速度；又若此谷物的淀粉粒在同样的水中的沉降速度为0.1mm/s，试求其粒径。（0.218m/s；2.14×10^{-5}m）

5. 气体中含有大小不等的尘粒，最小的粒子直径为10μm，已知气体流量为3000m^3/h（标准态），温度为500℃，密度为0.43kg/m^3，黏度为3.6×10^{-5} Pa·s，尘粒的密度为2 000kg/m^3，今有一降尘室，共有5 层，求每层的沉降面积。（157.3 m^3）

6. 已知气体流量为3000m^3/h（标准态），温度为500℃，密度为0.43kg/m^3，黏度为3.6×10^{-5}Pa·s，尘粒的密度为2000kg/m^3，若采用标准型旋风分离器分离，试计算用4 台并联操作时的设备尺寸，并求对粒径为10μm 颗粒的分离效率，已知允许的压降为1780Pa。（68%）

7. 仓库有内径$D=0.4$m 的标准型旋风分离器多台，拟用以烟气除尘。烟气常压，300℃，需处理量为4300m^3/h，已知尘粒密度为2250kg/m^3，烟气的μ与ρ可按空气计，由于压降限制，只允许旋风分离器并联操作，不允许串联操作，进口风速20m/s，问共需几台旋风分离器，能除去40%的颗粒粒径是多少？（3 台，3.61×10^{-6}m）

8. 某内径为0.10m 的圆筒形容器堆积着某固体颗粒，颗粒是高度$h=5$mm，直径$d=3$mm 的正圆柱，床层高度为0.80m，床层空隙率$\varepsilon=0.52$、若以100kPa、25℃的空气以0.25m/s 空速通过床层，试估算气体压降。（177.7Pa）

9. 一台过滤机在恒压下进行过滤操作，过滤进行到30min 时，共获得滤液4.50m^3，过滤介质的阻力可以忽略不计，试问当过滤进行到1h 时可获得多少滤液，此时的过滤速率为多少m^3/s？（6.364m^3，8.839×10^{-4} m^3/s）

10. 果汁中滤渣为可压缩的，测得其压缩指数为0.6。在表压100kPa 下由压滤机过滤，最初1h 可得清汁2.5 m^3，问若其他条件相同，要在最初1h 得到3.5m^3 的清汁，要用多大压力？设介质阻力可忽略不计。（5.4×10^5Pa 表压）

11. 用某板框过滤机过滤葡萄糖溶液，加入少量硅藻土作助滤剂，在过滤表压100kPa 下过滤2h，头1h 得滤液量8m^3，假设硅藻土是不可压缩的，且忽略介质阻力不计，试问：(1)在第2h 内可得多少滤液；(2)过滤2h 后用2m^3 清水（黏度与滤液相近），在同样压力下对滤饼进行横穿洗涤，求洗涤时间；(3)若滤液量不变，仅将过滤压差提高1 倍，问过滤时间为多少；(4)若过滤时间不变，仅将过滤压强提高1 倍，问滤液量为多少？（3.31m^3；2.83h；1h；15.99m^3）

12. 在202.7kPa(2atm)操作压力下用板框过滤机处理某物料，操作周期为3h，其中过滤

1.5h，滤饼不需洗涤。已知每获 $1m^3$ 滤液得滤饼 $0.05m^3$，操作条件下过滤常数 $K=3.3\times10^{-5}m^2/s$，介质阻力可忽略，滤饼不可压缩，试计算：(1)若要求每周期获 $0.6m^3$ 的滤饼，需多大过滤面积；(2)若选用板框长×宽的规格为 1m×1m，则框数及框厚分别为多少；(3)经改进提高了工作效率，使整个辅助操作时间缩短为 40min，则为使上述板框过滤机的生产能力达到最大时，其操作压力应提高至多少？($28.43\ m^3$；15 个 0.04m；304kPa)

13. 某板框压滤机具有过滤面积 $16m^2$，40 个框的总容积为 $0.2025m^3$，用此压滤机过滤某悬浮液，悬浮液含固体量 2.5%（质量分数），滤饼含水 30%（质量分数），固体密度为 $2100kg/m^3$，滤饼的压缩性指数 $s=0$，过滤介质的当量滤液量为 $q_e=0.01m^3/m^2$，首先以 $1.92\times10^{-3}m^3/s$ 的速率恒速操作 10min，压差增至 49.05kPa，并在此压差下继续等压操作，求充满滤框需多少时间？(4.33h)

14. 某悬浮液处理量为 $20m^3/h$，在一定的压差下，通过小型试验测得 $K=8\times10^{-4}m^2/s$，$q_e=0.01m^3/m^2$，每得 $1m^3$ 滤液可生成的滤饼的体积 $0.04m^3/m^2$，拟采用回转真空过滤，在相同的压差下，完成此过滤任务，转鼓浸没度 $\varphi=0.35$，并要求滤饼厚度 δ 不低于 5mm，试求过滤机的转鼓面积及转速。($2.77m^3$；0.93r/min)

15. 大豆的密度 $1200kg/m^3$，直径 5mm，堆积成高为 0.3m 的固定床层，空隙率为 0.4，若 20℃空气流过床层时，空床速度 0.5m/s，试求其压力降；又当空床速度达何值时，流化方才开始，此时的压力降又为何值？($\Delta p^+=296.5Pa$；$u_{mf}=1.4m/s$；$\Delta p^+=2.12kPa$)

16. 鲜豌豆近似球形，其直径 6mm，密度 $1080kg/m^3$，拟于 −20℃ 冷气流中进行流化冷冻。豆床在流化前的床层高度 0.3m，空隙率 0.4，冷冻时空气速度（空床）等于临界速度的 1.6 倍。试估计：(1)流化床的临界速度和操作速度；(2)通过床层的压力降。($u=1.6m/s$；$u_{mf}=2.18m/s$；1905Pa)

17. 用平直双桨式搅拌器在容器内混合某种料液，搅拌器的直径为 0.6m，转速为 40r/min，容器直径为 1.8mn，容器内有四个挡板，挡板宽度 0.15m，已知料液的黏度为 2600cP，密度为 $1630kg/m^3$，容器内液层深度为 1.90m，试估算搅拌所需的理论功率。(449.97W)

18. 在小规模生产时搅拌某液体所用的搅拌釜容积为 10L，采用直径为 75mm 开启平直叶涡轮搅拌器，在转速为 1500r/min 时获得良好的搅拌效果，试以单位体积搅拌功率相等为准则，计算 $1m^3$ 搅拌釜中搅拌器的直径、转速与功率的放大比值，设两种情况下均在充分湍流区操作。(4.64；0.10；2.15)

本章主要符号说明

A	截面积，过滤面积，投影面积，m^2	d_e	当量直径，m
a	颗粒的比表面积，m^2/m^3	d_n	颗粒公称（名义）直径，m
a_b	床层的比表面积，m^2/m^3	d_{ea}	比表面积当量（或等量）直径，m
a_p	实际颗粒的比表面积，m^2/m^3	d_{es}	表面积当量（或等量）直径，m
B	旋风分离器的进口宽度，叶片宽度，m	d_{ev}	体积当量（或等量）直径，m
b	降尘室宽度，挡板宽度，m	d_c	旋风分离器的临界粒径，m
C	质量浓度，kg/m^3	d_p	颗粒直径，m
D	设备直径，m	d_{50}	旋风分离器的分割粒径，m
d	直径，搅拌器叶轮直径，m	Eu	功率准数（$=N/\rho n^3 d^5$）

F 作用力,N
F_d 阻力,N
g 重力加速度,m/s^2
H 设备高度,搅拌器压头,m
h 旋风分离器的进口高度,搅拌器中液体高度,m
h_1 叶轮距容器底部距离,m
I 调匀度
K 过滤常数,m^2/s;流化数(u_t/u_{mf}),无量纲
K_c 分离因数
k 滤浆的特性常数,m^4/(N·s)
L 滤饼厚度或床层高度,m
L_0 固定床高度,m
l 降尘室长度,叶片长度,m
m 颗粒总质量,kg
N 搅拌功率,W
N_e 旋风分离器内气体的有效回转圈数
n 转鼓转速,叶轮转速,r/min;层数
Δp^+ 和压强降($p+\rho gz$)或过滤推动力,Pa
Δp_b 床层和压强降,Pa
Δp_m 介质压强降,Pa
Δp_w 洗涤推动力,Pa
Q 设备的生产能力,搅拌器循环流量,m^3/s
q 单位过滤面积获得的滤液体积,m^3/m^2
q_e 单位面积介质的当量滤液体积,m^3/m^2
R 颗粒径向距离,m;过滤总阻力
R_c 过滤床层阻力
R_m 过滤介质阻力
Re_e 颗粒床层当量管内的雷诺数
Re_M 搅拌雷诺准数($d^2 n\rho/\mu$)
Re_p 颗粒雷诺数,或颗粒沉降雷诺数
r 滤饼的比阻,1/m^2
r_0 单位压强差下滤饼的比阻,1/m^2
s 滤饼的压缩性指数
s_p 单个颗粒表面积,m^2
T 操作周期或回转周期,s
u 流速、空床流速或过滤速度,m/s
u_1 颗粒间流体实际流速,m/s
u_i 旋风分离器的进口气速,m/s
u_r 离心沉降速度或径向速度,m/s
u_t 沉降速度或带出速度,m/s
u_T 切向圆周速度,m/s
V 滤液体积,含尘气体的流量,m^3
V_e 过滤介质的当量滤液体积,m^3
V_0 搅拌釜内所装液体量,m^3
V_b 颗粒床层总体积,m^3
V_p 颗粒群总体积,m^3
V_w 洗水体积,m^3
v 1m^3 滤液得到的滤饼体积,m^3/m^3
w 质量分数
z 搅拌器叶片数目
ε 床层空隙率
ζ 阻力系数
η 分离效率
η_0 总效率
η_{pi} 粒级效率
λ 摩擦阻力系数
μ 流体黏度或滤液黏度,Pa·s
μ_w 洗水黏度,Pa·s
ρ 流体密度,kg/m^3
P_p 颗粒密度,kg/m^3
Φ 颗粒的球形度
φ 转筒过滤机的浸没度
ω 圆周运动的角速度
τ 通过时间或过滤时间,s
τ_D 辅助操作时间,s
τ_e 介质当量滤液所需时间,s
τ_w 洗涤时间,s

下标

b 浮力、床层
c 离心、临界、滤饼或滤渣
e 当量、有效

g	重力	o	总的
i	第 i 分段	r	径向
m	介质,平均	s	固相或分散相
n	名义		

3 传　　热

【**学习要求**】了解传热的三种基本方式；掌握热传导计算的基本原理、公式和方法；掌握对流传热计算的基本原理、公式和计算；理解热辐射计算的原理和方法；了解换热设备的基本原理、结构、设计和使用方法；学会运用类比方法，根据已有的动量传递的基础知识，依照图0－1所揭示的三传系统化和简化表达方法，简化学习本章。

传热(heat transfer)是食品工程中经常涉及的单元操作，地位非常重要。食品加工中的加热、冷却为常用手段。加热的方式有热传导、热对流、热辐射等基本方式，本章将分别加以介绍。根据图0－1的归一主线的总结，在学习了前两章的基础上，可将动量物理量换成热量物理量，应用类比方法简化理解本章内容。

3.1　热传导

热传导(conduction)是热量传递三种基本方式之一。物体各部分或物体间发生热量传递或转移，如果这种热量传递是由分子、原子或自由电子等微观粒子的热运动而引起，而不是物体各部分间发生相对位移引起，则将这种传递热量的方式称为热传导。热传导发生的必要条件是物体间或物体各部分存在温度差。热传导在固体、液体和气体中均可进行，但它的微观机理因物态而不同：在金属固体中，大量自由电子不停地作无规则的热运动而进行热传导；在不良导体的固体中，热传导通过原子、分子在平衡位置附近的振动实现；在液体中，液体分子在温度高的区域热运动较强，由于液体分子间的相互作用，热量逐渐向周围传递，引起了热传导现象；在气体中，气体依靠分子的无规则热运动以及分子间的碰撞，在气体内部发生能量迁移，从而形成宏观上的热量传递。

3.1.1　傅里叶定律和稳态热传导

(1)温度场和温度梯度

① 温度场：物体或系统内各点间存在温度差，是产生热传导的必要条件，由热传导方式引起的热量传递过程与物体内温度的分布情况密切相关。物体或系统内任一瞬间各点的温度分布总和称为温度场，物体内任一点的温度可表示为其空间位置和时间的函数，即：

$$t = f(x, y, z, \tau) \tag{3-1}$$

式中　x、y、z——物体内任一点的空间位置

t——温度，℃或K

τ——时间，s

如果物体或系统内各点的温度随时间而变，此温度场为非稳态温度场，相应的传热称为非稳态传热；如果物体或系统内各点的温度不随时间而变，此温度场为稳态温度场，相应的传热称为稳态传热。稳态温度场的数学表达式为：

$$t = f(x,y,z) \quad \partial t/\partial \tau = 0 \tag{3-2}$$

在特殊情况下，若物体内的温度仅沿一个坐标方向（如 x 方向）发生变化，此温度场称为一维温度场，即：

$$t = f(x) \quad \partial t/\partial \tau = 0 \quad \partial t/\partial y = \partial t/\partial z = 0 \tag{3-3}$$

②温度梯度：在流体流动中对速度梯度已有介绍，此处的物理量为温度，故温度的梯度为温度在指定点处最快增值方向上的导数或指向增值方向的法向量，也即温度的最大方向导数。温度梯度方向总是由低温等温面指向高温等温面，而热量一般由高温处向低温处传递，温度随减值最快方向的变化率或导数为负值，即为最小方向导数，为保证热量为正值，温度导数需加负号，也即用温度梯度计算传热量。

（2）傅里叶导热定律　在单位时间通过等温面的热量，称为导热速率，用符号 Q 表示，单位为 W。在单位时间通过单位面积等温面的热量，称为热通量，用符号 q 表示，单位为 W/m^2。热传导方式传递的热量遵循傅里叶（Fourier）导热定律，即通过微元等温面的导热速率与温度梯度及导热面积成正比，数学表达公式应为：

$$\mathrm{d}Q \propto -\mathrm{d}A\frac{\partial t}{\partial n} \tag{3-4}$$

$$\mathrm{d}Q = -\lambda \mathrm{d}A\frac{\partial t}{\partial n} \tag{3-5}$$

式中　Q——导热速率，W

A——传热面积，垂直于热流方向的传热面积，m^2

λ——比例系数，称为导热系数（thermal conductivity），W/（m·K）

n——等温面某点处温度减值最快的方向或指向减值方向的法向量方向（自发传热方向），沿此方向的温度导数 $\partial t/\partial n$ 为最小方向导数，小于零，故必须在 $\partial t/\partial n$ 前加负号，以保证温度梯度（$-\partial t/\partial n$）（temperature gradient）指向温度增值最快方向，即温度梯度为温度的最大方向导数，这样才能保证热量为正值。法线原本有互为相反的两个方向，公式中应为 ± 号，由法线的取向决定，现已确定法向量 n 指向自发传热方向，故只取负号，参见牛顿黏性公式。

（3）导热系数　由傅里叶定律可知，导热系数在数值上等于单位温度梯度下的热通量。导热系数是物质的物理性质之一，表示物质导热能力的大小，与物质的组成、结构、密度、温度及压强有关，其值通常用实验方法测定。一般来说，金属的导热系数最大，非金属固体次之，液体较小，气体最小。工程计算中常见物质的导热系数可从有关手册查得。

① 固体的导热系数：在所有固体中，金属是最好的导热体，大多数纯金属的导热系数随温度的升高而降低，金属的导热系数随纯度的提高而增加，非金属的建筑材料或绝热材料的导热系数与温度、组成及结构的紧密程度有关，一般 λ 值随密度增加而增大，亦随温度升高而增大。压力对固体导热系数的影响很小，可忽略不计。

对大多数均质固体，其 λ 值与温度近似呈线性关系，即：

$$\lambda = \lambda_0(1 + \beta t) \tag{3-6}$$

式中　λ，λ_0——固体在 t 和 0℃时的导热系数，W/（m·K）

β——温度系数，1/K

对大多数金属材料，β 为负值，对大多数非金属材料，β 为正值。

② 液体的导热系数：液体可分为金属液体和非金属液体。压力对液体导热系数的影响也很小，可忽略不计。金属液体的导热系数高于一般液体的，多数金属液体的导热系数随温度升高而降低。在非金属液体中，水的导热系数最大，除水和甘油外，液体的导热系数随温度升高略有减小。一般说来，纯液体的导热系数比其溶液的要大，溶液的导热系数随浓度的增加而降低。溶液导热系数在缺乏实验数据时，可用纯液体的导热系数进行估算，有机化合物水溶液的导热系数的估算式为：

$$\lambda_m = 0.9\sum w_i\lambda_i \tag{3-7}$$

式中　w——组分的质量分率

下标 m 表示混合液，i 表示组分的序号。

有机化合物互溶混合液的导热系数的估算式为：

$$\lambda_m = \sum w_i\lambda_i \tag{3-8}$$

③ 气体的导热系数：气体的导热系数随温度升高而增大，当气体压强高于 2×10^5kPa 或低于 3kPa 时，才考虑压强对气体导热系数的影响，此时气体导热系数随压强增高而增大。气体导热系数很小，对导热不利，但有利于保温、绝热。

常压下气体混合物的导热系数可用下式估算，即：

$$\lambda_m = \frac{\sum \lambda_i y_i M_i^{1/3}}{\sum y_i M_i^{1/3}} \tag{3-9}$$

式中　y——气体混合物中组分的摩尔分率

M——组分的摩尔质量，kg/mol

(4)平壁的稳态热传导

图 3－1　单层平壁的热传导

①单层平壁的热传导：平壁的热传导在冷库设计中有广泛应用。图 3－1 为一平壁，壁厚为 b，壁的面积为 A，假定壁的材质均匀，导热系数 λ 不随温度变化，视为常数，平壁的温度只沿着垂直于壁面的 x 轴方向变化，故等温面皆为垂直于 x 轴的平行平面。平壁面积与厚度相比很大，故可忽略平壁边缘处的热损失。对这种稳态(steady－state)一维平壁热传导，导热速率 Q 和传热面积 A 都为常量。这是因为，过程为稳态，平壁中没有热量积累，故通过传递方向各个垂直面上的热量必须相等，平壁的传热面积也相等。或由式(3－5)，因同一平壁等温面各处的温度梯度相同，将温度梯度作为常数，对式(3－5)微元传热面上的傅里叶导热方程进行面积积分，有：

$$Q = -\lambda A\frac{dt}{dx} \tag{3-10}$$

若平壁侧面的温度为 t_1 及 t_2，t_1 大于 t_2，负号保证($-dt/dx$)为温度最大方向导数，则当 $x=0$ 时，$t=t_1$；$x=b$ 时，$t=t_2$，则由式(3－10)分离变量后积分：

$$Q = \frac{\lambda A}{b}(t_1 - t_2) \tag{3-11}$$

或写成

$$q = \frac{\lambda}{b}(t_1 - t_2) \tag{3-12}$$

将式(3－11)和(3－12)写成推动力除以阻力的形式,有:

$$Q=\frac{t_1-t_2}{\dfrac{b}{\lambda A}}=\frac{\Delta t}{R}=\frac{\text{传热温差推动力}}{\text{对应于温差的热阻}} \tag{3-13}$$

$$q=\frac{Q}{A}=\frac{t_1-t_2}{\dfrac{b}{\lambda}}=\frac{\Delta t}{R'}=\frac{\text{传热温差推动力}}{\text{对应温差的热阻强度}} \tag{3-14}$$

式中 b——平壁厚度,m

Δt——温度差,导热推动力,℃

R——导热热阻,℃/W

R'——导热热阻强度,指单位传热面积的导热热阻,单位为 $m^2\cdot$℃/W

请注意,此处的热阻强度借鉴了本课程压强等的定义。由于总热阻与传热面积成反比,为 $b/(\lambda A)$,故单位传热面积的导热热阻即热阻强度为 $A\ b/(\lambda A)=b/\lambda$。$R$ 和 R' 的单位不同,也即量纲不同,应是两个不同的物理量。

式(3－14)为单层平壁稳态热传导传热通量方程,该式表明导热通量与传热推动力成正比,与导热热阻强度成反比。将该式温差和 b/λ 同时乘以 ρc_p,分子成为单位体积的传热量,即热量浓度差,分母成为 $b/(\lambda/\rho c_p)$。令 $a=\lambda/(\rho c_p)$,a 的单位为 m^2/s,称 a 为导温系数,则传热通量的分母成为 b/a。用图 0－1 的归一主线理解,表达式为:

$$q=\frac{Q}{A}=\frac{(t_1-t_2)}{\dfrac{b}{\lambda}}=\frac{\rho c_p(t_1-t_2)}{\dfrac{b}{a}}=\frac{\rho c_p(t_1-t_2)}{\dfrac{1}{K_T}} \tag{3-14a}$$

$$q=\frac{\text{热量浓度差推动力}}{\text{对应热量浓度差的热阻强度}} \tag{3-14b}$$

式(3－14a)中的 K_T 等于 a/b,即等于 $\lambda/(\rho c_p b)$,为图 0－1 归一主线所揭示的计算导热的三传系数,表明导热通量等于导热的热量浓度差除以值等于 $1/K_T$ 的导热热阻强度。

②圆筒、球及多层壁的热传导:套用公式(3－14a)的表达形式,可以写出多层平壁、单层圆筒壁、多层圆筒壁、单层球壁和多层球壁的稳态导热公式。对多层壁的串联连接,仿照物理学中电流计算公式和本课程过滤部分的处理方法,将推动力累加,热阻强度也累加。传热面不相等时,稳态导热因没有热量积累,通过各个不等面积的传热面的导热速率 Q 都相等,计算导热通量的传热面积用平均传热面积代替,对圆筒壁用对数平均值,对球壁用几何平均值。可采用微元体热量衡算法推导各计算公式,单层圆筒壁的推导见例 3－2,其他情形公式的推导留给读者完成。相关计算公式如下所示:

$$\frac{Q}{A_m}=\frac{\sum\Delta t_i}{\sum\dfrac{b_iA_m}{\lambda_i\cdot A_{mi}}}=\frac{\sum\rho_ic_{pi}\Delta t_i}{\sum\dfrac{b_iA_m}{a_i\cdot A_{mi}}}=\frac{\text{总热量浓度差推动力}}{\text{对应热浓差的总热阻强度}} \tag{3-15}$$

或

$$Q=\frac{\sum\Delta t_i}{\sum\dfrac{b_i}{\lambda_i\cdot A_{mi}}} \tag{3-16}$$

对单层圆筒壁:

$$A_m=\frac{A_2-A_1}{\ln\dfrac{A_2}{A_1}}=2\pi r_mL \tag{3-17}$$

单层圆筒壁的外表面积为 A_2，内表面积为 A_1，圆筒长度为 L，r_m 为对数平均半径。当 $\frac{1}{2} < \frac{A_2}{A_1} < 2$ 时 $A_m \approx \frac{A_2 + A_1}{2}$。对多层圆筒壁，每一层的 A_{mi} 仿照公式(3－17)计算，总 A_m 以最外层的面积为 A_2，最内层的面积为 A_1，仿照公式(3－17)计算。

对单层球壁和多层球壁，计算思路与圆筒壁相似，所用公式为：

$$A_m = \sqrt{A_2 \cdot A_1} \tag{3-18}$$

用图 0－1 的归一主线理解上述情形下的稳态导热的计算公式，三传系数 K_T 等于 $\sum(a/b)$，即等于 $\sum[\lambda_i(A_{mi}/A_m)/(\rho c_p b)_i]$，式(3－14a)中的 K_T 等于 a/b，即等于 $\lambda/(\rho c_p b)$，因为垂直于传热方向的平板壁面积处处相等。

式(3－1)在推导过程中，λ 为常数，实际上，物体内各不同等温面上的温度不同，导热系数也不同。在工程计算中，当导热系数随温度变化呈线性关系时，用物体的平均导热系数进行热传导计算，将不会引起太大的误差，在以后的热传导计算中，一般都采用平均导热系数。

【例 3－1】有一平壁的厚度为 200mm，平壁的内侧温度 t_1 为 600℃，外侧温度 t_2 为 200℃，导热系数为 $\lambda = 1 + 0.001t$ W/(m·℃)。试求传过平壁的热通量和平壁内的温度分布。导热系数按常数计算。

解：平壁的平均温度为：

$$t_m = \frac{t_1 + t_2}{2} = \frac{600 + 200}{2} = 400℃$$

则导热系数的平均值为：

$$\lambda_m = 1 + 0.001 \times 400 = 1.4\ \text{W/(m·℃)}$$

热通量为：

$$q = \frac{\lambda_m}{b}(t_1 - t_2) = \frac{1.4}{0.2} \times (600 - 200) = 2800(\text{W/m}^2)$$

以 x 表示沿壁厚方向上的距离，在 x 处等温面上的温度为 t，则有：

$$q = \frac{\lambda_m}{b}(t_1 - t)$$

故平壁内的温度分布为：

$$t = t_1 - \frac{q}{\lambda_m}x = 600 - \frac{2800}{1.4}x = 600 - 2000x$$

上式即为平壁内的温度分布关系式，表明沿壁厚方向上等温面的温度 t 与距离 x 呈直线关系。

在讨论多层平壁计算时，假设层与层之间接触良好，两接触表面具有相同的温度。实际上，两接触面的温度是不相等的。这种温度不相等的原因是接触面材料、表面状况等的不同而产生接触热阻造成的。换句话说，层与层间具有接触热阻致使层接触面温度不同，影响计算结果，不能忽略时，多层平壁实际计算时应考虑接触热阻。接触热阻与接触面材料、表面粗糙度及接触面上压强等因素有关，主要依靠实验测定，相关数据可查阅相关资料。

【例3-2】单层圆筒壁的热传导计算公式推导。单层圆筒壁的热传导如图3-2所示，设圆筒的内半径为r_1，内壁温度为t_1，外半径为r_2，外壁温度为t_2，温度只沿半径方向变化，等温面为同心圆柱面，圆筒壁与平壁不同点是其面随半径而变化。在半径r处取一厚度为dr的薄层，若圆筒的长度为L，则半径为r处的传热面积为$A=2\pi rL$。根据傅里叶定律，对此薄圆筒层可写出传导的热量为：

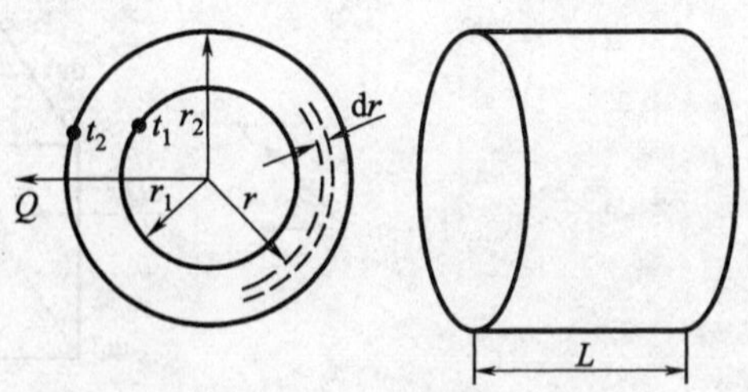

图3-2　单层圆筒壁的热传导

$$Q=-\lambda A\frac{\mathrm{d}t}{\mathrm{d}r}=-\lambda(2\pi rL)\frac{\mathrm{d}t}{\mathrm{d}r}$$

积分并整理得：

$$Q=2\pi\lambda L\frac{t_1-t_2}{\ln(r_2/r_1)}=\frac{t_1-t_2}{\dfrac{r_2-r_1}{2\pi\lambda L(r_2-r_1)/\ln(r_2/r_1)}}=\frac{t_1-t_2}{\dfrac{b}{\lambda A_m}}$$

【例3-3】食品生产厂家为了对加热蒸汽管进行保温，在外径为150mm的蒸汽管外包厚度为100mm的保温层，保温材料用公式$\lambda=0.103+0.000198t$，蒸汽管外$t=180$℃，保温层外温度为40℃，求每米管长的热损失。

解：管壁的平均温度为：

$$t_m=\frac{180+40}{2}=110℃$$

则导热系数的平均值为：

$$\lambda=0.103+0.000198\times110=0.125[\mathrm{W/(m\cdot ℃)}]$$

单层圆筒壁的热传导速率方程式为：

$$Q=2\pi r_m L\lambda\frac{t_1-t_2}{r_2-r_1}$$

则每米管长的热损失可表示为：

$$\frac{Q}{L}=2\pi\lambda\frac{t_1-t_2}{\ln(r_2/r_1)}=\frac{2\times3.14\times(180-40)\times0.125}{\ln\left(\dfrac{0.175}{0.075}\right)}=129.7(\mathrm{W/m})$$

3.1.2　非稳态固体导热

物料中某一点温度随时间变化的传热过程是不稳态传热。根据物料的性质，如果物料内部可看作温度均匀，无温度梯度存在，则可采用所谓的集总参数法，将物料温度看作瞬时均匀，列总能量衡等式和速率方程式。如果物料内部瞬时温度不均匀，有温度梯度存在，则可根据传热规律，列出微分方程，再根据边界条件和初始条件求解微分方程。以下给出无内热源存在的固体不稳态导热的求解方法。

先导出傅里叶第二导热定律表达式。如图3-3所示，列出微元体的热量衡算式。

对微元体而言：

$$\mathrm{d}V=\mathrm{d}x\cdot\mathrm{d}y\cdot\mathrm{d}z \tag{3-19}$$

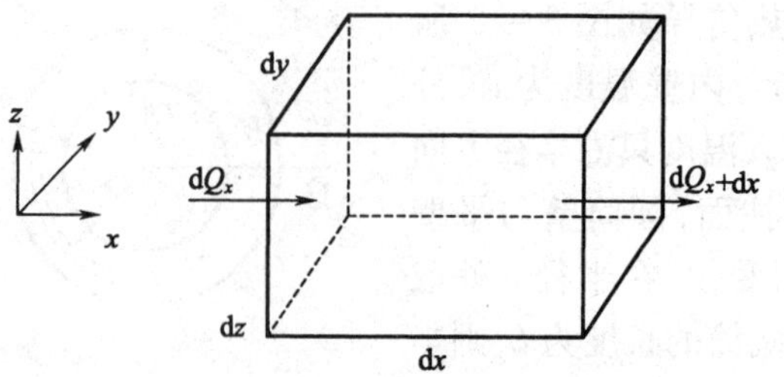

图 3－3 不稳态导热时微元体的热量衡算

$$dQ_x = -\lambda(dy \cdot dz)\frac{\partial T}{\partial x} \tag{3-20}$$

$$dQ_{x+dx} = -\lambda(dy \cdot dz)\frac{\partial}{\partial x}[T + \frac{\partial T}{\partial x}dx] = -\lambda(dy \cdot dz)(\frac{\partial T}{\partial x} + \frac{\partial^2 T}{\partial x^2}dx) \tag{3-21}$$

x 方向净吸收热量流量为：

$$dQ_x - dQ_{x+dx} = +\lambda(dx \cdot dy \cdot dz)\frac{\partial^2 T}{\partial x^2} \tag{3-22}$$

同理 y 方向净吸热流量为 $+\lambda(dx \cdot dy \cdot dz)\frac{\partial^2 T}{\partial y^2}$；$z$ 方向净吸热流量为 $+\lambda(dx \cdot dy \cdot dz)\frac{\partial^2 T}{\partial^2 z^2}$。

微元体总吸热流量为：

$$dQ = +\lambda(dx \cdot dy \cdot dz)(\frac{\partial^2 T}{\partial x^2} + \frac{\partial^2 T}{\partial y^2} + \frac{\partial^2 T}{\partial z^2}) \tag{3-23}$$

又

$$dQ = \rho \cdot dV \cdot c_p \frac{\partial T}{\partial \tau} \tag{3-24}$$

$$\rho(dx \cdot dy \cdot dz) \cdot c_p \cdot \frac{\partial T}{\partial \tau} = +\lambda(dx \cdot dy \cdot dz)(\frac{\partial^2 T}{\partial x^2} + \frac{\partial^2 T}{\partial y^2} + \frac{\partial^2 T}{\partial z^2})$$

$$\frac{\partial T}{\partial \tau} = a(\frac{\partial T}{\partial x^2} + \frac{\partial^2 T}{\partial y^2} + \frac{\partial^2 T}{\partial z^2}) \tag{3-25}$$

其中，$a = \frac{\lambda}{\rho c_p}(m^2/s)$，$a$ 为导温系数。

上述推导方法用于一维情形，如无限大平板、无限长圆柱、圆球，可以得到一维方程：

$$\frac{\partial T}{\partial \tau} = \frac{a}{r^n}\frac{\partial}{\partial r}(r^n \frac{\partial T}{\partial r}) \tag{3-26}$$

针对无限大平板 $n = 0$，无限长圆柱 $n = 1$，圆球 $n = 2$。边界条件一般为已知物体边界处如中心处和表面处温度在 $\tau > 0$ 时的变化规律或温度梯度，已知物体表面的导热通量，已知物体表面与流体间的对流传热速率等。初始条件为 $\tau = 0$ 时的相关已知条件，如物料的初始温度值 T_0 等。为解方程（3－26），引用过余温度准数 $\theta = \frac{T_f - T}{T_f - T_0}$、毕渥准数（Biot）$Bi = \alpha\frac{L}{\lambda}$、傅里叶准数 $Fo = \frac{a \cdot \tau}{L^2}$ 和几何相似准数 $L_0 = \frac{x}{L}$ 式表示有关变量，其中 L 为特征尺寸，T_f 为环境温度，α 为后续即将介绍的对流传热系数，其值代表单位传热温差单位传热面积上流体与界面间的对流传热速率。对无限大平板两侧传热，L为半板厚，一侧传热则为板厚；对无限圆柱体，L为半径；对球体，L为半径。

在满足时，式(3－26)以准数表达的解析函数通式是：

$$f(\theta, Bi, Fo, L_0) = 0 \qquad (3-27)$$

一定具体条件下，式(3－27)的结果以线图表示，如图3－4、图3－5、图3－6所示，可供查用，图中的m为毕渥准数的倒数。使用所给线图的具体条件为：物体内部无热源、一维不稳态导热、物体初始温度为T_0、物体的导热系数为常数、物体与周围流体对流换热、物体界面温度随时间而变、流体主体温度为恒定的T_f。类似的图还有只用于求几何中心过余温度的线图。对短圆柱体有：

$$\theta_{短柱} = \theta_{无限长圆柱}\theta_{无限大平板} \qquad (3-28)$$

解微分方程式(3－25)或式(3－26)有多种方法，如采用正交函数系的分离变量法、Lapalace变换法、合成变量法、格林函数法或调和分析法，需要一定的数理方程知识或现代数学知识，如贝塞尔方程、贝塞尔函数、误差函数或调和分析等。用贝塞尔方程求解的大体思路为，可以采用分离变量法结合边界条件，得到表达过余温度准数的两个相乘的函

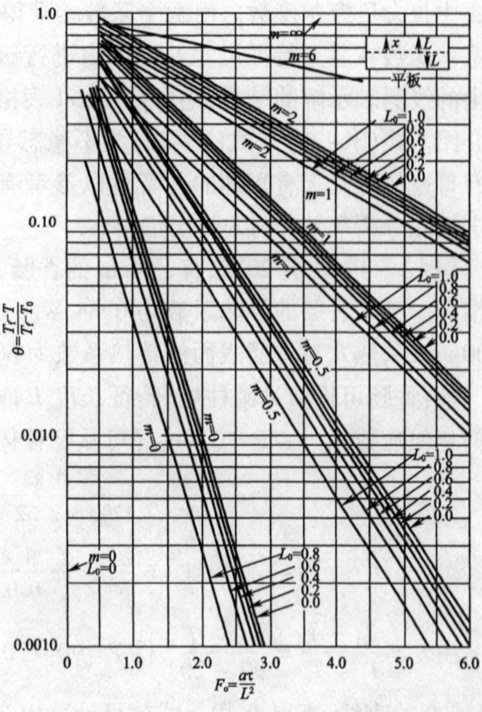

图3－4　平板不稳态导热计算线图

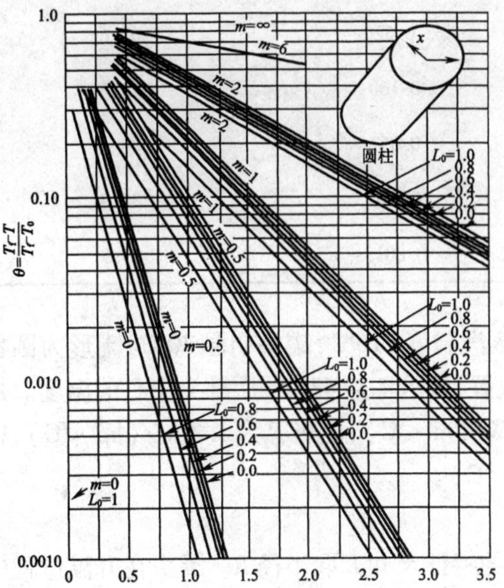

图3－5　圆柱体不稳态导热计算线图

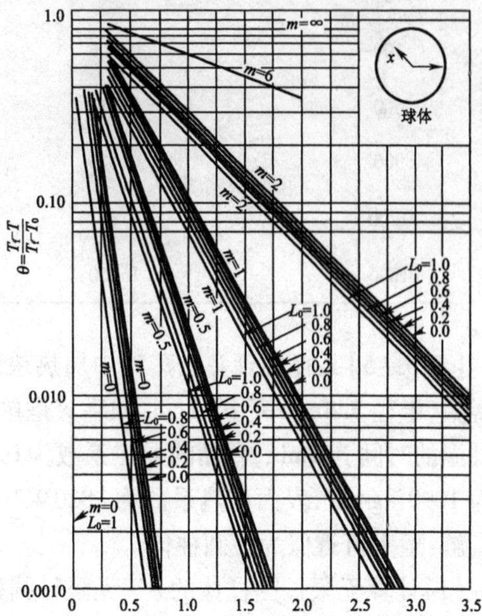

图3－6　球体不稳态导热计算线图

数，一个函数为指数型函数，另一个函数为贝塞尔方程的解的函数式。贝塞尔方程的解的函数式中包含贝塞尔函数。由两个函数相乘得到过余温度准数的通解，再利用初始条件，并将贝塞尔函数在零至特征尺寸 L 范围内进行级数展开，得到过余温度的解析式。除可用已经给出的线图表示解的结果，还可用 Excel 表格根据解析式进行有关计算。本教材对此不作详细介绍。式(3－25)或式(3－26)为不稳态导热和传质模型常见方程，其解法在本门学科中具有普遍的意义。有兴趣的读者可以参考有关化工传递过程、高等传热学、数理方程、现代数学调和分析等著作，以求全面理解。

【例 3－4】初温 20℃、直径 4cm 的香肠，在 90℃ 热水中加热，试计算香肠中心温度上升的情况。已知香肠的导热系数为 0.84 W/(m·℃)，定压比热容 2.52kJ/(kg·℃)，密度为 1200kg/m^3，热水对香肠表面的传热系数为 600W/(m^2·℃)。

解：香肠可近似为圆柱体，特征长度 L 取半径 R，$m=1/Bi=\lambda/(\alpha\cdot R)\approx 0$，中心位置的几何相似准数 $L_0=x/R=0$。这样可从圆柱体不稳定导热线图中找出 $m=0, L_0=0$ 的直线。

$$a=\frac{\lambda}{\rho c_p}=\frac{0.84}{1200\times 2.52\times 10^3}=2.78\times 10^{-7}(\mathrm{m^2/s})$$

$$Fo=\frac{a\tau}{R^2}=\frac{2.78\times 10^{-7}}{0.02^2}\tau=6.95\times 10^{-4}\tau$$

由 $\theta=\dfrac{T_f-T}{T_f-T_0}=\dfrac{90-T}{90-20}$，得 $T=90-70\theta$，对任意时刻 τ，计算 Fo，从图 3－6 中找出 $m=0, L_0=0$ 的直线，查得 θ，用上式就可计算出 T。

计算结果见例 3－4 附表。

例 3－4 附表　　香肠中心温度上升

加热时间 τ/s	Fo	θ	T/℃
0	0	1.00	20
300	0.208	0.52	53.6
600	0.417	0.160	78.8
900	0.625	0.052	86.4
1200	0.833	0.016	88.9
1800	1.250	0.0015	89.9

【例 3－5】某食品罐头在蒸汽中加热杀菌，蒸汽温度 116℃，罐头初温 30℃，罐形为圆柱形罐头，半径 3.4cm，高 10.2cm，如罐头是单独放置，试求加热 43min 后罐头中心的温度。加热升温的时间为 5min，食品的导热系数为 0.83 W/(m·℃)，比热容为 3.8 kJ/(kg·℃)，密度为 1090 kg/m^3，表面传热系数为 3820W/(m^2·℃)。

解：罐头可近似为短圆柱体。

(1)计算无限长圆柱体的 θ　无限长圆柱体的特征尺寸 L 取半径 R。罐头在升温过程中也被加热，可把升温时间的 42% 换算为加热时间，这样经校正后的加热时间为：

$$\tau=(43+5\times 42\%)\times 60=2706(\mathrm{s})$$

$$m = \frac{1}{Bi} = \frac{\lambda}{\alpha R} = \frac{0.83}{3820 \times 0.034} \approx 0$$

$$Fo = \frac{a\tau}{R^2} = \frac{\lambda\tau}{\rho c_p R^2} = \frac{0.83 \times 2706}{1090 \times 3800 \times 0.034^2} = 0.469$$

其中,罐头壳壁热阻可以忽略不计,罐头中心的几何相似准数 $L_0 = x/R = 0$,用以上数据查图 3－6,得 $\theta = 0.09$。

(2)计算无限长平板的 θ 取平板特征尺寸 L 为罐头高度的一半,则

$$L = 1/2 \times 0.102 = 0.051(\mathrm{m})$$

$$Fo = \frac{a\tau}{L^2} = \frac{\lambda\tau}{\rho c_p L^2} = \frac{0.83 \times 2706}{1090 \times 3800 \times 0.051^2} = 0.21$$

同样,从图 3－5 中找出 $m = 0, L_0 = 0$ 的直线,查得 $\theta = 0.82$。

(3)按有限圆柱体计算罐头中心温度

$$\theta_{\text{短柱}} = \theta_{\text{无限长圆柱}}\theta_{\text{无限大平板}} = 0.09 \times 0.82 = 0.074$$

由 $\theta = \dfrac{T_f - T}{T_f - T_0}$ 得:

$$T = T_f - \theta(T_f - T_0) = 116 - 0.074 \times (116 - 30) = 109.6(℃)$$

加热 43min 后罐头中心的温度为 109.6℃。

3.2 对 流 传 热

前已述及,对流传热是指流体因宏观质点运动所产生的热量传递过程,但是在食品工业中大量遇到的是流体在流过固体表面时与该表面所发生的热量交换,而流体与固体表面之间的传热是流体的导热和对流的联合作用的结果,将其统称为对流传热(convection thermal transfer)。

3.2.1 对流传热过程的数学描述

3.2.1.1 牛顿冷却定律

对流传热主要靠流体质点的移动和混合来完成,故对流传热与流体的流动状况密切相关。由于流体具有黏性,不管流体是否流动以及流动的剧烈程度如何,在与固体壁面接触处总存在一层速度较低的流体层,其雷诺数较低,以至于处于层流区。该区域中的流体相对于湍流区而言,其质点运动速率低,因而传热差。实际上,该层流区的厚度虽薄,却占了绝大部分热阻,所以理论上可以用傅里叶定律以层流区的传热状况来近似描述整个对流传热过程,但是由于该层流层的厚度难以确定,故利用傅里叶定律来描述对流传热在实际操作时有困难,因而采用以下的牛顿冷却定律来描述对流传热过程。

稳态时,由热传导知传热量等于热传推动力温差除以传热阻力。可以合理推理,对流传热的传热量 Q 正比于对流传热温差 Δt,传热面积越大,传热的速率也会越大,故可以认为 $Q \propto A \cdot \Delta t$。一般来说,换热器上温度是在变化的,温差也在变化,为讨论问题方便,取微元换热面 dA,认为此面范围内有关温度不变化,温差也就不会变化,由其传递的热量为 dQ,将比例式写成等式,就有:

$$dQ = \alpha \cdot dA \cdot \Delta t \qquad (3-29)$$

如固体壁面 dA 上的温度高于 dA 处流体主体温度,则壁面与流体间的对流传热为:

$$dQ = \alpha \cdot dA \cdot (T_w - T) \tag{3-30}$$

式中 dQ——微元面积上的传热量,W

dA——微元传热面积,m^2

T_w——固体壁面温度,℃

T——流体温度,℃

α——为对应于 dA 的局部对流传热系数,W/(m^2 · K)

式(3-29)和式(3-30)称为牛顿冷却定律(Newton's law of cooling)。

牛顿冷却定律用简单的数学公式描述了对流传热的规律,虽然如此,但其并未改变问题的复杂性,因为凡影响对流传热速率的因素都将影响对流传热系数的数值,确定不同情况下的对流传热系数仍是一个复杂的问题。按牛顿冷却定律,实验的任务是测定各种不同情况下的对流传热系数,并将其关联成经验表达式供生产设计时使用。

如果按照图 0-1 归一主线或式(3-14a)、式(3-14b)理解牛顿冷却定律,不难得到局部传热面积上的三传系数 K_T 为 $\alpha/(\rho c_p)$,单位仍为 m/s,其中的 α 为对流传热系数。

3.2.1.2 对流传热系数的影响因素及量纲分析

先考察流体无相变发生的情形,实验证明,影响对流传热系数的因素有以下几个方面:

①液体的物理性质 μ,λ,ρ,c_p;

②固体表面的特征尺寸 l;

③强制对流的流速 u;

④单位质量流体的浮力 $\beta g\Delta t$。

于是对流传热系数的表达式为:

$$\alpha = f(u,l,\mu,\lambda,\rho,c_p,\beta g\Delta t) \tag{3-31}$$

将此函数用幂函数表示为:

$$\alpha = Cu^a l^b \mu^c \lambda^d \rho^e c_p^j (\beta g\Delta t)^i \tag{3-32}$$

采用类似于求湍流摩擦阻力系数时所述的量纲分析方法,因热学系统较力学系统多一个温度基本量纲,故选取 l、ρ、μ 和 λ 为对应于基本量纲长度 L、质量 M、时间 T 和温度 θ 的基本物理量,且可以得到:$L = [l]$,$M = [\rho l^3]$,$T = [\rho l^2\mu^{-1}]$(由 $ML^{-1}\cdot T^{-1}/[\mu] = 1$ 量纲,$T = ML^{-1}/[\mu] = [\rho l^3\cdot l^{-1}]/[\mu] = [\rho l^2\mu^{-1}]$),$\theta = [\mu^3\rho^{-2}l^{-2}\lambda^{-1}]$(由 $MLT^{-3}\theta^{-1}/[\lambda] = 1$)。待转化量纲的物理量为 α、μ、c_p、$g\beta\Delta t$ 等,以物理量除以其量纲的基本物理量表达式,即可将待求物理量转化为量纲为 1 的准数,或由表达式左右量纲比较,将式(3-32)转化成无量纲的形式。结果为:

$$\frac{\alpha l}{\lambda} = C\left(\frac{lu\rho}{\mu}\right)^m\left(\frac{c_p\mu}{\lambda}\right)^n\left(\frac{\rho^2 gl^3\beta\Delta t}{\mu^2}\right)^k \tag{3-33}$$

进一步将式(3-33)写成:

$$Nu = C\,Re^m\,Pr^n\,Gr^k \tag{3-34}$$

式(3-34)中:$\alpha l/\lambda = Nu$,定义为努塞尔(准)数(Nusselt number);$lu\rho/\mu = Re$ 即为雷诺数;$c_p\mu/\lambda = Pr$ 定义为普朗特数(Prandt number);$\beta\Delta tgl^3/(\mu^2/\rho^2) = \beta\Delta tgl^3/\nu^2 = \beta\Delta tGa = Gr$ 定义为格拉斯霍夫数(Grashof number),其中 $Ga = gl^3/\nu^2$ 定义为伽利略准数,ν 为运动黏度。Gr 数可用雷诺数的平方表示,只是流速为自然对流时的流速。可以推导得到因温度差引起

流体密度变化从而引起自然对流时，单位质量流体获得的升力所作功或流动压强差或动能正比于$\beta\Delta tgl$，即u^2正比于$\beta\Delta tgl$。

3.2.1.3 量纲为1的准数的物理意义

(1) 雷诺数Re　Re的物理意义为流体所受的推动力与黏性力之比，用以表示流体运动状态。

(2) 努塞尔数Nu　由于$Nu=\dfrac{\alpha}{\lambda/l}=\dfrac{\alpha\cdot A\cdot\Delta t}{\lambda\cdot A\cdot\dfrac{\Delta t}{l}}=\dfrac{\text{对流传热速率}}{\text{导热速率}}$，可见$Nu$的物理意义为对流传热速率与导热速率之比，用以表示对流使对流传热系数增大的倍数。

(3) 格拉斯霍夫数Gr　由于$Gr=\dfrac{\beta g\Delta tl^3\rho^2}{\mu^2}$，可用雷诺数的平方表示，自然对流的速度平方正比于$\beta\Delta tgl$，可见$Gr$为自然对流时推动力与流动阻力之比的平方，反映自然对流对对流传热系数的影响。

(4) 普朗特数Pr　在$Pr=\dfrac{c_p\mu}{\lambda}$关系式中，等式右边各项表示的均为流体的物理性质，故Pr的物理意义为反映流体物性对对流传热系数的影响。

3.2.1.4 使用特征关联式时注意的问题

式(3-33)或式(3-34)为无相变对流传热系数的关联式的一般形式，对于具体的传热过程，需要通过实验的方法找出待定系数C、m、n、k，然后通过得出的关联式计算出对流传热系数α。在应用这些关联式时需要注意以下几个方面的问题：

(1)定性温度　确定各特征数中的物性参数所依据的温度称为定性温度。由于流体在传热过程中各处温度不同，流体的物性也在变化，在计算各特征数时就需要确定以什么温度为基准查取所需的物性数据。不同的关联式确定定性温度的方法不同，因而在应用关联式时应该严格按关联式规定的定性温度确定各物性参数。在关联式中，通常取流体进出口温度的算术平均值作为定性温度。

(2)特征尺寸　对对流传热过程产生直接影响的几何尺寸称为特征尺寸。在计算各特征数时需要确定特征尺寸，在关联式中的l所代表的含义在不同的传热过程中有所不同，使用时必须按关联式的规定选取。在管内强制对流时常取管子内径d为特征尺寸，对非圆管用当量直径d_e为特征尺寸。

(3)应用范围　关联式中的各特征数都规定了其使用范围，在应用关联式时，各特征数的大小必须在规定的范围内方能使用。

3.2.2 对流传热系数

3.2.2.1 流体无相变的对流传热系数

(1)流体在管内流动

①低黏度($<2\mu_{水}$)流体湍流：湍流时，自然对流的影响可以忽略不计。通过大量的实验，得出经验关联式为：

$$Nu=0.023Re^{0.8}Pr^{n} \tag{3-35}$$

式(3-35)中n的取值为：流体被加热，$n=0.4$，流体被冷却，$n=0.3$。热流方向影响黏度，从而影响速度分布，使得 α 也发生变化，如液体被加热，$\mu\downarrow,\frac{dt}{dy}\uparrow,\alpha\uparrow$，液体 Pr 一般大于 1，$Pr^{0.4}>Pr^{0.3}$，故用此项修正传热方向。气体被加热，$\mu\uparrow$，气体 Pr 一般小于 1，$Pr^{0.4}<Pr^{0.3}$，仍用 $Pr^{0.4}$ 修正加热影响。

使用该关联式时注意以下几个问题：

定性温度：取流体进出口温度的平均值，$t_f=\frac{t_i+t_o}{2}$；

特征尺寸：特征尺寸 l 取管内径 d_i；

应用范围：$Re>10000$，$0.7<Pr<120$，$L/d_i>60$ 时要乘以 $[1+(\frac{d_i}{L})^{0.7}]$，其中 L 指管长。

② 高黏度（$>2\mu_水$）流体湍流：高黏度流体的对流传热系数关联式为：

$$Nu=0.027Re^{0.8}Pr^{\frac{1}{3}}(\frac{\mu}{\mu_w})^{0.14} \tag{3-36}$$

式中 μ_w——壁温下流体的黏度

μ——流体在定性温度下的黏度。

由于壁温难以确定，所以工程上常采用以下的近似计算公式：

若令 $\varphi_\mu=(\frac{\mu}{\mu_w})^{0.14}$，则流体被加热时 $\varphi_\mu=1.05$，流体被冷却时 $\varphi_\mu=0.95$，气体 $\varphi_\mu=1.0$。实践证明，以上取值可以满足工程需要。

经验关联式的定性温度、特征尺寸及应用范围与低黏度时相同。

③流体在管内层流：流体在管内层流时的对流传热系数关联式为：

$$Nu=1.86Re^{\frac{1}{3}}Pr^{\frac{1}{3}}(\frac{d_i}{L})^{\frac{1}{3}}\varphi_\mu \tag{3-37}$$

式中 L 为管长，φ_μ 的取值与前面相同。该关联式的使用条件为：

定性温度：取流体进、出口温度的平均值，$t_f=\frac{t_i+t_o}{2}$；

特征尺寸：特征尺寸 l 取管内径 d_i；

应用范围：$Re<2300$，$0.6<Pr<6700$，$(Re\cdot Pr\cdot\frac{d_i}{L})>10$，$Gr<25000$。当 $Gr>25000$ 时，要计入自然对流的影响，可将式（3-37）计算出的数值乘以一校正系数 f 即可。f 可按下式计算：

$$f=0.8\times(1+0.015Gr^{1/3}) \tag{3-38}$$

④流体在管内过渡流：当流体处于过渡流即 $2300<Re<10000$ 时，可用湍流计算出对流传热系数后，再乘以一校正系数 f' 即可。f' 的计算式如下：

$$f'=1-\frac{6\times10^5}{Re^{1.8}} \tag{3-39}$$

⑤流体在弯管内流动：流体在弯管内流动时，由于离心力的作用，使得流体的扰动程度加大，在其他条件相同时，对流传热系数大于直管。弯管中的对流传热系数的求取方法为，先按直管计算出对流传热系数 α，然后将其乘以一校正系数 f''，即得弯管时的对流传热系数

α'。f''的计算式为：

$$f'' = (1 + 1.77\frac{d_i}{R}) \tag{3-40}$$

式中　R——弯管的弯曲半径

⑥流体在非圆管内流动：流体在非圆管内流动时的对流传热系数可沿用圆管的公式，只需将关联式中的圆管内径用当量直径 d_e 代替即可。当量直径 d_e 按下式计算：

$$d_e = \frac{4A}{\Pi} = \frac{4 \times \text{流体流动截面积}}{\text{润湿周边长}} \tag{3-41}$$

但上述处理方法准确性欠佳，对于一些常用的非圆形管道，可直接利用实验得出的经验公式计算，例如对套管的环隙，用空气和水做实验，在 $Re = 1.2 \times 10^4 \sim 2.2 \times 10^5$，$d_2/d_1 = 1.65 \sim 17.0$ 的范围内获得如下经验关联式：

$$\alpha = 0.02\frac{\lambda}{d_e}Re^{0.8}Pr^{0.33}(d_2/d_1)^{0.53} \tag{3-42}$$

式中　d_2——外管内径

d_1——内管外径

d_e——套管当量直径

为清楚地了解各单一变量对对流传热系数的影响情况，可将关联式加以变换，使每个变量在方程式中单独出现，如将式（3-35）变换为（式中的 $n = 0.4$）：

$$\alpha = 0.023\frac{\lambda}{d}(\frac{\rho du}{\mu})^{0.8}(\frac{c_p\mu}{\lambda})^{0.4} = 0.023\frac{\rho^{0.8}c_p\lambda^{0.6}}{\mu^{0.4}}\frac{u^{0.8}}{d^{0.2}} \tag{3-43}$$

由式（3-43）可知，当流体的物性和管径不变时，对流传热系数与流速的 0.8 次方成正比，而与管径的 0.2 次方成反比，这给分析具体问题提供了方便。

【例 3-6】某蒸汽在套管换热器中冷凝，内管为 $\Phi 25 \times 2.5$mm 的钢管，管长 2m。蒸汽在管外冷凝，冷却水走管内，管内流速为 1m/s，冷却水的进口温度为 20℃，出口温度为 50℃。求：①管壁对水的对流传热系数；②若其他条件不变，将管径缩小一半，求此时的对流传热系数；③若其他条件不变，将流速增加一倍，此时的对流传热系数又为多少？

解：①按题意，本题为低黏度流体在圆形直管中流动的情形。

定性温度：$(20 + 50)/2 = 35$℃，查得水在 35℃时的物性数据为：$\rho = 994\text{kg/m}^3$，$c_p = 4.17\text{kJ/(kg·K)}$，$\mu = 0.7225\text{mPa·s}$，$\lambda = 0.6257\text{W/(m·K)}$，管内径 $d = 25 - 2 \times 2.5 = 20(\text{mm})$

$$Re = \frac{du\rho}{\mu} = \frac{0.02 \times 1 \times 994}{0.7225 \times 10^{-3}} = 2.75 \times 10^4 > 10^4\text{，湍流}$$

$$Pr = \frac{\mu c_p}{\lambda} = \frac{0.7225 \times 10^{-3} \times 4.174 \times 10^3}{0.6257} = 4.82 \qquad 0.7 < Pr < 120$$

$$L/d = 2/0.02 = 100, L/d > 60$$

根据以上计算，可确定用下式计算对流传热系数：

$$Nu = 0.023Re^{0.8}Pr^n \qquad n\text{ 取 }0.4$$

即：

$$\alpha = 0.023\frac{\lambda}{d}(Re)^{0.8}(Pr)^{0.4}$$

$$= 0.023 \times \frac{0.6257}{0.02} \times (2.75 \times 10^4)^{0.8} \times (4.82)^{0.4} = 4806\text{W/(m}^2\text{·K)}$$

②管径缩小一半，即 $d_1 = d/2$，其他条件不变，但为保证流速不变，流量应变化。

$$Re_1 = \frac{d_1 u\rho}{\mu} = \frac{Re}{2} = 2.75 \times 10^4/2 = 13750 > 10^4$$

湍流型，Pr 不变，且 $L/d_1 = 2/0.01 = 200 > 60$

则有：
$$\alpha = 0.023\frac{\lambda}{d}\left(\frac{\rho du}{\mu}\right)^{0.8}\left(\frac{c_p\mu}{\lambda}\right)^{0.4}$$

将式中不变的量合并为 B_1，即：

$$\alpha = \frac{B_1}{d^{0.2}},\alpha_1 = \frac{B_1}{d_1^{0.2}} = \frac{B_1}{(d/2)^{0.2}} = 2^{0.2}\alpha = 1.149\alpha$$

对流传热系数增加约15%。

③流速增加一倍，$u_2 = 2u$，其他条件不变

$$Re_2 = \frac{du_2\rho}{\mu} = 2Re = 2.75 \times 10^4 \times 2 = 5.5 \times 10^4 > 10^4$$

湍流，Pr、L/d 不变，公式仍然适用，即：$\alpha = 0.023\frac{\lambda}{d}\left(\frac{\rho du}{\mu}\right)^{0.8}\left(\frac{c_p\mu}{\lambda}\right)^{0.4}$，将式中不变的相合并为 B_2，即有：

$$\alpha = B_2u^{0.8},\alpha_2 = B_2u_2^{0.8} = 2^{0.8}B_2u^{0.8} = 1.74\alpha$$

对流传热系数增加约74%，但要注意流体流动阻力与流速平方成正比增加。

由以上计算可见，由于 α 正比于 $u^{0.8}$，流速对 α 的影响大，因而适当增大流速，是提高对流传热系数的有效措施。

(2)流体在管外强制对流　流体在管外流过时分为单管和管束两种情形，但在工业上所用换热器中多为管束的情况，因此本处只讨论流过管束的情形。流体流过管束分为平行流过和垂直流过两种情况。流体在管外平行流过时，此时的 α 可用管内强制对流时的公式计算，但需将管内径改为管间当量直径。以下仅讨论垂直流过的情形。

流体垂直流过管束时的情形如图3-7，管束的排列有直列和错列两种形式。在这两种

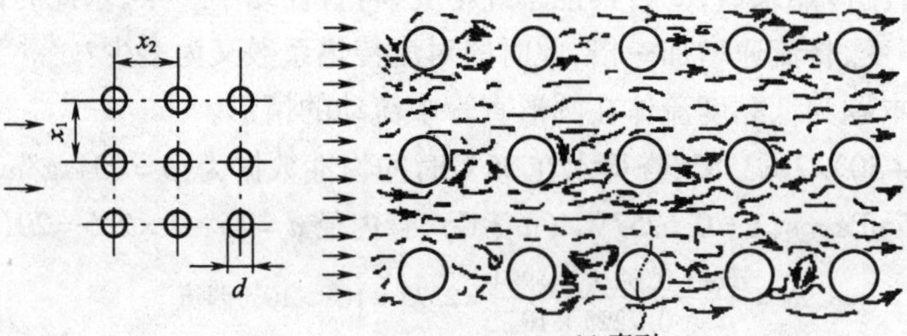

(a) 直列

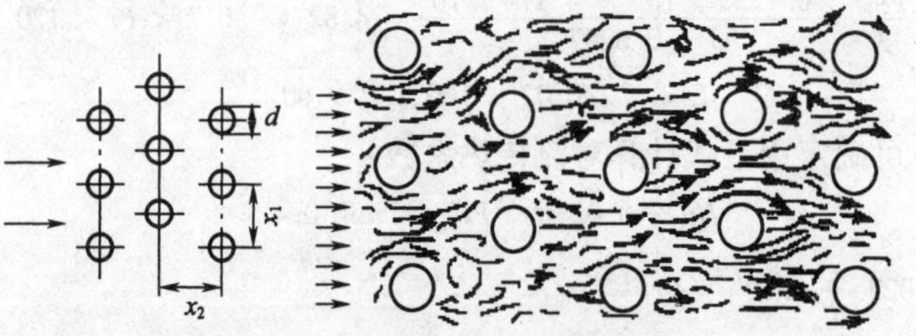

(b) 错列

图3-7　换热器管子的排列方式

排列形式中，流体的流动都较为复杂，因为这时管子的相对几何位置及其构成的流通截面影响流体的流动情况，从而影响对流传热。

一般认为，第一排管子的对流换热类似于单管。第二排管子的正面受第一排管子后部旋涡的影响，它的传热将强于第一排，第三排又强于第二排，第三排以后流体流动扰动情况逐渐变弱，流动逐渐变稳定。实验得出，流体在管束外垂直流过时各列管子的对流传热系数关联式为：

$$Nu = C\varepsilon Re^{n} Pr^{0.4} \tag{3-44}$$

式中 C、ε、n 的取值由实验确定，具体见表 3-1。式(3-44)的使用条件为：

定性温度：流体进、出口温度的算术平均值；特征尺寸：管子外径；应用范围，$Re=5000\sim70000$，$x_1/d=1.2\sim5$，$x_2/d=1.2\sim5$。

表 3-1　流体垂直流过管束时的 C、ε 和 n 值

序列	直列		错列		C
	n	ε	n	ε	
1	0.6	0.171	0.6	0.171	$x_1/d=1.2\sim3$ 时： $C=1+0.1x_1/d$ $x_1/d>3$ 时：$C=1.3$
2	0.65	0.151	0.6	0.228	
3	0.65	0.151	0.6	0.290	
3 以上	0.65	0.151	0.6	0.290	

式(3-44)可求换热器各列的 α，则整个管束的平均对流传热系数 α_m 可按下式计算：

$$\alpha_m = \frac{\alpha_1 A_1 + \alpha_2 A_2 + \cdots + \alpha_n A_n}{A_1 + A_2 + \cdots + A_n} = \frac{\sum \alpha_i A_i}{\sum A_i} \tag{3-45}$$

对于有割去25%圆缺型折流挡板的换热器，由于挡板的作用，流体既有平行流动又有垂直流动，情况变得更加复杂，其对流传热系数可以由图 3-8 求取。

当 $Re=2\times(10^3\sim10^6)$ 时，也可按下式计算：

$$Nu = 0.36 Re^{0.55} Pr^{\frac{1}{3}} \varphi_\mu \tag{3-46}$$

式(3-46)中，定性温度取流体温度的平均值，特征尺寸用当量直径 d_e，φ_μ 的取值同前。

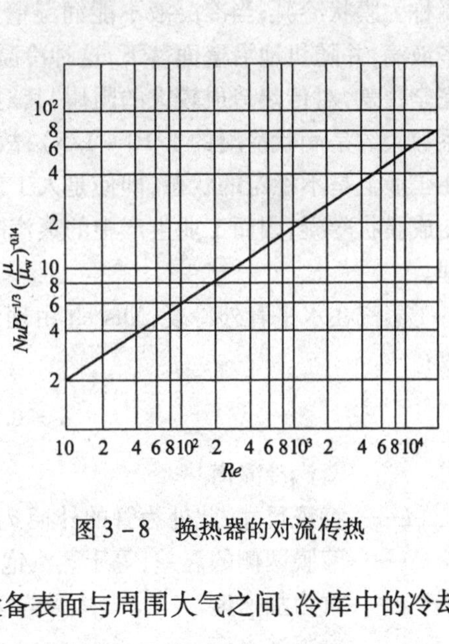

图 3-8　换热器的对流传热

(3) 自然对流(free convection)　自然对流是指传热壁面与周围流体温度不同、且周围没有阻碍自然对流的物体存在时所产生的纯自然对流传热过程。例如沉浸式蛇管换热器、设备表面与周围大气之间、冷库中的冷却排管与库中的空气间的传热均属于这种情况。

自然对流的对流传热系数与反应自然对流的特征数 Gr、Pr 有关,其一般关联式为:

$$Nu = C \cdot (Gr \cdot Pr)^n \tag{3-47}$$

式中 C、n 的值由实验确定,具体见表 3-2。

表 3-2　　自然对流关联式中 C、n 的值

$GrPr$	C	n
$(1\times10^3)\sim(5\times10^2)$	1.18	1/8
$(5\times10^2)\sim(2\times10^7)$	0.54	1/4
$(2\times10^7)\sim(1\times10^{13})$	0.135	1/3

使用式(3-47)时注意: 定性温度,壁温与流体平均温度的算术平均值; 特征尺寸,对水平圆管,取圆管外径 d_0,对于垂直管或板取管长或板高; 应用范围,Gr 中的温度差取壁温与流体的温度差。

3.2.2.2　流体有相变的对流传热系数

流体有相变的情形在工业上遇到的有蒸汽冷凝及液体沸腾两种。

(1)蒸汽冷凝时的对流传热系数　工业上所用的加热蒸汽有过热蒸汽和饱和蒸汽。当用过热蒸汽加热时,若与蒸汽接触的壁面的冷凝温度高于相应的饱和温度,则壁面上不会发生冷凝现象,蒸汽和壁面进行的只是一般的对流传热,此时的热阻集中于壁面附近的层流层内,因层流层内蒸汽的导热系数比液体小得多,故蒸汽冷凝对流传热系数比过热蒸汽的对流传热系数大得多,所以在工业上一般用饱和蒸汽作为加热介质,其原因除其具有较大的对流传热系数外,还有温度稳定的优点。

饱和蒸汽在冷却壁面的冷凝过程,根据冷凝液与壁面的接触状况分为膜状冷凝和滴状冷凝两种。在冷凝过程中,冷凝液若能润湿壁面,就会在壁面上形成连续的冷凝液膜,这种冷凝称为膜状冷凝;当冷凝液不能润湿壁面时,由于表面张力的作用,冷凝液在壁面上形成许多液滴,并随机地沿壁面落下,这种冷凝称为滴状冷凝。显然膜状冷凝时由于液膜将冷凝面完全覆盖,对传热造成较大的阻碍,其对流传热系数远小于滴状冷凝(膜状冷凝的对流传热系数大约是滴状冷凝的 1/10 ~ 1/5),故工业上曾经通过人工诱发滴状冷凝,但是滴状冷凝在工业上是不稳定的状态,即使是人工诱发的滴状冷凝,壁面在蒸汽中暴露一段时间后又会变成膜状冷凝,因而工业生产中的蒸汽冷凝多为膜状冷凝,换热器的设计也均按膜状冷凝处理。

①蒸汽在水平管外冷凝:Nusselt 由理论推导得到层流时单根水平管外的冷凝对流传热系数:

$$\alpha = 0.725\left(\frac{\lambda^3\rho^2 gr}{L\mu\Delta t}\right)^{0.25} \tag{3-48}$$

式中　r——蒸汽冷凝潜热

L——特征尺寸,此处为管的外径 d_0

Δt——液膜两侧的温差,等于蒸汽饱和温度与冷凝壁温度差

g——重力加速度

ρ——冷凝液密度

μ——冷凝液黏度

λ——冷凝液的热导系数

α——整个壁面的平均给热系数

除 r 由饱和温度决定外，其他物性的定性温度取蒸汽饱和温度和壁面温度的算术平均值，即膜温。单位均按本教材规定使用标准 SI 单位。

式(3-48)不便记忆，改用准数方程表示：

$$Nu = 0.725\,(Ga \cdot Ja \cdot Pr)^{0.25} \tag{3-48a}$$

式中 ν——运动黏度，等于动力黏度除以密度

Ja——雅各布(Jakob)准数，表示潜热显热之比，$Ja = r/(C_p \Delta t)$

L——特征尺寸

在此顺便对其他表达方法作一简单介绍，以方便阅读文献。有研究者采用 Re 表示 Nu，令 W 表示冷凝液的质量流量，M 表示单位湿润宽度的冷凝液的质量流量即冷凝负荷，d_e 为冷凝液流当量管径，等于4倍流通截面积 s 除以润湿宽度 b，冷凝液在冷凝壁面上重力方向润湿的长度设为 L'，L' 对水平圆管外 $L' = \pi d_o = \pi L$，L' 对垂直板或管为高度 L，推导得到 Re 的表达式为：

$$Re = \frac{d_e \rho u}{\mu} = \frac{4W}{\mu b} = \frac{4M}{\mu} = \frac{(4s/b)(W/s)}{\mu} = \frac{4\alpha L'\Delta t}{\mu r} = \frac{4Q/r}{\mu b} = \frac{4\alpha L' b \Delta t}{\mu b r} = \frac{4\alpha L'\Delta t}{\mu r}$$

故含 Re 的冷凝对流系数的准数式为 $Nu = 1.51\,(Ga/Re)^{1/3}$，但此式在使用上并不方便，因为 Re 中含 α。然而 Re 可以用于判断冷凝液的流型，结合式(3-48a)，可推导得到 $Re = 9.11\,(Ga \cdot Ja^{-3} \cdot Pr^{-3})^{0.25} = 9.11\,(\lambda^3 L^3 \Delta t^3 \rho^2 g r^{-3} \mu^{-5})^{0.25}$，用此 Re 表达式可在得到 α 前就判断出流型。

实验测定结果表明，单根水平管平均冷凝对流传热系数的计算公式没有发生变化，而层流时多根水平管(管束)的平均冷凝对流传热系数还是使用式(3-48)、式(3-48a)计算，但 Nu 和公式中的特征尺寸均应为 $L = n^{2/3} d_o$，n 为水平管束在垂直列上的管子数，若每列的管子数不同，分别为 $n_1, n_2, \cdots, n_z$，n 可用平均管数 n_m 代替，$n_m = [(n_1 + n_2 + n_3 + \cdots + n_z)/(n_1^{0.75} + n_2^{0.75} + \cdots + n_z^{0.75})]^4$。

②蒸汽在垂直管(板)外冷凝：Nusselt 理论推导得蒸汽在垂直管(板)外冷凝的平均对流传热系数：

$$\alpha = 0.943\,\left(\frac{\lambda^3 \rho^2 g r}{L \mu \Delta t}\right)^{0.25} \tag{3-49}$$

$$Nu = 0.943\,(Ga \cdot Ja \cdot Pr)^{0.25} \tag{3-49a}$$

式中，L——管或板的高度，其他同前。含 Re 的冷凝对流系数的准数式为 $Nu = 1.47\,(Ga/Re)^{1/3}$，可推得 $Re = 3.79\,(Ga \cdot Ja^{-3} \cdot Pr^{-3})^{0.25} = 3.79\,(\lambda^3 L^3 \Delta t^3 \rho^2 g r^{-3} \mu^{-5})^{0.25}$。

实验测得的结果表明，层流时，即 $Re < 1800$ 时，需要对系数进行修正：

$$Nu = 1.13\,(Ga \cdot Ja \cdot Pr)^{0.25} \tag{3-49b}$$

含 Re 的准数式为 $Nu = 1.87\,(Ga/Re)^{1/3}$，用于判定流型的 $Re = 4.53\,(Ga \cdot Ja^{-3} \cdot Pr^{-3})^{0.25} = 4.53\,(\lambda^3 L^3 \Delta t^3 \rho^2 g r^{-3} \mu^{-5})^{0.25}$。

管或板较长时，下部冷凝液将会转入湍流，即 $Re > 1800$ 时，垂直管的下段的实测冷凝对流传热系数算式为：

$$\alpha = 7.57 \times 10^{-4} \left(\frac{g^5 L^6 \Delta t^6 \rho^{10} \lambda^{15}}{r^6 \mu^{16}}\right)^{1/9} \tag{3-50}$$

$$Nu = 7.57 \times 10^{-4} Ga^{5/9} (Ja \cdot Pr)^{-2/3} \tag{3-50a}$$

含 Re 的准数式为 $Nu = 0.0077 Ga^{1/3} Re^{0.4}$，用于判定流型的 $Re = 3.03 \times 10^{-3} Ga^{5/9} (Ja \cdot Pr)^{-5/3} = 3.03 \times 10^{-3} (g^5 \rho^{10} L^{15} \Delta t^{15} \lambda^{15} r^{-15} \mu^{-25})^{1/9}$。由于在垂直管的上部还是层流，故整个板上的冷凝对流传热系数应按照两段长度的百分比对层流段和湍流段的对流传热系数进行平均求得，计算时需要采用层流 Re 上限判断转流型点的位置。以上介绍的公式建议首先选用编号的公式，未编号的公式作为参考，但 Re 可选几种方法计算，包括计算得到 α 后验算 Re 的方法。

【例 3－7】长度为 2m、外径为 0.04m 的管子垂直放置与水平放置时层流下的对流冷凝传热系数之比为多少？

解：

$$\alpha_{垂直} = 1.13 \left(\frac{\lambda^3 \rho^2 g r}{L \mu \Delta t}\right)^{0.25}$$

$$\alpha_{水平} = 0.725 \left(\frac{\lambda^3 \rho^2 g r}{d_0 \mu \Delta t}\right)^{0.25}$$

$$\frac{\alpha_{垂直}}{\alpha_{水平}} = \frac{1.13}{0.725} \left(\frac{d_0}{L}\right)^{0.25} = \frac{1.13}{0.725} \times \left(\frac{0.04}{2}\right)^{0.25} = 0.59$$

（2）液体沸腾时的对流传热系数　食品工业上经常需要将液体加热使之沸腾蒸发，如锅炉中把水气化成水蒸气、蒸发器将溶液浓缩等。

工业中液体沸腾有两种分类方法：一种是按设备的尺寸和形状可分为大容积沸腾和管内沸腾，前者是指加热壁面被沉浸在无强制对流的液体中所发生的沸腾现象，而后者是液体在一定压差的作用下，以一定的流速流过加热管（或其他截面形状通道）内部时，在管内表面发生的沸腾现象；另一种是按液体温度不同分为过冷沸腾和饱和沸腾，前者气泡脱离加热壁面后在液体内又重新冷凝消失，而后者从加热面上产生的气泡不再重新冷凝。在此只对大容积饱和沸腾略作介绍。

当达饱和温度的液体与一定温度的加热壁面接触时，液体即产生气泡，发生沸腾现象。气泡发生的速率与加热壁面与液体饱和温度的差值 Δt（或称为过热度）成正相关。以水的沸腾为例，当 $\Delta t = 5 \sim 25$℃时，气泡产生的速率随温差的上升而增加，且不断离开壁面上升到表面，不断露出传热壁面，及气泡上升过程中对液体有搅动混合的作用，因而对流传热系数较高，通常把此称为泡状沸腾。当 $\Delta t > 25$℃时，由于气泡产生的速率过大，一部分气泡将会覆盖在加热壁面上，形成一层气膜，此膜的存在使得对流传热系数变小，通常把此叫做膜状沸腾。由泡状沸腾到膜状沸腾的过渡点叫做临界点。由于泡状沸腾的对流传热系数较大，所以工业上多控制温度差在泡状沸腾阶段，对流传热系数的关联式也是针对于该阶段的。

关于沸腾给热还没有可靠的一般经验关联式，但有实验资料表明有如下关系：

$$\alpha = A \Delta t^{2.5} B^{t_s} \tag{3-51}$$

或

$$\lg \alpha = \lg A + 2.5 \lg \Delta t + t_s \lg B \tag{3-52}$$

式中　t_s——蒸汽的饱和温度，℃

A、B——通过实验测定的参数

3.3 传热过程计算

食品工业上的传热大都是在换热器中进行的，冷热流体通过换热器的传热壁面进行热交换，这种传热过程通常是几个过程的组合，以下讨论间壁式换热器的传热过程。

3.3.1 稳态过程的传热计算

3.3.1.1 传热基本方程式

工业上典型的间壁式换热过程如图3-9所示，其传热过程由以下三步构成：①热流体以对流传热的形式将热量传给固体壁面；②热量从固体壁高温一侧热传导到低温一侧；③热量从固体壁低温壁面以对流传热的方式传给冷流体。

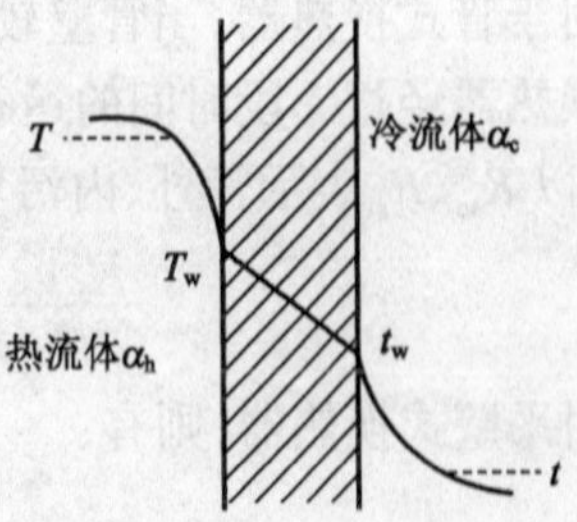

图3-9 间壁式换热器的换热过程

换热器中的冷、热流体在传热过程中，其温度随传热面积的增加通常发生变化，为避开温度变化的问题，现取一微元换热面 dA，dA 横截面内的热流体温度（具平均性质）为 T，冷流体温度为 t，壁温分别为 T_w、t_w，可认为均不变化。在稳态传热时，此 dA 面积内传递的热流量 dQ 为定值。高温侧的对流传热量、通过固体壁传导的热量和低温侧的对流传热量分别为：

$$dQ = \alpha_h dA_h (T - T_w) \tag{3-53}$$

$$dQ = \frac{\lambda A_m}{b}(T_w - t_w) \tag{3-54}$$

$$dQ = \alpha_c dA_c (t_w - t) \tag{3-55}$$

式中 α_h、α_c——分别为高低温流体的对流传热系数，$W/(m^2 \cdot K)$

A_h、A_c——分别为高低温流体侧传热面积，m^2

A_m——固体壁两侧的对数平均面积，m^2

b——固体壁厚度，m

为去掉壁温，将式(3-53)、式(3-54)和式(3-55)写成分子除以分母的形式，并将分子和分母分别相加后得到：

$$dQ = \frac{T - t}{\frac{1}{\alpha_h dA_h} + \frac{b}{\lambda dA_m} + \frac{1}{\alpha_c dA_c}} \tag{3-56}$$

令

$$\frac{1}{KdA} = \frac{1}{\alpha_h dA_h} + \frac{b}{\lambda dA_m} + \frac{1}{\alpha_c dA_c} \tag{3-57}$$

有

$$dQ = KdA(T - t) \tag{3-58}$$

式(3-58)称为传热基本方程式。式中的 K 称为局部总传热系数（heat-transfer coefficient）。通常不以局部的 K 值计算，而是以各局部 K 值的平均值作为整个换热器的 K 值计算。一般利用流体定性温度计算设备内各对流传热系数的平均值，使得式(3-57)中的局部对流传热系数成为平均的对流传热系数，得到的 K 值也就成为 K 的平均值。K 值的大小反映了设备传热性能的高低，$1/K$ 为对应于平均温差总推动力的总热阻强度。dA 为计算 K 的基准面积，显然K随基准面积的不同而变化，如果分别以dA_1、dA_2、dA_m代替dA可得到基于不同基准面积表示的总传热系数表达式。对于管式换热器，通常以圆管外表面积A_o作为基准面积，则因为微元面积之比等于管径之比，此时总传热系数表达式可写成：

$$\frac{1}{K_o}=\frac{1}{\alpha_o}+\frac{b}{\lambda}\frac{d_o}{d_m}+\frac{1}{\alpha_i}\frac{d_o}{d_i} \tag{3-59}$$

式中　α_o、α_i——外、内壁面所接触流体的平均对流传热系数，W/(m²·K)

d_o、d_i——管的外直径和内直径，m

若传热面为平壁，由于$dA_1=dA_2=dA_m=dA$，则有：

$$\frac{1}{K}=\frac{1}{\alpha_h}+\frac{b}{\lambda}+\frac{1}{\alpha_c} \tag{3-60}$$

对于管式换热器，当管壁较薄或管径较大时，即当$d_o/d_i<2$时，可用平壁公式近似计算。

换热器经过一段时间的运行后有污垢(fouling)形成，污垢热阻不可忽略。对管式换热器，若以R_{so}、R_{si}表示管外、内污垢热阻强度，单位为(m²·K/W)，则此时的总传热系数为：

$$\frac{1}{K_o}=\frac{1}{\alpha_o}+R_{so}+\frac{b}{\lambda}\frac{d_o}{d_m}+\frac{1}{\alpha_i}\frac{d_o}{d_i}+R_{si}\frac{d_o}{d_i} \tag{3-61}$$

对平壁式换热器，则有：

$$\frac{1}{K_o}=\frac{1}{\alpha_o}+R_{so}+\frac{b}{\lambda}+\frac{1}{\alpha_i}+R_{si} \tag{3-62}$$

通常污垢热阻是难以准确估计的，工程计算中常用经验值，常用流体的热阻经验值可参阅附录。

当管壁热阻和污垢热阻可忽略时，则有：

$$\frac{1}{K_o}=\frac{1}{\alpha_o}+\frac{1}{\alpha_i} \tag{3-63}$$

若$\alpha_o \ll \alpha_i$，则$1/K_o \approx 1/\alpha_o$，因此强化传热时应着重提高热阻强度较大侧的对流传热系数。

实际上要计算K值比较困难，因为必须知道流体的物性参数及流动状态以便于确定器壁两侧流体的对流传热系数α，同时换热器壁面污垢热阻也难确定。工业换热器的总传热系数K值的计算结果一般可参照实验测定值或经验值修正。

【例3-8】热空气在冷却管外流过，对流传热系数为90W/(m²·K)，冷却水在管内流过，对流传热系数为1000W/(m²·K)，冷却管外径16mm，管壁厚1.5mm，管材的导热系数为40 W/(m·K)，试求：①传热系数K；②管外给热系数α_o增加1倍，传热系数K；③管内给热系数α_i增加1倍，传热系数K；④改善换热过程K的有效途径。

解：①根据传热系数的计算公式：

$$K=\frac{1}{\frac{1}{\alpha_o}+\frac{b}{\lambda}\cdot\frac{d_o}{d_m}+\frac{1}{\alpha_i}\cdot\frac{d_o}{d_i}}=\frac{1}{\frac{1}{90}+\frac{0.0015}{40}\times\frac{16}{(16+13)/2}+\frac{1}{1000}\times\frac{16}{13}}$$

$$=\frac{1}{0.0111+0.00004+0.00123}=80.8[\mathrm{W/(m^2\cdot K)}]$$

其中$d_m\approx(d_o+d_i)/2=(16+13)/2=14.5$mm，管壁的热阻很小，可忽略。

② $$K=\frac{1}{0.00123+\frac{1}{2\times 90}}=147.4[\mathrm{W/(m^2\cdot K)}]$$

传热系数增加了： $\frac{147.4-80.8}{80.8}\times100\%=83\%$

③ $$K=\frac{1}{\frac{1}{90}+\frac{1}{2\times1000}\times\frac{16}{13}}=85.3[W/(m^2\cdot K)]$$

传热系数增加了： $\frac{85.3-80.8}{80.8}\times100\%=6\%$

④ 为有效提高 K，应增大小的对流传热系数 α，如增加该侧流体的流速等。

3.3.1.2 换热器的热负荷

换热器单位时间传热量又称热负荷。冷、热流体通过换热器进行热交换时，若不计热损失，根据热量守恒原理，则热流体放出的热量应等于冷流体吸收的热量。若冷、热流体换热过程中无相态变化，换热器的热负荷可表示为：

$$Q=W_hc_{ph}(T_1-T_2)=W_cc_{pc}(t_2-t_1) \tag{3-64}$$

式中 W_h，W_c——热流体、冷流体的质量流量，kg/s

c_{ph}，c_{pc}——热流体、冷流体的定压比热容，kJ/(kg·K)

T_1，T_2——热流体的初温和终温，℃

t_1、t_2——冷流体的初温和终温，℃

若流体有相变且温度不降低，则热负荷表示为：

$$Q=W\cdot r \tag{3-64a}$$

式中 r——流体的相变潜热，kJ/kg

若流体相变后温度进一步降低为 T_c，则热负荷为：

$$Q=W\cdot r+W\cdot c_p(T_s-T_c) \tag{3-64b}$$

式中 c_p——相变流体的定压比热容，kJ/(kg·K)

T_S——流体的饱和温度，℃

3.3.1.3 平均温度差

由式(3-58)传热基本方程可知，在 K 可作为常数看待时，可以通过积分求换热面积。再由积分中值定理可知，一定存在一个温差($T-t$)的平均值，使得传热面积可求。

间壁式换热器的传热平均温度差与换热器两侧流体的温度变化情况及运动方向相关。

(1)恒温差传热 若参与换热的冷、热流体温度不变(如蒸发器中一侧为饱和蒸汽冷凝，另一侧为液体沸腾)时，平均温度差也不变，该传热过程称为恒温差传热。恒温差传热时的平均温度差即为冷、热流体的温差。

(2)变温差传热 若在传热过程中温差随时在变化，这样的传热过程称为变温差传热。变温差传热的平均温度差与流体的流动形式有关。下面分别讨论各流动方式下的平均温差计算方法。

①逆流和并流时的传热平均温度差：逆流和并流又称为简单流动。图3-10所示为两流体作逆流变温传热时的传热温差变化情况。以逆流为例，推导平均温差计算公式。

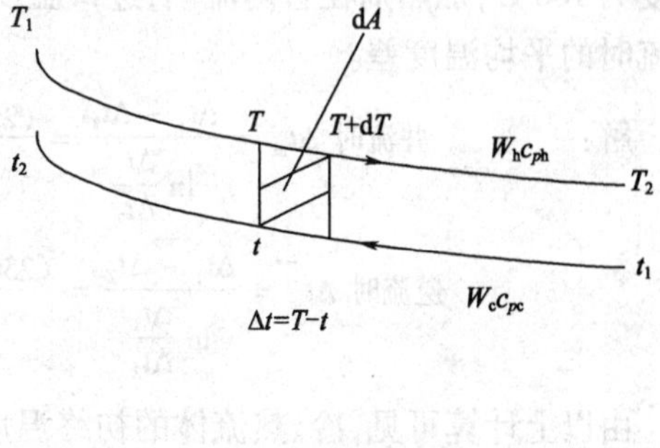

图3-10 逆流传热温差及变化

设热流体进出口温度分别为 T_1、T_2，冷流体进出口温度分别为 t_1、t_2。假定：热、冷流体的质量流量 W_h、W_c 均为常数；热、冷流体的比热容 c_{ph}、c_{pc} 与总传热系数 K 沿传热面均不变；忽略换热器的热损失。

如图 3－10 所示，先研究微元面积 dA 上的传热情况，列出传热速率方程式有：

$$K \cdot \mathrm{d}A(T-t) = -W_h c_{ph}\mathrm{d}T = -W_c c_{pc}\mathrm{d}t = \mathrm{d}Q \tag{3-65}$$

则有 $\dfrac{\mathrm{d}T}{\mathrm{d}t} = \dfrac{W_c c_{pc}}{W_h c_{ph}}$，即 $\dfrac{\mathrm{d}(T-t)}{\mathrm{d}t} = \dfrac{W_c c_{pc} - W_h c_{ph}}{W_h c_{ph}}$，解出 d$t$ 代入 d$Q = -W_c c_{pc}$dt，得到：

$$-\frac{W_c c_{pc} \cdot W_h c_{ph}}{W_c c_{pc} - W_h c_{ph}} \cdot \mathrm{d}(T-t) = K \cdot \mathrm{d}A(T-t) \tag{3-66}$$

将式(3－66)分离变量，积分并得到：

$$-\int_{T_1-t_2}^{T_2-t_1} \frac{\mathrm{d}(T-t)}{T-t} = K\left[\frac{1}{W_h c_{ph}} - \frac{1}{W_c c_{pc}}\right]\int_0^A \mathrm{d}A \tag{3-67}$$

结合冷热流体总热量平衡式有：

$$Q = KA\frac{(T_1-t_2)-(T_2-t_1)}{\ln\dfrac{T_1-t_2}{T_2-t_1}} = KA\frac{\Delta t_1 - \Delta t_2}{\ln\dfrac{\Delta t_1}{\Delta t_2}} = KA\Delta t_m \tag{3-68}$$

式(3－68)中 Δt_1、Δt_2 分别表示流体流入和流出换热器两端面处两相流体的温度差。由式(3－68)得到温差平均值 Δt_m 的表达式为：

$$\Delta t_m = \frac{\Delta t_1 - \Delta t_2}{\ln\dfrac{\Delta t_1}{\Delta t_2}} \tag{3-69}$$

并流时同样可以推导得到式(3－69)，Δt_1、Δt_2 为并流时换热器两端面处两相流体的温度差。采用式(3－69)计算的方法称为对数平均温差法(logarithmic mean temperature difference)，简称 LMTD 法。需要注意：对数平均温差法并不总是有效，当总传热系数变化较大或两流体在换热器行程上的温差值不与热流量呈线性关系时，需要采用修正方法进行计算。

由式 3－68 知，换热器的传热通量等于 $K\Delta t_m$，按照图 0－1 的归一主线理解，换热器的传热通量等于热量浓度 $\rho c_p\Delta t_m$ 除以热阻强度 $\rho c_p/K$。图 0－1 归一主线中的三传系数 K_T 在此处等于 $K/(\rho c_p)$，单位仍然为 m/s。所以换热器的计算同样可用图 0－1 归一主线理解。此处的 ρc_p 可理解为换热器及流体的平均单位体积热容，其值无需具体算出，因为分子分母都有此项，可以约去。

【例 3－9】现用一列管式换热器加热某种油料，油在管外流动，进口温度为 100℃，出口温度为 160℃；加热剂在管内流动，进口温度为 250℃，出口温度为 180℃，试分别计算并流与逆流时的平均温度差。

解：

并流时 $\Delta t_m = \dfrac{\Delta t_1 - \Delta t_2}{\ln\dfrac{\Delta t_1}{\Delta t_2}} = \dfrac{(250-100)-(180-160)}{\ln\dfrac{250-100}{180-160}} = 65(℃)$

逆流时 $\Delta t_m = \dfrac{\Delta t_1 - \Delta t_2}{\ln\dfrac{\Delta t_1}{\Delta t_2}} = \dfrac{(250-160)-(180-100)}{\ln\dfrac{250-160}{180-100}} = 84.7(℃)$

由以上计算可见，冷、热流体的初终温度相同的情况下，逆流的平均温度差大于并流时的平均温度差，因此在换热器的热负荷、总传热系数及换热介质流量一定的条件下，采用逆流操作，可以节省传热面积，减少设备费用，而在传热面积一定时，可减少换热介质的用量，从而降低操作费用，故工业上多采用逆流操作，但要注意因高温流体集中在换热器的一侧，将对物料和换热器产生一定的不利作用。

②错流和折流时的传热平均温度差：错流和折流又称为复杂流动。在换热器设计中，为增强对流传热系数，通常使得冷、热流体的流动并非简单的逆流和并流流动，而是呈错流和折流的复杂流动。

两流体呈错流和折流时，平均温度差 Δt_m 的计算比较复杂，通常的计算方式为，先按纯逆流计算出逆流时的平均温度差 $\Delta t_{m逆}$，将其乘以一校正系数 $\varphi_{\Delta t}$ 即得复杂流动时的平均温度差 Δt_m，即：

$$\Delta t_m = \varphi_{\Delta t} \Delta t_{m逆} \tag{3-70}$$

温差校正系数 $\varphi_{\Delta t}$ 的取值由图 3－11 查取。其中(a)、(b)、(c)、(d)分别适用于单壳程、二壳程、三壳程及四壳程，图 3－11(e)适用于错流。其他的复杂流动情形可由相关的传热书籍和手册查取。图 3－11 中无因次参数 P 和 R 的定义如下：

$$P = \frac{t_2 - t_1}{T_1 - t_1} = \frac{冷流体的温升}{两流体的最初温差} \tag{3-71}$$

$$R = \frac{T_1 - T_2}{t_2 - t_1} = \frac{热流体的温降}{冷流体的温升} \tag{3-72}$$

由图 3－11 可知，温差校正系数的值恒小于 1，这是由于各种复杂流动中同时存在逆流和并流的缘故，因此它们的平均温度差比纯逆流时小。通常在换热器的设计中规定，$\varphi_{\Delta t}$ 的

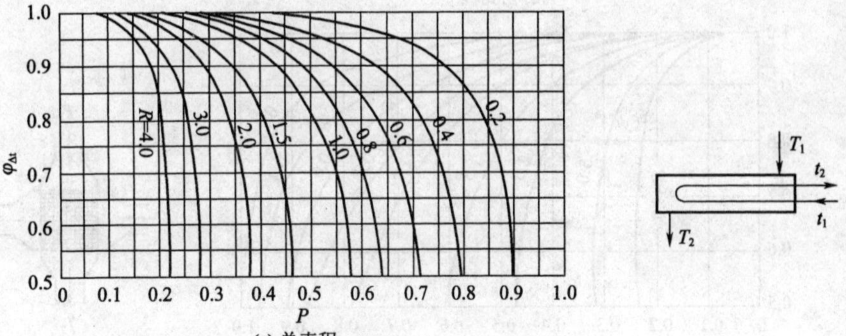

(a) 单壳程

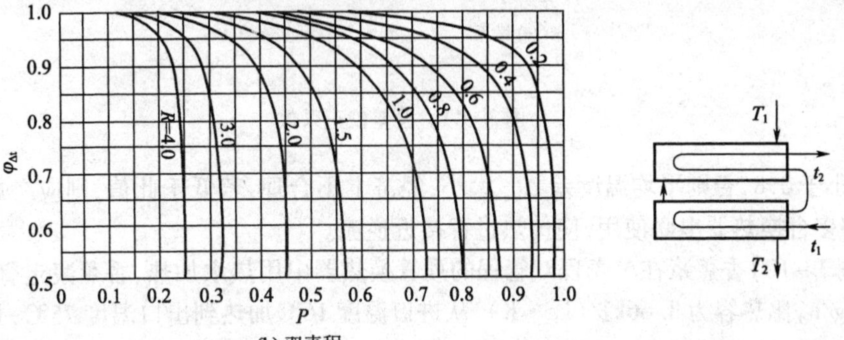

(b) 双壳程

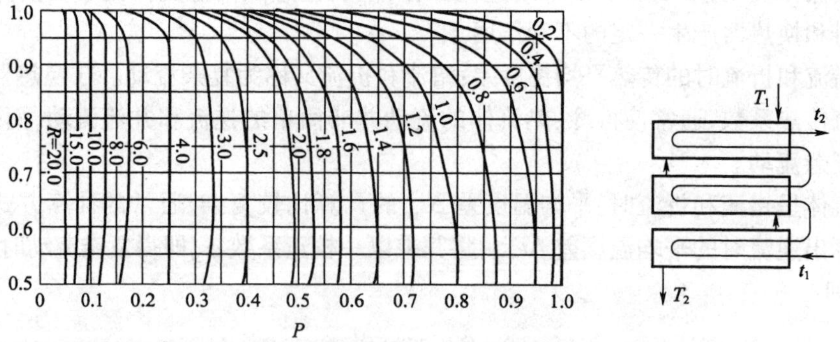

(c) 三壳程

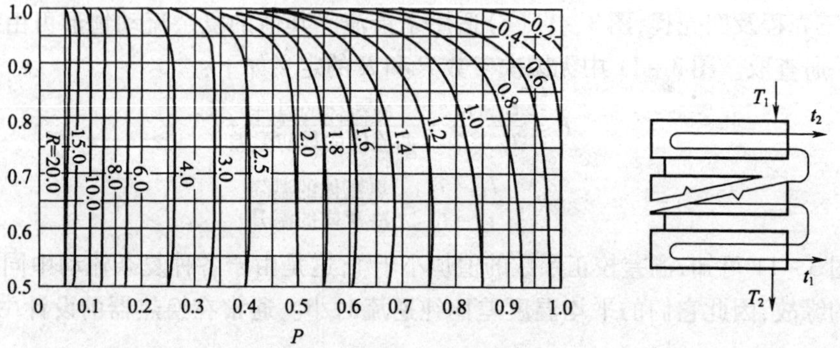

(d) 四壳程

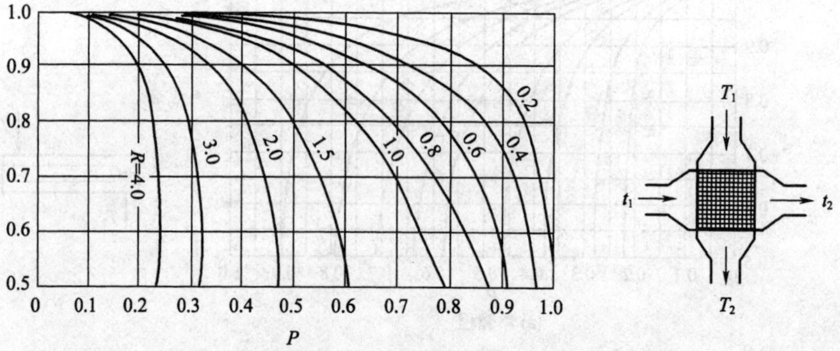

(e) 错流

图 3－11　温差校正系数

值不应小于 0.8，否则平均温度差 Δt_m 太小，经济上不合理，若低于此值，则应考虑增加壳方程数，将多台换热器串联使用，使传热过程接近逆流。

【例 3－10】香蕉浆在单壳程双管程的列管换热器中用热水加热，香蕉浆走管程，其流量为 500kg/h，比热容为 3.66kJ/(kg·K)，从进口温度 16℃加热到出口温度 75℃，热水的流量为 1000kg/h，进口温度为 95℃，换热器的总传热系数为 60W/(m^2·K)，求换热器的传热面积。

解：忽略热损失，有：

$$Q = W_c c_{pc}(t_2 - t_1) = \frac{500}{3600} \times 3.66 \times 10^3 \times (75 - 16) = 3.00 \times 10^4 (\text{W})$$

由 $Q = W_h c_{ph}(T_1 - T_2)$得：

$$T_2 = T_1 - \frac{Q}{(W_h c_{ph})} = 95 - \frac{3.00 \times 10^4}{\left(\frac{1000}{3600}\right) \times 4.195 \times 10^3} = 69.3(℃)$$

按逆流排布：

热水：95℃→69.3℃

香蕉浆：75℃←16℃

$$\Delta t_1 = 20℃,\ \Delta t_2 = 53.3℃$$

$$\Delta t_{m逆} = \frac{\Delta t_1 - \Delta t_2}{\ln\left(\frac{\Delta t_1}{\Delta t_2}\right)} = \frac{20 - 53.3}{\ln\left(\frac{20}{53.3}\right)} = 34.0(℃)$$

$$P = \frac{t_2 - t_1}{T_1 - t_1} = \frac{75 - 16}{95 - 16} = 0.75$$

$$R = \frac{T_1 - T_2}{t_2 - t_1} = \frac{95 - 69.3}{75 - 16} = 0.44$$

查图得：

$$\varphi_{\Delta t} = 0.69$$

$$\Delta t_m = \varphi_{\Delta t} \Delta t_{m逆} = 0.69 \times 34 = 23.5(℃)$$

$$A = \frac{Q}{K\Delta t_m} = \frac{3 \times 10^4}{60 \times 23.5} = 21.3(\text{m}^2)$$

3.3.1.4 稳态传热计算的传热单元数法

工业上遇到的传热问题可分为两大类：一种是已知生产任务，要求完成生产任务所需的换热器的换热面积，用以设计或选择换热器，这类问题通常称为设计型问题；另一种是已知换热器的换热面积或结构参数，而生产任务发生变化，要求任务变化后的换热器能否满足生产要求，这类问题常称为操作型问题。对于设计型问题，由于物性参数已知，可根据前面的传热基本方程式计算出换热面积，这种方法称为对数平均温差法(LMTD 法)。对于操作型问题，由于两流体的出口温度未知，若用对数平均温差法计算，要用到试差法，所以为避免试差，可由传热基本方程式导出传热单元数法(又称 ε－NTU 法)，使用该法可使得操作型问题的换热计算变得简便。下面对 ε－NTU 法作介绍。

先假定为逆流，由稳态传热热量平衡和传热速率方程可得：

$$Q = W_h c_{ph}(T_1 - T_2) = W_c c_{pc}(t_2 - t_1) = K \cdot A \cdot \frac{(T_1 - t_2) - (T_2 - t_1)}{\ln \frac{T_1 - t_2}{T_2 - t_1}} \tag{3-73}$$

$$\ln \frac{T_1 - t_2}{T_2 - t_1} = \frac{KA}{W_h c_{ph}} \frac{(T_1 - T_2) - (t_2 - t_1)}{(T_1 - T_2)} = \frac{KA}{W_h c_{ph}}\left(1 - \frac{t_2 - t_1}{T_1 - T_2}\right)$$

$$\ln \frac{T_1 - t_2}{T_2 - t_1} = \frac{KA}{W_h c_{ph}}\left(1 - \frac{W_h c_{ph}}{W_c c_{pc}}\right)$$

令 $NTU_h = \frac{KA}{W_h c_{ph}}, R_h = \frac{W_h c_{ph}}{W_c c_{pc}}$，则有：

$$\ln \frac{T_1 - t_2}{T_2 - t_1} = NTU_h(1 - R_h) \tag{3-74}$$

式中　NTU_h——传热单元数(number of transfer unit)

R_h——热容量比

由冷热流体热量平衡,$t_2 = t_1 + R_h(T_1 - T_2)$,消去式(3-74)中的$t_2$,并令

$\varepsilon_h = \dfrac{T_1 - T_2}{T_1 - t_1} = \dfrac{\text{热流体的温差}}{\text{冷热流体的最初温差}}$,得到:

$$\frac{T_1 - t_2}{T_2 - t_1} = \frac{T_1 - t_1 - R_h(T_1 - T_2)}{(T_1 - t_1) - (T_1 - T_2)} = \frac{1 - R_h \dfrac{T_1 - T_2}{T_1 - t_1}}{1 - \dfrac{T_1 - T_2}{T_1 - t_1}} = \frac{1 - R_h\varepsilon_h}{1 - \varepsilon_h}$$

$$\ln\frac{1 - R_h\varepsilon_h}{1 - \varepsilon_h} = NTU_h(1 - R_h)$$

推导得:

$$\varepsilon_h = \frac{1 - \exp[NTU_h(1 - R_h)]}{R_h - \exp[NTU_h(1 - R_h)]} \tag{3-75}$$

式(3-75)中"h"代表以热流体为基准计算。上述推导过程中,如果以冷流体为基准,也可得到类似于式(3-75)的表达式,只需将式(3-75)中的下标换成"c"即可。相应的$NTU_c = \dfrac{KA}{W_c c_{pc}}$,$R_c = \dfrac{W_c c_{pc}}{W_h c_{ph}}$,$\varepsilon_c = \dfrac{t_2 - t_1}{T_1 - t_1} = \dfrac{\text{冷流体的温差}}{\text{冷热流体的最初温差}}$。式(3-75)由冷热流体热量平衡和传热速率方程推导得到,对以何种流体为基准进行计算并未提出要求,因此计算时任选一种流体为基准即可。化学工程史上,将ε定义为传热效率,表示实际的传热量与最大可能传热量之比,由于两流体的最大温差为$T_1 - t_1$,必须以热容小者计算最大可能传热量,如果以热容大者计算最大可能传热量,则根据热量平衡,必要求热容小者的温差变化要大于$T_1 - t_1$,则不可能得到实现,所以如果强调ε的传热效率定义,则必须选热容小者为基准计算,但如果只定义ε为某流体温差与两流体最初温差之比,而不赋予其传热效率的含义,将ε用于实际换热器计算时,则可任选一种流体作为计算基准。

对于并流时ε与传热单元数的关系,可按照逆流的推导方法得出:

$$\varepsilon_h = \frac{1 - \exp[-NTU_h(1 + R_h)]}{1 + R_h} \tag{3-76}$$

对于折流和其他流动,传热效率和传热单元数的关系更为复杂,已绘成图供查取。

【例3-11】冷、热流体在单程套管换热器中进行逆流换热,冷流体初温为20℃,终温为35℃,热流体初温为90℃,终温为50℃,若维持流量和初温不变,改为并流操作,热损失忽略不计,物性参数不随温度变化,试求两流体的终温。

解:逆流传热时有:

$$\Delta t_{m逆} = \frac{\Delta t_2 - \Delta t_1}{\ln\dfrac{\Delta t_2}{\Delta t_1}} = \frac{(90-35)-(50-20)}{\ln\dfrac{90-35}{50-20}} = 41.25(℃)$$

$$R_h = \frac{W_h c_{ph}}{W_c c_{pc}} = \frac{t_2 - t_1}{T_1 - T_2} = \frac{35 - 20}{90 - 50} = 0.375\text{,不变}$$

$$NTU_h = \frac{KA}{W_h c_{ph}} = \frac{T_1 - T_2}{\Delta t_{m逆}} = \frac{90 - 50}{41.25} = 0.97\text{,不变}$$

并流时有:$\varepsilon_h = \dfrac{T_1 - T_2'}{T_1 - t_1} = \dfrac{90 - T_2'}{90 - 20} = \dfrac{1 - e^{[-NTU_h(1+R_h)]}}{1 + R_h} = \dfrac{1 - e^{[-0.97(1+0.375)]}}{1 + 0.375} = 0.536$

解出 $T_2' = 52.5℃$，由 $R_h = \dfrac{W_h c_{ph}}{W_c c_{pc}} = \dfrac{t_2' - t_1}{T_1 - T_2'} = \dfrac{t_2' - 20}{90 - 52.5} = 0.375$，$t_2' = 34.1(℃)$

*【例3－12】某厂用冷却水冷却热流体，要求从热流体中取走 5.0×10^5kJ/h 的热量。现有两个相同的单程换热器，换热器内径 $D = 270$mm，内装 48 根 $\Phi25\times2.5$mm 长为 3m 的钢管，壳程假设无折流板。热流体的入口温度 63℃，质量流量为 31000kg/h，比热容 2.261kJ/(kg·K)，密度 950kg/m^3，导热系数 0.172W/(m·K)，黏度 0.001Pa·s。冷却水的入口温度 28℃，质量流量为 22000kg/h，比热容 4.187kJ/(kg·K)，密度 1000kg/m^3，导热系数 0.621W/(m·K)，黏度 0.742×10^{-3}Pa·s。热流体走管程，热流体侧的热阻取 1.76×10^{-4}m^2·K/W，水侧的热阻取 5.8×10^{-4}m^2·K/W。过渡流对流传热系数的校正因子 $f = 1 - 6\times10^5/Re^{1.8}$，热损失忽略不计，物性参数随温度的变化可不计。试通过计算回答下列问题：(1)这两个换热器能否移走 5.0×10^5kJ/h 以上的热量；(2)应并联还是串联使用。

分析：本题要计算两台换热器联合传热量 Q 是否大于 5.0×10^5kJ/h，必然求每台换热器的传热量 Q_i。又流程分串联和并联，故应求出每一情况下的 $Q_i = K_i A_i \Delta t_{mi}$，所以需分别求出 K_i，Δt_{ni}，而 K_i 又由 5 部分组成。

解：先考虑串联使用。

(1)求热流体一侧的 α_h。管内径 $d_h = 0.02$m，

总截面积 $$S_h = \frac{\pi}{4}d_h^2 n = \frac{\pi}{4}(0.02)^2\times48 = 0.0151(\text{m}^2)$$

管内流速 $$u_h = \frac{31000/3600}{950\times0.0151} = 0.600(\text{m/s})$$

$$Re_h = \frac{du\rho}{\mu} = \frac{0.02\times0.600\times950}{0.001} = 11400,\quad Pr_h = \frac{c_p\mu}{\lambda} = \frac{2.26\times10^3\times0.001}{0.172} = 13.15$$

$$\alpha_h = 0.023\frac{\lambda}{d_h}Re_h^{0.8}Pr_h^{0.3} = 0.023\times\frac{0.172}{0.02}\times(11400)^{0.8}\times(13.15)^{0.3} = 754[\text{W/(m}^2\cdot\text{K)}]$$

(2)求管外水侧的 α_c。$d_c = 0.025$m

管间截面积 $$S_c = 0.785(D^2 - d_c^2 n) = 0.0337(\text{m}^2)$$

管外流速 $$u_c = \frac{22000/3600}{1000\times0.0337} = 0.181\ (\text{m/s})$$

$$d_e = \frac{4S_c}{\pi D + \pi d_c n} = \frac{4\times0.0337}{0.273\pi + 0.025\times48\pi} = 0.0292(\text{m})$$

$$Re_c = \frac{d_e u_c \rho}{\mu} = \frac{0.0292\times0.181\times1000}{0.742\times10^{-3}} = 7122.9$$

$$Pr_c = \frac{c_p\mu}{\lambda} = \frac{4.187\times10^3\times0.742\times10^{-3}}{0.621} = 5.0$$

$$\alpha'_c = 0.023\frac{\lambda}{d_e}Re_c^{0.8}Pr_c^{0.4} = 0.023\times\frac{0.621}{0.0292}\times(7122.9)^{0.8}\times(5.0)^{0.4}$$
$$= 1125.0[\text{W/(m}^2\cdot\text{K)}]$$

$$\alpha_c = \alpha'_c\left(1 - \frac{6\times10^5}{Re^{1.8}}\right) = 1125.0\times\left(1 - \frac{6\times10^5}{7122.9^{1.8}}\right) = 1046.6[\text{W/(m}^2\cdot\text{K)}]$$

$$K_o = \frac{1}{\dfrac{1}{\alpha_c} + R_{sc} + \dfrac{d_c}{d_h}\left(\dfrac{1}{\alpha_h} + R_{Sh}\right)} = \frac{1}{\dfrac{1}{1046.6} + 0.58\times10^{-3} + \dfrac{0.025}{0.02}\left(\dfrac{1}{754} + 0.176\times10^{-3}\right)}$$
$$= 293.0[\text{W/(m}^2\cdot\text{K)}]\text{(忽略管壁热阻)}$$

每一换热器的面积 $A=\pi d_o nl=11.3\text{m}^2$，串联时换热面积为 22.6m^2。用 ε－NTU 法求出口温度，以热流体为基准进行计算。

$$NTU_h = KA/(W_h c_{ph}) = \frac{293\times 22.6}{31000\times 2.261\times 10^3/3600} = 0.340$$

$$R_h = W_h c_{ph}/(W_c c_{pc}) = 0.761,\varepsilon_h = \frac{1-e^{[NTU_h(1-R_h)]}}{R_h - e^{[NTU_h(1-R_h)]}} = 0.262$$

$$\varepsilon_h = (T_1 - T_2)/(T_1 - t_1) = 0.262, T_2 = 53.83℃$$

由热平衡得到 $t_2=35.0℃$。

$$\Delta t_2 = T_2 - t_1 = 53.83 - 28 = 25.83, \Delta t_1 = T_1 - t_2 = 63 - 35.0 = 28.0(℃)$$

$$\Delta t_m = \frac{\Delta t_1 - \Delta t_2}{\ln\frac{\Delta t_1}{\Delta t_2}} = \frac{28.0 - 25.83}{\ln\frac{28.0}{25.83}} = 26.9(℃)$$

$$Q = K_o A_o \Delta t_m = 293\times 22.6\times 26.9 = 178126(\text{W}) = 6.41\times 10^5\text{kJ/h} > 5.0\times 10^5\text{kJ/h}$$

符合要求。

并联使用，两换热器的阻力系数相同，则热流体流过每一换热器的流量为 15500kg/h，$u_h=0.600/2=0.300\text{m/s}$，$Re_h=11400/2=5700$，逆流时：

$$\alpha_h = \left(1-\frac{6\times 10^5}{Re_h^{1.8}}\right)0.023\frac{\lambda}{d_h}Re_h^{0.8}Pr_h^{0.3} = 388.0[\text{W/(m}^2\cdot\text{K)}]$$

冷流体仍以串流方式依次逆流通过每一换热器的壳程，流量不变，物性常数不变

$$K_o = \frac{1}{\frac{1}{\alpha_c}+R_{sc}+\frac{d_c}{d_h}\left(\frac{1}{\alpha_h}+R_{Sh}\right)} = \frac{1}{\frac{1}{1046.6}+0.58\times 10^{-3}+\frac{0.025}{0.02}\left(\frac{1}{388.0}+0.176\times 10^{-3}\right)}$$

$$=200.9[\text{W/(m}^2\cdot\text{K)}]$$

以热流体为基准计算第一换热器

$$NTU_h = KA/(W_h c_{ph}) = \frac{200.9\times 11.3}{\frac{15500}{3600}\times 2.26\times 10^3} = 0.233$$

$$R_h = W_h c_{ph}/(W_c c_{pc}) = 0.381,\varepsilon_h = \frac{1-e^{[NTU_h(1-R_h)]}}{R_h - e^{[NTU_h(1-R_h)]}} = 0.200$$

$$\varepsilon_h = (T_1 - T_2)/(T_1 - t_1) = 0.200, T_2 = 56.0℃$$

由热平衡得到 $t_2=30.7℃$。

$$\Delta t_1 = T_1 - t_2 = 63 - 30.7 = 32.3, \Delta t_2 = T_2 - t_1 = 56.0 - 28 = 28.0(℃)$$

$$\Delta t_m = \frac{\Delta t_1 - \Delta t_2}{\ln\frac{\Delta t_1}{\Delta t_2}} = \frac{32.3 - 28}{\ln\frac{32.3}{28}} = 30.1(℃)$$

$$Q_1 = K_o A_o \Delta t_m = 200.9\times 11.3\times 30.1 = 68332.1(\text{W})$$

以热流体为基准计算第二换热器，NTU_h 不变，R_h 不变，$\varepsilon_h=0.200$

$$\varepsilon_h = (T_1 - T'_2)/(T_1 - t_2) = \frac{63 - T'_2}{63 - 30.7} = 0.200, T'_2 = 56.5℃$$，由热平衡得 $t_3 = 33.2℃$。

$$\Delta t_m = 27.8℃, Q_2 = K_o A_o \Delta t_m = 200.9\times 11.3\times 27.8 = 63110.7(\text{W})$$

$Q=Q_1+Q_2=131442\text{W}=4.73\times 10^5\ \text{kJ/h}<5.0\times 10^5\text{kJ/h}$，不符合要求，故串联能完成换热任务，并联不能完成，但串联时阻力损失较并联的大。

3.3.2 非稳态对流传热

釜内液体的加热(或冷却),其换热过程是非稳态的(如食品工业上的灌装液体的杀菌、夹层锅加热液体物料等),称为非稳态对流换热。对于非稳态对流传热,由于流体温度随时间变化,其研究方法与稳态有所不同。根据加热(或冷却)介质的温度是否变化,可分为恒温介质对流传热和变温介质对流传热两种类型,下面分别讨论上述两种情况,在讨论范围内,有关物性参数和过程的总传热系数 K 设为常数。

(1)以恒温介质对液体进行加热(或冷却) 设某一时刻 τ 液体温度为 t,则在微元时间 $d\tau$ 内传热温差为$(T-t)$不变,故有:

$$Q=\frac{dQ'}{d\tau}=Gc_p\frac{dt}{d\tau}=KA(T-t) \tag{3-77}$$

式中 Q——换热速率,W

Q'——时间 τ 内的总换热量,J

G——釜液量,kg

c_p——釜液定压比热容,kJ/(kg · K)

T——加热(或冷却)介质的温度,℃

将式(3-77)分离变量积分:

$$-\int_{T-t_0}^{T-t}\frac{d(T-t)}{T-t}=\frac{KA}{Gc_p}\int_0^{\tau}d\tau \tag{3-78}$$

即:

$$\ln\frac{T-t}{T-t_0}=-\frac{KA}{Gc_p}\tau \tag{3-79}$$

令 $\theta=\dfrac{T-t}{T-t_0}$,为釜液 t 的过余温度准数,$NTU_G=\dfrac{KA}{Gc_p/\tau}$,为釜液的传热单元数,则有:

$$\ln T_u=-NTU_G \tag{3-80}$$

因为:$$\ln\frac{T-t}{T-t_0}=-\frac{KA}{Gc_p}\tau=\frac{-KA\tau}{Q'/(t-t_0)}=\frac{KA\tau}{Q'}[(T-t)-(T-t_0)]$$

故:$$Q'=Gc_p(t-t_0)=KA\tau\frac{(T-t)-(T-t_0)}{\ln\dfrac{T-t}{T-t_0}}=KA\Delta t_m\tau \tag{3-81}$$

$$\frac{Q'}{\tau}=\frac{Gc_p(t-t_0)}{\tau}=KA\Delta t_m \quad (3-82)$$

即间歇釜中液体的平均传热速率 $Q'/\tau=Gc_p(t-t_0)/\tau$ 按 $KA\Delta t_m$ 计算。其中 Δt_m 为加热介质或冷却介质的温度与釜中液体初始温度 t_0 和时间 τ 后的温度 t 的差值(分别为 $T-t_0$、$T-t$) 的对数平均值。此法可简化和计算。式(3-82)同样可用图0-1归一主线理解。

(2)液体被变温介质(以 w 表示)加热或冷却过程如图 3-12 所示,随时间 τ

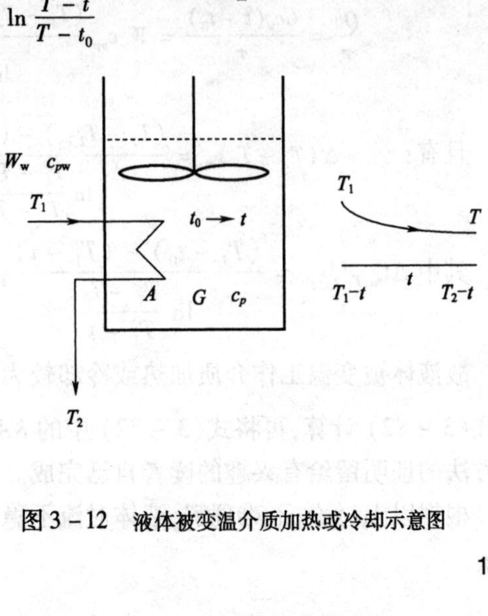

图 3-12 液体被变温介质加热或冷却示意图

的变化，釜内液体温度 t 在变化，加热或冷却介质的出口温度 T_2 也在变化，从 T_{2,τ_0} 变化到 $T_{2,\tau}$。一般应先找出 T_2 与 t 的关系，再求出 t 与 τ 的关系。

在微元时间 $d\tau$ 内，认为釜液体的温度 t 和介质出口温度 $T_{2,\tau}$ 保持不变，可列出如下微分方程：

$$\frac{dQ'}{d\tau}=\frac{G\cdot c_p dt}{d\tau}=W_w c_{pw}(T_1-T_{2,\tau})=K\cdot A\frac{(T_1-t)-(T_{2,\tau}-t)}{\ln\frac{T_1-t}{T_{2,\tau}-t}} \quad (3-83)$$

由式(3-83)后面一个等式解出：

$$T_{2,\tau}=t+(T_1-t)\cdot e^{-\frac{KA}{W_w c_{pw}}} \quad (3-84)$$

将 $T_{2,\tau}$ 代入式(3-83)中间等式：

$$Gc_p dt=W_w c_{pw}[(T_1-t)-(T_1-t)e^{-\frac{KA}{W_w c_{pw}}}]d\tau$$

$$Gc_p dt=W_w c_{pw}(T_1-t)\cdot(1-e^{-\frac{KA}{W_w c_{pw}}})d\tau \quad (3-85)$$

分离变量积分：

$$\int_{T_1-t_0}^{T_1-t}\frac{-d(T_1-t)}{T_1-t}=\frac{W_w c_{pw}}{Gc_p}(1-e^{-\frac{KA}{W_w c_{pw}}})\int_0^{\tau}d\tau$$

得：

$$\ln\frac{T_1-t}{T_1-t_0}=-\frac{W_w c_{pw}}{Gc_p}(1-e^{-\frac{KA}{W_w c_{pw}}})\tau \quad (3-86)$$

若令 $\theta=\dfrac{T_1-t}{T_1-t_0}$ 为 t 的过余温度准数，$R_w=\dfrac{W_w c_{pw}\tau}{Gc_p}$ 为介质与釜液热容之比，$NTU_w=\dfrac{KA}{W_w c_{pw}}$ 为工作介质的传热单元数，则式(3-86)写为：

$$\ln\theta=-R_w[1-\exp(-NTU_w)] \quad (3-87)$$

可以证明，采用平均方法计算，平均传热速率为 Q'/τ，计算过程平均传热速率的工作流体进出口温差的平均值，在整个时间范围内，可按照初始时间工作流体的进出口温差和最终时间工作流体的进出口温差的对数平均值计算。用于计算过程平均传热速率的温差推动力，可按照初始时刻温差推动力的对数平均值和最终时刻温差推动力的对数平均值两者再求对数平均值计算。即有：

$$\frac{Q'}{\tau}=\frac{Gc_p(t-t_0)}{\tau}=W_w c_{pw}\frac{(T_1-T_{2,\tau_0})-(T_1-T_{2,\tau})}{\ln\frac{T_1-T_{2,\tau_0}}{T_1-T_{2,\tau}}}=KA\frac{\Delta t_{m,\tau_0}-\Delta t_{m,\tau}}{\ln\frac{\Delta t_{m,\tau_0}}{\Delta t_{m,\tau}}} \quad (3-88)$$

且有：

$$\Delta(T_1-T_2)_m=\frac{(T_1-T_{2,\tau_0})-(T_1-T_{2,\tau})}{\ln\frac{T_1-T_{2,\tau_0}}{T_1-T_{2,\tau}}}=\Delta t_{m,T_1,t_0\to t}(1-e^{-\frac{KA}{W_w c_{pw}}}) \quad (3-89)$$

其中 $\Delta t_{m,T_1,t_0\to t}=\dfrac{(T_1-t_0)-(T_1-t)}{\ln\frac{T_1-t_0}{T_1-t}}$，为工作流体按恒温 T_1 考虑时过程的 Δt_m。

故液体被变温工作介质加热或冷却较为简单的计算方法是：工作介质按恒温 T_1 考虑，用式(3-82)计算，再将式(3-82)中的 $KA\Delta t_m$ 乘以衰减系数 $(1-e^{-\frac{KA}{W_w c_{pw}}})$ 或 $(1-e^{-NTU_w})$，此方法的证明留给有兴趣的读者自己完成。

根据以上讨论，不难理解，液体对流不稳态传热过程的计算仍可按照图 0-1 归一主线理解。间歇加热或冷却釜的平均传热通量等于热量浓度 $\rho c_p \Delta t_{m,T_1,t_0\to t}$ 或 $\rho c_p \Delta(\Delta t_m)$ 即 $\rho c_p \Delta t_{m,T_1,t_0\to t}(1-e^{-NTU_w})$ 除以热阻强度$\rho c_p/K$。用图0-1的归一主线理解，其中的三传系数K_T在此处等于$K/(\rho c_p)$，单位仍然为m/s。

3.4 热 辐 射

辐射(radiation)是一种通过电磁波传递能量的过程，以热的原因引起的电磁波辐射即为热辐射。任何物体只要其绝对温度不为零度，都会以电磁波的形式向外界辐射能量，辐射传热就是不同物体间相互辐射和吸收能量的综合结果。

理论上，热辐射的波长范围为零到无穷大，而具有实际意义热辐射的波长在0.4～20μm，这个范围波长的辐射能容易被物体吸收转变为热能，故被称为热辐射。可见光波长为0.38～0.8μm，0.8～20μm为红外光波长。红外光对热辐射起决定作用。

当热辐射投射到物体表面时，物体将会对投射到其上的热辐射能量进行吸收、反射和穿透，如图3-13所示，设投射到某物体上的总辐射能为Q，Q_A能量被吸收，Q_R能量被反射，Q_D能量透过该物体，按能量守恒定律，得$Q_A+Q_R+Q_D=Q$，故$Q_A/Q+Q_R/Q+Q_D/Q=1$，令$A=Q_A/Q$，$R=Q_R/Q$，$D=Q_D/Q$，A称为物体的吸收率，R称为物体的反射率，D称为物体的透过率，则有：

$$A+R+D=1 \tag{3-90}$$

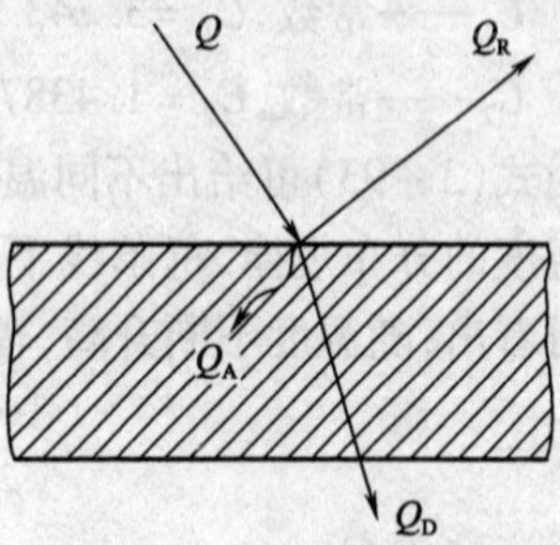

图3-13 辐射能的吸收、反射和透过

当$A=1$时，表示物体能全部吸收辐射能，称该物体为黑体；当$R=1$时，表示物体能全部反射辐射能，称该物体为白体或镜体；当$D=1$时，表示物体能全部透射辐射能，称该物体为透热体。

理想的黑体、白体和透热体并不存在，但存在近似的黑体、白体和透热体，如没有光泽的黑煤，其吸收率约为$A=0.97$，接近于黑体，而表面磨光的铜，其反射率为$R=0.97$，接近于白体，又单原子和由对称双原子构成的气体，如He、O_2、N_2和H_2等，可视为透热体。

工业上遇到的多数物体，能部分吸收所有波长的辐射能，但吸收率相差不多，为了解决问题的方便，引入了灰体的概念。灰体是对所有波长的辐射都具有相同吸收率的物体，灰体为不透热体，即$A+R=1$。

灰体也是理想物体，大多数工业上常见的固体材料可视为灰体，使辐射传热的计算大为简化。

3.4.1 热辐射三定律

物体在一定温度下，单位表面积单位时间内所发射的全部波长的辐射能，称为该物体在该温度下的辐射能力，以E表示，单位为W/m²。在相同条件下，物体发射特定波长的能力，称为单色辐射能力，用E_λ表示，定义为辐射能力随波长的变化率，即：

$$E_\lambda = \frac{dE}{d\lambda} \tag{3-91}$$

式中　λ——波长，m

E_λ——单色辐射能力，W/m^3

黑体辐射能力 E_b 和单色辐射能力 $E_{b\lambda}$ 关系为：

$$E_b = \int_0^\infty E_{b\lambda} d\lambda \tag{3-92}$$

（1）普朗克定律　普朗克定律（Planck's law）揭示了黑体的单色辐射能力 $E_{b\lambda}$ 随波长和温度的变化规律，其数学表达式为：

$$E_{b\lambda} = \frac{C_1 \lambda^{-5}}{e^{C_2/(\lambda T)} - 1} \tag{3-93}$$

式中　$E_{b\lambda}$——黑体在波长为 λ 的单色辐射能力，W/m^3

λ——波长，m

T——热力学温度，K

C_1——常数，$C_1 = 3.743 \times 10^{-16} W \cdot m^2$

C_2——常数，$C_2 = 1.4387 \times 10^{-2} m \cdot K$

由式（3-93）可给出不同温度下的 $E_{b\lambda} - \lambda$ 等温线，如图 3-14 所示的黑体辐射能力随波长温度的分布规律，每条线下的面积表示黑体在该温度下的所有波长辐射的辐射能力。由图可看出，随温度不断升高，辐射能逐渐向波长短的方向移动。

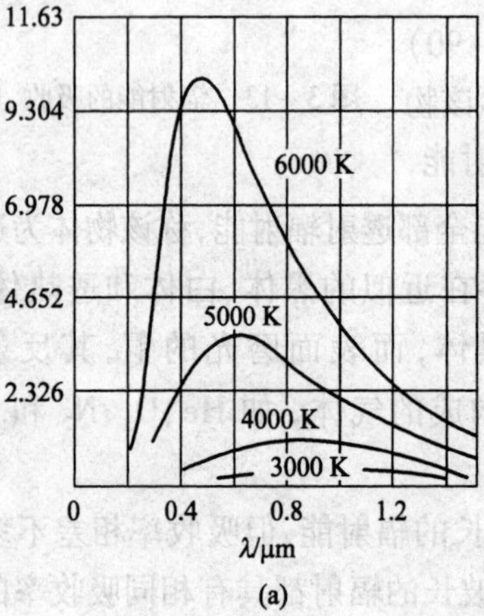

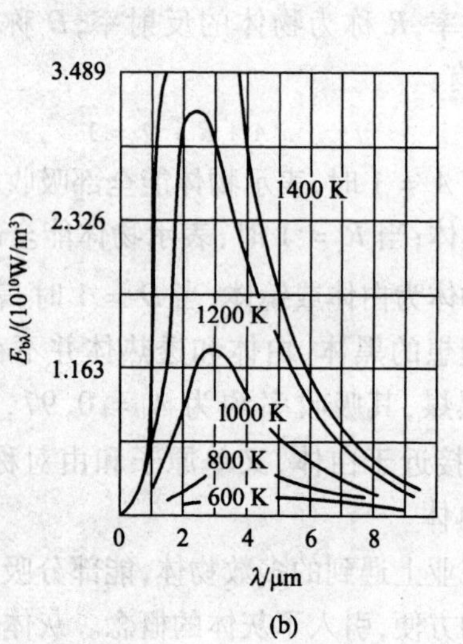

图 3-14　黑体辐射能力随波长温度的分布规律

（2）史蒂芬-玻尔兹曼定律　史蒂芬-玻尔兹曼定律（Stefan-Boltzmann law）揭示了黑体的辐射能力与其表面温度的关系。黑体的辐射能力为黑体所有单色辐射能力之和，将式（3-93）代入式（3-92）并积分，有式（3-94）的史蒂芬-玻尔兹曼定律，它表明黑体的辐射能力与热力学温度的四次方成正比：

$$E_b = \sigma T^4 \tag{3-94}$$

式中　σ——史蒂芬-玻尔兹曼常量，$\sigma = 5.67 \times 10^{-8} W/(m^2 \cdot K^4)$

在同一温度下，灰体的辐射能力小于黑体，灰体的辐射能力与黑体的辐射能力之比称为该灰体的黑度，又称发射率，一般用 ε 表示，即：

$$\varepsilon = E/E_b \tag{3-95}$$

灰体的辐射能力 E 与其表面温度的关系为：

$$E = \varepsilon E_b = \varepsilon\sigma T^4 \tag{3-96}$$

只要知道物体的黑度，便可由式(3-96)求得该物体的辐射能力。物体的黑度取决于物体的性质和表面状况，一般由实验测定，其值在 0~1。一些材料的黑度见表 3-3。

表 3-3　常用材料的黑度

材　料	温度/℃	ε	材　料	温度/℃	ε
铝，表面高度磨光	225~575	0.039~0.057	红砖，表面粗糙平整	20	0.93
黄铜，表面高度磨光	245~355	0.028~0.031	耐火砖	1000	0.75
铸铁，氧化的	200~600	0.64~0.78	玻璃，表面光滑	22~90	0.94
钢板，氧化的	200~600	0.79	涂漆，黑色或白色	40~95	0.80~0.95
钢铸铁，磨光的	770~1040	0.52~0.56	橡胶，硬板	23	0.94

（3）克希霍夫定律　设有两个物体处于同一环境下，物体 1 的辐射能力和吸收率分别为 E_1 和 A_1，物体 2 的辐射能力和吸收率分别为 E_2 和 A_2，达到热平衡后，有下述关系成立：

$$E_1/A_1 = E_2/A_2 \tag{3-97}$$

式(3-97)称为克希霍夫定律(Kirchoff' s law)，揭示了物体的辐射能力与吸收率之间的关系。假设物体 1 是黑体，$A_1=1$，则有：

$$A_2 = E_2/E_b \tag{3-98}$$

根据黑度 ε 的定义，物体 2 的黑度 ε_2 为：

$$\varepsilon_2 = E_2/E_b \tag{3-99}$$

由式(3-98)和式(3-99)得到 $\varepsilon_2=A_2$，由此可见，在同一温度下，灰体的吸收率与黑度在数值上相等。

3.4.2　固体壁面间的辐射传热

工程实践中最常见到的是固体间的辐射传热。这些固体可当作灰体处理，它们之间的辐射换热，实际上是辐射能的多次吸收和多次反射的过程。两固体间的辐射传热，不但与二者温度有关，而且与两物体的黑度、形状和大小，甚至与它们的距离和相对位置都有关，非常复杂。

两固体间辐射传热的结果，是热量从高温物体向低温物体转移，经推导，可得两固体间的辐射传热速率为：

$$Q_{1\to2} = C_{1\to2}\varphi A_1(T_1^4 - T_2^4) \tag{3-100}$$

式中　$Q_{1\to2}$——两固体间净辐射传热速率，W

$C_{1\to2}$——总辐射系数，W/($m^2 \cdot K^4$)

A_1——辐射面积，m^2

T_1, T_2——分别为高温物体和低温物体表面的热力学温度，K

φ——几何因数（角系数）

热辐射通过电磁波传递热量，式（3－100）已经揭示两固体间辐射传热速率与温度的四次方之差成正比，此点与实体物质传热速率只与温差成正比不同，但也可写出用图0－1归一主线表述的表达形式，写成：

$$\frac{Q_{1\to2}}{A}=\frac{\rho c_p(T_1-T_2)}{\dfrac{\rho c_p}{C_{1\to2}\varphi(T_1^2+T_2^2)(T_1+T_2)}}=\frac{\rho c_p(T_1-T_2)}{\dfrac{1}{K_T}}$$

三传系数 K_T 等于 $C_{1\to2}\varphi(T_1^2+T_2^2)(T_1+T_2)/\rho c_p$。此处的 ρc_p 可理解为辐射物系的平均单位体积热容，其值无需具体算出，因为分子分母都有此项，可以约去。

角系数 φ 表示从辐射面积所发射出的能量为另一物体所截获的分数。其数值不仅与两物体的几何排列有关，而且还和式中 A 的取值有关，在计算中，几何因数 φ 必须和选定的辐射面积 A 相对应。几种简单情况下的 φ 值见表3－4和图3－15。

表3－4　φ 值与 $C_{1\to2}$ 的计算式

序号	辐射情况	面积 A	角系数 φ	总辐射系数 $C_{1\to2}$
1	极大的两平行面	A_1 或 A_2	1	$\sigma/(1/\varepsilon_1+1/\varepsilon_2-1)$
2	面积有限的两相等的平行面	A_1	<1*	$\varepsilon_1\varepsilon_2\sigma$
3	很大的物体2包住物体1	A_1	1	$\varepsilon_1\sigma$
4	物体2恰好包住物体1，$A_1\approx A_2$	A_1	1	$\sigma/(1/\varepsilon_1+1/\varepsilon_2-1)$
5	在3、4两种情况之间	A_1	1	$\sigma/[1/\varepsilon_1+A_1/A_2(1/\varepsilon_2-1)]$

*此种情况的 φ 值由图3－15查得。

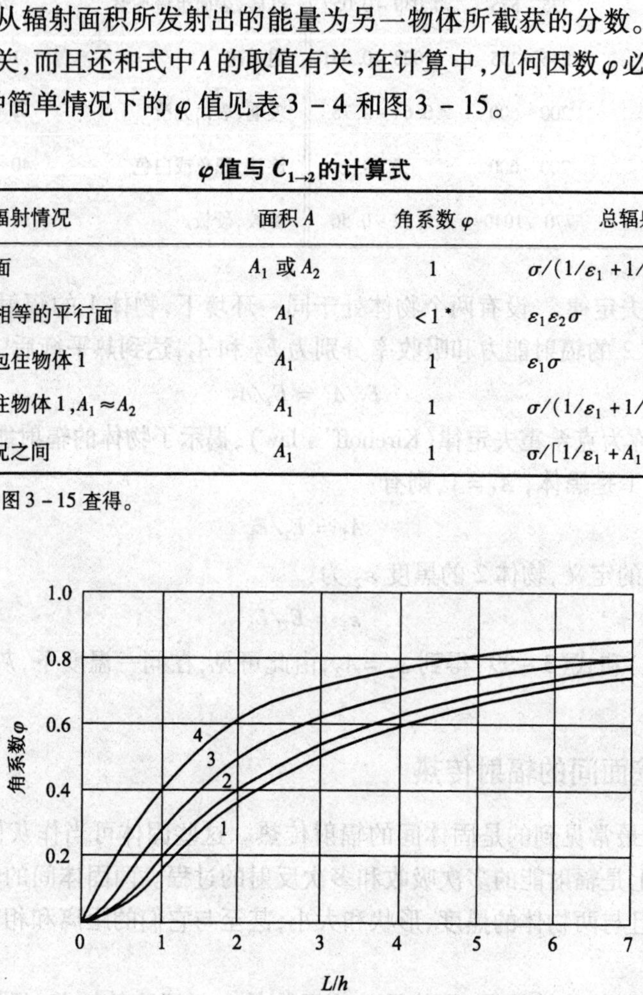

$\frac{L}{h}=\frac{\text{边长（长方形用短边）或直径}}{\text{辐射面间的距离}}$

图3－15　平行面间辐射传热的角系数

1—圆盘形　2—正方形　3—长方形（边长比2∶1）　4—长方形（狭长）

【例3-13】车间内有一高和宽各为3m的铸铁炉门，温度为227℃，室内温度为27℃。为了减少损失，在炉门前50mm处放置一块尺寸和炉门相同而黑度为0.11的铝板，试求放置铝板前、后因辐射而损失的热量，已知铸铁黑度为0.78。

解：(1) 放置铝板前因辐射损失的能量　本题属于很大的物体2包住物体1的情况，由式(3-100)得：

$$\begin{aligned} Q_{1-2} &= \sigma\varepsilon_1 A_1 (T_1^4 - T_2^4) \\ &= 5.67\times10^{-8}\times0.78\times1\times9\times[(227+273)^4-(27+273)^4] \\ &= 2.165\times10^4 (\mathrm{W}) \end{aligned}$$

(2) 放置铝板后因辐射损失的热量　以下标1、2和i分别表示炉门、房间和铝板。假定铝板温度为 T_i，则铝板向房间辐射的热量为：

$$\begin{aligned} Q_{i-2} &= \sigma\varepsilon_1 A_1 (T_i^4 - T_2^4) \\ &= 5.67\times10^{-8}\times0.11\times9\times[T_i^4-(27+273)^4] \\ &= 5.61\times10^{-8}\times(T_i^4-81\times10^8) \end{aligned}$$

炉门对铝板的辐射传热可视为两无限大平板之间的传热，故放置铝板后因辐射损失的热量，由式(3-100)得：

$$Q_{1-i} = \frac{\sigma A_1 (T_1^4 - T_i^4)}{\dfrac{1}{\varepsilon_1}+\dfrac{1}{\varepsilon_2}-1} = \frac{5.67\times10^{-8}\times9\times[(227+273)^4-T_i^4]}{\dfrac{1}{0.78}+\dfrac{1}{0.11}-1}$$

$$Q_{1-i} = 5.44\times10^{-8}\times(625\times10^8 - T_i^4)$$

当传热达到稳定时，$Q_{1-i} = Q_{i-2}$

即　$$5.44\times10^{-8}\times(625\times10^8 - T_i^4) = 5.61\times10^{-8}\times(T_i^4 - 81\times10^8)$$

解得 $T_i = 432\mathrm{K}$，将 T_i 值代入

$$Q_{1-i} = 5.44\times10^{-8}\times(625\times10^8 - 432^4) = 1506(\mathrm{W})$$

放置铝板后因辐射的热损失减少百分率为：

$$\frac{Q_{1-2}-Q_{1-i}}{Q_{1-2}} = \frac{21650-1506}{21650} = 93\%$$

由以上计算结果可见，设置隔热挡板是减少辐射散热的有效办法，而且挡板材料的黑度愈低，挡板的层数愈多，热损失愈小。

3.5 换 热 器

食品在加工时，常常需要提供或带走热量，所用的设备为换热器。各类换热器的特点不同，可根据生产规模、物料的性质、传热的要求等进行选择。

换热器按传热方式的不同分为间壁式和混合式等。在食品工业中，最常见的热交换是冷、热两流体隔着间壁的换热，以下仅限于讨论间壁式换热器。

3.5.1 间壁式换热器

间壁式换热器按传热壁面特点可分为管式、板式和板翅式3种类型，分述如下。

(1) 管式换热器　管式换热器是以管壁为换热面的换热器，常用的有蛇管式、套管式、

列管式等。

① 沉浸式换热器:这种换热器沉浸在容器中,多以金属管弯成与容器相适应的形状。常作为加热器或冷却器使用。几种常见的沉浸式换热器如图 3-16 和图 3-17 所示。

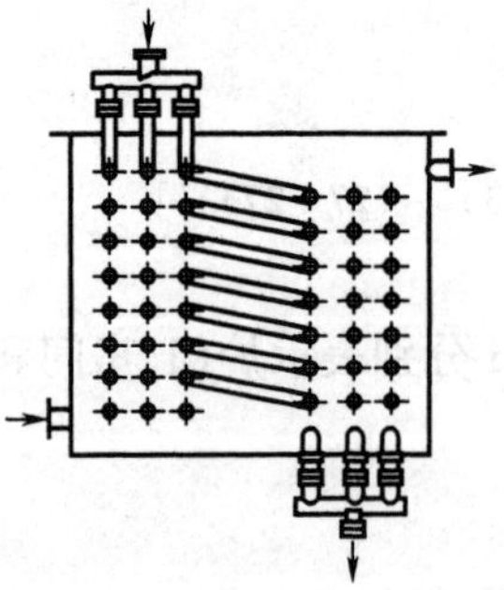

图 3-16　沉浸式蛇管换热器

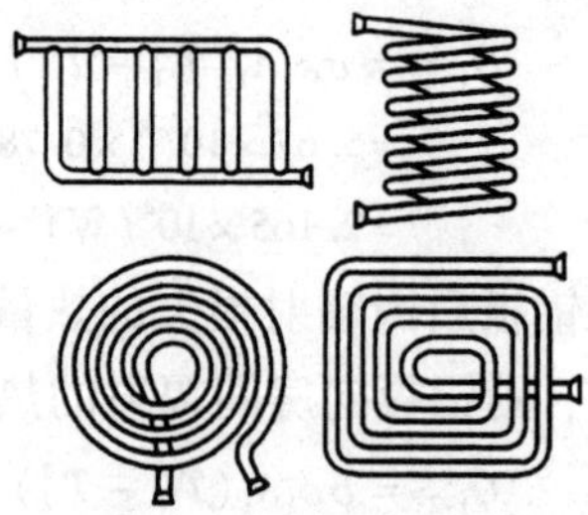

图 3-17　蛇形管

沉浸式换热器结构简单,价格低廉,能承受高压,可用耐腐蚀材料制造。其具有管外流体湍流程度低、传热系数小的缺点。可在容器内安装机械搅拌器或鼓泡搅拌器,提高管外流体的传热系数。

② 喷淋式换热器:喷淋式换热器的结构与操作如图 3-18 所示。热流体在管内流动,冷流体分散成液滴均匀地喷洒在蛇管上,并沿其表面呈膜状流下,最后流入液体槽排出。这种换热器多用作冷却器,其优点是便于检修,传热效果较好,而缺点是喷淋不易均匀。

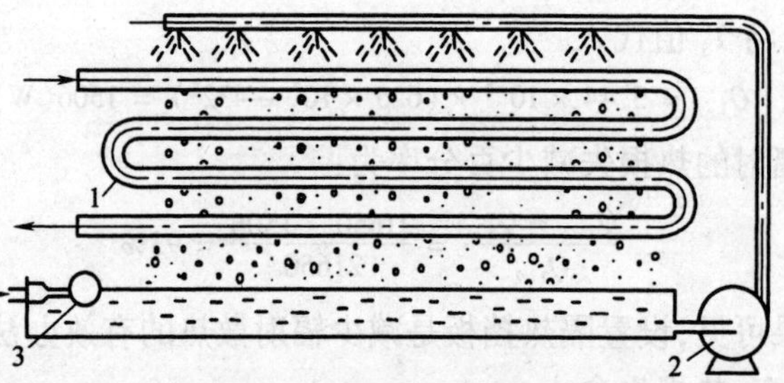

图 3-18　喷淋式冷却器

1—蛇管　2—循环泵　3—控制阀

③ 套管式换热器:套管式换热器的基本部件由直径不同的直管按同轴线相套组合而成,结构如图 3-19 所示,每一段套管为一程,每程有效长度为 4~6m,若管子太长,管中间会向下弯曲,使环隙中的流体分布不均匀。

套管式换热器的优点是构造简单,内管能耐高压,传热面积可根据需要增减,适当选择两管的直径,两流体皆可获得适宜的流速,且两流体可作严格逆流,缺点是管间接头较多,接头处易泄漏,单位换热器体积具有的传热面积较小,故使用于流量不大、传热面积要求不大但压强要求较高的场合。

④ 列管式换热器:列管式(又称管壳式)换热器是目前应用最广泛的换热设备。与前述

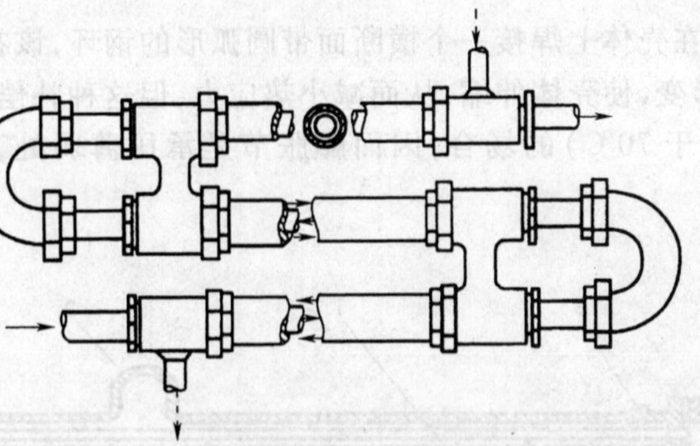

图 3－19 套管式换热器

几种换热器相比，它的突出优点是单位体积具有的传热面积大，结构紧凑、坚固、传热效果好，而且能用多种材料制造，适用性较强，操作弹性大。在高温、高压和大型装置中多采用列管式换热器，列管式换热器有多种型式。

a. 固定管板式：管子两端与管板的连接方式用焊接法或胀接法固定，壳体则同管板焊接，管束、管板与壳体成为一个不可拆的整体，这种结构的列管式换热器称为固定管板式，结构如图 3－20 所示。

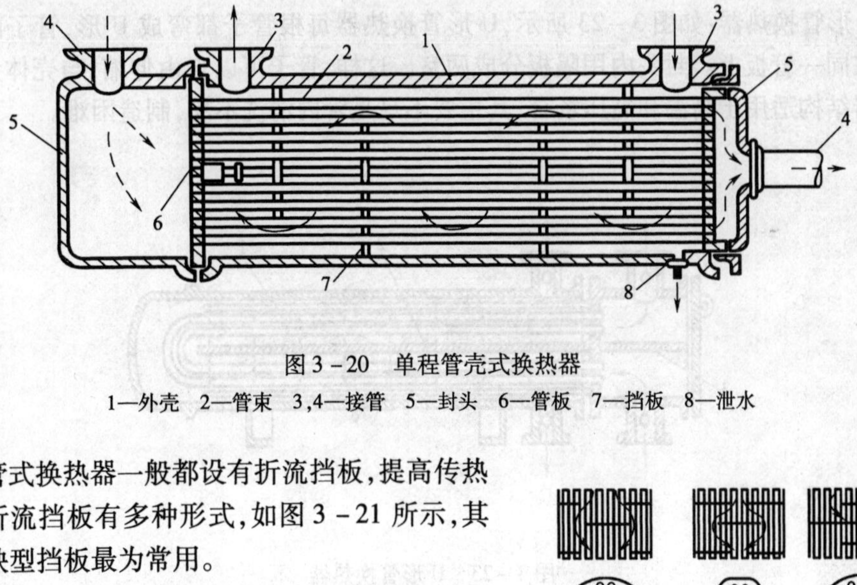

图 3－20 单程管壳式换热器

1—外壳 2—管束 3，4—接管 5—封头 6—管板 7—挡板 8—泄水

列管式换热器一般都设有折流挡板，提高传热系数。折流挡板有多种形式，如图 3－21 所示，其中以圆缺型挡板最为常用。

操作时，由于换热器管内外流体的温度不同，管壁与壳壁温度不同，致使管束与壳体的热膨胀程度不同，又因整体是固定结构，必产生热应力。热应力大时可能使管子压弯或把管子从管板处拉脱。所以当热、冷流体间温度差超过 50℃ 时应有减小热应力的措施，这称为热补偿。

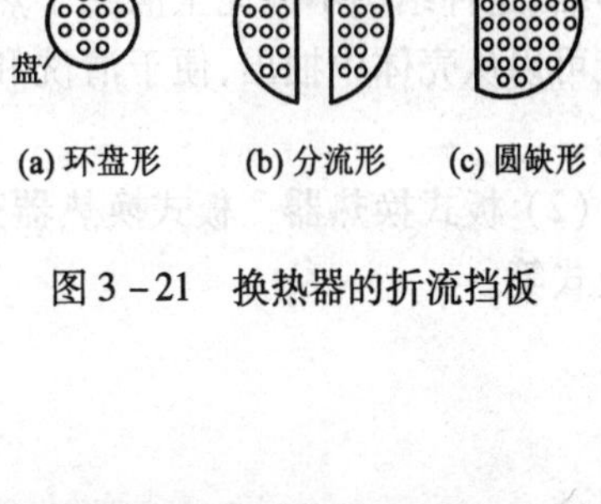

图 3－21 换热器的折流挡板

固定管板式列管换热器常用"补偿圈"结构进行热补偿，图 3－22 所示为具有补偿圈的固定

管板式换热器，即在壳体上焊接一个横断面带圆弧形的钢环，该补偿圈在受到换热器轴向应力时会发生形变，使壳体伸缩，从而减小热应力，但这种补偿方式仍不适用于热、冷流体温差较大（大于 70℃）的场合，因而膨胀节是承压薄弱处，壳程流体压强不宜超过 600kPa。

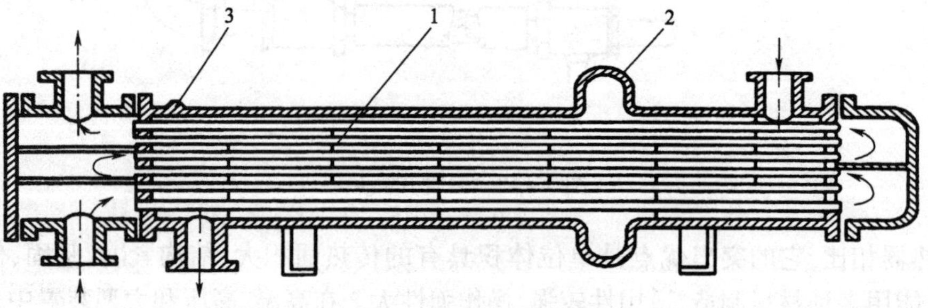

图 3-22 具有补偿圈的固定管板式换热器

1—挡板 2—补偿圈 3—放气嘴

为更好地解决热应力问题，在固定管板式的基础上，又发展了 U 形管式及浮头式列管换热器。

b. U 形管换热器：如图 3-23 所示，U 形管换热器每根管子都弯成 U 形，管子的进出口均安装在同一管板上。封头内用隔板分成两室。这样，管子可以自由伸缩，与壳体无关。这种换热器结构适用于高温和高压场合，其主要不足是管内清洗不易，制造困难。

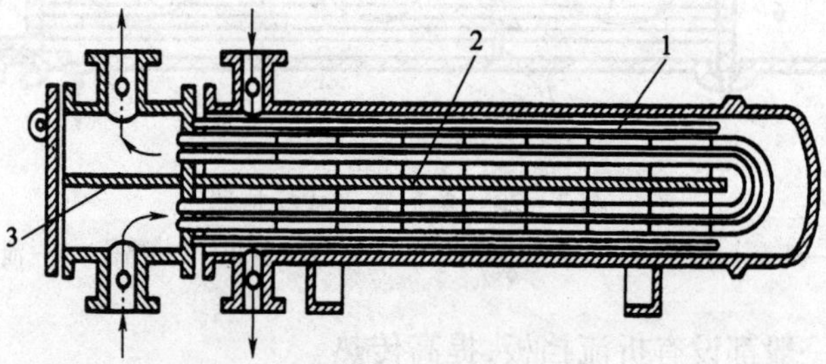

图 3-23 U 形管换热器

1—U 形管 2—壳程隔板 3—管程隔板

c. 浮头式换热器：结构如图 3-24 所示。其特点是有一端管板不与外壳相连，可以沿轴向伸缩，这种结构不但完全消除了热应力，而且由于固定端的管板用法兰与壳体相连，整个管束可以从壳体中抽出，便于清洗和检修。浮头式换热器应用较为普遍，但结构复杂，造价较高。

（2）板式换热器　板式换热器是以板壁为换热面的换热器，常见的有夹套式、板式、螺旋板式等。

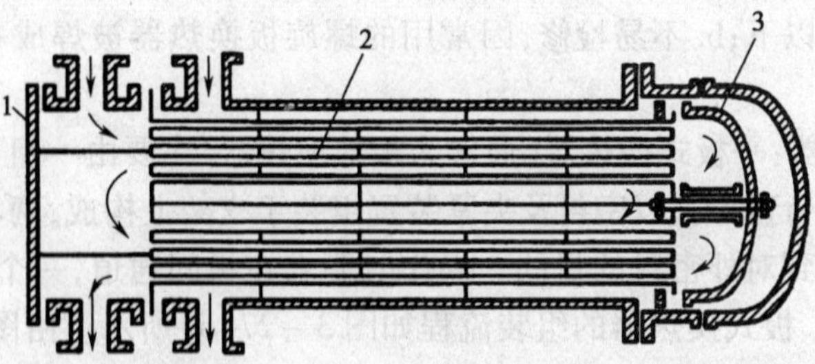

图 3 – 24　浮头式换热器

1—管程隔板　2—壳程隔板　3—浮头

① 夹套式换热器：结构如图 3 – 25 所示，夹套空间是加热介质或冷却介质的通路，这种换热器主要用于加工过程的加热或冷却。该换热器作为加热用时，蒸汽由上部接管进入夹套，冷凝水由下部管排出；作为冷却器时，冷却介质(如冷却水)有夹套下部进入，由上部接管流出。

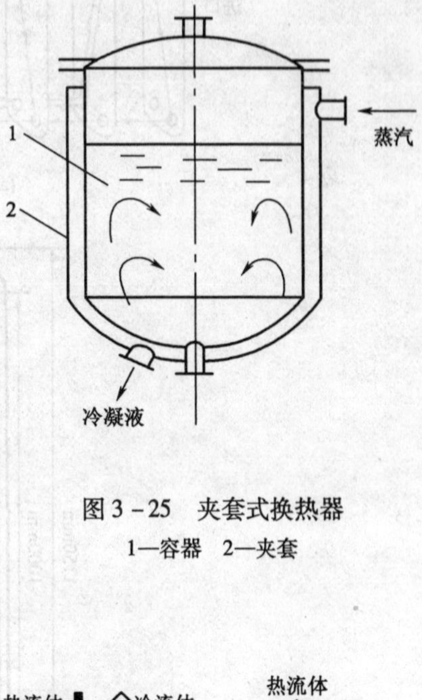

图 3 – 25　夹套式换热器

1—容器　2—夹套

夹套式换热器结构简单，但由于其加热面受容器壁面限制，传热面较小，且传热系数不高。夹套式换热器在食品加工中应用较多。

② 螺旋板式换热器：螺旋板式换热器结构如图3 – 26所示，是由两块薄金属板分别焊接在一块分隔板的两端并卷成螺旋体而构成的，两块薄金属板在器内形成两条螺旋形通道，螺旋体两侧均焊死或密封，冷、热流体分别进入两条通道，在器内作严格逆流，并通过薄板进行换热。

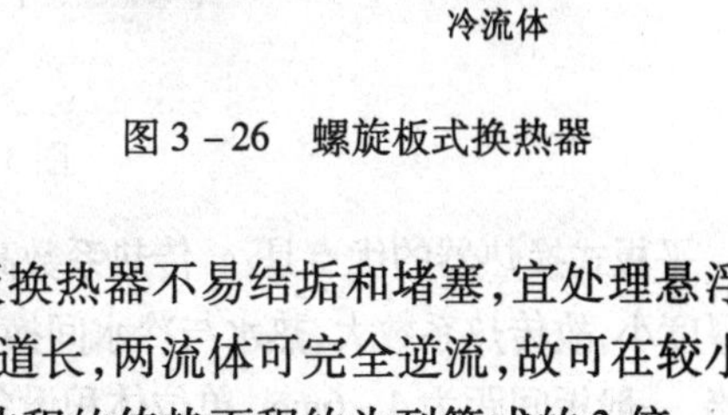

图 3 – 26　螺旋板式换热器

螺旋板换热器的直径一般在 1.6m 以内，板宽 200 ~ 1200mm，板厚 2 ~ 4mm，两板间的距离由预先焊在板上的定距掌控制，相邻板间的距离为 5 ~ 25mm，常用材料为碳钢和不锈钢。

其主要优点：a. 传热系数高，螺旋流道中的流体由于离心惯性力的作用，在较低雷诺数下即可达到湍流，并且允许采用较高流速，所以传热系数较大；b. 不易结垢和堵塞，每种流体在单通道以较高流速流动，又有离心惯性力的作用，湍流程度高，流体中悬浮的颗粒不易沉淀，故螺旋板换热器不易结垢和堵塞，宜处理悬浮液及黏度较大的流体；c. 能利用低温热源，流体流动通道长，两流体可完全逆流，故可在较小的温差下操作，充分回收低温热源；d. 结构紧凑，单位体积的传热面积约为列管式的 3 倍。

螺旋板式换热器的缺点为：a. 操作压强和温度不宜太高，目前最高操作压强不超过 2MPa，温度在 400℃以下；b. 不易检修，因常用的螺旋板换热器被焊成一体，一旦损坏，修理很难。

③ 平板式换热器：平板式换热器（通常为板式换热器）主要由一组冲压出一定凹凸波纹的长方形薄金属板平行排列，以密封及夹紧装置组装于支架上构成，两相邻板片的边缘衬有垫片，压紧后可以达到对外密封的目的。操作时要求在板间通道，一个通道走热流体，其紧邻的通道走冷流体。板式换热器的组装流程如图 3－27(a) 所示。由图可见，引入的流体可并联流入一组板间通道，而组与组之间又为串联机构。换热板结构如图 3－27(b) 所示，板上的凹凸波纹可增大流体的湍流程度，亦可增加板的刚性。波纹的形式有多种。

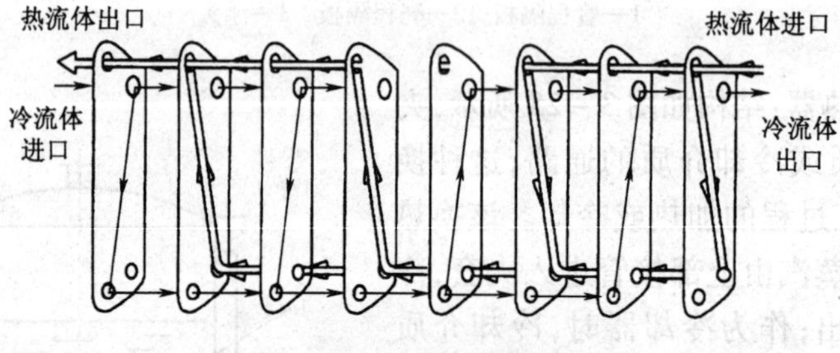

(a) 板式换热器流向示意

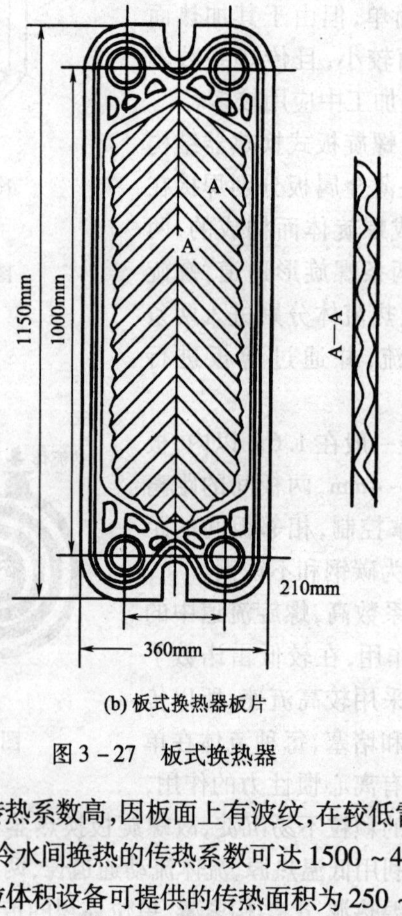

(b) 板式换热器板片

图 3－27　板式换热器

平板式换热器的优点是：a. 传热系数高，因板面上有波纹，在较低雷诺数下即可达到湍流，板片厚度小，故传热系数大，热水与冷水间换热的传热系数可达 1500～4700 W/(m^2·K)；b. 结构紧凑，一般板间距为 4～6mm，单位体积设备可提供的传热面积为 250～1000 W/(m^2·K)；c. 具有可拆结构，可根据需要，用调节板片数目的方法增减传热面积，故检修、清洗都比较方便。平板式换热器的主要缺点是：a. 操作压强和温度不能太高，压强过高易泄漏，操作压强不宜超过 2MPa，操作温度受垫片材料耐热性能限制，一般不超过 250℃；b. 处理量小，因板间距离仅几毫米，流速又不大，故处理量较小。

（3）板翅式换热器　板翅式换热器是以板翅壁为换热面的换热器，常见的有翅片管换热器、板翅式换热器等。

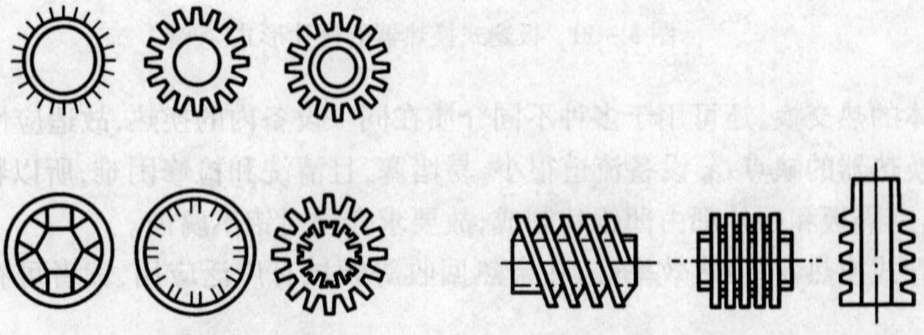

图 3 - 28　常见的翅片形式

① 翅片管换热器：翅片管换热器是在管的表面加装翅片制成，通常的翅片有横向和纵向两类，图 3 - 28 所示为工业上广泛应用的几种翅片形式。翅片与管表面的连接应紧密，否则连接处的接触热阻很大，影响传热效果。常用的连接方法有热套、镶嵌、张力缠绕和焊接等，此外翅片管也可采用整体轧制、整体铸造或机械加工等方法制造。

② 板翅式换热器：板翅式换热器是一种更为高效、紧凑、轻巧的换热器，应用甚广。板翅式换热器的结构形式很多，但其基本结构元件相同，即在两块平行的薄金属板之间，夹入波纹状或其他形状的金属翅片，并将两侧面封死，即构成一个换热基本单元。将各基本元件进行不同的积叠和适当的排列，并用钎焊固定，即可制成并流、逆流或错流的板束（或称芯部），其结构如图 3 - 29 所示。将带有流体进、出口接管的集流箱焊在板束上，就成为板翅式换热器。我国目前常用的翅片型式有光直型、锯齿型和多孔型翅片 3 种，如图 3 - 30 所示。

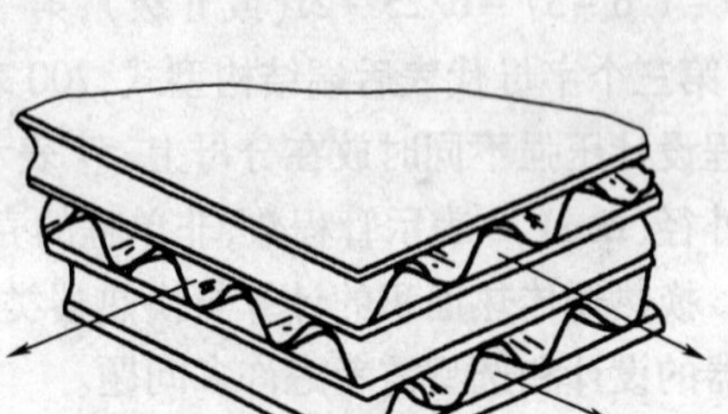

图 3 - 29　板翅式换热器的板束

板翅式换热器的优点：a. 传热系数高、传热效果好，因翅片在不同程度上促进了湍流并破坏了传热边界层的发展，故传热系数高，空气强制对流传热系数为 35 ~ 350W/(m^2 · K)，油类强制对流时传热系数为 115 ~ 1750W/(m^2 · K)，冷、热流体间换热不仅以平隔板为传热面，而且大部分通过翅片传热（二次传热面），因此提高了传热效果；b. 结构紧凑，单位体积设备提供的传热面积一般能达到 2500 ~ 4300m^2/m^3；c. 轻巧牢固，通常用铝合金制造，板质量轻，在相同的传热面积下，其质量约为列管式换热器的 1/10，波形翅片不单是传热面，亦是两板间的支撑，故其强度很高；d. 适应性强、操作范围广，因铝合金的导热系数高，且在 0℃ 以下操作时，其延伸性和抗拉强度都较高，适用于低温及超低温的场合，故操作范围广，此外既可

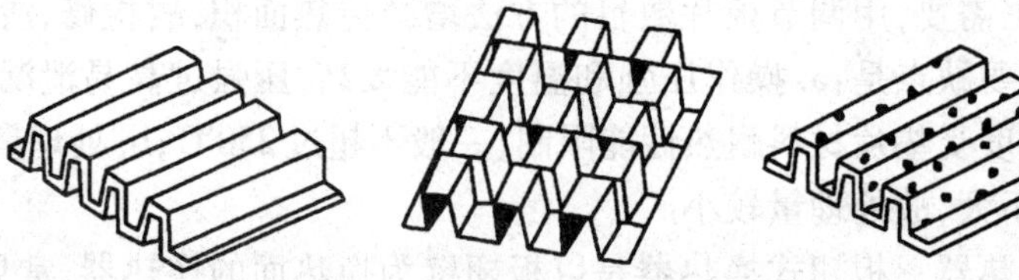

图 3－30　板翅式换热器的翅片形式

用于两种流体的热交换，还可用于多种不同介质在同一设备内的换热，故适应性强。

板翅式换热器的缺点：a. 设备流道很小，易堵塞，且清洗和检修困难，所以物料应洁净或预先净制；b. 因隔板和翅片都由薄铝片制成，故要求介质对铝不腐蚀。

另有热管式换热器，换热效率高，在余热回收等领域有广泛应用，读者可查阅相关资料加以了解。

3.5.2　列管式换热器设计和选型

列管式换热器是一种常用的换热设备，在许多工业部门中大量使用，因此下面对列管式换热器的选型和设计进行介绍。

列管式换热器设计和选型的核心是换热器传热面积的计算，进而确定换热器的其他尺寸或选择换热器的型号。列管式换热器的型号有确定的表示方法，可用下例说明：如 BES－700－1.6－57－6/25－2I（或Ⅱ级），第一个字母代表前端管箱型式，第二个字母代表壳体型式，第三个字母代表后端结构型式，700 表示公称直径（mm），1.6 表示管程设计压强（MPa），壳程设计压强不同时放在分母上，57 表示公称换热面积（m^2），6 表示管长（m），25 表示换热管外径（mm），2 表示管程数，非单程的壳程数可放在分母上，I 表示 I 级换热器。

换热器传热面积的计算与换热器类型、尺寸、流体通道、流体流向、温度等有关，因此换热器的设计和选型需考虑许多问题。

（1）设计和选用时应考虑的问题　除了前面讲过流体的流向、流速和流体出口温度的选择外，还应考虑：

①冷热流体流动通道的选择：冷热流体流经管程还是壳程，应灵活确定。以固定管板式换热器为例，介绍一些选择原则：

a. 不洁净或易结垢的液体宜在管程，因管内清洗方便，但 U 形管式的不宜走管程；

b. 腐蚀性流体宜在管程，以免管束和壳体同时受到腐蚀；

c. 压力高的流体宜在管内，以免壳体承受压力；

d. 饱和蒸汽宜走壳程，饱和蒸汽比较清洁，而且冷凝液容易排出；

e. 被冷却的流体宜走壳程，便于散热；

f. 若两流体温差大，对于刚性结构的换热器，宜将传热系数大的流体通入壳程，以减小热应力；

g. 流量小而黏度大的流体一般以壳程为宜，因在壳程 $Re>100$ 即可达到湍流，但这并不绝对，如果流动阻力损失允许，将这种流体通入管内并采用多管程结构，反而会得到更高的传热系数。

以上各点常常不可能同时满足，而且有时还会相互矛盾，故应根据具体情况，抓住主要方面，做出适宜的决定。

②流动方式的选择：除逆流和并流之外，在列管式换热器中冷、热流体还可以作各种多管程多壳程的复杂流动。当流量一定时，管程或壳程越多，对流传热系数越大，对传热过程越有利，但是采用多管程或多壳程必导致流体阻力损失，即输送流体的动力费用增加，因此在决定换热器的程数时，需权衡传热和流体输送两方面的损失，当采用多管程或多壳程时，列管式换热器内的流动形式复杂，对数平均值的温差要加以修正。

③换热管规格和排列选择：换热管直径越小，换热器单位容积的传热面积越大，因此对于洁净的流体，管径可取得小些，但对不洁净或易结垢的流体，管径应取的大些，以免堵塞。为了制造和维修的方便，我国目前试行的系列标准规定采用 $\Phi19\times2$mm 和 $\Phi25\times2.5$mm 两种规格，管长有 1.5，2.0，3.0，6.0m，此外管长 L 和壳径 D 的比例应适当，一般 L/D 为 4～6。

管子在管板上排列的间距 t（相邻两根管子的中心距）随管子与管板的连接方法而异，管间距越小，越有利于提高传热系数，设备越紧凑，通常胀管法取 $t=(1.3\sim1.5)d_0$，d_0 为管的外径，且相邻两管外壁间距不应小于 6mm，即 $t\geq(d_0+6)$，焊接法 $t=1.25d_0$。

排列方式：正三角形、正方形直列和错列排列，如图 3－31 所示。各种排列方式的优点：正方形直列易清洗，但传热效果差；正方形错列可提高传热系数；正三角形排列，排列紧凑，管外流体湍流程度高，传热系数大。

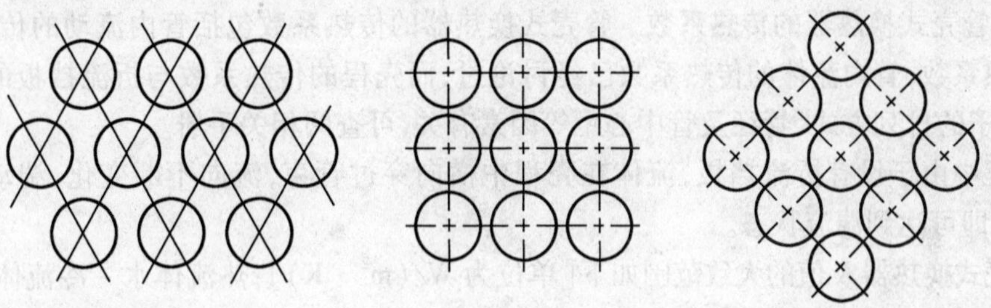

(a) 正三角形排列　　(b) 正方形直列　　(c) 正方形错列

图 3－31　管子排列方式

④折流挡板：安装折流挡板的目的是提高壳程对流传热系数，为取得良好的效果，挡板的形状和间距必须适当。

对圆缺形挡板而言，弓形缺口的大小对壳程流体的流动情况有重要影响。由图 3－32 可以看出，弓形缺口太大或太小都会产生“死区”，既不利于传热，又往往增加流体阻力。挡

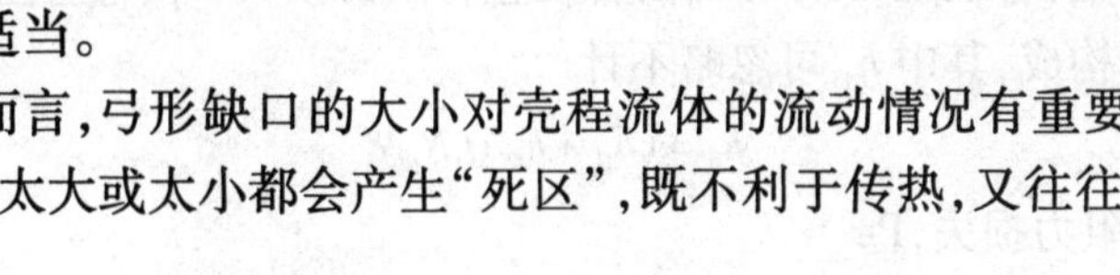

(a) 切除过少　　(b) 切除适当　　(c) 切除过多

图 3－32　挡板切除对流动的影响

板的间距对壳体的流动亦有重要的影响，间距太大时不能保证流体垂直流过管束，使管外表面传热系数下降，而间距太小时不便于制造和检修，阻力损失亦大，一般取挡板间距为壳体内径的0.2～1.0倍。

(2)换热器外壳直径的确定　换热器壳体的直径根据计算出的实际管数、管长、管中心距及管子的排列方式等，用作图法得出管板直径，换热器壳体的内径应等于或稍大于管板的直径。一般在初步设计中，计算所需的管程和壳程的流通截面积，于系列标准中查出外壳的直径，待全部设计完成后，用作图法画出管子排列图，为使管子排列均匀，防止流体走"短流"，可适当增减管子。

初步设计也可用下式估算外壳直径，即：

$$D = t(n_c - 1) + 2b_a \tag{3-101}$$

式中 D——壳体内径，m

t——管中心距，m

n_c——位于管束中心线上的管数

b_a——管束中心线上最外层管的中心至壳体内壁的距离，一般取 $b_a = (1 \sim 1.5)d_0$

管子按正三角形排列时，$n_c = 1.1\sqrt{n}$；管子按正方形排列时 $n_c = 1.19\sqrt{n}$，n 为换热器的总管数。

按上述方法计算出外壳直径后应圆整，壳体外径常用的标准有159，273，400，500，600，700，800，900，1000，1100和1200mm等。

(3)管壳式换热器的传热系数　管壳式换热器的传热系数包括管内流动的传热系数和壳程传热系数，管内流体的传热系数已经讨论过，而壳程的传热系数与折流挡板的形状、板间距、管子的排列方式、管径及管中心距等因素有关，可查阅相关手册。

壳程中由于设有折流挡板，流体在壳程中横向穿过管束，流向不断变化，湍动增强，当 $Re > 100$ 即可达到湍流状态。

管壳式换热器 K 值的大致范围如下[单位为 $W/(m^2 \cdot K)$]：热流体水－冷流体水，820～1700；热流体轻油－冷流体油，340～910；热流体重油－冷流体水，60～280；热流体气体－冷流体水，17～280；水蒸气冷凝－冷流体水，1420～4250；水蒸气冷凝－冷流体气体，30～300；水蒸气冷凝－水沸腾，2000～4250；水蒸气冷凝－轻油沸腾，455～1020。

(4)流体通过换热器的阻力损失

① 管程阻力损失：管程阻力损失 h_{ft} 由各程直管阻力损失 h_{f1}、弯管阻力损失 h_{f2} 及换热器进出口阻力损失 h_{f3} 构成，其中 h_{f3} 可忽略不计。

$$h_{ft} = (h_{f1} + h_{f2})f_t N_p N_s \tag{3-102}$$

式中 h_{f1}——直管阻力损失，Pa

h_{f2}——弯管阻力损失，Pa

f_t——管程结垢校正系数，对三角形排列取1.5，正方形排列取1.4

N_p——一个壳程的管程数(各壳程的管程数相同)

N_s——壳程数

直管阻力损失 h_{f1} 可按一般摩擦阻力公式计算，弯管阻力损失 h_{f2} 可按下面经验公式估算：

$$h_{f2} = 3\frac{u_i^2}{2} \tag{3-103}$$

h_{f2}包括回弯和进出口局部阻力及封头内流体转向的局部阻力，取阻力系数为3。

管程阻力损失也可写成：

$$\Delta p_t = \left(\lambda\frac{l}{d_i}+3\right)f_t N_p N_s \frac{\rho u_i^2}{2} \tag{3-104}$$

对同一换热器，若单程改为双程，阻力损失剧增为原来的8倍，而传热系数只增为原来的1.74倍，因此在选择换热器管程数时，应该兼顾传热与流体压降两方面得失。

② 壳程阻力损失：壳程由于流动状态比较复杂，结构参数较多，提出的公式较多，但可归结为：

$$h_{fs} = \zeta\frac{u_o^2}{2} \tag{3-105}$$

不同的计算公式，决定ζ和u_o的方法不同，计算结果往往不一致。下面介绍埃索法计算壳程压强降的公式，即：

$$\sum \Delta p_o = (\Delta p_1' + \Delta p_2')F_s N_s \tag{3-106}$$

式中　$\Delta p_1'$——流体横过管束的压强降，Pa

$\Delta p_2'$——流体通过折流板的压强降，Pa

F_s——壳程压强降的结垢校正系数，量纲为1，液体可取1.15，气体可取1.0

$$\Delta p_1' = Ff_0 n_c (N_B + 1)\frac{\rho u_0^2}{2} \tag{3-107}$$

$$\Delta p_2' = N_B\left(3.5 - \frac{2B}{D}\right)\frac{\rho u_0^2}{2} \tag{3-108}$$

式中　F——管子排列方法对压强降的校正系数，对正三角形排列为0.5，对正方形排列为0.3，对正方形排列斜转45°为0.4

f_o——壳程流体的摩擦因数，当$Re_o > 500$时，$f_o = 5.0Re_o^{-0.228}$

N_B——折流挡板数

B——折流挡板间距，m

u_o——按壳程流通截面积A_0计算的流速，m/s，$A_o = B(D - n_c d_o)$

一般来说，液体流经换热器的压强降为10～100kPa，气体的为1～10 kPa。设计时换热器的尺寸应在压强降与传热面积间权衡，使之既能满足工艺要求，又经济合理。

(5) 对数平均温差的修正　采用多管程或多壳程时，由于其内流动形式复杂，平均推动力的计算式相当复杂，为了方便，这些复杂流型的平均推动力按照已经讨论过的乘以温度系数φ的方法进行修正。通常在换热器的设计中规定φ值不应小于0.8，若低于此值，则应考虑增加壳程数，或将多台换热器串联使用，使传热过程更接近于逆流。若在温差校正系数图中无法查得，说明此种换热器达不到规定的传热要求，需改用其他流向的换热器。

(6) 管壳式换热器的设计和选用步骤

① 由已知条件计算传热量及逆流平均温差：管壳式换热器的总传热速率方程式为$Q = KA\Delta t_m = KA\varphi\Delta t_{m逆}$，要计算$A$，必须知道$K$、$\varphi$，而$K$和$\varphi$则由传热面积$A$的大小和换热器结构决定，因此在冷、热流体的流量及进出口温度已知的条件下，选用或设计换热器必须通过试差计算。

② 初选换热器的尺寸规格：a. 初步选定流体流动方式，由冷热流体的进出口温度计算温差修正系数 φ，应使 $\varphi>0.8$，否则应改变流动方式，重新计算；b. 依据经验估计总传热系数 $K_{估}$，估算传热面积 $A_{估}$；c. 根据 $A_{估}$，选定换热管的直径、长度及排列，如果是选用换热器，可根据 $A_{估}$ 在系列标准中选用适当的换热器型号。

③计算管程的压降和传热系数：a. 根据经验选定流速，确定管程数目，并计算管程压降 h_{ft}，若 $h_{ft}>h_{ft估}$，必须调整管程数目重新计算；b. 计算管内传热系数 α_2，若 $\alpha_2<K_{估}$，则应改变管程数重新计算，若改变管程数使 $h_{ft}>h_{ft估}$，则应重新估计 $K_{估}$，另选一换热器型号进行试算。

④计算壳程压降和传热系数：a. 根据流速范围确定挡板间距，并计算壳程压降 h_{ft}，$h_{ft}>h_{ft估}$，可增大挡板间距；b. 计算壳程传热系数 α_1，若 α_1 太小可减小挡板间距。

⑤ 计算传热系数，校核传热面积：根据流体性质选择适当的垢层热阻 R，由 R、α_1、α_2 计算 $K_{计}$，再由传热基本方程计算 $A_{计}$，当小于 $A_{计}$ 初选换热器实际所具有的传热面积 A，则计算可行，考虑到所用换热器计算式的准确度及其他未可预料的因素，应使选用换热器面积有 15% ~25% 的余量，即 $A/A_{计}=1.15\sim1.25$，否则应重新估计一个 $K_{估}$，重复以上计算。

*【例 3 - 14】欲用 20℃ 的井水将 6000kg/h 浓度为 93.5%（质量）乙醇水溶液从共沸温度 78.3℃ 降低到 35℃，冷却水的温度升到 40℃。若要求换热器的管程和壳程压强降不大于 30kPa，试选择合适的管壳式换热器。

定性温度下流体的物性见下表。

	密度/(kg/m³)	比热容/[kJ/(kg·℃)]	黏度/(Pa·s)	导热系数/[W/(m·℃)]
乙醇水溶液	809.8	3.013	0.58×10^{-3}	0.174
水	995.7	4.174	0.801×10^{-3}	0.618

解：本题为两流体均不发生相变的传热过程，且水的对流传热系数一般较大，易结垢，故冷却水走管程，乙醇水溶液较洁净，走壳程。

（1）试算和初选换热器的规格

①计算热负荷和冷却水的流量。

$$Q=W_h c_{ph}(T_1-T_2)$$
$$=6000\times3.013\times10^3\times(78.3-35)/3600=217438.2(\text{W})$$
$$W_c=\frac{Q}{c_{pc}(t_2-t_1)}=\frac{217438.2}{4174(40-20)}=2.60(\text{kg/s})=9376.8(\text{kg/h})$$

②计算两流体的平均温度差。暂按单壳程、多管程进行计算，逆流时的平均温度差为：

$$\Delta t_{m逆}=\frac{\Delta t_2-\Delta t_1}{\ln\dfrac{\Delta t_2}{\Delta t_1}}=\frac{(78.3-40)-(35-20)}{\ln\dfrac{78.3-40}{35-20}}=24.86(℃)$$

而 $$P=\frac{t_2-t_1}{T_1-t_1}=\frac{40-20}{78.3-20}=0.343\qquad R=\frac{T_1-T_2}{t_2-t_1}=\frac{78.3-35}{40-20}=2.17$$

查 2 壳程 4 管程的温度校正系数图（1 壳程的温度校正系数 <0.8），得 $\varphi=0.92$，所以：

$$\Delta t_m=\varphi\Delta t_{m逆}=0.92\times24.86=22.87(℃)$$

③初选换热器规格。根据两流体的情况，假设 $K=500\ \text{W/(m}^2\cdot℃)$，故：

$$A=\frac{Q}{K\Delta t_m}=\frac{217438.2}{500\times22.87}=19.02(\text{m}^2)$$

由于 $T_m - t_m = (78.3 + 40)/2 - (35 + 20)/2 = 29.15℃ < 50℃$，因此无需考虑热补偿。据此由换热器系列标准中选定固定管板型换热器 2 台串联，形成 2 壳程 4 管程换热器组，其中一台的有关参数见下表。

壳径/mm	273	管子尺寸/mm	$\Phi19 \times 2$ mm
公称压强/MPa	1.6	管长/mm	4.5
公称面积/m^2	14.7	管子总数	56
管程数	2	管子排列方式	正三角形

则实际传热面积：

$$A_o = 2n\pi d(L - 0.1) = 2 \times 56 \times 3.14 \times 0.019 \times (4.5 - 0.1) = 29.4(m^2)$$

若选择该型号的换热器，则要求传热过程的总传热系数为：

$$K_o = \frac{Q}{A_o \Delta t_m} = \frac{217438.2}{29.4 \times 22.87} = 323.4\ [W/(m^2 \cdot ℃)]$$

(2)核算压强降

①管程压强降：

$$\sum \Delta p_i = (\Delta p_1 + \Delta p_2) f_t N_p N_s$$

其中 $f_t = 1.5, N_p = 2, N_s = 2$。

一台换热器的管程流通截面积(如用换热器组 4 管程计算，则管数为 112)

$$A_i = \frac{\pi}{4} d_i^2 \frac{n}{N_p} = \frac{\pi}{4} \times 0.015^2 \times \frac{56}{2} = 0.00495(m^2)$$

$$u_i = \frac{W_s/\rho_i}{A_i} = \frac{2.6/995.7}{0.00495} = 0.53(m/s)$$

$$Re_i = \frac{d_i u_i \rho_i}{\mu_i} = \frac{0.015 \times 0.53 \times 995.7}{0.801 \times 10^{-3}} = 9882.4(\text{湍流})$$

设管壁粗糙度 $\varepsilon = 0.1$mm，则 $\varepsilon/d_i = 0.1/15 = 0.0067$，由摩擦因数图查得或由

$$\frac{1}{\sqrt{\lambda}} = -1.8\lg\left[\frac{6.9}{Re} + \left(\frac{\varepsilon/d}{3.7}\right)^{1.11}\right] = -1.8\lg\left[\frac{6.9}{9882.4} + \left(\frac{0.0067}{3.7}\right)^{1.11}\right]$$

计算得到 $\lambda = 0.04$。

$$\Delta p_1 = \lambda \frac{l}{d} \frac{\rho u^2}{2} = 0.04 \times \frac{4.5}{0.015} \times \frac{995.7 \times 0.53^2}{2} = 1678.2(Pa)$$

$$\Delta p_2 = 3 \frac{\rho u^2}{2} = 3 \times \frac{995.7 \times 0.53^2}{2} = 419.54(Pa)$$

$$\sum \Delta p_i = (1678.2 + 419.54) \times 1.5 \times 2 \times 2 = 12586.44(Pa) = 12.6(kPa)$$

管程压降符合要求。

②壳程压强降：

$$\sum \Delta p_o = (\Delta p_1' + \Delta p_2') F_s N_s$$

其中，$F_s = 1.15, N_s = 2$

$$\Delta p_1' = F f_o n_c (N_B + 1) \frac{\rho u_o^2}{2}$$

管子为正三角形排列，$F=0.5$

$$n_c = 1.1\sqrt{n} = 1.1\sqrt{56} \approx 8.23$$

取折流挡板间距 $B=0.2\text{m}$

$$N_B = \frac{L}{B} - 1 = \frac{4.5}{0.2} - 1 = 21.5$$

壳层流通截面积：

$$A_o = B(D - n_c d_o) = 0.2 \times (0.273 - 8.23 \times 0.019) = 0.0234(\text{m}^2)$$

$$u_o = \frac{6000}{3600 \times 809.8 \times 0.0234} = 0.09(\text{m/s})$$

$$Re_o = \frac{d_o u_o \rho_o}{\mu_o} = \frac{0.019 \times 0.09 \times 809.8}{0.58 \times 10^{-3}} = 2387.5 > 500$$

$$f_o = 5.0Re_o^{-0.228} = 5.0 \times 2387.5^{-0.228} = 0.85$$

所以：$$\Delta p_1' = 0.5 \times 0.85 \times 8.23 \times (21.5+1) \times \frac{809.2 \times 0.09^2}{2} = 257.9(\text{Pa})$$

$$\Delta p_2' = N_B\left(3.5 - \frac{2B}{D}\right)\frac{\rho u_o^2}{2}$$

$$= 21.5(3.5 - \frac{2 \times 0.2}{0.273}) \times \frac{809.2 \times 0.09^2}{2} = 143.4(\text{Pa})$$

$$\sum \Delta p_o = (257.9 + 143.4) \times 1.15 \times 2 = 923.0(\text{Pa})$$

计算结果表明，管程和壳程压强降都能满足要求。

(3)核算总传热系数

①管程对流传热系数 α_i：

$$Re_i = 9882.4(\text{湍流})$$

$$Pr_i = \frac{c_p \mu}{\lambda} = \frac{4.174 \times 10^3 \times 0.801 \times 10^{-3}}{0.618} = 5.41$$

$$\alpha_i = 0.023\frac{\lambda}{d_i}Re_i^{0.8}Pr_i^{0.4}$$

$$=0.023 \times \frac{0.618}{0.015} \times 9882.4^{0.8} \times 5.41^{0.4} = 2922.8[\text{W/(m}^2 \cdot ℃)]$$

②壳程对流传热系数 α_o：

$$\alpha_o = 0.36\left(\frac{\lambda}{d_i}\right)\left(\frac{d_e u_o \rho}{\mu}\right)^{0.55}\left(\frac{c_p \mu}{\lambda}\right)^{\frac{1}{3}}\left(\frac{\mu}{\mu_w}\right)^{0.14}$$

换热器列管中心距 $t=25\text{mm}$，则流体通过管间最大截面积为：

$$A' = BD\left(1 - \frac{d_o}{t}\right) = 0.2 \times 0.273 \times \left(1 - \frac{0.019}{0.025}\right) = 0.0131(\text{m}^2)$$

$$u_o = \frac{V_s}{A'} = \frac{6000/3600}{809.2 \times 0.0131} = 0.157(\text{m/s})$$

$$d_e = \frac{4\left(t^2 - \frac{\pi}{4}d_o^2\right)}{\pi d_o} = \frac{4(0.025^2 - 0.785 \times 0.019^2)}{\pi \times 0.019} = 0.023(\text{m})$$

$$Re_o = \frac{d_e u_o \rho}{\mu} = \frac{0.023 \times 0.157 \times 809.2}{0.58 \times 10^{-3}} = 5.04 \times 10^3$$

$$Pr = \frac{3013 \times 0.58 \times 10^{-3}}{0.174} = 10.04$$

壳程中乙醇被冷却，取$(\mu/\mu_w)^{0.14}=0.95$，所以：

$$\alpha_o = 0.36 \times \left(\frac{0.174}{0.023}\right)(5040)^{0.55}(10.04)^{\frac{1}{3}} \times 0.95 = 607.0[\mathrm{W/(m^2 \cdot ℃)}]$$

③污垢热阻：参考手册，管内、外侧污垢热阻分别为：

$$R_{si}=0.3\times10^{-3}(\mathrm{m^2 \cdot ℃})/\mathrm{W},\ R_{so}=0.25\times10^{-3}(\mathrm{m^2 \cdot ℃})/\mathrm{W}$$

④总传热系数K_o：管壁较薄，不再校正管径，总传热系数K_o为：

$$K_o \approx \frac{1}{\frac{1}{\alpha_i}+R_{si}+\frac{b}{\lambda}+R_{so}+\frac{1}{\alpha_o}} = \frac{1}{\frac{1}{2922.8}+0.0003+\frac{0.002}{45}+0.00025+\frac{1}{607.0}} = 387.0[\mathrm{W/(m^2 \cdot ℃)}]$$

由计算可知，选用该型号换热器时要求过程的总传热系数为323.4W/(m²·℃)，在规定的流动条件下，计算出的总传热系数为387.0 W/(m²·℃)，387.0/323.4 = 1.20，有20%的裕量，故所选两台换热器组成2壳程4管程的换热器组可完成生产任务。

上例仅说明换热器工艺设计的一般原则，实际设计时要求设计者反复计算，对结果比较后，定出最适宜的或最优的设计，为此设计中必须考虑传热的要求、成本、设备的尺寸和压强降等。

3.5.3 传热过程的强化措施

传热过程的强化是指提高冷、热流体间的传热速率。由传热速率方程可知，要增大传热速率，需提高传热系数K，增大传热面积A和平均传热温差Δt_m。

(1)增大传热平均温度差Δt_m　增大传热平均温度差Δt_m，可以提高换热器的传热速率。平均温差的大小取决于两流体的温度条件和两流体在换热器中的流动形式，因此利用增大平均传热温差Δt_m来强化传热有限，通常可采用如下措施提高传热平均温差：两侧变温情况下，尽量采用逆流流动；提高加热剂T_1的温度（如用蒸汽加热，可提高蒸汽的压力来提高其饱和温度）；降低冷却剂t_1的温度。

(2)增大总传热系数K　在强化传热中应重点考虑的是通过增大总传热系数K，提高换热器的传热速率。总传热系数的计算公式为：

$$\frac{1}{K} = \left(\frac{1}{\alpha_1}+R_{s1}\right)+\frac{b}{\lambda}\frac{d_1}{d_m}+\left(\frac{1}{\alpha_2}+R_{s2}\right)\frac{d_1}{d_2}$$

由总传热系数的计算公式可知，欲提高总传热系数，就需减小管壁两侧的对流传热热阻、污垢热阻和管壁热阻。应根据情况确定影响传热过程的主要热阻，并采取相应措施减小热阻，提高总传热系数。对流传热热阻经常是影响传热过程的主要热阻。对间壁式换热器，管壁两侧的热阻最重要，因此为减小热阻可采取如下方法：① 尽可能利用有相变的热载体(α大)；② 选用λ大的材料的管子；③ 减小金属壁、污垢及两侧流体热阻中较大者的热阻；④ 提高较小一侧的对流传热系数α。

对于无相变流体的传热，可增大流体的流速，在流体流动的管内加扰流元件，改变传热面形状和增加粗糙度，都可提高对流传热系数α。

(3)增加单位体积的传热面积　增加传热面积，可以提高换热器的传热速率，但增大传热面积不能依靠增大换热器的尺寸来实现，应通过改进设备结构来提高单位体积的传热面积。增加传热面积可能会导致设备增大,投资和维修费用随之增加,是否增大传热面积应依据经济权衡来决定。通常采用如下措施增加单位体积的传热面积:① 直接接触传热,可增大A和湍动程度,使总传热速率增加;② 采用高效新型换热器。

在传统的间壁式换热器中,除夹套式外,其他都为管式换热器。管式换热器的共同缺点是结构不紧凑,单位换热面积所提供的传热面小,金属消耗量大,但随工业的发展,陆续出现了不少的高效紧凑的换热器并逐渐趋于完善。这些换热器基本可分为三类:第一类是在管式换热器的基础上加以改进,在管子表面上装径向或轴向翅片;第二类是采用各种板状换热表面;第三类是采用热管作为换热原件。

思 考 题

1. 平板、圆柱、球体及多层平板、多层圆柱、多层球体传热通量的计算公式如何统一于一个公式?
2. 温度梯度的严格定义是什么?
3. 如何推导无限大平板、无限长圆柱和球体的不稳态导热方程?
4. 不稳态热传导的计算除了算图法外,还有其他方法吗?各有什么优点?
5. 稳态对流传热的量纲分析的步骤及结论各是什么?
6. 使用对流传热系数的关联公式应注意什么问题?
7. 增加对流传热系数和阻力增加之间有什么关系,如何克服这一矛盾?
8. 为了改善传热过程,应该注意从哪些方面入手?
9. 非稳态对流传热的过程计算公式如何写成物理意义比较清楚的形式?
10. 典型管壳式换热器的设计步骤有哪些?应注意什么问题?
11. 是否保温层越厚,热量损失就越小,为什么?

习 题

1. 燃烧炉的内层为460mm厚的耐火砖,外层为230mm厚的绝缘砖,若炉的内表面温度t_1为1400℃,外表面温度t_3为100℃,设两层砖接触良好,已知耐火砖的热导率为$\lambda_1 = 0.9 + 0.0007t$,绝缘砖的导热系数为$\lambda_2 = 0.3 + 0.0003t$,两式中$t$可分别取为各层材料的平均温度,单位为℃,$\lambda$单位为W/(m·℃),试求导热的热通量及两砖间的界面温度。(1689W/m^2,$t_2 = 949$℃)

2. 蒸汽管道外包扎有两层热导率不同而厚度相同的绝热层,设外层的平均直径为内层的两倍,其热导率也为内层的两倍,若将两层材料互换位置,假定其他条件不变,试问每米管长的热损失将改变多少?说明在本题情况下,哪一种材料包扎在内层较为适合?($q' = 1.25q$,原保温好)

3. 设计一燃烧炉,拟用三层砖,即耐火砖、绝热砖和普通砖,耐火砖和普通砖的厚度为0.5m和0.25m,三种砖的导热系数分别为1.02W/(m·℃)、0.14W/(m·℃)和0.92W/(m·℃),已知耐火砖内侧为1000℃,外壁温度为35℃,试问绝热砖厚度至少为多少才能保证绝热砖温度不超过940℃,普通砖不超过138℃。(0.25m)

4. 某燃烧炉的平壁由耐火砖、绝热砖和普通砖三种砌成,它们的导热系数分别为1.2W/(m·℃),0.16W/(m·℃)和0.92W/(m·℃),耐火砖和绝热转厚度都是0.5m,普通砖厚度为0.25m。已知炉内壁温度为1000℃,外壁温度为55℃,设各层砖间接触良好,求每平方米炉壁散热速率。(247.81W/m^2)

5. 在外径100mm的蒸汽管道外包绝热层。绝热层的导热系数为0.08W/(m·℃),已知蒸汽管外壁150℃,要求绝热层外壁温度在50℃以下,且每米管长的热损失不应超过150W/m,试求绝热层厚度。(19.9mm)

6. 通过三层平壁热传导,若测得各面的温度t_1、t_2、t_3和t_4分别为500℃、400℃、200℃和100℃,假定各层壁面间接触良好,试求各平壁层热阻之比。(1:2:1)

7. 某食品工艺过程需用管式换热器加热25℃的水使其温度达到35℃,换热器管子规格为$\Phi25\times2.5$mm,水在管内流过,流速为2m/s,管长4m,求换热器水侧对流传热系数。[7988.2W/(m^2·K)]

8. 将番茄酱通过内径为60mm的换热器由75℃冷却到20℃,流量为6000kg/h,已知番茄酱物性数据如下:$\rho=1050.7$kg/m^3;$c_P=3.98$kJ/(kg·K);$\mu=2.15$mPa·s(47.5℃);$\lambda=0.61$W/(m·K),求番茄酱与管壁间的对流传热系数。[1562.6W/(m^2·K)]

9. 常压下,空气以15m/s的流速在长为4m、$\Phi60\times3.5$mm的钢管中流动,温度由150℃升到250℃。试求管壁对空气的传热系数。[44.8W/(m^2·K)]

10. 有一列管式换热器,管束有$\Phi108\times4$mm的钢管组成,管子排列为直列,管内为200kPa的饱和水蒸气冷凝,管外为100kPa的空气被加热,空气进口温度为15℃,出口温度为45℃,空气垂直流过管束,流动的方向共有10列,每列有管子10行,行列间距为140mm,已知空气流过最窄出的流速为12m/s,试求空气的平均对流传热系数。[54.74W/(m^2·K)]

11. 室内水平放置表面温度相同、长度相等的两根圆管,管内通有饱和水蒸气。两管均被空气的自然对流所冷却,假设两臂间无相互影响,已知一管直径为另一管的4倍,且两管的($Gr\cdot Pr$)值在$2\times10^7\sim1\times10^{13}$之间,求两管热损失的比值。(4倍,大管热损大)

12. 某管式换热器用水将某液体冷却,已知水在管内流动,水侧和液体侧的对流传热系数分别为850W/(m^2·K)和1700W/(m^2·K),换热器管径为$\Phi25\times2.5$mm,取管壁的导热系数$\lambda=45$W/(m·K),求该换热器的传热系数(以外面积为基准)。[471.5W/(m^2·K)]

13. 在逆流换热器中,用初温为20℃的水将某液体由80℃冷却到30℃,若水的出口温度不能高于50℃,试求其平均温度差。(18.2℃)

14. 证明并流传热时有:$Q=KA\Delta t_m$,$\Delta t_m=\dfrac{\Delta t_1-\Delta t_2}{\ln(\Delta t_1/\Delta t_2)}$,$\Delta t_1=T_1-t_1$,$\Delta t_2=T_2-t_2$。$Q$为过程的传热速率,$K$为总传热系数,$A$为传热面积,$T_1$为热流体的进口温度,$T_2$为热流体的出口温度,$t_1$为冷流体的入口温度,$t_2$为冷流体的出口温度。

15. 在列管换热器中用冷水冷却油。水在直径为$\Phi38\times2$mm的列管内流动,已知管内水侧对流传热系数为2000W/(m^2·K),管外油侧对流传热系数为300W/(m^2·K),换热器在使用一段时间后,管壁两侧均有污垢形成,水侧污垢热阻为2.6×10^{-4}m^2·K/W,油侧污垢热阻为1.76×10^{-4}m^2·K/W,管壁的导热系数为45W/(m·K),求:(1)基于管外表面积的总传热系数;(2)产生污垢后热阻增加的百分数。[(1)$K_o=260$W/(m^2·K);(2)14.7%]

16. 在一单程列管换热器中用饱和水蒸气加热食用油,温度为140℃的饱和蒸汽在壳程冷凝,冷凝液在饱和温度下排出,食用油在管程流动,并由25℃加热到110℃。列管换热器尺寸为:列管直径为$\Phi19\times2$mm、管长为4m,共有25根管子。若换热器的传热量为125kW,

蒸汽冷凝传热系数为5000W/(m^2·K)，油侧污垢热阻为4.0×$10^{-4}$$m^2$·K/W，管壁热阻和蒸汽侧污垢热阻可忽略，求管内油侧对流传热系数。[547.6W/(m^2·K)]

17. 在逆流操作的套管换热器中，用15℃的冷水冷却某溶液。已知溶液的流量为1800kg/h，其平均比热容为4.187kJ/(kg·K)，其进口温度为80℃，出口温度为50℃，冷却水出口温度为35℃，该换热器尺寸为Φ108×4mm，内管为Φ57×4.5mm，长6m，求基于内表面积的总传热系数。[1751W/(m^2·K)]

18. 有一单程列管式换热器，由Φ25×2.5mm的136根钢管组成。用110℃的饱和水蒸气加热管内某溶液(冷凝液排出温度为110℃)，已知溶液流量为15000kg/h，其平均比热容为4.187kJ/(kg·K)，溶液由15℃加热到100℃，管内对流传热系数为520W/(m^2·K)，管外的对流传热系数为11600W/(m^2·K)，钢管的导热系数为45W/(m·K)，求换热器列管长度(忽略换热器的热损失)。(9.37m)

19. 在内管为Φ180×10mm的套管换热器中，将流量为3500kg/h的某液体从100℃冷却到60℃，其平均比热容为2.38kJ/(kg·K)，环隙走冷却水，其进出口温度分别为40℃和50℃，平均比热容为4.17kJ/kg·K，基于传热外面积的总传热系数K_o=1800W/(m^2·K)，设其值恒定，忽略热损失。试求：(1)冷却水用量；(2)分别计算两流体为逆流和并流情况下的平均温差及所需管长。[(1)7990kg/h；(2)$\Delta t_{m逆}$=32.75℃，$\Delta t_{m并}$=27.91℃；$l_{逆}$=2.77m，$l_{并}$=3.26m]

20. 流量为2000kg/h的某气体在列管式换热器的管程通过，温度由150℃降至80℃；壳程冷却用软水，进口温度为15℃，出口温度为65℃，与气体作逆流流动，两者均处于湍流，已知气体侧的对流传热系数远小于冷却水侧的对流传热系数，管壁热阻、污垢热阻和热损失均可忽略不计，气体的平均比热为1.02kJ/(kg·K)，水的比热容为4.17kJ/(kg·K)，不计温度变化对比热容的影响。试求：(1)冷却水用量；(2)如进口水温上升为20℃，仍用原设备要达到相同的气体冷却程度，求此时出口水温和冷却水用量。[(1)685kg/h；(2)60℃，856kg/h]

21. 已知一换热器得传热系数为80W/(m^2·K)，换热器传热面积为20m^2，用它来通过水冷却空气。已知空气质量流量为2.5kg/s，初温为100℃，冷却水的质量流量为2.4kg/s，进口温度为15℃，与空气作逆流流动，空气的定压比热容为1.0kJ/(kg·K)，水的定压比热容为4.187kJ/(kg·K)，求空气和水的出口温度。(25.4℃)

22. 冷、热流体在单程套管换热器中进行并流换热，冷流体初温为20℃，终温为35℃；热流体初温为90℃，终温为50℃。若维持流量和初温不变，改为逆流操作，热损失忽略不计，物性参数不随温度的变化，试求两流体的终温。(注 $\varepsilon_h = \dfrac{1-e^{[NTU_h(1-R_h)]}}{R_h - e^{[NTU_h(1-R_h)]}}$)(热流体终温47.0℃，冷流体终温36.1℃)

23. 记$NTU_h = KA/(W_h c_{ph})$，$R_h = W_h c_{ph}/(W_c c_{pc})$，$\varepsilon_h = (T_1 - T_2)/(T_1 - t_1)$，证明并流传热时有$\varepsilon_h = \dfrac{1-e^{[-NTU_h(1+R_h)]}}{1+R_h}$，并利用证明结果求解如下问题，冷、热流体在单程套管换热器中进行逆流换热，冷流体初温为20℃，终温为35℃；热流体初温为90℃，终温为50℃，若维持流量和初温不变，改为并流操作，热损失忽略不计，物性参数不随温度的变化，试求两流体的终温和过程的Δt_m。(热流体终温52.5℃，冷流体终温34.1℃，Δt_m=38.1℃)

24. 用夹层锅加热水，水量为500kg，由25℃加热到100℃，取水的比热容为c_p=

4.187kJ/(kg·K)，加热介质为130℃的饱和蒸汽，设蒸汽为饱和冷凝，温度不变，设传热系数为500W/(m^2·K)，换热面积为1.5m^2，若不计热损失，求加热所需时间。(2.7h)

25. 某容器中装有100℃的食品料液3000kg，比热容为2.5kJ/(kg·K)，需要通过换热蛇管用冷水使其冷却到70℃。已知冷却水的初温为25℃，流量为1000kg/h，比热为4.187kJ/(kg·K)，换热面积为5m^2，传热系数为200W/(m^2·K)，求将料液冷却到规定温度所需的时间。(2.84h)

26. 面积为0.1m^2的面包在烤炉内烘烤。炉内壁面积为1m^2，温度为250℃，面包温度为100℃，炉内壁对面包构成封闭空间，炉内壁为氧化的钢材表面，黑度为0.8，面包黑度为0.5，求面包得到的辐射热流量。(155W)

27. 欲用井水将15000kg/h的食用油从140℃冷却到40℃，冷水进出口温度分别为30℃和40℃。若要求换热器的管程和壳程压强降不大于30kPa，试选择合适型号的管壳式换热器。

定性温度下流体的物性见下表。(浮头式2管程92m^2 壳体直径600mm)

	密度/(kg/m^3)	比热容/kJ/(kg·℃)	黏度/(Pa·s)	导热系数/[W/(m·℃)]
食用油	810	2.3	0.91×10^{-3}	0.13
水	994	4.187	0.727×10^{-3}	0.626

本章主要符号说明

A	吸收率	K	总传热系数，W/(m^2·℃)
A	传热面积，m^2	L	特征长度，m
a	热扩散率，也称导温系数，m^2/s	L_0	几何相似准数
B_i	毕渥准数	l	长度，m
b	厚度或宽度，m	M	摩尔质量，kg/kmol
C	辐射系数，W/(m^2·K^4)	Nu	努塞尔特数
c_p	比热容，J/(kg·℃)	n	管数
D	透过率	Pr	普朗特数
D	直径，m	p	压力，Pa
d	直径，m	Q	传热速率，W
d_e	当量直径，m	Q	辐射能，W
d_i	管内径，m	q	热通量，W/m^2
d_o	管外径，m	R	热阻，m^2·℃/W
E	辐射能力，W/m^2	R	反射率
Fo	傅里叶准数	r	半径，m
Ga	伽利略数	r	潜热，kJ/kg
Gr	格拉斯晓夫数	T	温度，K
g	重力加速度，m/s^2	t	温度，℃
Ja	雅各布数	t	管间距，m

u　流速,m/s

V　体积,m^3

w　质量分数

x,y,z　空间坐标,m

α　对流传热系数,W/(m^2·℃)

β　温度系数,1/℃

ε　黑度

θ　温度准数

φ　角系数

λ　导热系数,W/(m·℃)

λ　波长,m

μ　黏度,Pa·s

ρ　密度,kg/m^3

σ　辐射常数,W/(m^2·K^4)

τ　时间,s

4　侧重传热的食品单元操作

【学习要求】理解蒸发、热杀菌、冷冻、结晶、冷冻浓缩和食品冻结等单元操作的基本原理、相关计算方法和以传热为主的特征；学习这些单元操作用图 0－1 归一主线表述的方法，从而系统化和简化学习本章的单元操作。

食品工业生产中，有许多单元操作与传热密切相关，究其本质，过程主要由热量传递控制，这些单元操作有蒸发、热杀菌、冷冻、结晶、冷冻浓缩和食品冻结等，学习它们对系统理解食品工业生产过程具有重要作用。根据绪论图 0－1 的归一主线思想，在掌握已有的动量传递和前章传热知识以及它们归一于图 0－1 的表达方法后，可以采用类比的方法简化掌握本章内容。

4.1　蒸　　发

4.1.1　蒸 发 概 述

(1)食品工业蒸发的目的　食品工业中蒸发(evaporation)主要用于浓缩，使食品液体成为浓缩液，浓缩的目的是：①除去大量溶剂(主要是水)，便于包装、运输；②提高制品浓度，增加制品的保藏性；③作为干燥脱水的预处理，作为结晶的预处理。

(2)蒸发的概念　含有不挥发性溶质(如蔗糖)的溶液在沸腾条件下受热，使部分溶剂汽化为蒸汽的操作称为蒸发。

典型的蒸发装置示意图如图 4－1 所示。

蒸发器内备有足够的加热面，使溶液受热沸腾。溶液在蒸发器内因各处密度的差异而形成某种循环流动，被浓缩到规定浓度后排出蒸发器外。汽化的蒸汽常夹带有较多雾沫和液滴，因此蒸发器内需备有足够的分离空间，往往还装有适当的除沫器以除去液沫。排出的蒸汽如不再利用，应将其在冷凝器中加以冷凝。排出的二次蒸汽可在一定条件下直接使用，或通过使用生蒸汽进行热再压缩以及引入机械压缩的方式加以利用，以降低蒸发的能耗。

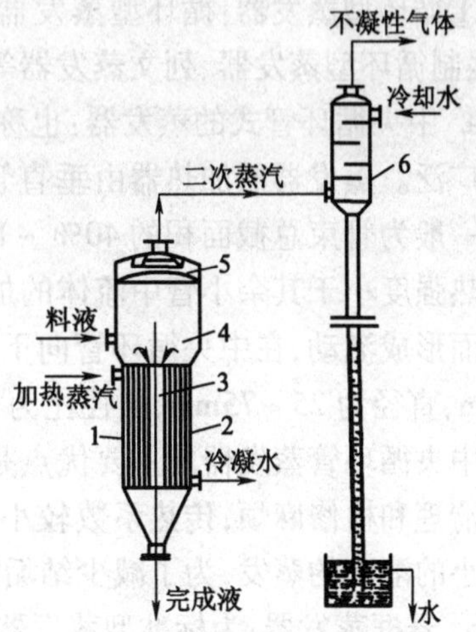

图 4－1　典型蒸发装置
1—加热室　2—加热管　3—中央循环管
4—蒸发室　5—除沫器　6—冷凝器

蒸发操作可在常压或真空下进行，可连续操作也可间歇操作。汽化所生成的蒸汽称为二次蒸汽，要使过程得以进行必须连续去除该蒸汽(冷凝)，但二次蒸汽因具有一定的温度，还可以再次用于加热。食品工业中，制糖工艺中的浓缩、啤酒工艺中的麦汁定型、味精工艺中的真空浓缩流程等都具有代表性。

(3)食品物料蒸发浓缩的特点　食品物料有些具有热敏性、腐蚀性、黏稠性、结垢性、起泡性和易挥发性等特点，使得这类食品的浓缩过程与一般的加热汽化相比具有特殊性，对工艺和设备提出了特殊要求。

食品物料多由蛋白质、脂肪、糖类、维生素及其他风味物质组成，这些物质在高温下长时间受热会变性、氧化等，所以食品物料的蒸发应尽量在低温下进行，这往往需要一定程度的真空。

酸性食品物料如果汁、蔬菜汁等可能因与设备接触，形成腐蚀，影响产品质量和设备寿命，因此设计或选择蒸发器时要考虑防腐问题。

许多食品物料黏度较高，在蒸发去除溶剂时浓度变大，物料更加黏稠。蒸发时在传热壁附近层流内层内动量传递和热量传递困难，壁面处传递性质恶化，一般希望用外力强制循环或搅拌措施克服此缺点。

组成食品物料的蛋白质、糖、果胶等物质在壁面处过度受热会发生变性、焦化等现象，形成垢层，严重影响传热，需要通过提高流速解决结垢问题，或对不可避免的结垢定期进行清理。

某些食品物料因含蛋白质等，在沸腾时会生成泡沫，因此蒸发时可用表面活性剂或机械装置消灭泡沫控制。

食品物料蒸发时，其中的芳香成分和风味物质等易挥发成分将随蒸汽一同逸出，从而影响浓缩制品的质量，可采取措施回收蒸汽中的易挥发成分，再回加到成品中。

(4)蒸发设备　蒸发设备类似传热设备，但为了适应诸如上述的食品物料在蒸发时的特点，蒸发设备较普通的传热设备又具有一些变化。工业生产中蒸发器(evaporator)有多种结构形式，按照溶液流动方式，可分为循环型(circulation)和单程型(once - through)蒸发器。

①循环型蒸发器：循环型蒸发器有中央循环管式蒸发器(标准型蒸发器)、外热式蒸发器、强制循环型蒸发器、列文蒸发器等。

a. 中央循环管式的蒸发器：也称为标准型蒸发器，结构如图 4 - 1 所示，在工业上的应用较为广泛。蒸发器的加热器由垂直管束构成，管束中央有一根大管，称为中央循环管，其截面积一般为管束总截面积的 40% ~100%。中央循环管中单位体积的流体所具有的加热面或加热强度小于其余小管中流体的加热强度，因而流体密度大于小管中流体密度，流体因密度差而形成流动，在中央循环管向下、在小管中向上循环流动。受总高限制，通常加热管为 1 ~2m，直径为 25 ~75mm，长径比为 20 ~40，循环速度一般在 0.1 ~0.5m/s。

中央循环管蒸发器的主要优点是结构简单、紧凑，制造方便，操作可靠，投资费用少；缺点是清理和检修麻烦，传热系数较小。它适用于黏度适中、少量结垢、少量结晶析出及腐蚀性较小的溶液的蒸发，为了减少结垢需要增大循环速度。

b. 悬框蒸发器：为标准型蒸发器的改进形式，蒸汽从中央管的位置加入，加热器和蒸发器壁面间的环隙区的截面积较大，为沸腾管总截面积的 100% ~150%，循环速度可以达到 1 ~1.5m/s，加热器可取出清理。这种改良设备体积较大，耗材大。

c. 外热式蒸发器：结构如图 4 - 2 所示，将加热器与分离室分开安装，采用长加热管，管长与管径之比为 50 ~100，循环管不被加热，故溶液的循环速度可达 1.5m/s，这既利于提高传热系数，也利于减轻结垢。

d. 列文蒸发器：为了增加自然对流下的循环速度，研制了列文蒸发器，结构形式与图4-2中的装置大致相似，但循环管大而高，而加热器分成上下两端，下端只加热，不沸腾，故不易结垢，上端沸腾，且有装置将大气泡破碎，使得液体含汽率高，密度小，液层高，因此蒸发器中的循环速度必然高。

e. 强制循环型蒸发器：如图4-3所示，这种蒸发器采用泵强制循环，循环速度可达1.8~5m/s，传热系数大，利于处理黏度较大、易结垢、易结晶的物料，但该蒸发器的动力消耗相应增大。

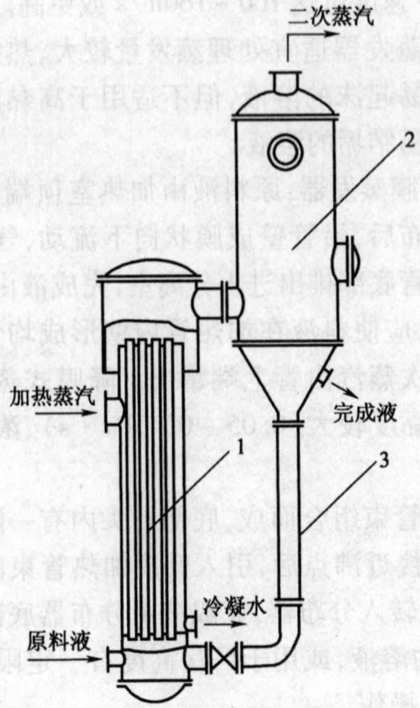

图4-2 外热式蒸发器

1—加热器 2—蒸发室 3—循环管

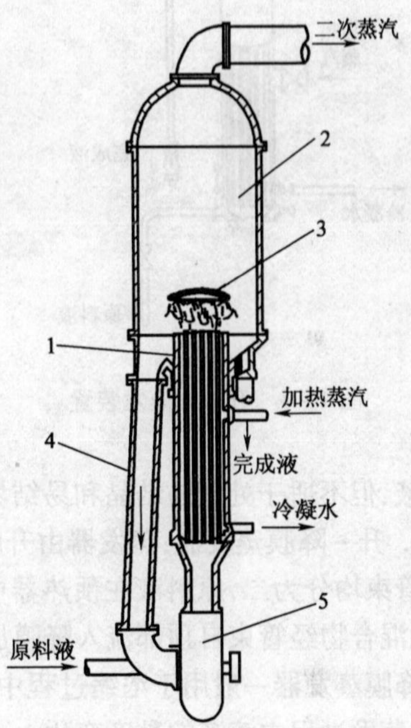

图4-3 强制循环式蒸发装置

1—加热室 2—分离室 3—除沫器

4—循环管 5—循环泵

②单程蒸发器：单程蒸发器有升膜(climbing-film)式、降膜(falling-film)式、升-降膜式蒸发器、刮板式薄膜蒸发器、板式蒸发器等。

循环型蒸发器有一个共同的缺点，即蒸发器内溶液的滞留量大，物料在高温下停留时间长，对处理热敏性物料很不利，需要考虑采用单程蒸发设备。

在单程型膜式蒸发器中，物料沿加热管壁受蒸汽流动作用成膜状流动，一次通过加热器即达浓缩要求，其停留时间仅数秒或十几秒，而且离开加热器的物料又得到及时冷却，因此适用于热敏性物料的蒸发。根据物料在蒸发器内的流动方向和成膜原因不同，它可分为升膜式蒸发器、降膜式蒸发器和升-降膜蒸发器。

a. 升膜式蒸发器：结构如图4-4所示，它的加热室由一根或数根垂直长管组成，通常加热管径为25~50mm，管长与管径之比为100~150，原料液预热后由蒸发器底部进入加热

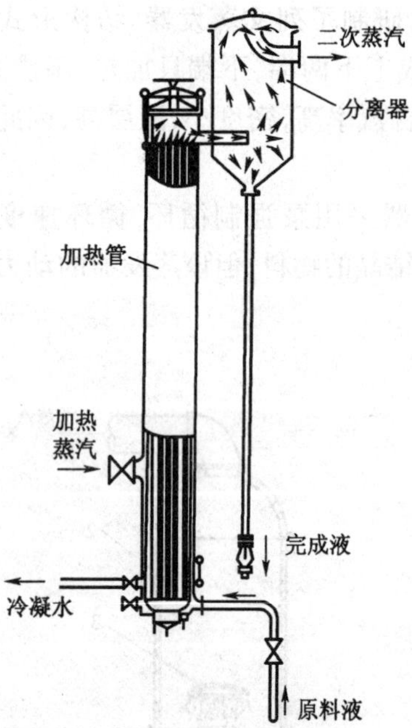

图 4-4　升膜式蒸发装置

器管内，加热蒸汽在管外冷凝，当原料液受热后沸腾汽化，生成二次蒸汽在管内高速上升，带动料液沿管内壁成膜状向上流动，并不断地蒸发汽化，加速流动，气液混合物进入分离器后分离，浓缩后的完成液由分离器底部放出。

这种蒸发器需要精心设计与操作，加热管内的二次蒸汽应具有较高速度，使传热系数大，加热面积合适，料液一次通过加热管即达到预定的浓缩要求。常压下，管上端出口处速度以 20～50m/s 为宜，减压下速度可达 100～160m/s 或更高。

升膜蒸发器适宜处理蒸发量较大、热敏性、黏度不大及易起沫的溶液，但不适用于高黏度、有晶体析出和易结垢的溶液。

b. 降膜蒸发器：原料液由加热室顶端加入，经分布器分布后，沿管壁成膜状向下流动，气液混合物由加热管底部排出进入分离室，完成液由分离室底部排出，应使料液在加热管内壁形成均匀液膜，且不让二次蒸汽由管上端窜出。降膜式蒸发器可用于蒸发黏度较大（0.05～0.45Pa·s）、浓度较高的溶液，但不适于处理易结晶和易结垢的溶液。

c. 升－降膜蒸发器：蒸发器由升膜管束和降膜管束组合而成，底部封头内有一隔板，将加热管束均分为二，原料液在预热器中加热达到或接近沸点后，引入升膜加热管束的底部，汽、液混合物经管束自顶部流入降膜加热管中，然后转入分布器，完成液由分布器底部取出。升－降膜蒸发器一般用于浓缩过程中黏度变化大的溶液，或用于厂房高度有一定限制的场合，若蒸发过程中溶液的黏度变化大，推荐采用常压操作。

d. 刮板式薄膜蒸发器：该蒸发器是一种对高黏度、热敏性和易结晶、结垢的物料都适用的蒸发器，主要由加热夹套和刮板组成，夹套内通加热蒸汽，刮板装在可旋转的轴上，刮板和加热夹套内壁保持很小间隙，通常为 0.5～1.5 mm。料液经预热后由蒸发器上部沿切线方向加入，在重力和旋转刮板的作用下，分布在内壁形成下旋薄膜，并在下降过程中不断被蒸发浓缩，完成液由底部排出，二次蒸汽由顶部逸出。在某些场合下，这种蒸发器可将溶液蒸干，在底部直接得到固体产品。

此蒸发器缺点是结构复杂、加热面积不大、动力消耗大。

（5）蒸发器的选型　在选用蒸发器时，一般应考虑如下几个因素：①生产能力；②产品的热敏性与停留时间及蒸发温度有关；③制品的黏度首要影响蒸发器选型；④结构简单，维修方便；⑤回收挥发性物质；⑥腐蚀性、发泡性、结晶性和结垢性；⑦经济性等。

4.1.2　单效蒸发的计算及蒸发器的生产强度

只有一个蒸发器且产生的二次蒸汽不再利用的蒸发流程称为单效蒸发。

蒸发过程的计算与温度的计算有关，溶液浓度变化会引起沸点发生变化，故应首先解决沸点计算的问题。

(1)溶液沸点的升高和温度差损失　根据物理化学课程中溶液性质的依数性，溶液因溶质的加入其沸点t_1会升高，较冷凝器压强p'下的纯溶剂沸点或饱和温度T'要大一个数值，沸点升高的数值为$\Delta' = t_1 - T'$。若加热剂的温度为T，则汽化纯溶剂的温差为$T - T'$，但汽化溶液的传热温差为$T - t_1$，故同样加热剂温度下，与汽化溶剂相比，汽化溶液的温差变小，温度差发生了损失，此损失是$\Delta' = (T - T') - (T - t_1) = t_1 - T'$，恰好为溶液沸点升高数值。另外，液层高度增大将引起静压升高，二次蒸汽为克服流动至冷凝器的阻力，其压强高于冷凝器中的饱和压强p'，它们均使溶液的压强高于冷凝器中的饱和压强p'，从而使溶液沸点再升高Δ''和Δ'''，溶液沸点总升高或总温差损失为$\Delta = \Delta' + \Delta'' + \Delta'''$，沸点为$t = T' + \Delta' + \Delta'' + \Delta'''$。

① 溶液在冷凝器压强下的沸点升高或温差损失Δ'：常压下溶液沸点升高的数值Δ'_a可查取，食品工业上所处理的溶液多为高分子的非电解质或胶体溶液，沸点升高一般较小，可近似参考糖液的数据，常压下糖溶液沸点升高可按附录给出的经验公式计算。非常压状态沸点的升高值Δ'，按吉辛可式计算：

$$\Delta' = 16.2\frac{T'^2}{r'}\Delta'_a \tag{4-1}$$

式中　T'——二次蒸汽在冷凝器中的饱和温度，K

r'——溶剂的汽化潜热，J/kg

Δ'_a——常压下溶液沸点的升高值

杜林线或规则(Duhring's rule)用于计算溶液的沸点，再计算Δ'，因溶液沸点与对应压强下纯水的沸点之间呈线性关系，不同压强下纯水的沸点可以从水蒸气表查出，若常压下溶液和水的沸点分别为t°_A，t°_w，如再已知另一压强下，同一浓度溶液的沸点t'_A，水在不同压强下的沸点设为t'_w，则可依据两点决定直线的斜率，杜林线的斜率为$k = (t^\circ_A - t'_A)/(t^\circ_w - t'_w)$，用于计算同一浓度溶液在不同压强下的沸点$t_A$，再计算沸点升高$\Delta'$。

② 由液层静压效应引起的沸点升高或温差损失Δ''：蒸发器内液层有一定高度(例如3～6m)，使得底部和顶部溶液承受的压强不同，压强越高，沸点升高，传热温度差相对于液层高度为零时要减小，此为静压效应引起的沸点升高或温差损失Δ''。设p为液面上方二次蒸汽的压强(通常以冷凝器压强p'代替)，蒸发器中液层高度为L，常用$p + \rho gL/2$下溶液沸点减去p下溶液的沸点粗略估算Δ''，因不同压强下溶液沸点计算不太方便，故以水在两种压强下的沸点(查水蒸气表即可)近似代替。此种估算实际上很难准确定量。考虑溶液沸腾区位置及含汽率增加引起的密度下降等因素，也见有用压强$(p + \rho gL/5)$估算Δ''，而采用较大的Δ''可视为提高设计的安全余量。如能减少Δ''，可使过程更加有效，膜式蒸发器就有此优点。

③ 二次蒸汽流动阻力效应引起的沸点升高或温差损失Δ'''：产生的二次蒸汽流动到冷凝器中，在冷凝器中冷凝。对应汽凝器操作压强p'下的二次蒸汽饱和温度为T'，因流动需要压差，液面上方的压强应高于p'，高出的压强使沸点或蒸汽温度升高，引起温差损失Δ'''，一般按1～1.5℃计算。多效间Δ'''取1℃，单效或多效是冷凝器间取$\Delta''' = 1 \sim 1.5$℃。

总温差损失Δ由上述三种温度差损失相加得到：

$$\Delta = \Delta' + \Delta'' + \Delta''' \tag{4-2}$$

$$\Delta = (T - T') - (T - t) = t - T' \tag{4-2a}$$

式(4－2)中的 T' 为冷凝器中水的饱和温度，即对应于冷凝器操作压强下的水汽温度。

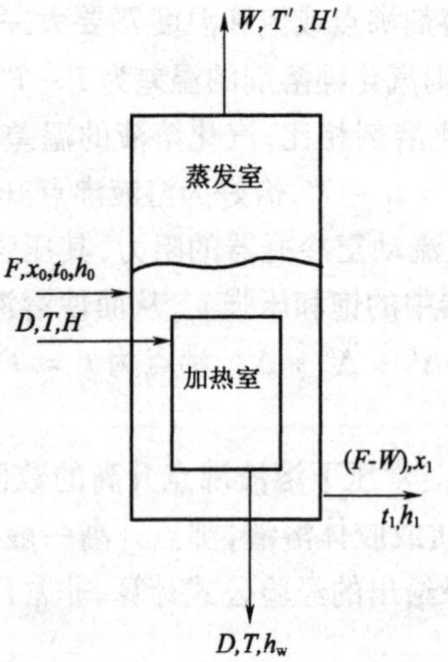

图 4－5　单效蒸发计算符号

(2) 单效蒸发计算　对工业生产而言，生产任务中已知的项目有原料液流量、组成和温度，完成液组成即蒸发要求，加热蒸汽的压强或温度及已知热动力，冷凝器的压强或温度。为用单效蒸发实现蒸发目的，一般需要计算单位时间内蒸出的水分量、加热蒸汽的消耗量和蒸发器的传热面积。

单效蒸发过程计算所用符号如图 4－5 所示，计算方法是采用物料衡算、热量衡算和过程传热速率方程。

① 物料衡算求蒸发水量 W：由 $F_0x_0 = F_1x_1$、$F_0 = W + F_1$ 可得：

$$W = F_0\left(1 - \frac{x_0}{x_1}\right) \tag{4-3}$$

② 焓衡算以求解生蒸汽用量 D：

$$D \cdot H + F_0h_0 = F_1h_1 + W \cdot H' + Dh_w + Q_L$$

Q_L 为蒸发器损失的热速率，h_1、h_2 查取溶液的焓浓图得到或通过计算得到。

当忽略浓缩热时，可将进料混合物 F_0 分成两部分，一部分为 F_1，另一部分为 W，比热容分别为 c_{p1}、c_{pw}，则进料的焓为 $F_0c_{p0}t_0 = F_1c_{p1}t_0 + Wc_{pw}t_0$，故有 $F_0c_{p0} = F_1c_{p1} + Wc_{pw}$，所以有：

$$D = \frac{W(r' + c_{pw}t) + (F_0c_{p0}t - Wc_{pw}t) - F_0c_{p0}t_0 + Q_L}{r}$$

$$= \frac{Wr' + F_0c_{p0}(t - t_0) + Q_L}{r} \tag{4-4}$$

r'、r 分别为冷凝器压强下的饱和二次蒸汽和加热剂温度 T 下水的汽化潜热。r' 本应按照沸点 t 下的蒸汽计算，但因过程有热损失，就直接以冷凝器中的二次蒸汽直接简化计算，过热部分热量归结到热损失中。溶液比热容在缺乏可靠数据时，可按溶质和水的质量分率使用溶质的比热容和水的比热容进行估算。

③ 过程速率方程用于求解换热面积：

$$Q = Dr = KA(T - t) \tag{4-5}$$

式(4－5)是典型的传热速率公式，温差为恒温差 $T-t$，可按照已有的溶液沸点 t 升高的计算方法得到 t 值。蒸发器 K 的计算，是求取蒸发设备大小的关键，前章已经说明 K 的计算符合图 0－1 的归一化主线，故蒸发的热量传递过程也符合图 0－1 的归一化主线的表述，K 值可用图 0－1 中所述的方法求得。虽然水分蒸发属于物质传递，但水分的传递量由物料衡算求出，而蒸发过程的速率由传热速率决定，所以，本教材将蒸发归类为侧重传热的单元操作。

分析式(4－4)知，加热蒸汽的热量等于溶液加热至沸点、蒸发水量以及蒸发器热损失的热量之和，若原料液预热至沸点加入蒸发器，并忽略热损失，则式(4－4)简化为：

$$e = \frac{D}{W} = \frac{r'}{r} \tag{4-6}$$

e 为蒸发 1kg 水分时所需加热蒸汽的量，称为单位蒸汽消耗量，因蒸汽的汽化潜热随温度变化不大，即 $r \approx r'$，故单效蒸发操作中 $e \approx 1$，即每蒸发1kg的水分约消耗1kg的加热蒸汽，但实际蒸发操作中因有热损失等的影响，e 值约为 1.1 或更大，e 值越小，蒸发装置的经济性越好。

【例 4－1】用标准蒸发器对苹果汁进行浓缩，在稳定状态下，稀果汁以 1.0kg/s 的流量进料，稀果汁的浓度为 11% 总固形物，浓缩果汁的浓度为 75% 总固形物，稀果汁比热容为 3.9kJ/(kg·℃)，生蒸汽的压强为 300kPa，进料的温度为 20℃，产品在蒸发器内的沸点为 59.7℃，假定总传热系数为 850W/(m^2·K)。假如忽略沸点升高，蒸发器的热损失按照加热蒸汽提供热量的3%计算，蒸汽在饱和状态下冷凝，冷凝液也在饱和温度下被排出，计算浓缩产品的质量流量、蒸汽用量、蒸发器换热面积。

解：①由式(4－3)，求蒸发水量 W：

$$W = F_0\left(1 - \frac{x_0}{x_1}\right) = 1.0 \times \left(1 - \frac{0.11}{0.75}\right) = 0.85(\text{kg/s})$$

$$F_1 = F_0 - W = 1.0 - 0.85 = 0.15(\text{kg/s})$$

②由式(4－4)求解生蒸汽用量 D：

$$D = \frac{Wr' + F_0 c_{p0}(t - t_0) + Q_L}{r} = \frac{Wr' + F_0 c_{p0}(t - t_0) + 0.03Dr}{r}$$

$$D = \frac{Wr' + F_0 c_{p0}(t - t_0)}{0.97r}$$

$$= \frac{0.85 \times 2355.91 + 1.0 \times 3.9 \times (59.7 - 20)}{0.97 \times 2168.1} = 1.0(\text{kg/s})$$

③换热面积 A，由式(4－5)，得到：

$$A = \frac{Dr}{K(T - t)} = \frac{1.0 \times 2168.1 \times 1000}{850 \times (133.3 - 59.7)} = 34.7(\text{m}^2)$$

(3)蒸发器的生产能力和生产强度　蒸发器的生产能力指单位时间去除的水分量 W 或传递的热量 Q。蒸发器单位时间(每小时)单位加热面积所能蒸发的溶剂或水的质量，称为蒸发器的生产强度，它表示蒸发器传热面的传热效果，用符号 U 表示，即：

$$U = \frac{W}{A} = \frac{Q}{r'A} = \frac{KA\Delta t}{r'A} = \frac{K\Delta t}{r'} \tag{4-7}$$

由式(4－7)可知，欲提高蒸发器的生产强度，必须提高传热系数 K 或增大传热温度差 Δt，或两者同时增大。

在所处理物料热敏性允许的条件下，限于工厂锅炉能力和设备的机械强度，常用加热蒸汽的压力为 300～500kPa，也有高至 600～800kPa，分离室的真空度会增大真空泵的负荷，增加动力消耗，但可使溶液的沸点下降，常用真空度为 72～85kPa，故提高温差 Δt 有限。

提高蒸发器生产强度的主要途径，应从提高传热系数 K 着手，依据前章 K 的表达式可以分析，要防止易结晶或结垢物料沸腾侧的污垢热阻。对垂直短管，K[W/(m^2·K)]＝800～2500；对垂直长管的自然循环，K＝1000～3000；对垂直长管的强制循环，K＝2000～10000；对旋转刮板蒸发器，K＝600～2000，低黏度 100mPa·s 时取高值，高黏度 10000mPa·s 时取低值。

4.1.3　多 效 蒸 发

流程中有多个蒸发器时为多效蒸发，将蒸发产生的二次蒸汽引至另一操作压力较低的蒸发器作为加热蒸汽，以节省生蒸汽的用量为采用多效蒸发的主要目的。

对单效蒸发，1kg 加热蒸汽大约可蒸发 1kg 水，若首效产生的二次蒸汽用作第 2 效的加热蒸汽，第二效又可产生约 1kg 二次蒸汽，依此类推，通过 n 效蒸发可以产生 n kg 蒸汽，因此从理论上多效蒸发可以成倍提高热利用的经济性，似乎效数愈多愈经济，但实际上汽化热值因温度不同要有变化，蒸发器有散热损失，效间也会有热损失，故多效蒸发的实际蒸汽经济性将低于理论值，即每蒸发 1kg 水，实际所需的加热蒸汽从 1 效到 5 效分别为 0.9，0.56，0.4，0.3，0.27kg，理论上应为 1.0，0.5，0.33，0.25，0.2 kg。

多效蒸发的效数不会是无限多，效数受经济和技术两方面原因限制：经济上，蒸发设备增加，费用增加，需要考虑节省蒸汽的费用能否补偿因效数增加而增加的设备和操作费用；技术上需要考虑每一效都有温度差损失，效数多时总温度差损失有可能很大，使每效分到的传热推动力变小或为零，蒸发过程无法进行，故多效蒸发的效数不能无限多，一般为 2 ~4 效。

根据溶液与二次蒸汽的流向，多效蒸发可有不同的加料方法与相应的流程，可分为并流或顺流流程、逆流流程和平流流程：并流或顺流流程中，物料的流向和二次蒸汽的流向相同，在后效蒸发器中因为浓度高、温度低、黏度大，蒸发越发困难；逆流流程中，物料的流向和二次蒸汽的流向相反，物料需要用泵从低压蒸发器输送到高压蒸发器中，流动较为容易，但浓液受高温会引起结焦等；平流流程中，二次蒸汽由 1 效流向 n 效，物料由总管同时分配到每个蒸发器中，适用于有结晶的物料的蒸发。

多效蒸发的计算比较复杂，需要时可参考有关化工原理教材，主要难点在于各个蒸发器的浓度、温度、物性数据、温度差损失不同，需要先假设多个参数的数值，进行计算，得到结果，再进行校核，直至所有假设参数的数值都得到校核并满足计算精度为止，由于假设参数多，使得计算过程复杂，以下给出一种命题的主要计算步骤。

一般已知加热蒸汽压强 p_1，加热蒸汽温度可查出，已知初始液和完成液质量百分数 x_0、x_n，已知进料流量 F 和初始温 t_0，已知使用的效数 n 和冷凝器使用的压强 p_n 等，求各效的加热面积、蒸发量等。步骤如下所示：

(1) 由 $Fx_0=(F-W)x_n \Rightarrow W=F(1-x_0/x_n)$ 求 x_i

$$x_i=\frac{Fx_0}{F-W_1-W_2-\cdots-W_i}\text{（但 }W_1,\cdots,W_i\text{ 未知）}$$

(2) 先预设 $W_1,\cdots,W_i$，再校核　预设各 W_i 的方法：①令 $W_i=W/n$，②令 $W_1:W_2:W_3\cdots=1:1.1:1.2\cdots$，等；

(3) 求各效二次蒸汽压强　先忽略各效温度差损失，各效加热蒸汽与二次蒸汽形成的压强差按照总压差平均求得，即 $\Delta p_i=(p_1-p_n)/n$，算出各效二次蒸汽 p_i 和 T_i'；

(4) 计算各效的 $\Delta',\Delta'',\Delta'''$；

(5) 计算各效的沸点 $t_i=T'_i+\Delta'_i+\Delta''_i$，$\Delta t_i=T_i-t_i$，$\sum\Delta t=T_i-T_k-\sum\Delta$；

(6) 物料和热量衡算求加热蒸汽消耗量和水分蒸发量

$$W_i=\eta_i\left\{D_i\alpha_i+[Fc_{p0}-c_{pw}(W_1+W_2+\cdots+W_{i-1})]/\beta_i\right\}$$

$$\alpha_i=\gamma_i/\gamma'_i\quad \beta_i=(t_{i-1}-t_i)/\gamma'_i$$

式中 η_i 为考虑稀释热和热损失时的校正系数，一般可取 0.96 ~0.98，稀释热较大时还需考虑溶液质量浓度变化对 η_i 的影响，校核 W_i 与初设值是否相等，若不相等以所求 W_i 重

算,但此步可省略,因为后面还要校核,这里校准了作用不大;

(7)求 $A_i = \frac{Q_i}{K_i(T_i - t_i)}$, $\left|1 - \frac{A_{min}}{A_{max}}\right| \leqslant \varepsilon$,若不符合条件,重新分配温度差;

(8)重新分配温度差 ,$A_i = \frac{A_1\Delta t_1 + \cdots + A_n\Delta t_n}{\sum \Delta t}$,$\Delta t'_i = A_i\Delta t_i/A$,若 $\sum \Delta t'_i \neq \sum \Delta t$,则各 $\Delta t'_i$ 乘以 $\sum \Delta t_i / \sum \Delta t'_i$;

(9)重新计算温度差损失和总有效温度差 $\sum \Delta t''_i$,其中算 x_i 时以(6)中的 W_i 计,若 $\sum \Delta t''_i \neq \sum \Delta t_i$ 则对 $\Delta t'_i$ 调整,乘以 $\sum \Delta t''_i / \sum \Delta t_i$,求出各二次蒸汽参数及其他参数;

(10)重算各效蒸发量 W_i 及 D_i,校核直至符合要求的精度,得到各蒸发器的换热面积。

4.2 热 杀 菌

热杀菌(thermal sterilization)是食品工业最常见的一种以杀灭微生物为主要目标的热加工,可分为巴氏杀菌和商业灭菌。巴氏杀菌可使食品中的酶失活,并破坏食品中的热敏性微生物和致病菌,但无法杀死抗热性能强的腐败菌。巴氏杀菌的产品可在冷藏条件下稳定贮藏。商业灭菌是一种强度更大的热处理形式,目的在于降低产品中所有微生物的数量,以获得货架稳定的罐头或类似产品。商业灭菌所达到的"商业无菌"是指食品中不含致病菌,残存的处于休眠的非致病菌在正常的食品贮存条件下不能生长繁殖。顺便提及,除了热杀菌外,研究人员对超高压强、高压脉冲电场等非热能杀菌技术也进行了研究,有关研究进展可予以关注。

在考虑具体的杀菌条件时,通常以某种具有代表性的微生物作为杀菌的对象,以这种对象菌的死亡情况来反映杀菌的程度。

4.2.1 杀菌效果的表征

微生物被杀的效果可用微生物残存曲线、减菌 90%(或 1 个对数值)的杀菌时间 D、微生物耐热因子 Z、定量减菌的杀菌时间 F 和腐败概率等概念来表征。

(1)微生物残存曲线　大肠杆菌、沙门氏菌和李斯特单弧菌等微生物的数量降低模式如图 4-6 所示,芽孢数量降低也有类似的方式,但有一个初始滞后期,这些曲线称为微生物残存曲线。尽管有研究认为保藏加工设计用非一级模型可能更为合适,但食品中的微生物受热致死速率现仍常用一级动力学模型描述,即:

$$\frac{dN}{d\tau} = kN \tag{4-8}$$

式中　N——活态微生物总个数

k——反应速率常数

式(4-8)表明,微生物的热致死速率 $dN/d\tau$ 与总菌数 N 成正比,在 $dN/d\tau - N$ 坐标上,是一斜率为 k 的直线,表明随着总菌数的减少,微生物的热致死速率成直线下降。

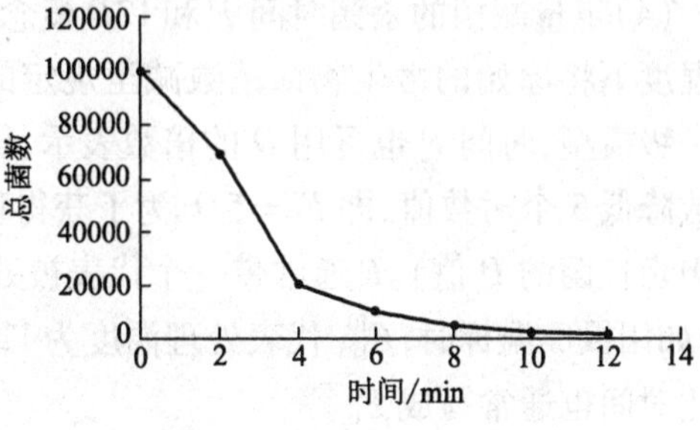

图 4-6　微生物残存曲线

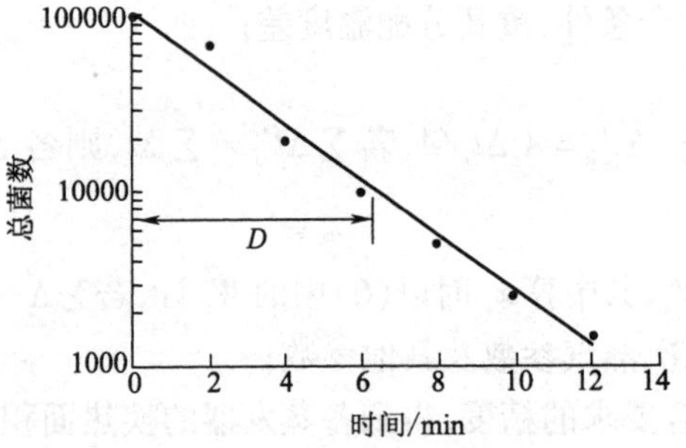

图 4-7　半对数坐标上的微生物总数残存曲线

(2)减菌 90% 的杀菌时间 D　积分式(4-8),得到 $\ln N$ 与 τ 的线性关系式,将 $\ln N$ 换成 $\lg N$,则得到 $\lg N=(k/2.303)\tau+c$,可见在半对数坐标上,以 $\lg N$ 为纵坐标,τ 为横坐标,标出 $\lg N-\tau$ 的关系如图 4-7 所示(以 N 直接标绘在对数纵坐标上),为一条直线,斜率为 $-k/2.303$,此直线为热杀菌半对数坐标中的微生物总数残存曲线。由图 4-7 可见,微生物的活菌数每减少一个数量级,如从 10^5 个减少到 10^4 个,即减少 90% 或菌数减少 1 个(单位)对数值,对应的时间变化量相同,此时间称为微生物的 D 值,所以微生物的 D 值为在一定的环境和温度条件下,将全部对象菌的 90% 或 1 个对数值减菌所需要的时间。1 个对数值指 $\lg N_2-\lg N_1=1$,即 $N_2/N_1=10$,所以有 $(N_2-N_1)/N_1=0.9$,与减菌 90% 所指相同。由图 4-7 的斜率关系知,$k/2.303=1/D$。D 值的大小与微生物种类有关,微生物的耐热性越强,在相同温度下的 D 值就越大,D 值也与温度有关,在 121.1℃ 下测定的 D 值通常以 $D_{121.1℃}$ 表示。通过试验得到 D 值后,可根据杀菌要求确定杀菌时间,从而计算杀菌的传热量,从食品工程原理的角度来讲,杀菌计算显然可以归类为侧重传热的单元操作。

(3) 耐热因子 Z　微生物的受热致死会受到外部因素如温度、压强、脉冲电场等的影响,温度越高,微生物越易受热致死,D 值越小,故温度影响 D 值。将 D 的对数值与温度关系在半对数坐标上加以表达,得到类似于图 4-7 的 $\lg D-T$ 曲线。定义 D 减少 90%(或 1 个对数值,$\lg D_2-\lg D_1=1$)时温度的升高值为微生物的耐热因子 Z。物理化学中的阿累尼乌斯方程给出温度对速度常数 k 的影响,活化能 E_a 由不同温度下的试验数据得到的各个 k 值回归求出,或由不同温度下的试验数据得到的 D 值再得到的 Z 值表达,公式为:

$$E_a=\frac{2.303}{Z}RT_{A1}T_{A2} \tag{4-9}$$

压力对微生物活化能的影响,如式(4-10)所示:

$$\ln k=\ln k_R-\left[\frac{V(P-p_R)}{RT_A}\right] \tag{4-10}$$

恒定的温度下,$\ln k$ 对 $(P-p_R)$ 作图线性曲线的斜率可求出活化体积 V。

(4)定量减菌的杀菌时间 F 和 $12D$ 概念　微生物定量减菌所需时间 F 是指在一定的加热温度下将原始的微生物活菌数减至规定的数值所需的总时间。只要微生物的残存曲线符合一级模型,时间 F 也可用 D 的倍数表示,例如使微生物数量降低 99.999%,相当于微生物总数降低 5 个对数值,即 $F=5D$。为了获得稳定的货架期的食品,杀菌时间常用 $F=12D$(D 为肉毒杆菌的 D 值)。F 通常带一个代表被处理微生物 Z 值的角标和一个代表处理温度的角标,如用摄氏温标时,F_{121}^{10} 代表处理温度为 121℃,Z 值为 10℃ 时定量减菌所需时间,F_{121}^{10} 这一参比时间也通常写成 F_0。

(5)腐败概率　对于货架期稳定的食品,杀菌过程的设计除了要保证微生物学安全外,还要尽量消除腐败发生的可能性。一批处理过的产品发生腐败的数量用腐败概率估计。

设一批处理过的某产品共有 m 个，每个产品内杀菌前的微生物数量是 N_0，每个产品内一定温度下杀菌后微生物数量是 N，杀菌的时间是 F，在服从一级动力学减菌模型时，该微生物的1个对数值减菌时的杀菌时间是 D，减菌（$\lg mN_0 - \lg mN$）个对数值的杀菌时间是 F，应用比例关系，得到 $(\lg mN_0 - \lg mN)/1 = F/D$，如果整批产品要求只能存活1个微生物，即 $\lg mN = \lg 1 = 0$，可得 $\lg mN_0 = F/D$，于是整批产品 m 个中有1个产品腐败的概率为 $1/m$，得到：

$$\frac{1}{m} = \frac{N_0}{10^{F/D}} \tag{4-11}$$

4.2.2　热杀菌时间的计算

计算杀菌时间时，通常通过试验得到标准杀菌温度 T_0（121℃）下杀灭指定数目菌的杀菌时间 F_0。设在另一温度 T 下杀灭同样数目菌所需的时间为 F，根据微生物耐热因子 Z 的含义有：$Z/1 = (T - T_0)/(\lg F_0 - \lg F)$，变化得到：

$$F/F_0 = 10^{-(T-T_0)/Z} \tag{4-12}$$

式（4－12）可以计算其他温度下达到杀灭指定数目菌的杀菌时间 F。设温度 T 下处理的时间为 τ，τ 小于 F，定义对应于 τ 的部分杀死率 r 为 τ/F，用微分概念表达，有 $dr = d\tau/F$，在任意温度处理时，从开始处理到指定处理时间积分，得到累积的杀死率：

$$r = \int_0^{\tau} \frac{1}{F} d\tau = \int_0^{\tau} \frac{1}{10^{-(T-T_0)/Z} F_0} d\tau \tag{4-13}$$

计算得到 $r = 1$ 时，即可达到指定的杀菌要求，从而得到总杀菌时间。使用式（4－13）需要知道温度 T 和时间的关系，式（4－13）也可以采用数值积分的方法，如高等数学中的辛普森数值积分方法求解。在杀菌过程中，各种处理情况不同，热量传递方式和传递速度也不同，升温和降温过程使产品最低温度点随时间变化的情况比较复杂。如简单几何体球形、圆柱和平板固体杀菌计算，需要采用前章讨论的非稳态导热温度分布计算的知识给出最低温度点（如升温时球的中心温度）随时间变化的规律。由于杀菌过程时间的计算或确定与传热密切相关，且由传热速率决定，因此将杀菌归类为以传热为主的单元操作，过程传热速率和杀菌时间的计算方法仍然遵循图0－1的主线，即采用理论推导、数学模型、量纲分析规划实验和直接的实验测定方法加以解决，例如产品的温度分布可以用实验测定的方法直接给出，从而用于杀菌时间的计算，如果使用到非稳态传热知识或对流传热知识计算过程的温度分布，则完全包含了前章传热学的方法，也即使用了图0－1归一主线揭示的方法。

【例4－2】已知某罐装食品在标准温度下（121℃）杀菌的 F_0 值为5min，Z 值选择为10，假设该罐装食品初温为25℃，在杀菌阶段的温度变化是每分钟升温5℃，19min后达到120℃，在此温度下保持6min后以每分钟下降5℃速率降温至25℃，问能否满足商业无菌的杀菌条件？

解：升温阶段温度变化的表达式为 $T = 25 + 5\tau$，升温时间为19min，降温阶段温度变化的表达式为 $T = 120 - 5\tau$，降温时间为19min，根据式（4－13）：

$$r = \int_0^{\tau} \frac{1}{F} d\tau = \int_0^{\tau} \frac{1}{10^{-(T-T_0)/Z} F_0} d\tau$$

$$= \int_0^{19} \frac{1}{10^{-(25+5\tau-121)/10} F_0} d\tau + \int_0^{6} \frac{1}{10^{-(120-121)/10} F_0} d\tau +$$

$$\int_0^{19} \frac{1}{10^{-(120-5\tau-121)/10}F_0}\mathrm{d}\tau = (0.69 + 4.77 + 0.69)/F_0 = 6.15/5 = 1.23$$

因为 r 大于 1，故达到商业无菌的杀菌时间。

其他复杂情况杀菌时间的计算由食品工艺学课程讨论。

4.3 结 晶

结晶(crystallization)是固体物质以晶体的状态从蒸汽、液体熔化物或溶液中析出的过程，可分为溶液结晶、熔融结晶、升华结晶和沉淀结晶，此处只讨论溶液结晶。结晶能够获得高纯度的产品，因结晶热一般只有汽化热的 0.1 ~ 0.3 倍，故结晶能耗较低。结晶在食品工业中应用于从水溶液中获得纯净固体或去除稀溶液中的水，例如制造葡萄糖和味精，冷冻浓缩脱水；控制结晶以保持蜂蜜中的糖分或冰淇淋中的乳糖；控制结晶过程使制品获得某些流变学特性，如控制人造奶油和巧克力中脂肪的结晶以及甜炼乳和某些糖果中的结晶过程。

溶液产生过饱和度才会结晶，产生过饱和的方法有冷却法、蒸发浓缩法和真空绝热蒸发法，尽管结晶涉及物质的传递，与传质有关，但热量传递仍是该单元操作得以实现的主要影响因素，首先需要从传热角度加以认识，故将结晶归类为传热为主的单元操作，过程通量求解按照图 0 - 1 的主线理解。

4.3.1 结晶的基本概念

(1)晶体　晶体是化学均一且具有规则形状的固体，组成空间点阵结构的基本单位称为晶胞，为晶体的最小基本单元。七种晶系的晶胞形状如图 4 - 8 所示，图中选取三个坐标轴作为晶轴，分别记为 x、y 和 z 轴，三条晶轴的长度分别记为 a、b 和 c，三个坐标面即为晶轴面，晶轴的交角称为晶轴角，其中 y 轴和 z 轴间的晶轴角记为 α，z 轴和 x 轴间的晶轴角记为 β，x 轴和 y 轴间的晶轴角记为 γ。晶体结构是质点在空间晶格上对称排列的结果，如果结晶时没有其他干扰，得到的晶体应具有明显的晶角和平滑的晶面外形。同种晶体有大有小，与之相对应的晶面、晶边也有大小差异，但由对应晶面所构成的晶面角却相同，因此晶面角是物质的特征之一。

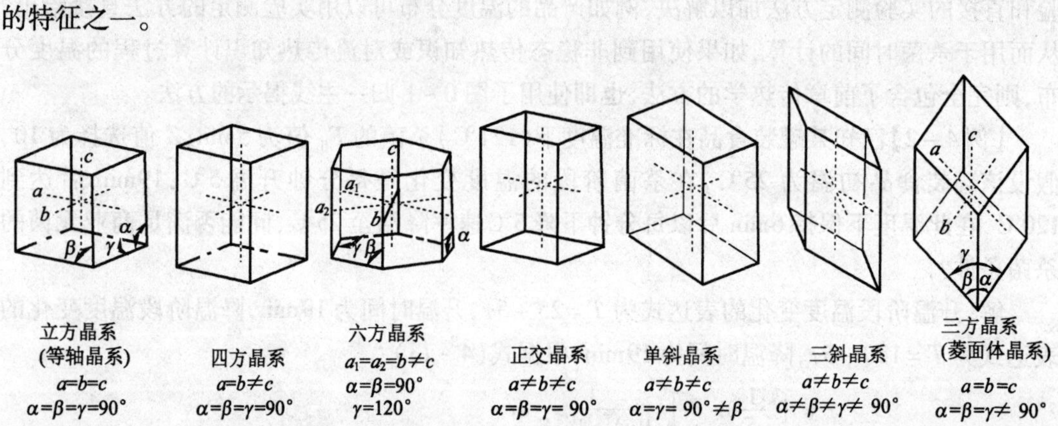

图 4 - 8　晶胞形状

在理想情况下晶体的长大保持相似性，即不同时间，晶体的外形是相似的，故除正多面体晶体外，其他晶体的各条棱的成长速度不同，或各晶面远离结晶中心点（原始晶核）的速度不同，但晶体的外形常受环境条件如溶剂种类、溶液 pH、过饱和度、温度、搅拌速度、磁场强度及杂质等影响而改变。

（2）溶解度和过溶度　溶液中的溶质有一定的溶解度，结晶的必要条件是溶质的浓度要大于溶解度，但是否结晶，还受其他因素影响。图 4－9 是蔗糖水溶液的相平衡图，图 4－10 是蔗糖水溶液的溶解度曲线图，如图 4－9所示，E 点右侧浓度范围内才是蔗糖可能结晶的区域，溶液浓度要达到一定的程度，温度要适宜，才会结晶，而图表明，溶液并非达到饱和时就结晶，还会存在过溶状态，形成过溶度。图 4－10 中，溶解度曲线和过溶度曲线将溶液划分成三个区域，即稳定区域、不稳定区域和介稳（亚稳）区域：不稳定区域会自发起晶；介稳区域若不受其他外界条件影响或不加入晶种，将长时间保持过溶，若加晶种，溶质在晶种上析出并使晶体长大。由图4－10 可设计结晶操作的大致步骤：将 Q 点的溶液先蒸发去水至 P 点，再降温至 Q'点析出晶体，过程还受是否添加晶种、降温速率或溶液流体力学条件影响。

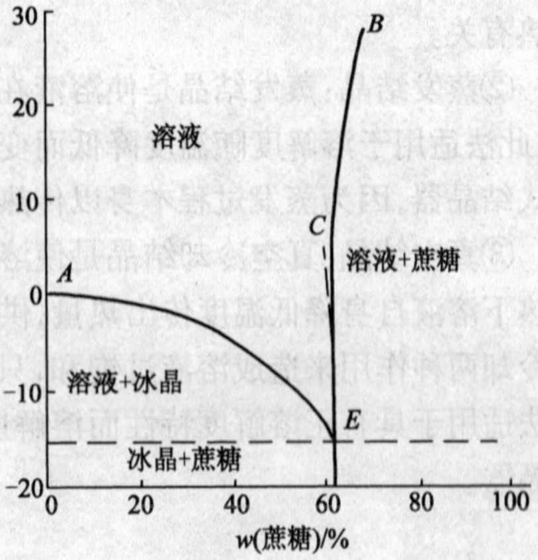

图 4－9　蔗糖水溶液相图

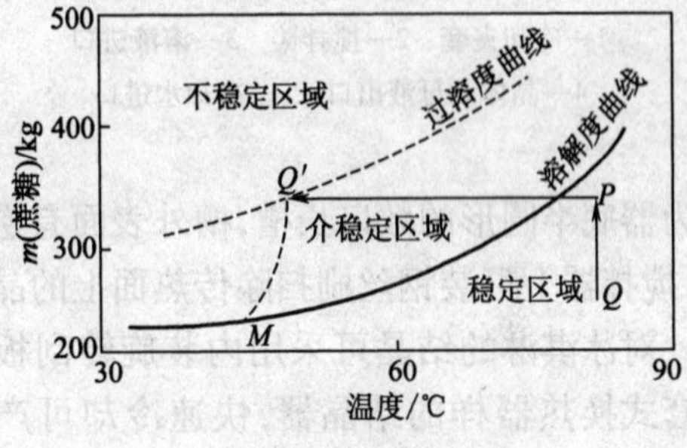

图 4－10　蔗糖水溶液溶解度

（3）结晶过程和控制　结晶经历产生晶核和晶体成长过程，均以浓度差为推动力。工业上采用自然起晶、刺激起晶和晶种起晶。起晶过程可分为一次起晶和二次起晶，一次起晶时系统中没有晶体，二次起晶时则已有晶体存在。形成晶核时的临界半径和晶核形成速率可由热力学和动力学理论得到。晶体的成长涉及传质学的内容，读者可在学完传质内容后参考有关教材或专著类比理解，相关内容不再详述。

结晶操作时，若冷却或蒸发过快，溶液的过饱和度过高，就会形成过多的晶核，得到大量的小晶体。若冷却或蒸发速度较慢，溶液处于过饱和度较低的介稳区，此时若加入晶种或二次起晶，则得到大晶体。

为保持晶体大小均匀，必须进行充分搅拌，使溶液的温度、浓度和流体力学条件保持均匀。在连续蒸发时可利用水力分级保证卸出大小符合要求的晶体。如果采用介稳区加晶种方法，需控制晶体成长时间，实现晶体粒度控制。为保证晶体粒度大小均匀，冷却结晶时应力求冷却均匀，尽量保持过饱和度不变。

4.3.2 食品工业常用结晶方法与设备

(1)常用结晶方法 结晶方法主要分为冷却法、蒸发法和真空冷却法三大类。

①冷却结晶:冷却结晶过程是通过冷却降温使溶液变成过饱和,此法适用于溶解度随温度的降低而显著下降的物系,所用设备称为冷却式结晶器,由于需要传递热量,过程速率与传热有关。

②蒸发结晶:蒸发结晶是使溶液在常压或减压下蒸发浓缩而变成过饱和获得结晶的过程,此法适用于溶解度随温度降低而变化不大或具有逆溶解度特性的物系,所用设备称为蒸发式结晶器,因为蒸发过程本身以传热为主,故此结晶过程也以传热为主。

③真空结晶:真空冷却结晶是使溶剂在真空下闪蒸而使溶液绝热冷却的结晶法,该法在绝热下溶液自身降低温度传出热量,供给蒸发溶剂所需的汽化潜热,其实质是同时结合蒸发和冷却两种作用来造成溶液过饱和,只是蒸发的热量不是外加,而是由溶液降温放热供给,此法适用于具有正溶解度特性而溶解度随温度的变化率中等的物系,所用设备称为真空式结晶器。

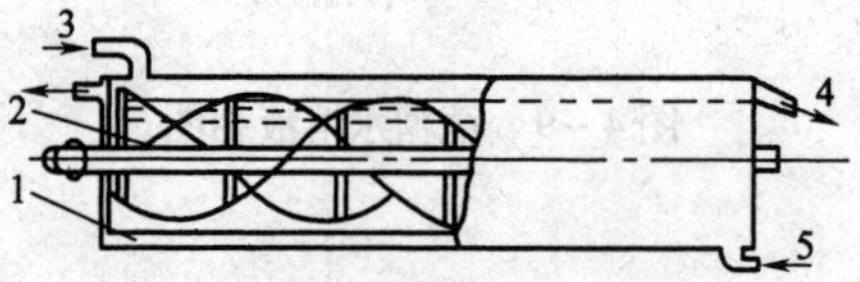

图 4-11 连续敞口搅拌结晶槽

1—冷却夹套 2—搅拌桨 3—溶液进口

4—晶体和母液出口 5—冷却水进口

(2)结晶设备 结晶设备的类型很多,有冷却结晶器、蒸发结晶器、真空结晶器,操作方式可分为间歇式和连续式,如按流动方式分则有混合型和分级型、母液循环型和晶浆循环型结晶器。现介绍几种主要结晶器的结构和特点。

①冷却结晶器:图 4-11 是连续敞口搅拌结晶槽,为一种广泛使用的结晶设备,这种设备为器底半圆形的敞口长槽,槽外表面有逆流的冷却水夹套,槽内有沿全长安装的带式搅拌器,搅拌器上可装钢丝刷扫除传热面上的晶体,为防止返混,结晶槽可分成若干段。

对冰淇淋的结晶可采用内装旋转刮板的夹套式换热器样的结晶器,快速冷却可产生大量晶核,利于二次起晶,使冻制品呈塑性状态。

图 4-12 所示为外部循环冷却式结晶器,用泵强制循环置溶液,外设管壳式换热器换热,管壳式换热器的管内走溶液,管间用另一泵驱动冷却剂,结晶罐内溶液以一定的速度向上,起着大小分级的作用,罐内超过饱和的溶液在穿过罐内悬浮液层上升时,过饱和度逐渐降低。正常情况下,溶液到达顶部,过饱和度即完全消除,从冷却器出来的溶液状态维持在介稳区域内,溢流容器用于取出过小的晶核和晶体,减小细晶粒数量,维持必要的晶核数。

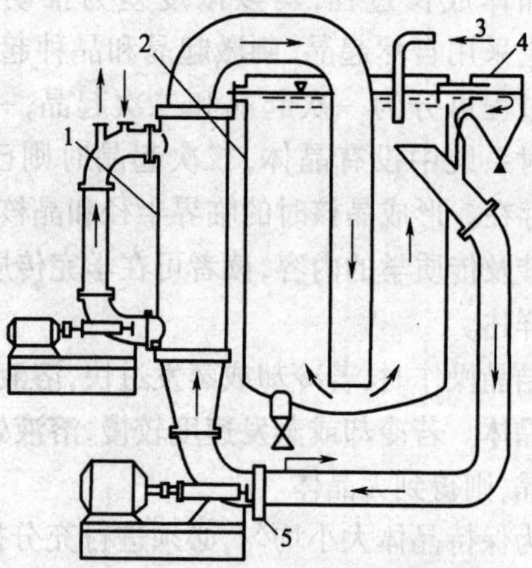

图 4-12 外部循环冷却结晶器

1—冷却器 2—结晶罐 3—加料管

4—溢流槽 5—循环泵

直接冷却式结晶器将冷却剂直接通入溶液中混合，中央有导向管，上部为圆柱，下部为圆锥，此时冷却剂最好为不溶，便于分离，如果冷却剂与溶液部分或完全互溶，则需后续分离的单元操作。

②蒸发结晶器：标准式自然循环蒸发结晶器与图4－1标准式自然循环蒸发器相似，多采用悬框式结构，由于有结晶物，器底做成更有利于循环的结构形式，下降管或加热管比一般蒸发器的大，先以少量热溶液在真空下蒸发至饱和，再突然增加真空度使温度下降，发生起晶，接着引入更多的料液养晶，直至液位高出管子，全排物料。

连续蒸发结晶器如图4－13所示，蒸发式结晶器设计成具有特殊的建立和解除溶液过饱和度以及晶体分级的系统，汽化器内的蒸发浓缩作用建立溶液过饱和度。浓缩后的过饱和溶液进入结晶罐内遇晶体悬浮液，过饱和度逐渐解除，此后又需再加热汽化才能重新获得过饱和。

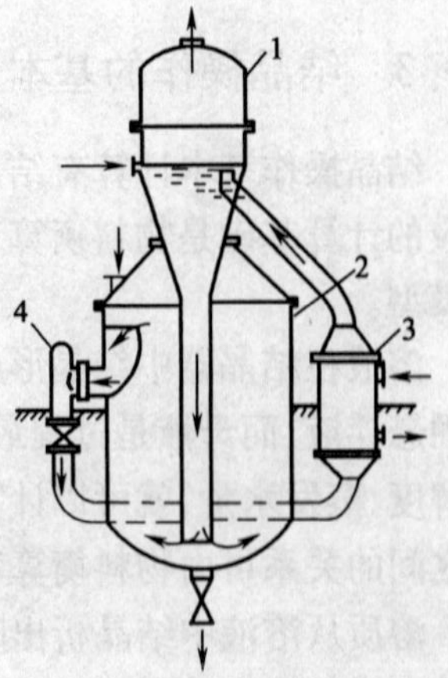

图4－13　连续蒸发结晶器

1—汽化器　2—结晶罐

3—加料器　4—循环泵

③绝热蒸发冷却式结晶器：又称真空结晶器，溶液过饱和的建立是由绝热蒸发完成的。高温溶液进入闪急蒸发室，温度自动下降并放出显热以供水分汽化，所以过饱和度的建立靠冷却和蒸发两种作用建立。

连续式真空结晶器如图4－14所示，该设备带有晶糊分离系统，被加热的溶液进入位于结晶液面下方附近的切向入口管，使晶糊获得旋流，加速闪蒸，使晶糊与二次蒸汽保持平衡，真空度由蒸汽喷射器和冷凝器维持，蒸发温度过低，可对二次蒸汽升压。连续式真空结晶器也可进行多效操作。

真空结晶器的主要优点是器内为绝热蒸发，不设传热面，无传热面结垢和腐蚀等问题，构造简单，但其局限性为在真空下器内溶液因静压效应引起沸点变化，蒸发冷却仅发生在液面附近处，如无适当搅拌措施，浓度和温度很不均衡，不会有良好的操作效果。

为解决上述问题，可采用导筒折流板式(DTB)真空结晶器，如图4－15所示，结晶器内

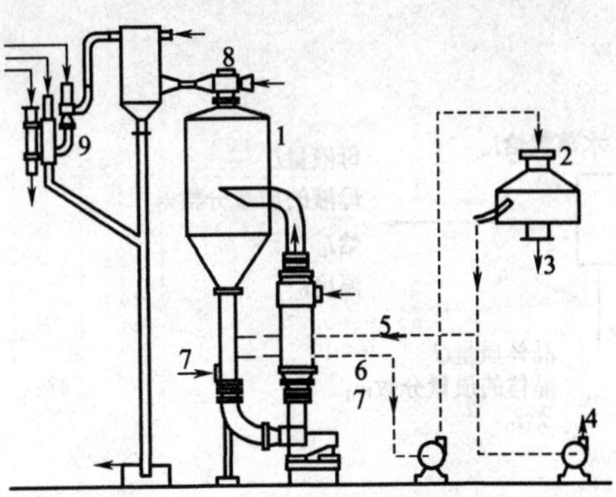

图4－14　绝热蒸发结晶器

1—闪蒸室　2—离心机　3—晶体出口

4—母液排出　5—母液循环　6—晶糊

7—料液入口　8—升压泵　9—真空系统

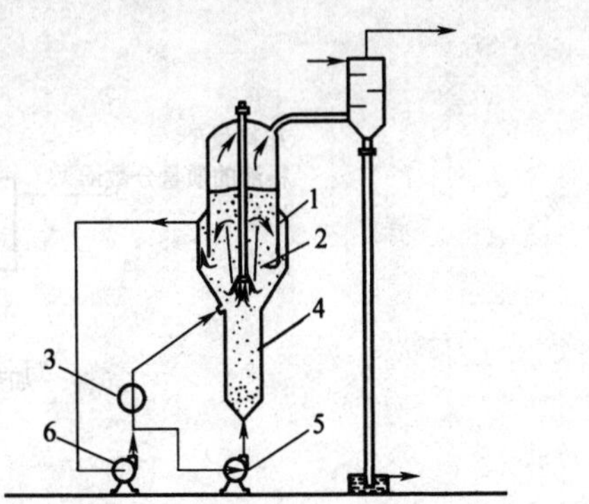

图4－15　DTB真空结晶器

1—折流板　2—导筒　3—加料器

4—淘洗器　5—淘洗泵　6—循环泵

部装有搅拌器导筒以及为除去细晶粒而设置的折流板，导筒内安装旋桨式搅拌器，强制料液在筒内作自下而上而在筒外折成自上而下循环的可控制运动。除了内循环系统外，整个设备尚有外循环系统，内外循环系统均可单独调节，导筒折流板式结晶器器底所设的淘洗器，用于对晶体大小进行分级。

4.3.3 结晶操作的基本计算

结晶操作基本计算有结晶量、热负荷(包括换热面积、蒸汽消耗)以及晶体粒度分布等，相应的计算基础是物料衡算和热量衡算，晶体粒度分布的计算涉及晶核和晶体成长的动力学模型。

溶液在结晶器中结晶形成的晶体和余下的母液的混合物称为晶浆，所以晶浆实际上是液固悬浮液，而母液是过程最终温度下的饱和溶液。由投料的溶质初始浓度、最终温度下的溶解度、蒸发水量，就可以计算结晶过程的晶体产率，因此料液的量和浓度与产物的量和浓度之间的关系可由物料衡算和溶解度决定。

溶质从溶液中结晶析出时会发生焓变化而放出热量，这同纯物质从液态变为固态时发生焓变化而放热是类似的，两者都属于相变热，但在数值上是不相等的，溶液中溶质结晶焓变化还包括了物质浓缩的焓变化。溶液结晶过程中，生成单位质量溶质晶体所放出的热量称为结晶热，而结晶的逆过程是溶解，单位质量晶体在溶剂中溶解时所吸收的热量为溶解热，许多溶剂热数据是在无限稀释溶液中以 1kg 溶质溶解引起的焓变化来表示的，如果在溶液浓度相等的相平衡条件下，结晶热应等于负的溶解热，由于许多物质的稀释热相比很小，因此结晶热近似地等于负的溶解热。

结晶过程中溶液与加热介质(或冷却介质)之间的传热速率计算与传热一章中所描述的间壁式传热过程相同。溶液与晶体颗粒之间的传热速率、传质速率均与结晶器内的流动情况密切有关，可近似采用球形颗粒外的传热、传质系数关联式作估算。溶液与晶体颗粒之间的传热、传质速率都会影响结晶晶系、产品纯度、外观质量，所以在提高速率、设备生产能力时必须兼顾产品的质量。

(1)结晶过程的物料衡算　结晶过程各量的示意图如图 4-16 所示。

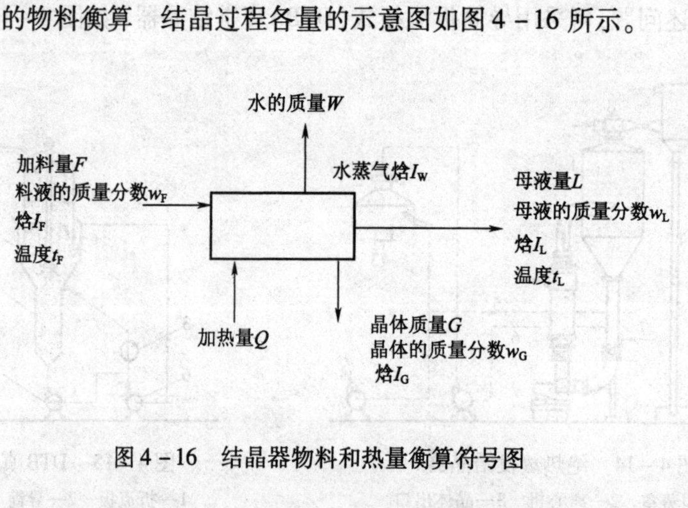

图 4-16　结晶器物料和热量衡算符号图

作物料衡算时，需考虑晶体是否为水合物：当晶体为非水合物时，可按纯物质计算；当晶体为水合物时，晶体中溶质的质量分数可按溶质相对分子质量与晶体相对分子质量之比计算。物料衡算包括总物料的衡算和溶质的物料衡算(或水的物料衡算)。对图4－16作总物料的衡算和溶质的物料衡算有：

$$Fw_F = Gw_G + Lw_L = Gw_G + (F - W - G)w_L \tag{4-14}$$

式(4－14)既可用于连续过程,也可用于整批间歇操作的计算。用于连续过程时物料的流量为质量流量,可统一以h或s为时间基准,用于间歇操作时以一个批次为基准。

(2)结晶过程的热量衡算　对连续式结晶,对图4－16中的结晶器进行热量衡算可得:

$$FI_F + Q = WI_W + GI_G + (F - W - G)I_L \tag{4-15}$$

式(4－15)中的Q包含了蒸发式的加热、冷却式的移热(负值)和热损(负值),对间歇结晶器可采用微积分的概念进行计算。

(3)晶体粒度分布计算　根据“混合悬浮－混合卸料”模型,设n为晶粒密度,$n = dN/(VdL)$,N为晶粒数,L为晶体粒度,V为母液体积,用u表示晶粒成长速度,τR表示母液在设备中的停留时间,X代表量纲1准数,可以推导得到晶体粒度分布的表达式为:

$$\ln \frac{n_0}{n} = \frac{L}{u\tau_R} = X \tag{4-16}$$

由于此模型得到晶体的主粒度L_p对应于$X = 3$,故设计时采用$L_p = 3u\tau_R$,此时单位质量的晶体中的晶粒数为

$$\frac{n_0}{m_0} = \frac{9}{2a\rho_0 L_P^3} \tag{4-17}$$

a为与形状有关的系数,ρ_0为晶体密度,kg/m^3,与n单位不同,说明两者定义不同。晶核形成速率要相当,若以G表示晶体的产率,以B_0表示单位时间单位体积母液中的晶核数,V_C表示器内母液体积,则晶核形成速率为:

$$B_0 = \frac{Gn_0}{V_C m_0} = \frac{9G}{2a\rho_0 V_C L_P^3} \tag{4-18}$$

【例4－3】将每批1500kg质量分数为77%的柠檬酸水溶液加入到搅拌冷却式结晶器内进行结晶,冷却分两阶段进行,第一阶段在1.5h内将溶液从65℃冷却到40℃,第二阶段冷却每小时降温2℃,最后冷却达到20℃,设$C_6H_8O_7 \cdot H_2O$的结晶热为102kJ/kg,20℃时饱和溶液的质量分数为59%,比热容为3.5 kJ/(kg·K),试计算结晶量和移走的热量。假设第二阶段开始析出晶体,热损失忽略不计。

解:$F = 1500kg$,$w_F = 77\%$,$w_L = 59\%$,$w_G = (192/210) \times 100\% = 91.4\%$

由式(4－14)可得

$$G = \frac{Fw_F - Fw_L + Ww_L}{w_G - w_L} = \frac{1500 \times (77\% - 59\%) + 0}{91.4\% - 59\%} = 833.33(kg)$$

第一阶段的热量由式(4－15)计算:

$$Q_1 = Fc_p(t_F - t_L) = 1500 \times 3.5 \times (65 - 40) = 1.313 \times 10^5 (kJ)$$

第二阶段的热量也由式(4－15)计算:

$$Q_2 = Fc_p(t_L - t'_L) + Gr$$

$$= 1500 \times 3.5 \times (40 - 20) + 833.33 \times 102 = 1.90 \times 10^5 (kJ)$$

移走的热量:$Q = Q_1 + Q_2 = 1.313 \times 10^5 + 1.90 \times 10^5 = 3.213 \times 10^5 (kJ)$

4.4 制　　冷

食品原料因其具有易氧化、腐败、热敏性等特性，故一些加工有低温要求，如冷冻制品、速冻制品加工、食品冷藏、冷冻浓缩、冷冻干燥、需冷车间的空气调节、冷藏库、啤酒发酵、味精厂等电点池降温等生产环节都需要冷源。食品工业中常采用制冷（refrigeration）单元操作供冷，制冷对食品工业是一种基础的操作。制冷方法有机械压缩制冷、吸收式制冷、蒸汽喷射制冷等，以下主要讨论机械蒸汽压缩制冷。

4.4.1　蒸汽压缩制冷的原理

（1）热量从低温热源传向高温热源的实现　热量自动从高温向低温处传递，制冷则是相反的过程，对前者 $\Delta S = Q/T_c - Q/T_h > 0$ 是一自发过程，对后者 $\Delta S = Q/T_h - Q/T_c < 0$ 是非自发过程，为此需要向过程中补充能量，使过程 $\Delta S > 0$。

为连续取热，需用一循环工质，循环工质从低温热源处连续取出热量 Q，与外界补充的能量 Q' 合并，在高温热源处排出，熵变为 $\Delta S = (Q + Q')/T_h - Q/T_c$，只要 Q' 合适，则 $\Delta S > 0$，过程向熵增方向进行，因此要制冷使 Q 从 $T_c \to T_h$ 连续排出，则过程必须补充能量。蒸汽压缩制冷通过压缩机向循环工质提供能量 Q'。

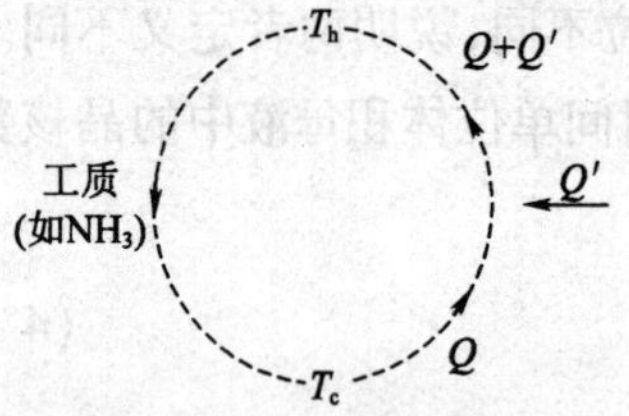

图 4－17　制冷循环能量传递

（2）蒸汽压缩制冷循环所需补充能量分析　为连续取出 T_c 处热量 Q，并向 T_h 处释放，使用一种工作介质（制冷剂如 NH_3），在 T_c 处气化吸热取出 Q，低温气经压缩补充能量 Q'，在高温 T_h 处冷凝放走热量，冷凝液再经降温以准备在 T_c 处汽化，如图 4－17 所示。

理想情况下，制冷剂经历了物理学上的逆卡诺循环过程，其 $p-V$ 图和 $T-S$ 图如图 4－18 和图 4－19 所示：1→2 为低温低压蒸汽压缩（绝热压缩，等熵过程）至高温高压蒸汽；2→3 为高温高压蒸汽在冷凝器中等温冷凝，向冷凝介质释放热量；3→4 为高温高压冷凝液绝热膨胀成低温低压液体；4→1 为低温低压液体（制冷剂）在低温处吸热汽化，而过程所需补充的功为 12341 所围面积。

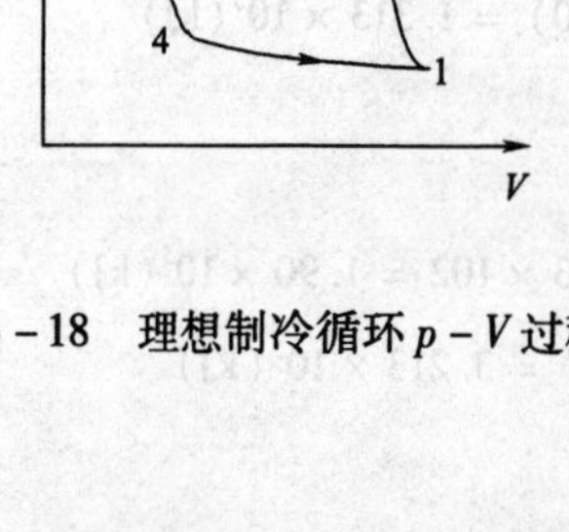

图 4－18　理想制冷循环 $p-V$ 过程

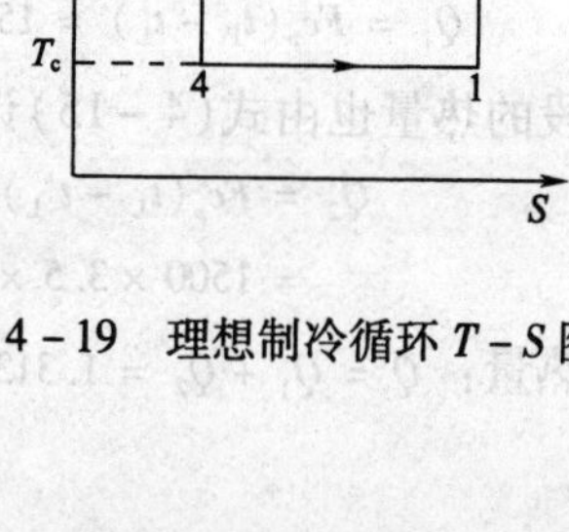

图 4－19　理想制冷循环 $T-S$ 图

$T-S$ 图中,单位质量制冷剂从外界吸热 $q_1 = T_c\Delta S = T_c(S_1 - S_4)$,单位质量制冷剂向外界放热 $q_2 = T_h\Delta S = T_h(S_1 - S_4)$,外界向单位质量制冷剂输入功 $n = q_2 - q_1 = (T_h - T_c)(S_1 - S_4)$,外加能量效率即理论制冷效率为 $\varepsilon = q_1/n = q_1/(q_2 - q_1) = T_c/(T_h - T_c)$,要使制冷效率升高,应使高温热源处的温度 T_h 降低,而使低温处的温度 T_c 升高。

4.4.2 理论蒸汽压缩制冷流程

根据逆卡诺循环的原理,理想的蒸汽压缩制冷流程应如图 4-20 所示。制冷剂(如 NH_3)被气体压缩机从蒸发器的出口吸入,经过压缩,升压升温,在冷凝器中经冷却剂水或风冷却放出热量,冷凝成液体状态,再经过膨胀机的膨胀,降压降温,在蒸发器中吸收周围载冷剂(如冷冻盐水)的热量,汽化后由压缩机吸走,完成了一个循环过程,实现了将热量从蒸发器低温处的载冷剂吸进向冷凝器高温处的冷却剂(水或风)排出的转移。

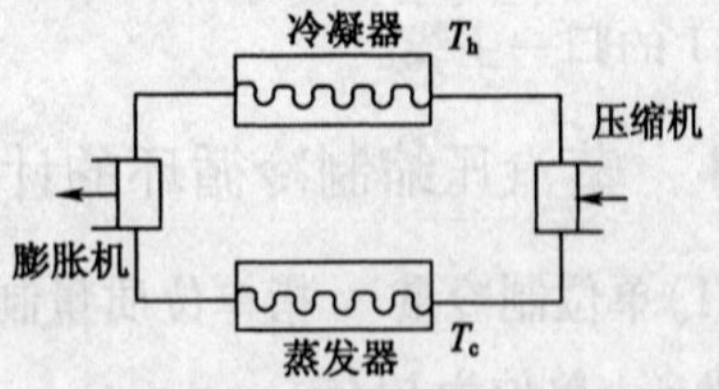

图 4-20 理想蒸汽压缩制冷

4.4.3 实际蒸汽压缩制冷流程

由于以下几个原因,理想蒸汽压缩制冷流程被实际蒸汽压缩制冷流程代替。

①膨胀机收效不大,设备费用大,改用等焓而非等熵过程的节流阀可节省设备费用;②为增加制冷量,冷凝液可采用过冷方法;③蒸发器出口的湿蒸汽进入压缩机会形成湿法压缩,因汽化、撞击等原因对压缩机造成不利影响,改用分离液体后的饱和蒸汽或过热蒸汽进压缩机的流程。实际蒸汽压缩制冷流程如图 4-21 所示。

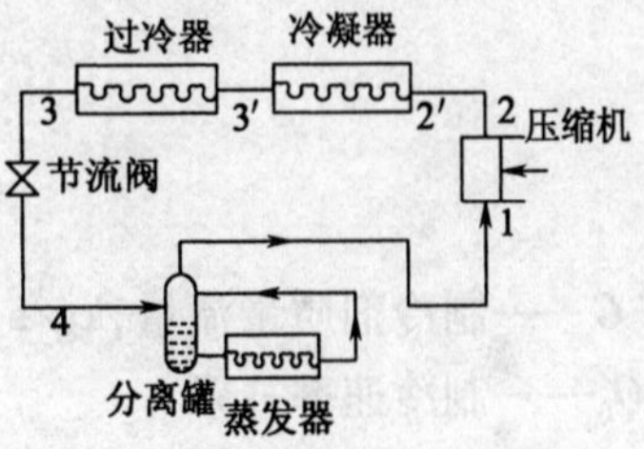

图 4-21 实际蒸汽压缩制冷

为了从理论上分析制冷过程,对实际制冷过程进行计算,需要制冷剂的压焓图或温熵图。制冷剂的压焓图和温熵图的示意图如图 4-22 和图 4-23 所示。示意图中未给出其他参数的曲线,它们是一簇一簇的曲线,整个图曲线非常密集。各种制冷剂的压焓图和温熵图可以查阅制冷剂的相关资料得到。

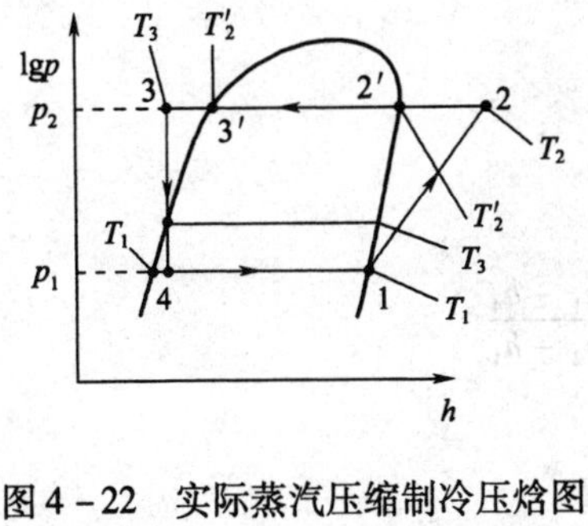

图 4-22 实际蒸汽压缩制冷压焓图

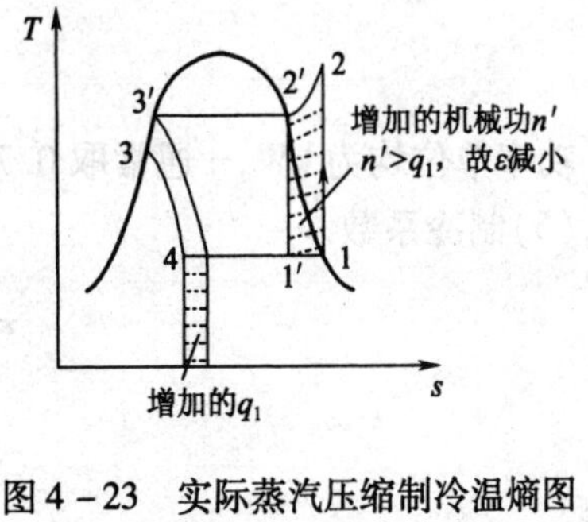

图 4-23 实际蒸汽压缩制冷温熵图

实际蒸汽压缩制冷过程如图 4－22 和图 4－23 所示，根据各点的参数值，可进行制冷过程计算。在图 4－22 中，1→2 代表制冷剂沿等熵线变化，表达的是压缩机压缩制冷剂的过程；2→2′沿等压线变化，代表制冷剂在压缩机到冷凝器的管道中等压冷却；2′→3′代表制冷剂在冷凝器中等压冷凝成液体；3′→3 代表液体的制冷剂等压过冷；3→4 代表制冷剂经节流阀等焓降压降温；4→1 代表制冷剂在蒸发器中吸热汽化过程。同样可以用温熵图分析实际蒸汽压缩制冷过程，但在实际计算时只需要选用一种图即可。

由实际蒸汽的压缩制冷流程可以看出，过程与热量的吸入和排出密切相关，过程设备的设计除了压缩机外主要是换热器，所以将制冷归类为以传热为主的单元操作加以理解，符合图 0－1 的归一主线。

4.4.4 蒸汽压缩制冷循环的计算

（1）单位制冷量　指单位质量制冷剂的制冷量 q_0，单位为 kJ/kg；或单位体积制冷剂的制冷量 q_v，单位为 kJ/m^3。

$$q_0 = h_1 - h_4 \tag{4-19}$$

式中　h——单位质量制冷剂的焓，kJ/kg

设吸入状态比体积为 v_0，单位为 m^3/kg，则单位体积制冷剂的制冷量为：

$$q_v = \frac{q_0}{v_0} = \frac{h_1 - h_4}{v_0} \tag{4-20}$$

（2）制冷剂循环量 G(kg/s)

$$G = \frac{Q_0}{q_0} = \frac{Q_0}{h_1 - h_4} \tag{4-21}$$

$$V = G \cdot v_0 = \frac{Q_0 v_0}{q_0} = \frac{Q_0}{q_v} \tag{4-22}$$

式中　G——制冷剂质量流量，kg/s

Q_0——制冷速率，kW

V——制冷剂体积流量，m^3/s

（3）制冷剂放热量　制冷剂放热量包括冷却放热量 Q'_K、冷凝放热量 Q''_K、过冷放热量 Q'''_K

$$Q = Q'_K + Q''_K + Q'''_K = G(h_2 - h_3) \tag{4-23}$$

热量单位均为 kW。

（4）压缩机所消耗的理论功率 N_a 和实际功率 N_p

$$N_a = G(h_2 - h_1) \tag{4-24}$$

$$N_p = \frac{N_a}{\eta} \tag{4-25}$$

功率单位均为 kW，η 通常取 0.7～0.9。

（5）制冷系数

$$\varepsilon_T = \frac{q_0}{h_2 - h_1} = \frac{h_1 - h_4}{h_2 - h_1} \tag{4-26}$$

$$\varepsilon_p = \frac{Q_0}{N_p} \tag{4-27}$$

式中　ε_T——理论制冷系数

ε_P——实际制冷系数

【例 4－4】有一立式、双缸氨压缩机，其制冷量 $Q_0 = 4.19 \times 10^5$kJ/h，其操作蒸发温度 $T_0 = -15$℃，冷凝温度 $T_K = +25$℃，过冷温度 $T_u = 20$℃，已知在 NH_3 的 $\lg p - h$ 图上查出相应状态点的参数值为：吸入状态 $v_0 = 0.51 m^3/kg$，$h_1 = 1664$kJ/kg，$h_2 = 1869$kJ/kg，$h_3 = h_4 = 512$kJ/kg，作制冷循环计算。

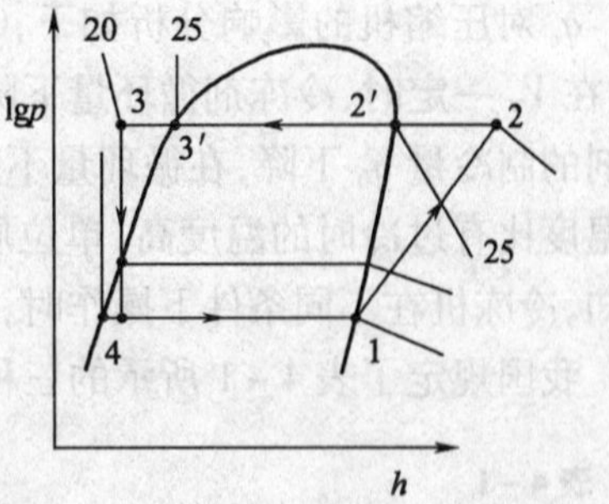

图 4－24　例 4－4 的实际蒸汽压缩制冷压焓图

解：

(1) $q_0 = h_1 - h_4 = 1664 - 512 = 1152 (kJ/kg)$

$$q_v = \frac{q_0}{v_0} = \frac{1152}{0.51} = 2258.8 (kJ/m^3)$$

(2) $G = \dfrac{Q_0}{q_0} = \dfrac{4.19 \times 10^5}{1152} = 364.0 (kg/h)$

(3) $Q_K = G(h_2 - h_3) = 364 \times (1869 - 512) = 4.94 \times 10^5 (kJ/h)$

(4) $N_a = G(h_2 - h_1) = \dfrac{364 \times (1869 - 1664)}{3600} = 20.7 (kW)$

$$N_p = \frac{q_0}{\eta} = \frac{20.7}{0.7} = 29.6 (kW)$$

(5)

$$\varepsilon_T = \frac{q_0}{h_2 - h_1} = \frac{1152}{1869 - 1664} = 5.61$$

$$\varepsilon_p = \frac{Q_0}{N_p} = \frac{4.19 \times 10^5}{29.6 \times 3600} = 3.93$$

一般冷冻（－100℃以上）和深度冷冻（－100℃以下）工作范围不同，制备方法也不同。NH_3 的蒸发温度在 －30～＋5℃范围内，要更低温度可采取多级制冷循环、串级制冷循环、节流膨胀和绝热膨胀等方法。单级蒸汽压缩制冷知识为低温制冷知识的学习奠定了基础，读者需要时可参考有关著作。

4.4.5　冷冻能力的换算

冷冻能力是指一定条件下，冷冻机中冷冻剂所能提取的热量数，以 Q_0(J/s)、q_0(J/kg)、q_v(J/m³) 表示。

$$Q_0 = \lambda_a \cdot V_T \cdot q_v = \lambda_a V_T \cdot \frac{q_0}{v_0} \tag{4-28}$$

$$V_T = \frac{\pi}{4} D^2 \cdot L \cdot n \cdot z \tag{4-29}$$

式中　λ_a——排气系数

V_T——制冷剂理论体积流量，m^3/s

z——汽缸数

n——汽缸活塞往返频率，s^{-1}

L——活塞的行程，m

D——汽缸直径，m

按$\lambda_a=(0.8\sim0.95)\lambda_0$计算$\lambda_a$,$\lambda_0=1-\varepsilon[(p_2/p_1)^{1/m}-1]$,对$NH_3$而言,$1<m<1.3$。$\lambda_a$、$q_v$、$V_T$对$Q_0$均有影响,$\lambda_a$、$V_T$的影响与第一章讨论过的对压缩机的影响相同。

q_v对压缩机的影响分析如下:① 若蒸发温度T_0下降,蒸发压强下降,制冷剂的比容增大,在V_T一定时,冷冻剂循环量下降,制冷能力下降;② 若冷凝器的温度提高,单位质量的制冷剂的制冷量q_0下降,在循环量不变时制冷能力下降;③ 若无过冷操作,制冷剂流出冷凝器的温度比有过冷时的温度高,单位质量的制冷剂的制冷量q_0下降,制冷能力下降。由以上分析知,冷冻机在不同条件下操作时,其冷冻能力不同,为比较,需标指定标准工况。

我国规定了表4-1所示的三种标准工况。

表4-1　　三种制冷标准工况

	T_0/℃	吸气温度/℃	T_K/℃	T_u/℃
标准工况	-15	-10	+30	+25
正常工况	-10	-10	+30	+25
空调工况	+5	+10	+40	+35

为了选用冷冻机或核算现有冷冻机是否满足生产能力,需要计算工作工况的制冷量Q_1相当于标准工况下的制冷量Q_s的倍数A,计算公式为:

$$\frac{Q_1}{Q_s}=\frac{\lambda_a}{\lambda_{as}}\cdot\frac{q_{v1}}{q_s}=A \tag{4-30}$$

换算系数A可查取或计算得到。

【例4-5】有一立式双缸的氨压缩机,缸径为100mm,活塞行程为70mm,转速为960r/min,其标准工况制冷量为9.76×10^4kJ/h,工作条件为蒸发温度-20℃,冷凝温度+35℃,不过冷,试求制冷量。

解法一:查工作工况下的制冷量换算系数$A=0.650$

$$Q_1=A\cdot Q_s=0.650\times9.76\times10^4=6.34\times10^4(\text{kJ/h})$$

解法二:$\lambda_{01}=1-\varepsilon[(p_2/p_1)^{1/m}-1]$,$\lambda_{a1}=(0.8\sim0.95)\lambda_{01}$

查知标准工况$p_0=2.36\times10^5$Pa,$p_k=1.17\times10^6$Pa,ε取0.06,氨的$k=1.3$,m取1.1,工作工况$p_{01}=1.9\times10^5$Pa,$p_{k1}=1.35\times10^6$Pa,$q_{v1}=1720\text{kJ/m}^3$,$q_{vs}=2170\text{ kJ/m}^3$,$\lambda_{01}=1-0.06[(13.5/1.9)^{1/1.1}-1]=0.7$,$\lambda_{a1}=0.8\times0.7=0.56$,$\lambda_{as}=0.8\times\{1-0.06\times[(11.7/2.36)^{1/1.11}-1]\}=0.64$

故　$$Q_1=Q_s\frac{\lambda_{a1}\cdot q_{v1}}{\lambda_{as}q_{vs}}=9.76\times10^4\times\frac{0.56\times1720}{0.64\times2170}=6.78\times10^4(\text{kJ/h})$$

4.4.6　制冷剂和载冷剂

制冷流程中经压缩机在制冷流程管道内部循环的介质称为制冷剂。制冷剂应符合以下要求:① 常压下沸点低;② 在蒸发器内压力比大气稍高,在冷凝器中压力又不要过高,这样空气既不渗入,制冷剂又不泄漏;③ q_v要大;④ 水能冷凝;⑤ 汽化潜热要大;⑥ 满足一般工业无毒、不燃爆、价廉易得等要求。

常用NH_3、氟里昂-11($CFCl_3$,现用Br取代Cl,因氯离子氧化时消耗臭氧)、氟里昂-12

(CF_2Cl_2)、氟里昂-22(CHF_2Cl)等。新型的制冷剂 HFC-134a、1,1,1,2-四氟乙烷不消耗臭氧,但仍有温室效应。

载冷剂是将热量传递给制冷剂后自身降温成为可输送到其他地方的冷量保持介质。工业上常用饱和氯化钙水溶液(-55℃时冻结)、饱和氯化钠水溶液(-21℃时冻结)、乙醇、乙二醇、水等作为载冷剂。

制冷流程中的冷凝器和蒸发器可以参照传热设备理解,压缩设备参照气体压缩机理解。节流阀是一种降压装置,通过阀座与阀芯间距或流通截面的自动调节实现制冷剂流量、压强和温度的变化。

4.5 冷冻浓缩和食品冻结简介

4.5.1 冷冻浓缩

冷冻浓缩(condensation)是利用溶剂与溶液之间的固液相平衡原理来实现分离的方法,如图 4-9 所示。采用冷冻浓缩时溶液的浓度必须在一定范围内,当溶液浓度超过低共熔浓度时,过饱和溶液冷却的结果表现为溶质转化为晶体析出,此即结晶操作。这种操作不但不会提高溶液浓度,相反降低浓度,但是当溶液浓度低于低共熔浓度时,则冷却结果为溶剂如水分成固体从溶液中析出,余下溶液的浓度就提高,此即冷冻浓缩的基本原理。

在食品水溶液的冷冻浓缩中,水溶液的部分水被冷冻成为纯冰晶,将纯冰晶从溶液中除去,剩下的溶液得到浓缩。冷冻浓缩与传统的蒸发浓缩相比的优点是:①溶液热害非常低;②易挥发的风味物质损失少;③能耗低。冷冻浓缩主要缺点是:①设备投资大;②控制与操作较为复杂;③溶液浓度上限受限制,约为 50%。

冷冻浓缩在工业上的应用成功与否,关键在于冰晶的分离效果。冷冻浓缩操作包括了结晶和分离两个部分,因此冷冻浓缩装置系统也主要由结晶设备和分离设备两部分构成。热量传递仍是该单元操作的主要过程。

4.5.2 食品冻结

食品的冻结就是将食品的中心温度经过一定时间的冷冻从而降低到食品冻结点以下的某一预定温度(如零下 15℃或以下)的操作。食品的冻结过程仍由热量传递控制,计算的原理遵循传热传递原理。关于食品冻结知识本教材不作深入介绍,留由后续课程或自学解决。

思 考 题

1. 蒸发操作中的物料会发生什么变化,蒸发器如何才能适应蒸发过程中物料特性的变化?
2. 液层静压效应引起的温差损失采用纯水的有关数据进行计算,是否合理?
3. 为什么蒸发单元操作仍可以按照图 0-1 的归一主线进行理解,蒸发器的生产强度按图 0-1 的归一思路理解时指哪种通量?
4. 为什么要采用多效蒸发,如何确定多效蒸发的效数?
5. 热杀菌和非热杀菌的区别是什么,为什么考虑非热杀菌?

6. 杀菌效果用什么来表征，有关参数的定义是什么？

7. 牛乳进行巴氏杀菌时，病原菌的 $D_{63}=2.5\text{min}$，$Z=4.1℃$，升温和降温期间的杀菌作用不明显，达到商业无菌的杀菌保持时间是多少？

8. 将结晶归类于以传热为主的单元操作有什么依据，决定结晶器大小的主要通量是什么？

9. 制冷在食品工业中有什么重要地位，在制冷循环中外界为什么要提供一定的能量？

10. 冷冻浓缩和冷却结晶有什么不同？

习　题

1. 附图所示为NaCl水溶液的杜林线。现采用蒸发的方法将NaCl水溶液由初始浓度（质量分数）5%蒸发至15%，蒸发器的压强为20kPa，(1)用杜林线求溶液的初始沸点和最终沸点；(2)用杜林规则求溶液的初始沸点和最终沸点；(3)用吉辛可公式求溶液的初始沸点和最终沸点。(60℃，64℃)

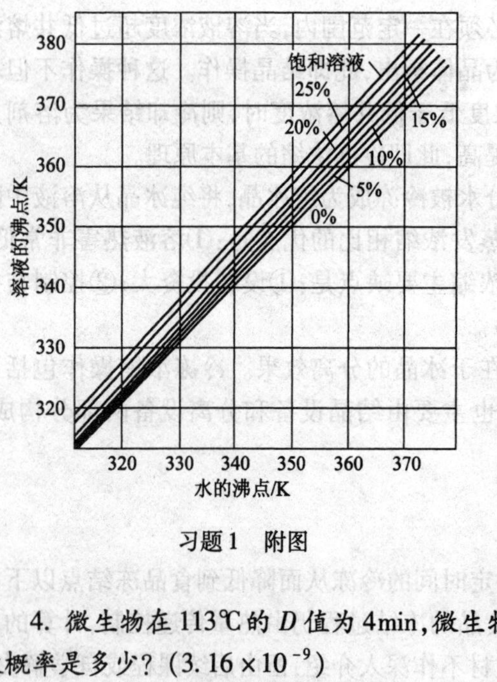

习题1　附图

2. 采用标准型蒸发器蒸发苹果汁。稳态时原料的进料流量为3.0t/h，浓度从进料的11%（质量分数）蒸发到75%。稀果汁和浓果汁的比热容分别为3.9kJ/(kg·℃)和2.3kJ/(kg·℃)。生蒸汽的压强为304.42kPa。进料温度为43.3℃。产品在蒸发器内的沸点为62.2℃。总传热系数为943W/(m²·℃)。如果忽略沸点升高，请计算浓缩产品的质量流量、生蒸汽量、蒸汽经济性和换热面积。(0.12kg/s，0.71kg/s，0.80kg/s，0.87kg 水/kg 蒸汽，25.5m²)

3. 已知芽孢悬浮液在温度为104℃、107℃、110℃、113℃、116℃下的 D 值分别为27.5min、14.5min、7.5min、4.0min、2.2min。求芽孢的耐热因子 Z 值。(11.1℃)

4. 微生物在113℃的 D 值为4min，微生物原始菌数为 10^4 个，在113℃处理50min，问腐败概率是多少？(3.16×10^{-9})

5. 产品瞬时被加热到138℃，保温4s并瞬时冷却。如果微生物的耐热因子为8.5℃，请估计121℃时的 F 值。(400s)

6. 将每批1000kg质量分数为77%的柠檬酸水溶液加入到搅拌冷却式结晶器内进行结晶。冷却分两阶段进行。第一阶段在1.5h内将溶液从65℃冷却到40℃，第二阶段冷却每小时降温2℃，最后冷却达到20℃。设 $C_6H_8O_7\cdot H_2O$ 的结晶热为102kJ/kg，20℃时饱和溶液的质量分数为59%，比热容为3.5kJ/(kg·K)。试计算两阶段的热负荷，设第二阶段开始产生结晶，不计热损。$(5.83\times10^4\text{kJ/h}, 1.26\times10^4\text{kJ/h})$

7. 有一氨压缩制冷流程，其制冷量 $Q_0=6.0\times10^5\text{kJ/h}$，其操作蒸发温度 $T_0=-15℃$，冷凝温度 $T_K=+25℃$，过冷温度 $T_u=20℃$。作制冷循环计算。已知在 NH_3 的 $\lg p-h$ 图上查出相应

状态点的参数值如下：$v_0 = 0.51\text{m}^3/\text{kg}$，$h_1 = 1664\text{kJ/kg}$，$h_2 = 1869\text{kJ/kg}$，$h_3 = h_4 = 512\text{kJ/kg}$。

本章主要符号说明

A　蒸发器面积，m^2
B_0　单位时间单位体积母液中的晶核数
c_p　比热容，kJ/(kg·℃)
D　微生物减菌1个对数值的杀菌时间
D　加热蒸汽消耗量，kg/s或kg/h
E　活化能
e　单位蒸汽消耗量，kg/kg
F　进料量，kg/s或kg/h
F　定量减菌所需杀菌时间
G　结晶量
g　重力加速度，m/s^2；
H　蒸汽的焓，kJ/kg
h　液体的焓，kJ/kg
I　焓，kJ/kg
K　总传热系数
k　杜林直线斜率，量纲为1
k　反应速率常数
L　晶体粒度；行程
m　产品个数
N　活态微生物总个数
n　晶粒密度
n　效数；第n效
p　压强，Pa
Q　传热速率，W
Q_L　热损失，W
q　单位制冷剂传热量
R　热阻，m^2·℃/W
R　气体常数
r　汽化热，kJ/kg
r　微生物的杀死率
S　熵
T　蒸汽的温度，℃
T''　纯溶剂的沸点，℃
t　溶液的沸点，℃
U　蒸发强度，kg/(m^2·h)
V　母液体积
V　活化体积
v　比体积，m^3/kg
W　溶剂蒸发量，kg/s或kg/h
x　溶液中溶质的质量分数
Z　微生物耐热因子，℃
α　对流传热系数，W/(m^2·℃)
ε　制冷效率
Δ　温度差损失，K或℃
Δ'　溶液的沸点升高，K或℃
λ　导热系数，W/(m·℃)
ρ　密度，kg/m^3
τ　时间
Σ　总和

5 传质基础

【学习要求】了解食品工业中的传质过程和基本原理;掌握相组成的表示方法和相互之间的换算;理解扩散过程和稳态分子扩散计算;理解对流扩散及其系数、总传质系数等的概念;了解传质理论;理解相平衡关系和理论级概念;理解三传之间的相似及相关参数类比求取方法;了解以板式塔和填料塔为代表的气液传质设备的结构特点、流体力学性能、操作特性和设计步骤;理解用图0-1归一主线思想表达传质过程的方法。

在食品工业生产中,有相当大的一部分操作是要将混合物加以分离的单元操作,包括提纯、净化、浓缩等,其中关于非均相混合物即多相混合物的分离,已在前面的章节作了介绍,如利用重力场或离心力场作用的沉降分离,或施以外压的过滤等,而均一相混合物的分离(包括提纯、回收等)则需使物质自一相转移至另一相,采用普通机械方法难以实现分离,需要考虑其他分离方法,例如要分离空气中的氨气,则可考虑用水吸收,使溶质气体氨由气相转移到液相,相应的单元操作称之为"吸收"(absorption)。物质在相内或相际间的转移过程称为物质的传递过程,简称传质(mass transfer)过程,因为传质主要是依靠物质的扩散作用(分子扩散和对流扩散),故传质过程又称扩散(diffusion)过程,且一般的传质过程都有其逆过程。常见的属于传质过程的单元操作有:①吸收和脱吸;②气体的增湿和减湿;③液液萃取;④蒸馏或精馏;⑤结晶和溶解;⑥吸附和脱附;⑦固液萃取(浸沥和浸提);⑧物料的干燥和增湿等,其中增湿和溶解的操作目的不在分离而在于混合,蒸发结晶和冷却结晶过程因主要由传热控制在第4章已作讨论。众多传质过程的研究方法仍是数学模型法和实验法。

相际间的传质过程可以吸收操作为例说明:溶质气首先在气相中向气液相界面扩散,其推动力为气相主体与相界面处的浓度差;继而溶质穿过相界面,再由相界面向液相主体扩散,其推动力为相界面处与液相主体的浓度差。这一过程与间壁传热相似,但较之间壁传热更为复杂,对传热过程而言,达到平衡时,推动力即温度差为零,两物体温度相等,温度的属性是唯一的,而传质过程达到平衡时,推动力也为零,但并非两相浓度相等,因为不同相的浓度是属性不同的两个物理量,不能相减,所以传质问题较传热问题显得更为复杂。相同属性(同性)的浓度才能相减,即气相浓度只能和气相浓度相减,液相浓度也只能和液相浓度相减,所以为了比较两相中的浓度大小,首先需要对两相浓度进行"同(性)化",同化的桥梁是相平衡关系,同化后的浓度称为平衡浓度,用"*"表示,因此"两相浓度差"应为"两相同性浓度差",如"液相浓度减气相浓度差"应理解为"液相浓度减气相浓度的平衡浓度",气相浓度通过相平衡转换成的平衡浓度即变成与液相同性的一种浓度,故能与前面的液相浓度相减。传质的推动力为一相浓度与另一相浓度的平衡浓度之差,达到平衡后一相的浓度与另一相浓度的平衡浓度相等。

为了讨论两相间的传质过程,首先必须了解气液相的平衡关系,以及传质推动力的表示方法,还要了解不同的浓度表示方法。下面首先介绍传质的一些基本概念。

5.1 对流传质的基本概念

5.1.1 相组成的表示方法

对于混合物一个相的组成可用多种方法表示，常用的有下列几种，这里以双组分两相物系为例加以介绍。

(1)质量分数(或称分率)和摩尔分数　质量分数是指一相中某组分的质量与该相总质量之比，对均相混合物系中的 A 组分，用 w_A 表示(也有用其他符号表示的，本教材对此不作统一，以使读者能够习惯于不同著作采用不同的符号体系)，即：

$$w_A = \frac{m_A}{m} \tag{5-1}$$

式中　m_A——组分 A 的质量，kg

m——相内总质量，kg

多组分时各组分的质量分数可类推求得，因 $m_A + m_B + m_C + \cdots = m$，两边除以 m 有 $w_A + w_B + w_C + \cdots = 1$，即一相内各组分的质量分数之和为 1。对于双组分均相物系，若一组分的质量分数为 w，则另一组分质量分数为 $(1-w)$，下标可略去。

摩尔分数也称物质的量分数，是指一相中某组分物质的量与该相总物质的量之比，通常气相中物质的量分数以 y 表示，液相中以 x 表示(x 和 y 也有用于表示其他组成如质量分数的)。以液相为例，对均相混合物系中的 A 组分有：

$$x_A = \frac{n_A}{n} \tag{5-2}$$

式中　x_A——组分 A 的物质的量分数

n_A、n——组分 A 的物质的量和液相总物质的量

类似于质量分数，一相内各组分物质的量分数之和亦为 1。对双组分物系，x(或 y)约定指溶质或易挥发组分 A 的物质的量分数 x_A(或 y_A)，则另一组分 B 的物质量分数为 $1-x$(或 $1-y$)，下标可略去。质量分数与物质的量分数之间的换算关系为：

$$x_i = \frac{n_i}{n} = \frac{w_i/M_i}{\sum w_i/M_i}, \text{或 } w_i = \frac{m_i}{m} = \frac{x_i M_i}{\sum x_i M_i} \tag{5-3}$$

式中　M_i——i 组分的分子摩尔质量

(2)质量比和摩尔比　质量比和摩尔比又分别称为比质量分数和比摩尔分数，分别为一组分对另一组分的质量之比或摩尔之比。质量比用 W 表示(也有用其他符号如 X 或 Y 的，视是全部采用质量基准还是全部采用摩尔基准计量而定)，摩尔比用 X(气相用 Y)表示，常用于双组分物系：

$$W = \frac{m_A}{m_B} \tag{5-4}$$

$$X = \frac{n_A}{n_B} \tag{5-5}$$

质量分数与质量比之间、物质的量分数与摩尔比之间的换算关系为：

$$W = \frac{w}{1-w} \tag{5-6}$$

$$X = \frac{x}{1 - x} \tag{5-6a}$$

(3)质量浓度和物质的量浓度　指单位体积中某组分的质量。

$$\rho_A = \frac{m_A}{V} \tag{5-7}$$

物质的量浓度或称摩尔浓度（molar concentration）指单位体积中某组分的物质的量。

$$c_A = \frac{n_A}{V} \tag{5-8}$$

借助道尔顿分压定律，不难得到气体组成摩尔分数和摩尔比的计算方法，又可知对于一般气体而言，其摩尔分数、分压分数、体积分数三者相等，即 $y_i = n_i/n = p_i/p = V_i/V$。

【例 5-1】酒精水溶液中含酒精 20%（体积分数），酒精和水混合总体积近似按相加计算，纯酒精的密度 $\rho = 790\text{kg/m}^3$，水的密度 $\rho = 1000\text{kg/m}^3$，试分别用质量分数、摩尔分数、质量比和摩尔比表示溶液的组成。若将此溶液全部汽化成为 101.3kPa 下的混合气体，求酒精的分压，用摩尔分率和摩尔比表示的气体组成。

解：

$$w_A = \frac{0.2 \times 790}{0.2 \times 790 + 0.8 \times 1000} = 0.165$$

$$x_A = \frac{0.165/46}{0.165/46 + 0.835/18} = 0.0718$$

$$W = \frac{w_A}{1 - w_A} = \frac{0.165}{1 - 0.165} = 0.198$$

$$X = \frac{x_A}{1 - x_A} = \frac{0.0718}{1 - 0.0718} = 0.0774$$

溶液全部汽化 $y_A = x_A = 0.0718$，气体中酒精分压 $p_A = y_A \cdot P = 0.0718 \times 1.013 \times 10^5 = 7.27(\text{kPa})$

摩尔比 $Y = X = 0.0774$

5.1.2　扩散现象及稳态分子扩散的计算

5.1.2.1　扩散现象

扩散现象是一种物理现象，如向盛有清水的杯中滴入几滴红墨水，在浓度差的作用下红墨水会慢慢扩散开来，直到杯内各处均匀为止，倘若加以搅拌则瞬间即会均匀。上述现象中，前者属于传质仅靠分子运动所引起的扩散——分子扩散(molecular diffusion)；后者为施以外力而使流体湍动所引起的涡流扩散(eddy diffusion)，或称湍流扩散(turbulent diffusion)。引起分子扩散传质的原因是分子的热运动和存在浓度梯度，分子扩散传递物质较慢，湍流扩散则较快，而在实际传质中，分子扩散总是存在的，若流体的湍流程度很大，则分子扩散可以忽略不计。

对两组分组成的均相二元物系，由于浓度不等而引起分子扩散，在单位时间内通过单位面积传递的物质的量称为扩散通量，即图 0-1 中"三传物理量通量"之"物质的量通量"。菲克在实验的基础上提出如下表达式，称为菲克定律(Fick's law)：

$$J_A = -D_{AB}\frac{dc_A}{dz} \tag{5-9}$$

式中　J_A——A 组分在 z 方向上的扩散通量(diffuse flux)，$\text{kmol/(m}^2 \cdot \text{s)}$

D_{AB}——A 组分在 A、B 两组分混合物中扩散时的扩散系数(diffusivity),m^2/s

$-dc_A/dz$——组分 A 的浓度梯度,即组分 A 浓度的最大方向导数,即组分 A 浓度增量最快方向的导数,因为 A 由高浓度向低浓度扩散,沿 A 浓度减值最快的扩散方向求导时,导数为负值,是最小方向导数,所以公式加"-"号。牛顿黏性定律、傅里叶导热定律和菲克定律公式中如果出现负号,均表示求导方向为三传物理量减值最快方向,故导数值为负,为保证三传量(标量)为正,需要加负号

对 B 组分,$J_B = -D_{BA}dc_B/dz$,其中,D_{BA} 为 B 组分在 A、B 两组分混合物中的扩散系数。实际上 $D_{AB} = D_{BA}$,故以后用 D 表示双组分物系的扩散系数,扩散系数是一种物性参数。

对气体,混合物可按理想气体状态方程变换以分压表示,$c_A = p_A/(RT)$,等温扩散时有:

$$J_A = -\frac{D}{RT}\frac{dp_A}{dz} \tag{5-10}$$

式中 R——气体常数

湍流扩散时分子扩散仍存在,此时的扩散称为对流扩散,可仿照分子扩散,将对流扩散通量写为:

$$J_A = -(D + D_e)\frac{dc_A}{dz} \tag{5-11}$$

式中 D_e——湍流扩散系数,m^2/s

D_e 不是物性参数,它是由流体的动力状况决定的,比 D 要复杂得多,因 D_e 很难求得,故式(5-11)的应用受到很大限制。式(5-9)至式(5-11)可印证绪论图 0-1,分子扩散传递的物质量通量的绝对值等于扩散系数乘以浓度梯度,积分后得到分子扩散通量宏观表达式,故分子扩散计算可用图 0-1 归一表达,而湍流扩散也可用图 0-1 归一表达,只是用不同于分子扩散的方法求出扩散通量宏观表达式。

5.1.2.2 一维稳态分子扩散

一维稳态的分子扩散有两种,一种是等摩尔反方向扩散,另一种为单向扩散。

(1)等摩尔反方向扩散　双组分混合物如果浓度不均匀,混合物中不存在宏观流动条件下,因分子热运动和浓度梯度引起分子扩散,则传质的传递仅由分子扩散引起。设有空间某一截面 F,组分 A 自左向右通过垂直于扩散方向上的 F 截面,而组分 B 自右向左通过 F 截面扩散,可由总浓度不变结合菲克扩散定律和物料衡算推导证得 $J_A = -J_B$,因此通过截面 F 的物质净通量为零,此种分子扩散就称为等摩尔反方向扩散,简称等摩尔扩散(equimole diffusion),其扩散速率可由菲克定律求得。

设有扩散方向上相距 z 的两个与 z 垂直的平行截面,两平面处的浓度为 c_{A1}、c_{A2},如图 5-1(a)所示,因 A 的总传递通量 N_A[$kmol/(m^2 \cdot s)$]与分子扩散通量 J_A 相等,针对稳态扩散而言 N_A 为常数,故由式 5-9 积分可得:

$$N_A\int_{z_1}^{z_2} dz = -D\int_{c_{A2}}^{c_{A1}} dc_A$$

$$N_A = J_A = \frac{D}{z}(c_{A1} - c_{A2}) = K_T(c_{A1} - c_{A2}) = \frac{c_{A1} - c_{A2}}{1/K_T} \tag{5-12}$$

式(5-12)中的 $K_T = D/z$,称为以 m/s 为单位的物质量传递系数——以 m/s 为单位的三传系数之一,c_A 恰好为物质的量的浓度——单位体积摩尔数,此处的三传量是物质的量,因此等摩尔反向扩散可用图 0-1 归一法表达宏观物质量通量,等于"以 m/s 为单位的系数 K_T

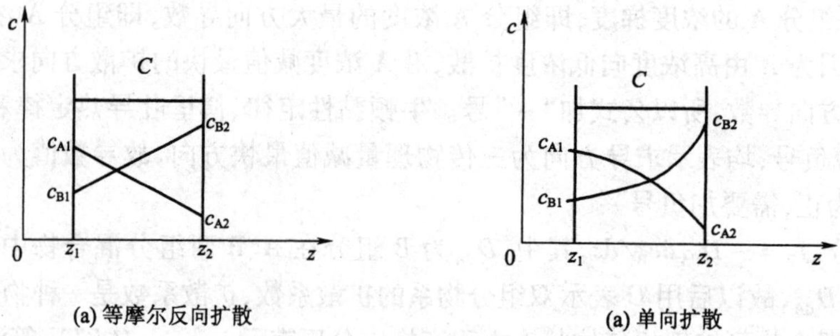

图 5-1　分子扩散浓度曲线

乘以传递的物质的量浓度”，且等摩尔反向扩散的 K_T 由理论推导得到。

对压强不高的气体等温扩散，可用压强代替式(5-12)中的浓度，得到：

$$N_A = J_A = \frac{D}{RTz}(p_{A1} - p_{A2}) \tag{5-13}$$

(2)单向扩散(one-way diffusion)　一组分通过相对停滞的其他组分而产生的扩散称为单向扩散。以气体吸收为例，选择吸收剂要使溶质的溶解度大，而吸收剂不易挥发。在吸收进行时，可以简化为气液相界面只允许溶质分子通过，不允许惰性气体分子通过，也不允许液体分子逆向通过。移至界面的 A 分子穿过相界面被吸收，留下空位，因相界面不允许液体分子逆向通过，留出的空位只能由混合气体来填补，因而产生混合气体向界面的流动，此流动称为主体流动或总体流动。总体流动的气体包含 A 也包含 B，其方向与 A 的扩散方向一致，故使 A 组分的传质速率比上述等摩尔反方向扩散时要高。对于组分 B，其分子被界面阻滞，随总体流动而来的 B 分子便在界面附近富集，故组分 B 在界面处的浓度高于气相主体中的浓度，B 组分将按分子扩散原理反向扩散。

在稳态条件下，总体流动携带 B 组分的速率，必等于 B 组分反向扩散的传质速率，这样 B 组分宏观上通过任一垂直于扩散方向的截面的通量为 0，故称 B 组分为“停滞组分”，吸收过程成为 A 通过停滞 B 的单向扩散。因为微小的压差即可造成必要的总体流动，传质方向上的各截面处的总浓度仍视为相等，故 $J_A = -J_B$ 仍然近似成立。总体流动是因为分子扩散而引起的伴生流动，故包括总体流动在内的组分 A 的总传递通量 N_A 仍可认为是分子扩散造成的宏观结果。综上所述，在单向扩散时有：①溶质 A 的传质速率等于在任一截面的组分 A 的分子扩散通量与总体流动中 A 组分的分通量之和；②任一截面上组分 B 的分子扩散通量与总体流动中 B 的分通量大小相等，方向相反，故通过任一截面的 B 组分的净传质为 0；③总体流动通量 N_M 与传质速率 N_A 相等。

总体流动通量 N_M 中组分 A 的贡献量为 $N_M c_A/C$，也即 $N_A x_A$，C 为总浓度，x_A 为 A 的摩尔分数，组分 A 的净传递通量 N_A 等于其扩散通量 J_A 与上述贡献量之和，即：

$$N_A = J_A + N_A \cdot x_A$$

$$N_A = J_A/(1 - x_A) = J_A/x_B \tag{5-14}$$

上式说明，与等摩尔反向扩散通量相比，总体流动使组分 A 的传质通量变大，为其 $1/x_B$ 倍。

如图5-1(b)所示,在z方向的两平行平面处组分A的浓度分别为c_{A1}、c_{A2},组分B的浓度为c_{B1}、c_{B2},且任一截面处两组分浓度之和为一常数C。由式(5-14)稳态扩散时N_A为常数,$N_A\left(1-\frac{c_A}{C}\right)=-D\frac{dc_A}{dz}$,分离变量积分得:

$$N_A=\frac{D}{z}\frac{C}{c_{Bm}}(c_{A1}-c_{A2})=K_T(c_{A1}-c_{A2})=\frac{c_{A1}-c_{A2}}{1/K_T} \quad (5-15)$$

其中,$c_{Bm}=(c_{B2}-c_{B1})/\ln(c_{B2}/c_{B1})$为$z_1$、$z_2$面上组分B浓度的对数平均值,当$1/2<c_{B2}/c_{B1}<2$时可用算术平均值代替。$K_T=DC/(zc_{Bm})$为单向扩散的三传系数。由式(5-15)知,单向分子扩散传递的物质量的计算方法符合图0-1的表达,三传系数由理论推导得到。

气相扩散时,浓度改用压强表示,P为总压,有:

$$N_A=\frac{D}{RTz}\frac{P}{p_{Bm}}(p_{A1}-p_{A2}) \quad (5-15a)$$

其中,$p_{Bm}=(p_{B2}-p_{B1})/\ln(p_{B2}/p_{B1})$为$z_1$、$z_2$面上组分B分压的对数平均值。

将式(5-15a)与式(5-13)比较可知:由于总体流动的存在,单向扩散组分A的传递速率较等摩尔反方向扩散时增大了P/p_{Bm}倍,P/p_{Bm}(C/c_{Bm})称为漂流因子(drift factor),其值恒大于1。当混合气中溶质分压p_A(浓度)很小时,$p_{Bm}\approx P$,漂流因子接近1,总体流动对传质的影响可以忽略。

【例5-2】在25℃、100kPa下,用大量水吸收空气中的乙醇,气相主体含乙醇10%(摩尔分数,下同),由于水中乙醇的浓度很低,其平衡分压可视为0。若乙醇在气相中的扩散阻力相当于2mm厚的静止气层,扩散系数约为$0.116\times10^{-4}\,m^2/s$,求吸收的传质速率$N_A$。又若气相主体最初含乙醇1%,试求传质速率$N_A'$。

解:本题属于单向扩散,$R=8.314J/(mol\cdot K)$　　$T=298K$

$$P=100kPa, D=0.116\times10^{-4}, p_{A1}=10kPa, p_{B1}=100-10=90kPa$$

$$p_{B2}=100-0=100(kPa), p_{Bm}\approx(90+100)/2=95(kPa), z=0.002m。$$

$$N_A=\frac{D}{RTz}\frac{D}{P_{Bm}}(P_{A1}-P_{A2})=\frac{0.116\times10^{-4}}{8.314\times298\times0.002}\times\frac{100}{95}\times(10-0)=2.47\times10^{-5}[kmol/(m^2\cdot s)]$$

若气相主体最初含乙醇1%,则$p_{A1}=1.0kPa$,$p_{B1}=99kPa$,$p_{Bm}\approx(99+100)/2=99.5(kPa)$漂流因数$P/p_{Bm}=100/99.5\approx1$,其余同上,故得:

$$N_A'=\frac{D}{RTz}\frac{P}{p_{Bm}}(p_{A1}-p_{A2})=\frac{0.116\times10^{-4}}{8.314\times298\times0.002}(1-0)=2.34\times10^{-6}[kmol/(m^2\cdot s)]$$

本题说明:在气相乙醇浓度较高时(10%),漂流因数P/p_{Bm}应予考虑,而在浓度甚低时,P/p_{Bm}接近于1,其影响可以忽略,即单向扩散与等摩尔相互扩散的差别可忽略。

5.1.2.3　扩散系数

菲克定律中的扩散系数D代表单位浓度梯度下的扩散通量。扩散系数属于物质的传递属性,类似于热传导中的热导率,但扩散是一种物质在另一种物质中的传递,它至少涉及两种物质,而且扩散系数还与温度、总压或总浓度有关,故扩散系数D比热导率更复杂。由于两种物质的混合方式多种多样,文献中扩散系数的数据难以齐全,应用时常需进行估算,有估算公式可供选用。

(1)气体中的扩散系数　气体分子的扩散速率自然与其运动速度有关。气体分子的运动速度达每秒数百米,但其自由程平均只有10^{-7}m,运动方向不断改变,故实际扩散速率仍相当慢，扩散系数并不大，在常温常压下，气体扩散系数的范围 $10^{-5} \sim 10^{-4} m^2/s$。

气体中的扩散系数可由半经验公式估算。半经验公式是以分子运动论所导出的方程为基础，再通过实验确定其中参数的算法及常数而得到的。气体的扩散系数与温度、压强均有关，即：

$$D = D_0 \frac{P_0}{P} \left(\frac{T}{T_0} \right)^{1.5} \qquad (5-16)$$

根据此式可由已知温度 T_0、压强 P_0 下的扩散系数 D_0 推算出温度为 T、压强为 P 时的扩散系数 D。

(2)液体的扩散系数　由于液体分子远比气体密集，故扩散系数比气体小很多，约为气体扩散系数的 10^{-5} 倍，但由于组分在液体中的物质的量浓度比气体大，因此组分在气相中的扩散速率综合上述两因素后约为液相中的 100 倍，液体中的组分的浓度对扩散系数有显著的影响。人们对液体结构的了解还不够充分，半经验公式的可靠性不如气体。

液体的扩散系数与温度成正比、与黏度成反比，故有：

$$D = D_0 \frac{T}{T_0} \frac{\mu_0}{\mu} \qquad (5-17)$$

根据此式可由已知温度 T_0、黏度 μ_0 下的扩散系数 D_0，推算温度 T、黏度 μ 时的扩散系数 D，无论气体或液体，由已知状态下的扩散系数推算出的操作状态下的扩散系数值，都较半经验公式的计算结果可靠。

5.1.3 对流传质

5.1.3.1 对流传质分析

对流传质也称湍流扩散，指宏观运动着的流体所发生的传质过程。在湍流流体内，流体质点作杂乱无章的涡流运动，在与运动垂直的方向上存在着质点的位移。流体质点是含有大量流体分子的微团，故其在传质方向上的位移所造成的物质扩散要比分子扩散大得多，即湍流的传质速率比分子扩散大得多。由于涡流运动的复杂性，目前还不能对湍流流体中的扩散做出严密的理论分析，而主要靠实验方法或类比手段进行研究并做出归纳。

质点做涡流运动所引起的扩散通量可仿照式(5-9)菲克定律表示为：

$$J_{Ae} = -D_e \frac{dc_A}{dz} \qquad (5-18)$$

式中　J_{Ae}——因涡流引起的扩散通量，kmol/(m² · s)

D_e——涡流扩散系数，m²/s

物质的扩散系数是物质的扩散属性，操作状态一定时，D 为常数，但 D_e 不是物质的属性，它与涡流的状况即 Re 的大小有关，两者有本质的区别。由于涡流扩散的同时也存在着分子扩散，故湍流流体中的对流扩散速率应为二者之和，如前所述的式(5-18) $J_A = -(D + D_e) dc_A/dz$。

5.1.3.2 相内传质及传质系数

以壁面与流体间的相内传质为例。流体流经固体壁面(用下标"1"或"i"表示)时，总是在紧贴壁面处存在着一层层流底层，或称层流膜。物质自固体壁面向湍流流体中扩散的情形（固体溶解或挥发）可作如下分析。如图5-2所示，在层流底层δ内，$D_e=0$，传质靠分子扩散进行，若不考虑总体流动的影响，则层流底层内的浓度分布可以直线FG代表。

G点以后进入过渡区，涡流扩散影响出现，并随着与壁面的距离加大而增加。对于稳态传质过程，J_A = 常数，随与壁面间的距离增大，$(D+D_e)$变大，故浓度梯度$(-dc_A/dz)$值变小，即dc_A/dz逐渐变大，但因$dc_A/dz<0$，所以dc_A/dz的绝对值变小，因此，在过渡区G至H范围内，浓度的分布为上弯的曲线GH。

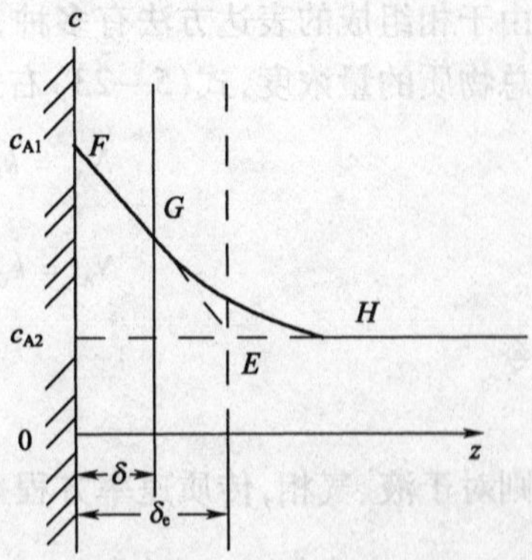

图5-2 近壁处的浓度分布和当量膜厚

H点以后为湍流中心，$(D+D_e)$极大，故dc_A/dz近似为0，浓度分布为一水平线，浓度不再随距离而改变。以上分析可以引入"当量膜厚"的概念进行处理。把全部传质阻力折算成阻力与其相当的一层流膜，此层流膜的厚度δ_e即为对流传质的当量膜厚。可由FG的延长线与过H的水平线交点E确定。由图，此时虚拟浓度分布曲线为$FGEH$（由E到H无浓度变化），由于全部传质阻力集中在当量膜厚δ_e内，浓度降亦发生在此当量膜内，膜外无浓度变化。

图5-2所示的模型称为膜模型（停滞膜模型），据此对流传质速率便可按通过距离δ_e的分子扩散来计算。引入了"当量膜厚"的概念，意义在于把复杂的对流传质类比成简单的分子扩散来处理。

在液相中，按式(5-15)有：

$$N_A=\frac{D_L}{\delta_L}\frac{C}{c_{Bm}}(c_{A1}-c_{A2}) \tag{5-19}$$

在气相中，按式(5-15a)有：

$$N_A=\frac{D_G}{RT\delta_G}\frac{P}{p_{Bm}}(p_{A1}-p_{A2}) \tag{5-20}$$

式中 δ_L，δ_G——液相侧、气相侧的当量膜厚，m

流体的湍动程度越高，当量膜厚就越薄，传质阻力就越小，则N_A就越大。令：

$$k_G=\frac{D_G}{RT\delta_G}\frac{P}{p_{Bm}} \tag{5-21}$$

$$k_L=\frac{D_L}{\delta_L}\frac{C}{c_{sm}} \tag{5-21a}$$

式中 k_G——以分压差为推动力的气相对流传质系数，kmol/(m^2·s·Pa)

k_L——以物质的量浓度差为推动力的液相对流传质系数，kmol/[m^2·s·(kmol/m^3)]或m/s

对于液、气相，传质速率方程则分别可写为：

$$N_A=k_L(c_{A1}-c_{A2}) \tag{5-22}$$

$$N_A=k_G(p_{A1}-p_{A2}) \tag{5-23}$$

k_G，k_L又常称为对流传质系数，作用类似于传热中的对流传热系数α。由于当量膜厚难以测定，一般不能由式(5-21)计算出k_G、k_L，其数值与流体物性及流动状况有关，需以实验测定，再归纳为经验关联式，这又与对流传热系数 α 的处理相似。

由于相组成的表达方法有多种，所以对流传质系数也有多种形式。如将式(5－22)右边乘除总物质的量浓度，式(5－23)右边乘除总压，有：

$$N_A = k_L(c_{A1} - c_{A2}) = k_L C\left(\frac{c_{A1}}{C} - \frac{c_{A2}}{C}\right)$$

$$N_A = k_G(p_{A1} - p_{A2}) = k_G P\left(\frac{p_{A1}}{P} - \frac{p_{A2}}{P}\right)$$

令

$$k_x = k_L C \tag{5-24}$$

$$k_y = k_G P \tag{5-24a}$$

则对于液、气相，传质速率方程又分别可写为：

$$N_A = k_x(x_{A1} - x_{A2}) \tag{5-25}$$

$$N_A = k_y(y_{A1} - y_{A2}) \tag{5-26}$$

k_x，k_y 分别称为以摩尔分数差为推动力的液、气相分传质系数，单位为 $kmol/(m^2 \cdot s)$，因为推动力的量纲为“1”，所以以摩尔分数差为推动力的液、气相分传质系数的单位中就不包含浓度项或压强项的量纲。传质系数还有其他表达形式，且以后为方便起见，对于双组分物系，浓度均指目标组分的浓度，目标下标 A 可以去掉。

现对上述公式与图 0－1 的关系进行讨论：式(5－22)表明，相内对流传质的传质分系数 k_L 即为图 0－1 归一主线中的三传系数 K_T，上述其他 k 均为 k_L 的变化形式，如式(5－23)中只需将分压差推动力除以(RT)即成为浓度差推动力，而(RTk_G)为三传系数 K_T，因此相内对流扩散传递的物质量的通量的计算一样可以按照图 0－1 归一主线思想理解，其中分传质系数的求取类似于传热的对流传热系数 α 的求取，采用量纲分析规划实验的方法求取。

5.2 总传质系数与速率方程

5.2.1 相际传质速率方程式

5.2.1.1 传质过程的双膜理论

图 5－2 已经给出了一相中对流扩散的简化膜模型，凭此可以讨论相际传质过程，以吸收操作为例，涉及两相的传质过程可分为三个步骤：溶质由气相主体扩散到气液相界面；溶质在界面溶解；溶质由相界面扩散到液相主体。这一过程的计算模型可用惠特曼（Whitman）1923 年提出的如图 5－3 所示双膜模型，其主要点如下所述：① 相互接触的气液相界面两侧均存在着稳定的很薄的当量膜（虚拟层流底层），膜厚分别为 δ_G 和 δ_L，溶质 A 的传递是以分子扩散的方式通过两层膜进行的；② 两相内的传质阻力全部集中在各自的当量膜中，膜外无传质阻力（即无浓度差），膜内具有各自稳定的浓度梯度，也即在吸收塔的任何一截面上，气相的全

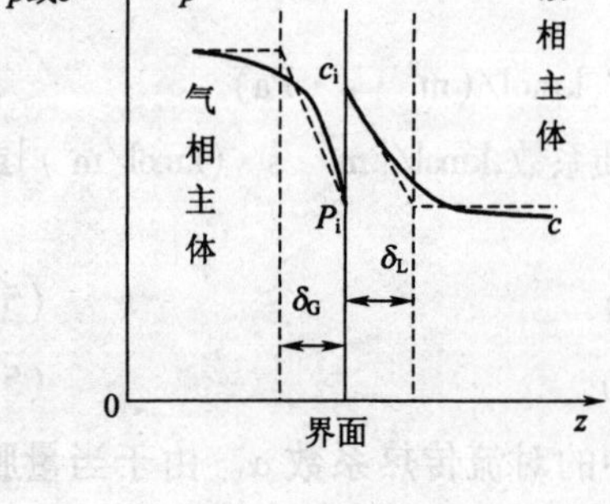

图 5－3　双膜模型

部分压差均发生在气相当量膜 δ_G 内，气相主体溶质分压为 p，界面上的溶质分压为 p_i，液相的全部浓度差均发生在液相当量膜 δ_L 内，液相主体溶质浓度为 c，界面上的溶质浓度为 c_i；③相界面上无传质阻力，因此总阻力为两膜阻力之和，而界面上气液两相达到平衡，由相平衡关系决定。

相平衡关系表达平衡时两相的浓度关系，对于双组分物系，由 A 组分在某一相的浓度可以计算出另一相的平衡浓度，如吸收操作中的两相平衡关系称为亨利定律：

$$p^* = Hc \tag{5-27}$$

$$p^* = Ex \tag{5-27a}$$

$$y^* = mx \tag{5-27b}$$

其中，H、E、m 分别为不同单位的亨利常数，其中 m 又称为相平衡常数，在平衡关系一节还要详述。

5.2.1.2　相际传质速率及总传质系数

由双膜理论可知，相界面上气液浓度满足平衡关系，当平衡关系符合亨利定律又为稳态传质过程时，穿过气相的摩尔通量应与穿过液相的摩尔通量相等。根据 $N_A = k_L(c_i - c_L)$、$N_A = k_G(p_G - p_i)$，结合亨利定律式(5－27)得到的 $H(c_i - c_L) = (p_i - p_A^*)$ 可导出：

$$N_A = k_L(p_i - p_L^*)/H \tag{5-28}$$

稳态传质过程传质通量 $N_A = k_G(p_G - p_i) = k_L(p_i - p_L^*)/H$，写成分数形式：

$$N_A = \frac{p_G - p_i}{1/k_G} = \frac{p_i - p_L^*}{H/k_L} \tag{5-29}$$

$$N_A = \frac{p_G - p_L^*}{1/k_G + H/k_L} \tag{5-29a}$$

式中 $(p_G - p_L^*)$ 为气相溶质 A 的浓度分压 p_G 与液相溶质浓度 c_L 的平衡分压 p_L^* 之差，即以溶质组分 A 的分压强总差表示的气液两相间总传质推动力。请注意此推动力不同于 p_G 与界面的平衡压强 p_i 间的分压强差表示的分传质推动力。$1/k_G$，H/k_L 为对应于压强差推动力的气相传质阻力强度与液相传质阻力强度。

令

$$\frac{1}{K_G} = \frac{1}{k_G} + \frac{H}{k_L} \tag{5-30}$$

$1/K_G$ 为对应于相际总分压差 $(p_G - p_L^*)$ 为推动力的气液两相间的总传质阻力强度，K_G 为对应相际总分压差 $(p_G - p_L^*)$ 推动力的总传质系数，kmol/(m^2·s·Pa)，代入式(5－29)得到：

$$N_A = K_G(p_G - p_L^*) \tag{5-31}$$

同理可导出：

$$N_A = K_L(c_G^* - c_L) \tag{5-32}$$

$1/K_L$ 为对应总物质的量浓度差 $(c_G^* - c_L)$ 推动力的气液两相间的总传质阻力强度，K_L 为对应总物质的量浓度差推动力的总传质系数，单位为 kmol/[m^2·s·(kmol/m^3)]或(m/s)。因表示组成的方法很多，推动力的表达式有分压差、摩尔比差、物质的量浓度差、摩尔分数差等形式，相际间传质速率方程每一种总推动力的表达形式就对应一个相应的总传质系数，可统一写成：$N_A = \Delta/R$，即：传质通量＝总传质推动力/总传质阻力强度，或写成：传质通量＝总传质系数×总传质推动力，各总传质系数的倒数即为对应于相应推动力的总阻力强度。应特别注意系数和推动力相一致的对应关系，参看表 5－1。

表 5－1　总传质推动力及对应的总传质系数

浓度表示法	气相基准		液相基准	
	总推动力 Δ	总传质系数	总推动力 Δ	总传质系数
摩尔分数	$(y-y^*)$ $\frac{\text{kmolA}}{\text{kmol(A+B)}}$	K_y $\frac{\text{kmol}}{\text{m}^2\cdot\text{s}}$	(x^*-x) $\frac{\text{kmolA}}{\text{kmol(A+S)}}$	K_x $\frac{\text{kmol}}{\text{m}^2\cdot\text{s}}$
摩尔比	$(Y-Y^*)$ $\frac{\text{kmolA}}{\text{kmolB}}$	K_Y $\frac{\text{kmol}}{\text{m}^2\cdot\text{s}}$	(X^*-X) $\frac{\text{kmolA}}{\text{kmolS}}$	K_X $\frac{\text{kmol}}{\text{m}^2\cdot\text{s}}$
(物)质量浓度	$(c_G-c_G^*)$ $\frac{\text{kmolA}}{\text{m}^3(\text{A+B})}$	K_C $\frac{\text{kmol}}{\text{m}^2(\frac{\text{kmol}}{\text{m}^3})\text{s}},\frac{\text{m}}{\text{s}}$	(c_L*-c_L) $\frac{\text{kmolA}}{\text{m}^3(\text{A+S})}$	K_L $\frac{\text{kmol}}{\text{m}^2(\frac{\text{kmol}}{\text{m}^3})\text{s}},\frac{\text{m}}{\text{s}}$
分压	$(p-p^*)$ kPa	K_G $\frac{\text{kmol}}{\text{m}^2\cdot\text{s}\cdot\text{kPa}}$		

为便于理解，对相际间传递量计算的上述公式与图 0－1 的关系作一简单的类比分析。式(5－32)表明，相际传质的总传质系数 K_L 即为图 0－1 归一主线中的三传系数 K_T，相际传质的其他 K 均为 K_L 的变化形式，可转化为 K_L，如(K_GRT)即成为三传系数 K_T，因此相际传递的物质量的通量可按照图 0－1 归一主线进行理解。类似于传热的总传热系数 K 的求取，K_L 与 k_L 和 k_G 密切相关，可采用量纲分析规划实验的方法由实验求取。就系统化和简化三传的表达和理解而言，掌握图 0－1 归一主线使问题简化很多。

5.2.2　相际总传质系数与相内分传质系数的关系

5.2.2.1　总传质系数与分传质相互之间的关系

相际传质系数与相内传质相互之间的关系可用式(5－30)和下列各式表述：

$$\frac{1}{K_L}=\frac{1}{k_L}+\frac{1}{Hk_G} \tag{5-33}$$

k_G，k_L 在流速确定时大体为常数，当 H 为常数时，K_G，K_L 为常数，而当气液平衡关系不符合亨利定律时，H 不为常数，K_G、K_L 不为常数。针对其他推动力，又有：

$$\frac{1}{K_y}=\frac{1}{k_y}+\frac{m}{k_x} \tag{5-34}$$

$$\frac{1}{K_x}=\frac{1}{k_x}+\frac{1}{mk_y} \tag{5-35}$$

k_x，k_y 大体为常数，当 m 为常数时，K_x、K_y 为常数；而当气液平衡关系不符合亨利定律时，m 不为常数，K_x、K_y 不为常数。

传质系数间的换算关系为：$k_x=Ck_L$，$k_y=Pk_G$，$K_x=CK_L$，$K_y=PK_G$，C 为总浓度，P 为总压。低浓度操作时，若以摩尔比表示浓度，气液平衡关系可近似用 $Y=mX$ 表示，m 为常数，则 K_X、K_Y 与分传质系数 k_X、k_Y 间的关系形式与式(5－34)和式(5－35)相似。

5.2.2.2 传质系数表示的阻力强度之间的关系

为了简化分析，这里仍以平衡关系符合亨利定律情况来讨论，即平衡线为直线。此处讨论占主导地位的分阻力强度问题，以吸收为例。

(1)气膜控制(gas - film control)　又称气相扩散控制，为气相阻力占主导地位的传质过程。对稳态传质过程，由 $N_A = K_G(p_G - p_L^*) = k_G(p_G - p_i)$ 得到：

$$\frac{1/K_G}{1/k_G} = \frac{p_G - p_L^*}{p_G - p_i} \tag{5-36}$$

上式表明，总阻力强度与气相阻力强度之比等于对应的总推动力与气相推动力之比。由式(5 - 30)可知

$$\frac{1}{K_G} = \frac{1}{k_G} + \frac{H}{k_L}$$

有　　总阻力强度 = 气相阻力强度 + 液相阻力强度　　(5 - 37)

当溶质溶解度很大时，H 就很小，液相阻力强度 H/k_L 很小可忽略，此时 $1/K_G \approx 1/k_G$，或 $K_G \approx k_G$，即传质阻力几乎全部集中于气相，过程的总阻力(强度)近似等于气相分传质阻力(强度)，这种情况通常称为气膜控制过程，例如以水吸收 NH_3 气、HCl 气。

(2)液膜控制(liquid - film control)　又称液相扩散控制，为液相阻力占主导地位的传质过程。由式(5 - 33)知 $\frac{1}{K_L} = \frac{1}{k_L} + \frac{1}{Hk_G}$，当溶解度很小时，$H$ 就很大，气相阻力强度 $1/(H\ k_G)$ 很小并可忽略，此时 $1/K_L \approx 1/k_L$，或 $K_L \approx k_L$，即传质阻力几乎全部集中于液相，过程的总阻力(强度)近似等于液相分传质阻力(强度)，称为液膜控制，例如以水吸收 O_2 气、CO_2 气时的情形。

(3)双膜控制　当气液两相的传质阻力都不可忽略时，称为双膜控制，一般为中等溶解度溶质。

应当说明，不论气膜控制或液膜控制，气膜阻力都差别不大，而液膜控制时的液膜阻力却比气膜控制时的液膜阻力大得多，故液膜控制的总阻力比气膜控制时的总阻力大得多，即以相同单位表示时，易溶气体的总传质系数比难溶气体的要大得多。或者说易溶气体与难溶气体相比不仅溶解度大，而且传质速率快，故在选择溶剂时，为了过程的高效性，优先考虑的是溶解度大(H 值小者)的溶剂，使得整个过程阻力由气膜阻力控制，且整个过程具有相对于液膜控制过程大很多的总传质系数，因而过程传质速度较液膜控制快很多。

在判定出气膜控制或液膜控制后，可以用分传质系数代替总传质系数进行计算。

【例 5 - 3】用水吸收混合气体中的溶质，总压 P 为 101.3kPa。气液平衡关系符合亨利定律，亨利常数 $H = 0.67\text{kPa}/(\text{kmol/m}^3)$，气相传质系数 $k_G = 2.74 \times 10^{-7}\text{kmol}/(\text{m}^2 \cdot \text{s} \cdot \text{kPa})$，液相传质系数 $k_L = 6.94 \times 10^{-5}\text{kmol}/(\text{m}^2 \cdot \text{s} \cdot \text{kmol/m}^3)$，试求：(1)总传质系数 K_G 与 K_y；(2)总传质系数 K_L 与 K_x。

解：(1) 气液平衡关系符合亨利定律，气相总传质系数可采用式 5 - 30 计算：

$$\frac{1}{K_G} = \frac{1}{k_G} + \frac{H}{k_L} = \frac{1}{2.74 \times 10^{-7}} + \frac{0.67}{6.94 \times 10^{-5}} = 3.66 \times 10^6$$

故　　$K_G = 2.73 \times 10^{-7}[\text{kmol}/(\text{m}^2 \cdot \text{s} \cdot \text{kPa})]$

由计算结果得知 $K_G \approx k_G$，该物系为易溶气体，属“气膜控制”，传质总阻力主要集中于气

膜内。

由传质系数间的换算关系：

$$K_y = PK_G = 101.3 \times 2.73 \times 10^{-7} = 2.77 \times 10^{-5}[\text{kmol}/(\text{m}^2 \cdot \text{s})]$$

(2)液相总传质系数可采用式(5-33)计算：

$$\frac{1}{K_L} = \frac{1}{k_L} + \frac{1}{Hk_G} = \frac{1}{6.94 \times 10^{-5}} + \frac{1}{0.67 \times 2.74 \times 10^{-7}} = 5.462 \times 10^6$$

故

$$K_L = 1.83 \times 10^{-7}\text{kmol}/[\text{m}^2 \cdot \text{s} \cdot (\text{kmol}/\text{m}^3)]$$

由于溶液浓度很低，总摩尔浓度 C 可近似按水计算：

$$C = \frac{\rho_s}{M_s} = \frac{1000}{18.02} = 55.6(\text{kmol}/\text{m}^3)$$

由传质系数间的换算关系：

$$K_x = CK_L = 55.6 \times 1.83 \times 10^{-7} = 1.02 \times 10^{-5}[\text{kmol}/(\text{m}^2 \cdot \text{s})]$$

5.2.3 传质理论简介

传质理论说明传质过程的机理、预计传质系数的主要影响因素，以便选择适宜操作条件，强化传质设备。由于传质过程(尤其是对流传质过程)的复杂性，尚无完善的理论，常用“传质模型”来描述未认识清楚的传质问题。

(1)双膜模型(two-film model)　由惠特曼(Whitman)提出，前面已有介绍。该模型适用于具有固定相界面的系统及速度不高的两流体间的传质，但不适于不具有固定相界面的多数传质设备。

(2)溶质渗透模型　希格比(Higbie)1935 年提出此理论，主要论点为：来自流体主体的漩涡必然到达两相界面，并在界面处停留短暂而固定的时间，然后被另一漩涡取代而返回流体主体，固定的停留时间称暴露时间 τ_e；在一个漩涡把主体流体带至界面后，界面附近发生非稳态一维分子扩散，溶质总是处于由相界面向主体逐渐渗透的非稳态过程中；在相界面附近的极薄液层内形成随时间变化的浓度分布，接触时间越长，薄层内浓度越大，界面处的浓度梯度逐渐变小，传质速率也随之变小；推导得到传质分系数 $k = 2\sqrt{D/(\pi\tau_e)}$，$k$ 正比于 $D^{0.5}$，较双膜模型 k 正比于 D 更接近实验结果。

这一模型考虑了膜模型所忽略的、形成浓度梯度的过渡时间，它建立在膜模型的基础之上，主要研究对象是液膜控制(难溶气体)的吸收。

(3)表面更新模型　该模型由丹克沃茨(Danckwerts)1951 年提出，它完全舍弃了停止膜的概念，认为气液两相界面不能稳定存在，湍流流体中的液体单元不断地将气液界面的单元更新，以不稳定扩散方式吸收溶质。该模型对溶质渗透模型进行修正，认为流体在界面的暴露时间 τ_e 并非定值，而是有一定概率分布规律，据此导出 $k = \sqrt{Ds}$，s 为表面更新率。

随着研究的深入，还将有新的传质理论不断提出。

5.2.4 传质系数的求取

传质速率方程中的传质系数都要通过实验测定。实验数据可以整理成几种形式：一种是针对特定的物系在一定规格的填料层中改变操作条件而得出的经验公式，在此类公式的适用范围内所求出的传质系数值准确性较高；另一种是综合各种物系、各种填料与各种操作条件而关联出的准数关联式，原则上可以通用于各种情况，但其可靠性较差，原因在于对影响传质系数的各种因素及其影响的大小考察还很不彻底；再一种是用传质单元高度来表达传质系数，其优点是数据变化范围小及单位简单。

5.3 平衡关系和理论级

5.3.1 平衡关系

相际传质是物质由一相转移到另一相的传质过程。相际传质需要解决的问题有：传质方向、推动力、传质极限、传质速率等，因过程涉及两相，故上述问题必与相平衡有关。

以气液两相为例，未达平衡的气液两相互相接触时，将发生传质，直至传质达平衡。相平衡是一种动态平衡。在一定的压强和温度下，组分 A 因浓度差进入液相，液相中的组分 A 也因分子运动而到达气相中，当上述两种情况下传递组分 A 的量相等时，就达到平衡，组分 A 的净物流通量为 0，但组分 A 的运动是绝对存在的。互成平衡的气液两相组分 A 的浓度并不相等（该点与热平衡不同），但存在某种确定关系，一个气相浓度必然对应着一个与之平衡的液相浓度，同样一个液相浓度也必有一个平衡的气相浓度与之相对应。

相平衡（phase equilibrium）关系一般用实验方法确定，常用平衡曲线、平衡数据或关联式来表示。气液相组成的表示方法有多种，气液相平衡曲线也有多种，如图 5-4（a）所示。图中位置较低的曲线 A 表示易溶气体的相平衡曲线，位置较高的曲线 C 为难溶气体平衡曲线，B 为中等溶解度曲线。

5.3.1.1 分离混合气体的相平衡关系

溶解度指在一定的温度压力下，当混合气与吸收剂接触时，溶质 A 便被溶剂吸收，气体组分 A 溶解在液体组分 S 中，随着溶液中 A 组分浓度的上升，传质速率逐渐减缓，最后降至 0，此时 A 组分在液体中的浓度达到一最大值，气液两相达到相平衡状态，此时溶液中 A 组分的浓度（平衡浓度）c_A^* 称为平衡溶解度，简称溶解度。溶解度曲线如图 5-4（a）所示，纵坐标为溶质在气相中的分压，横坐标为溶质在液相中的物质的量浓度。

对于双组分两相物系，平衡关系可表示为：

$$c_A^* = f(p_A) \tag{5-38}$$

$$p_A^* = F(c_A) \tag{5-39}$$

式中 c_A、p_A——A 组分在液、气相的实际浓度

p_A^*、c_A^*——对应于 c_A、p_A 的平衡浓度

由图 5-4（a）溶解度曲线可见，在一定浓度范围内（此范围视组分而异）的稀溶液，平衡关系可用过原点的直线表示，也即在此范围内气液两相浓度成正比，表示组分在两相间平衡的这一关系称为亨利定律。由于相组成的表示方法多样，亨利定律的形式也不唯一，一般介绍三种形式，已经由式（5-27）、式（5-27a）、式（5-27b）给出：

$$p_A^* = Hc_A,\ p_A^* = Ex_A,\ y_A^* = mx$$

其中 H、E、m 为亨利常数，H 的单位为 kPa/(kmol/m^3)，也有用单位为 kmol/(m^3·kPa) 的溶解度系数 $H'=1/H$ 表示亨利定律的，此时关系式为 $c_A^* = H'p_A$，本教材不采用此种表达，因为

此种表达使得导出的各种公式与使用 E 、m 导出的各种公式形式不对应，易混淆；E 的单位为 kPa；m 量纲为 1，也称为相平衡常数。

三个亨利系数之间的换算关系为：

$$m = CH/P \tag{5-40}$$

$$E = CH \tag{5-40a}$$

$$m = E/P \tag{5-40b}$$

C 为液相总浓度，P 气相总压。

亨利定律适用于难溶或较难溶气体，如 O_2、CO_2，对易溶气体，只能用于液相浓度甚低的情况。总之，亨利定律适用于稀溶液。

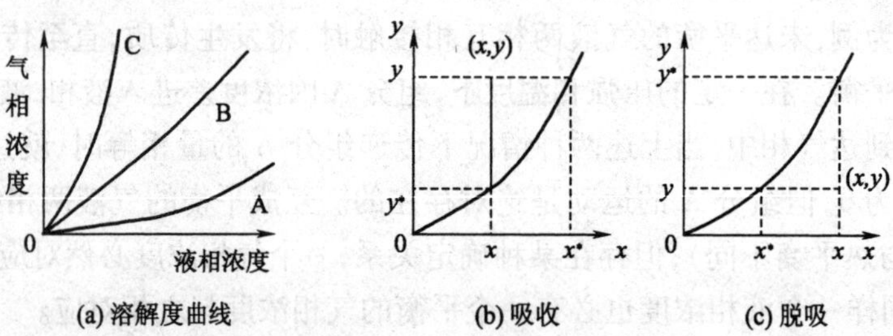

(a) 溶解度曲线　(b) 吸收　(c) 脱吸

图 5-4　溶解度曲线和气体吸收及脱吸范围

5.3.1.2　分离混合液体的相平衡关系

蒸馏是用于分离均相液体混合物的最常见的操作，是利用混合液中各组分挥发度的差异来达到分离的目的。

拉乌尔定律：设一双组分混合的理想溶液由易挥发组分（也称轻组分）A 和难挥发组分（也称重组分）B 组成，若 A、B 组分的平衡蒸汽压都只因浓度被稀释而降低，则平衡蒸汽压可用下式表达：

$$p_A = p_{AS} \cdot x_A \tag{5-41}$$

$$p_B = p_{BS} \cdot x_B = p_{BS}(1 - x_A) \tag{5-41a}$$

式中　p_{AS}，p_{BS}——纯液体 A、B 的平衡蒸汽压，即饱和蒸汽压

p_A，p_B——溶液中组分 A、B 的分压

x_A，x_B——溶液中组分 A、B 的摩尔分数，去掉下标后 x 仅指易挥发组分的浓度

上述关系称为拉乌尔定律，若溶液中各组分在全部浓度范围内服从拉乌尔定律，则此溶液为理想溶液。理想溶液的相对挥发度 α 为一常数，α 类似于亨利定律中的相平衡常数 m，表达了易挥发组分在相互平衡的气液两相中的组成关系，如式（5-42）：

$$y = \frac{\alpha \cdot x}{1 + (\alpha - 1)x} \tag{5-42}$$

相对挥发度 α 大于 1 时，溶液可用蒸馏的办法分离，α 越大，溶液越易分离，当 $\alpha = 1$ 时，混合液不能用蒸馏原理分离。非理想溶液的相平衡关系由相平衡线或回归方程给出。

应当指出，亨利定律是以一相溶质的真实浓度计算另外一相在此相的平衡浓度，而以相对挥发度 α 计算的是易挥发组分在两相中互为平衡的浓度。

5.3.1.3 相平衡关系的应用

(1) 判别传质方向　为判断传质方向,可求两相浓度差,但要先"同性化"后再相减,即转化某一相浓度成为该浓度的平衡浓度。对气液系统而言,若气液溶质的摩尔分数分别为 y 和 x,与 y 相平衡的液相组成为 x^*,与 x 相平衡的气相组成为 y^*,当 $y-x$ 同化为 $y-y^*$ 后,如果 $y>y^*$,说明气相实际浓度高于液相浓度的平衡浓度,气相有能力向液相传质(液相吸收);当 $y<y^*$,说明气相浓度低于液相浓度的平衡浓度,气相有接受液相传质的能力(液相脱吸);当 $y=y^*$ 时,达平衡,传质量为零。同样也可用液相组成判断传质方向,如图5-4所示,平衡线上方为吸收区,下方为脱吸(disorption)区。

(2) 计算传质推动力　相际传质过程速率大小与系统距离平衡的程度有关。相际传质推动力可用某相浓度减平衡浓度表示,如图5-4所示。对吸收过程而言,以气相组成表示时总推动力为 $y-y^*$;以液相组成表示时总推动力为 x^*-x。对脱吸过程来说,气液相总推动力为 y^*-y 或 $x-x^*$。由于表示组成的方法很多,推动力的表达式有分压差、摩尔比差、质量浓度差、物质的量浓度差、摩尔分数差等形式。

(3) 明确传质的极限　达到平衡就是传质的最大限度,由相平衡关系决定。例如对气体吸收来讲,气相的浓度最低只能降低到与所接触的液相达到平衡为止,而液相的浓度最高只能升高到与所接触的气相达到平衡为止。

5.3.2 理论级

复杂的传质设备有板式塔和填料塔,详见5.5节。传质过程比较复杂,有些传质过程的传质通量计算和传质面积计算有较大的困难,例如塔设备和需要多个串联釜或槽的多级萃取、浸取等过程,因为过程的传质系数难以确定,于是需要寻找解决问题的其他途径。这类过程或设备一般为传质流体提供多个相互接触的场所如多块塔板、多个釜、槽或多个单位高度的填料,其中的每一个单元可称为"级"。实际的"级"上过程过于复杂,无法或难于计算,于是将其理想化为"理论级"模型,认为未达平衡的两相在"理论级"接触传质后离开时已达平衡,此为理论级概念,有些场合也称为"理论板"、"平衡级"。

"理论级"实际是一种数学模型,此模型提供一把"尺子",用于表征一个理论级的分离程度,即一个理论级所能形成的浓度差,因为其值变化,故尺子长短不一。用此尺子可以简单"量"出为实现总分离任务确定的总浓度差所需的总理论板数。

为最终确定设备,需要处理理论级与实际级的差异或由理论级求取实际设备的填料高度值,按以下方法进行:对板式塔而言,采用实验测定或总结的单板效率或全塔效率的公式,计算得到实际板数;对多级釜过程,也采用实验测定或总结的级效率,计算得到实际釜、槽数;对填料塔而言则直接测出或用经验公式算出一个理论级所需的实际填料的高度——等板高度,与得到的理论级数相乘,计算得到填料层高度。

在一定的原料流量、原料组成、分离要求如塔顶组成和塔底组成等条件下,在塔设备或一组釜槽中完成分离任务即实现总浓度差,需要首先满足正常流动的要求,如满足塔内的流体力学条件,因此传质设备内汽或气、液等相的流量和设备直径可被确定,所剩核心问题是需要确定总传质面积,但因为传质系数难以确定,从得到传质通量着手计算总传质面积或分传质面积将非常困难,并带来图0-1中的三传系数 K_T 无法求得的问题。为解决此问题,应转换思路,不再计算传质通量和传质面积,而是采用半理论半经验的数学模型法,按照上述理论级概念，建立理论级模型，直接计算任一理论级的传质量，因为出入该理论级的各流量先行得到确定，此实为计算每一理论级达到的分离程度，即出入浓度差（前述"尺子"），之后将所需完成的总传质量也即总浓度差分配给各理论级完成，从而得到理论级的总数（用尺子量），再确定实际的级数、釜槽数或填料层高度，从而可确定设备。按此法传质面积的具体值仍无法给出，但思路转换后的求解结果却能保证可提供所需总传质面积，也即保证设备能完成生产任务。就采用图 0－1 归一主线系统化和简化该类单元操作而言，可理解成转换求解目标，借助于直接的实验测定或使用总结得到的经验数据，掩盖并取代了求解 K_T，属于图 0－1 归一主线处理 K_T 的第四种方法。

5.4 三传类比

5.4.1 三种传递间的类比

式（5－9）菲克定律与牛顿黏性定律和傅里叶导热定律相似。牛顿黏性定律为 $\tau=-\mu\mathrm{d}u/\mathrm{d}y$，或者写成 $m\,\mathrm{d}u/(A\mathrm{d}t)=-\upsilon\mathrm{d}(\rho u)/\mathrm{d}y$，其中 $m\,\mathrm{d}u/\mathrm{d}t$ 为单位时间动量的变化，即流体所受的剪力，再除以受力面积即为 τ，υ 为运动黏度，单位为 m^2/s，$m\,\mathrm{d}u/(A\mathrm{d}t)$ 则为传递的动量通量。傅里叶导热定律为 $q=-\lambda\mathrm{d}t/\mathrm{d}y$，或写成 $q=-a\mathrm{d}(\rho c_p t)/\mathrm{d}y$，其中 $a=\lambda/(\rho c_p)$，为导热的温度系数，单位为 m^2/s，q 为传递过程的热量通量。三个定律均表明由分子运动引起的传递过程的通量与各自的单位距离上的推动力（相应量的浓度梯度）成正比，这说明动量传递、热量传递、质量传递有内在联系，可归纳为：

（1）三传量通量＝－（扩散系数）×（三传量浓度随传递方向导数）（三传量指动量、热量和物质的量）；

（2）υ、a、D_{AB} 三个系数的单位均为 m^2/s；

（3）三传量传递方向由高值处指向低值处，因此，三传量浓度随传递方向导数小于 0，与三传量浓度梯度的方向相反，故式中均有负号，以保证三传量通量为正值。

这些方程只说明现象，并不涉及机理，所以称现象方程（Phenomenlogical equations）。现象方程表征了分子传递的三传量通量规律。对更为广泛的湍流而言，尽管可以采用与现象方程相似的表达形式，但表观扩散系数难求，表达式实际应用意义不大。本教材的图 0－1 总结出的三传归一不但包含了分子传递方程的规律，而且包含了湍流传递的规律，是各种解决实际传递问题方法和公式的高度系统化和简化表达，具有推陈出新的意义，因建立在解决实际传递问题的方法和公式基础之上，图 0－1 的三传归一覆盖面和实际指导意义更大，此为图 0－1 的三传归一与仅表现分子传递规律的现象方程的三传归一之间最本质的区别。

5.4.2 三种传递的类似关系

通过前面的介绍，特别指出了动量、热量和质量传递三者之间有很大的类似性。通过研究三种传递过程内在的相似性，用类比的方法已经能够根据一种传递过程而类比求另一种传递过程的有关参数。例如，根据摩擦因数 λ_f、对流传热系数可求出对流传质系数。1874 年，雷诺给出了湍流流体（一直延伸到壁面）的单层模型的类比，通过推导得到：

$$\frac{k}{u}=\frac{\alpha}{\rho u c_p}=\frac{\lambda_f}{8} \tag{5-43}$$

$$St=\frac{\alpha}{\rho u c_p}=\frac{Nu}{RePr} \tag{5-44}$$

$$St'=\frac{k}{u}=\frac{sh}{Re\cdot Sc} \tag{5-45}$$

式中 λ_f——摩擦因数

St——传热斯坦顿准数(Stanton number)

St'——传质斯坦顿准数

由边界层理论知,雷诺的单层模型有其局限性,因为只有在 $Pr=1$ 和 $Sc=1$ 时才可把湍流区一直延伸到壁面,其他情况下精度较差。普兰德和泰勒提出了双层(湍流和层流内层)模型,冯卡门提出了三层(湍流、缓冲层和层流内层)模型,对雷诺模型进行修正,在一定 Pr 和 Sc 数范围内进一步提高了类比的精度,而契尔顿(Chilton)和柯尔本(Colbum)则采用实验的方法,对三传进行了类比,得到系统内无形体阻力存在时有 $j_H=j_D=\lambda_f/8$,其中传热 j 因子 $j_H=StPr^{2/3}$,传质 j 因子 $j_D=St'Sc^{2/3}$,适用范围为 $0.6<Pr<100$,$0.6<Sc<2500$,但在有形体阻力时为 $j_H=j_D\neq\lambda_f/8$,且契-柯法精度较高。

5.5 两类传质设备

传质过程得以进行的设备有多种类型,它们主要是提供给传质各相之间接触机会,增大相界面积和增强湍动程度,并尽可能实现各相在接触后的完全分离。对于吸收、蒸馏、萃取这类传质过程,一般是一个相分散在另一个相中,对溶解、吸附、干燥过程,其相界面通常是固定的,各类传质过程都要有合适的接触方式和流体力学条件。工业上广泛用于分离的流体传质设备是塔设备,分为填料塔和板式塔两大类。传质塔设备分为微分式设备和级式设备两大类,填料塔的填料表面气液相连续接触和传质,浓度沿塔高连续变化,因此填料塔属于微分式传质设备,而在板式塔内,整个塔由若干塔板按一定距离叠置而成,由塔板提供气液两相接触的场所,一层塔板就是一个接触级,气液两相浓度以每板为准,沿塔高阶跃式变化,板式塔是级式传质设备。

两类设备的简图见图 5-5,这两类设备的填料层高度和所需塔板数的设计计算在后面吸收和蒸馏单元操作中进行深入讨论。有关这两类设备内的流体力学问题只作简单介绍,而这两类设备所涉及的设计细节请参考有关专著。

5.5.1 板式塔和填料塔基本结构

(1)填料塔 (packed tower) 图 5-5(a)在圆筒形的塔体内放置一定高度的填料(packing)作为接触元件,在塔顶喷淋液体,使液体靠重力自上而下流动润湿填料表面,气体自塔底通入向上流动,在填料表面气液相连续接触和传质,浓度沿塔高连续变化。

所使用的填料有各种形式,如拉西环(等径等高的陶瓷或钢质环)(Raschig ring)、鲍尔环(Pall ring)、阶梯环(Cascade mini-ring)、弧鞍(Berl saddle)及按塔内径制造的规整填料等。填料有一定的特性数据,如单位体积中填料的个数 n、名义尺寸、比表面积 a(单位体积填料层所具有的表面积)、空隙率 ε、干填料因子(a/ε^3)(packing factor)及湿填料因子 φ 等。

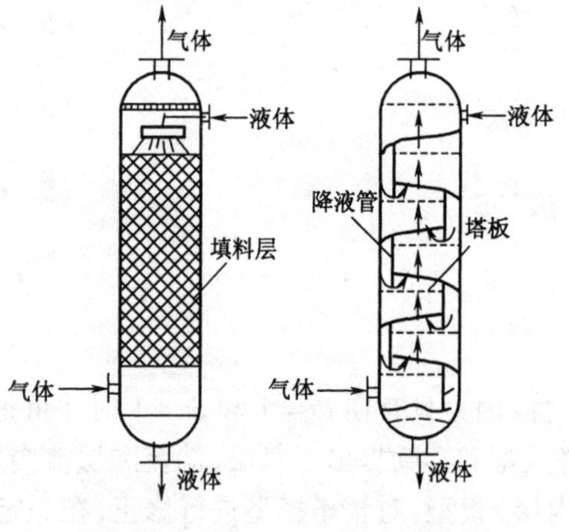

(a) 填料塔　　(b) 板式塔

图 5-5　两类典型的塔设备

填料塔内的附件主要包括填料支承装置、液体分布装置和液体再分布器等。

(2)板式塔　板式塔(tray tower)内的流动如图 5-5(b)所示,板式塔的类型以塔板形式来分有泡罩塔、筛板(sieve plate) 塔、浮阀 (valve tray) 塔等众多型式。气体沿着板上的孔(泡罩)逐板上升,其走向与板面垂直。液体沿塔板和降液管逐板下降,气液两相在塔板上接触传质。

塔板的流体力学性能对板式塔的操作有重要影响。板式塔内理想的情况是每块板上气液错流流动,塔内总体上为逆流流动。

5.5.2　塔型选择的一般原则

(1)板式塔和填料塔的比较　板式塔与填料塔的比较是个复杂的问题,涉及的因素很多,难以用比较简单的方法明确地作出对比。板式塔与填料塔的简要对比列于表 5-2。

表 5-2　板式塔和填料塔的对比

指　标	塔　型	
	板 式 塔	填 料 塔
压力降	压力降一般比填料塔大	压力降小,较适于要求压力降小的场合
空塔气速	空塔气速大	空塔气速小
塔效率	效率较稳定,大塔板效率较高	Φ1.5m 以下塔效率高
液气比	适应范围较大	对液体喷淋量有一定要求
持液量	较大	较小
材质要求	一般用金属材料制作	可用非金属耐腐材料
安装维修	较容易	较困难
造 价	直径大时一般比填料塔造价低	Φ800mm 以下,一般比板式塔便宜
重 量	较轻	重

(2)塔型选择一般原则　塔型的合理选择是做好塔设备设计的首要环节。选择时应考虑的因素有物料性质、操作条件、塔设备的性能,以及设备的制造、安装、运转和维修等,塔型选用顺序参看表 5-3。操作条件和物料性质互相影响,如物系不同,膜或液滴的稳定性不同。重组分表面张力较大的物系宜采用泡沫接触状态,因为此时轻组分挥发后,处于气泡间的液膜更稳定,不易被撕碎,可保证气体不能合并,气液间有较大的相界面,利于传质。重组

分表面张力较小的物系应采用喷射状态,因为此时液体成液滴分散在连续的气相中,液滴应易于分裂,这样才会有较大的相界面,因为轻组分挥发后,表面处的液体的表面张力变小,故液滴易于破裂。

表 5-3 塔型选用顺序表

考虑因素	选择顺序	考虑因素	选择顺序
塔径	800mm 以下,填料塔 800mm 以上,板式塔	真空操作	(1)穿流式栅板塔 (2)填料塔 (3)浮阀塔 (4)筛板塔 (5)圆形泡罩塔 (6)其他斜喷塔(斜孔板塔等)
具有腐蚀性的物料	(1)填料塔 (2)穿流式塔 (3)筛板塔 (4)喷射型塔		
污浊液体	(1)大孔径筛板塔 (2)穿流式塔 (3)喷射型塔 (4)浮阀塔 (5)泡罩塔	大液气比	(1)导向筛板塔 (2)填料塔 (3)浮阀塔 (7)筛板塔
操作弹性	(1)浮阀塔 (2)泡罩塔 (3)筛板塔	存在两液相的场合	(1)穿流式塔 (2)填料塔

*5.6 板式塔的设计

5.6.1 塔板结构简介

按塔板形式区分,典型的板式塔主要有筛板、浮阀、泡罩塔等,其他一些新型塔板如浮动喷射塔、斜孔筛板塔、舌型筛板塔、多降液管塔板等,都是在这些塔板基础上改进而成的。

(1) 泡罩塔　该塔是一种应用较早的塔型,有 100 多年的应用历史,对其性能和资料研究得较为充分。塔板均匀开有一些小圆孔,孔上装有短管,作为上升蒸汽的通道,称为升气管。短管上复以圆形泡罩,泡罩的下端开有齿缝(齿缝分为小孔型、锯齿型两种),齿缝浸没在板上液层中形成液封。自升气管上升的气体沿升气管与泡罩间的环形通道向下,通过齿缝被分为细小的气泡,进入板上液层,使得液层中充满气泡形成泡沫层,从而为气液两相提供很大的传质面积,而后经过传质的气体穿出液层(泡沫层)进入上一层塔板,液体则沿降液管进入下一层塔板。

泡罩的制造材料有碳钢、合金钢等各种金属,特殊情况下亦可用陶瓷以便防腐蚀。泡罩的直径通常为 80~150mm(随塔径的增大而增大),在板上按正三角形排列,中心距为泡罩的 1.25~1.5 倍。

泡罩塔的优点:操作性能稳定,塔板效率一般为50%;适应性强,对处理物系的起泡性、有无杂质、黏稠性等适应较强,适应多种介质;操作弹性大,即负荷上、下限比值大,一般为4~5。

泡罩塔的缺点:结构复杂,造价高,制造、安装、维修困难,是前述三种典型塔板中造价最高的;气体通道曲折,流程长,流体阻力大;生产能力较低。

(2) 浮阀塔　浮阀塔是一种较新型的气液传质设备,兼有泡罩塔和筛板塔的优点。它的结构是在塔板上按一定的中心距开出大孔,标准孔径是39mm,每个阀孔上装有可以上下浮动的浮阀。浮阀的形式很多,分为盘式和条形两种。目前,我国普遍使用的是 F_1 型浮阀(国外通称 V_1 型)。沿阀孔上升的气速达到一定时,阀片被推起,但受阀脚的控制不能脱离阀孔,而气速降低,浮阀下降,再降低气速则浮阀全部处于最低位置,靠阀底面几个凸部的支撑仍与板面保持一定距离(约2.5mm)。浮阀塔由于阀片与塔板间的开缝可随气体负荷大小自行调节,缝隙中与液体接触的气速几乎不变,所以它具有操作弹性大、鼓泡分布均匀的特点。

浮阀塔的优点:生产能力大,因为浮阀的直径比泡罩小,在塔板上排列更紧凑,从而可以增大开孔面积,同时气体以水平方向通入液层,使带出的液沫减少,而气液接触时间却加长,故可增大气体流速而提高生产能力,生产能力比泡罩塔提高20%~40%,与筛板塔相近;操作弹性大,在较宽的气速变化范围内,板效率变化较小,操作弹性范围为3~6(资料介绍最高可达9);由于气液接触状态良好,雾沫夹带量小,板效率高,比泡罩塔高15%左右,可达60%~80%;塔板上没有复杂结构的障碍物,液面梯度小,上升蒸汽分配均匀,塔板压降小于泡罩塔;适应性较强,介于泡罩塔与筛板塔之间,结构与制造费用亦居中,安装容易。

浮阀塔的缺点:抗腐蚀性要求较高,浮阀和塔板需用不锈钢或耐酸钢制造。使用一段时间后磨损阀脚后容易造成操作不正常,卡阀或掉阀造成漏液,使塔板效率降低。与筛板塔相比结构复杂,造价较高。

(3) 筛板塔　筛板塔较早就用于生产,但由于认识上的一些限制,长期未能得到发展,后来因急于寻找一种简单而廉价的塔型,20世纪中期国外重新对其性能进行了深入研究,并经实践证明,只要设计良好,可保证包括大孔径的筛板塔有良好的流体力学条件,塔板漏液不会严重影响筛板塔的效率,塔的效率并不降低,操作弹性也可以提高,所以使其应用迅速得到普及。一段时间以来蒸馏操作的趋势为大量采用筛板塔。

筛板塔与泡罩塔的塔板结构基本相似,直接在塔板上开有大量均匀分布的小孔,称为筛孔。操作时,气体以高速通过小孔上升,板上的液体受鼓泡的作用不能经小孔落下,只能流过塔板经降液管流到下一层塔板,而分散成气泡的气体使板上液层成为强烈湍动的泡沫层。

筛板塔优点:结构比浮阀塔更简单,易于加工,造价约为泡罩塔的60%,浮阀塔的80%左右;处理能力大,比同塔径的泡罩塔可增加10%~15%;塔板效率高,比泡罩塔高15%左右;压降较低,每板压力降比泡罩塔约低30%。

筛板塔的缺点:塔板安装的水平度要求较高,否则气液接触不匀;操作弹性较小(2~3);小孔筛容易堵塞。

其他塔板的设计基本方法是相同的。在设计时应根据具体条件进行板塔的选型。浮阀塔与泡罩塔、筛板塔的比较见表5－4。

表5－4　浮阀塔与泡罩塔、筛板塔的比较

塔板类型	板效率/%	生产能力/%	操作弹性/倍	压力降/%	造价/%
泡罩塔	100	100	2～3	100	100
筛板塔	115	120	4～5	70	60
浮阀塔	115	140	8～9	80	80

5.6.2　板式塔设计程序

就工艺设计角度而言，应根据生产任务和指定要达到的分离要求等（例如蒸馏），由图解法或其他方法求得理论塔板数，选定或估算塔板效率，求得实际板数和加料板的位置，这部分内容见第6章，在此之后主要进行以下内容的设计或计算：

（1）塔径的计算　确定塔径（例如蒸馏）要求精馏段、提馏段分别计算，但一般分析结果后两段塔径尽可能取相同值。

（2）通过计算确定塔板结构参数（精馏段、提馏段分别计算）　塔板结构参数包括：堰高、溢流管尺寸、溢流管底隙高、孔（阀）径、孔（阀）数、孔中心距，并做出塔板的正视图和俯视图（平面布置图）。

（3）塔板流体力学计算　包括求塔板压力降，溢流管不发生液泛的条件，雾沫夹带量的计算，负荷上下限操作弹性。

（4）绘出负荷性能图　标出操作条件下气液关系直线，对设计的实际操作点进行评估，设计良好的塔必须通过流体力学校验，保证操作点在符合性能图的有效区域内，并具有良好的操作弹性，否则需调整参数重新进行设计。

（5）塔高的计算　包括塔的主体高度、顶部与底部空间的高度，以及裙座高度，还要考虑人孔或手孔所占有的高度。

（6）完成塔的附属设备的计算选型等。

5.6.3　初选塔板间距和塔高的估算

板间距 H_T 在塔设计中是一个很重要的因素，它关系到操作弹性、操作负荷，也直接影响设备的尺寸。板间距过小、蒸汽速度增大时，雾沫夹带量会迅速上升，使板效率明显下降，严重时不能正常操作，且容易导致液泛，并且此时即使雾沫夹带量在10%以内，但因降液管高度过小，气速增加时，板间压降大于降液管满管液体的静压，则液体将倒流，由下一板虹吸至上一板，直接引起降液管液泛。

板间距过大时，会增加塔身总高度，增加金属消耗量，且增加塔基、裙座的负荷，影响塔体稳定，从而会使全塔设备费上升。综合上述因素，在选取板间距时，要权衡各种不同情况，如对塔板数较多的精馏塔，往往采用较小的板间距，适当地加大塔径，使塔身不致太高，但板间距一般不低于150mm，不大于900mm。不同塔径时板间距经验范围可参考表5－5所列的推荐值。

表5-5　板间距与塔径关系

塔径 D/m	0.3~0.5	0.5~0.8	0.8~1.6	1.6~2.4	2.4~4	4~6
塔板间距 H_T/mm	200~300	250~350	300~450	350~600	400~600	400~800

塔板间距需要初步选定，是因为计算空塔速度以估算塔径时，必须先选定板间距。对板间距的尺寸到最后还需进行流体力学验算，如不能满足流体力学的要求，则可适应地调整板间距或塔径。

计算塔高的公式要根据具体情况选用，对于需要经常清洗与检修的塔，在塔体需要设置人孔或手孔，设置人孔的塔板间距必须保证有足够的工作空间。塔高计算的公式之一为(一个进料口时)：

$$H = H_D + (N-2-S)H_T + SH_T' + H_F + H_B \tag{5-46}$$

式中　H——塔高(不包括封头、裙座)，m

N——实际塔板数

S——人孔或手孔的数目

H_T——塔板间距

H_T'——开有人孔或手孔的板间距，(手孔 Φ150mm，人孔 Φ600mm，$H_T' = H_T + \Phi$)

H_D、H_B——塔顶、塔底空间(不包括头盖、底盖部分)取1~1.2m

H_F——进料板处的板间距，一般可以兼设人孔、手孔

5.6.4　塔径的确定

板式塔一般采用有溢流塔板。工业上采用的液流程数有单流型、双流型、四流型和梯级型，塔径越大，液流程数越多。还有一种回流型(U型流程)只适于小塔，工业采用很少，板上液流型式参看图5-6。采用单流型时适于 $D<2$m 的塔。弓形降液管，液体从塔板一端的受液盘横向流过整个塔板，然后翻过溢流堰进入塔板另一端的降液管中，因流道长，故效率较高，结构又简单，为最常用的流型，如图5-7所示。

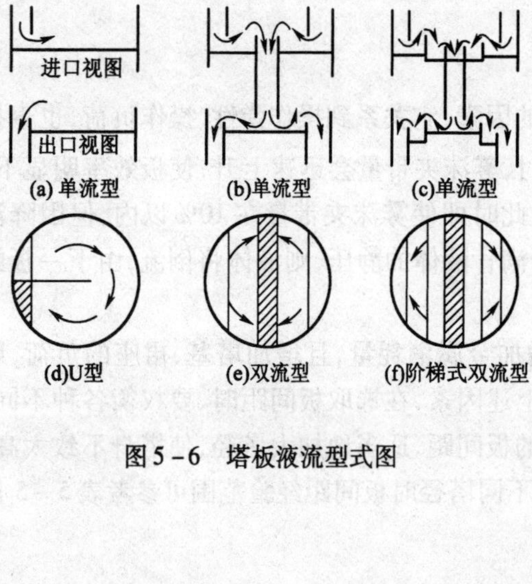

图5-6　塔板液流型式图

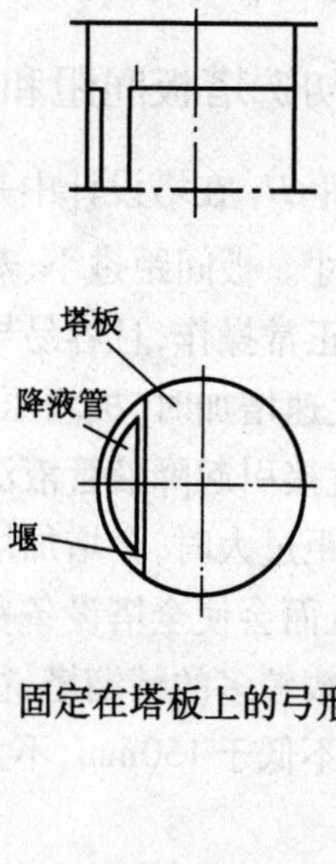

图5-7　固定在塔板上的弓形降液管

5.6.4.1 塔径初估

计算塔径的方法有两类：一类是根据适宜的空塔气速，求出截面积，即可求出塔截面积和塔径；另一类计算法则是先确定适宜的孔流气流，算出一个（阀孔或筛孔）允许通过的气量，定出每块塔板上所需孔数，再根据孔的排列及塔板各区域的相互比例，最后算出塔的横截面积和塔径。本处介绍前一类方法，可采用图5-8费尔关联图确定筛板塔的塔径，其使用条件是堰高不超过板间距的15%，物系为低发泡，塔板开孔率不低于10%，否则 C_{20} 值要降低10%～20%，筛孔的孔径不大于6mm，满足这些条件，图给出的结果误差不大于10%。除费尔关联图，另外还有史密斯的关联图，可适用于筛板、浮阀和泡罩塔，其曲线参数是分离空间（H_T-h_L），而费尔关联图其曲线参数是板间距 H_T。计算塔径的步骤如下。

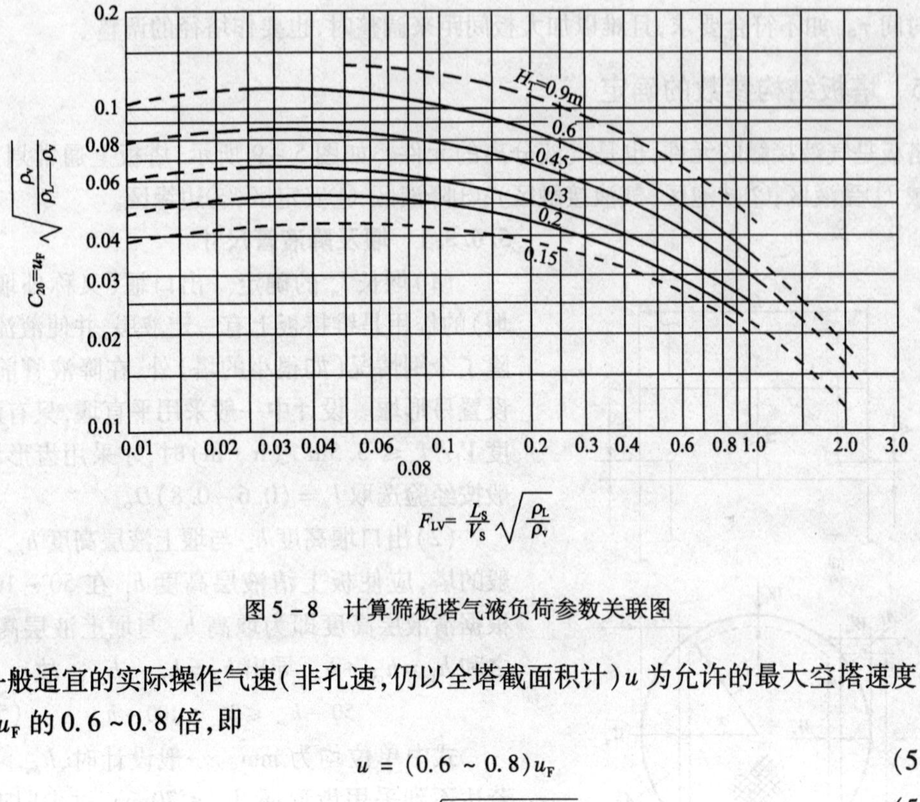

图5-8 计算筛板塔气液负荷参数关联图

一般适宜的实际操作气速（非孔速，仍以全塔截面积计）u 为允许的最大空塔速度（液泛气速）u_F 的0.6～0.8倍，即

$$u = (0.6 \sim 0.8)u_F \tag{5-47}$$

$$u_F = C\sqrt{(\rho_L-\rho_V)/\rho_V} \tag{5-48}$$

$$C = C_{20}\left(\frac{\sigma}{20}\right)^{0.2} \tag{5-49}$$

$$D' = \sqrt{V/(\pi u/4)} \tag{5-50}$$

式中 C_{20}——由图5-8求得的液体表面张力为20dyn/cm时的气体负荷参数，10^5dyn = 1N

C——混合液体表面张力为 σ（dyn/cm）时的气体负荷参数

ρ_L、ρ_V——分别为液相和气相的密度，kg/m^3

图5-8横坐标 F_{LV} 称为气液流动参数，L_S、V_S 分别为液相及气相体积流量（m^3/s）。塔径决定塔的截面积，而塔的截面积应满足气液接触部分要求的鼓泡区面积、受液区、溢流区面积以及塔板支承、固定等结构处理所需面积的要求。在塔板设计中起主导作用的，往往是

气液接触部分的面积即鼓泡区面积，应保证有适宜的气体速度。塔径的计算步骤如下：

$$\left.\begin{matrix}H_T\\F_{LV}\end{matrix}\right\}\xrightarrow{\text{图}5-8}C_{20}\xrightarrow{\text{式}5-49}C\xrightarrow{\text{式}5-48}u_F\xrightarrow{\text{式}5-47}u\xrightarrow{5-50}D'\xrightarrow{\text{圆整}}D$$

5.6.4.2 塔径核算

初步算出塔径 D'，参照塔板参数系列圆整为 D 后，实际空塔气速 $u=V_s/(\pi D^2/4)$，看是否在 $(0.6\sim0.8)u_F$ 之间，若符合则 D 适宜，若不符合，则重新调整。

精馏段和提馏段的上述参数不同，故两段应分别计算。精馏段和提馏段的物性参数的定性温度可分别取两段操作温度的平均值，而各个位置处对应于浓度的温度可由物系的温度组成图得到。验算雾沫夹带量（见流体力学验算部分），必要时进行塔径的调整，然后再决定塔板结构的参数，进行其他各项计算。当液量很大时，也需先检查一下液体在降液管中的停留时间 τ。如不符合要求，且难以加大板间距来调整时，也要作塔径的调整。

5.6.5 塔板结构参数的确定

塔板是气液接触的元件，也是气液分离的元件。如图 5-9 所示，塔板上通常划分为下列区域：①受液区；②鼓泡区（气液接触区）；③降液区；④安定区；⑤边缘区。

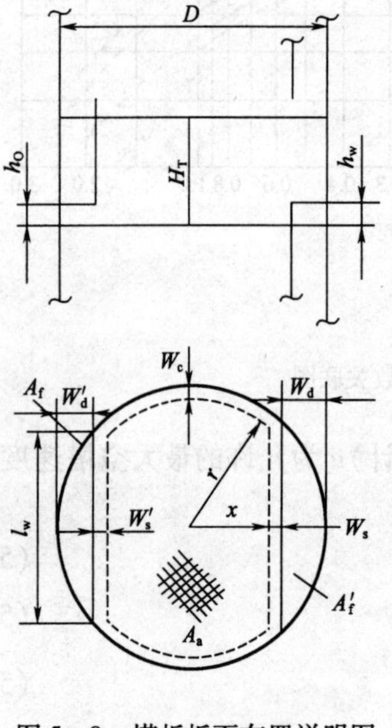

图 5-9 塔板板面布置说明图

（图中各字母含义见正文）

5.6.5.1 堰及降液管尺寸

（1）堰长 l_w 的确定　出口堰（又称外堰、溢流堰）的作用是维持板上有一定液层，并使液流均匀，除了个别情况（如很小的塔）外，在降液管前，均应设置弓形堰。设计中一般采用平直堰，只有液流强度 $V_L/l_w\leqslant3.5\text{m}^3/(\text{h}\cdot\text{m})$ 时，才采用齿形堰。一般按经验选取 $l_w=(0.6\sim0.8)D$。

（2）出口堰高度 h_w 与堰上液层高度 h_{ow}　对一般的塔，应使板上清液层高度 h_L 在 50～100mm。根据清液层高度即为堰高 h_w 与堰上液层高度 h_{ow} 之和 $h_L=h_{ow}+h_w$，导出 $h_w=h_L-h_{ow}$。故：

$$50-h_{ow}\leqslant h_w\leqslant100-h_{ow} \tag{5-51}$$

式中单位均为 mm。一般设计时，$h_{ow}>6\text{mm}$，若达不到采用齿形堰，$h_{ow}\leqslant70\text{mm}$，过大时改为双流型塔。

（3）降液管截面积 A_f 与弓形降液管宽 W_d 的确定　降液管是塔板间液体流动的通道，也是溢流中夹带的气体得以分离的场所。降液管有圆形和弓形两种[图 5-6(a)、(b)]。圆形降液管的流通截面小，没有足够的空间分离溢流液中的气泡，气相夹带较严重，塔板效率较低。由于泡沫分离不好，容易产生拦液，影响塔板的操作弹性，塔板面积的利用率也较低，因此除液体负荷很小的小塔外，一般均推荐采用弓形降液管。弓形降液管有两种形式：一种是将弓形降液管固定在塔板上（图 5-7），适用于小塔且需要有尽量大的降液管的情况；另一种是堰与壁之间的全部区域均作为降液空间，宜在直径较大的塔中采用，塔板面积利用率最高，但塔径小时，制作焊接不便。

按图 5－10，由 l_w/D 查 W_d/D 和 A_f/A_T 的值，即可求出 W_d 和 A_f 的值，图中 $A_T=0.785D^2$ 是塔的总截面积。

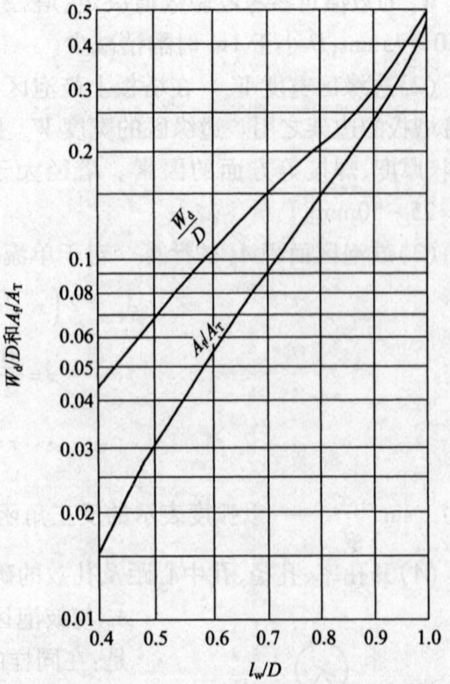

图 5－10 弓形降液管的宽度与面积

（4）液体在降液管内的停留时间 τ 实际操作中有大量泡沫随液体进入降液管，而且由于液体的冲击、混搅，也会产生更多的泡沫，如果液体在降液管中的停留时间过短，这些泡沫将缺乏足够的与降液管中下降液体分离的时间，会被带入下一板，等于把增浓过的蒸汽重新返回下一板，产生所谓的“气体夹带”，从而降低塔板的分离效率。

降液管的设计，一般应遵守下述一些原则：① 降液管中的液体线速度宜小于 0.1m/s；②停留时间根据经验不应低于 3～5s，易起泡物系要取较大的停留时间，计算为：

$$\tau=\frac{A_f\cdot H_T}{L}\geqslant 3\sim 5\text{s} \qquad (5-52)$$

式中 A_f——降液管截面积，m^2

H_T——板间距，m

L——液相流量，m^3/s

（5）降液管底隙高 h_H 降液管与受液盘之间的间隙 h_H 的大小，主要取决于在该处要求压力降的大小，所以与通过底隙的液体水平流速 u_H 有关，u_H 的范围是：一般小于 0.13m/s；最大流速亦应小于 0.4m/s。h_H 不应过小，以免被固体杂质堵塞，按经验选取不应小于 20～25mm。另外，h_H 应比出口堰高度 h_w 低，一般取 $h_w-h_H=6\sim 12$mm。

（6）受液盘及进口堰 受液盘有凹形和平形两种型式，不同型式的受液盘影响着液相抽出、降液管的液封与液体流入塔板的均匀性等。容易聚合的液体或含固体悬浮物的液体，为了避免形成死角，以采用平形液盘为宜。

对于直径在 800mm 以上的大塔，一般采用凹形受液盘，这是因为这种受液盘有如下优点：便于液体的侧线抽出；在液流量较低时仍可形成良好的液封；对改变液体流向具有缓冲作用。凹形受液盘的深度一般在 50mm 以上，但不能超过板间距的 1/3。

若采用平形受液盘，为了使降液管中流出的液体能在板上均匀分布，并减少进入处液体水平冲出而影响塔板入口处的操作，以及保证降液管必要的液封，可设置进口堰（又称内堰），但是由于易堵并降低使用面积，目前尚无统一认识。

5.6.5.2 塔板布置

前已述及，塔板的区域划分如图 5－9 所示，分为受液区、降液区、安定区、边缘区及鼓泡区。

（1）安定区宽度 W_s 在塔板上的鼓泡区 A_p 与溢流堰之间，需有一个不开孔区称为安定区，是为减少气泡随溢流液带入降液管，并可使液体溢流稳定。在受液区与鼓泡区之间亦设有安定区，可避免过量漏液。安定区宽 W_s 是溢流堰与离它最近一排孔的中心线之间的距离。W_s 的数值可参考经验数值决定：塔径 D 大于 1.5m 时取 80～110mm；D 为 1～1.5m 时取 60～75mm；D 小于 1m 时酌情减少。

（2）边缘区宽度 W_c　在塔板上鼓泡区与塔壁之间，需留出一圈不开孔的边缘区，供设置支持塔板的边架之用。边缘区的宽度 W_c 主要是从力学角度考虑，实际应用中要注意塔板的材料、厚度、焊接等方面的因素。塔径大于 2.5m 时，W_c = 50～75mm；塔径小于 2.5m 时，W_c = 25～50mm。

（3）鼓泡区面积 A_p 的计算　对于单流型塔板垂直降液管可用下式计算：

$$A_p = 2\left(x\sqrt{r^2 - x^2} + r^2 \sin^{-1}\frac{x}{r}\right) \tag{5-53}$$

$$x = \frac{D}{2} - (W_d + W_s)$$

$$r = \frac{D}{2} - W_c$$

式中　$\sin^{-1}\frac{x}{r}$——以弧度表示的反三角函数

（4）开孔率、孔径、孔中心距及孔数的确定　以下以筛板塔板为例。筛板上筛孔总面积 A_0 与鼓泡区（开孔区）面积 A_p 之比为筛板开孔率，其影响是：在同样的空塔速度下，开孔率大则孔速小，易产生漏液，降低效率，但雾沫夹带也会减少；在相同塔径下，开孔率大则漏液点的空塔速度要大，缩小了操作范围；开孔率过小，塔板阻力大，易造成大的雾沫夹带和液泛，限制了塔的生产能力。通常，开孔率为 5%～15%。各教科书和资料介绍的开孔率的计算公式不同，本教材推荐较常用的一种。当筛孔的排布为正三角形排列（见图 5－11）时，对于一个三角形单元来说，三角形的面积为开孔区面积，三个小扇形部分为开孔面积。故开孔率可用下式求得：

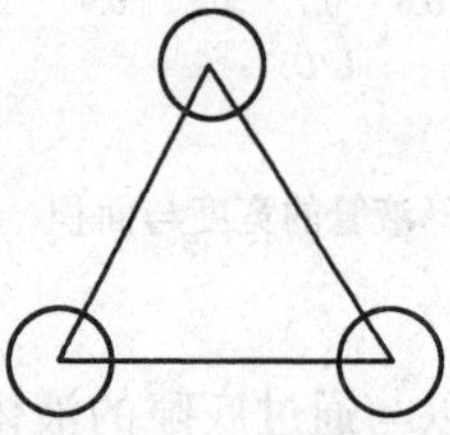

图 5－11　筛板的开孔率

$$\varphi = \frac{A_0}{A_p} = \frac{3 \cdot \frac{1}{6} \cdot \frac{\pi}{4} d_0^2}{\frac{1}{2} \cdot t \cdot \sin 60^\circ \cdot t} = \frac{\pi \cdot d_0^2}{4 \cdot t^2 \cdot \sin 60^\circ} = 0.907\left(\frac{d_0}{t}\right)^2 \tag{5-54}$$

式中　A_p——鼓泡区（开孔区）面积

A_0——开孔面积，即全部筛孔面积

d_0——孔径

t——孔中心距

筛板塔一般都采用正三角形排列，浮阀塔有时按等腰三角形排列，后者开孔率不能采用上式，应画出阀孔布置图，得到有关数据。

一般孔径 d_0 = 2～10mm，推荐采用 4～5mm，过小的筛孔只在有特殊要求时才使用。近几十年来逐渐采用大孔径（Φ10～25mm）筛板，因为大孔径塔板加工简单，不易堵塞，只要设计合理，也可以得到满意的塔板效率，但一般来说，大孔径塔板操作弹性会小一些。

孔中心距 t 对塔板操作也有一定影响,过小($t/d_0<2$)时,易使气流互相干扰;过大则鼓泡不匀,这都会影响传质效率,所以常用孔中心距 $t=(2.5\sim5.0)d_0$,实际设计时,尽可能选择在 3 ~4 范围内,按所需的开孔面积 A_0 来考虑。

在选定 d_0 和 t 后,便可计算孔数 n,由式(5-54),有:

$$A_0 = n \cdot \frac{\pi}{4}d_0^2 = 0.907\left(\frac{d_0}{t}\right)^2 \cdot A_p$$

$$n = \frac{0.907}{0.785t^2} \cdot A_p = 1.155A_p/t^2 \tag{5-55}$$

注意上式中 t 与 A_p 的单位分别为 m 和 m^2。同时可求筛孔气速:$u_0=\frac{V_s}{A_0}=\frac{V_s}{0.785\cdot d_0^2\cdot n}$,筛孔气速 u_0 为一重要参数。

5.6.6 塔板流体力学计算

塔板的流体力学计算,目的在于验算上述各项工艺尺寸已确定的塔板能否正常操作,以便决定是否需要对有关的工艺尺寸进行必要的调整,并用于进一步揭示该塔板的操作性能,作出塔板负荷性能图。

5.6.6.1 气体通过塔板的压力降

单板压降 h_t 是气体通过塔板的压力降,为塔板的重要水力学参数,它不仅影响板上流体的操作,还决定沿塔高的压力分布,从而决定全塔的压降,对于精馏过程来说也影响全塔的温度分布。所谓常压精馏是指塔顶压力可近似视为常压,塔釜的压力总是要高于塔顶,即高于一个大气压。工业上的精馏塔塔釜表压力一般为 18 ~20kPa,设计要求为塔釜表压力不高于 30kPa。

在操作情况下,气体通过一块塔板的压降常用加和性模型,即认为气体通过有液层的塔板的压降为干板压降 h_c、板上液层的阻力 h_f 及鼓泡时克服液体表面张力的阻力 h_σ 之和,即:

$$h_t = h_c + h_f + h_\sigma = h_c + h_l \tag{5-56}$$

式中 h_t——气体通过每层板的压降,m 液柱

h_c——干板压降,m 液柱

h_f——板上液层的阻力,m 液柱

h_σ——克服液体表面张力的阻力,m 液柱

常将 h_f 与 h_σ 合并在一起考虑,称为液层有效阻力 h_l,各有关压降的求取方法如下所述。

(1)干板压降 h_c 筛板塔的干板压降主要是由气体通过筛孔时,突然缩小和突然扩大的流体局部阻力所引起的,可用下述经验公式计算:

$$h_c = \frac{1}{2g}\left(\frac{u_0}{c_0}\right)^2\frac{\rho_V}{\rho_L} \tag{5-57}$$

式中 h_c——干板压降,m 液柱

u_0——筛孔的气速,m/s

c_0——流量系数

ρ_V、ρ_L——分别为气相、液相的密度,kg/m^3

关于流量系数 c_0 的求取，方法很多，而经过与实际运转数据校验后，推荐用图 5-12 来求取 c_0，图中 δ 为塔板厚度，普通钢板 3~4mm，不锈钢板 2~2.5mm。

（2）塔板上液层有效阻力 h_l　h_l 的计算方法很多，观点也不一致，根据一些数据的校验，并考虑工程设计使用上的实际情况，对筛板，推荐采用图 5-13 来查取 h_l 值，即根据筛孔的气相动能因数 F_0 和板上清液高度 h_L 来查 h_l 值。

（3）全塔压降　求出 h_c 和 h_l 后单板压降可求。两段的单板压降求出后，乘以各段的板数，全塔压降即可求出，从而不难求出塔釜操作压力。

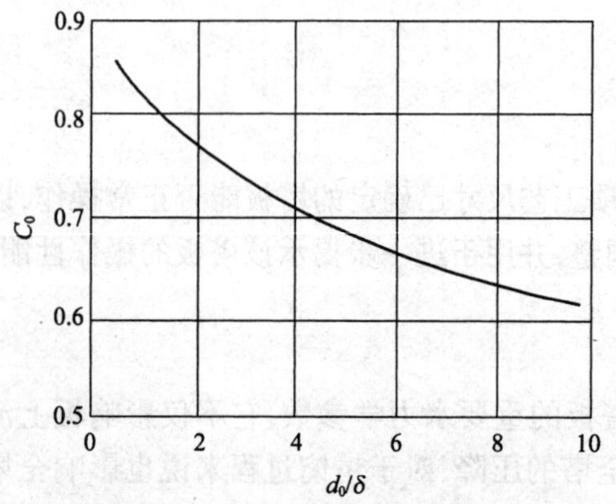

图 5-12　干筛孔的流量系数

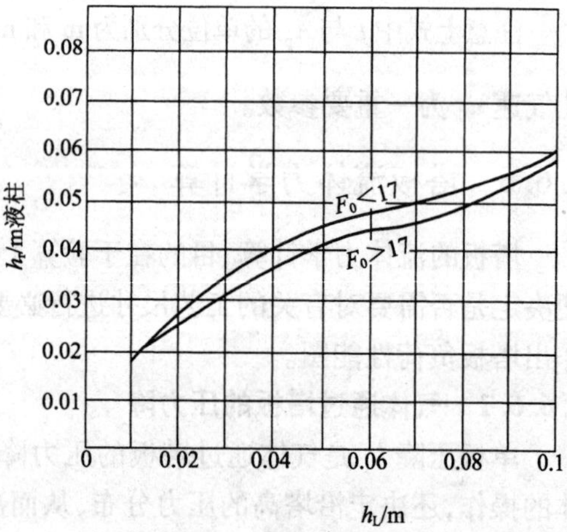

图 5-13　液层有效阻力

5.6.6.2　降液管内清液层高度 H_d 计算

H_d 可根据液体流动的能量守恒关系导出。如果忽略出口堰上液体流动的速度头（这一数值非常小），则液体静压头的降低，应等于自降液管液面至出口堰整个过程中各个阻力损失之和（这里不考虑蒸汽密度所产生的静压力差），即：

$$H_d - h_L = h_d + h_t + \Delta$$

$$H_d = h_w + h_{ow} + h_d + h_t + \Delta \tag{5-58}$$

式中，h_w 为出口堰高，h_{ow} 为堰上液层高，及单板压降 h_t，均已算出。

Δ 为流过鼓泡区的液面落差。对筛板塔和浮阀塔来说，一般液面落差很小，可以忽略。h_d 为液体通过降液管的压力降，包括液体流过降液管底隙及入口堰的阻力。若不设进口堰，则 h_d 仅为第一部分阻力，可按下列经验公式计算：

$$h_d = 0.153\left(\frac{L}{l_w \cdot h_H}\right)^2 \tag{5-59}$$

式中　$l_w \cdot h_H$——降液管与塔板间通道截面积（降液管长 × 底隙高）

由 h_d 计算可算出降液管中清液层高度 H_d，但实际降液管中泡沫层总高度大于此值，如果液体和气体流动所遇阻力增加，降液管中液面上升，当它超过上一层塔板的堰顶后，产生液体倒流，即发生了降液管液泛（淹塔），因此，需要足够的降液管高度，或控制适当阻力以防液泛的发生，故为了不引起液泛，降液管内泡沫层高度应低于降液管高。

$$H_T + h_w \geqslant \frac{H_d}{\varphi} \tag{5-60}$$

式中 φ——泡沫层相对密度，取值0.3～0.7，对于容易起泡的物系取较小值。

5.6.6.3 雾沫夹带量 e_v（kg液沫/kg气体）的计算

雾沫夹带又称液沫夹带，是指下层塔板产生的雾滴被上升气流带到上层塔板的现象。板式塔即使在低于液泛气速下操作，气体中仍带有液沫，液沫夹带会导致板效率下降。综合考虑生产能力和板效率，应使每kg上升气体夹带到上一层塔板的液体时不超过0.1kg，即 $e_v<0.1$。

（1）计算法　筛板塔板应用修正的亨特（Hunt）经验式：

$$e_v=\frac{5.7\times10^{-6}}{\sigma}\left(\frac{u_G}{H_T-h_p}\right)^{3.2} \tag{5-61}$$

式中 σ——液体的表面张力，N/m

h_p——板上泡沫层高度，按清液层高度 h_L 的2.5倍计算

u_G——液层上部的气体速度，m/s，按有效通过截面计算，对于单流型塔板为：

$$u_G=\frac{V_s}{A_T-A_f} \tag{5-62}$$

式中 V_s——气相流量，m^3/s

A_T——塔截面积，m^2

A_f——降液管截面积，m^2

（2）图解法　用图5-14求解，表达式和图只适用于 $(u_G/H_T-h_p)<12$ 的情况。当图解或计算得到的结果为 $e_v<0.1$ 时，设计合理。显然影响液沫夹带的最主要的因素为气速 u 及板间距，不符合要求时，应适当加大塔径或加大板间距。

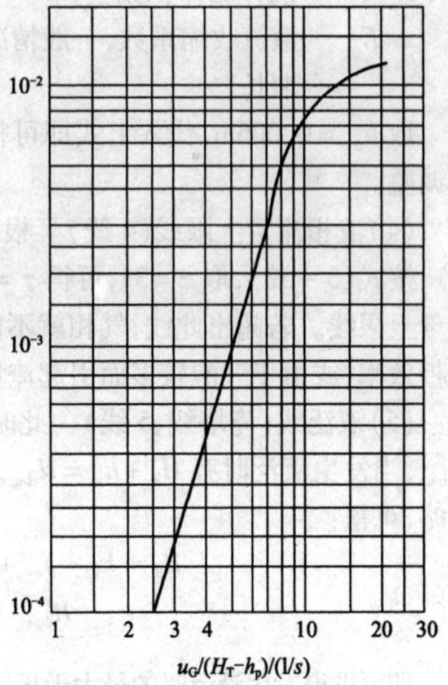

图5-14　雾沫夹带量

5.6.6.4 负荷性能图

在既定的塔板几何尺寸结构下，不同的气、液相负荷具有不同的适宜操作区域。筛板塔的适宜操作区域即负荷性能图是以 V、L 分别为纵、横轴的直角坐标系中标绘的关系曲线。负荷性能图的意义是最高与最低气量和最高与最低液体流量围成的稳定操作区域。下面对各条控制线加以说明。

（1）气相负荷下限操作线（漏液线，1线）

此线表示不发生严重漏液现象（泄漏量小于10%）的最低气相负荷，可根据漏液点的关联式作出。筛板漏点的计算有多种关联式，设计中可采用下式计算：

$$u_{0\min}=4.4C_0\sqrt{\frac{(0.0056+0.13h_L-h_\sigma)\rho_L}{\rho_V}} \tag{5-63}$$

式中 $u_{0\min}$——漏液点筛孔气速，m/s

C_0——流量系数，由图5-12查取

ρ_V、ρ_L——分别为液相、气相的密度，kg/m³

h_σ——表面张力压头，m，由 $h_\sigma = \dfrac{4\sigma}{d_0\rho_L g}$ 计算

σ——液相的表面张力，N/m

根据上两式即可解出 $u_{0\min}$，由 $V_{\min} = u_{0\min} \cdot A_o$，作出气相下限操作线。

(2)气相负荷上限操作线(过量雾沫夹带线，2线) 超过此线时，雾沫夹带大于允许范围($e_v > 0.1$kg 液/kg 气)，而使板效率大为降低，此时液层上部的气速 u_G 为 $u_{G\max}$，气相负荷上限为 $V_{\max}$，根据修正的亨特公式：

$$0.1 = \frac{5.7 \times 10^{-6}}{\sigma}\left[\frac{u_{G\max}}{H_T - 2.5(h_w + h_{ow})}\right]^{3.2}$$

可解出 $u_{G\max}$，$V_{\max} = u_{G\max}(A_T - A_f)$，由此算出 $V_{\max}$，作出气相负荷(液沫夹带)上限线。

(3)液相流量下限线(3线) 对于平直堰，一般取堰上液层高度 $h_{ow} = 6$mm 作为液相负荷下限条件，低于此限，就不能保证板上液流的均匀分布。液相下限线可按弗兰西斯(Francis)式计算：

$$h_{ow} = 0.00284E\left(\frac{L_h}{l_w}\right)^{2/3} \tag{5-64}$$

式中 L_h——液体的体积流量，m³/h

E——液流收缩系数，一般情况下可取 $E=1$，对计算结果影响不大

l_w——堰长

取 $h_{ow} = 0.006$m，代入上式即可得到 $L_{\min}$，定出液相流量下限线。h_{ow} 过大或过小均需设法调整。

(4)液相流量上限线(4线) 根据对液相在降液管内停留时间的起码要求(一般为3～5s)，按式(5-52)，取 $\tau = 3$s，可得 $\tau = A_f \cdot H_T / L \geqslant 3 \sim 5$s，$L_{\max} = A_f \cdot H_T/3$，得到 $L_{\max}$，定出液相流量上限线。若超出此线，气相就不能从液相中充分分离出来，因而由于气相的返混而降低塔板效率，或由于气泡较多而引起淹塔。

(5)液泛线(淹塔线，5线) 此时，降液管内泡沫层与降液管等高。降液管内清液高为 $H_{d\max}$，当发生液泛时有 $H_T + h_w = H_{d\max}/\phi$，可求得 $H_{d\max}$，由前所述，液面落差 Δ 一般很小可以忽略，可得：

$$H_d = h_w + h_{ow} + h_d + h_t = h_w + h_{ow} + h_d + (h_c + h_l)$$

$$H_{d\max} = h_w + h_{ow} + h_d + h_{c\max} + h_l$$

即可求得发生液泛时的最大干板压降 $H_{c\max}$，前已求得：$h_c = \dfrac{1}{2g} \cdot \left(\dfrac{u_0}{c_0}\right)^2 \cdot \dfrac{\rho_v}{\rho_L}$，故 $h_{c\max} = \dfrac{1}{2g} \cdot \left(\dfrac{u_{0\max}}{c_0}\right)^2 \cdot \dfrac{\rho_v}{\rho_L}$，两式相比得 $\dfrac{h_{c\max}}{h_c} = \left(\dfrac{u_{0\max}}{u_0}\right)^2$

即液泛时的筛孔(最大)气速 $u_{0\max} = u_0\sqrt{h_{c\max}/h_c}$，进而 $V_{\max} = u_{\max} \cdot A_0$，作出降液管液泛线。操作点若在此线上方，将会引起液泛。

由上面各条曲线所包围的区域，就是塔的稳定操作区，操作点必须落在稳定操作区内，否则正常生产操作受到破坏。必须指出，物系一定时，塔板负荷性能图的形状因塔板结构尺寸的不同而异。在设计塔板时，根据操作点在负荷性能图中的位置，可以指导调整塔板结构参数来满足所需的弹性范围。

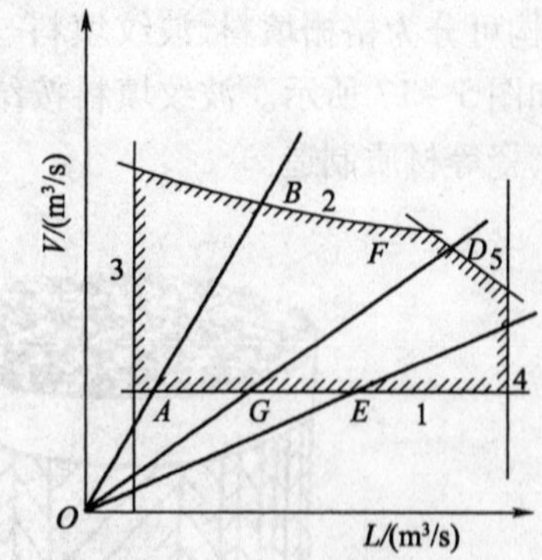

图 5-15　负荷性能图

对于一定汽液比的操作过程，V/L 为一定值，操作线在负荷性能图上，可用通过坐标原点（O 点）的直线表示。不同汽液比的三种操作情况（如图 5-15 以 OAB、OCD、OEF 三条操作线表示），其上、下限的控制条件并不一定都相同，在设计和生产操作时，需要作具体分析。

*5.7　填料塔的设计计算

5.7.1　填料的类型与选择

（1）填料的类型　填料是填料塔中气液接触的基本构件，其性能的优劣是决定填料塔操作性能的主要因素，因此，塔填料的选择是填料塔设计的重要环节。填料的种类很多，根据装填方式的不同，可分为散装填料和规整填料两大类，各填料的特性可查有关资料获得。

①散装填料：具有一定几何形状和尺寸的大颗粒体，一般以随机的方式堆积在塔内，又称为乱堆填料或颗粒填料。散装填料根据结构特点不同，又可分为多种，例如：拉西环、鲍尔环、阶梯环、矩鞍形、弧鞍形、环矩鞍形等，填料所用的材质有陶瓷、塑料、石墨、玻璃以及金属等。各种填料结构特征见图 5-16。

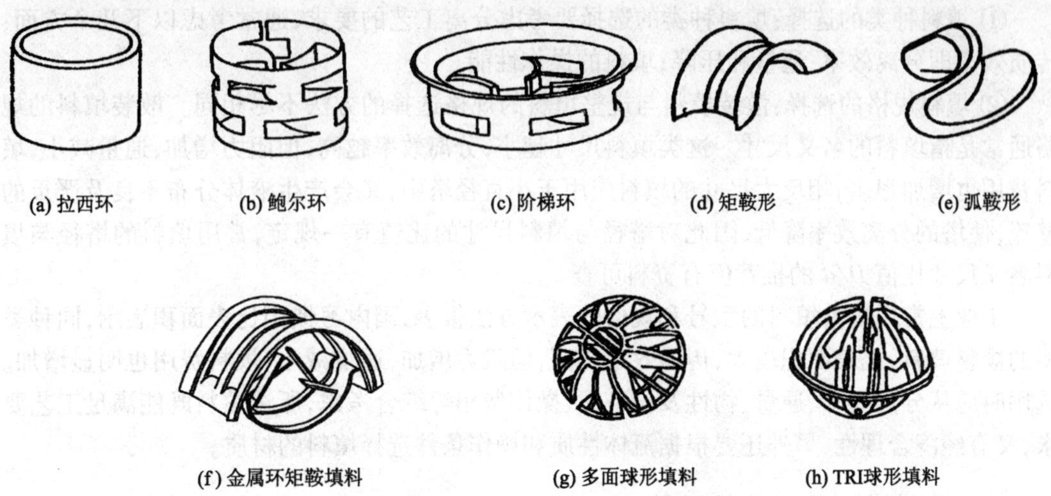

图 5-16　各种填料结构

②规整填料：是按一定几何图形排列、整齐堆砌的填料。规整填料种类很多，根据其几何结构可分为格栅填料、波纹填料、脉冲填料等，工业上应用的规整填料绝大部分为波纹填料，如图5－17所示。波纹填料按结构分为网波纹填料和板波纹填料两大类，可用金属、塑料、陶瓷等材质制造。

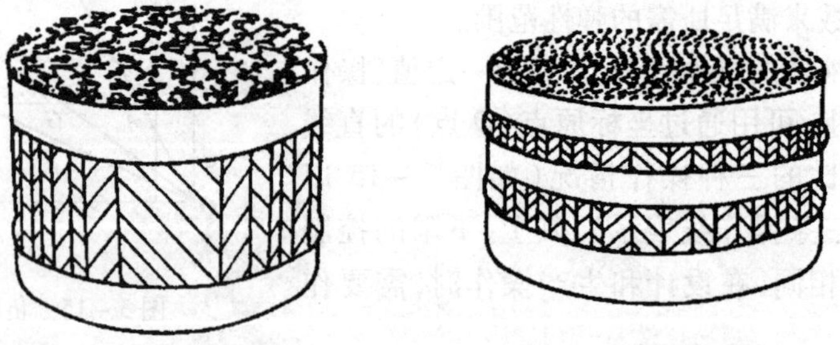

(a) 板波纹填料　(b) 网波形填料

图5－17　规整填料结构

金属丝网波纹填料是网波纹填料的主要形式，是由金属丝网制成的。其特点是压降低、分离效率高，特别适用于精密精馏及真空精馏装置，为难分离物系、热敏性物系的精馏提供了有效的手段。尽管其造价高，但因性能优良仍得到了广泛的应用。

金属板波纹填料是板波纹填料的主要形式。该填料的波纹板片上冲压有许多$\Phi4\sim6$mm的小孔，可起到粗分配板片上的液体、加强横向混合的作用。波纹板片上轧成细小沟纹，可起到细分配板片上的液体、增强表面润湿性能的作用。金属孔板波纹填料强度高，耐腐蚀性强，特别适用于大直径塔及气液负荷较大的场合。

波纹填料的优点是结构紧凑、阻力小、传质效率高、处理能力大、比表面积大；其缺点是不适于处理黏度大、易聚合或有悬浮物的物料，且装卸清理困难，造价高。

(2)填料的选择　填料的选择包括确定填料的种类、规格及材质等。所选填料既要满足生产工艺的要求，又要使设备投资和操作费用较低。

① 填料种类的选择：填料种类的选择要考虑分离工艺的要求，通常考虑以下几个方面：传质效率即分离效率；通量和压降；填料的操作性能。

② 填料规格的选择：散装填料与规整填料的规格选择的方法不尽相同。散装填料的规格通常是指填料的名义尺寸。这类填料尺寸越小，分离效率越高，但阻力增加，通量减小，填料费用也增加很多，相反大尺寸的填料应用于小直径塔中，又会产生液体分布不良及严重的壁流，使塔的分离效率降低，因此对塔径与填料尺寸的比值有一规定，常用填料的塔径与填料名义尺寸比值D/d的推荐值有资料可查。

工业上常用规整填料的型号和规格的表示方法很多，国内习惯用比表面积表示，同种类型的规整填料，比表面积越大，传质效率越高，但阻力增加，通量减小，填料费用也明显增加。选用时应从分离要求、通量、物性及设备费、操作费用等综合考虑，所选填料既能满足工艺要求，又有经济合理性，另外还要根据流体性质和操作条件选择填料的材质。

5.7.2　填料塔工艺尺寸的计算

填料塔工艺尺寸的计算包括塔径的计算、填料层高度的计算及分段等。

5.7.2.1 塔径的计算

填料塔直径采用流量公式计算，即：

$$D=\sqrt{\frac{4V_s}{\pi u}} \tag{5-65}$$

式中气体体积流量 V_S 由设计任务给定。由上式可见，计算塔径的核心问题是确定空塔气速 u。

(1)空塔气速的确定　与板式塔类似，泛点气速是填料塔操作气速的上限，填料塔的操作空塔气速必须小于泛点气速，操作空塔气速与泛点(允许的最大空塔)气速 u_F 的关系：

对于散装填料　　$u=(0.5\sim0.85)u_F$

对于规整填料　　$u=(0.6\sim0.95)u_F$

泛点气速可用经验方程式计算，亦可用关联图求取。

散装填料的泛点气速可用埃克特(Eckert)关联图计算，如图5-18所示。计算时，先由气液相负荷及有关物性数据求出横坐标 $\frac{W_L}{W_V}\left(\frac{\rho_V}{\rho_L}\right)^{0.5}$ 的值，然后作垂线与相应的泛点线相交，再通过交点作水平线与纵坐标相交，求出纵坐标 $\frac{u^2\Phi\varphi}{g}\left(\frac{\rho_V}{\rho_L}\right)\mu_L^{0.2}$ 值，此时所对应的 u 即为泛点气速 u_F。其中 φ 为水的密度与液体密度之比。

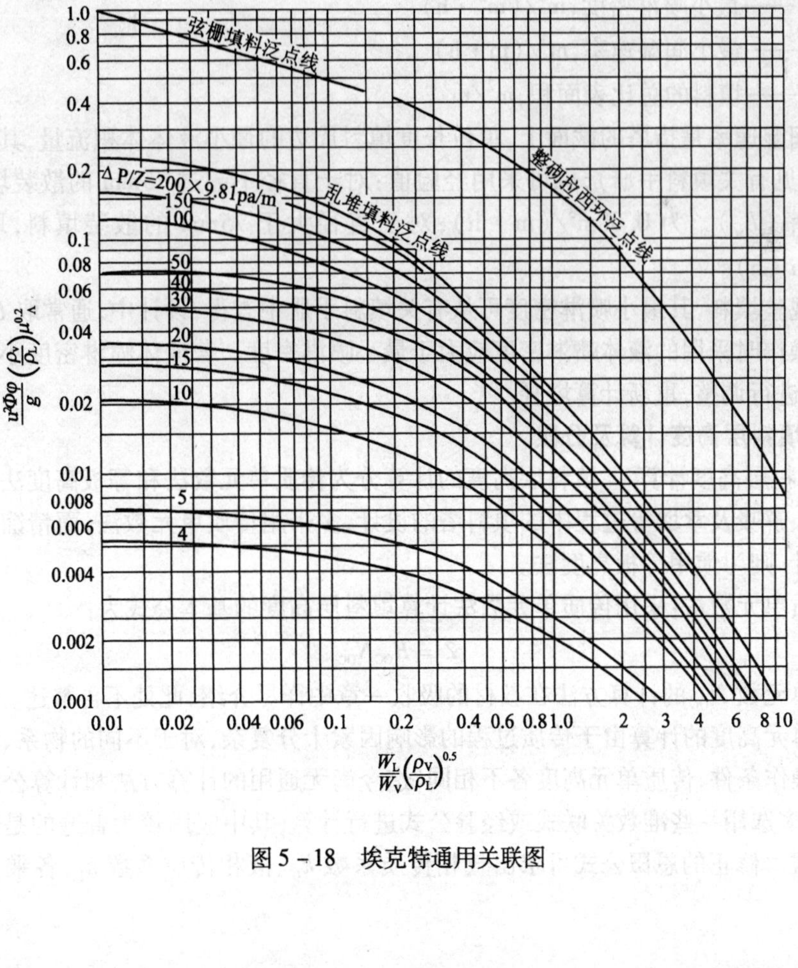

图5-18　埃克特通用关联图

应予指出,用埃克特通用关联图计算泛点气速时,所需的填料因子称为泛点填料因子,以 Φ_F 表示。泛点填料因子 Φ_F 与液体喷淋密度有关,为了工程计算的方便,常采用与液体喷淋密度无关的泛点填料因子平均值,在设计中有相关资料可供参考。

(2)塔径的圆整与核算　根据上述方法得出空塔气速 u 后,即可由式(5-65)计算出塔径 D。应予指出,由式(5-65)计算出塔径 D 后,还应按塔径系列标准进行圆整。常用的标准塔径为:400,500,600,700,800,1000,1200,1400,1600,2000,2200mm 等。圆整后,再核算操作空塔气速 u 与泛点(允许的最大空塔)气速的关系在不在要求的范围之内。

(3)液体喷淋密度的验算　填料塔的液体喷淋密度是指单位时间、单位塔截面上液体的喷淋量,其计算式为:

$$U = \frac{L_h}{0.785D^2} \tag{5-66}$$

式中　U——液体喷淋密度,$m^3/(m^2 \cdot h)$

L_h——液体喷淋量,m^3/h

D——填料塔直径,m

为使填料能获得良好的润湿,塔内液体喷淋量应不低于某一极限值,此极限值称为最小喷淋密度,以 U_{min} 表示。

对于散装填料,其最小喷淋密度通常采用下式计算,即:

$$U_{min} = (L_w)_{min} a_t \tag{5-67}$$

式中　U_{min}——最小喷淋密度,$m^3/(m^2 \cdot h)$

$(L_w)_{min}$——最小润湿速率,$m^3/(m \cdot h)$

a_t——填料的总比表面积,m^2/m^3

最小润湿速率是指塔的截面上,单位长度填料周边的最小液体体积流量,其值可由经验公式计算(见有关填料手册),也可采用经验值:对于直径不超过 75mm 的散装填料,可取最小润湿速率 $(L_w)_{min}$ 为 $0.08m^3/(m \cdot h)$;对于直径大于 75mm 的散装填料,取 $(L_w)_{min} = 0.12m^3/(m \cdot h)$。

对于规整填料,其最小喷淋密度可从有关填料手册中查得,设计中,通常取 $U_{min} = 0.2$。

实际操作时采用的液体喷淋密度应大于最小喷淋密度。若液体喷淋密度小于最小喷淋密度,则需进行调整,重新计算塔径。

5.7.2.2　填料层高度计算及分段

(1)填料层高度计算　填料层高度的计算分为传质单元数法和等板高度法。在工程设计中,吸收、解吸及萃取等过程中的填料塔的设计,多采用传质单元数法,而精馏过程中的填料塔的设计,则习惯用等板高度法。

①传质单元数法:采用传质单元数法计算填料层高度的基本公式为:

$$Z = H_{OG}N_{OG} \tag{5-68}$$

传质单元数 N_{OG} 的计算方法在教材的吸收一章中详尽介绍,此处不再赘述。

传质单元高度的计算由于传质过程的影响因素十分复杂,对于不同的物系、填料以及流动状况与操作条件,传质单元高度各不相同,迄今尚无通用的计算方法和计算公式。目前进行设计时,多选用一些准数关联式或经验公式进行计算,其中应用较为普遍的是修正的恩田(onde)公式。修正的恩田公式可求出气相传质系数 k_G、液相传质系数 k_L,各乘上填料的比

表面积 a(m^2/m^3)可得体积传质系数 $k_G a$ 和 $k_L a$。进而按下式计算气相总传质单元高度 H_{OG}:

$$H_{OG} = \frac{V}{K_Y a\Omega} = \frac{V}{PK_G a\Omega} \tag{5-69}$$

其中

$$K_G a = \frac{1}{1/k_G a + H/k_L a} \tag{5-70}$$

式中 H——亨利常数系数,kPa/(kmol/m^3)

Ω——塔截面积,m^2

②等板高度法:采用等板高度法计算填料层高度的基本公式为:

$$Z = HETP \cdot N_T \tag{5-71}$$

理论板数 N_T 的计算方法在蒸馏一章中将作详尽介绍,此不赘述。等板高度与许多因素有关,不仅取决于填料的类型和尺寸,而且受系统物性、操作条件及设备尺寸的影响。目前尚无准确可靠的方法计算填料的 $HETP$ 值。一般的方法是通过实验测定,或实际经验中选取 $HETP$ 值,某些填料在一定条件下的 $HETP$ 值可从有关填料手册中查得。近年来通过大量数据回归得到了常压蒸馏时的 $HETP$ 关联式如下:

$$\ln(HETP) = h - 1.292\ln\sigma_L + 1.47\ln\mu_L \tag{5-72}$$

式中 $HETP$——等板高度或称理论板当量高度,mm

σ_L——液体表面张力,N/m

μ_L——液体黏度,Pa·s

h——常数,各种填料其值在 6.85~7.44,可查阅相关资料

上式考虑了液体黏度及表面张力的影响,其适用范围如下:

$10^{-3} < \sigma_L < 36\times10^{-3}$ N/m; $0.08\times10^{-3} < \mu_L < 0.83\times10^{-3}$ Pa·s

应予指出,采用上述方法计算出填料层高度后,还应留出一定的安全系数。根据设计经验,填料层的设计高度 Z' 一般为工艺计算得到的填料层高度 Z 的(1.2~1.8)倍。

(2)填料层的分段 液体沿填料层下流时,有逐渐向塔壁方向集中的趋势,形成壁流效应。壁流效应造成填料层气液分布不均匀,使传质效率降低。因此,每隔一定的填料层高度,需要设置液体收集再分布装置,即将填料层分段。

①散装填料的分段:对于散装填料,一般推荐的分段高度值见表 5-6,表中 h/D 为分段高度与塔径之比,h_{max} 为允许的最大填料层分段高度。

表 5-6 散装填料分段高度推荐值

填料类型	h/D	h_{max}/m
拉西环	2.5	≤4
矩鞍	5~8	≤6
鲍尔环	5~10	≤6
阶梯环	8~15	≤6
环矩鞍	8~15	≤6

②规整填料的分段：对于规整填料可按表5－7推荐的分段高度值确定。

表5－7　　规整填料分段高度推荐值

填料类型	分段高度/m
250Y板波纹填料	6.0
500Y板波纹填料	5.0
500(BX)丝网波纹填料	3.0
700(CY)丝网波纹填料	1.5

5.7.3　填料层压降的计算

填料层压降通常用单位高度填料层的压降 $\Delta p^{+}/Z$ 表示。设计时，根据有关参数，由通用关联图（或压降曲线）先求得每米填料层的压降值，然后再乘以填料层高度，即得出填料层的压力降。

（1）散装填料的压降计算

①由埃克特通用关联图计算：散装填料的压降可由埃克特通用关联图5－18计算。计算时，先根据气液负荷及有关物性数据求出横坐标 $\frac{W_L}{W_V}\left(\frac{\rho_V}{\rho_L}\right)^{0.5}$ 值，再根据操作空塔气速 u 及有关物性数据求出纵坐标 $\frac{u^2\Phi_p\varphi}{g}\left(\frac{\rho_V}{\rho_L}\right)\mu_L^{0.2}$ 值。通过作图得出交点，读出过交点的等压线数值，即得出每米填料层压降值。

前已述及，用埃克特通用关联图计算压降时，所需的填料因子称为压降填料因子，以 Φ_p 表示。压降填料因子 Φ_p 与液体喷淋密度有关，工程实际中，常采用与液体喷淋密度无关的压降填料因子平均值。在设计中可查相关资料。

②由填料压降曲线查得：散装填料压降曲线的横坐标通常以空塔气速 u 表示，纵坐标以单位高度填料层压降 $\Delta p^{+}/Z$ 表示，常见散装填料的 $u\sim\Delta p^{+}/Z$ 曲线可从有关填料手册中查得。

（2）规整填料的压降计算

①由填料的压降关联式计算：规整填料的压降通常关联成以下形式：

$$\frac{\Delta p^{+}}{Z}=\alpha(u\sqrt{\rho_V})^{\beta} \qquad (5-73)$$

式中　$\Delta p^{+}/Z$——每米填料层高度的压力降，Pa/m

u——空塔气速，m/s

ρ_V——气体密度，kg/m³

α、β——关联式常数，可从有关填料手册中查得

②由填料压降曲线查得：规整填料压降曲线的横坐标通常以 F 因子表示，纵坐标以单位高度填料层压降 $\Delta p^{+}/Z$ 表示，常见规整填料的 $F-\Delta p^{+}/Z$ 曲线可从有关填料手册中查得。

5.7.4 塔附属高度和塔内件的设计

(1)塔附属高度　塔的附属空间高度主要包括塔的上部空间高度、安装液体分布器和液体再分布器(包括液体收集器)所需的空间高度、塔的底部空间高度以及塔的裙座高度。塔上部空间高度是指塔填料层以上应有一足够的空间高度,以使随气流携带的液滴能够从气相中分离出来,该高度一般取1.2~1.5m。安装液体再分布器所需的塔空间高度,依据所用分布器的形式而定,应根据实际情况确定,一般需要1~1.5m的空间高度。塔的底部空间高度的取法与精馏塔的取法相同。

(2)塔内件的设计　填料塔内件主要有:填料支承装置、压紧装置、液体分布器和再分布器。填料塔操作性能的好坏、传质效率的高低在很大程度上与塔内件的设计有关。在塔内件设计中,最关键的是液体分布器的设计,现对液体分布器的设计进行简要的介绍。其他内件设计查相关资料。

①液体分布器设计的基本要求:性能优良的液体分布器设计时必须满足以下几点:a. 液体分布均匀:评价液体分布均匀的标准是足够的分布点密度;分布点的几何均匀性;降液点间流量的均匀性;b. 操作弹性大:液体分布器的操作弹性是指液体的最大负荷与最小负荷之比。设计中,一般要求液体分布器的操作弹性为2~4,对于液体负荷变化很大的工艺过程,有时要求操作弹性达到10以上,此时,分布器必须特殊设计;c. 自由截面积大:液体分布器的自由截面积是指气体通道占塔截面积的比值。根据设计经验,性能优良的液体分布器,其自由截面积为50%~70%,设计中,自由截面积最小应在35%以上。其他还要求液体分布器应结构紧凑、占用空间小、制造容易、调整和维修方便。

②液体分布器布液能力的计算:液体分布器布液能力的计算是液体分布器设计的重要内容。设计时,按其布液作用原理不同和具体结构特性,选用不同的公式计算。

a. 重力型液体分布器布液能力计算:重力型液体分布器有多孔型和溢流型两种型式,工业上以多孔型应用为主,其布液工作的动力为开孔上方的液位高度。多孔型分布器布液能力的计算公式为:

$$L_s = \frac{\pi}{4} d_0^2 nc \sqrt{2g\Delta H} \tag{5-74}$$

式中　L_s——液体流量,m^3/s

n——开孔数目(分布点数目)

c——孔流系数,通常取 $c = 0.55 \sim 0.60$

d_0——孔径,m

ΔH——开孔上方的液位高度,m

b. 压力型液体分布器布液能力计算:压力型液体分布器布液工作的动力为压力差(或压降),其布液能力的计算公式为:

$$L_s = \frac{\pi}{4} d_0^2 nc \sqrt{2g\left(\frac{\Delta p^+}{\rho_L g}\right)} \tag{5-75}$$

式中　L_s——液体流量,m^3/s

n——开孔数目(分布点数目)

c——孔流系数,通常取 $c = 0.60 \sim 0.65$

d_0——孔径,m

Δp^+——分布器的工作压力差(或压降),Pa

ρ_L——液体密度,kg/m^3

设计中,液体流量 L_s 为已知,给定开孔上方的液位高度 ΔH(或已知分布器的工作压力差 Δp^+),依据分布器布液能力计算公式,可设定开孔数目 n,计算孔径 d_0;亦可设定孔径 d_0,计算开孔数目 n。

③液体分布器的结构:液体分布器种类很多,有多孔型液体分布器,如排管式、环管式、筛盘式、槽式等;有溢流型液体分布器,如槽式液流分布器,盘式液流分布器。详细结构查相关手册或书籍。

思 考 题

1. 相组成有哪些表示方法,它们有何关系?
2. 按照图 0-1 的归一主线思想,分子扩散的三传系数各等于什么?
3. 相内传质系数和相际传质系数有何区别?它们与传热系数有何表达形式的相似?
4. 什么是两相浓度差?什么是"平衡浓度"?如何正确求取?
5. 单元操作学引入"理论级"有何意义?
6. 什么是三传类比?通过三传类比可以求解什么?
7. 传质模型常见的有几种?如何理解?
8. 对比理解板式塔和填料塔的优缺点和使用范围。

习 题

1. 已知入塔混合气中含粗苯的摩尔分数为 0.04,要求粗苯的回收率不低于 97%(回收率 $\varphi=\frac{y_1-y_2}{y_1}\times100\%$),试计算出塔焦炉煤气的摩尔比。($Y_2=1.25\times10^{-3}$)

2. 试证明组分 A、B 组成的双组分系统中,在一般情况下(有主体流动,$N_A\neq N_B$)进行分子扩散时,在总浓度 C 恒定条件下,扩散系数 $D_{AB}=D_{BA}$。(答:略)

3. 在 100kPa、298K 的条件下氨与空气的混合气体装在一直径为 5mm、长度为 0.1m 的管子中,进行等摩尔反方向扩散,扩散系数 $D_{NH_3-air}=6.87\times10^{-5}m^2/s$。已知管子两端氨的分压分别为 6kPa 和 2kPa,试计算:(1)氨的扩散通量,(2)空气的扩散通量,(3)在管子的中点截面上氨和空气的分压。[(1)$N_A=1.11\times10^{-6}kmol/(m^2\cdot s)$;(2)$N_B=-1.11\times10^{-6}kmol/(m^2\cdot s)$;(3)$p_A=4kPa$,$p_B=96kPa$]

4. 浅盘内盛有水深 8mm,在 101.3kPa、293K 下向大气蒸发。假定传质阻力相当于 5mm 厚的静止气层,气层外的水蒸气分压可以忽略,扩散系数 $D=2.56\times10^{-5}m^2/s$,求水蒸发完所需的时间。(24.9h)

5. 实验测得在总压 100kPa 及温度 293K 下,100g 水中含氨 1g 时,液面上方氨的平衡分压为 800Pa。求气液两相的组成皆以物质的量浓度表示时的相平衡关系。($c_{AG}=3.28\times10^{-4}kmol/m^3$,$c_{AL}=0.582\ kmol/m^3$)

6. 常压,10℃条件下,物质 A 在空气~水系统的亨利系数 $E=121.6kPa$,当 A 在空气中分压为 8kPa,在水中浓度为 $2kmol/m^3$ 时,试以计算判定传质方向。($p_A>p_A^*$,吸收)

7. 在吸收塔某截面上气液两相的浓度分别为 $y=0.05$，$x=0.01$（均为摩尔分数，下同），在一定温度下气液平衡关系 $y^*=2x$，已知气、液两侧的传质系数 $k_y=k_x=0.026\text{kmol/(m}^2\text{s)}$，试求：

(1) 该截面的两相传质总推动力、传质总阻力、传质速率及阻力在气液两侧的分配；

(2) 若降低操作温度后，相平衡关系变为 $y^*=0.4x$，两相在此截面上的浓度及传质系数均不变，求传质总推动力、传质总阻力、传质速率及阻力在气液两侧的分配的变化。

[(1) $\Delta y=0.03$，$\Delta x=0.015$，$\frac{1}{K_y}=115.4\text{(m}^2\cdot\text{s)/kmol}$，$\frac{1}{K_x}=57.7\text{(m}^2\cdot\text{s)/kmol}$，$N_A=2.6\times10^{-4}\text{kmol/(m}^2\cdot\text{s)}$，总阻力中气相阻力占 1/3，液相阻力占 2/3。(2) 略]

本章主要符号说明

A_0	开孔面积，m^2
A_f	降液管截面积，m^2
A_p	鼓泡区面积，m^2
C	气体负荷参数
c_0	流量系数
c_A	组分 A 的浓度，$kmol/m^3$
c_{Bm}	组分 B 浓度平均值，$kmol/m^3$
D	塔径，m
D_{AB}	扩散系数，m^2/s
D_e	涡流扩散系数，m^2/s
d_0	孔径，mm
E	亨利系数，kPa
E_0	总板效率，%
e_v	雾沫夹带量
H	溶解度系数，$kmol/(m^3\cdot kPa)$
H_d	降液管清液高度，m
H_{OG}	气相总传质单元高度，m
H_T	塔板间距，mm
h_c	干板压降，kPa
h_L	板上清液层高度，mm
h_H	降液管底隙高，mm
h_{ow}	堰上液层高度，mm
h_t	单板压降，kPa
h_W	出口堰高度，mm
J_A	分子扩散通量，$kmol/(m^2\cdot s)$
K_G	气相总传质系数，$kmol/(m\cdot s\cdot Pa)$
K_T	三传量传递系数，m/s
k_G	气相分传质系数，$kmol/(m\cdot s\cdot Pa)$
L_s	液相流量，m^3/s
l_w	堰长，m
m	相平衡常数
m_A	组分 A 的质量，kg
N_A	组分 A 的扩散通量，$kmol/(m^2\cdot s)$
N_{OG}	气相总传质单元数
n	孔数，个
p_A	组分 A 的分压，kPa
p_{Bm}	组分 B 分压平均值，kPa
R	气体常数，$J/(mol\cdot K)$
T	热力学温度，K
t	孔中心距，mm
u	塔内操作气速，m/s
u_0	孔速，m/s
u_F	最大空塔气速，m/s
V_s	液相流量，m^3/s
W	质量比
W_d	弓形降液管宽，m
W_c	边缘区宽度，mm
W_s	安定区宽度，mm
w_A	组分 A 质量分数
x_A	组分 A 摩尔分数
Z	填料层高度，m
α	相对挥发度
δ	当量膜厚，m
φ	开孔率，%
Φ_F	泛点填料因子

τ	降液管内停留时间，s	Δ	液面落差，m
ρ_A	组分 A 的质量浓度 kg/m^3	σ	液体的表面张力，N/m
ρ_L、ρ_V	液、气相密度，kg/m^3	μ_L	液体黏度，Pa·s

6 传质的理论级模型方法——以精馏为例

【学习要求】理解计算传质通量的理论级模型方法的含义和用法；了解食品类型生产过程中常用的蒸馏方法；理解双组分溶液的气液平衡关系、表达方法及相关计算，掌握相平衡方程；了解平衡蒸馏和简单蒸馏；理解精馏的概念和流程；掌握板式精馏塔的物料衡算、理论板数的确定、进料状态的表达及选择、回流比对精馏过程的影响及确定、实际塔板数的确定；熟练双组分物系用板式塔进行常压精馏的计算。

本章将主要以精馏为例阐述5.3.2所述理论级模型的用法（一样用于吸收、萃取等板式塔的分离过程），在第7章中以吸收为例介绍微分模型的用法（一样用于精馏、萃取等填料塔的分离过程）。精馏属于蒸馏范围，下面首先引入蒸馏分离的基本概念，再涉及精馏的理论级模型方法。

蒸馏（distillation）是分离液体均相混合物的单元操作，利用液体混合物各组分在一定压强下挥发度或沸点的不同使各组分得到分离。液体混合物加热部分汽化时，挥发度大的组分在气相中的浓度将大于在液相中的浓度，混合物可得到部分分离。通常，把挥发度大即沸点低的组分称为易挥发组分或轻组分，挥发度小沸点高的组分称难挥发组分或重组分。

蒸馏可以按不同方法分类。按操作是否连续，分为间歇蒸馏（batch distillation）与连续蒸馏；按蒸馏原理，分为简单蒸馏（simple distillation）、平衡蒸馏（flash distillation）、精馏（rectification）、分子蒸馏（molecular distillation）及特殊精馏；按操作压强分，有常压、加压和减压蒸馏；按被分离混合物中组分的数目分为双组分蒸馏和多组分蒸馏。

生产中常见的是多组分、常压连续精馏操作，但多组分混合物与双组分混合物的精馏原理基本相同，计算也无本质区别，所以双组分连续精馏是基础。本章主要讨论常压、双组分连续精馏的原理及计算。

本教材未作介绍的其他各种形式的蒸馏请参考有关著作，但在这里特别提及一下适合某些食品液体混合原料的所谓的分子蒸馏概念。有些化合物（如动植物油脂中的一些物质）即使在一般的真空蒸馏条件下，由于沸点过高，以及需要一定的停留时间，仍有被破坏的危险，因此物料在高真空的情况下加热时不可以达到沸腾温度，而是在沸腾温度以下，在物料的安全温度范围内，因为物料不沸腾就不能进行蒸馏操作，但物料可以蒸发，故这种操作方式称为分子蒸馏（molecular distillation）。分子蒸馏与一般真空蒸馏的区别是物料不沸腾。分子蒸馏属于高真空蒸馏类型，操作压强为0.133～0.0133Pa。在实验室中低于0.133Pa的压强较易获得，而在工业中压强在1.33～0.133Pa则是经济合理的。分子蒸馏加热蒸发面和冷凝面间的距离可大于（无阻蒸馏）也可小于（短程蒸馏）分子的平均自由程。

6.1 蒸馏的平衡关系

蒸馏过程是物质在汽液两相间传质的过程。传质过程的推动力是同一组分的汽相、液相浓度“同性化”后的差值，传质的方向按差值的正负判定，传质过程的极限是汽液两相达到平衡，因此气液相平衡(vapour－liquid phase equilibrium)是蒸馏过程分析、设计计算的基础。下面以双组分溶液为例进行讨论。

6.1.1 气液平衡物系的自由度和拉乌尔定律

(1) 相律　对双组分的气液平衡物系，可变化的状态参数为压强 p、温度 t、易挥发组分的液相摩尔分数 x_A(简写 x) 及气相摩尔分数 y_A(简写 y)。难挥发组分在气液相中的组成可依据归一性由 x、y 计算出，分别是 $1-x$、$1-y$，它们不是独立的变量。在平衡物系中，自由度数(f)、相数(P) 与独立组分数(C) 之间的关系由吉布斯相律决定，即 $f = C - P + 2$。对双组分物系 $C = 2$，$P = 2$，故 $f = 2$，所以双组分物系自由变化的状态参数只有两个，因此在 t、p、x 和 y 四个变量中，任意规定其中两个变量，此平衡物系的状态也就唯一确定。

(2) 拉乌尔定律　双组分溶液依同种分子及异种分子间作用力的情况分为理想溶液(ideal solution)与非理想溶液，也即若异种分子间的作用力与同种分子间的作用力相等，则另一组分的加入对原组分的蒸气压降除稀释作用外，没有其他影响，这种两组分溶液就是理想溶液，否则就是非理想溶液，如物性和结构相似分子大小相近的苯－甲苯物系、甲醇－乙醇物系，可作为理想物系来处理，而乙醇－水物系则为非理想物系。

理想溶液气液相平衡符合拉乌尔(Raoult)定律，其表达式在第5章已经给出：

$$p_A = p_{AS}x_A$$

$$p_B = p_{BS}x_B$$

一般以下标“A”代表易挥发组分，下标“B”代表难挥发的组分，对双组分物系，下标省略时，则默认为易挥发组分。在全部浓度范围内($x = 0 \sim 1$)符合拉乌尔定律的溶液，是理想溶液。

设物系的总压为 P，气相为理想气体，则由道尔顿分压定律，将分压代入，得到：

$$x_A = \frac{P - p_{BS}}{p_{AS} - p_{BS}} \tag{6-1}$$

$$y_A = \frac{p_A}{P} = \frac{p_{AS}x_A}{P} \tag{6-2}$$

对任一两组分理想溶液，已知总压和溶液的温度时，二元物系平衡的气液两相浓度可分别依式(6－1)和式(6－2)算出。式(6－1)中纯物质的蒸气压数据，可由温度查有关手册或用相应的安托因(Antoine)方程来计算：

$$\lg p_s = A - \frac{B}{t + C} \tag{6-3}$$

各种物质的安托因方程中的常数 A、B、C 可由有关手册查取。如令 $K_A = p_{AS}/P$ 为相平衡常数，则式(6－2)转变为用相平衡常数表达的汽液相组成的平衡方程：

$$y_A = K_A x_A \tag{6-4}$$

6.1.2 双组分气液相平衡图

在总压恒定的条件下，气相或液相组成与温度间的关系可用图 6 - 1 所示的曲线表示，该图称为温度(t) - 组成(x或y，均为易挥发组分的摩尔分数)图，图中下方曲线称为泡点线或饱和液体线，上方曲线为露点线或饱和蒸气线。这两条曲线把相图划分为三个区域，最上方为过热蒸气区，中间为气液两相区，下方为过冷液相区。组成为x的过冷液体(点M)在一定总压下升温到t_C，达到该溶液的泡点，产生第一个气泡，气泡的组成为y_1，继续升温到t_D，成为气液共存两相，液相组成为x_2，气相组成为y_2，气相和液相的量由杠杆规则计算得到，即：

$$(x - x_2) \cdot N_L = (y_2 - x) \cdot N_G \tag{6-5}$$

式中 N_G、N_L——分别为气、液相的物质的量，mol

若D点的气液混合物继续加热，升温到t_E，则初始的液体将全部变为组成为x的饱和蒸气，进一步升温到t_Q，成为过热气体。如果气体沿着QM线进行冷却，温度降到t_E时有第一滴液体冷凝出，到t_C点则全部冷凝为饱和液体，后进行过冷冷却。

气液平衡的关系也可以用一定总压、不同温度下平衡的气液相组成关系曲线表示，如图 6 - 2 所示。对于理想物系，气相组成y恒大于液相组成x，故平衡曲线必在对角线左上方。

平衡线偏离对角线愈远，表示该溶液愈易分离。由相律知，各点(x,y)所对应温度必不相同。

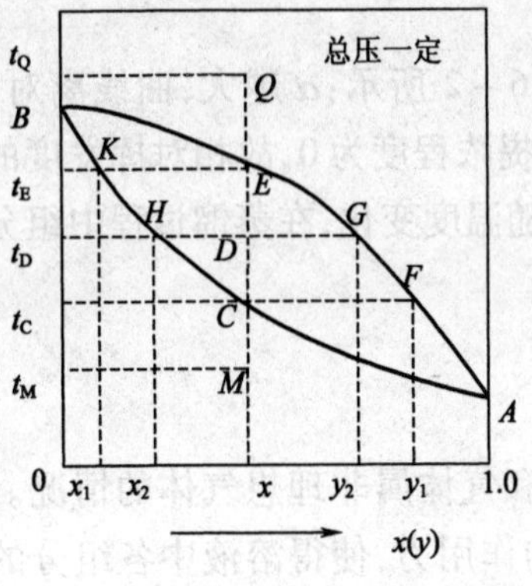

图 6 - 1 双组分溶液的温度 - 组成曲线

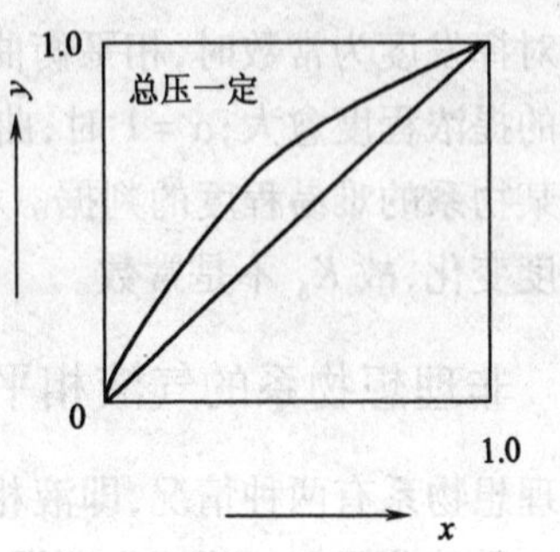

图 6 - 2 相平衡曲线

6.1.3 相对挥发度与相平衡关系的近似表达式

纯组分的饱和蒸气压只能反映纯液体挥发性的大小。溶液中各组分的挥发性因受其他组分的影响而与纯组分不同，故不用各组分的饱和蒸气压表示，而是以各组分的平衡蒸气分压与其液相摩尔分数的比表示，即：

$$v_A = \frac{p_A}{x_A} \tag{6-6}$$

$$v_B = \frac{p_B}{x_B} \tag{6-7}$$

式中　v_A，v_B——分别表示二元物系中 A、B 两组分的挥发度（volatility）

A、B 两组分挥发度之比，称为相对挥发度，以 α 表示。

$$\alpha = \frac{v_A}{v_B} = \frac{p_A/x_A}{p_B/x_B} \tag{6-8}$$

当气体为理想气体时，$p_A = P \cdot y_A$，$p_B = P \cdot y_B$，对二元物系有 $x_B = 1 - x_A$，$y_B = 1 - y_A$，略去表示易挥发组分的下标"A"，代入式（6-8）有：

$$\alpha = \frac{y_A/x_A}{y_B/x_B} = \frac{y/x}{(1-y)/(1-x)} \tag{6-8a}$$

整理可得到第 5 章已有的式（5-42）：

$$y = \frac{\alpha x}{1+(\alpha-1)x}$$

变换后又得到 x 的计算式：

$$x = \frac{y}{y+\alpha(1-y)} = \frac{y}{\alpha-(\alpha-1)y} \tag{6-8b}$$

式（6-4）、式（5-42）和式（6-8b）均称为相平衡方程。

对理想二元溶液，依拉乌尔定律有 $p_A = p_{AS}x_A$，$p_B = p_{BS}x_B$，代入式（6-8）得到：

$$\alpha = \frac{p_{AS}}{p_{BS}} \tag{6-9}$$

p_{AS}、p_{BS} 随温度变化大，但 p_{AS}/p_{BS} 随温度的变化却小得多，故 α 在操作的温度范围内可取某一平均值。在蒸馏塔中，常取塔底和塔顶温度下相对挥发度的几何平均值作为整个塔中物系的相对挥发度。

相对挥发度为常数时，相平衡曲线的形状如图 6-2 所示：α 越大，曲线离对角线越远，可获得的提浓程度愈大；$\alpha = 1$ 时，曲线即为对角线，提浓程度为 0，故相对挥发度的大小是蒸馏分离某物系的难易程度的判据。相平衡常数 K_A 随温度变化，在蒸馏过程中组分变化必然引起温度变化，故 K_A 不是常数。

6.1.4　非理想物系的气液相平衡

非理想物系有两种情况，即液相属非理想溶液和气体属非理想气体的情况。非理想溶液是由于异种分子间的作用力不同于同种分子间的作用力，使得溶液中各组分的平衡蒸气压偏离拉乌尔定律。偏差可为正，也可为负，分别称为正偏差溶液和负偏差溶液。

非理想溶液与理想溶液的蒸气压曲线比较如图 6-3 所示。图 6-3（a）为正偏差溶液的曲线，图（b）为负偏差溶液的曲线。可以看出，组分在高浓度范围内其蒸气压与理想溶液接近，服从拉乌尔定律；在低浓度范围内，组分的蒸气压大致与浓度成正比，符合亨利定律。只有符合拉乌尔定律，溶液才具有理想性。图中虚线为理想溶液的蒸气压线。

某些溶液和理想溶液相比具有较大的正偏差，致使溶液在某一组成时，其两组分的蒸气压之和出现最大值，相应组成的溶液便会出现最低恒沸点，此时溶液的组成称为恒沸组成，如乙醇-水物系，当总压为 101.3kPa，$x = 0.894$ 时，有最低恒沸点 78.15℃。而纯组分乙醇和水的常压下的沸点分别为 78.3℃和 100℃。该物系的 $t-x(y)$ 图及 $y-x$ 图如图 6-4 所

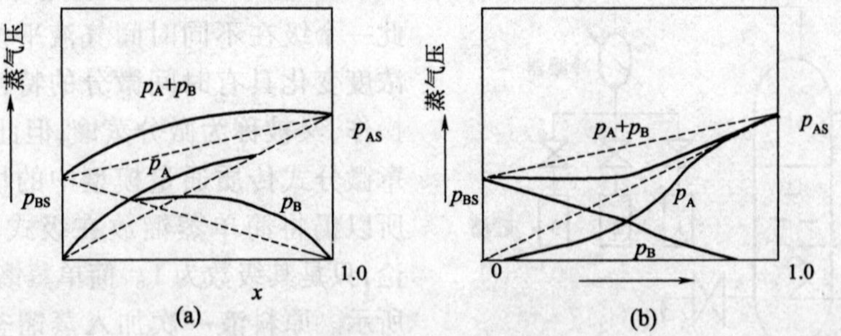

图 6 - 3　恒定温度下非理想溶液的蒸气区曲线

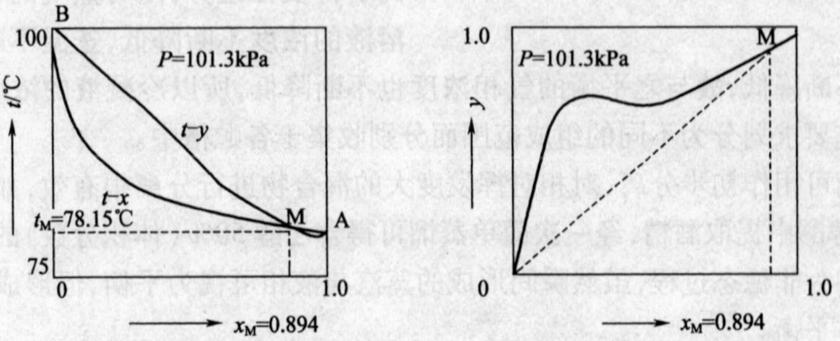

图 6 - 4　乙醇 - 水物系相图(正偏差)

示,而有些溶液正好与之相反,即某一组成时总蒸气压有一最小值,从而使该组成的溶液出现最高恒沸点,例如硝酸 - 水物系,在 $x = 0.383$ 时,最高恒沸点为 121.9℃,显著高于硝酸和水的沸点,分别为 86℃和 100℃。

在恒沸点组成时,气液两相的组成相同,不能用一般的蒸馏方法加以分离,要用特殊的蒸馏方法分离,如恒沸精馏、萃取精馏等。非理想物系的相对挥发度随浓度变化一般比较大。

当蒸馏在高压、低温下进行时,气体为非理想气体,应对非理想性进行修正。

6.1.5　总压对相平衡的影响

同一物系,混合物的泡点随总压升高而升高。泡点愈高,各组分间挥发度的差异愈小,使得相对挥发度变小,分离将趋于困难。

总压对平衡曲线影响不大,但一般 $t - x(y)$ 线随压强度变化较大,所以蒸馏中用 $x - y$ 曲线更为方便。

6.2　简单蒸馏和平衡蒸馏

6.2.1　简 单 蒸 馏

工业上最常用的间歇蒸馏是简单蒸馏,由于只有塔釜,简单蒸馏实质是级数为 1 的级式

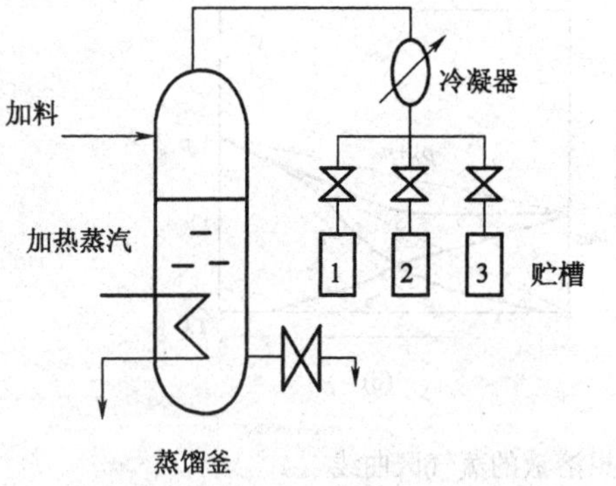

图 6－5 简单蒸馏流程

蒸馏，又由于塔釜中浓度随时间不断变化，故此一个级在不同时间气液平衡关系不同，各浓度变化具有时间微分的特性，属于不稳态操作，又被称为微分蒸馏，但此时微分不是后章微分式传质通量模型中的填料高度微分，所以仍将简单蒸馏放在级式蒸馏模型中讨论，只是其级数为1。简单蒸馏流程如图6－5所示。原料液一次加入蒸馏釜中，釜底采用间接饱和水蒸气加热，溶液沸腾后部分汽化，蒸气引入冷凝器中冷凝，由于蒸气中含较多的易挥发性组分，随着蒸气的不断引出，釜中溶液的浓度不断降低，釜温不断升高，但由于溶液的浓度不断降低，故与之平衡的气相浓度也不断降低，所以冷凝液的浓度不断降低，故冷凝液按工艺要求划分为不同的组成范围而分别收集于各贮槽中。

简单蒸馏可用作初步分离，对相对挥发度大的混合物进行分离很有效，如从乙醇体积不到10%的发酵醪中提取酒精，经一次简单蒸馏可得含乙醇50%（体积分数）的酒精溶液。

简单蒸馏为非稳态过程，虽然瞬间形成的蒸汽与液相可视为平衡，但形成的全部蒸汽并不与剩余液体平衡。

简单蒸馏的计算由微元时间内的总物料衡算、易挥发组分的物料衡算结合相平衡关系推导得到。设初始量为 F（mol），初始摩尔分数为 x_F，最终量为 W（mol），最终摩尔分数为 x_W，τ 时刻液体的量为 L，摩尔分数为 x，$\tau+d\tau$ 时刻液体的量为 $L+dL$，摩尔分数为 $x+dx$，$d\tau$ 时间内气体的量为 dD，气体的摩尔分数为 y，看成与 x 平衡，针对相对挥发度为 α 的双组分理想物系，可推导得到：

$$\frac{A_F}{A_W}=\left(\frac{B_F}{B_W}\right)^{\alpha} \tag{6-10}$$

式(6－10)中，“F”代表初始，“W”代表结束，A 代表A组分的物质的量，B 代表B组分的物质的量，A、B 可由物料量和摩尔分数计算。如果 α 不为常数，则需要列出积分表达式进行计算。式(6－10)的推导留给读者完成。

6.2.2 平衡蒸馏

将原料连续地加热，使其呈过热状态，然后经减压阀减压，过热液体降温，部分液体气化，气相中易挥发组分浓度较高，与之呈平衡的液相中易挥发组分浓度较低，再于分离器中分离气液两相，此过程即为平衡蒸馏（或闪蒸）（flash distillation），如图6－6所示。平衡蒸馏是一连续稳态过程，是直接运用蒸馏原理进行初步组分分离的一种操作，分离不彻底。

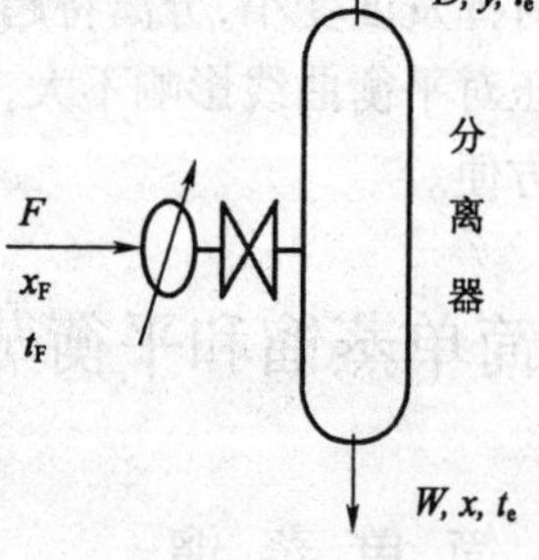

图 6－6 平衡蒸馏

平衡蒸馏属于级数为1的稳态操作，其计算包括总物料衡算、易挥发组分的物料衡算、热量衡算和平衡关系计算，可根据图 6-6 列出相关表达式求解有关问题。在学完双组分连续精馏计算后可类比理解平衡蒸馏的计算，故不再详述，读者可在学完双组分连续精馏内容后通过完成相应习题加以掌握。

6.3 二元物系连续精馏计算及设计

6.3.1 精 馏

平衡蒸馏只是将溶液进行一次部分汽化和冷凝，故只能部分地分离混合液，为使混合液体得到近乎完全分离，需要多次且同时进行部分汽化和冷凝，此种操作即为精馏。

6.3.1.1 精馏原理

同时多次部分汽化和冷凝在 $t-x-y$ 图上的表示如图 6-7 所示，图中以四次同时部分汽化和冷凝说明问题，每次同时部分汽化和冷凝为一个“级”，称为“理论级”或“平衡级”，未达到平衡的气液两相，在该级同时部分汽化和冷凝后达到平衡。模拟图 6-7 过程的流程图如图 6-8 所示，组成为 y_1 的气体与浓度为 x_3 的液体接触，气相部分冷凝，同时液相部分汽化，物质传递后会产生浓度分别为 y_2、x_2 的气液两相；将浓度为 y_2 的气体再与浓度 x_4 的液相接触，气相再部分冷凝，液相再部分汽化，两者都生成组成 y_3、x_3 的气液两相；此液相正好供上述与组成为 y_1 的气相接触用，依此类推，将组成为 y_3 的气相与某种液相接触，进行部分冷凝，生成组成分别为 y_4、x_A 的气液两相，组成为 x_A 的液相正好供前面与组成为 y_2 的气相接触用。可见，组成原本为 y_1 的气相，经上述过程后，组成提高至 y_4。若级数越多，则提高的程度更高，可获得近似于纯净的易挥发组分。同理，组成为 x_4 的液相经上述过程后浓度将降至 x_2，且级数越多，液相浓度将降得更多，可获近似于纯净的难挥发组分。为提供与组成为 y_3 的气相接触的液体，可将组成为 y_4 的气体冷凝下来返回，称之为液相回流。同样，为提供组成 y_1 的气体，可使浓度为 x_2 的液体部分汽化，称为汽相回流。这种同时多次部分汽化和冷凝的过程即为精馏。互相接触的气液两组成相同或相近，因此，组成为 x_F 的原料，可从浓度相同或相近的理论级（相当于液气两相接触的场所）附近加入。理论级及气液两相回流（reflux）是精馏得以连续稳态进行的必要条件。

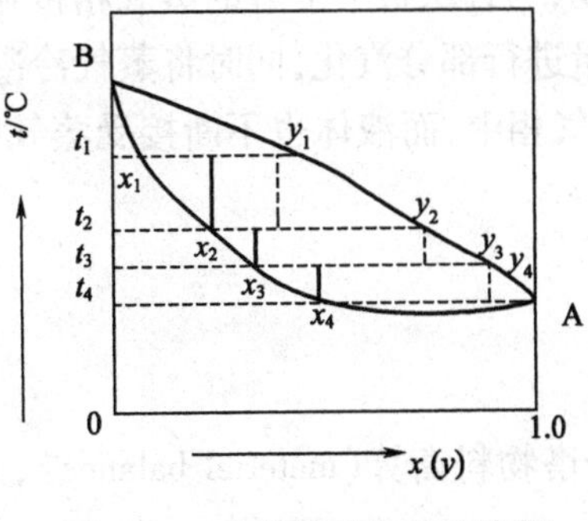

图 6-7 多次部分汽化和冷凝

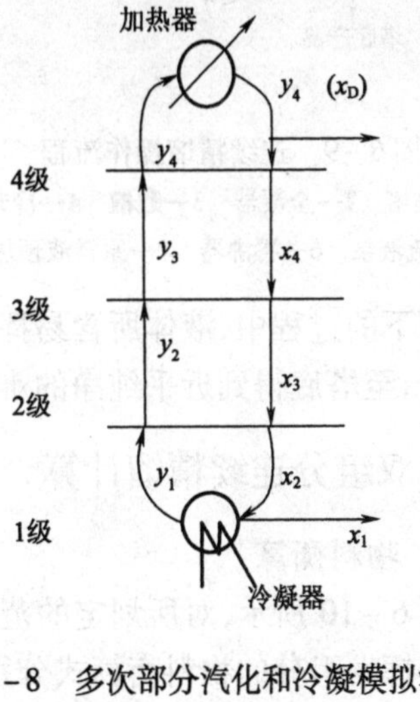

图 6-8 多次部分汽化和冷凝模拟流程

引入了“理论级”的概念,可以掩盖精馏过程实际物质量传递通量计算的困难,直接得到分离设备的板数或填料高度参数。由于未达平衡的气液两股物料经1个理论级上的混合平衡后离开时,气液两相已经达到平衡,故结合气液平衡关系可知此平衡级的分离程度,相当于得到理想情况下传递的物质的量(但塔板上实际物质传递量因塔过程十分复杂而难以求出)。在计算得到分离程度范围内的理论级数后,就可得到整个设备的理论塔板的个数或所需填料的等板高度的个数,结合实验测得的全塔效率或填料的等板高度计算公式,从而可得到实际塔板数或实际填料层高度。此即为绪论中图0-1归一主线所揭示的传递通量计算的数学模型方法并结合了实验测定或经验总结得到的全塔效率或填料的等板高度法。以上所述,即为物质量传递通量计算理论级模型的真实含义。

6.3.1.2 连续精馏流程与精馏塔

连续精馏操作流程如图6-9所示。此流程是根据多次部分汽化和冷凝流程改进而成。塔顶冷凝的回流液也可用回流泵进行输送,塔底再沸器也可用蛇管装在塔内底部代替。原料液进入的板层称进料板,进料板以上的塔段称为精馏段(rectifying section),进料板以下的塔段称提馏段(stripping section)。

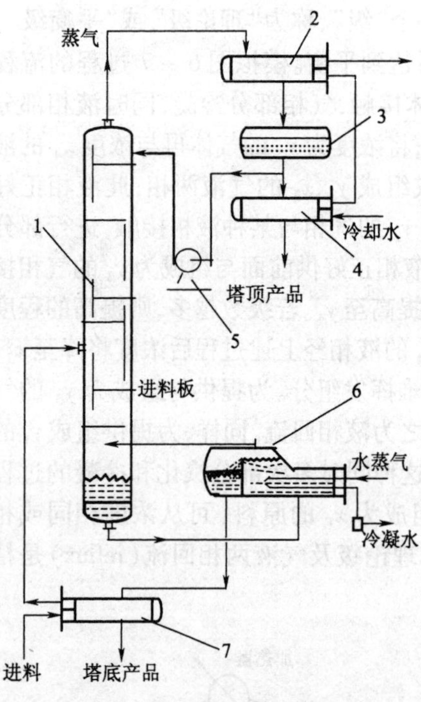

图6-9 连续精馏操作流程

1—精馏塔 2—全凝器 3—贮槽 4—冷却器 5—回流液泵 6—再沸器 7—原料液预热器

精馏塔是该流程的主要设备,有板式塔和填料塔之分。图6-9所示为板式塔。塔中的塔板有供气体流过的通道(筛孔等),液体横向流经各塔板,经降液管流至下一层塔板,各层塔板是气液两相接触并进行传热与传质的场所,其作用正如前述的“理论”级,但实际板的分离程度达不到理论级的分离程度。塔底再沸器产生蒸气,蒸汽沿各塔板的气体通道向上流动,在流经各层塔板时,将其上的液体部分汽化,蒸气同时部分冷凝。气体从下至上的过程中,温度不断降低。由精馏原理知易挥发组分不断进入气相中,难挥发组分不断进入液相中,经塔顶冷凝器后可得到近乎纯净的易挥发组分A。塔顶冷凝器冷凝后的液体一部分作为产品,另一部分回流至塔内第一块板上,由上往下流动,与各层板上上升的蒸气相接触,接受蒸气的热量进行部分汽化,同时将蒸气冷凝,在液体从上至下的过程中,液体所含易挥发组分不断进入气相中,而液体也不断接受蒸气中的难挥发组分,至塔底得到近乎纯净的难挥发组分B。

6.3.2 双组分连续精馏计算

6.3.2.1 物料衡算

如图6-10所示,对所划定的范围(控制体)作全塔物料衡算(material balance),总物料衡算和易挥发组分的物料衡算式分别为:

$$F = D + W \tag{6-11}$$

$$Fx_F = Dx_D + Wx_W \tag{6-12}$$

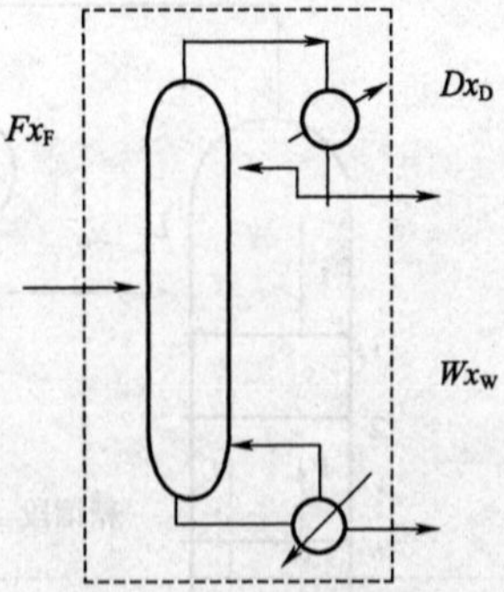

图 6-10 全塔物料衡算

式中 F、D、W——分别为加料、馏出液、釜液的流量，kmol/s

x_F、x_D、x_W——分别为加料、馏出液、釜液 A 组分的摩尔分数

如以质量为计算基准，表达式相同，浓度需用 A 组分的质量分数表示。

由式(6-11)、式(6-12)解出：$\dfrac{D}{F} = \dfrac{x_F - x_W}{x_D - x_W}$，$\dfrac{W}{F} = 1 - \dfrac{D}{F}$

D/F、W/F 分别称为馏出液、釜液的采出率。通常 x_F 给定，当规定 x_D、x_W 时，采出率不能自由选择，在规定分离要求时，应使 $Dx_D \leqslant Fx_F$，即 A 组分的回收率 $Dx_D/Fx_F \leqslant 1$，若采出率选得太大，即使塔有足够的分离能力，x_D 仍不会达到很高，因为 $X_D \leqslant Fx_F/D$。计算 A 组分的回收率 Dx_D/Fx_F 时，因分子分母均为 A 组分的物质的量或质量，故以摩尔为计量基准得到的回收率值与以质量为计量基准的回收率值相同。

6.3.2.2 理论板数的确定

(1)理论板的概念及恒摩尔流假定　板式塔中的塔板上的传热传质过程比较复杂，涉及因素较多，如进入塔板的气液两相组成、接触状况、温度、潜热及传递速率等。为使问题简化，作理论板和恒摩尔流的假定，即假定塔板为理论板(ideal plate)，其分离效果达到理想塔板的分离程度，也即进入塔板的气液两相经充分接触离开塔板时已达到平衡状态，所以理论板的分离效果与前述理论级或平衡级的分离效果一致，三概念表达分离效果的内涵一致。恒摩尔流动(constant molal overflow)，是指恒摩尔汽化和恒摩尔溢流。

恒摩尔汽化是指精馏段每块塔板上升的蒸气流量 V(kmol/s)均相等，提馏段每块塔板上升的蒸气流量 V'(kmol/s)也相等，但因进料的影响，V、V'不一定相等，而恒摩尔溢流指精馏段每块塔板下降的液体流量 L(kmol/s)均相等，提馏段每块塔板下降的蒸气流量 L'(kmol/s)均相等，但 L、L'不一定相等。

恒摩尔流通常所要求的条件是：各组分的汽化潜热相等；气液两相接触时，因温度不同而交换的显热可以忽略；精馏塔保温良好，热损失可以忽略不计。如果恒摩尔流假定不成立，则需要采用其他方法求解，已超出本教材范围，不予论述，如有需要，请参考有关专著。

(2)精馏段操作线方程　由于原料的加入，精馏段与提馏段的操作关系不同，应分开计算。

如图 6-11 所示，对精馏段进行物料衡算：

$$V = L + D \tag{6-13}$$

$$Vy_{n+1} = Lx_n + Dx_D \tag{6-14}$$

式中 x_n——精馏段中第 n 层板下降液体中易挥发组分的摩尔分数

y_{n+1}——精馏段第 $n+1$ 层板上升蒸气中易挥发组分摩尔分数

联立上两式解出：

$$y_{n+1}=\frac{L}{L+D}x_n+\frac{D}{L+D}x_D$$

令 $R=L/D$，R 称回流比(reflux ratio)，省去下标，有：

$$y=\frac{R}{R+1}x+\frac{x_D}{R+1} \tag{6-15}$$

式(6-15)表达了第($n+1$)块板上升蒸汽与第 n 块板下降液体组成之间的关系，称之为精馏段操作线方程。离开同一块理论板的气、液两相组成 y_n 与 x_n 间的关系由相平衡关系决定。

在连续精馏操作中，D、R、x_D 均为定值，式(6-15)为直线方程，精馏段操作线的斜率为 $R/(R+1)$，截距为 $x_D/(R+1)$，且通过点(x_D,x_D)。

(3)提馏段操作线方程　对图(6-11)所示的提馏段作物料衡算，有：

$$L'=V'+W \tag{6-16}$$

$$L'x_m=V'y_{m+1}+Wx_w \tag{6-17}$$

去掉下标，解出

$$y=\frac{L'}{L'-W}x-\frac{W}{L'-W}x_W \tag{6-18}$$

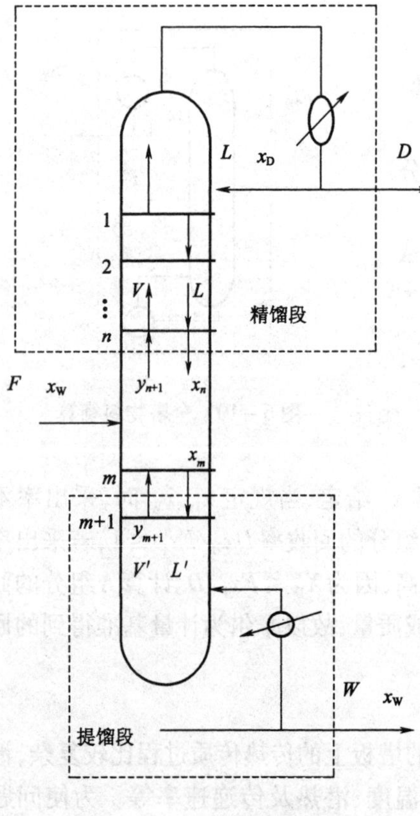

图 6-11　精馏段与提馏段物料衡算

式(6-18)表达提馏段第($m+1$)块塔板上升蒸气组成与第 m 块塔板下降液体组成之间的关系，提馏段操作线方程也为直线方程，提馏段操作线通过点(x_W,x_W)，斜率为 $L'/(L'-W)$。

(4)进料板的物料衡算和热量衡算　进料板(feed plate)因有物料自塔外引入，其物料衡算式和热量衡算式与普通塔板不同。

进料的状态分为五种，即过冷液体、饱和液体、饱和蒸气、气液混合物及过热蒸气。与进料板相邻的上、下板温差及气液组成相差很小，为简化计算和表达的方便起见，在热量衡算式中也应用恒摩尔流假定，即认为不同温度和组成下的饱和液体焓 I_L(kJ/kmol)及汽化潜热 γ(kJ/kmol)相等。进料的焓设为 I_F(kJ/kmol)。设进料中液相所占分率为 q，进料板的物料及焓的出入情况见图(6-12)。物料衡算和热量衡算分别为：

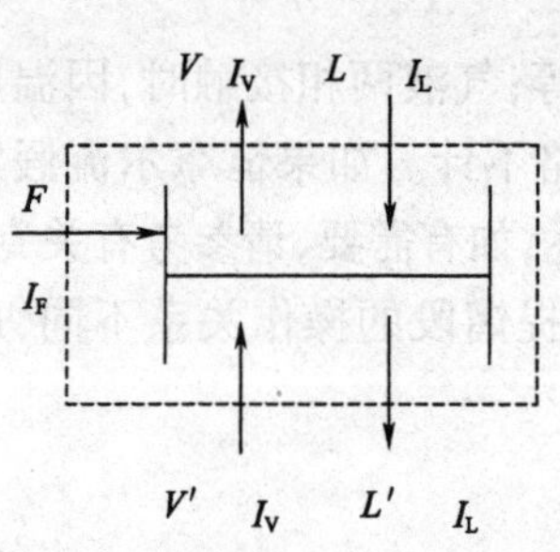

图 6-12　进料板的物料及热量衡算

$$F+V'+L=V+L' \tag{6-19}$$

$$FI_F+V'I_V+LI_L=VI_V+L'I_L \tag{6-20}$$

联立求解上两式，有：

$$q=\frac{L'-L}{F}=\frac{I_V-I_F}{I_V-I_L}=\frac{\text{1kmol 原料变成饱和蒸气所需的热}}{\text{原料的摩尔汽化热}} \tag{6-21}$$

可得到：

$$L' = L + qF \tag{6-22}$$

$$V' = V - (1-q)F \tag{6-23}$$

q 称为加料热状态参数，对五种进料状态而言，过冷液体 $q>1$（过冷液体被加热至饱和，塔板上蒸气一部分被冷凝下来）；饱和液体 $q=1$；气液混合物 $0<q<1$；饱和蒸气 $q=0$；过热蒸气 $q<0$（塔板上液体一部分被汽化，使 $L'<L$）。

在得到塔内气液两相的流量后，结合操作线方程和平衡线方程，可以得到气相进出一块理论板后传递的物质量或液相进出一块理论板后传递的物质量，即一块板的分离程度浓度差，可形象理解成浓度分割“尺子”，因各块理论板的分离程度不一样，此“尺子”长度会变化。按照绪论图 0-1 的思路，虽然每块板的物质量传质通量也可写成 $V\Delta y/A = K_T(C\Delta y)$，$V\Delta y$ 为气相接受的易挥发组分的摩尔流量，可以先算出，A 为一块理论板上提供的气液传质面积，K_T 为三传系数，$(C\Delta y)$ 为理论板上传递的易挥发组分物质量的浓度，即单位体积易挥发组分的物质的量（mol），C 为总浓度，也可先算出，但这个表达式中的 K_TA 难以确定，需要转换思路求解塔内的总板数，即总传质面积。由于其他条件通过理论板和恒摩尔流的假定先于 K_TA 算出，可以先行得到分割浓度的“尺子”，所以为了解决计算板式塔内总传质面积的困难，就不再直接求取传质面积，而是设法直接得到塔内实际塔板的总数，故采用理论级数学模型方法，借助由模型得到的“尺子”，对总浓度差分离要求进行分割，得到所需的总理论级数，再设法得到实际的塔板数，从而取代或隐含求 K_TA。

（5）进料线方程和进料状态对精馏操作的影响　进料线方程为精馏段操作线与提馏段操作线的交点轨迹的方程，联立两操作线方程 $V'y = L'x - Wx_W$，$Vy = Lx + Dx_D$，解出：

$$y = \frac{q}{q-1}x - \frac{x_F}{q-1} \tag{6-24}$$

式(6-24)称为 q 线方程或进料线方程，在一定进料状态下，该式亦为直线方程式，q 线通过点 (x_F, x_F)，斜率为 $q/(q-1)$。q 线的引出，简化了提馏段操作线的绘制，因为可作出精馏段操作线及 q 线，把它们的交点 $d(x_q, x_q)$ 和点 (x_W, x_W) 用直线连接，即为提馏段操作线，如图 6-13 所示。

不同进料的热状态，对精馏段与提馏段操作线位置的影响如图 6-14 所示。由图知，若

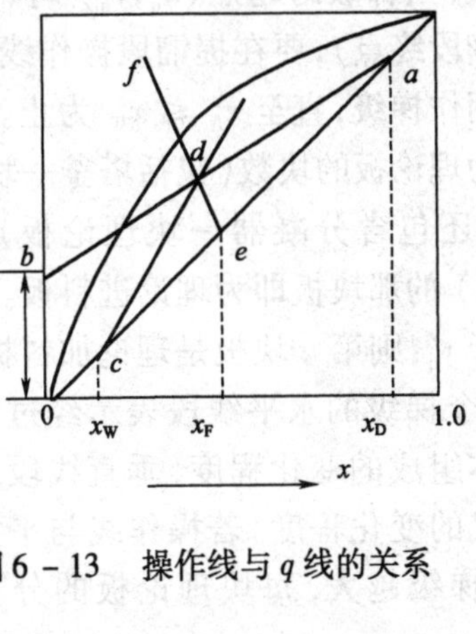

图 6-13　操作线与 q 线的关系

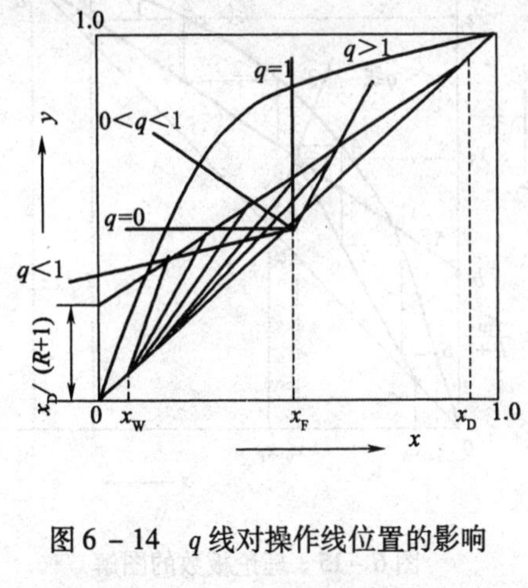

图 6-14　q 线对操作线位置的影响

为过冷液体进料,因 $q>1, V'>V$,说明提馏段上升蒸气量较大,提馏段操作线斜率变小,使该线向对角线靠近,每块板的分离效果将变好,所需的理论板数最少。

(6)理论塔板数的求法　理论塔板数通常用逐板计算法或图解法求取。逐板计算法是根据所处理物系的生产任务及分离要求,利用物系的气液平衡方程及操作线方程,自塔顶开始计算,计算方法如下所述:

如果塔顶是全凝器,则从塔最上一块板(第一块板)上升的蒸气在冷凝器中被全部冷凝,因此有 $y_1=x_D$;

由于离开任意一块理论板的气液两相互为平衡,故可用平衡线方程由 y_1 求 x_1;

由于从下一块板上升的蒸气组成 y_2 与 x_1 符合操作线方程,故可从精馏段操作线方程由 x_1 求得 y_2;

从 y_2 出发,再用平衡方程求 x_2,又用操作线方程求 y_3;

如此重复计算,直到 $x_n \leqslant x_q$(两操作线交点处液体的浓度)为止,第 n 块板即为进料板,精馏段的理论板数即为$(n-1)$;

在加料板以下改用提馏段操作线方程和平衡方程,用同样的方法计算,直到 $x_N \leqslant x_W$ 为止;最终得到完成指定分离任务所需的理论板数为 N 块。

由于塔釜相当于一块理论板,故由塔板提供的理论板为$(N-1)$块。若塔顶设立一个分凝器,如从 x_D 开始算起,则由塔板提供的理论板数为$(N-2)$块,因为分凝器也相当于一块理论板。

逐板计算法比较准确,但过程较繁,在分离要求较高和平衡关系不能用简单方程表示时(如乙醇-水物系),笔算有困难,但如辅以计算机计算,则显得很方便。

图解法,国外称麦克布-蒂利(McCabe-Thiele)法,简称 M. T. 法,过程示于图 6-15。在 $x-y$ 相图中作出平衡曲线及对角线,并标出 $a(x_D,x_D)$,$d(x_F,x_F)$、$c(x_W,x_W)$ 及 $b\left(0,\dfrac{x_D}{R+1}\right)$四点;连接点 $a(x_D,x_D)$ 和 $b\left(0,\dfrac{x_D}{R+1}\right)$得到精馏段操作线;过点 $d(x_F,x_F)$ 并以 $q/(q-1)$ 为斜率作出 q 线;连接 q 线与精馏段操作线交点(x_q,y_q)和点 $c(x_W,x_W)$ 作出提馏段操作线;从点 $a(x_D,x_D)$ 开始在精馏段操作线与平衡线之间作梯级,当梯级跨越点(x_q,y_q)时(相当于前述精馏段终点),要在提馏段操作线与相平衡线之间作梯级,直至 $x_N \leqslant x_W$ 为止。所作梯级数即为理论板的块数(包括塔釜一块,有分凝器时,还包含分凝器一块理论板)。跨交点(x_q,y_q)的那块板即为理论进料板。若 x_{n-1} 正好等于 x_q,则第 n 块板是理论加料板。由图可见,每个梯级的水平线段表示经过该理论板后液体组成的变化程度,垂直线段则表示气体组成的变化程度。若操作线与平衡线相距越远,梯级越大,每块理论板的分离能力越

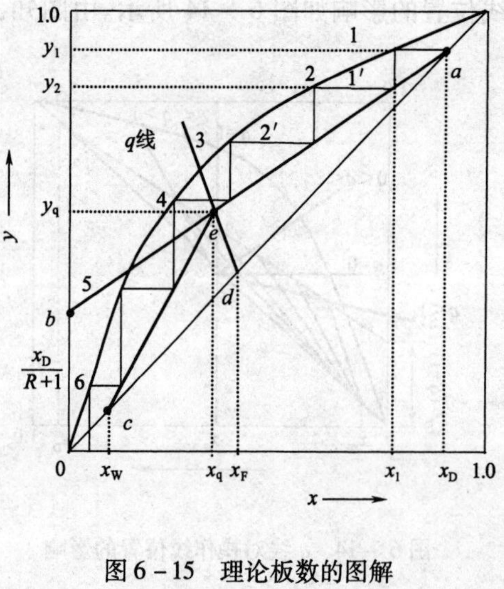

图 6-15　理论板数的图解

大,完成一定分离任务所需的理论板数越少,可节省精馏设备费用。

由计算法和图解法的过程可知,用各个理论级“尺子”对总浓度差分离要求进行分割或“量取”,以求所需的总理论板数,而不再通过求传质通量的方法,求取难以求出的传质面积,然后再去决定实际板数,因为此法存在很多困难。

(7)最佳进料位置　精馏段操作线的终点是该线与相平衡线的交点,提馏段操作线的终点是它与相平衡线的交点,故进料位置可在两点间选择,但只有在跨越两操作线交点进料时,各个梯级才较大,所需理论板数最少,由图 6－15 可知,最佳进料板位置是该板的液相组成 x 等于或低于 x_q,过早或过晚进料都不利。

6.3.2.3　回流比的确定

回流比是指塔顶回流液体量与塔顶产品量之比,用 R 表示。塔顶回流是精馏操作得以连续稳定进行不可缺少的条件。回流比的大小,直接影响理论板数、塔径及冷凝器、再沸器的负荷及其传热面积,对精馏操作有着重要的影响。实际的回流比可在某一最小值与无穷大间变化。回流比的下限为最小值 R_{min},上限值则对应于全回流(无进出料,塔顶冷凝液全部回流入塔)。

(1)最小回流比 R_{min}　设计条件下,如选用较小回流比,则精馏段和提馏段操作线将向相平衡线靠近,回流比的下限值是两操作线的交点落在相平衡线上时回流比的数值,称之为最小回流比 R_{min}(minimum reflux ratio),此时所需的理论板数为无穷多。以上所述是相平衡线为规则曲线的情况,如图 6－16 所示,设交点坐标为(x_e,y_e),则由精馏段操作线的斜率或截距可求出 R_{min},即:

$$\frac{R_{min}}{R_{min}+1}=\frac{x_D-y_e}{x_D-x_e} \qquad (6-25)$$

$$R_{min}=\frac{x_D-y_e}{y_e-x_e} \qquad (6-26)$$

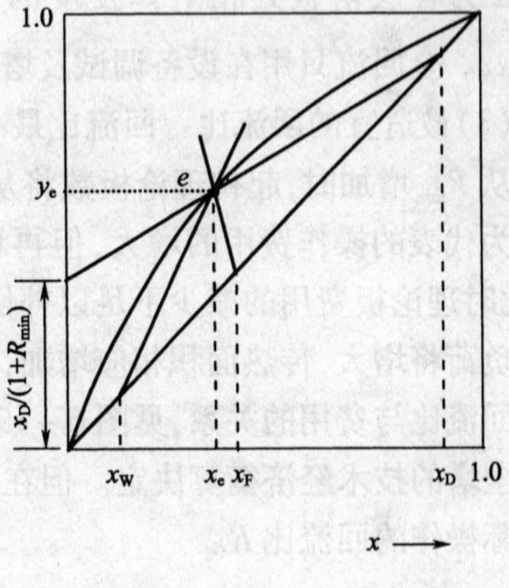

图 6－16　最小回流比的求法

当平衡线为不规则曲线时,R_{min} 还可遇到图 6－17 所示的两种情形,此时需用交点坐标(x_q,y_q)代替(x_e,y_e)求 R_{min},也可通过读取此时精馏段操作线的截距进行计算。

(2)全回流与最小理论板数 N_{min}　全回流(total reflux)时无进出料,精馏塔无精馏段与提馏段之分,在 $x-y$ 图上,精馏段与提馏段操作线均与对角线重合。由物料衡算或从 $x-y$ 图上,可知塔内两板之间的上升蒸气与下降液体的组成相等。因对角线离平衡线最远,此时完成指定任务所需理论板数最少,该理论板数为最少理论板数 N_{min}。N_{min} 可由对角线与平衡线间作梯级求出或由逐板计算法求得。当溶液为理想溶液时,可推导出双组分溶液 N_{min}(不含塔釜)的芬斯克(Fenske)方程,即:

$$N_{min}=\frac{\lg\left[\left(\frac{x_D}{1-x_D}\right)/\left(\frac{x_W}{1-x_W}\right)\right]}{\lg\alpha}-1 \qquad (6-27)$$

$$\alpha=\sqrt[N]{\alpha_1\cdot\alpha_2\cdots\alpha_n} \qquad (6-28)$$

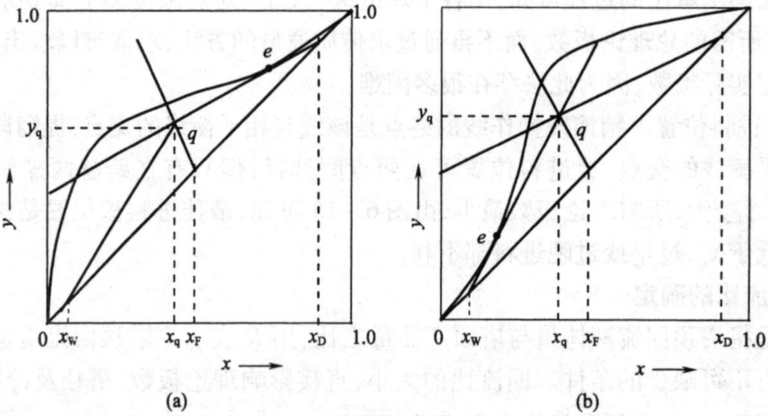

图 6 - 17　相平衡线不规则时最小回流比的求法

α 为各层塔板处相对挥发度的平均值，当塔顶和塔底的挥发度相差不太大时，$\alpha = \sqrt{a_1 \alpha_N}$。全回流只用在设备调试及塔板效率试验研究等方面。

(3)最适宜的回流比　回流比最小时，所需的理论塔板数无穷多，设备费用无穷大。回流比从 R_{min} 增加时，起初理论板数将从无限多变为有限值，设备费用将明显下降，可补偿以能耗为代表的操作费用的增大，但再增大回流比所需的理论板数减少缓慢，如图 6 - 18 所示，此时理论板费用的减少不足以补偿能耗的增大。随着 R 增大，塔顶冷凝器和塔底再沸器的热负荷将增大，传热面积相应增加，使设备费用反而增加。

回流比与费用的关系，见图 6 - 19。总费用最低点所对应的回流比即为最适宜回流比，它由全塔的技术经济衡算决定。但在设计中一般不作此衡算，而是根据经验数据，由下式决定实际操作的回流比 R。

$$R = (1.2 \sim 2) R_{min} \tag{6-29}$$

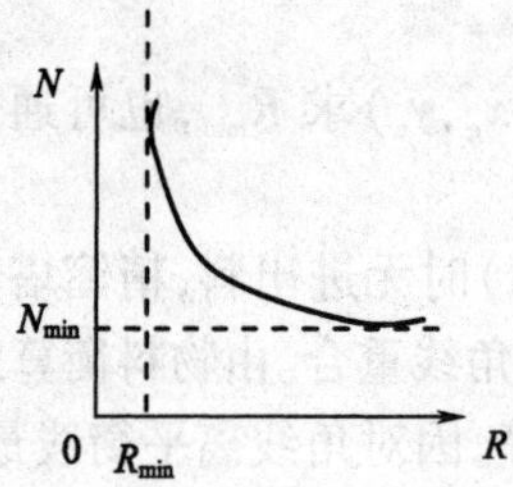

图 6 - 18　回流比与理论板数的关系

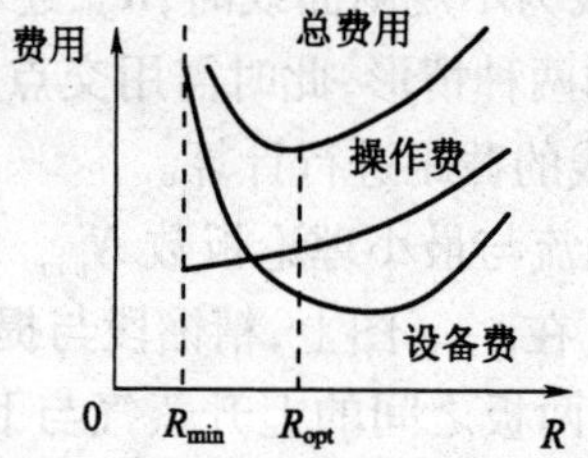

图 6 - 19　回流比与费用的关系

需要注意的是，上式的范围也可超越，如对较难分离的物系，通常采用较大的回流比。

6.3.2.4　理论板数的捷算

对指定的分离任务所需理论板数作出估计时，或简略地找出塔板数与回流比之关系，以供技术经济衡算时，可采用吉利兰(Gilliland)经验关联图求取理论板数。若令横坐标 $X =$

$\frac{R - R_{\min}}{R + 1}$，纵坐标 $Y = \frac{N - N_{\min}}{N + 2}$，$N$ 与 $N_{\min}$ 均不包括塔釜一块理论板（包含时 Y 的分母为 $N + 1$），当 $0.01 < X < 0.9$ 时，吉利兰经验关联图的曲线可由李德（Liddle）回归公式表达：

$$Y = 0.545827 - 0.591422X + \frac{0.002743}{X} \tag{6-30}$$

吉利兰图是用八个物系在下面的精馏条件下，由逐板计算的结果绘制而成的，即组分数为2～11；五种进料状况均可；$R_{\min}$ 为0.53～7.0；相对挥发度 α 为1.26～4.05；理论板数为2.4～43.1。计算时，先求 $R_{\min}$，并选择 R；用芬斯克方程求 $N_{\min}$；由已算出的 X 值，用经验公式（6-30）计算得到 Y，并由此算出 N（不含塔釜）。同法可进一步确定出进料板的位置。

6.3.2.5 板效率与实际板数

对前述理论板而言，离开该板的气液两相达到平衡状态。实际上，由于各种因素影响，气液两相在经过一块实际塔板后往往不能达到平衡，即每块实际塔板的分离能力不及理论板，故完成某一指定的分离任务，所需的塔板数将比理论板数多。通常用板效率来表示理论板与实际板的差异，下面介绍总板效率和单板效率。

（1）总板效率 E_o　精馏塔所提供的理论板数 N（不含塔釜）与实际塔板数 N_P 之比称为总板效率，或称全塔效率（overall efficiency）：

$$E_o = \frac{N}{N_P} \tag{6-31}$$

E_o 恒小于1，计算公式为：

$$E_o = 0.49\,(\alpha\,\mu_L)^{0.245} \tag{6-32}$$

其中，α 为塔顶与塔底平均温度下的相对挥发度，μ_L 为以进料为基准计算的液体平均摩尔黏度，单位为厘泊（即 10^{-3}Pa·s），计算式：

$$\mu_L = \sum x_i\,\mu_i \tag{6-33}$$

（2）单板效率　单板效率又称默弗里（Murphree）板效率（plate efficiency）。根据气相组成计算时用 E_{MV} 代表，根据液相组成计算时用 E_{ML} 代表。单板效率为第 n 块塔板上气相（或液相）组成的变化值与为理论塔板时组成的变化值之比，如图6-20所示。单板效率的表达式为：

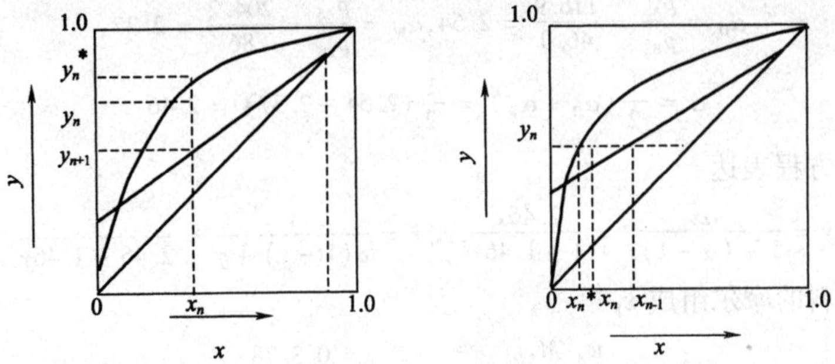

图6-20　单板效率

$$E_{MV} = \frac{y_n - y_{n+1}}{y_n^* - y_{n+1}} \tag{6-34}$$

$$E_{ML}=\frac{x_{n-1}-x_n}{x_{n-1}-x_n^*} \quad (6-35)$$

式中 y_n^*,x_n^*——第 n 块塔板上经接触后平衡的气液两相的组成

6.3.2.6 塔高或填料高度的计算

(1)板式塔塔高的计算　在求得实际塔板数之后，根据板间距(两板之间的距离，可取经验数值)两者相乘即可得板式塔的高度(仅指主体有效高度)。

(2)填料层高度的计算　在求得理论塔板数之后，可依据理论板当量高度(*HETP* - height equivalent theoretical plate)来求填料塔的填料层高度。填料塔内的填料是连续堆积的，气液组成在其中连续变化。设想填料分为若干高度相等的单元，每一单元的作用相当于一层理论板，即通过该单元后上升的蒸气与下降的液体成平衡，这一单元的高度即为理论板的当量高度。*HETP* 可实测或用经验公式计算。

*【例 6-1】已知某二元理想物系的 A、B 两组分纯物质的蒸气压数据如附表所示，现将 25℃含 A 的质量分数为 30% 的混合液，以 20000kg/h 的流量加入常压操作的精馏塔中，要求塔底产品的流量为 15000kg/h。塔顶全凝器冷凝物每 10kg 就有 7kg 回流入塔，实际回流比为最小回流比的 1.8 倍。(1)用 M.T. 法求理论板数及理论进料位置。若全塔总板效率为 45%，求该精馏塔的实际板数及实际进料板位置；(2)设各实际板以气相组成表示及以液相组成表示的单板效率均为 0.7，求塔顶第二实际塔板下降的液相浓度和塔底第二块实际塔板上升气相的浓度。已知 A、B 的摩尔质量分别是 78kg/kmol 和 92kg/kmol，在平均操作温度范围内 A、B 组分的比热容为 1.84kJ/(kg·℃)，组分 A、B 的汽化潜热分别为 390kJ/kg 和 360kJ/kg。

例 6-1　　　　附　表

t/℃	80.1	85	90	95	100	105	110.6
p_{AS}/ kPa	101.3	116.9	135.5	155.7	179.2	204.2	240.0
p_{BS}/ kPa	40.0	46.0	54.0	63.3	74.5	86.0	101.3

解：(1)因塔顶至塔底 α 相差不大，又塔顶和塔底非纯物质，故假设以 85℃和 105℃下的 α 计算平均相对挥发度，得到 x_D 和 x_W 后再校核该假设。

$$\alpha_D=\frac{p_{AS}}{p_{BS}}=\frac{116.9}{46.0}=2.54,\alpha_W=\frac{p_{AS}}{p_{BS}}=\frac{204.2}{86}=2.37,$$

$$\alpha=\frac{1}{2}(\alpha_D+\alpha_W)=\frac{1}{2}(2.54+2.37)=2.46$$

(2)相平衡方程表达

$$y=\frac{\alpha x}{1+(\alpha-1)x}=\frac{2.46x}{1+1.46x},\text{或}\ x=\frac{y}{\alpha(1-y)+y}=\frac{y}{2.46-1.46y}$$

(3)计算进料的摩尔组成 x_F

$$x_F=\frac{w_A/M_A}{w_A/M_A+(1-w_A)/M_B}=\frac{0.3/78}{0.3/78+0.7/92}=0.336$$

(4)计算泡点　由 $p_A+p_B=P$ 知 $p_{AS}x+p_{BS}(1-x)=P,x=\dfrac{P-p_{BS}}{p_{AS}-p_{BS}}=0.336$

式中，$P=101.3$kPa，试差求泡点，设泡点为 95℃，则 $p_{AS}=155.7$kPa，$p_{BS}=63.3$kPa，代入 x 的

表达式得 $x \approx 0.41$ 与 0.336 有差异，故再设泡点为 97.25℃，用内插法得到 $p_{AS}=166.275\text{kPa}$，$p_{BS}=68.35\text{kPa}$，得到 $x=0.336$，因此进料的泡点为 97.25℃。

(5)计算进料状态 q

$$q \approx 1+\frac{c_{pm}(t_b-t_F)}{\gamma_m}$$

$$\gamma_m=\gamma_A x+\gamma_B(1-x)=390\times78\times0.336+360\times92\times0.664=32212.8(\text{kJ/kmol})$$

$$\begin{aligned}c_{pm}&=c_{pA}M_A x+c_{pB}M_B(1-x)\\&=1.84\times78\times0.336+1.84\times92\times0.664=160.6[\text{kJ/(kmol}\cdot\text{K)}]\end{aligned}$$

$$q\approx1+\frac{160.6(97.25-25)}{32212.8}=1.36$$

进料线方程为：

$$y=\frac{q}{q-1}x-\frac{x_F}{q-1}=\frac{1.36}{0.36}x-\frac{0.336}{0.36}=3.78x-0.93$$

(6)求解(x_e，y_e)

由方程 $y_e=\dfrac{2.46x_e}{1+1.46x_e}$ 及 $y_e=3.78x_e-0.93$ 联立求解得

$$x_e=0.414 \quad y_e=0.635$$

(7)求 x_D

$R_{min}=\dfrac{x_D-y_e}{y_e-x_e}=\dfrac{1}{1.8}R$，塔顶近乎于纯 A，$R$ 用质量比表示为 $R=\dfrac{L}{D}=\dfrac{7}{10-7}=2.33$

$\dfrac{x_D-0.635}{0.635-0.414}=\dfrac{1}{1.8}\times2.33$，$x_D=0.92$，质量分数：$w_D=\dfrac{0.92\times78}{0.92\times78+0.08\times92}=0.907$

(8) 求 x_W，以质量为基准联立求解方程(当然也可以摩尔为基准)

$$\begin{cases}F=D+W\\Fw_F=Dw_D+Ww_W\end{cases}\quad\begin{matrix}20000=D+15000\\20000\times0.3=D\times0.907+15000\times w_W\end{matrix}\Rightarrow\begin{cases}D=5000\text{kg}\\w_W=0.098\end{cases}$$

$$x_W=\frac{0.098/78}{0.098/78+0.902/92}=0.114$$

校核 α：根据 x_D 和 x_W，利用内插法按(4)的方法得到塔顶为 81.8℃，纯 A、B 的蒸气压分别为 106.8kPa、42.1 kPa，计算得到 $\alpha=2.54$。同样塔底为 105.58℃，纯 A、B 的蒸气压分别为 207.91kPa、87.58 kPa，计算得到 $\alpha=2.37$。两 α 与(1)的假设相差很小，故上述计算有效，无需复算。

(9) M.T. 法求取理论板数及理论进料位置

如例题 6－1 附图所示：

$N=9$(含塔釜一块)，从塔顶数起第 5 块理论板为进料板。

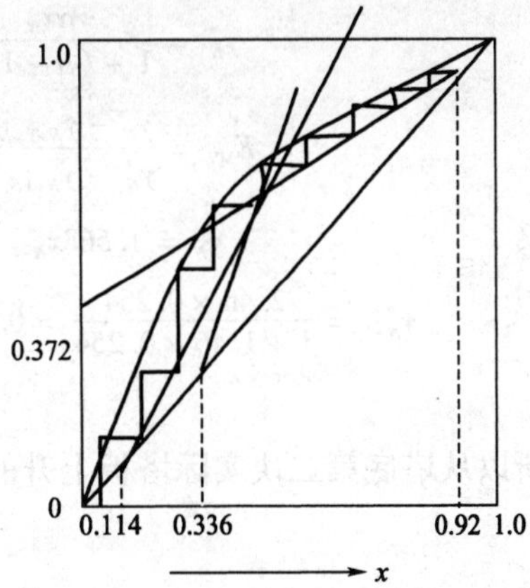

例题 6－1　附图

(10)计算实际塔板数及实际进料位置

$N_P = \frac{N-1}{E_o} = \frac{9-1}{0.45} = 18$, $N_{nP} = \frac{5}{0.45} = 12$ 块，第 13 块为进料板（从顶数）

（11）计算塔内气液两相浓度

① 塔顶第二块实际塔板下降液体浓度

由 $x_D = 0.92$，得到 $y_1 = 0.92$

$$x_1^* = \frac{y_1}{\alpha(1-y_1)+y_1} = \frac{0.92}{2.46(1-0.92)+0.92} = 0.824$$

$$E_{ML} = \frac{x_0 - x_1}{x_0 - x_1^*} = \frac{0.92 - x_1}{0.92 - 0.824} = 0.7 \quad \therefore x_1 = 0.853$$

y_2 由精馏段操作线方程求出，精馏段操作线方程为：

$$y = \frac{R}{R+1}x + \frac{x_D}{R+1} = \frac{2.33}{3.33}x + \frac{0.92}{3.33} = 0.7x + 0.276$$

$$y_2 = 0.7x_1 + 0.276 = 0.7 \times 0.853 + 0.276 = 0.873$$

$$x_2^* = \frac{y_2}{\alpha(1-y_2)+y_2} = \frac{0.873}{2.46(1-0.873)+0.873} = 0.736$$

$$E_{ML} = \frac{x_1 - x_2}{x_1 - x_2^*} = \frac{0.853 - x_2}{0.853 - 0.736} = 0.7 \qquad x_2 = 0.771$$

② 计算塔底第二次实际板上升气相浓度　　$x_W = 0.114$，塔釜视为理论板，故：

$$y_{N+1} = \frac{\alpha x_W}{1+(a-1)x_W} = \frac{2.46 \times 0.114}{1+1.46 \times 0.114} = 0.24$$

x_N 由提馏段操作线方程得。提馏段操作线方程由 q 线和精馏段操作线的交点与（x_W，x_W）两点用直线方程求出。

$$\begin{cases} y = 3.78x - 0.93 \\ y = 0.7x + 0.276 \end{cases} \Rightarrow \begin{cases} x_q = 0.392 \\ y_q = 0.550 \end{cases},$$

$$\frac{y_{N+1} - 0.114}{x_N - 0.114} = \frac{0.550 - 0.114}{0.392 - 0.114} \Rightarrow y_{N+1} = 1.568x_N - 0.065$$

$$y_{N+1} = 1.568x_N - 0.065 = 0.24 \qquad x_N = 0.195$$

与 x_N 相平衡的气相浓度 y_N^* 由相平衡方程求出：

$$y_N^* = \frac{\alpha x_N}{1+(\alpha-1)x_N} = \frac{2.46 \times 0.195}{1+1.46 \times 0.195} = 0.373$$

$$E_{MV} = \frac{y_N - y_{N+1}}{y_N^* - y_{N+1}} = \frac{y_N - 0.24}{0.373 - 0.24} = 0.7, y_N = 0.333$$

又

$$y_N = 1.568x_{N-1} - 0.065 = 0.333, \ x_{N-1} = 0.254$$

$$y_{N-1}^* = \frac{2.46 \times 0.254}{1+1.46 \times 0.254} = 0.456, E_{MV} = \frac{y_{N-1} - y_N}{y_{N-1}^* - y_N} = \frac{y_{N-1} - 0.333}{0.456 - 0.333} = 0.7$$

$$y_{N-1} = 0.419$$

所以从塔底第二块实际塔板上升的气相浓度为 0.419。

思　考　题

1. 请说明蒸馏的目的和基本依据。

2. 请给出双组分溶液蒸馏时的自由度，在已知总压和气相组成 y 时，如何求取液相组

成 x 和物系温度？

3. 在用 $t-x-y$ 图上表示出某组成的二元过冷理想溶液加热至过热蒸气的过程。

4. 什么是相对挥发度，如何根据相对挥发度导出相平衡线方程？

5. 最低或最高恒沸点对普通蒸馏过程的影响是什么？

6. 什么是精馏，精馏操作必要条件是什么？

7. 什么是理论板？什么是恒摩尔流假定？两者在精馏计算中有什么意义？

8. 不同的进料状态对精馏过程有什么影响？不同的进料位置对精馏过程有什么影响？不同的回流比对精馏过程有什么影响？

9. 什么是最小回流比？如何求取最小回流比？

10. 什么是全回流？最小理论板数如何求取？

11. 什么是全塔效率？如何求取全塔效率？

12. 什么是单板效率？如何结合单板效率求取塔中某一板上流出的气液相浓度？

13. 什么是分子蒸馏？分子蒸馏与一般意义的蒸馏有什么不同？

习　题

1. 已知 A 与 B 的饱和蒸气压与温度的关系可按下列安托因方程算得：

$\ln p_A^0 = 16.0195 - 3279.47/(T - 59.95)$

$\ln p_B^0 = 16.0193 - 3328.57/(T - 63.72)$

式中 p^0 的单位是 mmHg，T 的单位是 K。问：①总压为 70mmHg（绝压）时，A 与 B 的沸点各为多少？②在上述总压和 68℃时，该物系可视为理想物系，此物系的平衡气、液相浓度各为多少摩尔分数？（A：65.4℃，B：73.4℃，$x_A = 0.639$　$y_A = 0.712$）

2. A 和 B 的混合液可作为理想溶液，其各纯组分的蒸气压计算的安托因方程为：

$\lg p_A^0 = 6.906 - 1211/(t + 220.8)$

$\lg p_B^0 = 6.955 - 1345/(t + 219.5)$

式中 p^0 的单位是 mmHg，t 的单位是℃，试计算总压为 850mmHg（绝压）下含 A 29.3%（摩尔分数）的该物系混合液的泡点。（102.6℃）

3. A 和 B 的混合液可作为理想溶液，其各纯组分的蒸气压计算的安托因方程见习题 2，试计算总压为 101kPa（绝对压力）下，温度为 108℃时，A 对 B 的相对挥发度。（2.39）

4. 某二元物系，原料液浓度 $x_F = 0.35$，连续精馏分离得塔顶产品浓度 $x_D = 0.92$。已知塔顶产品中易挥发组分回收率 $\eta = 0.9$，求塔底产品浓度 x_w。以上浓度皆指易挥发组分的摩尔分数。（0.054）

5. 某二元混合液含易挥发组分 $x_F = 0.24$，泡点进料，间接蒸汽加热，经连续精馏塔分离，塔顶产品浓度 $x_D = 0.95$，塔底产品浓度 $x_w = 0.03$（均为易挥发组分的摩尔分数），设满足恒摩尔流假设，试计算塔顶产品的采出率 D/F。若回流比 $R = 3$，泡点回流，写出精馏段与提馏段操作线方程。（0.228，提馏段方程可用两点式写出）

6. 一连续操作的精馏塔用于分离双组分混合物，已知原料液中含易挥发组分 $x_F = 0.4$（摩尔分数，下同），进料状态为气液混合物，其摩尔比为：气/液 = 3/2，所达分离结果为塔顶产品 $x_D = 0.97$，塔釜残液 $x_w = 0.02$，若该系统的相对挥发度 $\alpha = 2$，试计算：①易挥发组分的

回收率；②最小回流比 R_{min}。(①0.97;②3.11)

7. 用一精馏塔分离乙醇52%（质量分数）的水溶液，操作线方程分别如下：

精馏线：$y = 0.63x + 0.36$

提馏线：$y = 1.81x - 0.0097$

试求该塔操作的回流比、塔顶、塔底产品中轻组分的摩尔分数以及 q 值。(1.7;0.97;0.012;0.72)

8. 在连续操作的精馏塔中分离苯－甲苯溶液，塔釜间接蒸汽加热，塔顶全凝器，泡点回流，进料中含苯0.35（摩尔分数，下同），进料量为100kmol/h，以饱和蒸气状态进入塔中部，塔顶馏出液量为30kmol/h，系统的相对挥发度为2.5，且知精馏段操作线方程为 $y = 0.84x + 0.15$，试求：①回流比；②塔顶苯的回收率；③塔釜上升蒸汽量；④提馏段操作线方程。(①5.25;②80.36%;③87.5kmol/h;④$y = 1.8x - 0.0784$)

9. 以间接加热连续精馏方式分离理想液体混合物，易挥发组分为A，难挥发组分为B。已知相对挥发度 $\alpha = 2.16$，原料液浓度 $x_F = 0.35$（A的摩尔分数，下同），塔顶产品浓度 $x_D = 0.94$，加料热状态 $q = 1.05$，馏出产品的采出率 $D/F = 0.34$，在确定回流比时，取 $R/R_{min} = 1.4$，设泡点回流，试用作图法求取所需要的理论板数。(13.4)

10. 用逐板计算法（计算机编程或EXCEL表格计算）求第9题。(14)

11. 用捷算法求第9题。(13)

12. 以常压操作的连续精馏塔分离"乙醇－水"溶液。原料液含乙醇0.10（摩尔分数，下同），进料热状态 $q = 1.10$，塔顶产品浓度0.80，釜液浓度0.001，塔顶用全凝器，泡点回流，塔底用蒸馏釜，间接加热，操作回流比为最小回流比的2.0倍，试用作图法求总理论板数和确定加料板序号（请自己查取乙醇－水物系的"$y-x$"数据）。(12.6,10)

本章主要符号说明

符号	说明	符号	说明
A	易挥发组分	p	分压，kPa 或 Pa
A_T	塔截面，m^2	Q	热流量，W 或 kW
B	难挥发组分	q	液相分率
b	操作线方程的截距	q	进料状态
c_p	比热容，kJ/(kmol·K)，kJ/(kg·K)	R	常数8.314，kJ/(kmol·K)
D	塔径，m	R	回流比
D	塔顶产品流量或产量	T	温度，K
E	板效率	t	温度，℃
F	进料流量或量，kmol/s 或 kg/s	u	流速，m/s
$HETP$	理论板当量高度，m	V	精馏段气相流量，kmol/s
I	焓，kJ/kg 或 kJ/kmol	V'	提馏段气相流量，kmol/s
k	相平衡方程的斜率	v	挥发度
L	精馏段液相流量，kmol/s	W	塔底产品流量，kmol/s，kg/s
L'	提馏段液相流量，kmol/s	W	塔釜瞬时残液量，kmol
N	理论塔板数	W	冷却水流量，kg/s
P	总压强，kPa	x	液相浓度（易挥发组分摩尔分

	数）	Δ	温差或浓度差
y	气相浓度（易挥发组分摩尔分数）	ρ	密度，kg/m^2
α	相对挥发度	σ	表面张力，N/m
γ	汽化潜热，kJ/kg 或 kJ/kmol	τ	时间，s

7 传质的微分填料高度模型方法——以吸收为例

【学习要求】理解计算传质通量的微分模型方法的含义和用法；掌握吸收操作的基本概念；理解吸收操作的气液平衡关系及表达方法；掌握填料吸收塔的物料衡算、填料层高度的计算方法；理解用图0-1归一主线表达吸收计算过程的方法。

在5.3.2和第6章中，介绍了传质通量计算的理论级模型方法，用理论级模型方法没有直接用传质系数或三传系数 K_T 表征传质通量的计算，主要原因是难以直接求取诸如精馏之类复杂单元操作过程的传质系数或三传系数 K_T。在填料塔设备中，除了用类似于“理论级”的“等板高度”概念表达外，却有可能根据“微分填料高度理论模型”直接用传质系数或三传系数 K_T 表征传质通量的计算，从而可以用绪论图0-1的归一主线思路直接求传质通量，进而得到总传质面积或填料层的高度。采用“微分填料高度理论模型”，主要考虑点是微分填料高度内的传质推动力、传质系数可作为常数，故可以列出传递速率方程，从而解决求整个设备所需传质面积的问题，且传质系数一样可以采用量纲分析规划的实验测定，这就是传质计算的“微分填料高度模型”方法。本章以吸收为例阐述这一方法，首先介绍吸收的有关基本概念。

吸收(absorption)是分离气体混合物的单元操作，它利用气体中各组分在某种溶剂中溶解度的不同而使混合气体得以分离。在吸收操作中，能够溶解于液体中的气体组分，称为吸收质(或溶质)(solute)，以A表示；不溶解的气体称为惰性气体(或载体)(insert gas)，以B表示；所用的液体为吸收剂(或溶剂)(solvent)，以S表示；得到的液体称为吸收液(或溶液)；吸收后剩余的气体称为尾气。在食品工业中，清凉饮料的充(碳酸)气是吸收的典型例子。

吸收的目的有：分离混合气体以获得一个或几个组分；除去有害组分以净化气体；制取成品；废气处理和尾气回收等。

吸收分类：按照被吸收的组分数，分为单组分吸收和多组分吸收；按照吸收质与溶剂之间是否发生化学反应，分为物理吸收和化学吸收；按照吸收过程中溶液的温度是否发生明显变化，分为等温吸收和非等温吸收；按照气体的浓度高低，分为低浓度气体吸收和高浓度气体吸收。本章主要讨论低浓度、单组分、等温物理吸收过程。

吸收通常在填料塔或板式塔中进行。气液两相通常在塔中逆流接触，液相从塔顶加入，气体从下而上流过。溶剂温度低时一般有利于吸收，故在入塔之前要进行冷却。气体的溶解度在总压增加时增大，高压有利于吸收，故可采用加压吸收，但一般是在工艺上要求吸收前后工序要加压时才采用加压吸收，而不专门为了吸收而加压。

吸收操作的逆过程称为脱吸(或解吸)，在吸收塔之后，一般还有脱吸塔，主要用于将溶剂再生回收供给吸收塔，或经脱吸塔后取得有用的溶质。常用的脱吸方法有升温、减压、吹气，其中升温与吹气特别是升温与吹气同时使用最为常见。脱吸在食品工业中常用于天然油类的脱臭、液体食品(果汁、乳制品)等的脱气等过程。

从经济和技术考虑，选择溶剂应满足溶解度大、选择性（对溶质）好、不易挥发、腐蚀性小、化学稳定性好、黏度低、比热容小、无毒、不易燃、不易爆、价廉易得等条件。

7.1 吸收的平衡关系

7.1.1 气体的溶解度

在恒定的温度与压强下，使一定量的吸收剂与混合气体接触，经过相当长时间的接触后，气液两相会达到动态平衡状态，即相平衡状态。平衡状态下气相中的溶质分压称为平衡分压或饱和分压，液相中的溶质浓度称为平衡浓度或饱和浓度。气体在液体中的溶解度（solubility）是指气体在液相中的饱和浓度，它表示吸收过程所能达到的极限，习惯上常以单位质量（或体积）的液体中所含溶质的质量来表示。

气液平衡关系通常用平衡曲线表示，纵轴表示平衡时溶质在气相中的浓度（如 p_A，y_A，Y_A）。横轴表示在液相中的浓度（如 c_A，x_A，X_A），参变量为温度。对气体吸收，该平衡曲线又称为溶解度曲线。氨气和氧气在水中的溶解度曲线示意如图 7－1 所示。

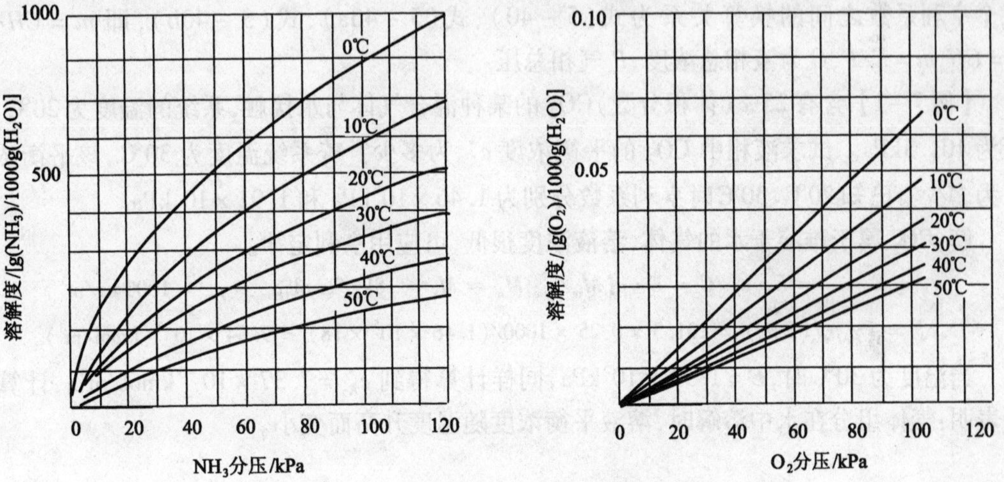

图 7－1　氨与氧气在水中溶解度示意

7.1.2 影响平衡关系的主要因素

影响平衡关系的主要因素有溶剂和溶质的性质、温度和总压等。溶剂的性质对溶质的溶解度有很大影响。在相同条件下，对同一溶剂而言，气体不同，溶解度不同。正是由于溶剂对溶质有选择性，吸收操作分离气体混合物才有可能。

一定的物系，总压一定时，一般是随着温度升高，气体的溶解度变小（个别的情况有例外）。总压不高时，气体混合物可视为理想气体。用分压对摩尔分数表示的平衡关系（$p-x$ 关系）与总压关系不大，一般认为总压在 505kPa 以下，$p-x$ 关系基本上不受总压影响，但当气相浓度不用分压而以其他形式（如 y 等）表示时，总压有很大影响，因为当 y 一定时，总压越大，分压也越大，溶解度也增大。

7.1.3 亨利定律

根据吉布斯相律，$f = C - P + 2$，对双组分气体吸收而言，组分数 C 为3，相数 P 为2，自由度为3，即在温度、总压和气、液组成四个变量中，有三个是自变量，另一个是它们的函数，当平衡关系用 $p-c$ 曲线表示时，若总压低于505kPa，则总压对平衡关系无明显影响，自由度减1，温度固定时，自由度再减1，此时系统的自由度为1。溶解度 c^* 可表达为溶质组分在气相中的分压 p 的函数，即 $c^* = f(p)$ 或 $p^* = f(c)$，其中 c^* 为与气相平衡的溶液中溶质浓度，或称气相浓度（以分压 p 表示）的平衡浓度，单位为 $kmol/m^3$，而 p^* 为与液相平衡的气相中溶质组分的分压，或称液相浓度 c 的平衡浓度，单位为 kPa，p、c 分别为溶质组分在气相和液相中的实际分压和浓度。

吸收操作常用于分离低浓度的气体混合物，因为此时吸收操作较为经济。经大量实验研究得知，当总压不高（不超过505kPa）时，在恒定温度下，稀溶液上方的气体溶质平衡分压 p^* 与该溶质在液相中的浓度 x 之间的关系，由各种形式的亨利定律表达式表征，已由第5章的式（5－27）、式（5－27a）、式（5－27b）给出，即 $p_A^* = Hc_A$，$p_A^* = Ex_A$，$y_A^* = mx$，其中 H、E、m 为亨利常数，H 的单位为 $kPa/(kmol/m^3)$，E 的单位为 kPa；m 量纲为1，也称为相平衡常数。三个亨利系数之间的换算关系为式（5－40）、式（5－40a）、式（5－40b），即 $m = CH/P$，$E = CH$，$m = E/P$，C 为液相总浓度，P 气相总压。

【例7－1】含有25%（体积分数）CO_2 的某种混合气体与水接触，系统的温度为20℃，总压为101.3kPa。试求液相中 CO_2 的平衡浓度 c_A^* 为多少？若系统温度为30℃，该平衡浓度又为多少？已知20℃、30℃时亨利系数分别为 1.46×10^5kPa 和 1.91×10^5kPa。

解：CO_2 属于难溶于水的气体，溶液浓度很低，可应用亨利定律。

$$p_A = E \cdot x^* = E \cdot c_A^*/C = E \cdot c_A^* M_m/\rho_m, M_m \approx M_s = 18kg/kmol, \rho_m \approx \rho_s = 1000\ kg/m^3$$

$$\therefore c_A^* = Py_A\rho_s/(EM_s) = 101.3 \times 0.25 \times 1000/(1.46 \times 10^5 \times 18) = 9.64 \times 10^{-3}(kmol/m^3)$$

当温度为30℃时，$E = 1.91 \times 10^5$kPa，同样计算得到 $c_A^* = 7.37 \times 10^{-3} kmol/m^3$。计算结果表明：气体组分在水中溶解时，溶液平衡浓度随温度升高而变小。

7.2 吸收计算

7.2.1 吸收塔的物料衡算

工业吸收操作可以在板式塔也可在填料塔中进行。在填料吸收塔内充以填料，构成填料层，它是实现气液接触的有效部位。填料提供了气液接触表面，液体在填料表面流过，润湿填料，并在填料表面形成液膜，气体则在填料间隙所形成的曲折通道中流动。

7.2.1.1 气液两相流向选择

在吸收操作中，气液两相的流向，有逆流和顺流（并流）之分（在板式塔的每一块塔板上为错流）。液体均从塔顶加入，借重力向下流动。气体可以从塔底加入形成逆流，或从塔顶加入形成顺流。逆流时传质的推动力较大，可获得较高的分离效果，但气体的流动对液体的下流产生拖曳作用，因而限制了吸收塔所允许的液体流率和气体流率。

逆流传质推动力大于顺流，因此，在吸收操作中一般采用逆流。只有当过程的相平衡常数 m 很小，逆流操作并无多大优点时，可以考虑采用并流。以下以逆流为主进行讨论，如果需要顺流的相关计算公式，可仿照逆流的方法进行推导。

7.2.1.2　低浓度气体吸收的物料衡算与吸收操作线方程

图7－2给出了逆流稳定连续操作的吸收塔物流及组成，L 为单位塔截面积上溶液的摩尔流率，即溶液的通量，单位为 kmol/(m^2·s)；G 为混合气体在单位塔截面上的流率，即混合气体的通量，单位 kmol/(m^2·s)，因是低含量气体吸收，流经全塔的液体流率 L 与混合气体流率 G 变化不大，可视为常量。x_1、x_2 分别为溶质在塔底及塔顶液相中以摩尔分数表示的浓度；y_1、y_2 分别表示溶质在塔底和塔顶气相中以摩尔分数表示的浓度。在此顺便提及：如果塔内气液两相的物质交换量比较大，将各相的通量作为常数看待会带来较大的误差，此时可以惰性组分的通量作为计算基准，相应的浓度要采用比浓度，一般采用A、B组分的摩尔比。在塔内某截面处至塔底的范围内作组分A的物料衡算有：

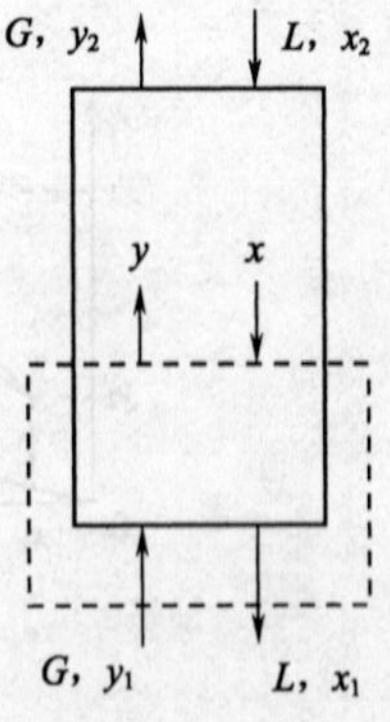

图7－2　逆流吸收塔物料衡算

$$Gy_1 + Lx = Gy + Lx_1$$

即

$$y = \frac{L}{G}x + \left(y_1 - \frac{L}{G}x_1\right) \tag{7-1}$$

对全塔作物料衡算，有：

$$G(y_1 - y_2) = L(x_1 - x_2) \tag{7-2}$$

将式(7－2)代入式(7－1)

$$y = \frac{L}{G}x + \left(y_2 - \frac{L}{G}x_2\right) \tag{7-3}$$

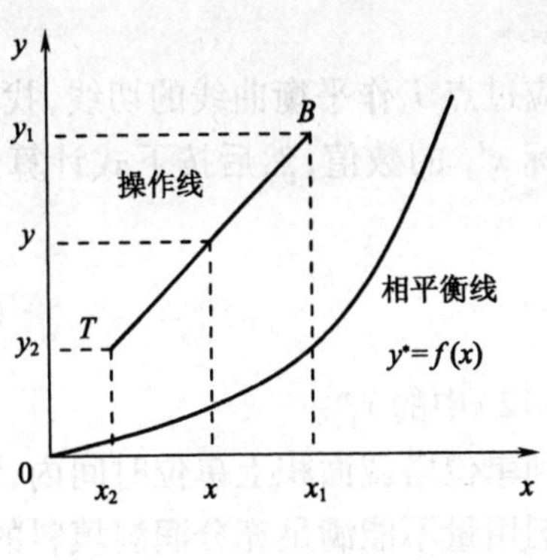

图7－3　逆流吸收塔的操作线

式(7－3)为任一塔截面至塔顶间的范围内的物料衡算式，故式(7－3)和式(7－1)等效。式(7－3)或式(7－1)称为逆流吸收塔的操作线（operating line）方程，它表明塔内任一截面上的气相摩尔分数 y 与液相摩尔分数 x 之间成直线关系，直线斜率为 L/G（称为“液气比”），反映单位气体量所消耗的溶剂量。此直线通过点 $B(x_1, y_1)$ 及 $T(x_2, y_2)$，点 B 与点 T 分别对应于塔底和塔顶。逆流吸收过程的操作线如图7－3所示。

顺流吸收的操作线方程及操作线可仿照上述过程给出。

7.2.1.3　吸收剂用量的决定

当所需处理的气体流率 G 及进塔浓度 y_1 已确定，吸收要求（即出塔气体浓度 y_2）和入塔液相浓度 x_2 已确定的情况下，逆流吸收塔操作线的一个端点 $T(x_2, y_2)$ 已经固定，另一个端

点 B 则可在 $y=y_1$ 的水平线上移动。点 B 的横坐标将取决于操作线的斜率 L/G。极限情况是液相出口浓度与入塔气体达平衡状态时，吸收剂用量最少，这时操作线与平衡线只有一个交点，如图 7－4(a)所示。若平衡线不规则，在吸收剂用量达到最小之前，操作线与平衡线已相切，则液相出塔浓度不可能与气相入塔浓度达到平衡，见图 7－4(b)。

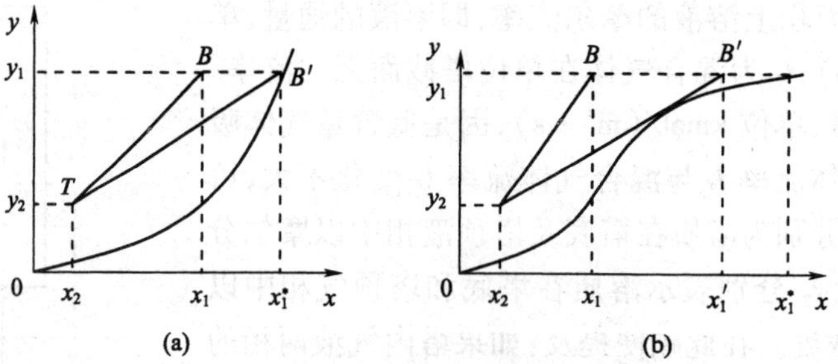

图 7－4　逆流吸收塔最小液气比求法

若增大吸收剂用量，则点 B 将沿水平线向左移动，使操作线远离平衡线，过程推动力增大，但超过一定限度后，这方面的效果不明显，而溶剂消耗量、输送及回收等项的操作费用急剧增大。

吸收剂用量为最小时，L/G 称为最小液气比。吸收剂用量的选择应权衡设备和操作费两方面对生产过程的经济效果的影响，根据生产经验，一般情况下取吸收剂用量为最小用量的 1.1～2.0 倍，即：

$$\frac{L}{G}=(1.1\sim2.0)\left(\frac{L}{G}\right)_{\min} \tag{7-4}$$

最小液气比可用图解法求出，如平衡曲线为图 7－4(a)所示的情况，则由与 y_1 相平衡的液相浓度（y_1 的平衡浓度）x_1^* 数值，根据下式计算最小液气比：

$$\left(\frac{L}{G}\right)_{\min}=\frac{y_1-y_2}{x_1^*-x_2} \tag{7-5}$$

如果平衡曲线呈现如图 7－4(b)所示的形状，则应过点 T 作平衡曲线的切线，找到水平线 $y=y_1$ 与此切线的交点 B'，从而读出 B' 点的横坐标 x'_1 的数值，然后按下式计算最小液气比：

$$\left(\frac{L}{G}\right)_{\min}=\frac{y_1-y_2}{x'_1-x_2} \tag{7-6}$$

若平衡关系符合亨利定律，可用 y_1/m 代替式(7－12)中的 x_1^*。

为了保证填料表面能被液体充分润湿，还应考虑到单位塔截面积上单位时间内，流下的液体量不得小于某一最低允许值，如果计算出的吸收剂用量不能满足充分润湿填料的要求，则应采用更大的液气比。

7.2.2　填料层高度的计算

7.2.2.1　填料层高度的表达式

前面所介绍的吸收速率方程，都只适用于吸收塔的任一截面，而不能直接用于全塔。气液两相浓度在整个塔高范围内不断变化，塔内各横截面上的吸收率并不相同，此种情形与换热器的任一微元截面处的传热速率方程所表达的情形相似。为了能够如换热设备一样得到整个换热器的传热速率表达方程——传热基本方程，填料吸收设备也可按照传热设备传热基本方程求取的思路，得到整个填料设备的传质基本方程，该填料设备的基本传质方程中包含了以填料高度代表的总传质面积，用于计算完成规定的分离任务所需要传质设备的尺寸。

仿照传热设备传热基本方程求取的思路，为得到以填料层高度为代表的传质基本方程，需在填料吸收塔中任意截取一段微元高度为 $\mathrm{d}h$ 的填料层进行研究，如图 7－5 所示，设 a 为单位体积填料层所提供的有效接触传质表面积（m^2/m^3），A_T 为塔截面积（m^2），吸收传质速率为 N_A[$kmol/(m^2 \cdot s)$]，在该微元高度的填料层中，气液两相浓度变化不是很大，故 N_A 可视为定值，相际或相内传质系数在微元高度范围内也视为定值。对微元高度 $\mathrm{d}h$ 内的填料层进行物料衡算，得：

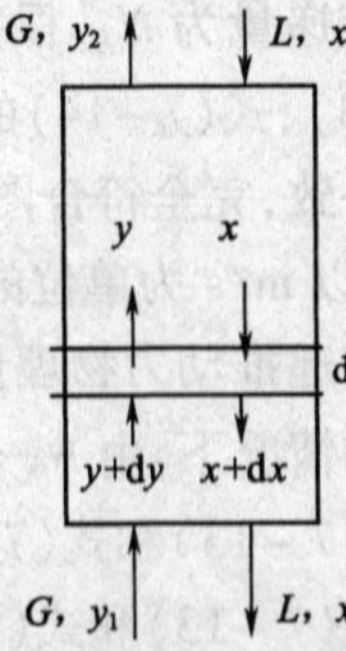

图 7－5　填料层微元衡算

$$G\mathrm{d}y = N_A a A_T \mathrm{d}h / A_T = N_A a \mathrm{d}h \tag{7-7}$$

$$L\mathrm{d}x = N_A a A_T \mathrm{d}h / A_T = N_A a \mathrm{d}h \tag{7-8}$$

相际传质速率 N_A 可写成类似于牛顿冷却定律的形式，即传质通量正比于传质推动力，指溶质在两相中的浓度经同性化之差，即一相的实际浓度与另一相浓度的平衡浓度之差，稳态传质时，也等于相内的传质通量。

$$N_A = K_y(y - y^*) = k_y(y - y_i) \tag{7-9}$$

$$N_A = K_x(x^* - x) = k_x(x_i - x) \tag{7-10}$$

将式(7－9)、式(7－10)分别代入式(7－7)、式(7－8)中，可得

$$G\mathrm{d}y = K_y a(y - y^*)\mathrm{d}h = k_y a(y - y_i)\mathrm{d}h \tag{7-11}$$

$$L\mathrm{d}x = K_x a(x^* - x)\mathrm{d}h = k_x a(x_i - x)\mathrm{d}h \tag{7-12}$$

对于稳定操作的吸收塔，溶剂不挥发，惰性组分不溶解，溶质在气液两相中浓度不高时，L、G 皆可视为不变，a 不变，总传质系数 K_y 及 K_x 因与气液流率的某个次方成一定比例关系，通常也可视为常数（气体溶质具有中等溶解度且平衡关系不为直线的情况除外）。在全塔范围内进行积分，得到：

$$H = \frac{G}{K_y a}\int_{y_2}^{y_1}\frac{\mathrm{d}y}{y - y^*} = \frac{G}{k_y a}\int_{y_2}^{y_1}\frac{\mathrm{d}y}{y - y_i} \tag{7-13}$$

$$H = \frac{L}{K_x a}\int_{x_2}^{x_1}\frac{\mathrm{d}x}{x^* - x} = \frac{L}{k_x a}\int_{x_2}^{x_1}\frac{\mathrm{d}x}{x_i - x} \tag{7-14}$$

式(7－13)、式(7－14)分别是按总推动力和分推动力来进行计算的公式，可按需要取用。由于浓度有多种表达形式，故式(7－13)和式(7－14)还有其他表达形式。$K_y a$ 及 $K_x a$ 通常可作为单个变量 K_{ya}、K_{xa} 看待，称为总体积吸收系数，可由实验测出。

式(7－13)等可以用图 0－1 归一主线来表述。事实上，将式(7－9)写成 $N_A = K_c(c_A^* - c_A)$，c_A^* 为 y 浓度的平衡浓度，c_A 为液相的实际浓度，K_c 为对应的总传质系数，单位为 m/s，

因传质推动力在整个填料高度范围内变化,但根据积分中值定理,总可以以某一个平均值代替,看作常数不变,此平均值以$(c_A^* - c_A)_m$表示,在低浓度气体吸收和相平衡线为直线的情况下,此平均值为对数平均值,与传热基本方程中的对数平均温差相似。由于整个填料高度上的传质推动力均为$(c_A^* - c_A)_m$,故整个设备的传质通量为N_A,即单位时间单位传质面积的物质量传递量为N_A,根据总传质量的要求,可由N_A求出传质设备总传质面积,转成用类似式(7-13)、式(7-14)的填料高度表示。$N_A = K_c(c_A^* - c_A)_m$的表达式与传热基本方程的表达形式一致,完全符合图0-1归一主线的表达思想,即"传递的物理量通量(此处是传质通量)等于以m/s为单位的三传系数K_T(此处等于K_c)乘以物理量浓度差,或传递的物理量通量等于传递推动力物理量浓度差除以传递阻力$1/K_T$"。由于在低浓度气体吸收和相平衡线为直线的情况下,由$N_A = K_c(c_A^* - c_A) = k_y(y - y^*)$可推导得到$K_c = K_y m/C$,$C$为液相的总浓度,故式(7-13)和式(7-14)一样可用图0-1归一主线归纳,或根据图0-1归一主线的思想写出式(7-13)和式(7-14),但需要运用平均的概念作一些变换,并注意积分中值可改成积分表达式,即:

$$N_A = K_c(c_A^* - c_A)_m = K_c mC(c_A^* - c_A)_m/(Cm)$$

$$= K_c C(mx_A^* - mx_A)_m/m = K_c C(y_A - y_A^*)_m/m = K_y(y - y^*)_m \quad (7-9a)$$

$$N_A = \frac{G_T(y_1 - y_2)}{A} = (1/A)\int_{y_2}^{y_1} G_T \mathrm{d}y = \int_{y_2}^{y_1} G_T/(A_T Ha)\mathrm{d}y = K_y(y - y^*)_m \quad (7-13a)$$

$$H = \frac{1}{K_y a(y - y^*)_m}\int_{y_2}^{y_1}(G_T/A_T)\mathrm{d}y = \frac{G}{K_y a}\int_{y_2}^{y_1}\frac{\mathrm{d}y}{y - y^*} \quad (7-13b)$$

式中 G_T——气相的物质量流率,标准SI单位为mol/s

G——气相的物质量通量,标准SI单位为mol/(m^2·s)

A——传质面积

A_T——塔截面积

如上所述,读者可以体会到图0-1的归一主线对三传所作系统化和简化描述的意义。借助类比学习方法,在已学动量传递和热量传递的基础上,可简化传质的学习。其他传质系数与三传系数K_T的关系,留给读者推导。

7.2.2.2 传质单元高度与传质单元数

现对式(7-20)及式(7-21)进行讨论,令:

$$H_{OG} = \frac{G}{K_y a}, H_{OL} = \frac{L}{K_x a}, H_G = \frac{G}{k_y a}, H_L = \frac{L}{k_x a}$$

$$N_{OG} = \int_{y_2}^{y_1}\frac{\mathrm{d}y}{y - y^*}, N_{OL} = \int_{x_2}^{x_1}\frac{\mathrm{d}x}{x^* - x}, N_G = \int_{y_2}^{y_1}\frac{\mathrm{d}y}{y - y_i}, N_L = \int_{x_2}^{x_1}\frac{\mathrm{d}x}{x_i - x}$$

则有:

$$H = H_{OG} \cdot N_{OG} = H_G \cdot N_G \quad (7-15)$$

$$H = H_{OL} \cdot N_{OL} = H_L \cdot N_L \quad (7-16)$$

H_{OG}及H_{OL}的单位为m,H_{OG}称为气相总传质单元高度,H_{OL}称为液相总传质单元高度。N_{OG}及N_{OL}分别称为气相总传质单元数和液相总传质单元数。按照式(7-15)和式(7-16),有填料层高度等于传质单元高度乘以传质单元数。

由式(7-15)知,若$H = H_{OG}$,则$N_{OG} = 1$。若用某一平均值$(y - y^*)_m$代替$y - y^*$,则有:

$$N_{OG} = \int_{y_2}^{y_1} \frac{dy}{y - y^*} = \frac{y_1 - y_2}{(y - y^*)_m}$$

由 $N_{OG} = 1$，$y_1 - y_2 = (y - y^*)_m$，据此可说明传质单元高度 H_{OG} 的物理意义：如果气体流经一段填料层前后的浓度变化 $(y_1 - y_2)$ 恰好等于此段填料层内以气相浓度差表示的总推动力的平均值 $(y - y^*)_m$，则该段填料的高度即为一个气相总传质单元高度。

由 H_{OG} 的表达式可知，$K_y a$ 越小，H_{OG} 越大，故 H_{OG} 的大小反映填料性能的好坏，H_{OG} 越小，填料性能越好。H_{OG} 的数值范围一般在 0.15 ~ 1.5m。

传质单元数反映吸收过程的难度。若分离任务所要求的气体浓度变化越大，而过程的平均推动力越小，则意味着吸收难度大，所需传质单元数也就越大。

对填料塔，当气速及浓度均较低时，传质系数 $k_y a \propto G^{0.7}$，$k_x a \propto L^{0.7}$，则 $H_G = \dfrac{G}{k_y a} \propto G^{0.3}$，$H_L = \dfrac{L}{k_x a} \propto L^{0.3}$。可见随着塔内流率的变化，传质单元高度的变化要比传质系数小，用传质单元高度来表示传质数据比传质系数方便。另外，对低浓度气体吸收，全塔的气体流率 G 变化不大，$k_y a$ 可作为常数，H_G 的变化更小，$k_x a$ 及 H_L 也可看作常数。

如果将一个传质单元高度作为一个“传质单元”，可以和前述“理论板”进行类比，也相当于一把“尺子”对总填料高度进行分割，但此“尺子”的传质面积可以求出，而理论级上的传质面积难以求出（或能求出而没有按照求出的思路去求出），理论级的浓度关系是由平衡关系决定，而传质单元的浓度关系是此传质单元实际形成的浓度差等于其浓度推动力的平均值。以上区别，需细心甄别。

7.2.2.3　传质单元数的求取

（1）图解积分法和数值积分法　图解积分法是根据积分的几何意义引出的一种计算方法，它特别适用于平衡线为曲线时的计算。以 N_{OG} 为例，由 N_{OG} 的积分表达式可知，在 $y_2 - y_1$ 的范围内，可求出多个 $(y - y^*)$ 值及 $1/(y - y^*)$ 值，在直角坐标系中将各 $[y, 1/(y - y^*)]$ 坐标点进行标绘，所得的函数曲线与 $y = y_1$，$y = y_2$ 及横坐标轴所包围面积便是定积分 $\int_{y_2}^{y_1} \frac{dy}{y - y^*}$ 的值，即 N_{OG} 的值，如图 7 - 6 所示。

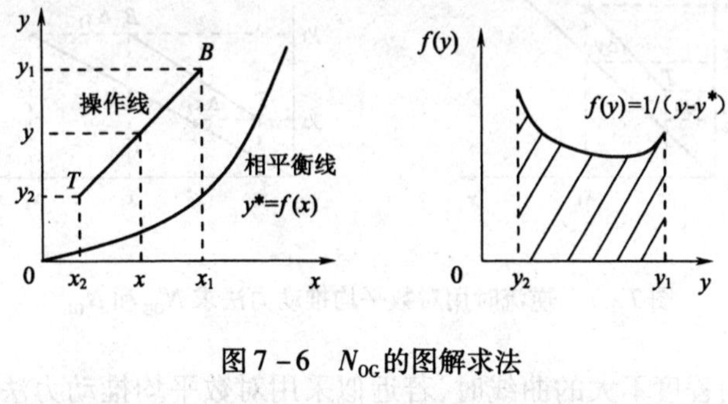

图 7 - 6　N_{OG} 的图解求法

现代计算机技术已经很容易计算传质单元数，如用 Excel 表格计算，所用公式为高等数学中学过的辛普森积分公式。其方法是将积分区间进行偶数等分，对每一个分点的 y_i 值，计算得到被积函数 $f_i = 1/(y_i - y_i^*)$ 的值，然后采用

$$\int_{y_2}^{y_1}\frac{\mathrm{d}y}{y-y^*}=\frac{\xi}{3}(f_0+4f_1+2f_2+4f_3+2f_4+4f_5+\cdots+2f_{n-2}+4f_{n-1}+f_n)$$

计算，其中 $\xi=(y_1-y_2)/n$，n 为偶数，n 值越大，计算精度越高。

(2)解析法　解析法有两种，只适用于在所涉及的浓度区间内平衡关系可用直线方程 $y^*=mx+b$ 表示的情形，一种是对数平均推动法，一种是脱吸因数法。

① 对数平均推动法：当相平衡线为直线时，因操作线也为直线，故 $\Delta y=(y-y^*)$ 对 y 的关系也为线性，有：

$$\frac{\mathrm{d}(\Delta y)}{\mathrm{d}y}=\text{常数}=\frac{\Delta y_1-\Delta y_2}{y_1-y_2}$$

$$\mathrm{d}y=\frac{y_1-y_2}{\Delta y_1-\Delta y_2}\mathrm{d}(\Delta y)$$

代入 N_{OG} 表达式：

$$N_{OG}=\int_{y_2}^{y_1}\frac{\mathrm{d}y}{y-y^*}=\int_{\Delta y_2}^{\Delta y_1}\frac{y_1-y_2}{\Delta y_1-\Delta y_2}\cdot\frac{\mathrm{d}(\Delta y)}{\Delta y}=\frac{y_1-y_2}{\Delta y_1-\Delta y_2}\ln\frac{\Delta y_1}{\Delta y_2}$$

令

$$\Delta y_m=\frac{\Delta y_1-\Delta y_2}{\ln\dfrac{\Delta y_1}{\Delta y_2}}=\frac{(y_1-y_1^*)-(y_2-y_2^*)}{\ln\dfrac{y_1-y_1^*}{y_2-y_2^*}} \qquad (7-17)$$

$$N_{OG}=\frac{y_1-y_2}{\Delta y_m} \qquad (7-18)$$

Δy_m 为对数平均推动力，当 $\frac{1}{2}<\frac{\Delta y_1}{\Delta y_2}<2$ 时，Δy_m 可用算术平均推动力代替。同理：

$$N_{OL}=\frac{x_1-x_2}{\Delta x_m} \qquad (7-19)$$

$$\Delta x_m=\frac{\Delta x_1-\Delta x_2}{\ln\dfrac{\Delta x_1}{\Delta x_2}}=\frac{(x_1^*-x_1)-(x_2^*-x_2)}{\ln\dfrac{x_1^*-x_1}{x_2^*-x_2}} \qquad (7-20)$$

Δy_m 和 Δx_m 的求法如图 7-7 所示。

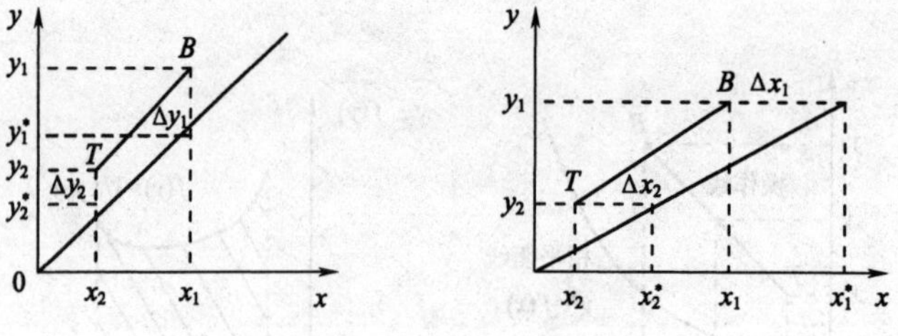

图 7-7　逆流时用对数平均推动力法求 N_{OG} 和 N_{OL}

当平衡线为弯曲程度不大的曲线时，若近似采用对数平均推动力法计算低浓度气体吸收时的传质单元数需作如下处理：将相平衡线分段，每段以直线代替进行计算，N_{OG} 具有加和性。各分段的 N_{OG} 中的 m 可将整个平衡线段视为直线求得，但 y_1-y_2 范围内的 Δy_m 不能采用将范围内的平衡线视为直线的方法求得，因这样做使得操作线和平衡线之间的距离与近似前相比发生了较大的变化。采用分级计算时，若用计算机计算，分隔间距可小一点，若用笔算，以2~5段为宜。

② 脱吸因数法：脱吸因数法也适用于平衡线为 $y^* = mx + b$ 时的计算，所谓脱吸因数是指 $S = mG/L$。仍以 N_{OG} 为例，由表达式知：

$$N_{OG} = \int_{y_2}^{y_1} \frac{dy}{y - y^*} = \int_{y_2}^{y_1} \frac{dy}{y - (mx + b)}$$

由逆流吸收塔的操作线方程知，$x = x_2 + \frac{G}{L}(y - y_2)$，将此式代入 N_{OG} 表达式消去 x，

$$N_{OG} = \int_{y_2}^{y_1} \frac{dy}{y - m\left[\frac{G}{L}(y - y_2) + x_2\right] - b}$$

将 dy 变换成 $d[(1-S)y + Sy_2 - y_2^*]$ 求出积分式。将积分式中 ln 的分子变换成 $(1-S)y_1 - (1-S)y_2^* + S(y_2 - y_2^*)$ 后即可得到下式：

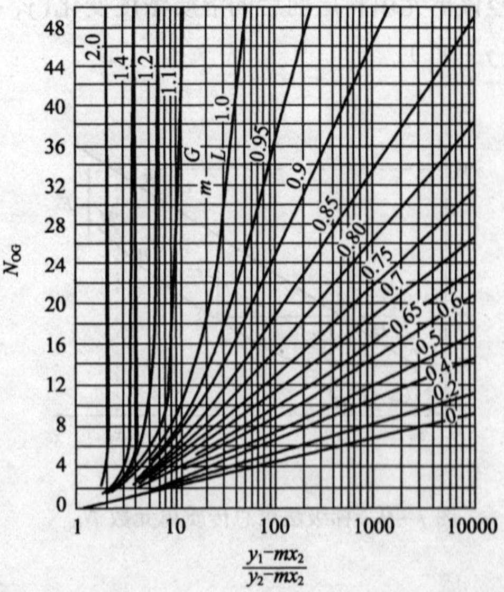

图 7-8　传质单元数

$$N_{OG} = \frac{1}{1-S}\ln\left[(1-S)\frac{y_1 - mx_2}{y_2 - mx_2} + S\right] \tag{7-21}$$

上式可用半对数坐标绘图，横坐标为 $\frac{y_1 - mx_2}{y_2 - mx_2}$，纵坐标为 N_{OG}，参变量为 S。式(7-21)中 $y_1 - mx_2$ 为最大浓度差，$y_2 - mx_2$ 为剩余浓度差。

同理，将 $y = \frac{L}{G}x + \left(y_1 - \frac{L}{G}x_1\right)$ 代入 $N_{OL} = \int_{x_2}^{x_1} \frac{dx}{\frac{y}{m} - x}$ 可推导得出：

$$N_{OL} = \frac{1}{1-A}\ln\left[(1-A)\frac{y_1 - mx_2}{y_1 - mx_1} + A\right] \tag{7-22}$$

其中 $A = \frac{1}{S} = \frac{L}{mG}$，称为吸收因数。

与对数平均推动力法相比，采用脱吸因数法计算吸收操作型问题较为方便。

得到 N_{OG} 或 N_{OL} 后，当平衡线为直线时，为测定总体积吸收系数 $K_y a$ 或 $K_x a$，可根据以下两式进行试验方案设计：

$$K_y a = \frac{G(y_1 - y_2)}{H\Delta y_m} = \frac{G}{H}N_{OG}$$

$$K_x a = \frac{L(x_1 - x_2)}{H\Delta x_m} = \frac{L}{H}N_{OL}$$

测得气液两相浓度及流量，计算 Δy_m 或 Δx_m，再测出 H 即可计算出 $K_y a$ 或 $K_x a$。

(3) 梯级图解法　若在过程所涉及的浓度范围内，平衡线为直线或者是弯曲程度不大的曲线，采用梯级图解法（又称 Baker 法）估算总传质单元数能使得计算简单清晰。梯级图解法是直接根据传质单元数的物理意义引出的一种近似方法。一个气相总传质单元是指气体

流经该单元填料层前后的溶质浓度变化(y_1-y_2)恰好等于此填料层内气相总推动力的平均值$(y-y^*)_m$。

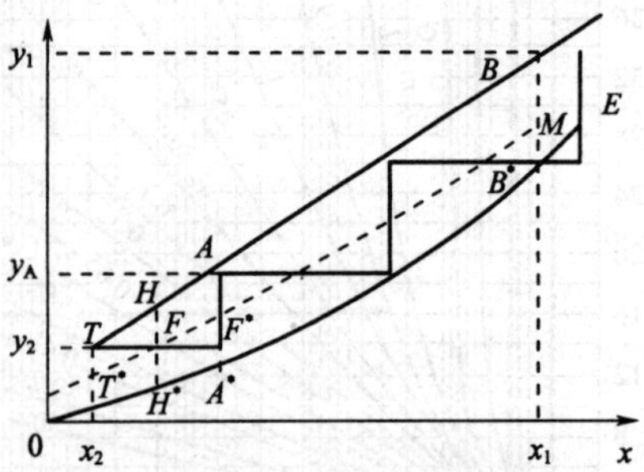

图 7-9　梯级法求总传质单元数 N_{OG}

在图 7-9 中,OE 为弯曲程度不大的相平衡线(特殊情况下直线),BT 为操作线,是一条直线,塔内任一横截面上气相总推动力$(y-y^*)$在图中为垂直于横轴的直线且被操作线和相平衡线相夹部分的线段,各$(y-y^*)$中点的连线为曲线 MN。

从代表塔顶的端点 T 出发,作水平线交 MN 于点 F,延长 TF 至点 F^*,使 $FF^*=TF$,过点 F^* 作垂线 AF^* 交 BT 于点 A,则 ΔTF^*A 代表一个梯级,表示一个气相总传质单元。依此类推,从 A 点开始,再重复上述过程,直至达到或超过操作线上代表塔底的端点 B 为止。所作出的梯级数即为 N_{OG}。证明如下:因 $TF=FF^*$,ΔTF^*A 为直角三角形,故 $AF^*=2HF$。又因 F 点为 HH^* 的中点,则 $AF^*=HH^*$。将 T^*A^* 近似作为直线处理,TT^*A^*A 为梯形,且 HH^* 为中位线,故 $HH^*=(TT^*+AA^*)/2$,所以,$AF^*\approx(TT^*+AA^*)/2$。AF^* 代表气相浓度的变化,而$(TT^*+AA^*)/2$ 代表总推动力的平均值,因此 ΔTFA 代表一个气相总传质单元。采用相似方法,可求出 N_{OL}。

以上介绍了传质单元数的几种求取方法,使用时应注意它们各自的特点及适用场合。当相平衡线不是直线时,A 和 S 沿塔高是个变量,原则上应当采用以分传质推动力的计算式 $H=H_GN_G=H_LN_L$,以图解法求 N_G 或 N_L,但此法较繁。此时可考虑使用近似梯形法,求 N_{OG} 或 N_{OL},而 H_{OG} 或 H_{OL} 最好直接用相近条件下的实测值,如缺乏这类数据,可用过程所涉及浓度范围内 A 或 S 的平均值进行计算。如果 SH_L 项在 H_{OG} 中占次要地位,则 H_{OG} 的计算结果就比较准确。

*【例 7-2】已知溶液浓度较低时 CO_2 溶于水中的平衡关系符合亨利定律。当总压为 101.3kPa,温度为 30℃时,每 1000g 水中溶解 CO_2 0.4g,与之平衡的 CO_2 分压为 32kPa。今在填料塔中用清水逆流吸收含 CO_2 的混合气体(剩余为惰性组分),气体的通量为 27kmol/(m^2·h)(101.3kPa,30℃)。混合气入塔含 CO_2 摩尔分数为 0.0622,要求其中 89% CO_2 被水吸收。用水量为最少用水量的 1.5 倍,总体积吸收系数 $K_xa=38\text{kmol/(m}^3\cdot\text{s)}$,求填料层的高度 H。

解:(1)求平衡关系 $p^*=Ex$

$$x=\frac{0.4/44}{0.4/44+1000/18}=1.64\times10^{-4},E=\frac{p^*}{x}=\frac{32}{1.64\times10^{-4}}=1.95\times10^5(\text{kPa}),$$

$$m=\frac{E}{P}=\frac{1.95\times10^5}{101.3}=1925,y=mx=1925x$$

(2)入塔气相浓度 $y_1=0.0622$,入塔液相浓度 $x_2=0$

(3)求出塔气相浓度 y_2

$$y_2=(1-\eta)y_1=(1-0.89)\times0.0622=0.0068$$

(4)求气体的通量 $G[\text{kmol}/(\text{m}^2\cdot\text{s})]$

$$G=27\text{kmol}/(\text{m}^2\cdot\text{h})=0.0075\text{kmol}/(\text{m}^2\cdot\text{s})$$

(5)求最小用水通量 $L_{\min}$

$$L_{\min}=\frac{G(y_1-y_2)}{\frac{y_1}{m}-x_2}=\frac{0.0075(0.0622-0.0068)}{0.0622/1925-0}=12.86[\text{kmol}/(\text{m}^2\cdot\text{s})]$$

(6)实际用水通量 L

$$L=1.5L_{\min}=1.5\times12.86=19.29[\text{kmol}/(\text{m}^2\cdot\text{s})]$$

(7)求出塔液相浓度

$$x_1=\frac{G(y_1-y_2)}{L}+x_2=\frac{0.0075(0.0622-0.0068)}{19.29}+0=2.15\times10^{-5}$$

(8)计算 K_ya

$$\frac{1}{K_ya}=\frac{1}{k_ya}+\frac{m}{k_xa}=\frac{m}{K_xa},K_ya=\frac{K_xa}{m}=\frac{38}{1925}=0.0197[\text{kmol}/(\text{m}^3\cdot\text{s})]$$

(9)计算填料层高度(为对比,给出5种求法)

①用 $H=H_{OG}\cdot N_{OG}$ 求

$$H_{OG}=\frac{G}{K_ya}=\frac{0.0075}{0.0197}=0.38\text{m},S=\frac{mG}{L}=\frac{1925\times0.0075}{19.29}=0.748$$

$$N_{OG}=\frac{1}{1-S}\ln\left[(1-S)\frac{y_1-mx_2}{y_2-mx_2}+S\right]=\frac{1}{1-0.748}\ln\left[(1-0.748)\times\frac{0.0622}{0.0068}+0.748\right]=4.43$$

$$H=H_{OG}\cdot N_{OG}=0.38\times4.43=1.68(\text{m})$$

②用 $H=H_{OL}\cdot N_{OL}$ 求,N_{OL} 以解析法计算。

$$H_{OL}=\frac{L}{K_xa}=\frac{19.29}{38}=0.508(\text{m})$$

由 $\frac{m}{K_xa}=\frac{1}{K_ya}$,知 $SH_{OL}=H_{OG}$,故 $N_{OL}=SN_{OG}$

$$N_{OL}=\frac{S}{1-S}\ln\left[(1-S)\frac{y_1-mx_2}{y_2-mx_2}+S\right]=\frac{0.748}{1-0.748}\ln\left[(1-0.748)\frac{0.0622}{0.0068}+0.748\right]=3.31$$

$H=0.508\times3.31=1.68(\text{m})$

③用 Δy_m 法求

$$H=\frac{G}{K_ya}\int_{y_2}^{y_1}\frac{\mathrm{d}y}{y-y^*}=\frac{G}{K_ya}\cdot\frac{y_1-y_2}{\Delta y_m},\Delta y_m=\frac{\Delta y_1-\Delta y_2}{\ln\frac{\Delta y_1}{\Delta y_2}},\Delta y_1=y_1-y_1^*,\Delta y_2=y_2-y_2^*$$

$y_1^*=mx_1=1925\times2.15\times10^{-5}=0.0414,y_2^*=0$,

得到

$$\Delta y_m=\frac{(0.0622-0.0414)-0.0068}{\ln\frac{0.0622-0.0414}{0.0068}}=0.0125$$

$$H=\frac{0.0075}{0.0197}\times\frac{0.0622-0.0068}{0.0125}=1.69(\text{m})$$

④用 Δx_m 法求

$$H=\frac{L}{K_xa}\int_{x_2}^{x_1}\frac{\mathrm{d}x}{x^*-x}=\frac{L}{K_xa}\cdot\frac{x_1-x_2}{\Delta x_m},\Delta x_m=\frac{\Delta x_1-\Delta x_2}{\ln\frac{\Delta x_1}{\Delta x_2}},\Delta x_1=x_1^*-x_1,\Delta x_2=x_2^*-x_2$$

$$x_1^* = \frac{y_1}{m} = 0.0622/1925 = 3.23\times10^{-5}, x_2^* = \frac{y_2}{m} = \frac{0.0068}{1925} = 3.53\times10^{-6}$$

得到
$$\Delta x_m = \frac{(3.23\times10^{-5}-2.15\times10^{-5})-3.53\times10^{-6}}{\ln\frac{3.23\times10^{-5}-2.15\times10^{-5}}{3.53\times10^{-6}}} = 6.5\times10^{-6}$$

$$H = \frac{19.29}{38}\times\frac{2.15\times10^{-5}-0}{6.5\times10^{-6}} = 1.68(\text{m})$$

⑤用近似梯级法求：在坐标纸上作出相平衡线 $y = 1925x$，作出操作线，用近似梯级法求出 $N_{OG} = 4.43$，$H = H_{OG}\cdot N_{OG} = 0.38\times4.43 = 1.68(\text{m})$。

【例7-3】用逆流吸收操作除去某气体混合物中的可溶有害组分，气体通量为 $0.015\text{kmol}/(\text{m}^2\cdot\text{s})$，气体初始浓度 $y_1 = 0.1$，循环吸收剂的初始浓度为 $x_2 = 0.001$。已知在操作条件下，相平衡关系为 $y^* = 1.5x$，体积传质系数 $K_ya = 0.035\text{kmol}/(\text{m}^3\cdot\text{s})$，要求气体出口的残余浓度降为0.005，液气比 L/G 取2.0，求所需塔高。若塔高和液气比不变，改为并流操作，气体的出口浓度为多少？设传质系数不变化。

解：(1)由全塔物料衡算：

$$x_1 = \frac{y_1 - y_2}{L/G} + x_2 = \frac{0.1-0.005}{2.0} + 0.001 = 0.0485$$

$$H = \frac{G}{K_ya}\cdot\frac{y_1-y_2}{\Delta y_m} = \frac{0.015}{0.035}\times\frac{0.1-0.005}{\frac{(0.1-1.5\times0.0485)-(0.005-1.5\times0.001)}{\ln\frac{0.1-1.5\times0.0485}{0.005-1.5\times0.001}}} = 3.52(\text{m})$$

(2)改为并流，采用对数平均推动力法，1代表塔底，2代表塔顶。

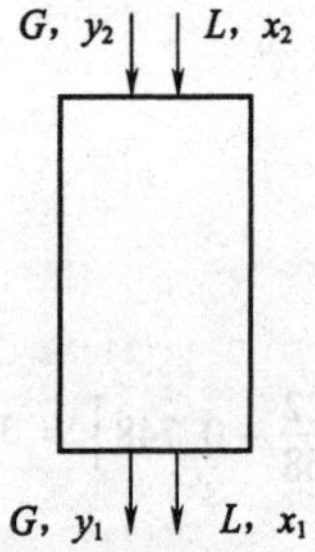

图7-10 例题7-3附图

$$L(x_1 - x_2) = G(y_2 - y_1) \qquad ①$$

$$3.52 = \frac{0.015}{0.035}\frac{y_2-y_1}{\frac{(y_2-y_1)+m(x_1-x_2)}{\ln\frac{y_2-mx_2}{y_1-mx_1}}} = \frac{0.015}{0.035}\frac{y_2-y_1}{\frac{(y_2-y_1)+m\frac{G}{L}(y_2-y_1)}{\ln\frac{y_2-mx_2}{y_1-mx_1}}}$$

有
$$8.213 = \frac{1}{1+\frac{mG}{L}}\ln\frac{y_2-mx_2}{y_1-mx_1} = \frac{1}{1+1.5\times0.5}\ln\frac{y_2-mx_2}{y_1-mx_1} \qquad ②$$

将②线性化并与①式联立求解

$$\begin{cases}2x_1 + y_1 = 0.102\\ y_1 - 1.5x_1 = 5.6\times10^{-8}\end{cases} \Rightarrow \begin{cases}x_1 = 0.029\\ y_1 = 0.0437\end{cases}$$

本题将非线性方程线性化，使问题得到简化，否则要用试差法求解。

思 考 题

1. 吸收的目的和基本依据是什么？吸收的主要操作费用花费在哪里？

2. 选择吸收溶剂的主要依据是什么？

3. 吸收系统的自由度为多少？总压恒定时系统的自由度是多少？总压恒定时某一温度下亨利定律所表达物系的自由度是多少？

4. E、m、H 三者各自与温度、总压有何关系？三者之间有何关系？

5. 吸收塔高度计算中，将 H_{OG} 与 N_{OG} 分开，有什么优点？

6. 建立操作线方程的依据是什么？

7. 何为最小液气比？操作型计算中有无此类问题？

8. H_{OG} 的物理含义是什么？常用吸收设备的 H_{OG} 约为多少？

9. 有哪几种 N_{OG} 的计算方法？用对数平均推动力法和吸收因数法求 N_{OG} 的条件各是什么？

10. 进行低浓度气体吸收时，吸收过程计算可以选择惰性气体和溶剂为基准，也可选择混合气体和溶液为基准，请设计一条题目，比较这两种计算方法中后者相对于前者的误差百分率。

11. 运用对数平均推动力法解吸收（传热也有类似情况）的题目时，如何将非线性方程转化为线性方程以简化过程的计算？

习　题

1. 已知 101.3kPa 下乙醇－水溶液组成为 $x=0.849$（乙醇的摩尔分数），试求乙醇的质量分数。又若乙醇水溶液中乙醇的质量分数为 0.935，试求其摩尔分数。（$w=0.935$，$x=0.849$）。

2. 某气、液逆流的吸收塔，以清水吸收空气－A 混合气中的 A。总压为 1 大气压。已知塔底气相中含 A 2.5%（摩尔分数），水中含 A 的浓度为 2×10^{-5}（摩尔分数）。试求塔底温度分别为 5℃ 及 30℃ 时的吸收过程推动力。5℃ 时 $E=3.19\times10^{4}$kPa，30℃ 时 $E=6.17\times10^{4}$kPa。（$\Delta y_1=0.0187$，$\Delta x_1=6\times10^{-5}$；$\Delta y_1=0.0128$，$\Delta x_1=2.1\times10^{-6}$）

3. 在总压为 101.33kPa，温度为 25℃ 时，若 100g 水中含氨 1g，则此溶液上方的氨气平衡分压为 0.987kPa。已知在此组成范围内溶液服从亨利定律，试求 E、H、m 的值（对稀水溶液密度为 1000kg/m^3）。[$E=94.179$kPa，$H=0.590\ \text{kmol/(m}^3\cdot\text{kPa)}$，$m=0.929$]

4. 总压为 100kPa，温度为 15℃ 时 CO_2 的亨利系数 E 为 1.22×10^{5}kPa。若空气中 CO_2 的分压为 58kPa，试求与其相平衡的水溶液浓度，分别以摩尔分数和量浓度表示。（$x^*=4.75\times10^{-4}$，$c^*=0.026\ \text{kmol/m}^3$）

5. 用清水逆流吸收混合气中有害组分 A，已知操作条件下，气相总传质单元高度为 1.5m，进料混合气组成为 0.04（摩尔分数，下同），出塔尾气组成为 0.0053，出塔水溶液浓度为 0.0128，操作条件下的平衡关系为 $y^*=2.5x$，试求：①L/G 为 $(L/G)\min$ 的倍数；②所需塔高 H；③若气液流量和初始组成均不变，要求最终的尾气排放浓度降至 0.0033，求此时塔高应增加多少。（①1.25；②7.95；③4.08）

6. 在一逆流操作的吸收塔中用清水吸收氨－空气混合气中的氨，混合气流量为 0.025kmol/s，混合气入塔含氨摩尔分数为 0.02，出塔含氨摩尔分数为 0.001。吸收塔操作的总压为 101.3kPa，温度为 293K，在操作浓度范围内，氨水系统的平衡方程为 $y^*=1.2x$，总传质系数 K_ya 为 $0.0522\text{kmol/(s}\cdot\text{m}^3)$。若塔径为 1m，实际液气比为最小液气比的 1.2 倍。试

求:①塔底液相浓度 x_1;②所需填料层高度 H。(①0.0139;②6m)

7. 在填料塔内以清水逆流吸收空气与氨混合气中的氨。混合气质量流量为 0.35kg/(s·m^2),进塔气体 $y_1=0.040$,回收率 $\eta=0.96$,平衡关系为 $y^*=0.92x$,$K_ya=0.043$kmol/(s·m^3)。若令操作的液气摩尔流量比 $L/G=\beta(L/G)\min$,β 取 1.40。试计算:①气相传质单元高度;②气相传质单元数;③填料层高度。(①0.285m;②7.7;③2.19m)

8. 某吸收塔用 25mm×25mm 的瓷环作填料,充填高度为 5m,塔径为 1m,用清水逆流吸收流量为 2250m^3/h 的混合气。混合气中含有丙酮体积分数为 5%,塔顶逸出废气含丙酮体积分数降为 0.26%,塔底液体中每千克水带有 60g 丙酮。操作在 101.3kPa、25℃下进行,物系的平衡关系为 $y^*=2x$。试求:①该塔的传质单元高度 H_{OG};②容积传质系数 K_ya;③每小时回收的丙酮量,kg/h。[①0.71m;②0.046 kmol/(s·m^3);③253]

9. 用一填料层高度为 3m 的吸收塔来测定传质单元高度,已知平衡关系为 $y^*=0.25x$,气体流量 $G=100$kmol/(m^2·h),进口溶质浓度 $y_1=0.052$,吸收率 92.3%;液体流量 $L=100$kmol/(m^2·h),进口浓度 $x_2=0$,求传质单元高度为多少?若操作条件作下列变动,填料层高度分别应为多少?①气体流速增加一倍,y_1、y_2、x_2 均保持不变;②液体流速增加一倍,y_1、y_2、x_2 均保持不变。(①假定气液量改变后,塔均能保持正常操作,且 $K_ya=AG^{0.7}L^{0.3}$;②0.98m,4.71m,2.22m)

10. "1"和"2"分别代表塔底和塔顶。当平衡线为直线时,证明逆流吸收有:

(1) $N_{OG}=\dfrac{1}{1-S}\ln\left[(1-S)\dfrac{y_1-y_2^*}{y_2-y_2^*}+S\right]$,$S=mG_B/L_S$;

(2) $N_{OL}=\dfrac{1}{1-A}\ln\left[(1-A)\dfrac{y_1-y_2^*}{y_1-y_1^*}+A\right]$,$A=1/S$;

(3) 由(1)和(2)证明 $N_{OL}=SN_{OG}$。

当平衡线为直线时,证明顺流吸收时有:$N_{OG}=\dfrac{-1}{1+S}\ln\left[(1+S)\dfrac{y_1-y_2^*}{y_2-y_2^*}-S\right]$

11. 用纯溶剂对低浓度气体作逆流吸收,可溶组分的回收率为 η,实际液气比为最小液气比的 β 倍。物系平衡关系服从亨利定律。试以 η、β 两个参数列出计算 N_{OG} 的计算式。{$N_{OG}=\beta\eta\ln[(\beta-1)/\beta(1-\eta)]/(\beta\eta-1)$}

本章主要符号说明

A	溶质组分	d	微分符号
A_T	塔截面,m^2	E	亨利系数,kPa
A	吸收因数	F	传质面积,m^2
a	比表面积,m^2/m^3	G	气相流量,kmol/s 或 kg/s
B	惰性组分	H	溶解度系数,kmol/(m^3·kPa)
C	总摩尔浓度,kmol/m^3	H	填料层高度,m
c	各分组分摩尔浓度,kmol/m^3	H_{OG}	气相总传质单元高度,m
c_p	比热容,kJ/(kmol·K), kJ/(kg·K)	K	总传质系数
D	塔径,m	k	分传质系数

L 液相流量,kmol/s

m 总质量,kg

m 相平衡常数

N 传质通量,kmol/(m^2·s)

N_{OG} 气相总传质单元数

n 总物质量,mol 或 kmol

P 总压强,kPa

p 分压,kPa 或 Pa

R 气体状态常数 8.314,kJ/(kmol·K)

R 过程阻力

S 溶剂

S 脱吸因数

T 温度,K

t 温度,℃

u 流速,m/s

V 体积,m^3

w 质量分数

X 液相浓度(比摩尔分数),kmolA/kmolS

x 液相浓度(溶质摩尔分数),kmol A/kmol(A+S)

Y 气相浓度(比摩尔分数),kmolA/kmolB

y 气相浓度,kmolA/kmol(A+B)

Δ 过程推动力

Δ 浓度差

η 吸收率,回收率,汽化效率

ρ 密度,kg/m^2

τ 时间,s

8　其他侧重传质的食品单元操作

【学习要求】学习运用图0－1归一主线类比掌握其他传质单元操作的研究和计算方法；了解萃取的基本概念、萃取体系相平衡及操作原理；类比理解萃取过程的理论级概念和计算；了解浸出的基本概念、浸出过程与浸出理论；类比理解浸出速率及理论级数的求取方法；了解超临界萃取的基本原理与应用；了解吸附平衡的基本原理；类比理解吸附理论级概念和计算；了解离子交换原理和过程；类比理解离子交换平衡级计算；了解膜分离的原理和应用，理解其计算原理。

前面三章讨论的传质计算的基本思路可以应用到其他侧重传质的单元操作，如液液萃取、浸取、吸附、离子交换等。传质单元操作一般运用到级式型或微分型的两类传质设备，所以图0－1归一主线仍可用于系统化和简化理解本章的内容。三传系数 K_T 如能由量纲分析规划的实验直接求得的传质系数表达出时，可得到传质通量计算式，在三传系数 K_T 无法直接求出时，实际是采用半理论半经验的数学模型法——理论级模型法，掩盖并代替求 K_T 的问题，直接得到替代总传质面积的塔板数、实际操作级数或填料层高度。理论模型与实际过程的差异，对板式塔而言用实验测定的效率修正，对填料塔而言则直接测出（经验公式算出）一个理论级所需的实际填料的高度——等板高度，无需再作修正。此为图0－1的第四种 K_T 求取方法，即转换求解目标，不直接求 K_T 和总传质面积，因为难以求出。

对本章的单元操作而言，求解出分离过程所需的理论级数极为重要，得到理论级数后可依据级效率、等板高度等。由于理论级上的传质达到传质平衡即达到相平衡，故必须首先研究各传质单元操作的相平衡。

8.1　萃　　取

液－液萃取（extraction）又称溶剂萃取，是两个完全或部分不互溶的液相接触后，一个液相中的组分转移到另一液相，或在两液相中重新分配的过程，是分离和提纯物质的重要单元操作之一。

萃取过程分为三个部分：①原料液分为溶质A和溶剂B，加入萃取剂S，让原料液与萃取剂充分混合，两液相密切接触后，溶质从原料液溶入萃取剂中；②萃取结束后，以S为主的相称为萃取相E，以B为主的相称为萃余相R，利用原溶剂B和萃取剂S的密度差，借助分离器将萃取相和萃余相分开；③萃取相和萃余相经溶剂回收器回收溶剂，使之循环使用。

液液萃取的萃取相和萃余相达到一次平衡时，是一个理论级，由萃取的相平衡关系决定。萃取过程至少有三个组分参与，分别为溶质A、溶剂B和萃取剂S。通常用等腰三角形或等边三角形相图表示三组分平衡关系。萃取操作中的平衡两相的关系，也可如精馏或吸收用直角坐标表示。

8.1.1　萃取的平衡关系

8.1.1.1　萃取的三组分相图

最常用的萃取相图是等腰三角形，如图8-1所示。物质的组成常用质量分数或摩尔分数表示。图中三个顶点分别表示三个纯组分，任一边上的某一点就代表一个二元混合物，三角形内的一点代表一个三元混合物。图8-1中M点即代表一个三元混合物，从该点出发分别作平行于两直角边的线段，与AB，SB边的交点即可读出z_A，z_S，分别为A，S的含量。B的组成可由归一化方程$z_A+z_S+z_B=1$得到。

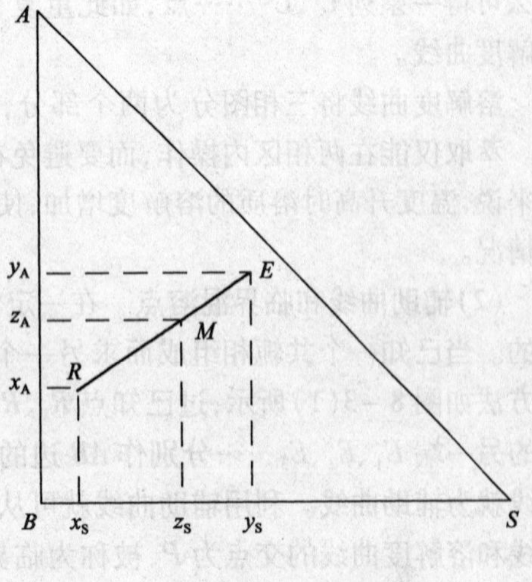

图8-1　等腰直角三角形相图上的组成表示法

表示总物料衡算和单一组分衡算结果的杠杆规则同样适用于三角形相图。如图8-1所示，设图中R点代表的三元混合物中含S为x_S，含A为x_A，E点代表的三元混合物中含S为y_S，含A为y_A。若将此两个混合物混合，得到一个新的三元混合物M，其中含S为z_S，含A为z_A，则M点必在R、E两点连线上，其位置由R、E两混合物的量（分别以R和E表示）根据杠杆规则确定：

$$\frac{R}{M}=\frac{\overline{ME}}{\overline{RE}} \tag{8-1}$$

8.1.1.2　相平衡在三角形相图上的表示

根据萃取体系中各组分的互溶性，可将三组分混合液分为三种类型：溶质A可完全溶于B及S，但B与S完全不互溶；溶质A可完全溶于B及S，但B与S部分互溶；溶质A可完全溶于B，但A与S及B与S部分互溶。

第一种类型属于理想情形，较为少见，第三种类型会给操作带来不便，应避免，第二种类型是生产中广泛遇到的情况，因此主要讨论这种情形。

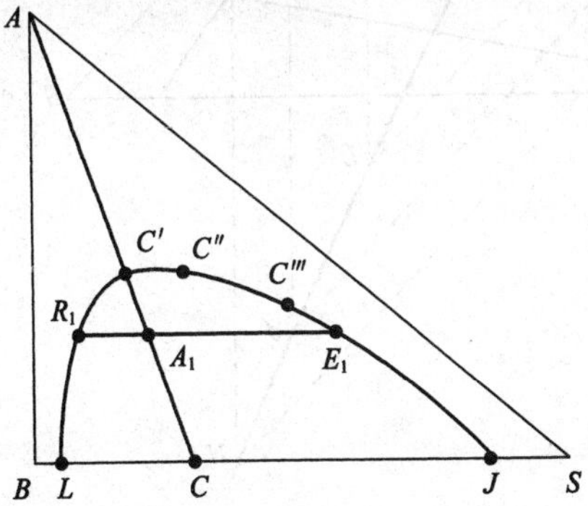

图8-2　联结线和溶解度曲线

(1)溶解度曲线和联结线　在一定的温度下，溶质A可完全溶于B及S，但B与S部分互溶的三元混合体系，经过充分的接触后，建立起两相平衡体系，分别为液相R_1和E_1，这两个平衡液相称为共轭液相。如图8-2所示，将代表两个液相的R_1和E_1联结起来，所得到的线段称为联结线又叫平衡线。同一温度下同物系的联结线的倾斜方向一般相同，但因为溶质组成的不同，各联结线互不平行，也有少数物系联结线的倾斜方向不同。

配制组成为C的B、S部分互溶液体，待平衡后建立起L和J两个共轭液相，测定两层的组成，标注在三相图上。向C点的混合物中滴加A，直至三元混合物系成互溶均匀相，其组成点为C'点。同样可以配置不同浓度的B、S部分互溶体系，然后向其中滴加A，直至互溶，那么可得一系列C''，C'''……点，如此重复，将这些点联结起来得到一条曲线，这条曲线就是溶解度曲线。

溶解度曲线将三相图分为两个部分，曲线内的部分称为两相区，曲线外的区域为单相区。萃取仅能在两相区内操作，而要避免在单相区内。温度对溶解度曲线有一定的影响，一般来说，温度升高时溶质的溶解度增加，使得两相区的面积减小，对萃取操作不利，应避免这种情况。

(2)辅助曲线和临界混溶点　在一定温度下，溶解度曲线和联结线是通过实验数据来绘制的。当已知一个共轭相组成而求另一个共轭相的组成时，就要借助辅助曲线。常用的一种方法如图8-3(1)所示，过已知点R_1、R_2、R_3……分别作直角边BS的平行线，再通过联结线的另一端E_1、E_2、E_3……分别作AB边的平行线，交于J、K、H……，联结这些交点所得到的曲线就为辅助曲线。利用辅助曲线就可从已知相组成得到与之平衡的共轭相的组成。辅助曲线和溶解度曲线的交点为P，被称为临界混溶点，表明通过该点的联结线为无限短，相当于这一系统的临界状态。联结线一般都具有一定的斜率，因此临界混溶点通常不在溶解度曲线的顶点，而由实验测得。图8-3(2)是辅助曲线的另一种做法。

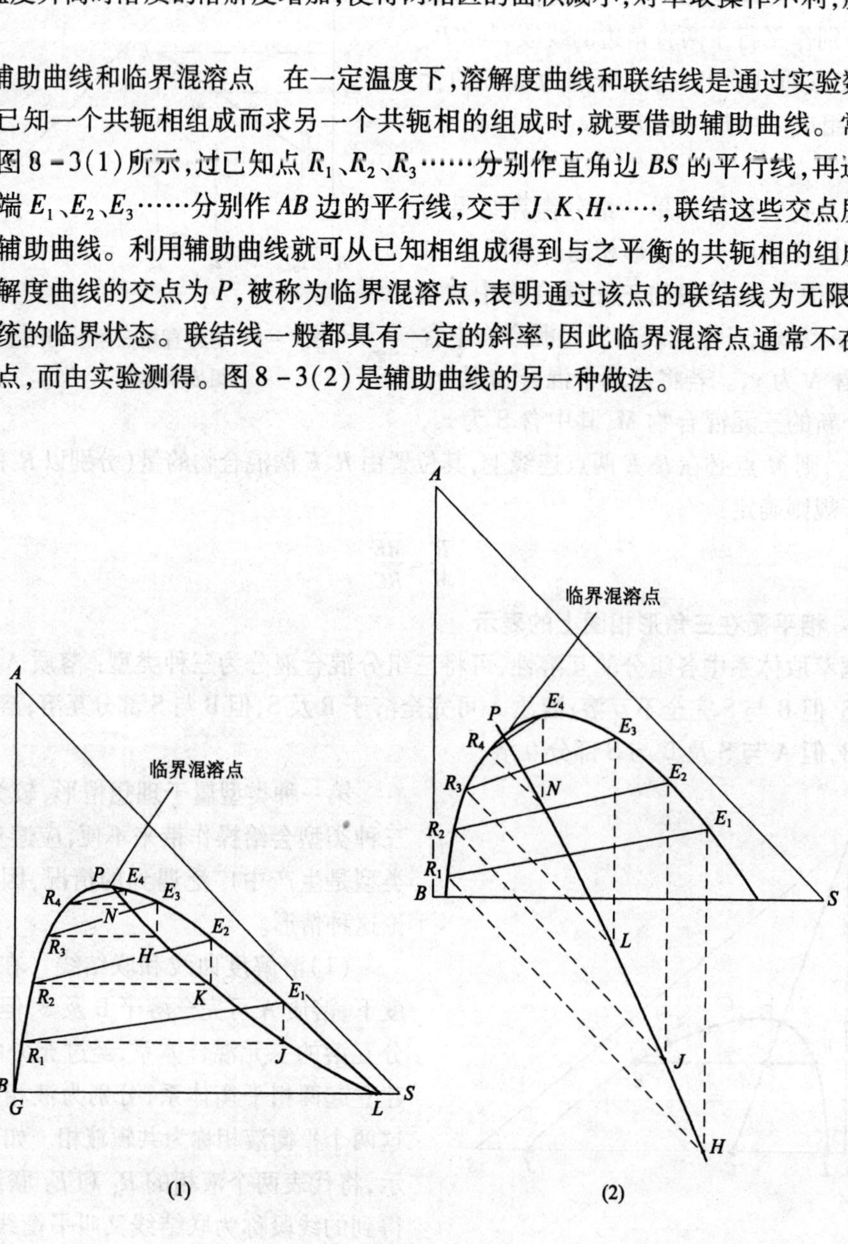

图8-3　辅助曲线的作法

(3)分配系数、选择性系数和分配曲线　在一定的温度下，两个共轭液相中溶质的组成比称为分配系数，用 k_A 表示：

$$k_A = \frac{y_A}{x_A} \tag{8-2}$$

对 B 组分也可表示：

$$k_B = \frac{y_B}{x_B} \tag{8-3}$$

式中　x_A——萃余相中 A 的质量分数

y_A——萃取相中 A 的质量分数

x_B——萃余相中 B 的质量分数

y_B——萃取相中 B 的质量分数

分配系数表示平衡状态下某一组分在共轭液相中的分配情况，也表示萃取剂的萃取能力，k_A 越大表示萃取剂的萃取能力越强，萃取效果越好。不同物系的分配系数不同，同一物系随着温度和组成改变。

选择性是指萃取剂 S 对原料液两个组分溶解能力的差异，选择性系数表示萃取剂选择性的好坏，用 β 表示：

$$\beta = \frac{k_A}{k_B} = \frac{y_A/x_A}{y_B/x_B} = \frac{y_A/y_B}{x_A/x_B} = \frac{k_A}{k_B} = \frac{y_A'/y_B'}{x_A'/x_B'} \tag{8-4}$$

式(8-4)中的“′”代表脱除溶剂，即表示萃取液或萃余液。选择性系数类似于蒸馏中的相对挥发度，也有 $y_A' = \dfrac{\beta x_A'}{1+(\beta-1)x_A'}$。一般情况下，$\beta$ 总是大于1；当 β 等于1时，萃取相和萃余相在脱溶剂后将具有相同的组成，且等于料液组成，达不到分离目的；当 β 小于1时，虽然也能分离，但很不经济。

共轭液相的组成也可以在直角坐标系中表示，以萃余相 R 中溶质 A 的组成 x_A 为横坐标，萃取相 E 中溶质 A 的组成 y_A 为纵坐标，先在图上作 $y=x$ 的直线，再以 (x_A, y_A) 为一对坐标值，在图上确定一点，将这些点连起来，就成为一条曲线，称为分配曲线。也可以直接从三角形相图出发，用作图法得到，如图 8-4 所示。

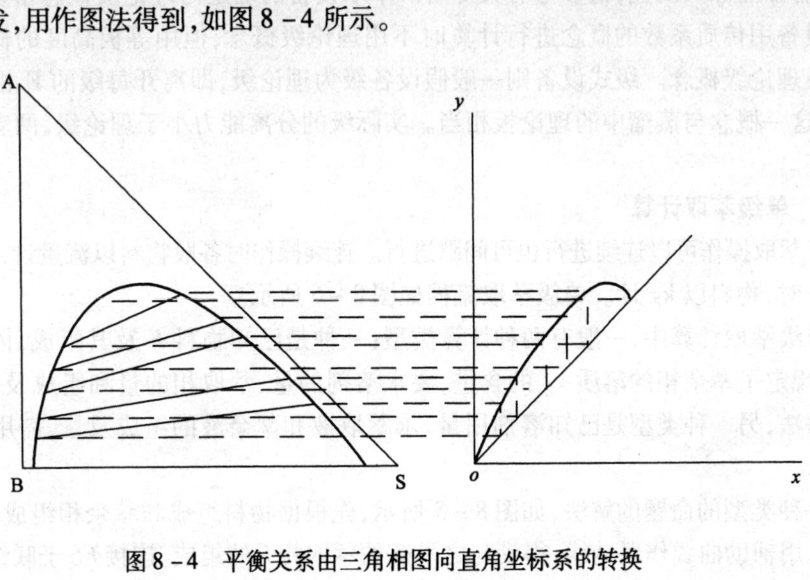

图 8-4　平衡关系由三角相图向直角坐标系的转换

分配曲线表示溶质 A 在共轭液相 R 与 E 中的分配关系。若物系的分配系数 k_A 大于 1，则分配曲线在直线 $y=x$ 上方，反之位于直线下方。若随溶质的变化，联结线向倾斜方向发生变化，则分配曲线与直线 $y=x$ 出现交点。

8.1.1.3 萃取过程在三角形相图上的表示

如图 8－5 所示，在萃取操作时，原料液 F 为组分 A 和 B 的混合物，其点在 AB 边上，加入萃取剂 S 之后，代表物系总组成的点 M 在 FS 的连线上。M 的位置可根据杠杆规则确定，即：

$$\frac{F}{S}=\frac{\overline{SM}}{\overline{FM}} \tag{8-5}$$

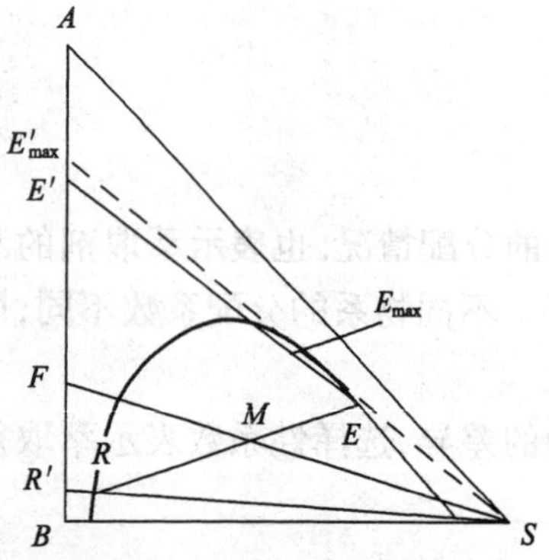

图 8－5　单级萃取在三角相图上的表示

待原料液和萃取剂充分混合接触达到平衡后，分为两个共轭液相，萃取相 E 和萃余相 R。可以利用辅助曲线作过 M 点联结线 ER，从而确定点 E 和 R。E 相和 R 相的关系符合杠杆规则。

将萃取相 E 和萃余相 R 完全脱萃取相，则组成点分别沿着 ES 和 RS 移动，直至交 AB 于 E' 和 R'，获得的溶液分别称为萃取液 E' 和萃余液 R'。

从点 S 出发作溶解度曲线的切线，切点为 E_{max}。延长此切线与 AB 边相交所得的点 E'_{max} 代表在一定条件下可能获得的含组分 A 最高的萃取液。

8.1.2 萃取的计算

萃取计算主要与完成一定的分离任务所需的萃取设备有关。液－液萃取设备可分为级式接触和微分式接触两大类。萃取操作在两液相中进行，萃取设备应能使萃取剂与料液充分接触混合，待混合后又能实现萃取相和萃余相的完全分离。萃取设备主要有混合－澄清槽、填料萃取塔、筛板萃取塔、离心萃取器等。比较复杂的板式萃取塔和填料萃取塔的结构原理，读者如需深入研究，请参考有关专著。萃取设备的确定与理论级概念密切相关。微分式萃取设备用传质系数的概念进行计算时不用理论级概念，但用等板高度的概念进行计算时却涉及理论级概念。级式设备则一般假设各级为理论级，即离开每级的 E 相和 R 相都达到平衡，这一概念与蒸馏中的理论板相当。实际级的分离能力小于理论级，两者的差异用级效率校正。

8.1.2.1 单级萃取计算

单级萃取操作可以连续进行也可间歇进行。连续操作时各股物料以流量计，单位为 kg/s；间歇操作时，物料以 kg 计。单级萃取流程如图 8－6 所示。

在单级萃取计算中，一般有两种计算类型：一种是已知物料 F 及其组成，体系平衡时的状态，并规定了萃余相的溶质 x_R 的含量，要求溶剂的量、萃取相的量和组成及萃余相的量，常用图解法；另一种类型是已知溶剂用量，求萃取液和萃余液的组成及量，需用图解试差法求解。

第一种类型的命题的解法，如图 8－5 所示，先根据物料组成和萃余相组成确定 F 和 R，过 R 点利用辅助曲线作联结线，得到与之平衡的萃取相 E 的组成。连接 FS 于联结线相交于 M

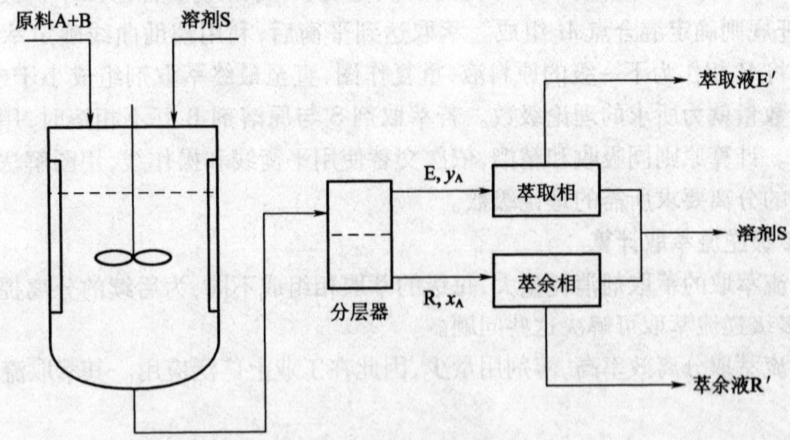

图 8-6　单级萃取流程

点。最后连接 SE、SR 并延长分别相交 AB 于 E'、R'。E'、R' 分别为萃余液、萃取液组成，E 点为萃余相组成，M 点为和点组成。

做总物料衡算，得：$F + S = E + R = M$。由杠杆规则求得各股流的量：$S = F \times \overline{SM}/\overline{FM}$，$E = M \times \overline{ME}/\overline{RE}$，$E' = F \times \overline{R'F}/\overline{R'E'}$。也可结合溶质物料衡算得到 $Fx_F = Ey_E + Rx_R = E'y_{E'} + R'x_{R'} = Mx_M$，$E = M(x_M - x_R)/(y_E - x_R)$，$E' = F(x_F - x_{R'})/(y_{E'} - x_{R'})$。

在实际的生产中，由于溶剂的循环使用，其中含有少量的 A 和 B。原有的计算方法仍然适用，仅使得在相图中表示溶剂组成的点 S' 移动到三角形内靠近 S 点处。

第二种命题的解法，先确定 M 点，再用图解试差的方法，借助辅助线，作出通过 M 点的平衡联结线，再用杠杆规则求解。

8.1.2.2　多级错流萃取计算

单级萃取的效果是有限的，若要使得分离纯度提高，可以采用多级错流萃取。多级错流萃取是将上一级的萃余相做下一级的物料，并且在每一级都添加新的萃取剂，只要萃取的级数足够多，就可以达到溶质组成很低的萃余相。在多级萃取的计算中，通常已知 F，x_F 和各级萃取剂的用量，最终萃余相的组成 x_n，要求理论级数，常用图解法，如图 8-7 所示。

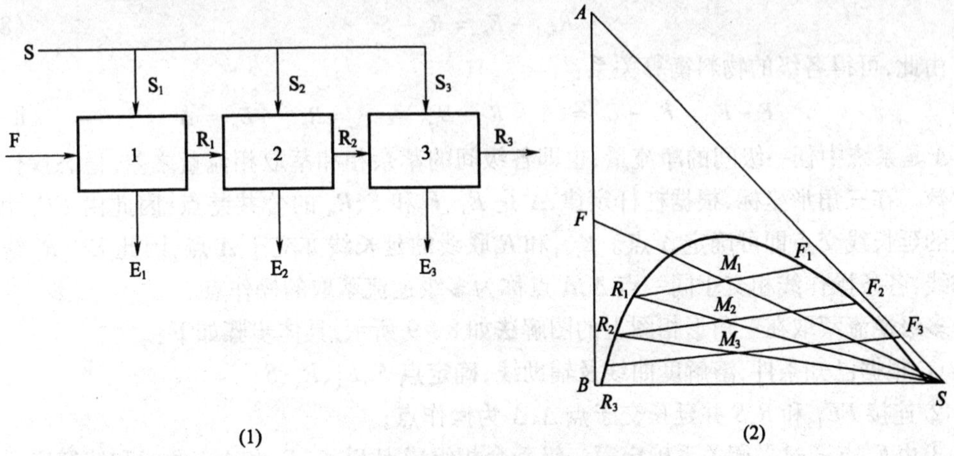

图 8-7　多级错流萃取的流程及解法

多级萃取计算实际是单级萃取计算的多次重复，对每一级而言已知原料液和萃取剂的量，根据杠杆规则确定混合点 M 组成。萃取达到平衡后，利用辅助曲线确定萃取相 E 和萃余相 R。再将 R 相作为下一级的原料液，重复作图，直至最终萃取剂组成小于或等于 x_n，此时平衡线的数量就为所求的理论级数。若萃取剂 S 与原溶剂 B 互不相溶时，用直角坐标计算更为方便。计算原则同吸收和精馏，依次交替使用平衡线和操作线，用图解法或计算法求解达到一定的分离要求所需的理论级数。

8.1.2.3　多级逆流萃取计算

多级错流萃取的萃取剂消耗量大，每级的萃取相组成不同，为后续的分离提纯带来很多困难，而用多级逆流萃取可解决这些问题。

多级逆流萃取分离效率高，溶剂用量少，因此在工业上广泛应用。其萃取流程如图 8－8 所示。

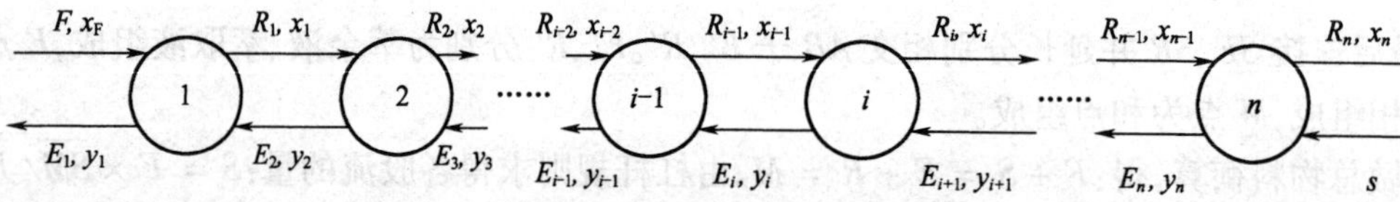

图 8－8　多级逆流萃取流程

在多级逆流萃取计算中，通常已知原料液 F 和组成 x_F，萃取剂的用量，最终萃余相中溶质的组成 x_n，要求理论级数。

总物料衡算：

$$F + S = E_1 + R_N = M \tag{8-6}$$

对第一级作物料衡算：

$$F + E_2 = R_1 + E_1, F - E_1 = R_1 - E_2 \tag{8-7}$$

对第二级作物料衡算，系统稳态，净流入的物质量等于净流出的物质量：

$$R_1 - E_2 = R_2 - E_3 \tag{8-8}$$

对第 n 级作物料衡算，净流入的物质量等于净流出的物质量：

$$R_{n-1} - E_n = R_n - S \tag{8-9}$$

由此，可得各级的物料衡算关系：

$$F - E_1 = R_1 - E_2 = \cdots = R_i - E_{i+1} = \cdots = R_{n-1} - E_n = \Delta \tag{8-10}$$

Δ 是系统中任一级间的净流量，也即各级间的萃余相和萃取相流量之差，稳态操作时是一常数。在三角形坐标，根据杠杆定律，Δ 是 E_1、F 和 S、R_n 的公共差点，因此由 FE_1 和 R_nS 两线的延长线交点即可确定 Δ 点。E_{i+1} 和 R_i 联线的延长线亦交于 Δ 点，因此 $E_{i+1}R_i$ 线称为操作线，各条操作线相交于同一点 Δ，Δ 点称为多级逆流萃取的操作点。

多级逆流萃取在三角形相图上的图解法如 8－9 所示，具体步骤如下：

① 根据已知条件，溶解度曲线及辅助线，确定点 F、E_1、R_n、S；

② 连接 FE_1 和 R_nS 并延长交于点 Δ，Δ 为操作点；

③ 由 E_1 点通过平衡关系确定第一级萃余相组成点 R_1 点，R_1 和 Δ 点联线和溶解度曲线相

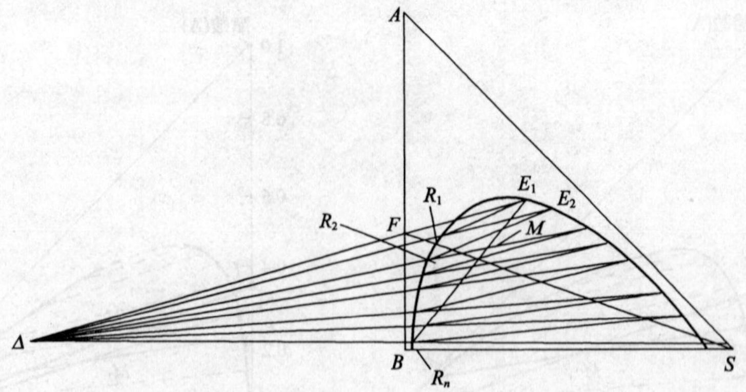

图 8-9　多级逆流萃取在三角形相图上的解法

交于 E_2 点，即为第二级萃取相组成点 E_2 点，重复上述方法，交替使用平衡关系和操作关系，逐级求解，直至萃余相的组成等于或小于 x_n。

Δ 的位置与联结线的斜率、原料液 F 和组成 x_F、萃取剂的用量、最终萃余相中溶质的组成 x_n 等因素有关。

多级逆流萃取操作有一个最小溶剂比和溶剂用量 S_{min}，S_{min} 是理想的最小溶剂用量，在实际操作中若溶剂用量小于 S_{min}，那么无论多少理想级也达不到规定的萃取要求，因此实际用量必须大于 S_{min}。溶剂用量少则达不到萃取要求，而用量大会给溶剂分离回收带来困难，费用高，实际生产中，要根据萃取和溶剂回收两方面进行经济核算，以确定合适的萃取剂用量。

由三角形相图可知，S/F 降低，操作线斜率趋于联结线斜率，所需的理论级数就越多，当 S/F 降低到最小溶剂比 S_{min} 时，将会出现某一联结线和操作线重合，此时所需的理论级数为无穷多，S_{min} 可用杠杆规则求得。

若 B 与 S 完全不互溶，萃余相流量以原溶剂 B 的质量流量计算，萃取相的流量以溶剂 S 的质量流量计算，浓度采用溶质质量比原溶剂 B 质量（X）或溶质质量比溶剂 S 质量（Y）表示，多级逆流萃取过程与脱吸过程相似，可用图解法或解析法求解理论级数，不再赘述。

【例 8-1】含醋酸质量分数为 30% 的醋酸水溶液，在 25℃ 下用异丙醚为溶剂进行萃取，料液的处理量为 100kg/h，试求：(1) 用 100kg/h 纯溶剂作单级萃取，所得的萃余相和萃取相的流量与醋酸质量分数；(2) 每次用 50kg/h 纯溶剂作两级错流萃取，萃余相的最终流量和醋酸的质量分数，并与 (1) 的结果比较。25℃ 时物系的相图和辅助线如图 8-10 所示。

解：(1) 单级萃取时，在图上作出 F 点，连接 FS 线段，因 F 与 S 的流量相等，M 点位于 FS 线段的中点。总物料流量 $M = F + S = 100 + 100 = 200$ (kg/h)。用图解试差法作出过 M 点的平衡联结线，得到萃取相 E 点和萃余相 R 点。由图量出线段 $RE = 42$mm 和 $ME = 18.5$mm，由杠杆规则得到 $R = 200 \times 18.5/42 = 88.1$ (kg/h)。萃取相流量 $E = M - R = 200 - 88.1 = 111.9$ (kg/h)。由图 8-10 读出萃取相的醋酸质量分数为 $y_A = 0.11$，萃余相的醋酸的质量分

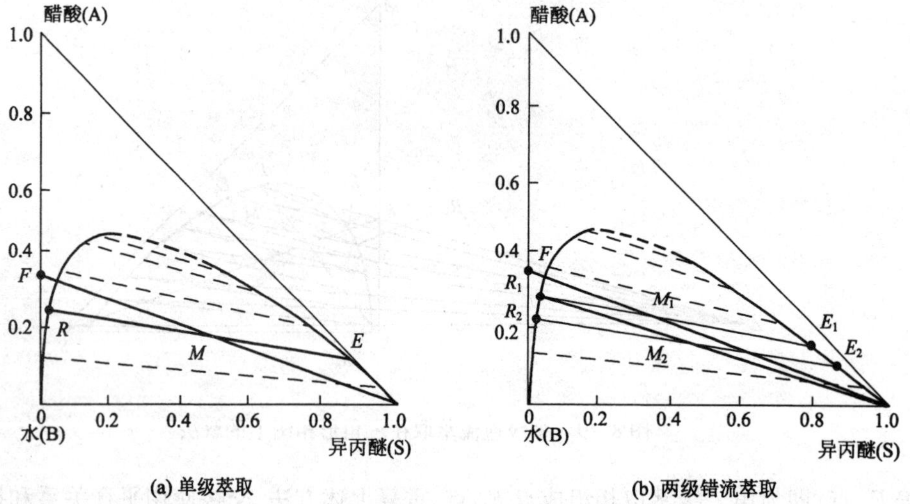

图 8-10 例题 8-1 的附图

数 $x_{A1}=0.25$。

(2)两级错流萃取时,进入第一级萃取器的总物料流量为总物料流量 $M_1=F+S_1=100+50=150$(kg/h)。按照杠杆规则,线段 SM_1 的长度为(100/150)×54=36mm,用图解试差法作出过 M_1 点的平衡联结线,得到萃取相 E_1 点和萃余相 R_1 点。由图量出线段 $R_1E_1=39$mm 和 $M_1E_1=23.5$mm,由杠杆规则得到 $R_1=150\times23.5/39=90.4$(kg/h)。进入第二级萃取器的总物料流量为总物料流量 $M_2=R_1+S_1=90.4+50=140.4$(kg/h)。按照杠杆规则,线段 SM_2 的长度为(90.4/140.4)×51=32.8(mm),用图解试差法作出过 M_2 点的平衡联结线,得到萃取相 E_2 点和萃余相 R_2 点。由图量出线段 $R_2E_2=42$mm 和 $M_2E_2=24$mm,由杠杆规则得到 $R_2=140.4\times24/42=82.2$kg/h。由图 8-10 读出萃余相的醋酸的质量分数 $x_{A2}=0.22$。

比较(1)和(2)A 在萃余相中的质量分数,单级萃取时为 88.1×0.25/(100×0.35)=0.629,两级错流萃取时为 82.2×0.22/(100×0.35)=0.504,可见两级错流萃取的效果要好于单级萃取,但增加了设备和操作费用。

8.2 浸 取

8.2.1 浸取的相关概念

浸取是将溶剂加入固体混合物中进行溶质分离的操作,也称为固-液萃取、浸出、浸取或浸沥(leaching)。当溶剂为水而溶质为不希望的组分时,则称为洗涤。浸取在食品工业中尤为重要,因为食品工业的原料多呈固态,多采用浸取操作。工业上大规模采用浸取操作的例子有油料种子和甜菜的浸取,另有速溶咖啡、速溶茶、香料、色素、植物蛋白、鱼油、肉汁和玉米淀粉等的制造都要应用到浸取操作。

由于原料的复杂性，浸取操作原理难于理论描述，多数问题的解决主要依靠经验或半经验的方法。浸取的计算思路可以参照萃取进行，但固液平衡关系与萃取不一样。浸取的非稳态传质方程可以按照非稳态导热方程的研究思路进行理解，针对简单的几何形状如无限大平板、球、无限长圆柱，两者有相似的数学表达式和解析解，故理解浸取操作，可依据萃取和非稳态传热知识采用类比方法。

浸取操作中，形成的浸取相一般不含颗粒，也称为溢流。固体颗粒和其中所持的液体为浸余相，也称为底流。浸余相中溶液流量 L（也可以是浸余相中的溶剂 L_s）恒定时称为恒底流流动，浸取相中溶液流量 V（也可以是其中的溶剂 V_s）恒定时称为恒溢流流动。为计算溶质的量，应选定计算基准是质量（kg）还是物质的量（mol），同时应选定是以溶液为基准还是以溶剂为基准。恒流的物流是溶液，浓度可相应选用溶质的质量或摩尔分数。恒流的物流是溶剂，浓度可选用比质量分数或比摩尔分数，正如同吸收操作中的选择一样。质量或摩尔分数 y 以及质量比或摩尔比 Y 对应于浸取相，质量或摩尔分数 x 以及质量比或摩尔比 X 对应于浸余相。

8.2.2　浸取的平衡关系

浸取系统可简化为由 A 溶质（目标浸取物）、B 惰性固体和 S 溶剂构成的三元体系。浸取系统的平衡关系极其复杂，其机理尚未完全清楚，但较多采用以下模型：假定在不溶性的多孔惰性固体 B 内部含有不被固体所吸附的溶质 A，溶质量 A 对所加溶剂量 S 而言，假定是在饱和溶解度以下，如果固体与溶剂经过长时间的充分接触，则溶质完全溶解，并且固体空隙中的液体浓度等于周围液体的浓度，这时液体的组成不随更长的接触时间而改变，也即溶质被溶剂全部溶解且没有达到饱和，这种级接触则称为理论级或理论效。此理论级与精馏的理论级达到平衡有所不同，但也属于一种极限情况，即可将能溶解的部分全部溶解出来，而实际情况并非如此。实际所需的级数 N_p 就要比理论级数 N_T 多，级效率 η 仍如吸收和精馏一样，按理论级数与实际级数之比计算，且一般由经验确定。

浸取操作中固体的持液量一般通过试验确定。由于固体颗粒持液，根据前述模型，浸取相的溶质浓度等于浸余相中的浓度，即 $y=x$ 或 $Y=X$，此为浸取的平衡关系，与液液萃取不同，且比液液萃取平衡关系简单。浸取相与浸余相的分离比萃取平衡两相的分离容易。

8.2.3　浸取的计算

浸取操作计算一般需确定：①浸取器的级数；②浸取器的大小；③溶剂的需要量；④浸取所需的时间。由于浸取机理复杂，浸取所需的时间和浸出器的大小常凭实际经验来确定。溶剂用量可根据浸出过程中物料的开始和终了情况，由物料衡算式计算。在多级逆流接触浸出中，理论级数是重要的计算项目。实际级数由理论级数除以经验效率得到。

理论级数的计算方法可以根据过程的特点选择图解法或计算法。

三组分的浸取操作的组成关系如液液萃取一样仍可用三角形相图或脱固体基（萃取时为脱溶剂基）的 $y-x$ 或 $Y-X$ 坐标中的曲线表示。三角形相图中，A 点表示溶质，B 点表示惰性固体，S 点表示溶剂。浸取由于平衡关系简化为 $y_i=x_i$ 或 $Y_i=X_i$，在惰性固体不溶解时，用 $y-x$ 或 $Y-X$ 坐标进行理论级图解将更为方便。

单级浸取过程和计算与萃取相似。当已知溶剂用量和原料的量和组成时，求单级浸取所得浸取相的组成和量以及浸余相的组成和量。类似于图 8－5，首先定出 F 点，连 FS，按照杠杆规则定出 M 点。过混合点 M 的平衡线由 BM 连线决定，此与萃取不同。延长 BM 交 AS 线于一点 E，此点为浸取液的组成点。浸余液的组成点也在 BE 线上，但浸取液量和浸余液量的计算与惰性固体的持液量有关，即与浸取相和浸余相平衡关系有关。浸取平衡关系一般由试验测得到。在三角形相图上，浸取平衡关系是一条与 AS 线平行的直线或与 AS 边不相交的曲线。

工业浸取常常需要用多级才能完成，一般采用逆流浸取而不用错流浸取，因为错流浸取的溶剂用量多，浸取液的分离成本高。三级逆流浸取的流程如图 8－11 所示。

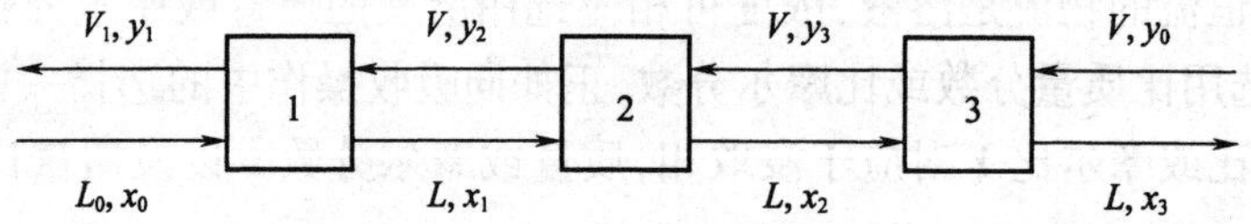

图 8－11　三级逆流浸取流程

如采用三角形相图算法求理论级数，类似图 8－9（读者自绘），由物料衡算，得到：

$$V_1 - L_0 = V_2 - L_1 = V_3 - L_2 = \cdots = S - W = \Delta \tag{8-11}$$

式中 S 为溶剂的流量，W 为底流的流量，采用三角形相图作图求理论级的方法同逆流萃取流程的求法。首先，由底流的组成情况作出底流组成线。恒底流时为平行于斜边 AS 的线段，变底流时由实验给出底流曲线，后续步骤同萃取。根据总物料衡算确定 L_0、V_1、S、W 四点，连接 V_1L_0 并延长，连接 SW 并延长，相交于 Δ。然后连接 BW 并延长交 AS 边于一点，开始图解。恒底流时，可以不用繁琐的图解法，而改用后面的代数法求理论级数。

采用脱固体基的 y^0-x^0 坐标下的图解法，在变底流和理论级数较多时要比三角形相图表达更方便，称为 Pochon － Savarit 三角形图解法（图自绘）：以 x^0 表示溶质浓度［kgA/kg（A＋S）］，y^0 表示惰性固体 B 的比浓度［kgB/kg（A＋S）］，作出 y^0-x^0 坐标，表示溢流的点全在 x^0 坐标轴上，底流的点落在由浓度和固体持液试验得到的数据绘出的曲线上。在图中标出原料进料点 L_0，溶剂进料点 V_0（纯溶剂时为原点），由溶剂用量定出和点 M，已知排出第 1 级的溢流点 V_1（在 x^0 轴上），连 V_1M 延长交底流曲线于 L_n（或反过来已知 L_n 求出 V_1），连 L_0V_1 延长，连 L_nV_0 并延长，交于 Δ 点。从 V_1 点（或从 L_n）出发图解得到理论级数，平衡线是垂直于 x^0 轴的直线。

恒流流动时用代数法求解理论级数。第 1 级由于投料的关系与后级不同，要分开表示，浓度的表达对应所选的恒流（L 和 V 表恒定的流量）基准，如是溶剂恒流，则浓度要用比浓度，而如是溶液恒流，则浓度用溶质在液体中的质量分数表示，公式如下：

$$\frac{L_0x_0}{Lx_N} = 1 + \left(\frac{V_0}{L}\right)\frac{1-\left(\frac{V}{L}\right)^N}{1-\left(\frac{V}{L}\right)} \tag{8-12}$$

推导上式时，首先对第 1 级外的第 i 级作溶质组分的衡算，对理论级同时有 $y_i = x_i$，得到底流浓度的递推表达式，从第 N 级开始，直至推到第 2 级。再结合全系统的物料衡算，在溶剂进入浓度 y_0 为 0 时，得到式 8－12。若溶剂进入浓度 y_0 不为 0，则利用总物料衡算和溶质组分的衡算关系，得到离开第1级的底流浓度 x_1 和离开第2级的溢流浓度 y_2，离开最后一级的底流浓度 x_n，则有：

$$\left(\frac{V}{L}\right)^{n-1} = \frac{x_1 - y_2}{x_n - y_0} \tag{8-13}$$

式(8-12)和式(8-13)证明留给读者完成。浓度以溶液为基准计算时，对应的 V 和 L 则为溢流和底流溶液的流量，浓度用(y、x)；浓度以溶剂为基准计算时，对应的 V 和 L 则为溢流和底流中溶剂的流量，浓度用比浓度(Y 和 X)。

*【例8-2】用溶剂S从原料中进行连续逆流提取油脂A。原料中含溶质油A、溶剂S和不溶解的惰性物B；溶剂S中含少量溶质油A。各股物料按照每小时计的进出关系如下：原料(定义为浸余相)中，惰性物B为2500kg，溶质油A为820kg，溶剂S为55kg。新鲜溶剂(定义为浸取相)中含油A为20kg，含溶剂S为1500kg。末级流出浸余相中有140kg油A。认为在各级浸取过程中溶剂S未达到饱和，可以将原料中的油A全部溶解出来。浸余相中所持溶液的质量除以惰性物的质量为每千克惰性物的持液量 $f(x)$，与浸余相持液的浓度 x_A（质量分数，为持液中溶质A的质量除以持液A+S的总质量）之间的近似关系通过试验确定为 $f(x_A) = 0.487 + 0.176x_A$。浸取相中不含惰性物B。求：(1)进行物料衡算求末级流出的浸余相液体中溶质A的浓度 $x_{A,n}$；(2)第一级流出的浸取相浓度 $y_{A,1}$；(3)写出任意第 i 级与 $i+1$ 级间的浸余相浓度 $x_{A,i}$ 和浸取相浓度 $y_{A,i+1}$ 关系；(4)逐级求所需的级数；(5)作出操作线；(6)MT法求级数；(7)若将操作线分两段看成是直线，用吸收的克莱姆塞尔公式得到的级数。

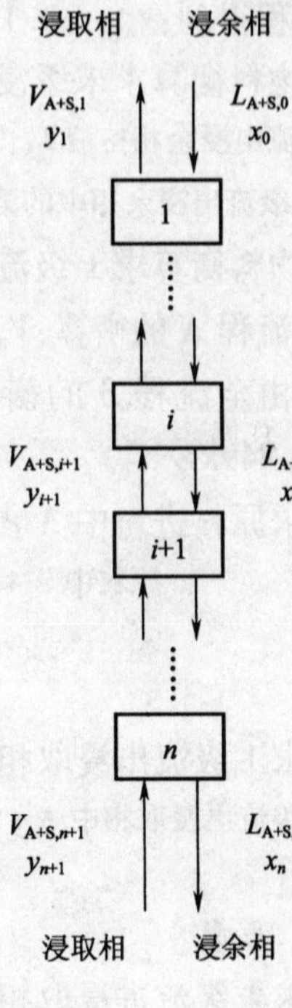

图8-12 例题8-2附图

解题思路分析：

(1)由 $xf(x) = 140/2500 = 0.056$，结合 $f(x) = 0.487 + 0.176x$，得到 $x_n = 0.11057$

(2)进行各组分物料衡算，得到第一级流出的浸取相浓度 y_{A1}。

(3)第1级至任意第 i 级与 $i+1$ 级间作总物料衡算和A的衡算得到方程。

(4)逐级计算时：首先由1级操作点(x_0,y_1)开始，得到 $x_1 = y_1$，计算 y_2，得到 x_2，依次类推，直至 x_n 小于已知值，得到级数 n。

(5)假设各 x_i，求出 y_{i+1}，绘出操作线，简单处理时只要绘出中间1点即可(近乎直线)。

(6)用MT法作图求级数。

(7)按两段直线，计算推动力 Δy，分别用与吸收一样的克莱姆塞尔方程求 n，相加即可。

因此，本题的解法思路，与吸收相似，不同之处仅在于平衡关系假定为 $y = x$，级与级间的流量关系不一样，需要逐级衡算得到。如果能够判定到级间的某种流量(如A+S流量、S组分的流量)恒定，即所谓的恒底流、恒溢流，则操作线为直线，解题的步骤与吸收相同。而图解法计算理论级数与精馏的图解法十分相似。学习完精馏和吸收后，完全可以通过类比掌握浸取的理论级计算问题。

解:已知 $L_{A,0}=820\text{kg/h}$,$L_{S,0}=55\text{kg/h}$,$L_{B,0}=2500\text{kg/h}$

$f(x_A)=0.487+0.176x_A$,$L_{A,n}=140\text{kg/h}$

$V_{A,n+1}=20\text{kg/h}$,$V_{S,n+1}=1500\text{kg/h}$

(1)求 $x_{A,n}$

由持液的浓度定义,得到:

$$x_{A,n}=\frac{L_{A,n}}{f(x_{A,n})L_{B,0}}=\frac{140}{(0.487+0.176x_{A,n})2500}$$

解方程得到:$x_{A,n}=0.11057$

(2)物料衡算求末级浸余相物料流量

末级流出浸余相持液 $L_{A+S,n}=L_{B,0}f(x_{A,n})=2500\times(0.487+0.176\times0.11057)=1266.151(\text{kg/h})$

末级流出浸余相中的溶剂 S 的流量 $L_{S,n}=L_{A+S,n}-L_{A,n}=1266.151-140=1126.151(\text{kg/h})$

(3)物料衡算求 1 级流出浸取相物料流量

由全流程 A 的衡算:$V_{A,n+1}+L_{A,0}=L_{A,n}+V_{A,1}$,即有 $20+820=140+V_{A,1}$,$V_{A,1}=700\text{kg/h}$

同理由全流程 S 的衡算:$V_{S,n+1}+L_{S,0}=L_{S,n}+V_{S,1}$,即有 $1500+55=1126.151+V_{S,1}$,$V_{S,1}=428.849\text{kg/h}$

(4)求原料进料中 A 占原料中 A+S 的质量分数,即原料液相浓度 $x_{A,0}$

原料中 A+S 的质量流量 $L_{A+S,0}=L_{A,0}+L_{S,0}=820+55=875(\text{kg/h})$

$$x_{A,0}=\frac{L_{A,0}}{L_{A+S,0}}=\frac{820}{875}=0.937$$

(5)求 1 级流出浸取相中 A 占 A+S 的质量分数,即流出浸取相浓度 $y_{A,1}$

1 级流出浸取相中 A+S 的质量流量 $V_{A+S,1}=V_{A,1}+V_{S,1}=700+428.849=1128.849(\text{kg/h})$

$$y_{A,1}=\frac{V_{A,1}}{V_{A+S,1}}=\frac{700}{1128.849}=0.6201$$

(6)求末级流进浸取相中 A 占 A+S 的质量分数,即流进浸取相浓度 $y_{A,n+1}$

$$V_{A+S,n+1}=V_{A,n+1}+V_{S,n+1}=20+1500=1520(\text{kg/h})$$

$$y_{A,n+1}=\frac{V_{A,n+1}}{V_{A+S,n+1}}=\frac{20}{1520}=0.01316$$

(7)求第 i 级与第 $i+1$ 级间 $x_{A,i}$ 与 $y_{A,i+1}$ 间的关系,即操作线方程

由 $x_{A,i}$ 代入 $f(x_{A,i})=0.487+0.176x_{A,i}$,得到第 i 级流出的浸余相持液流量 $L_{A+S,i}$

$$L_{A+S,i}=L_{B,0}f(x_{A,i})=2500f(x_{A,i})$$

由 0 级自 i 级与第 $i+1$ 级间的液体的物料衡算,求 $V_{A+S,i+1}$

$$V_{A+S,i+1}+L_{A+S,0}=V_{A+S,1}+L_{A+S,i},\quad V_{A+S,i+1}=V_{A+S,1}+L_{A+S,i}-L_{A+S,0}$$

由 0 级自 i 级与第 $i+1$ 级间的 A 的物料衡算,求 $y_{A,i+1}$

$y_{A,i+1}V_{A+S,i+1}+x_0L_{A+S,0}=y_{A,1}V_{A+S,1}+x_{A,i}L_{A+S,i}$,得到

$$y_{A,i+1}=\frac{y_{A,1}V_{A+S,1}+x_{A,i}L_{A+S,i}-x_0L_{A+S,0}}{V_{A+S,i+1}}=\frac{y_{A,1}V_{A+S,1}+x_{A,i}L_{A+S,i}-x_0L_{A+S,0}}{V_{A+S,1}+L_{A+S,i}-L_{A+S,0}}$$

(8)逐级计算法计算所需的理论级数

从第0级开始:操作点为($x_{A,0}=0.937, y_{A,1}=0.6201$),

到末级操作点($x_{A,n}=0.11057, y_{A,n+1}=0.01316$)间逐级计算。

与精馏的理论板数的计算思路相同,$x_{A,1}=y_{A,1}=0.6201$

$y_{A,2}$用上述求得的操作线方程求。先计算

$f(x_{A,1})=0.487+0.176\times0.6201=0.59614$,得到第1级流出的浸余相持液流量$L_{A+S,1}$

$$L_{A+S,1}=L_{B,0}f(x_{A,1})=2500\times0.59614=1490.344(\text{kg/h})$$

$$y_{A,2}=\frac{y_{A,1}V_{A+S,1}+x_{A,i}L_{A+S,i}-x_0L_{A+S,0}}{V_{A+S,1}+L_{A+S,i}-L_{A+S,0}}=\frac{y_{A,1}V_{A+S,1}+x_{A,1}L_{A+S,1}-x_0L_{A+S,0}}{V_{A+S,1}+L_{A+S,1}-L_{A+S,0}}$$

$$=\frac{0.6201\times1128.849+0.6201\times1490.344-0.937\times875}{1128.849+1490.344-875}=0.4611$$

$x_{A,2}=y_{A,2}=0.4611$,求$y_{A,3}$,依照上述步骤,得到$y_{A,3}=0.3195=x_{A,3}$

再得到$y_{A,4}=0.1947=x_{A,4}, y_{A,5}=0.0859=x_{A,5}$(小于$x_{A,n}=0.11057$)

故需要5级(如需细算,用线性差值法求出为4.773)

(9)用MT法作出理论级数

应该先求出各$x_{A,i}$下的$y_{A,i+1}$。因为本题的操作线弯曲程度不大,只算$x_{A,i}=0.5$点由上述求$y_{A,i+1}$的方法,求出$y_{A,i+1}=0.354$。

用三点($x_{A,0}=0.937, y_{A,1}=0.6201$)、($x_{A,i}=0.5, y_{A,i+1}=0.354$)、($x_{A,n}=0.11057, y_{A,n+1}=0.01316$)作出操作线,在$y=x$与操作线间作梯级,得到$n\approx5$(图略)

(10)用克莱姆塞尔公式(吸收也有)求。将上述操作线近似用两段直线逼近。需要求每段直线的斜率和各段的两端推动力。斜率用上述三个点的两点式求,

$x_{A,0}=0.937$至$x_{A,i}=0.5$间的直线的斜率为0.6087,

$x_{A,i}=0.5$至$x_{A,n}=0.11057$间的直线的斜率为0.8753,

$\Delta y_0=x_{A,0}-y_{A,1}=0.937-0.6201=0.317$

$\Delta y_i=x_{A,i}-y_{A,i+1}=0.5-0.354=0.146$

$\Delta y_{n+1}=x_{A,n}-y_{A,i+1}=0.11057-0.01316=0.09741$

分别用克莱姆塞尔公式求两段的级数,然后再相加得总级数

$$n_{0-i}=\frac{\lg(\Delta y_0/\Delta y_i)}{\lg(V/L)}=\frac{\lg(0.317/0.146)}{\lg(1/0.6087)}=1.562$$

$$n_{i-n+1}=\frac{\lg(\Delta y_i/\Delta y_{n+1})}{\lg(V/L)}=\frac{\lg(0.146/0.09741)}{\lg(1/0.8753)}=3.037$$

$$n=1.562+3.037=4.599\approx4.6$$

8.2.4 超临界流体浸取技术

超临界流体(super critical fluid)用于浸取(或萃取)是一项近几十年发展起来的新型分离技术,在食品工业中多用于分离获取高附加值的产品。超临界流体萃取所用的萃取剂是超临界状态下的流体,该流体具有气体和液体的性质,且对许多物质均具有溶解能力,分离速率比液体溶剂萃取快,可以实现高效的分离过程。一种超临界CO_2流体浸取和萃取联合流程如图8-13所示。

液、气两相呈平衡状态的点叫临界点。在临界点时的温度和压力称为临界温度和临界压力。物质处于临界温度和临界压力以上状态时,向该状态气体加压,气体不会液化,只是

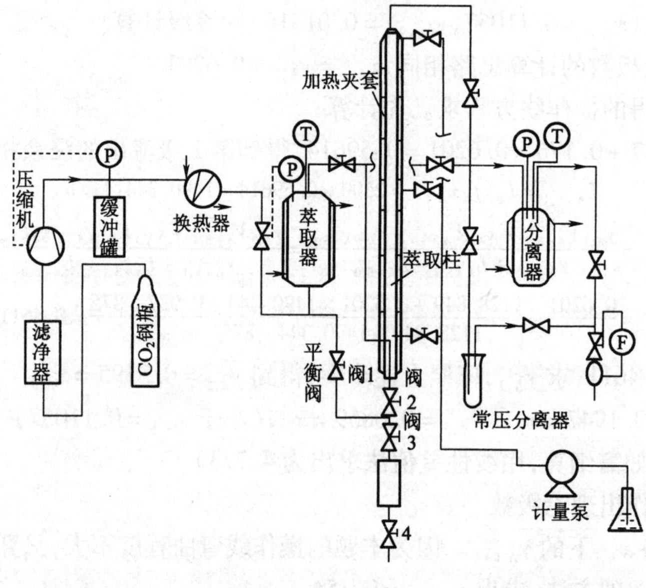

图 8－13　超临界 CO_2 浸取和萃取流程

密度增大，具有类似液态的性质，同时保留气体性能，这种状态的流体称为超临界流体。

超临界流体萃取分离过程的原理是利用超临界流体的溶解能力与其密度的关系，即利用压力和温度对超临界流体溶解能力的影响而进行的。在超临界状态下，超临界流体具有很好的流动性和渗透性。将超临界流体与待分离的物质接触，使其有选择性地把极性大小、沸点高低和分子质量大小的成分依次萃取出来。当然，对应各压力范围所得到的萃取物不可能是单一的，但可以控制条件得到最佳比例的混合成分，然后借助减压、升温的方法使超临界流体变成普通气体，被萃取物质则完全或基本析出，从而达到分离提纯的目的。

溶质在某溶剂中的溶解度与溶剂的密度呈正相关，超临界流体萃取的溶剂也与此类似。因此，通过改变压力和温度，改变溶剂的密度，便能溶解许多不同类型的物质，达到选择性地提取各种类型化合物的目的。可作为超临界流体的物质很多，如二氧化碳、一氧化亚氮、六氟化硫、乙烷、甲醇、氨和水等。

其中二氧化碳是最为理想的溶剂。图 8－14为纯二氧化碳压力和温度、密度的关系。其临界温度低（$T_c = 31.06$℃），接近室温；临界压力小（$p_c = 7.38$MPa），扩散系数为液体的100 倍，因而具有较强的溶解能力，且

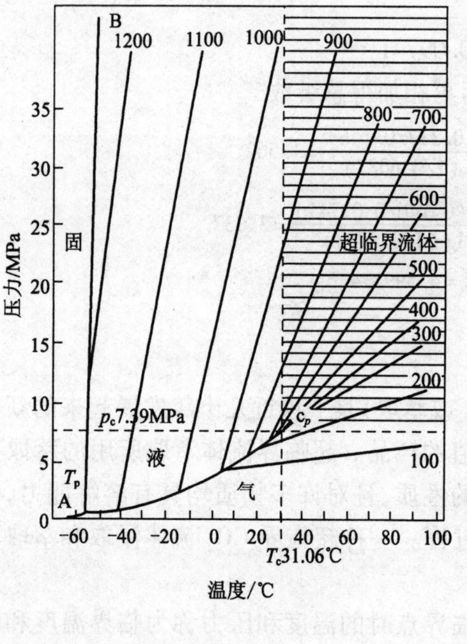

图 8－14　纯二氧化碳温度、压力和密度关系图

具有无色、无味、无毒、不易燃、化学惰性、低膨胀性、价廉、易制得高纯气体等特点。超临界二氧化碳萃取过程受很多因素的影响，包括超临界二氧化碳所处的状态如二氧化碳的温度、压力、流量、夹带剂的选择等，还包括被萃取物质的性质如物理形态、粒度、黏度等。

8.3 吸 附

8.3.1 吸附的基本概念

吸附(adsoption)操作在石油化工、化学工业、医药工业、食品工业、冶金工业和电子工业等工业部门有广泛应用。吸附是利用含吸附质的气相或液相流动相与多孔固体颗粒吸附剂接触以分离吸附质的单元操作。气固吸附操作常用在化学工业中，而在食品工业中常用液固吸附操作除去液体食品中的少量杂质，例如动植物油脂的脱臭、糖液的脱色、净水器的去除异味和微量杂质、大孔树脂的吸附分离精制甜菊苷等。

根据吸附剂表面分子提供的作用力形式不同，吸附有物理吸附、化学吸附、离子交换吸附之分。根据吸附的分子种类不同，可以分为单组分吸附和多组分吸附。根据吸附操作的压强和温度区分，有等压和变压以及等温和变温吸附。液固吸附时，吸附热的释放不能显著改变体系温度，可作为等温吸附处理。本节简要介绍单组分等温物理液固吸附。

吸附过程是一种表面过程，需要固体颗粒具有很大的比表面积，常用多孔结构的固体颗粒作为吸附剂。吸附剂有天然和人工合成两类：天然类的有活性白土、硅藻土、凹凸棒等；人工合成的有活性炭、硅胶、分子筛、吸附树脂等。天然类的吸附剂价廉易得，可不回收，而合成类的吸附剂性能好，常常要求回收。评价吸附剂性能的指标有比表面积、吸附量、选择性、孔径、机械强度和物理化学稳定性等。

吸附设备有接触过滤吸附设备、固定床吸附设备、流化床吸附设备、移动床和模拟移动床吸附设备、色谱吸附塔等，各有优缺点，可根据实际情况选用。

8.3.2 吸附分离理论

(1)液固吸附平衡　如果将液固吸附过程的固相类比成气体吸收的反过程——脱吸(收)，将液相类比成移去溶质的脱吸液，固相类比成吸入溶质的脱吸气，则吸附过程可参照脱吸收进行理解。脱吸收是吸收的反过程，除推动力相反，操作线在相平衡线的下方外，脱吸的计算与吸收非常相似。因此完全可以采用类比脱吸或吸收内容的方法学习吸附。

正如气液溶解平衡一样，液固吸附也有吸附平衡。为与脱吸对应便于理解，令液体包含溶质 A 和溶剂 S，组成用比质量分率 X 表示，单位为 kg(A)/kg(S)，连续式的溶剂 S 的流量为 $L_S$kg/h，固体包含溶质 A 和吸附剂 B，组成用比质量分数 Y 表示，单位为 kg(A)/kg(B)，连续式的吸附剂用量为 $G_B$kg/h，可参照脱吸(收)理解吸附平衡和连续式吸附计算。

液固吸附的平衡关系比较复杂，$Y-X$ 平衡线大致有五种不同的形状：Y 等于常数为不可逆吸附平衡线；$Y=mX$ 为类似于亨利定律的稀溶液吸附平衡线；Y 随 X 增大而增大且 Y 的二阶导数大于零的曲线为非促进吸附平衡线，较少见；Y 随 X 增大而增大但 Y 的二阶导数小于零的曲线为促进吸附平衡线和强烈促进吸附平衡线。促进吸附在较低的液相浓度下可得到较高的吸附量,平衡线方程实为 Langmuir 方程:

$$\frac{Y^*}{Y_0} = \frac{m'X}{1 + m'X} \tag{8-14}$$

式(8-14)中,m'为 Langmuir 常数,Y_0 为固体表面满覆盖时的最大吸附量,kg(A)/kg(B)。

式(8-14)中,当 $m'X \gg 1$ 时,在较小的 X 下就能保证接近 Y_0,此种吸附即为强烈促进吸附,其极端例子即为不可逆吸附。强烈促进吸附的平衡方程可用 Freundlich 方程描述:

$$Y^* = mX^{1/n} \tag{8-15}$$

式(8-15)中的 m 为相平衡常数,n 为与温度有关的常数,n 在 2~10 之间时,吸附易于进行,n 小于 0.5 时吸附有困难。

(2)液固吸附过程的速率　如果不涉及吸附过程的分子动力学原理,吸附过程经历外扩散、内扩散和表面吸附三个过程。外扩散是指吸附质从溶液主体扩散到固体外表面,内扩散是指吸附质通过颗粒的微孔扩散达到颗粒的内表面。物理吸附中,表面吸附过程的阻力很小,吸附很快,过程速率由内扩散或外扩散控制,或由两者共同控制。大多数液固吸附为内扩散控制。

可以类比吸收过程分别写出液相的传质分系数 k_X 和固相的传质分系数 k_Y。在相平衡线为直线时也可写出总传质系数 K_Y 或 K_X 与分传质系数的关系式,但要注意固体内部的传质过程实为非稳态过程,应用一维菲克第二定律,对球形粒子可得到 k_Y 的平均值用于计算。

由于吸附过程的复杂性,吸附设备多凭经验或相似条件下的实验结果进行设计。

8.3.3 吸附计算

单组分吸附计算可类比脱吸收计算理解。吸附流程可分为级式吸附和微分式吸附两种。

对级式吸附,采用物料衡算得到操作线方程,再联合相平衡线方程,采用代数或图解法求解完成一定的分离任务所需要的级数,或求解一定的级数下所能达到的分离程度等。错流和逆流的级式吸附图解计算的差异仅在于操作线不同。

对微分式吸附设备的计算,可类比微分式传质计算模型,采用传质系数进行计算,得到传质单元数和传质单元高度,用于计算吸附剂的用量和填料层的高度;也可类比使用理论级模型,结合实验得到相当于一个理论级吸附效果的吸附剂填充高度(类似填料塔的等板高度),计算实际所需的吸附剂填充高度。

这里特别提出讨论固定床吸附设备的操作特点和设计方法。在固定床吸附设备中,吸附剂被固定装于吸附柱内,设溶剂质量流量为 L_S(kg/s)、比质量浓度为 X_0[kg(A)/kg(S)]的吸附液从柱顶加入,经吸附层吸附干净($X_1=0$)后,从底部流出。操作一段时间后,吸附剂需要再生或重装。吸附柱内各高度处的吸附剂或者已经饱和[达到吸附平衡 Y_0kg(A)/kg(B),假设为 $Y_0=mX_0$],或者尚未开始吸附($Y_1=0$)。正在进行吸附的区域称为吸附带,饱和的区域称为饱和带,未吸附区域称为未吸带。吸附带在固定床内自上而下移动。

沿流动方向看,饱和带与吸附带相交于一横截面,此横截面称为饱和带前沿面(两相浓

度分别为 X_0、Y_0）。吸附带与未吸带相交于一横截面，此横截面称为吸附带前沿面（两相浓度分别为 X_1、Y_1）。两前沿面间的区域为一个完整的吸附带。吸附带内吸附剂所处位置越低，对应位置处的吸附剂吸附越少，对应位置处的流体中吸附质的浓度也越小，理论上到达吸附带前沿面吸附剂吸附为零，流体中吸附质的浓度也为零。随着吸附的进行，吸附饱和带前沿面向下前移，整个吸附带也向下前移，直至到达吸附床的底部。当从固定床底层流出的流体吸附质浓度由零变大时，已经达到该固定床的透过点，此时应该停止操作，再生吸附剂或重装新的吸附剂。

吸附带以 u_G 速度向下移动，相对而言，可视为吸附剂以 u_G 速度向上移动[吸附剂质量流量为 G_B(kg/s)]通过吸附带，故液固两相在吸附带内相对流动，相当于移动床或两相逆流流动，不同之处在于，吸附带以 u_G 速度下移，原吸附带将移到下方的一个新位置，以原吸附带为基准计算的溶液进入量 L_{S+A}，将有一部分遗留在原吸附带位置与新吸附带位置之间（即新增饱和带，未及时移出吸附柱）的空隙 $L_{V,S+A}$ 中。实际进入新吸附带的溶液流量 L'_{S+A} 应扣除此部分遗留流量，即有：$L'_{S+A}=L_{S+A}-L_{V,S+A}$，如以溶剂为基准计算，则有 $L'_S=L_S-L_{V,S}$，$L_{V,S}$ 为新增饱和带空隙中溶剂的质量流量。

当溶剂质量流量为 L_S、比质量浓度为 X_0 的吸附液从柱顶加入时，可由吸附质的物料衡算得到吸附带的下移速度 u_G。未分离前进入一个吸附带的总溶质为 L_SX_0，经一个吸附带分离后（吸附带以 u_G 的速度进行下移），所有的吸附质进入新增饱和带的吸附剂中和被截留在新增饱和带的空隙中。进入新增饱和带的吸附剂中的吸附质为 $u_GA\rho_aY_0$，被截留在新增饱和带的空隙中的吸附质为 $u_GA\varepsilon c_SX_0$，其中 A 为吸附柱的横截面积，ρ_a 为吸附剂的视密度，ε 为吸附剂堆积的空隙率，c_S 为溶剂在溶液中的质量浓度[kg(S)/m^3(溶液)]，与溶液密度 ρ 的关系为 $c_S=\rho/(1+X_0)$。由上述吸附质衡算并结合吸附平衡关系（假设为 $Y_0=mX_0$）和溶液空塔速度 $u_L=L_S/(Ac_S)$，得到吸附带的下移速度 u_G 表达式为：

$$u_G=\frac{u_L}{\rho_a\dfrac{m}{c_S}+\varepsilon} \tag{8-16}$$

可见，固定床中一个完整的吸附带的吸附模型为：在吸附塔处理溶液的流量为 L_{S+A} 时，溶剂真正进入和排出吸附带的流量为 $L_S/[1+c_S\varepsilon/(m\rho_a)]$，溶液入塔（或吸附带）浓度为 X_0，出塔（或吸附带）浓度为 $X_1=0$，吸附剂以 $G_B=u_GA\rho_a$ 的流量相对进入吸附带，吸附剂入塔浓度 $Y_1=0$，出塔（或吸附带）浓度 $Y_0=mX_0$，即达到吸附平衡。上述模型等同于稳态逆流吸附，故可按照稳态吸附过程开发计算公式。模型如图 8－15 所示。

吸附刚开始，还未形成一个完整吸附带时，则需要经历形成一个完整吸附带过程，此过程溶剂的进料流量为 L_S，不需要修正。

用传质单元高度法计算吸附带的高度 H'_0 时，溶剂的流量为 $L'_S=L_S-L_{V,S}$，空隙截留的 S 的质量流量 $L_{V,S}$ 为 $u_GA\varepsilon c_S$，故 L'_S 经计算为 $L_S/[1+c_S\varepsilon/(m\rho_a)]$，

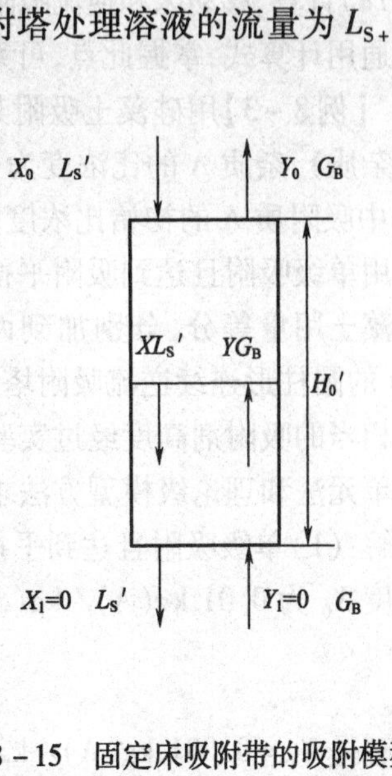

图 8－15　固定床吸附带的吸附模型

并有

$$H'_0 = H_{OL}N_{OL} = \frac{L_S}{K_{Xa}A(1+\frac{\varepsilon c_S}{m\rho_a})}\int_{X_1}^{X_0}\frac{dX}{X-X^*} \tag{8-17}$$

但实际上因 L_S 的修正系数较小,可以忽略不计,故溶液或溶剂的流量也可不加修正而用于计算 H'_0,计算式与首次形成第一个完整吸附带的吸附层高度计算式 H_0 或移动床和逆流操作床的吸附层高度 H_0 的计算式相同:

$$H_0 = H_{OL}N_{OL} = \frac{L_S}{K_{Xa}A}\int_{X_1}^{X_0}\frac{dX}{X-X^*} \tag{8-18}$$

式(8-17)和式(8-18)中的总传质系数 K_{Xa} 如同吸收一样由两相分系数求取。

式(8-17)和式(8-18)中的 X^* 为与吸附剂浓度 Y 成平衡的浓度,与脱吸或吸收一样,需要由操作线方程求 Y。在图 8-15 中,吸附带中图示任意截面处溶液和吸附剂的浓度分别为 X 和 Y,以整个吸附带为衡算范围进行吸附质的物料衡算,有 $L_S'X_0 = G_BY_0$,在所选任意截面处至吸附带前沿面间作吸附质的物料衡算,有 $L_S'X = G_BY$,两式相比有 $Y_0/Y = X_0/X$,故有

$$Y = \frac{L_S'}{G_B}X = \frac{Y_0}{X_0}X \tag{8-19}$$

式(8-19)即为固定床吸附塔的操作线方程。

设计固定床吸附塔的高度 H 时,主要涉及吸附带高度 H_0 或 H_0' 和饱和前沿面的移动速度的计算。根据分离要求、流体处理量 L_{A+S} 和吸附床一次使用时间 τ 的要求,将流体移动的空床速度 u_L 按照式(8-16)换算成饱和前沿面的移动速度 u_G,用式(8-18)的 H_0 计算形成第一个完整的吸附带所需的时间 τ_0,$\tau_0 = H_0/u_G$,用式(8-17)计算饱和前沿面形成以后的一个完整吸附带和最后留下的一个完整吸附带的床层高度 H_0',则床层高度为:

$$H = u_G(\tau-\tau_0) + H_0' \approx u_G(\tau-\tau_0) + H_0 = u_G\tau \tag{8-20}$$

固定床从饱和前沿面至吸附前沿面间的一个完整吸附带的床层高度可用或可近似用式(8-18)计算,移动床和逆流吸附设备的吸附高度计算直接采用式(8-18)计算,故式(8-18)仍为通用计算式,掌握此点,可系统化和简化理解吸附过程的计算。

*【例 8-3】用硅藻土吸附某糖液中的杂质以脱色,糖液 S 的处理量为 L_S = 1000kg/h(不包括杂质),杂质 A 的比浓度为 0.01kg(A)/ kg(S),要求 A 的脱除率为 90%。吸附剂硅藻土 B 中吸附质 A 的初始比浓度为 0 kg(A)/ kg(B),吸附平衡关系近似为 $Y^* = 100X$。(1)求采用单级吸附且达到吸附平衡时硅藻土的用量 G_B;(2)若采用两级错流流程,将单级吸附的硅藻土用量等分,分别加到两个串接的吸附器中,求杂质的脱除率;(3)若采用直径为 0.3m 的圆柱形连续逆流吸附塔进行处理,总体积传质系数 K_{La} = 2.5kg/(m^3·s),与一个理论级相当的吸附剂高度经过实验确定为 0.24m,硅藻土用量为最小用量的 1.2 倍,分别采用传质单元法和理论级模型方法求杂质的脱除率为 90% 时的吸附层高度。

解:(1)单级吸附且达到平衡时的硅藻土用量　吸附率为 90% 时,糖液初始含杂质 A 的比浓度 X_0 为 0.01 kg(A)/ kg(S),吸附后糖液含杂质 A 的比浓度为 X_1,可用下式求得:

$$\eta = \frac{X_0 - X_1}{X_0} = \frac{0.01 - X_1}{0.01} = 0.9$$

解得 X_1 = 0.001 kg(A)/ kg(S)。

一级吸附器的物料衡算为：

$$L_S(X_0 - X_1) = G_B(Y_1^* - Y_0) = G_B(mX_1 - Y_0)$$

$$1000(0.01 - 0.001) = G_B(100 \times 0.001 - 0)$$

解得 $G_B = 90$ kg/h。

(2)两级错流吸附的吸附率　每个吸附器吸附剂的用量为45kg/h。第一级吸附器流出的糖液含杂质的比浓度 X_1 由物料衡算得到：

$$L_S(X_0 - X_1) = G_B(Y_1^* - Y_0) = G_B(mX_1 - Y_0)$$

$$1000(0.01 - X_1) = 45\ (100X_1 - 0)$$

解得 $X_1 = 1.82 \times 10^{-3}$kg(A)/ kg(S)，此糖液流入第二级吸附器，第二级吸附器的物料衡算为：

$$L_S(X_1 - X_2) = G_B(Y_2^* - Y_0) = G_B(mX_2 - Y_0)$$

$$1000(0.00182 - X_2) = 45\ (100X_2 - 0)$$

解得 $X_2 = 3.31 \times 10^{-4}$kg(A)/ kg(S)

$$\eta = \frac{X_0 - X_2}{X_0} = \frac{0.01 - 3.31 \times 10^{-4}}{0.01} = 0.967$$

即杂质的吸附脱除率由一级的90%增加到两级错流吸附的96.7%。

(3)采用微分传质模型的传质单元高度公式求硅藻土层高度　令液体由吸附塔底流向吸附塔顶，硅藻土由塔顶加入流向塔底。塔顶用“0”标注，塔底用“1”标注，则入塔液相的杂质浓度为 $X_1 = 0.01$kg(A)/ kg(S)，出塔液相的杂质浓度为 X_0，入塔硅藻土含杂质浓度为 $Y_0 = 0$kg(A)/ kg(B)，出塔硅藻土含杂质浓度为 Y_1。

$$\eta = \frac{X_1 \ X_0}{X_1} = \frac{0.01 - X_0}{0.01} = 0.9$$

解出 $X_0 = 0.001$ kg(A)/ kg(S)

吸附塔的物料衡算为：

$$L_S(X_1 - X_0) = (G_B/1.2)(Y_1^* - Y_0) = (G_B/1.2)(mX_1 - Y_0)$$

$$1000(0.01 - 0.001) = (G_B/1.2)(100 \times 0.01 - 0)$$

解得 $G_B = 10.8$kg/h，实际硅藻土出塔浓度 $Y_1 = 0.833$ kg(A)/ kg(B)

传质推动力用对数平均推动力计算：

$$\Delta X_m = \frac{\Delta X_1 - \Delta X_0}{\ln \dfrac{\Delta X_1}{\Delta X_0}} = \frac{(X_1 - Y_1/100) - (X_0 - 0)}{\ln \dfrac{X_1 - Y_1/100}{X_0 - 0}}$$

$$= \frac{(0.01 - 0.833/100) - (0.001 - 0)}{\ln \dfrac{0.01 - 0.833/100}{0.001 - 0}} = 1.31 \times 10^{-3}$$

$$N_{OL} = \frac{X_1 - X_0}{\Delta X_m} = \frac{0.01 - 0.001}{1.31 \times 10^{-3}} = 6.87$$

硅藻土高度为：

$$h = H_{OL}N_{OL} = \frac{L_S}{K_{La}A}N_{OL} = \frac{1000/3600}{2.5 \times (\pi/4) \times 0.3^2} \times 6.87 = 1.57(\text{m})$$

采用级式传质模型的理论级数求硅藻土层高度。应用类似于吸收的克莱姆塞尔理论板的计算公式，可计算所需的理论级数：

$$\left(\frac{L_S}{mG_B}\right)^{N_T} = \frac{\Delta X_0}{\Delta X_1}$$

$$\left(\frac{1000}{100 \times 10.8}\right)^{N_T} = \frac{0.001 - 0}{0.01 - 0.833/100} = 0.60$$

解得 $N_T = 6.64$。

吸附塔有效高度为：

$$h = N_T \cdot H_E = 6.64 \times 0.24 = 1.59(\text{m})$$

本题的吸附平衡线如果不为直线，可以采用图解法进行计算。

8.4 离子交换

8.4.1 离子交换的基本概念

(1)离子交换反应　用吸附剂吸附溶液中的物质，不仅可以吸附中性分子，还可以吸附离子。如果被吸附的离子与吸附剂的离子进行交换，发生离子交换反应，则称为离子交换，所用的吸附剂称为离子交换剂。离子交换(ion - exchange)与吸附相似，可看成是特殊的吸附过程。离子交换可用于锅炉给水、废水废气处理、金属提取和浓缩、分析化学、医学、中草药成分提取和食品工业等领域。在食品工业中，离子交换广泛用于水处理、制品提纯以及制品的分离。蔗糖、葡萄糖、甘油、柠檬酸的精制以及蛋白质、氨基酸、核酸、维生素的分离均使用到离子交换。

离子交换剂一般由一个固定的极大的带电基团和另一个可置换的离子组成。带有可交换的阳离子的交换剂称为阳离子交换剂，带有可交换的阴离子的交换剂称为阴离子交换剂。一般用 R 表示极大的基团或骨架。典型的阳离子的交换反应可表示为：

$$Ca^{2+} + Na_2R = CaR + 2Na^+$$

阴离子的交换反应可表示为：

$$SO_4^{2-} + RCl_2 = RSO_4 + 2Cl^-$$

离子交换也是一个可逆过程，正反应和逆反应同时进行。当正反应速率大于逆反应速率时，过程表现为生产中所需的离子交换；当正、逆反应速率相等时，离子交换过程达到终点；而当逆反应速率高于正反应速率时，整个过程称为离子交换剂的再生。离子交换剂可以反复使用。离子交换是一化学计量过程，此为与一般吸附不同之处。

(2)离子交换树脂　根据离子交换剂提供的可交换离子所带电荷的不同，可以将其分为阳离子交换剂和阴离子交换剂。另外，还可以根据带电基团的性质将离子交换剂分为有机离子交换剂和无机离子交换剂两大类。无机离子交换剂以沸石最具有代表性。有机离子交换剂可分为碳质和有机合成离子交换剂两类，碳质离子交换剂主要是磺化煤；有机合成离子交换剂又称为离子交换树脂，是目前应用最多的一种离子交换剂。

离子交换树脂是一种带有活性基团的不溶性高分子化合物，它由两部分组成：一部分是离子交换剂本体，为高分子化合物和交联剂组成的高分子共聚体化合物，其中交联剂的作用是使高分子化合物聚合形成一定网状结构的不溶性固体；另一部分是活性基团，与离子交换剂本体连接的官能团，其上带有可游离的、能与溶液中的同种离子交换的离子称为反离子。

例如活性基团—SO_3H,其中 H^+ 是可游离的阳离子,即反离子,而—SO_3^-,则和交换本体联结在一起形成大分子带电基团,该离子交换树脂可表示为 RSO_3H,其中只有 H^+ 游离参与交换,因此离子交换实际上是反离子的交换。

离子交换树脂可根据活性基团的性质,分为阳离子交换树脂和阴离子交换树脂两类,每一类根据其不同的交换性能又可分为强型和弱型离子交换剂两种。

带有磺酸基活性基团的交换树脂是强酸性阳离子交换树脂。交换剂本体最常见者为苯乙烯-二乙烯苯的共聚体。磺酸基的酸性相当于硫酸、盐酸等无机酸,这种树脂对酸、碱及各种溶剂都较稳定,可以在 pH 12 的强碱中工作。带有羧酸基、酚基活性基团的交换树脂是弱酸性阳离子交换树脂,其中应用较多的是含羧酸基的树脂。这种树脂在水中的解离能力较低,因而交换速度慢,交换能力弱,只能用于中性和碱性介质中,且不能将中性盐分开,与 Cl^-、SO_4^{2-} 等离子不起反应,而仅与 HCO_3^- 等盐类反应,它的优点是本体能结合较多的羧酸基团,故交换容量大,而且容易再生,再生效率高,再生剂耗量少,较为经济。

带季铵基的交换树脂为强碱性阴离子交换树脂,其碱性相当于一般的季铵碱,在酸性、中性、碱性介质中都可应用。带伯胺仲胺等活性基团的交换树脂属弱碱性阴离子交换树脂,它们只能与强酸离子如 Cl^-、SO_4^{2-} 等交换,对水溶液的 pH 也有严格要求,只能用于中性和酸性介质中,它们与弱酸性阳离子交换树脂一样具有交换容量大,再生容易的优点。

根据树脂的物理结构,离子交换树脂又可分为凝胶型和大孔型两类:凝胶型树脂,通常其孔径大小为 2 ~ 4 nm;大网树脂又称大孔树脂,孔径可达 20 ~ 100 nm,有较好的机械性能。国产的主要离子交换树脂的型号与性能见表 8-1。

表 8-1　国产离子交换树脂的牌号与性能

牌　号	ρ_a/(kg/m³)	全交换容量/(mol/kg)	牌　号	ρ_a/(kg/m³)	全交换容量/(mol/kg)
701#	650 ~ 750	≥9	732#(强碱 1×7)	750 ~ 850	≥4.5
704#	650 ~ 750	≥5	强酸 1#	760 ~ 800	≥4.5
711#	650 ~ 750	≥3.5	强碱 201#	640 ~ 680	2.7
717#(强碱 201×7)	650 ~ 750	≥3	732#(强酸 010)	760 ~ 800	4 ~ 5
724#	—	≥9	717#(强碱 201)	640 ~ 680	2.7

(3)离子交换树脂的物理化学性质　离子交换树脂的主要物理化学性质有交联度、粒度、含水率、密度、溶胀性、交换选择性、交换容量等。

树脂的骨架是用交联剂联成一个巨大且可以与热固性塑料相比拟的分子网,这种交联的程度称交联度,交联度用合成时所用单体中交联剂的质量分数表示。交联度大时树脂空隙率小,密度大,含水率高,选择性好,机械强度高,稳定性好,但交换速度慢,交换容量小。

树脂的粒度一般为 16 ~ 50 目即 0.3 ~ 1.2mm,可影响离子交换速率、树脂床层中液流分布的均匀性,液流的压降以及反洗时树脂的流失等。

树脂在水中充分溶胀并沥干后,在其交联网内会含有一定量的水分。树脂的含水率可间接反映交联度的大小,含水率一般在 40% ~75%。

树脂的湿真密度是指树脂在水中充分溶胀后,树脂颗粒本身的密度,湿真密度对交换柱反洗强度的大小,以及混合床再生前分层的好坏影响很大。一般阳离子交换树脂的湿真密度为1300kg/m^3 左右,阴离子的湿真密度为1100kg/m^3 左右。湿的离子交换树脂的堆积密度也称视密度或松密度,阳离子交换树脂的视密度为700~850kg/m^3,阴离子的视密度为600~750kg/m^3。

离子交换树脂在水中由于溶剂化作用而体积增大,称为溶胀,通常按干树脂所吸取水的百分数表示。

同一种树脂对溶液中各种不同离子的交换优先次序不同,此为树脂的交换选择性。阳离子交换树脂对离子价数高的离子选择性大,碱金属和碱土金属的原子序数越大,被交换能力越强,H^+被交换的性质有特殊性,与活性基团酸性的强弱有关,即有:

$$Fe^{3+} > Al^{3+} > Ca^{2+} > Mg^{2+} > K^+ > Na^+ > Li^+$$

阴离子交换树脂的选择性规律:

$$PO_4^{3-} > SO_4^{2-} > NO_3^- > Cl^- > HCO_3^- > HSiO_3^-$$

树脂的交换容量是指单位量的树脂所能交换的离子量的大小,它说明了树脂的交换能力,有理论交换容量和工作交换容量之分。树脂活性基团中所有可交换离子全部被交换时的交换容量为理论交换容量。交换容量是离子交换树脂的一个最重要性能,是设计离子交换过程和装置时必要的依据。交换容量的单位,干基一般用 mol/kg,湿基一般用 mol/L 表示。

(4)离子交换操作循环　离子交换操作循环分四步:交换、反洗、再生和正洗。交换时先将交换剂溶胀至体积稳定后,再行装柱。交换时要维持床层的结构正常,溶液进入要分配均匀,避免在床层中产生沟流和空洞,使吸附剂与溶液密切接触进行离子交换。反洗是再生前的准备步骤。以清水反向对床层冲洗,目的是使床层膨胀和调整,清洗排出交换时截留在床层中的杂质,以便使液流分配更均匀,如果是混合床,反洗兼有使阴、阳离子交换树脂分层的作用。再生的目的是恢复交换剂的交换能力,再生的方法有电解水成为 H^+ 和 OH^- 法和酸碱法,酸碱法是应用最广泛的一种方法。将一定浓度的再生液均匀通入床层,再生剂的离子以与交换步骤相反的反应把交换剂上结合的离子再置换下来,得到产品,并使吸附剂再生以循环利用。正洗是以淋水正向通过交换剂床层,将床层内滞留的再生液置换出来,以利于下个循环过程的交换操作。

8.4.2　离子交换理论

(1)离子交换平衡　有许多理论可以推断离子交换平衡,如吸附平衡理论、顿南(Donnan)膜理论和质量作用定律。离子交换过程是树脂上可交换离子与溶液中同性电荷离子起置换反应的过程,这是一个可逆过程,在一定的操作条件下,经过一定的时间将会达到一个反应平衡,即正逆反应速率相等。平衡时各离子在树脂相各溶液相中会有一个平衡浓度,这一浓度由树脂对各种离子亲和力的大小以及其他许多因素相关,如交换离子的性质、树脂性质和溶液性质。稀溶液中,离子电荷愈大,树脂吸附该离子的能力愈强。大离子被吸附的能力较强,但交换容量低。水合能力大的离子吸附能力也强。树脂活性基团的酸碱性、关联度以及溶液中交换离子和非交换离子及溶质的性质均会影响平衡浓度。

离子交换达到平衡后,溶液中和树脂中的离子浓度不再变化。若以 c (mol/m^3)表示液相中交换离子的浓度,q(mol/kg)表示树脂中的离子浓度,平衡时两相中离子形成一定的平衡关系。由于液相中的初始交换离子浓度 c_0 和树脂中的交换容量 q_0 均为常数，因此习惯上以一量纲浓度表示两相中的交换离子浓度：

$$x = \frac{c}{c_0} \tag{8-21}$$

$$y = \frac{q}{q_0} \tag{8-22}$$

在一定实验条件下测得的数据，以 y 对 x 作图，所得曲线称为离子交换等温线，其意义与吸附等温线相似。

若 A、B 两种等价离子在液相中的浓度分别为 x_A 和 x_B，在树脂中的浓度分别为 y_A 和 y_B，则定义选择性系数：

$$\beta = \frac{y_A}{y_B} \cdot \frac{x_A}{x_B} \tag{8-23}$$

则有类似精馏的相平衡方程：

$$y = \frac{\beta x}{1 + (\beta - 1)x} \tag{8-24}$$

对于不等价离子交换，其等温线为：

$$\beta = \left(\frac{c_0}{\rho_a q_0}\right)^{n-1} \frac{y_A\ (1 - x_A)^n}{x_A\ (1 - y_A)^n} \tag{8-25}$$

式(8－25)中，$\rho_a q_0$ 为单位体积(堆积)的树脂的交换容量。

(2)离子交换过程的机理　离子交换过程的机理与吸附相似，一般的交换过程包含五个步骤：①交换离子从溶液主体扩散到树脂外表面；②交换离子从树脂外表面经颗粒中的微孔扩散到活性基团上；③发生交换反应；④被交换下的反离子从树脂内经微孔扩散到外表面；⑤反离子从外表面扩散到溶液主体。控制步骤为其中最慢的步骤。多种因素共同决定控制步骤，如溶液的浓度、流体力学条件、树脂大小等。可用一定的方法判别控制步骤。

(3)离子交换速率　离子交换的速率可以用传质分系数和总传质系数表示，这些传质系数可用量纲分析规划实验测定或通过理论模型求解。需要时可查有关参考书。

8.4.3　离子交换装置及交换区高度计算原则

离子交换装置有固定床式、半连续移动床式和流动式。

固定床离子交换柱可分为阳离子交换柱、阴离子交换柱和混合离子交换柱。混合离子交换柱由阴、阳两种离子交换树脂按照一定比例混合后充填其中而形成，俗称混合床。除单床外，还有将阴、阳离子交换柱串接的复床，或将复床和混床串接成复－混床系统。

半连续移动床离子交换装置的基本原理是分别设置交换、再生和清洗柱，交换柱完成交换后将树脂输送到再生柱进行再生，再生后将树脂输送到清洗柱清洗，之后再输送到交换柱中。

流动床交换柱为连续逆流交换装置，在一个柱中完成交换，在另一个柱中完成再生和清洗，两柱之间连续交换树脂。

交换阶段离子交换区高度的计算原则同吸附。固定床所用公式仍按照式(8－16)、式(8－17)或式(8－18)、式(8－19)推导的类似过程得到，分别为：

$$u_G = \frac{u_L}{\rho_a \frac{q_0}{c_0} + \varepsilon} \tag{8-26}$$

$$H_0' = H_{OL}N_{OL} = \frac{L_{A+S}(c_0/c_m)}{K_{xa}A(1+\frac{\varepsilon c_0}{\rho_a q_0})}\int_{x_1}^{x_0}\frac{dx}{x-x^*} \tag{8-27}$$

$$H_0 = H_{OL}N_{OL} = \frac{L_{A+S}(c_0/c_m)}{K_{xa}A}\int_{x_1}^{x_0}\frac{dx}{x-x^*} \tag{8-28}$$

$$y = x \tag{8-29}$$

式(8－26)至式(8－28)中 L_{A+S} 为溶液的摩尔流量，单位为 mol/s；q_0 为离子交换树脂的饱和交换容量，单位为 mol/kg；c_0 为初始溶液交换离子的浓度，单位为 mol/m^3；x 为交换带任意截面上溶液交换离子浓度 c 除以 c_0，即 c 的相对浓度，以 $(x-x^*)$ 为推动力时对应的总传质系数为 K_{xa}。x 也可使用交换离子在溶液中的摩尔分数 x' 代替进行计算，以 $(x'-x'^*)$ 为推动力时对应的总传质系数为 K'_{xa}，且有 $K'_{xa}=K_{xa}/(c_0/c_m)$，c_m 为溶液的总摩尔浓度。如果以摩尔浓度差 $(c-c^*)$ 作为推动力时的总传质系数是 K_{La}，则有 $K'_{xa}=c_mK_{La}$，且有 $K_{xa}=c_0K_{La}$。移动交换床和流动床交换区高度计算式可采用式(8－28)。

在实用上，交换区的高度可按照区域内溶液的浓度从初始浓度的95%降至初始浓度的5%加以确定。

离子交换计算的主要内容有交换柱的大小、树脂用量、交换柱工作周期、反洗和正洗的洗涤液用量及再生剂的消耗量等。虽然可以从理论上计算再生剂消耗量等，但许多原因影响交换过程的计算结果，再生剂的实际消耗量要比理论消耗量大，甚至大数倍，如2～5倍。交换柱高度的计算还要考虑反洗膨胀，如膨胀率为0.3～0.5等因素，因此进行离子交换过程的计算还需结合一些经验参数的选用。

【例8－4】利用装填强酸氢离子交换树脂的固定床交换 NaCl 水溶液中的 Na^+。已知溶液的处理量为0.71kg/s，溶液的密度近似取1000kg/m^3，NaCl 的浓度为10mol/m^3。离子交换树脂的装填空隙率为0.33，床的直径为0.3m，树脂的交换容量 $\rho_a q_0=2.01$kmol/m^3，离子交换平衡常数 β 为1.58，以浓度差为推动力的总传质系数 K_{La} 为0.86ms^{-1}，求操作5h所需要的床高（交换区可按照溶液的浓度从初始浓度的95%降至初始浓度的5%加以确定）。

解：为求操作5h所需的床高，需要求出从交换饱和带前沿至交换带前沿间一个完整的交换带的高度 H_0' 和交换带的移动速度，总床高由式(8－20)计算。

一个完整的交换带的移动速度由式(8－26)计算。其中：

$$u_L = \frac{0.71/1000}{(\pi/4)\times 0.3^2} = 0.01(\text{m/s}), c_0 = 10\text{mol/ m}^3,$$

$$u_G = \frac{u_L}{\rho_a \frac{q_0}{c_0}+\varepsilon} = \frac{0.01}{\frac{2.01\times 10^3}{10}+0.33} = 4.97\times 10^{-5}(\text{m/s})$$

用 Na^+ 的摩尔分数代入式(8－27)计算 H_0'，L_{A+S} 用摩尔流量，$K_{xa}/(c_0/c_m)$ 用 $K'_{xa}=c_mK_{La}$ 代替。由于1m^3 的水为55.56kmol，10mol 的量相对很小，故溶液的总浓度和摩尔流量均可按照水计算，$c_m\approx 5.56\times 10^4$ mol/ m^3，$L_{A+S}=0.71/0.018=39.44$mol/s。

$$H_0{}' = H_{OL}N_{OL} = \frac{L_{A+S}(c_0/c_m)}{K_{xa}A\left(1+\dfrac{\varepsilon c_0}{\rho_a q_0}\right)}\int_{x_1}^{x_0}\frac{dx}{x-x^*} = \frac{L_{A+S}}{c_m K_{La}A\left(1+\dfrac{\varepsilon c_0}{\rho_a q_0}\right)}\int_{x_1}^{x_0}\frac{dx}{x-x^*}$$

利用操作线方程 $y=x$，并带入相平衡方程（8－24），得到：

$$x^* = \frac{y}{y+(1-y)\beta} = \frac{x}{x+1.58(1-x)}$$

带入积分式计算 N_{OL}。所以得到一个交换带的高度为：

$$H_0{}' = H_{OL}N_{OL} = \frac{L_{A+S}}{c_m K_{La}A\left(1+\dfrac{\varepsilon c_0}{\rho_a q_0}\right)}\int_{x_1}^{x_0}\frac{dx}{x-x^*}$$

$$= \frac{39.44}{5.56\times10^4\times0.86\times0.785\times0.3^2\times\left(1+\dfrac{0.33\times10}{2.01\times10^3}\right)}\int_0^1\frac{dx}{x-\dfrac{x}{x+1.58(1-x)}}$$

$$= 0.0117\times13.1 = 0.153(\text{m})$$

利用式（8－20）计算吸附床有效高度 H

$$H = u_G\tau = 4.97\times10^{-5}\times5\times3600 = 0.895(\text{m})$$

8.5　膜　分　离

8.5.1　分离膜和膜分离在食品工业的应用

所讨论的分离膜是指具有分离性能，由固体、液体甚至是气体物质的薄层凝聚相所构成的一类薄形材料。膜具有各种类型，其中具有特异功能的膜称为功能膜。功能膜的功能指分离、识别、反应、能量转换、导电、发光等，如分离和交换功能、传感器功能、催化剂功能、固定酶功能、光电转换功能、热电转换功能、发光功能、导电功能等，这些功能因极具研究和开发价值而得到重视。本节主要涉及分离膜。利用分离膜进行分离的过程称为膜分离（membrane separation）。膜分离技术作为化工新技术之一，已被列为开发重点，应予关注。

由于膜分离过程不涉及相变，对能量要求低，无需加热，因此和蒸馏、结晶、蒸发等需要输入能量的过程有很大差异，可防止热敏性物质的失活，集除菌、分离、浓缩、纯化为一体，分离效率高，操作简单，能耗少，特别适合食品工业的应用。膜分离技术在食品工业中已有广泛研究和应用，例如用于制备纯水，淡化苦咸水，浓缩牛乳，脱除牛乳乳糖，分离大豆蛋白，浓缩蛋清，回收淀粉蛋白，加工废水中的蛋白，果汁除菌，生产无醇或浓缩啤酒，植物油脂脱胶和脱色，分离氨基酸等。食品工业中膜分离涉及物质及大小为 O_2（2.9nm）、H_2O（3.4nm）、Cl^-、OH^-、H^+、Na^+、Ca^{2+}（0.5～1nm）、蔗糖和卵清蛋白（2nm）、各种病毒（5～20nm）、胶体层（50～100nm）、油乳胶化液（200nm）、乳胶（0.5～1μm）、大肠杆菌和葡萄球菌（2～5μm）。

8.5.2　膜分离的类型

膜分离过程有各种分类方法：如按照分离原理分为具有所需孔径的膜分离、类似于萃取的无孔膜分离（利用被分离物与高分子膜的强亲和性经溶解扩散分离）和具有反应性官能团作用膜的膜分离；按照分离原理推动力分为压力差膜分离、电位差膜分离、浓度差膜分离等；按照膜孔径分类等。主要有微滤（Microporous Filtration，MF）、超滤（Ultra Filtration，UF）、纳滤(Nanofiltration, NF)、反渗透(Reverse Osmosis,RO),渗析(Dialysis),电渗析(Electrodialysis,简称ED)以及其他如气体渗透、渗透汽化、膜蒸馏等。

微滤和超滤、超滤和反渗透的分离范围存在交叉,纳滤介于反渗透和超滤之间,分离范围与反渗透和超滤也交叉。分类出现交叉,是由于各种物料的物性和膜的性质不同,在粒子或物质分子质量交叉处可采用不同的膜分离方法属于必然。应用膜系统截留不同大小分子的溶液时,大致截留顺序为,悬浮颗粒由微滤截留,大分子由超滤截留,盐和糖由反渗透等截留,透过的是水分子。

(1)微滤　采用孔径一般为0.05~8μm的微孔膜在压强差的作用下通过筛分作用,将微粒、细菌等从悬浮液或气体中除去的过程称为微滤,又称微孔过滤。微滤操作压差一般为0.01~0.2MPa。食品工业中微滤用于截留含量极少的悬浮物、微粒子和细菌等。

平均孔径、最大孔径、孔径分布、孔隙率和滤材厚度用于表示膜孔的大小和均匀、膜的通量、膜的持液性质。

微滤膜孔径的大小没有严格的限定,其上下界与超滤膜和粗过滤有一部分重叠区,通常较多认为微孔滤膜的孔径是0.05~8μm。例如,商品Sartorius的微孔滤膜的平均孔径系列分别为0.10,0.22,0.45,0.60,0.80,1.20μm,平均孔径为0.10μm时最大孔径为0.43~0.45μm,平均孔径为1.2μm时最大孔径为3.26~3.85μm。

商用微孔滤膜的孔径不能完全均一,有一定的孔径分布。孔径分布高度均匀才能提高滤膜的过滤精度。与滤纸相比,微孔滤膜孔径十分均匀,例如,平均孔径为0.45μm的滤膜,其孔径变化范围为(0.45±0.02)μm,而滤纸No.131平均孔径约2μm,孔的大小范围为0.2~50μm,主要分布在1.0~10μm,相对于微孔滤膜,均匀性很差。

微孔滤膜的空隙率高达80%,通量可达同等截留能力的滤纸通量的40倍。微孔滤膜的滤材薄,大部分为100~150μm,只有深层过滤介质(如各种滤板)的1/10,持液少。

基于微孔滤膜的这些特点,微孔滤膜主要用来对一些只含微量悬浮粒子的液体进行精密过滤,以得到澄清度极高的液体,或用来检测、分离某些液体中残存的微量不溶性物质,以及对气体进行类似处理。

常用的微孔过滤膜包括:混合纤维微孔滤膜、聚丙烯滤膜、聚醚砜滤膜、聚偏氟乙烯滤膜、聚四氟乙烯滤膜、尼龙滤膜等。微滤应用广阔,在各类膜分离中占据首位。

微滤必须克服浓差极化和膜孔堵塞的影响,对无机膜孔堵塞采用高压反冲予以再生和各种清洗剂如酸、碱、酶、氧化剂等的清洗。选择膜面流速和料液的湍动对减轻浓差极化有重要作用。由于透过液透过膜,在膜的浓溶液一侧表面附近,溶液的浓度高于溶液主体浓度,引起溶质的反向扩散,或溶质在膜面上析出沉降等,导致过程通量偏离膜表面无浓度升高时的过程通量,此为膜的浓差极化。所谓极化是指“极端变化”,膜的浓差极化则指膜表面溶液浓度和溶液主体的浓度差变到最大。膜分离过程一般都会出现浓差极化。

(2)超滤　一般将对中等程度分子质量(约数百)的有机物、高分子聚合物(蛋白质、核酸及多糖类等)、有机和无机胶体粒子等的高分子膜分离过程称为超滤。超滤也是以压力差为推动力的膜分离过程,操作压差一般为0.1~1MPa。截留小于10倍水分子质量的无机盐类的小分子一般由反渗透法完成,而从小分子溶质或溶剂分子中将比较大的溶质分子筛分出来则采用超滤。超滤溶液的渗透压比较低,不如盐类溶液的渗透压高,可采用不高的压强操作。超滤法可用在1~1000nm数量级范围内,膜孔一般为5~100nm。用孔径大小分类超滤膜并非唯一。膜表面的化学特性也可在截留时发挥作用,有些膜孔径大于溶剂和溶质分子的膜也有明显的分离效果。实践中不再用粒径或孔径表征超滤膜的分离性能,而是采用“截留分子质量(molecular weight cut off)”概念表征。用不同分子质量的标准蛋白质配成0.1%的水溶液,使用不同代号的超滤膜进行压缩过滤,然后将滤出液与待滤液在280nm下比色,当两者的光密度之比小于20%时,所压缩的蛋白为该膜可截留的蛋白,在被该膜所截留的蛋白分子中,临界蛋白相对分子质量称为该膜的截留相对分子质量。一般超滤膜的截留相对分子质量为1k~100k,上限也有达600k的。

超滤膜一般为非对称膜,如图8-16所示,其皮层要致密得多,厚度一般小于1μm,因此流体阻力要大得多。由于活性分离层上有无数不规则的小孔,很难确定其孔径,也很难用孔径去判断其分离能力,故超滤膜的分离能力均用截留分子质量来予以表述。

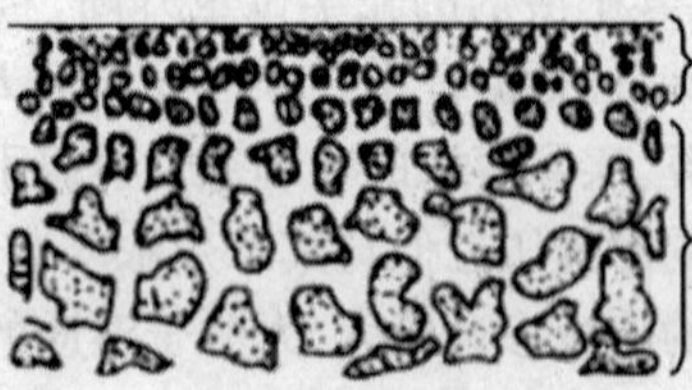

图8-16 典型的非对称膜示意图

用作超滤膜的材料主要有聚砜、聚砜酰胺、聚丙烯氰、聚偏氟乙烯、醋酸纤维素等。超滤膜对大分子的截留机理主要是筛分作用,即符合所谓的毛细-孔流模型。超滤膜的表面层具有选择性,决定截留效果的主要是膜的表面活性层上孔的大小和形状。超滤截留的溶质多数是高分子或胶体物质,超滤的浓差极化使得这些物质会在膜表面上形成凝胶层,严重地阻碍流体的流动,结果使透水速度急剧下降,此时若增加操作压力,只能增加溶质在凝胶层上的积聚,使胶层厚度不断增加,导致膜透过率显著下降,因此增大膜界面附近的流速以减薄凝胶层厚度就显得十分重要。

(3)纳滤 纳滤是一种截留分子质量介于反渗透和超滤之间,为200~2000,因表面分离层由聚电解质构成从而对无机盐有一定截留率的膜分离过程。纳滤膜的膜孔大约在1~10nm,操作压差一般为0.5~1.5MPa。纳滤可截留抗生素、合成药、染料、二糖等物质。超滤对盐和低分子质量的有机物没有截留效果,反渗透对盐和有机物全部脱除,而纳滤正好可截留低分子质量的有机物而透过一定量的盐。一般来说纳滤膜对单价盐截留率较低,对二价及多价盐具有高的截留率,但纳滤膜具有敏锐的分子质量截留区,也可选择适当的纳滤膜使得NaCl的截留率达到中等程度或较高水平。

纳滤分离愈来愈广泛地应用于电子、食品和医药等行业,诸如超纯水制备、果汁高度浓缩、多肽和氨基酸分离、抗生素浓缩与纯化、乳清蛋白浓缩、纳滤膜-生化反应器耦合等实际分离过程中。通常纳滤膜的孔径范围在几个纳米左右,大多是从反渗透膜衍化而来,常见的有CA-CTA混合膜(二醋酸纤维素-三醋酸纤维素混合膜)、芳族聚酰胺复合膜和磺化聚醚砜膜等。但与反渗透相比,其操作压力更低,因此纳滤又被称作“低压反渗透”或“疏松反渗透”。

(4)反渗透 反渗透是利用反渗透膜选择性地只能透过溶剂(通常是水)的性质,对溶液施加压力,克服溶剂的渗透压,使溶剂通过反渗透膜而从溶液中分离出来的过程。反渗透可用于从水溶液中将水分离出来,海水和苦咸水的淡化是其最主要的应用,但目前也在向其他应用领域扩展。反渗透膜均用高分子材料制成,已从均质膜发展至非对称复合膜,膜的制备技术相对比较成熟,其应用亦十分广泛。反渗透可去除大小为0.6~10nm的物质,主要应用于截留相对分子质量小于200的溶质。反渗透是利用反渗透膜选择性地透过溶剂（通常是水）的性质，对溶液施加压力以克服溶液的渗透压，使溶剂通过半透膜而使溶液得到浓缩。反渗透是渗透的逆过程，渗透也即是在压差作用下溶剂通过渗透膜从溶剂侧流向溶液侧或从低浓度侧流向高浓度侧的过程。

反渗透过程的推动力是浓溶液和稀溶液的化学位（化学位μ等于偏摩尔自由焓，自由焓$G=U+pV-TS$，U为热力学能，S为熵）之差。物理化学中学习过，稀溶液中溶剂服从拉乌尔定律，溶剂的化学位与其浓度有关。溶质服从亨利定律，溶质的化学位也与溶质的浓度有关。纯溶剂的化学位比溶液中溶剂的化学位高。通过半透膜隔开时，溶剂要流向溶液，使得溶液的压强升高，其中溶剂的化学位也升高，直至与纯溶剂的化学位达到平衡为止，从而形成溶液的渗透压π，且有范特霍夫方程$\pi=c_mRT$，c_m为所有溶质的摩尔浓度，对离子溶质按所有离解离子计算。实际溶液的非理想性可以引入修正因子加以修正，但实际等温条件下许多物质的水溶液的渗透压近似与其摩尔浓度成正比。由于摩尔浓度与分子的摩尔质量成反比，故小分子溶质的溶液渗透压大，大分子溶质的溶液渗透压小。范特霍夫方程可由适用溶液范围更广、精度更高的吉布斯方程$\pi=-RT(\ln x_s)/V_m$代替，x_s是溶剂的摩尔分数，V_m是溶剂的偏摩尔体积。

如果提高溶液侧的压强，抵消溶液的渗透压，并形成溶液侧至溶剂侧的正向压差，则溶液中的溶剂将流向纯溶剂侧，此为反渗透（reverse osmosis）。反渗透惯用于中国，在欧美国家则用“高滤”（hyper filtration）。反渗透溶液侧与溶剂侧的压差实际为$\Delta p-\pi$，其中Δp为溶液侧和透过液侧的操作压差，一般在1～10MPa范围，π为溶液侧的渗透压。由于在反渗透过程中，半透膜不可能对溶质具有100%的截留特性，故透过液并非纯水，而是含有溶质的稀溶液，此时过程的实际推动力为（$\Delta p-\Delta\pi$），其中$\Delta\pi$为溶液侧与透过液侧的渗透压差。反渗透中的浓差极化造成膜表面小分子浓度高，此处溶液的渗透压加大，增大了对推动力Δp的要求，或同样的Δp下，浓差极化使得膜通量减小。膜面处小分子盐的浓度提高，使得小分子盐达到溶解极限而析出，形成污垢。膜面处小分子盐的浓度提高，也会使小分子透过膜的推动力增大，降低了膜的分离性能。计算渗透压，对选择膜（强度）有指导作用。

（5）渗析　渗析又称透析，是最早发现、研究和应用的一种膜分离过程。它是利用多孔膜两侧溶液的浓度差使溶质从浓度高的一侧通过膜孔扩散到浓度低的一侧或纯水侧从而得到分离的过程。起渗析作用的薄膜，因对溶质的渗透性有选择作用，故叫半透膜，目前主要用于制作人工肾，以除去血液中蛋白代谢产物、尿素和其他有毒物质。近年来半透膜有很大的发展，出现很多由高分子化合物制造的人造薄膜，不同的薄膜有不同的选择渗析性。半透膜的渗析作用有三种类型：①依靠薄膜中“孔道”的大、小分离大小不同的分子或粒子；②依靠薄膜的离子结构分离性质不同的离子，例如用阳离子交换树脂做成的薄膜可以透过阳离子，称为阳离子交换膜，用阴离子树脂做成的薄膜可以透过阴离子，叫阴离子交换膜；③依靠薄膜的溶解性有选择地分离某些物质，例如醋酸纤维膜有溶解某些液体和气体的性能，而使这些物质透过薄膜。一种薄膜只要具备上述三种作用之一，就能有选择地让某些物质透过而成为半透膜。在废水处理中最常用的半透膜是离子交换膜。渗析膜可去除物质大小范围与纳滤膜相似，溶质的大小为1～10nm，相对分子质量为1000～20000。仅通过溶剂的膜过程称为渗透。

（6）电渗析（Electrodialysis, ED）　在电场作用下溶液中带电溶质粒子（如离子、胶体粒子等)选择性通过离子交换膜的渗析过程,称为电渗析。电渗析膜可截留物质的大小与反渗透膜相近,可截留 0.6 ~ 10nm 的物质。电渗析也是较早研究和应用的一种膜分离技术,广泛应用于化工、轻工、冶金、造纸、海水淡化、环境保护等领域;近年来更推广应用于氨基酸、蛋白质、血清等生物制品的提纯和研究。其工作原理是基于离子交换膜能选择性透过阴离子或阳离子的性质,在直流电场的作用下使阴阳离子分别透过相应的膜,以达到从溶液中分离电解质的目的。实际应用时,通常用上百对以上交换膜,以提高分离效率,如图 8 - 17 所示。电渗析过程中,离子交换膜透过性、离子浓差扩散、水的透过、极化电离等因素都会影响分离效率。电渗析是利用分子的荷电性质和分子大小的差别进行分离的膜分离法,可用于小分子电解质的分离和溶液的脱盐。

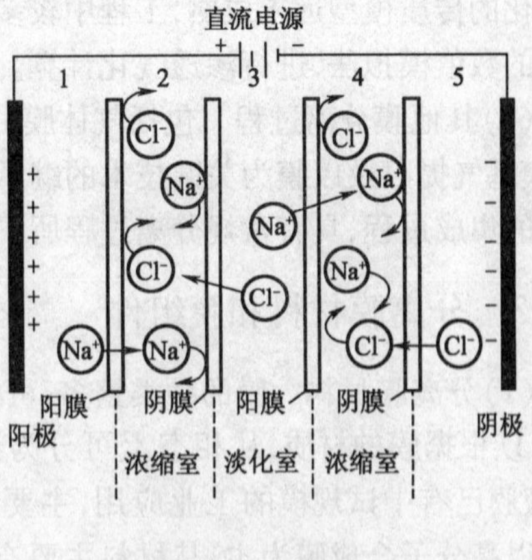

图 8 - 17 电渗析原理

当向电渗析器各室通入含有 NaCl 电解质的盐水并通入直流电流时,阳极和阴极即分别发生氧化和还原反应。阳极室产生氯气、氧气和次氯酸等,阳极呈酸性需要在阳极加多孔性惰性膜或阳极以保护电极。阴极产生氢气和氢氧化钠,呈碱性。有杂质时还会生成副反应,生成水垢。

电渗析过程的关键在于离子交换膜。离子交换膜与球状或不定形粒子交换树脂具有相同的化学结构,可以分为基膜和活性基团两大部分。阳膜通过阳离子,阴膜通过阴离子。电渗析过程的浓差极化严重,对过程产生不利影响,如引起很高的极化电位,膜面上形成沉淀物,电解水降低电流效率,电流密度下降增加耗电,溶液酸度变化影响膜寿命。需要有针对性地解决这些问题。

(7)渗透汽化 渗透汽化又称渗透蒸发(Pervaporation, PV),利用膜对液体混合物中各组分的溶解与扩散性能的不同实现分离。各组分在通过膜的同时发生汽化,但在下游侧的气相的组成与液相的不同,膜具有选择性,从而能实现分离,可取代有效能利用很低的精馏。1989 年在法国建成了世界上首台工业渗透汽化装置,颇具发展前景。目前,工业上应用不对称膜或复合膜。膜材料有醋酸纤维、聚丙烯腈、聚乙二醇、聚酯等,也出现无机膜。渗透汽化的分离系数大,可达数十到数千,远远大于常规蒸馏,单级就可达到分离要求。渗透汽化的分离不受气液平衡限制,主要受渗透速率控制。渗透汽化的相平衡与常规气液平衡有很大不同,如乙醇水物系,平衡线与对角线距离加大,恒沸点消失,分离容易。渗透汽化膜分为优先透水膜、优先透有机物膜和有机分离膜。操作方法是通过冷凝、抽真空或两者结合在透过侧形成低压,实现分压差,尽管系统含加热、冷凝、抽真空等,但与蒸馏相比,能耗小得多。由于渗透物流量小,加热、冷凝、抽真空能耗都不会太大,但目前膜费用,加上加热、冷凝、抽真空单元费用以及冷凝温度低,使得渗透汽化费用仍较高,决定了渗透汽化适用于沸点十分接近、分离出少量物质即可得到产品、组分量接近的恒沸物分离等场合。渗透汽化通常用溶解 - 扩散模型描述,过程主要由组分在膜表面吸附、溶解和膜内向下游侧的扩散控制,渗透通量可根据菲克扩散定律计算。料液汽化所需的热量来自料液本身,所以料液要加热。渗透汽化的传质模型远未成熟,工程中较多应用实验加放大或数值模拟的方法,如液相柱塞流模型的数值模拟法,进行渗透气化计算。

(8)其他膜分离过程　包括气体膜分离(Gas separating, GS)、膜基吸收、膜基萃取、膜蒸馏、膜基气提以及以膜为关键技术的继承分离过程,包括膜与蒸馏、膜与吸附、膜与反应等相结合的集成过程,具有常规分离过程所不能的优点,也正在受到重视和发展。

8.5.3　分离膜材料和膜组件

(1)分离膜材料　膜的种类繁多,可根据不同的分离对象和分离方法的要求进行选择。

① 根据膜的材质,从相态上可分为固膜、液膜和气膜;目前大规模工业应用的多为固膜,液膜已有中试规模的工业应用,主要用在废水处理中,气膜分离尚处于实验室研究中。固膜以高分子合成膜为主,其材料主要有醋酸纤维素类、硝酸纤维素类、聚酰胺类、聚砜类、聚酯类及含氮杂环高聚物类等。

② 从材料来源上,可分为天然膜和合成膜,合成膜又分为无机材料膜和有机高分子膜。近年来,无机膜材料,特别是陶瓷膜,因其化学性质稳定、耐高温和机械强度高等优点,发展势头迅猛,已进入工业应用。常用无机膜的主要材料是性能稳定的 Al_2O_3、TiO_2 及 SiO_2 等,这些材料通常是通过溶胶－凝胶法镀在陶瓷载体上,所以一般的无机膜也称为陶瓷膜。

③ 按膜断面的物理形态,固体膜又可分为对称膜、不对称膜和复合膜,其中对称膜又称均质膜,不对称膜具有极薄的表面活性层(或致密层)及其下部的多孔支撑层,而复合膜通常是用两种不同的膜材料分别制成表面活性层和多孔支撑层。

④ 根据膜的功能,可分为离子交换膜、渗析膜、微孔过滤膜、超滤膜、反渗透膜、渗透汽化膜和气体渗透膜等。

⑤ 根据膜的结构,可分为多孔膜和致密膜。

⑥ 根据固体膜的形状,可分为平板膜、管式膜、中空纤维膜以及核孔膜等。

(2)膜组件　在膜分离的开发研究工作中,首先要选用合适的膜材料,研制生产出具有高选择性、高通量、基本无缺陷并能大规模生产的膜;其次是将一定面积的膜组装成组件。由膜、膜支撑体、流道间隔体(spacer)、带孔的中心管等构成的膜分离单元称为膜元件(membrane element),而将膜元件、壳体、内联接件、端板和密封圈等组成的器件则称作膜组件(membrane module)或膜装置。对膜组件的要求是密封性能可靠、膜装填密度高、流体流动方式合理而且造价低。膜组件的结构根据膜的形式而异,包括板框式、卷式、管式、中空纤维式、毛细管式和垫套式等,其优缺点见表 8－2。历史上第一类超滤膜是板式膜,因为难于保证膜表面适当的流速及复杂的密封问题,这类膜的应用非常有限,前处理要求不严格。卷式膜利用板式膜作为起点,因为卷式膜的格网带来死点及无法反洗,通常不适用于工业原水处理。它们适用于高温、高压物料分离或物料稳定的其他应用,前处理要求最严格。管式膜因为能耗较大,不适用于普通水处理,它们适用于高固物浓度的流体,前处理要求最不严格。中空纤维膜因其压力低,通道无死点,通量高及能反洗的优势而在水处理中得以广泛的应用。

①板框式膜组件。板框式膜组件使用平板式膜,结构与常用的板框压滤机类似,由导流板、膜、支撑板交替重叠组成。由于膜组件可置于均匀的电场中,这种结构适用于电渗析器。

板框式装置也可应用于膜两侧流体静压差较小的超过滤和渗析。

表 8－2 常见膜组件及其功能特性

项目	板框式	卷式	管式	中空纤维式	毛细管式	垫套式
结构	有支撑板	有支撑网	有支撑管	自承式	自承式	有支撑板
膜活性层		在外部	管内	管内/管外	管内/管外	在外部
料液流动	流道层	流道层	从管内流过	管外／管内	管内或管外	流道层
允许操作压力	8.0MPa	8.0MPa	8.0MPa	外压 10MPa 内压 1.5MPa	外压 1.0MPa 内压 0.3MPa	20.0MPa
应用领域*	RO，UF，ED，PV	RO，NF，UF，GS	RO，UF，MF	RO，GS	UF，MF，GS	RO，NF，UF，GS
优 点	组装方便，可更换单对膜片；不易污染，无需黏结；料液流通截面较大，不易堵塞	结构简单，造价低廉，装填密度相对较高，由于有进料分隔板，物料交换效果良好	料液流速高，对堵塞不敏感，易清洗，压力损失小	装填密度高，单位膜面积制造费用低，耐压好	装填密度较高，制造费用低	密封处少，可在高压条件下操作，渗透边压力损失低，不易污染
缺 点	密封处多，压力损失较大，装填密度小	渗透边流体流动路径较长，难以清洗，膜必须是可焊接或可黏结	装填密度小，压力损失大，能耗大	对堵塞很敏感，有时压力损失大	料液流速较慢，为层流，抗压强度较低	装填密度相对较小，膜必须可焊接或可黏结

*：RO—反渗透，MF—微滤，UF—超滤，ED—电渗析，NF—纳滤，GS—气体分离。

图 8－18 是一种板框式膜组件的示意图，其中滤板的两侧表面有窄缝，其内腔有供透过液通过的通道，滤板的表面与膜相贴，对膜起支撑作用。料液经导流板（滤框）导流流过膜面，透过液通过膜，经滤板面上的窄缝流入内腔，然后从滤板外侧的集液管流出，通过集液槽做进一步收集。浓缩液则沿导流板上的流道与孔道一层层循环流动，不断获得浓缩。导流板面上设有不同形状的流道，使料液在膜面上流动时保持一定的流速与湍动，没有死角，减少浓差极化和防止微粒、胶体等的沉积。

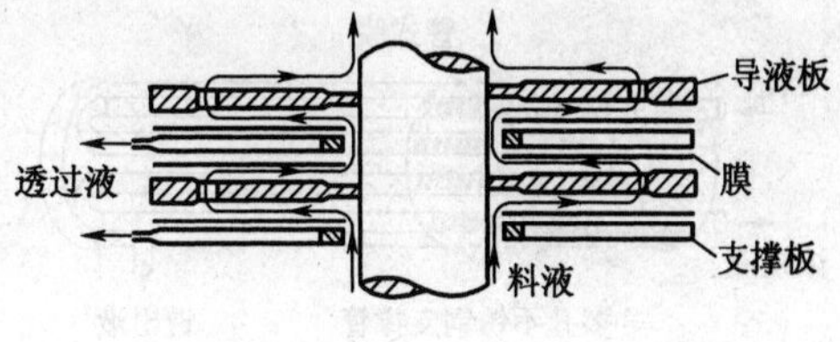

图 8－18 板框式膜组件

②卷式膜组件。卷式膜组件也是用平板膜制成的，如同螺旋板式换热器。把多孔的进料通道隔板（供透过液流动的空间）夹在信封样的膜袋内，开口边与用作透过液引出管的带孔中心管接合。再在上面加一张作料液流动通道用的多孔隔板，并一起绕中心管卷成卷式元件。料液通道与中心管接合边及螺卷外端边封死。多个螺卷元件装入耐压筒中，构成卷

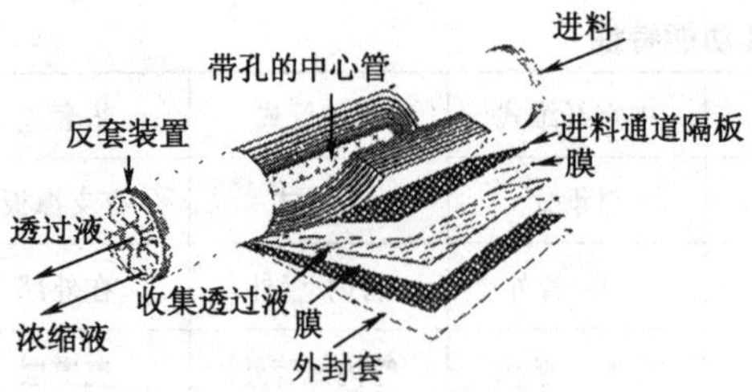

图 8－19　卷式膜组件

式膜组件，如图 8－19 所示。操作时料液沿轴向流动，可渗透物透过膜进入透出液空间，沿螺旋通道流向中心管引出，目前卷式膜组件应用比较广泛。与板框式相比，卷式膜组件的比表面积大，结构简单，价格较便宜，适用于反渗透和气体渗透分离，但缺点是清洗不方便，膜有损坏时不易更换，处理悬浮物浓度较高的料液时容易发生堵塞现象。近年来，预处理技术的发展克服了这一困难，因此卷式膜组件的应用将更为扩大。

③管式膜组件。管式膜组件是将膜固定在内径 10～25mm，长约 3m 的圆管状多孔支撑体上构成的，10～20 根管式膜并联，或用管线串联，收纳在筒状容器内即构成管式膜组件。其结构原理与管式换热器类似，管内与管外分别走料液与透过液。管式膜分为外压和内压两种。外压即为膜在支撑管的外侧，因外压管需有耐高压的外壳，应用较少。膜在管内侧的则为内压管式膜，如图 8－20 所示，内压式的膜面易冲洗，适用于微过滤和超过滤。亦有内、外压结合的套管式管式膜组件。

管式膜组件的内径较大，结构简单，适合于处理悬浮物含量较高的料液，分离操作完成后的清洗比较容易，它最主要的缺点是单位体积的过滤表面积（即比表面积）在各种膜组件中最小，因此较少使用。

④中空纤维膜组件。中空纤维膜组件的结构与管式膜类似，即将管式膜由中空纤维膜代替。图 8－21 是中空纤维膜制成的膜组件示意图，它由很多根纤维（几十万至数百万根）组成。众多中空纤维与中心进料管捆在一起，纤维端部用环氧树脂密封，构成管板，封装在压力容器中。料液进入中心管，并经中心管上下孔均匀地流入管内，透过液沿纤维管内从产品收集管流出，浓缩液从中空纤维间隙流出后，沿纤维束与外壳间的环隙流出。

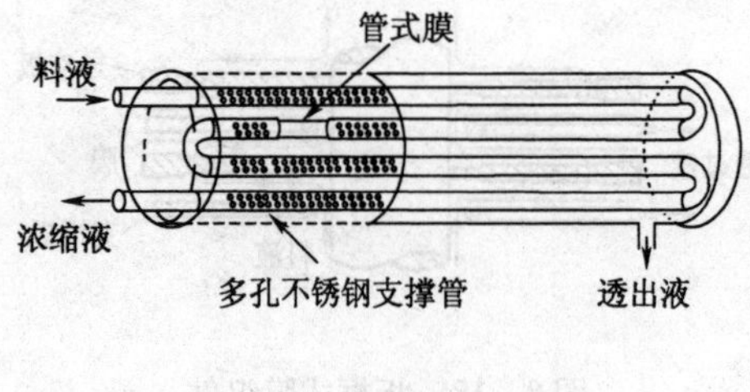

图 8－20　内压管式膜组件

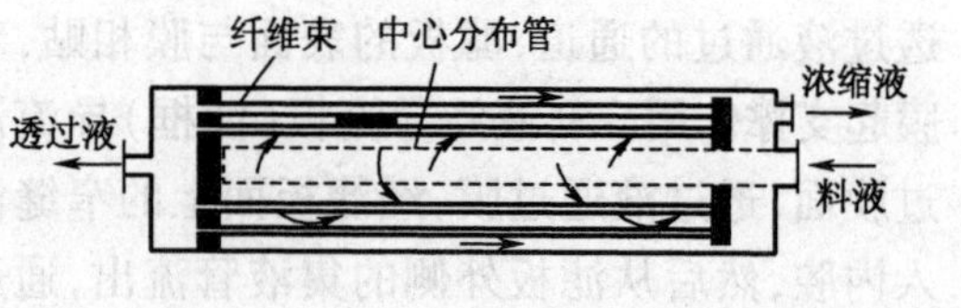

图 8－21　中空纤维膜组件

这类膜组件的特点是设备紧凑，单位体积内的膜面积大（高达 16000～30000m^2/m^3）。因中空纤维内径小，阻力大，易堵塞，所以料液走管间，渗透液走管内，透过液侧流动损失大，压降可达数个大气压，膜污染难除去，因此对料液处理要求高。中空纤维式适用于反渗透和气体渗透分离。

8.5.4　膜分离过程的数学模型及有关计算

膜分离过程的计算公式的开发，依据对其分离机理和数学模型的研究，但膜技术仍在发展中，其计算仍与具体的试验或操作经验参数有关。

(1)微滤和超滤过程的数学模型　衡量微滤膜性能的主要指标有通量和截留率。通量 J 的定义为单位时间内通过膜单位面积的溶液的量，单位为 kg/(m^2·s)。截留率 R 反映某种尺寸的颗粒被阻挡的百分数，定义为 $R=1-c_p/c_f$，式中 c_p 和 c_f 分别为透过物和原料中溶质的浓度。

通过微滤膜的通量 J 正比于所施的压差 Δp^+：

$$J = a\Delta p^+ \tag{8-30}$$

式中，透过常数 a，单位为速度单位的倒数，即 s/m，与膜的孔隙率、孔径、孔径分布等结构因素和渗透液黏度等有关。

超滤膜通量的表达式与微滤膜类似：

$$J = b\Delta p^+ \tag{8-31}$$

与微滤相似，渗透系数 b，单位为速度单位的倒数，即 s/m，包括了所有的膜结构因素及溶液物性因素。超滤膜的 k 值远小于微滤膜的 a 值，因此超滤的操作压差较微滤大，一般为 0.1~0.7MPa。实际上，由于膜被压实等原因，超滤膜的通量与压差并不完全成正比。式(8-31)是无渗透压或渗透压可以忽略不计时的表达式。超滤膜浓溶液一侧还会产生浓差极化。包含渗透压和浓差极化情形的超滤膜通量的计算公式参见反渗透的有关内容。

式(8-30)、式(8-31)一样可以按照图 0-1 的归一主线理解。由于 J 的单位 kg/(m^2·s)也为质量流速的单位，Δp^+ 的单位为动量通量的单位，质量流速即为单位体积的动量，即动量浓度，故式(8-30)、式(8-31)可按照动量传递理解，这是由于压力差推动溶液流动，造成物质传递，故压差推动的质量通量计算问题等同于动量通量传递计算问题。按动量传递理解的动量通量表达式的三传系数 K_T 由 a、b 决定。a、b 原则上可以按照图 0-1 归一主线的四种方法之一给出。

也可直接用质量通量理解，质量通量(J)等于质量浓度(相当于密度单位)除以传递阻力强度($1/K_T$，K_T 为质量通量表达式的三传系数，单位为 m/s)，而质量浓度又可理解成 $\Delta p^+/u^2$，u 为透过液体流速，故最终也可推论出式(8-30)、式(8-31)的表达形式。K_T 同样由 a、b 决定。

(2)反渗透过程的数学模型　各种不对称反渗透膜的透过机理主要包括：

①氢键理论：以醋酸纤维膜进行解释，一些离子和分子能通过与膜的氢键结合而发生联系，从而发生线形排列型的扩散，实现传递。在压力的作用下，溶液中的水分子和醋酸纤维素的活化点——羰基上氧原子形成氢键，而原来的水分子形成的氢键被断开，水分子解离出来并随之转移到下一个活化点，并形成新的氢键，如是通过这一连串氢键的形成与断开，使水分子离开膜表面的致密活化层，由于多孔层含有大量的毛细管水，水分子能畅通流出膜外。

②优先吸附-毛细孔流理论：以氯化钠水溶液为例，溶质是氯化钠，溶剂是水，膜的表面能选择性吸水，因此水被优先吸附在膜表面上，而对氯化钠排斥。在压力作用下，优先吸附的水通过膜，就形成了脱盐的过程。这种模型同时给出了混合物分离和渗透性的一种临界孔径的概念。临界孔径是选择性吸着界面水层的两倍。基于这种模型在膜的表面必须有相应大小的毛细孔，根据这种理论，研制出具有高脱盐率、高脱水性的实用反渗透膜，奠定了实用反渗透膜的发展基础。

③溶液扩散理论：假定膜是无缺陷的“完整的膜”，溶剂和溶质透过膜的机理是由于溶剂与溶质在膜中的溶解，然后在化学势差的推动力下，从膜的一侧向另一侧进行扩散，直至透过膜。溶剂和溶质在膜中的扩散服从（Fick）定律，这种模型认为溶剂和溶质都可能溶于均质或非多孔型膜表面，以化学势差为推动力（常用浓度差或压力差来表示），进行分子扩散，使它们从膜中传递到膜下部。物质的渗透能力不仅取决于扩散系数，还取决于其在膜中的溶解度。溶质的扩散系数比水分子的扩散系数小得越多，高压下水在膜内的移动速度就越快，因而透过膜的水分子数量就比通过扩散而透过去的溶质数量更多。

一般认为，溶解扩散理论可较好说明膜透过现象，当然氢键理论、优先吸附－毛细孔流理论也能够对反渗透膜的透过机理进行解释，此外还有学者提出扩散－细孔流理论，结合水－空穴有序理论以及自由体积理论等，也有人根据反渗透现象是一种膜透过现象，把它当作非可逆热力学现象来对待。总之，反渗透膜透过机理还在发展和完善中。

基于优先吸附－毛细孔流动机理，溶剂和溶质通量可用 Kimura－Sourirajan 模型来求算。

溶剂通量 J_w[kg/(m^2·s)]可表示为：

$$J_w = s(\Delta p^+ - \Delta\pi) \tag{8-32}$$

式中　s——溶剂对膜的渗透系数，s/m

Δp——压力差，Pa

$\Delta\pi$——渗透压差，Pa

溶质通量 J_A[mol/(m^2·s)]为：

$$J_s = a_1(c_R - c_P) \tag{8-33}$$

式中　a_1——溶质对膜的透过系数，m/s

当反渗透过程的膜已确定，则在一定的压力下，a_1 与料液的浓度和流速无关，随温度升高而增加；当膜的平均孔径很小时，在很宽的压力范围内，它几乎是个常量。而当膜的孔径较大时，a_1 则随压力增加而降低。c_R 和 c_P 分别代表溶质在高、低压侧的溶液浓度，mol/m^3。

式(8－32)、式(8－33)同样可以参照式(8－30)、式(8－31)的方法，按照图 0－1 归一主线加以理解。

反渗透和超滤一般存在浓差极化问题。有浓差极化时，反渗透和超滤过程的通量公式与式(8－31)和式(8－32)有所不同。浓差极化对反渗透膜来说，在膜表面形成高于主体的溶质浓度，引起反向扩散，同时可使低分子的溶质达到饱和析出，形成污垢。浓差极化对超滤膜来说，易于形成凝胶层，凝胶层阻力可比膜阻力要大，成为过程决定性因素。凝胶层表面的浓度不再受主体溶液溶质浓度、膜特性、操作压强或流动条件影响。

计算稳态过程通量所采用的方法是：列出溶液主体溶质向膜或凝胶表面对流传递的方程，运用非克定律列出因浓度梯度溶质由表面向浓侧主体反向扩散的通量方程，列出溶质透过膜或凝胶的传质通量方程，稳态过程的透水量或溶剂量的体积流量为常数，联立三个方程求解。如能知道膜表面或凝胶表面溶液溶质的浓度，则可以由前两个方程计算过程水或溶剂的通量。如果表面浓度未知，则需要消去表面浓度求过程通量，或求出表面浓度后再求过程的通量。

对反渗透而言，膜表面附近区域形成浓差极化，膜表面浓度提高，渗透压也提高，计算通量的压差要进行修正，透过液也可能含有一定的溶质，也具有一定的渗透压。Matsuura 等人

(1973)提出了更为具体的通过反渗透膜的水通量计算公式为

$$J_w = s[\Delta p^+ - \pi(x_{c2}) + \pi(x_{c3})] \tag{8-34}$$

式中 J_w——溶剂或水的通量,kg/(m²·s)

s——膜渗透性系数,s/m

x_{c2}——膜表面浓缩边界层溶液中碳的质量分数(对一些食品溶质可按葡萄糖计,碳含量按葡萄糖中的碳计算)

x_{c3}——透过液中碳的质量分数

式中的 s 用纯水试验求出,此时无渗透压。Matsuura 等人(1973)测出醋酸纤维膜的 s 值为 3.379×10^{-6}kg/(m²·s·kPa)即 3.379×10^{-9}m/s,采用此数据只能针对特殊体系进行计算,或相近体系的近似计算。由于式(8-34)还需知道表面浓度的值,Matsuura 等人(1973)根据对流传质和膜渗透传质过程方程,给出了另外的反渗透操作水通量计算式:

$$J_w = s_m\left(\frac{1-x_{c3}}{x_{c3}}\right)(c_2x_{c2} - c_3x_{c3}) \tag{8-35}$$

$$J_w = kc_1(1-x_{c3})\ln\frac{x_{c2}-x_{c3}}{x_{c1}-x_{c3}} \tag{8-36}$$

式中 s_m——溶质的输送参数,m/s

c_1、c_2、c_3——分别为原溶液、表面处溶液和透过物的质量浓度,kg/m³

k——对流传质系数,m/s

Matsuura 等人(1973)给出了一些不同浓度果汁在 4MPa 下的溶质的输送参数 s_m。k 是对流传质系数可由准数方程求解。为降低浓差极化的影响,操作一般在湍流下进行,可用常见的湍流传质系数关联准数方程。式(8-34)可以和式(8-35)或式(8-36)联合求解出表面浓度,但要使用渗透压方程。也可以由式(8-35)和式(8-36)联合求解表面浓度,但需要有 s_m 数值。k 的数值相对容易求出。

在超滤膜的表面形成凝胶层且无溶质透过时,根据上述边界层中溶质对流传质速率等于浓差极化反向扩散速率的计算原则,可以推导得到透水或溶剂的通量:

$$J_w = \frac{D\rho_w}{\delta}\ln\frac{c_2}{c_1} = k\rho_w\ln\frac{c_2}{c_1} \tag{8-36a}$$

式中 J_w——透水通量或透过溶剂通量,kg/(m²·s)

δ——浓侧边界层的厚度,m

ρ_w——水或溶剂的密度,kg/m³

D——扩散系数,m²/s

k——对流传质系数,m/s

【例 8-5】采用醋酸纤维膜的反渗透系统用于浓缩温度 20℃、总固形物含量为 11.25% 的橙汁。固形物可按葡萄糖计,碳含量也按葡萄糖分子式计算。该系统有 15 根直径为 15mm 的膜管,进料流量为 1200kg/h。进料液的密度为 1060kg/m³,黏度为 1.2×10^{-3}Pa·s。当溶质的扩散系数为 8×10^{-8}m²/s、操作压强为 6.895MPa,醋酸纤维膜的 s 值为 3.379×10^{-6}kg/(m²·s·kPa)时,请估计通过反渗透膜的水通量。

解:①计算膜管中的流速

$$u = \frac{w_s/\rho}{\pi d^2/4} = \frac{(1200/3600)/1060}{3.14\times0.015^2/4} = 1.78(\text{m/s})$$

②计算膜管中流动雷诺数

$$Re = \frac{du\rho}{\mu} = \frac{0.015 \times 1.78 \times 1060}{1.2 \times 10^{-3}} = 23585$$

③求物性施密特准数

$$Sc = \frac{\mu}{\rho D} = \frac{1.2 \times 10^{-3}}{1060 \times 8 \times 10^{-8}} = 14.15$$

④利用湍流传质系数的 Sh 准数关联式求传质系数 k

$$k\frac{d}{D} = Sh = 0.023Re^{0.8}Sc^{0.33} = 0.023 \times 23585^{0.8} \times 14.15^{0.33} = 173.61$$

$$k = Sh\frac{D}{d} = 173.61 \times \frac{8 \times 10^{-8}}{0.015} = 9.26 \times 10^{-4}(\mathrm{m/s})$$

⑤利用式(8-34)、式(8-36)和渗透压公式联合试差求解膜表面因浓差极化而升高的浓度 x_{c2}

$$J_w = kc_1(1 - x_{c3})\ln\frac{x_{c2} - x_{c3}}{x_{c1} - x_{c3}}, J_w = s[\Delta p^+ - \pi(x_{c2}) + \pi(x_{c3})], \pi = c_m RT$$

c_1 为进料液固形物的质量浓度，$c_1 = 0.1125 \times 1060 = 119.25\mathrm{kg/m^3}$。$x_{c3} \approx 0$，$x_{c1} = 0.1125 \times (6 \times 12)/180 = 0.045$，为进料中的碳的质量分数，按葡萄糖的含碳量计算。$x_c$ 与 c_m 的关系为：x_c 乘以 180/(6×12)得到固形物在溶液中的质量分数，再乘以密度得到固形物的质量浓度，除以葡萄糖的摩尔质量，得到以葡萄糖计的固形物的摩尔浓度。$\Delta p^+ = 6.895 \times 10^6$，$R = 8.314\mathrm{J/(mol \cdot K)}$，$T = 293\mathrm{K}$，$s = 3.379 \times 10^{-6}\mathrm{kg/(m^2 \cdot s \cdot kPa)}$，即 3.379×10^{-9} m/s。将以上数据代入上述方程，得：

$$9.26 \times 10^{-4} \times 119.25 \times (1 - 0) \times \ln\frac{x_{c2}}{0.045} = 3.379 \times 10^{-9}\left[6.895 \times 10^6 - \frac{x_{c2} \times \frac{180}{6 \times 12} \times 1060}{180} \times 8.314 \times 293\right]$$

化简后得：$\ln x_{c2} = -2.89 - 0.0011 x_{c2}$

试差解得：$x_{c2} = 0.0555$

⑥利用式(8-36)计算透过的水量

$$J_w = kc_1(1 - x_{c3})\ln\frac{x_{c2} - x_{c3}}{x_{c1} - x_{c3}} = 9.26 \times 10^{-4} \times 119.25 \times (1 - 0) \times \ln\frac{0.0555}{0.045} = 0.0232$$

$$= 0.0232[\mathrm{kg/(m^2 \cdot s)}] = 83.52\ \mathrm{kg/(m^2 \cdot h)}$$

(3)电渗析过程的数学模型　电渗析过程使用离子交换膜。关于离子交换膜的传递机理，提出过多种理论，有双电层理论、Donnan 膜平衡理论等。

双电层理论的要点是离子交换膜的活性基团解离后，反离子(与膜上固定住的离子相反的离子)进入溶液，膜表面固定住的活性基团吸引电性相反的离子，从而在膜表面处形成紧密层，紧密层外才是扩散层。由于同性相斥，与膜表面固定活性基团电性相同的离子则被排斥，不能通过膜，反离子则能通过膜，如磺酸型阳膜，反离子是 H^+，膜表面固定活性基团是 $-SO_3^-$，阴离子不能通过。

Donnan 膜平衡理论认为，达到平衡时，某离子在膜内的化学势与在溶液中的化学势应该相等。由于活性基团的解离，膜内固定活性基团带点荷，吸引溶液中的反离子，使得反离子在膜内的浓度大于在溶液中的浓度，而同性离子的浓度则相反，产生选择性。这说明膜对离子具有选择透过性。当膜内固定基团的浓度足够高时，平衡态下的膜具有很好的选择性。

能斯特－普朗克学说从分析电渗析中的传质过程入手，建立了描述传递过程的方程。电渗析中的主要传递过程是反离子的迁移。除此以外，电渗析中还存在其他传递过程，如与膜上固定住的离子性质相同的同名离子（阳膜时的阴离子）迁移、浓差扩散、水的渗透、水的电渗透、机械渗漏等。除了渗漏外，电渗析中的迁移过程分为三类：对流扩散、分子扩散和机械渗漏等。

能斯特－普朗克分别得到了三种作用下的实际溶液传质速率方程式（8－37）和理想溶液的传质速率方程式（8－38）。

$$J = -D\left[\frac{\mathrm{d}c_i}{\mathrm{d}x} + \frac{c_i \mathrm{d}\ln f_i}{\mathrm{d}x} + \left(\frac{c_i F Z_i}{RT}\right)\frac{\mathrm{d}E}{\mathrm{d}x}\right] + c_i u_x \tag{8-37}$$

$$J = -D\left[\frac{\mathrm{d}c_i}{\mathrm{d}x} + \left(\frac{c_i F Z_i}{RT}\right)\frac{\mathrm{d}E}{\mathrm{d}x}\right] + c_i u_x \tag{8-38}$$

式中　J——传递通量

D——扩散系数

c_i——溶液中 i 组分浓度

f_i——活度因子

F——法拉第常数（96500 C/mol）

Z_i——离子价数

$\mathrm{d}E/\mathrm{d}x$——电位梯度

u_x——离子 i 在 x 方向的对流速度

R——摩尔气体常数

T——热力学温度

式（8－37）和式（8－38）联立稳态条件和电中性条件可求解，得到溶液中的传质速率。将式（8－38）应用于膜内，加上连续性方程、稳态条件、各离子通量与电流密度间的关系和电中性条件，即构成描述电渗析传递过程的基本方程，理论上可求解电渗析过程，但实际求解不容易，难以在工业上应用。

电渗析中也会产生浓差极化，但与超滤或反渗透不同。电流密度超过界面上进行稳定传质的电流密度时发生浓差极化，产生的条件是迁移离子在膜表面接近耗竭，故称为耗竭极化或初级极化。电流很大时，离子浓度近似为零，此时将没有足够的离子来传递电流，在膜界面处将产生水分子的解离，产生 H^+ 和 OH^- 离子来传递电流，使膜两侧 pH 发生很大的变化，对电渗析产生不利影响。为避免极化现象的产生，把浓度为零时的电流密度称为极限密度。在不超过极限电流密度的前提下，应由经济核算确定操作电流，核算时应考虑操作费用、电费和设备折旧等因素。若无法详细核算，一般取操作电流为极限电流的80%左右。而极限电流由小型试验确定，也可用修正的 Wilson 方程计算：

$$i_{\mathrm{lim}} = k_{\mathrm{i}} \bar{c}^m u^n \tag{8-39}$$

式中　i_{lim}——极限电流密度，$\mathrm{A/m^2}$

k_{i}——水常数

m、n——常数，其范围分别为0.95～1.00、0.5～0.8

$\bar{c}$——电渗析淡水进出口对数平均浓度

u——淡水流速

电流效率表示电渗析过程中电流利用程度。在脱盐操作中,电流效率为单位时间内实际脱盐率与理论脱盐率的百分比,是电渗析的主要技术指标。在工程应用中,电流效率常用以下计算式:

$$\eta = \frac{V_s(c_{di} - c_{do})F}{nI} \tag{8-40}$$

式中 V_s——淡水流率,m^3/s

c_{di}、c_{do}——淡水进出口浓度,mol/m^3

I——电流,A

F——法拉第常数

n——膜对数

苦盐水脱盐,电流效率一般为90% ~95%;海水脱盐为70% ~85%。

膜面积的计算可由脱盐量计算。总的脱盐量为 $W_s = V_s(c_{di} - c_{do})$,每平米每对膜的脱盐量为 $V_s(c_{di} - c_{do})/n = i\eta/F$,其中 i 为电流密度。设膜的面积利用率为 β,则每种膜的面积为:

$$S = \frac{V_s(c_{di} - c_{do})F}{i\eta\beta} \tag{8-41}$$

设每张膜的面积为 A,则膜的张数为 $N = S/A$,因有阳膜和阴膜两种膜,故膜总面积为 $2S$。

思 考 题

1. 分配系数 $k_A < 1$,说明所选择的萃取剂合适还是不合适?怎样选择合适的萃取剂?
2. 温度对于萃取和浸出有何影响?
3. 如何选择溶剂比?
4. 试比较离子交换和吸附的相似点和不同点。
5. 试分析离子交换速率的因素。
6. 膜各有什么优缺点?膜的主要作用是什么?如何体现?
7. 在膜分离中,通常的推动力有哪几种?各适用于什么过程?
8. 简述超滤、反渗透和电渗析的基本原理及工艺对比。

习 题

1. 花生含油40%。使用1T的己烷对1T的花生进行逆流接触浸出。假设残渣中油和溶剂的量与全量之比为常数0.5。试求:①为了使油的浓度减少到2%,必须理论级多少?②其他条件不变,若1T的花生使用2T的己烷,则需要理论级数是多少?(①6.32;②3.05)

2. 在25℃下,醋酸(A)—庚醇-3(B)—水(S)的平衡数据如本题附表所示。试求:①在三角形相图上绘出溶解度曲线;在直角坐标上绘出分配曲线;②由50kg 醋酸、50kg 庚醇-3和100kg 水组成的混合液的坐标点的位置。试确定平衡时两液相层的组成和质量;萃余相 $X_A = 20.3\%$,$X_B = 72.6\%$,$X_S = 7.1\%$,萃取相 $y_A = 20.3\%$,$y_B = 20.3\%$,$y_S = 20.3\%$ ③上述两液层的分配系数 k_A 及选择性系数 β;④从上述混合液中蒸出多少千克水才能成为均相混合液。(③$k_A = 1.34$,$\beta = 69.2$;④67.08)

习题 2 附表 1　　　**溶解度曲线数据**　　　单位:%(质量分数)

醋酸(A)	庚醇-3(B)	水(S)	醋酸(A)	庚醇-3(B)	水(S)
0	96.4	3.6	48.5	12.8	38.7
3.5	93.0	3.5	47.5	7.5	45.0
8.6	87.2	4.2	42.7	3.7	53.6
19.3	74.3	6.4	36.7	1.9	61.4
24.4	67.5	7.9	29.3	1.1	69.6
30.7	58.6	10.7	24.5	0.9	74.6
41.4	39.3	19.3	19.6	0.7	79.7
45.8	26.7	27.5	14.9	0.6	84.5
46.5	24.1	29.4	7.1	0.5	92.4
47.5	20.4	32.1	0.0	0.4	99.6

习题 2 附表 2　　　**联结线数据**　　　单位:%(质量分数)

水层	庚醇-3 层	水层	庚醇-3 层
6.4	5.3	38.2	26.8
13.7	10.5	42.1	30.5
19.8	14.8	44.1	32.6
26.7	19.2	48.1	37.9
33.6	23.7	47.6	44.9

3. 在单级萃取装置中,用纯水萃取含醋酸 30%(质量分数,下同)的醋酸-庚醇-3 混合液 500kg,要求萃余相中萃取组成部大于 10%。操作条件下的平衡数据见习题 2。试求:①水的用量为多少千克;②萃余相得量及醋酸的萃余率(即萃余相中的醋酸占原料液中醋酸的比例)(①766kg;②26.4%)

4. 在25℃下,用甲基异丁基甲酮(MIBK)从含丙酮 40%(质量分数)的水溶液中萃取丙酮。原料液的流量为 1000kg/h。试求:①当要求在单级萃取装置中获得最大组成的萃取液时,萃取剂的用量为若干 kg/h;②若将 1 求得的萃取剂用量分作两等份进行两级错流萃取,试求最终萃余相的流量;③比较 1 和 2 两种操作方式中丙酮的回收率(即萃取率)。(①716.8;②942;③64.2%;76.5%)

习题 4 附表 1　　　**溶解度曲线数据**　　　单位:%(质量分数)

丙酮(A)	水(B)	MIBK(S)	丙酮(A)	水(B)	MIBK(S)
0	2.2	97.3	48.5	24.1	27.4
4.6	2.3	93.1	50.7	25.9	23.4
18.9	3.9	77.2	46.6	32.8	20.6
24.4	4.6	71.0	42.6	45.0	12.4
28.9	5.5	65.6	30.9	64.1	5.0
37.6	7.8	54.6	20.9	75.9	3.2
43.2	10.7	46.1	3.7	94.2	2.1
47.0	14.8	38.2	0	98.0	2.0
48.5	18.8	32.8			

习题 4 附表 2　　连接线数据(丙酮的质量分数)%

水层	MBK 层	水层	MBK 层
5.58	10.66	29.5	40.0
11.83	18.0	32.0	42.5
15.35	25.5	36.0	45.5
20.6	30.5	38.0	47.0
23.8	35.3	41.5	48.0

5. 证明式(8－36a),并用此式确定用于浓缩牛乳的管式超滤系统的通量。系统条件如下:乳的密度 $1030kg/m^3$,黏度 $0.8\times10^{-3}Pa\cdot s$,扩散系数 $7\times10^{-7}m^2/s$,固形物的质量浓度为 $31kg/m^3$,凝胶浓度为 $220kg/m^3$,膜管的直径为 11mm,长度为 2.2m,管数为 15,流速为 1.5m/s,透过液中不含溶质。(73.87kg/h)

本章主要符号说明

A	溶质
A	吸附塔内截面积,m^2
B	质量或质量流量,kg 或 kg/s
c	离子浓度,mol/m^3
c_0	质量浓度,kg/m^3
E	萃取相得质量或质量流量,kg 或 kg/s
E'	萃取液的质量或质量流量,kg 或 kg/s
F	原料液的质量或质量流量,kg 或 kg/s
H_{OL}	传质单元高度
L	底流量,kg 或 kg/s
M	混合液的质量或质量流量,kg 或 kg/s
N_R	实际级数
N_T	理论级数
q_e	平衡吸附量,mg/g
q_L	溶液量,m^3/s
q_s	吸附剂流量,m^3/s
R	萃余相的质量或质量流量,kg 或 kg/s
R'	萃余液的质量或质量流量,kg 或 kg/s
S	溶剂
V	溢流量体积流量,kg 或 kg/s
β	选择性系数
γ_i	活度因子
Δ	两股物流和的流量之差
η	级效率
κ	分配系数
μ_i	化学势

9 热质同时传递——以干燥为例

【学习要求】了解湿空气性质的表征方法；掌握湿空气性质参数的计算和焓湿图的应用；掌握食品干燥过程的物料衡算与热量衡算方法以及干燥速率与干燥时间的计算方法；能够测绘物料干燥曲线；熟悉典型干燥设备的结构及选型；了解喷雾干燥和冷冻干燥的基本原理及其传热传质理论。

干燥是利用能量将湿物料中的水分去除的单元操作，干燥操作广泛应用于化工、制药、造纸和食品工业等各领域。在食品加工中通过干燥去除食品中的部分水分，可保证其具有良好的加工性能，干燥食品的安全水分可降低酶活、抑制微生物生长，以便食品的长期贮藏。去除食品中水分的方法通常有机械去湿，即用压榨、沉降、过滤和离心等去除物料中的水分；化学去湿，用石灰、氯化钙、分子筛等吸湿剂除去物料中的水分；加热去湿，用热量使物料中的水分汽化除去，这种去湿方法通常又称为干燥。在食品工业中，干燥是应用最广的单元操作之一，如乳粉的生产、淀粉的制造、果蔬的干制以及食盐、砂糖、麦芽、酵母等的干燥都要用到干燥操作。

加热干燥过程的实质是热质同传过程，通过干燥介质对湿物料进行加热即传热过程，使物料升温，这时物料中的水分汽化，扩散到干燥介质中，被干燥介质带走即传质过程，干燥介质既是载热体又是载湿体。在食品工业中常采用空气作为干燥介质，称为热风干燥，热风干燥是学习干燥知识的基础。在干燥过程计算中需要了解空气的基本热力学性质，故本章将首先介绍湿空气的性质，结合湿空气的焓湿图，重点介绍热风干燥过程的衡算，干燥速率与干燥时间的计算方法，介绍常用的干燥设备，对食品工业中应用较广的喷雾干燥和冷冻干燥也进行必要介绍。

9.1 湿空气的性质

空气是一种混合气体，主要由氮气、氧气和其他气体组成，氮气、氧气在标准状态空气中的体积百分数约为78.1%和21.0%。湿空气是含有水蒸气的空气，在自然环境中的空气都是湿空气，湿空气的性质可由一些参数表征。

9.1.1 湿空气的状态参数

在干燥过程中，湿空气作为干燥介质，其状态参数：湿度、比体积、温度、焓等会发生变化，但其中的绝干空气质量在干燥过程中保持不变，因此湿空气的有关状态参数均以1kg绝干空气量为基准。另外，在工作压强不大的情况下可将湿空气视作理想气体，可用理想气体方程和道尔顿分压定律描述湿空气。

(1)湿度 H　湿空气中所含水蒸气的质量与绝干空气的质量之比，称为空气的湿度，又称湿含量或绝对湿度，即

$$H = \frac{m_v}{m_a} = \frac{M_v n_v}{M_a n_a} = 0.622\,\frac{n_v}{n_a} \tag{9-1}$$

式中　H——湿空气的湿度，kg/kg，即 kg 水汽/kg 绝干空气

M_v——水蒸气的摩尔质量，$M_v = 18.02 \times 10^{-3}$kg/mol

M_a——绝干空气的摩尔质量，$M_a = 28.96 \times 10^{-3}$kg/mol

n_v，n_a——湿空气中水蒸气、绝干空气的物质的量，mol

根据本教材的约定，各量首先考虑采用不加十进制倍数或分数词冠的标准的 SI 单位，即采用“m、kg、s、K”及导出单位，原有的分子质量改用分子的摩尔质量定义和单位，使用单位为 kg/mol，隐含物理量单位时可按标准 SI 单位理解。根据道尔顿分压定律，湿空气的总压 P 等于绝干空气的分压 p_a 加水蒸气分压 p_v，对绝干空气和水蒸气，由理想气体方程：$p_aV = n_aRT$，$p_vV = n_vRT$，代入式(9－1)得到：

$$H = 0.622\,\frac{p_v}{p_a} = 0.622\,\frac{p_v}{P - p_v} \tag{9-2}$$

注意：对非空气体系的湿度，湿度表达式的系数当然不是 0.622。

(2)相对湿度 φ　在一定总压力下湿空气中水蒸气分压 p_v 与同温度下饱和水蒸气压 p_s 之比，即：

$$\varphi = \frac{p_v}{p_s} \times 100\% \tag{9-3}$$

由于 p_s 随温度升高而增大，所以当 p_v 一定时，相对湿度 φ 随温度升高而减小，温度越高，相对湿度 φ 越小，湿空气接受从湿物料汽化的水分能力越强。当 $p_v = p_s$ 时 $\varphi = 100\%$，此时的湿空气为饱和湿空气，不能再接受水蒸气。

将式(9－3)代入式(9－2)得：

$$H = 0.622 \times \frac{\varphi p_s}{P - \varphi p_s} \tag{9-4}$$

(3)湿空气的比体积 v_H　湿空气的比体积是在一定温度 T 和压力 p 下，1kg 绝干空气及其所带的 H kg 水蒸气具有的体积，单位为 m³/kg(干空气)。1kg 干空气及所带的 H kg 水蒸气的物质的量为$(1/M_a) + (H/M_v)$，其体积 V 可由气体状态方程 $pV = (1/M_a + H/M_v)RT$ 计算得到，以 1kg 绝干空气为计算基准的混合气的湿比体积 $v_H = V(\text{m}^3)/1(\text{kg})$，故有：

$$v_H = \left(\frac{1}{M_a} + \frac{H}{M_v}\right)\frac{RT}{P} = (287.1 + 461.4H)\,\frac{T}{P} \tag{9-5}$$

在 $p_0 = 1.01325 \times 10^5$Pa 及 $T_0 = 273.15$K 的标准状态下，$n = 1$mol 气体的体积 $V_0 = 22.4 \times 10^{-3}\text{m}^3$，代入气体状态方程 $R = p_0V_0/(1 \cdot T_0)$，并代入式(9－5)，用近似值时得到：

$$v_H = \left(\frac{1}{29} + \frac{H}{18}\right) \times 22.4 \times \left(\frac{1.0133 \times 10^5}{P}\right)\left(\frac{T}{273}\right) \tag{9-5a}$$

式(9－5a)方便理解和记忆。

【例 9－1】计算温度为 92℃ 湿度为 0.01kg 水/kg 干空气的比体积。

解：设压力为标准大气压 $P = 1.013 \times 10^3$Pa，温度 $T = 273 + 92 = 365$K，湿度 $H = 0.01$kg/kg，代入式(9－5)得到：

$$v_H = (287.1 + 461.4 \times 0.01) \times \frac{365}{1.0133 \times 10^5} = 1.05(\text{m}^3/\text{kg})$$

(4)干球温度和湿球温度　在湿空气中用普通温度计直接测得的温度称为干球温度，它

是湿空气的真实温度，干球温度用 t 表示。若将普通温度计的感温部分用纱布包裹，并将纱布的下端浸在水中，使纱布一直保持湿润状态，就成为湿球温度计，如图9－1所示，将该温度计置于湿空气中达到稳定后，其读数称为湿空气的湿球温度，用 t_w 表示。

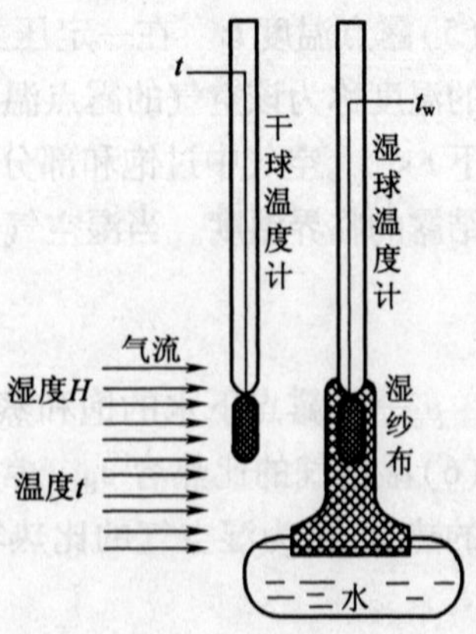

图9－1　干、湿球温度计

湿球温度的形成原理：假设初始水温和空气温度相同，但由于未饱和的空气与湿纱布表面的水分之间存在湿度差，水分必然汽化，汽化所需的潜热来自于水分本身，故水温下降。水温降低后，与空气间出现温度差，导致空气向纱布中的水分传热。经过一段时间后，过程达到稳定状态，由空气传给水分的热量等于水分汽化所需的热量，纱布中水温保持恒定，该温度即为湿空气的湿球温度。

湿球温度由湿空气的干球温度和湿度决定。湿度 H 越小，纱布中水分汽化越多，则汽化所需热量越大，湿球温度也就越低，相反若湿空气已为饱和状态，则湿球温度与干球温度相等。湿球温度与干球温度之间的关系，可通过热量衡算导出。

当湿球温度计指示达到稳定时，空气向纱布表面对流传热通量为：

$$q = \alpha(t - t_w) \tag{9-6}$$

式中　q——传热通量，W/m^2

α——空气至纱布的对流传热系数，$W/(m^2 \cdot ℃)$

t——空气的干球温度，℃

t_w——空气的湿球温度，℃

同时湿纱布表面水分汽化通量为：

$$N = k_H(H_w - H) \tag{9-7}$$

式中　N——水分汽化通量，$kg/(m^2 \cdot s)$

k_H——纱布表面的传质系数，$kg/(m^2 \cdot s)$

H_w——湿球温度 t_w 下空气的饱和湿度，kg水汽/kg干空气

水分气化所需的热量：

$$q = w \cdot r_w = r_w k_H(H_w - H) \tag{9-8}$$

式中　r_w——湿球温度 t_w 下水的汽化潜热，J/kg

平衡时，单位时间从空气中传入湿球表面的热量等于湿球表面水分汽化所需要的热量，联立式(9－6)和式(9－8)整理得：

$$t_w = t - \frac{k_H r_w(H_w - H)}{\alpha} \tag{9-9}$$

实验表明，一般情况下 k_H 和 α 均与空气流速的0.8次幂成正比，故可认为 α/k_H 与气流速度无关，仅与物系性质有关，对于空气－水系统，α/k_H 约为 $1.09kJ/(kg \cdot ℃)$。由式(9－9)可看出，湿球温度是空气温度和湿度的函数，当 t 和 H 一定时，t_w 必为定值。同理当 t 和 t_w 一定时，H 亦必为定值。因此在干燥操作中，常用干、湿球温度计测量空气的湿度。在测定 t_w 时，空气的流速应大于5m/s，以减少热辐射和热传导的影响，使测量较为精确。

(5)露点温度 t_d　在一定压力下,将不饱和的空气在湿度不变的情况下冷却,达到饱和状态时的温度称为该空气的露点温度(dew - point temperature),简称露点。若空气的温度降至露点以下 $t < t_d$,空气中过饱和部分的水蒸气将以露滴的形式凝结出来。因此,露点温度是空气开始结露的临界温度。当湿空气达到露点温度时,空气达到饱和 $\varphi = 100\%$。由式(9-4)得:

$$H = 0.622\frac{p_d}{P - p_d} \tag{9-10}$$

式中　p_d——露点下水的饱和蒸气压,Pa

(6)湿空气的比热容 c_H　常压下,将 1kg 绝干空气及其所带的 Hkg 水蒸气温度升高 1℃所需的热量,称为湿空气的比热容,简称湿比热容。

$$c_H = c_a + c_v H \tag{9-11}$$

式中　c_H——湿空气的比热容,kJ/(kg·℃)

c_a——绝干空气的比热容,kJ/(kg·℃)

c_v——水蒸气的比热容,kJ/(kg·℃)

温度在 -40 ~ 124℃范围内,绝干空气和水蒸气的比热容分别为:$c_a = 1.01$kJ/(kg·℃),$c_v = 1.88$ kJ/(kg·℃)。代入式(9-11)得:

$$c_H = 1.01 + 1.88H \tag{9-11a}$$

即湿空气的比热容 c_H 仅随空气的湿度变化。

(7)湿空气的焓 I　湿空气的焓等于 1kg 干空气的焓与其所带 Hkg 水蒸气的焓之和。即:

$$I = I_a + HI_v \tag{9-12}$$

式中　I——湿空气的焓,kJ/kg 绝干空气

I_a——绝干空气的焓,kJ/kg

I_v——水蒸气的焓,kJ/kg

焓是相对值,计算时常取 0℃时的绝干空气和液态水的焓为零作为基准。对于温度 t、湿度 H 的湿空气则有:

$$I = c_a t + H(r_0 + c_v t) = (c_a + c_v H)t + Hr_0 = c_H t + Hr_0$$

式中　r_0——水在 0℃时的汽化潜热,近似写成 2490kJ/kg

故上式可以写成

$$I = (1.01 + 1.88H)t + 2490H \tag{9-13}$$

可见湿空气的焓随空气温度和湿度的增加而增大。

【例 9-2】已知湿空气的总压为 1.013×10^5 Pa,湿度为 0.0147 kg/kg,干球温度 t = 20℃,试求此湿空气的相对湿度 φ、比体积 v_H、比热容 c_H 和焓 I。若将该空气加热到 50℃时的相对湿度为多少?

解:已知 $P = 1.013 \times 10^5$Pa,$H = 0.0147$ kg/kg 绝干空气,$t = 20$℃,从附录查出 20℃时水蒸气的饱和蒸汽压 $p_s = 2334.6$ Pa。

①相对湿度 φ

依题意　$$H = 0.622 \times \frac{\varphi p_s}{P - \varphi p_s} = \frac{0.622 \times 2334.6\varphi}{1.0133 \times 10^5 - 2334.6\varphi} = 0.0147$$

解得 $\varphi = 100\%$,此时空气为水分饱和,不能用作干燥介质。

②湿空气比体积 v_H

$$v_H=(287.1+461.4H)\frac{T}{P}=(287.1+461.4\times0.0147)\frac{273+20}{1.013\times10^5}=0.85(\mathrm{m^3/kg})$$

③湿比热容 c_H

$$c_H=1.01+1.88H=1.01+1.88\times0.0147=1.038[\mathrm{kJ/(kg\cdot℃)}]$$

④焓 I

$$I=(1.01+1.88H)t+2490H$$
$$=(1.01+1.88\times0.0147)\times20+2490\times0.0147=57.36(\mathrm{kJ/kg})$$

⑤将该空气加热到50℃时的相对湿度 φ

由附录查得50℃时水的饱和蒸汽压为12340 Pa。

故
$$0.0147=\frac{0.622\times12340\varphi}{1.013\times10^5-12340\varphi}$$

解得：$\varphi=18.92\%$

计算结果表明，对饱和湿空气加热，温度升高后，φ 值减小，又可用作干燥介质。

(8)绝热饱和温度 t_{as}　绝热饱和系统如图9－2所示，在绝热条件下，温度为 t，湿度为 H 的不饱和空气与循环水接触，则在空气和水之间产生传热传质。由于系统绝热，所以水吸收湿空气的显热汽化，湿空气温度降低，湿度增大，且当空气达到饱和状态时，水分汽化停止，空气温度也不再下降，此时湿空气的温度称为绝热饱和温度(adiabatic saturation temperature)，以 t_{as} 表示。在绝热饱和过程中，湿空气将显热传递给水，而水汽化又将热量以潜热形式带到湿空气中，虽然湿空气发生了温度和湿度的变化，但其焓值基本不变。以单位质量的绝干空气为基准，对绝热饱和系统作热量衡算，有

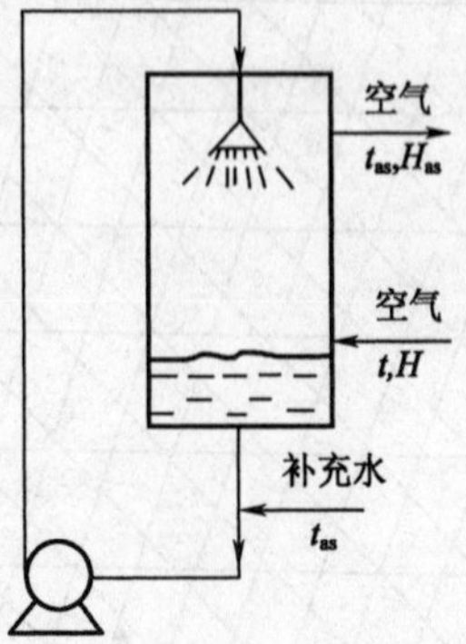

图9－2　湿空气的绝热饱和过程

$$c_H(t-t_{as})=(H_{as}-H)r_{as} \tag{9-14}$$

式中　H_{as}——绝热饱和湿度，kg水汽/kg绝干空气

r_{as}——绝热饱和温度 t_{as} 下水的汽化热，J/kg

于是得：

$$t_{as}=t-\frac{r_{as}}{c_H}(H_{as}-H) \tag{9-15}$$

式(9－15)表明，空气的绝热饱和温度是干球温度和湿度的函数，是湿空气的状态参数。比较式(9－9)和式(9－15)可见，湿球温度方程与绝热饱和温度方程类似。实验证明：对于水－空气系统，$c_H\approx\alpha/k_H=1.09$，可认为 $t_w\approx t_{as}$。但对于非"水－空气"系统，t_w 和 t_{as} 相差较大。

9.1.2　湿空气的焓湿图及应用

(1)湿空气的焓湿图　根据上述湿空气状态参数及其间的相互关系，在一定压力下，只要已知2个独立参数，其他参数就可计算出来，但过程比较繁琐。在工程设计中，为方便应用，将湿空气各状态参数之间的关系绘成图直接查取，称为湿度图(Humidity chart)。

常用的湿度图有两种，一种是以焓－湿度为坐标的 $I-H$ 图(Mollier chart)，如图9－3所

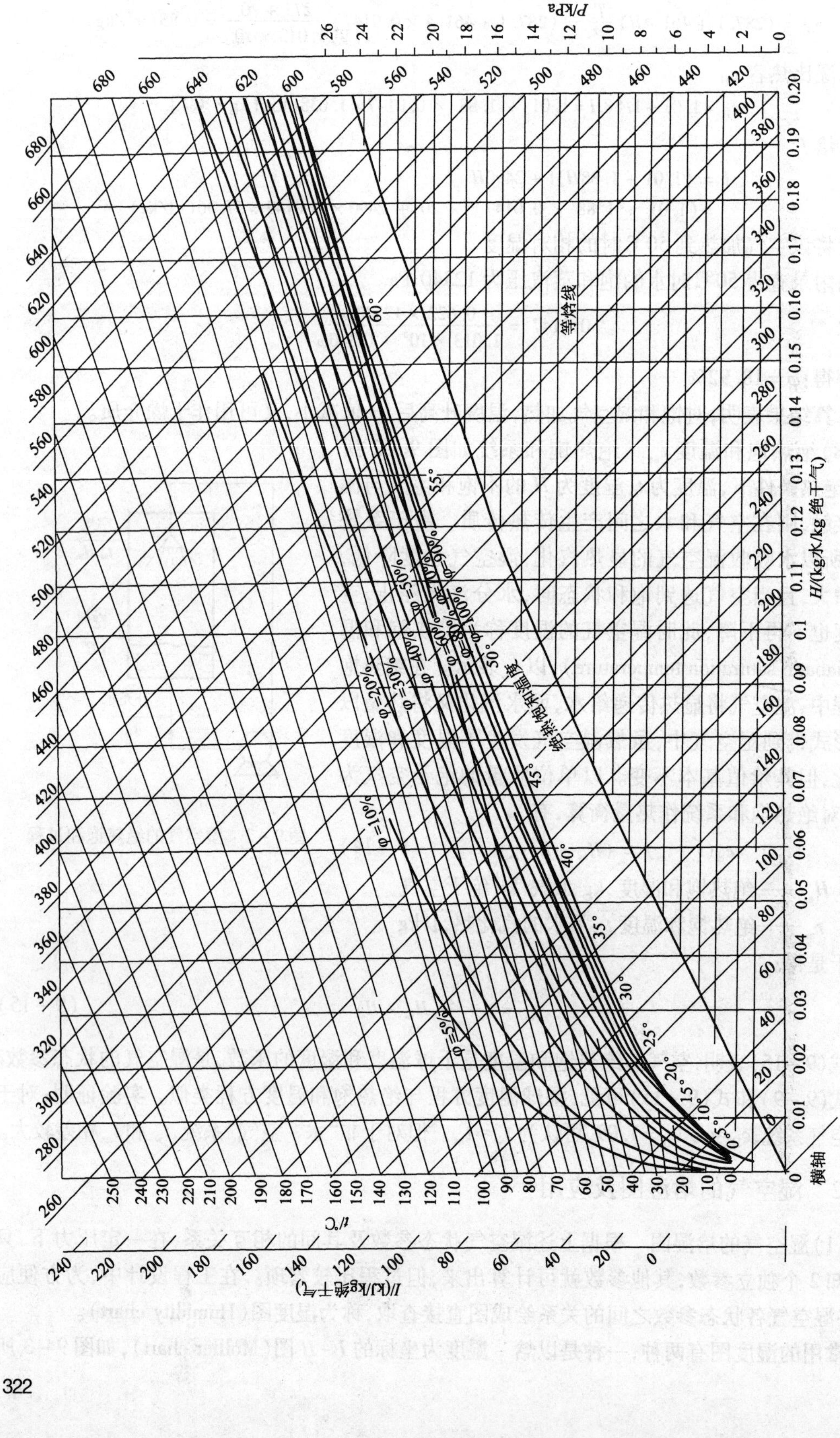
P/kPa
H/(kg水/kg 绝干气)
t/℃
I/(kJ/kg 绝干气)
等焓线
绝热饱和温度
横轴
φ=5%
φ=10%
φ=20%
φ=30%
φ=40%
φ=50%
φ=60%
φ=70%
φ=80%
φ=90%
φ=100%

图 9-3 湿空气的性质图

示，另一种是以温度－湿度为坐标的 $t-H$ 图（Psychrometric chart）。下面以湿空气的 $I-H$ 图为例，介绍湿度图的构成和应用。图9－3是在标准大气压101.33kPa下湿空气的 $I-H$ 图。横坐标轴为湿度（H），纵坐标轴表示焓（I），为避免图中线条挤在一起，将两坐标轴夹角取135°构成斜坐标系。$I-H$ 图中包含下列各组图线：

①等湿度线（等 H 线）平行于纵轴的一组直线。当空气状态沿着等 H 线变化时称为等湿过程。湿空气通过表面热交换器加热或冷却都是等湿过程。

②等焓线（等 I 线）平行于斜轴的一组直线，同一条线上的焓值相同。湿空气沿着等焓线变化的过程称为等焓过程。

③等温线（等 t 线）从纵轴出发，斜向右上方的一组直线，图中画出从0℃到250℃范围内的等温线。由式（9－18）可知，t 为定值时，I 与 H 为直线关系，其斜率为（$1.88t+2490$）。由于 $1.88t$ 在数值上比2490小很多，各等温线 t 近似平行。

④等相对湿度线（等 φ 线）由坐标原点出发的一组曲线，可根据式（9－4）绘制等 φ 线。图9－3中 $\varphi=100\%$ 的曲线为饱和相对湿度线。

⑤水蒸气分压线（p_v 线）根据式（9－5），当湿空气总压力 $P=101.33$kPa时，绘出的水蒸气分压与湿度间的关系曲线。为使图面清晰，将此线绘于饱和相对湿度线下方，采用右边纵坐标。

（2）焓湿图的应用　在 $I-H$ 图中的任意一点均代表一确定的湿空气状态，只要知道任意两个独立参数，就可在 $I-H$ 图中确定出其状态点，查得湿空气其他参数，具体应用见例9－3。

【例9－3】已知湿空气的总压为101.3kPa，干球温度为20℃、相对湿度为50%，试用 $I-H$ 图求：①湿空气中水蒸气分压 p_v；②湿度 H；③焓 I；④露点 t_d；⑤湿球温度 t_w；⑥将流量为100kg/h的该湿空气预热至117℃，求所需热量。

解：已知条件：$p=101.3$kPa，$t=20$℃，$\varphi=50\%$，在 $I-H$ 图上确定湿空气状态点 A，如图9－4所示。

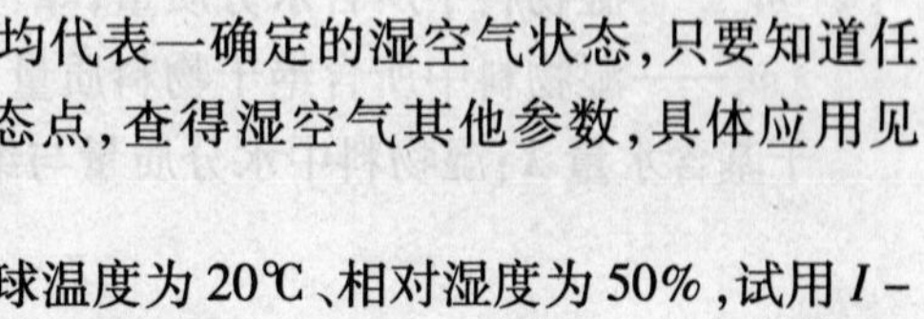

图9－4　用 $I-H$ 图确定空气参数

①湿空气中水蒸气分压 p_v：由 A 点沿等 H 线向下与水蒸气分压线交于 C 点，向右作水平线在右侧纵轴上读出 $p_v=1.2$kPa。

②湿度 H：由 A 点沿等 H 交与水平轴相交，得到湿度 $H=0.0075$ kg水/kg绝干空气。

③湿空气的焓 I：过 A 点作等焓线的平行线与纵轴相交于 E，读取焓值 $I_0=39$kJ/kg绝干空气。

④露点 t_d：由 A 点沿等 H 向下与 $\varphi=100\%$ 线交于 B 点，通过 B 点的等 t 线读得露点 $t_d=10$℃。

⑤湿球温度 t_w：过点 A 沿等 I 线与 $\varphi=100\%$ 线交于点 D，由 D 点的等 t 线得到 $t_w=14$℃。

⑥所需热量 Q：湿空气通过加热器加热，其湿度不变，所以由 A 点沿等 H 现向上与 $t_1=117$℃等温线相交于 G 点，查得 $I_1=138$kJ/kg绝干空气。则：

$$Q = \frac{100}{3600} \times (I_1 - I) = 0.0278 \times (138 - 39) = 2.75(\text{kW})$$

在焓湿图上,也可以确定两股物料混合后的状态点。将物料衡算的结果在图上用线段表示,可按照杠杆规则标注。杠杆规则在精馏的温度组成图和萃取的相图中均有过应用。

9.2 干燥过程的衡算

在干燥工艺设计和干燥设备选型中,需要通过干燥系统的物料衡算和热量衡算,确定从湿物料中除去的水分、空气用量以及所需热量等。

9.2.1 物 料 衡 算

(1)物料含水量的表示法　物料中水分含量有两种表示方法:湿基含水量和干基含水量。

湿基含水量 w:湿物料中水分质量与湿物料质量比,即:

$$w = \frac{m_w}{m} = \frac{m_w}{m_s + m_w} \tag{9-16}$$

式中　m——湿物料质量,kg

m_w——湿物料中所含水分质量,kg

m_s——湿物料中所含绝干物料质量,kg

干基含水量 X:湿物料中水分质量与绝干物料的质量比:

$$X = \frac{m_w}{m_s} = \frac{m_w}{m - m_w} \tag{9-17}$$

在工业生产中,常用湿基含水量表示物料水分,但湿物料质量在干燥过程中随着水分去处而逐渐减小,而干物料的质量在干燥过程中不变,故干燥计算常采用干基含水量,两种含水量之间的关系为:

$$w = \frac{X}{1 + X} \tag{9-18}$$

$$X = \frac{w}{1 - w} \tag{9-19}$$

(2)物料衡算　通过干燥系统的物料衡算,可确定水分蒸发量、空气消耗量和干燥产品的流量。图 9-5 所示为一连续干燥过程示意图。

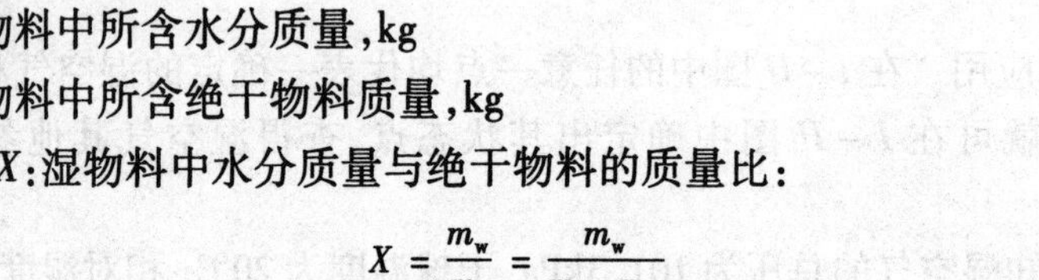

图 9-5　连续干燥过程物料衡算示意图

L——绝干空气的质量流量,kg /s

H_1,H_2——湿空气进、出干燥器时的湿度,kg 水/kg 绝干空气

X_1,X_2——湿物料进、出干燥器时的干基含水量,kg 水/kg 绝干料

w_1,w_2——湿物料进、出干燥器时的湿基含水量,%

G_1,G_2——湿物料进、出干燥器时的质量流量,kg /s

①水分蒸发量:若不计干燥器内物料损失,对物料流中的水分进行衡算,则有

$$W = L(H_2 - H_1) = G(X_1 - X_2) \tag{9-20}$$

式中 W——水分蒸发量,kg/s

G——绝干物料流量,kg/s

②空气消耗量:由式(9-20)可得

$$L = \frac{G(X_1 - X_2)}{H_2 - H_1} = \frac{W}{H_2 - H_1} \tag{9-21}$$

则蒸发1kg水分消耗的绝干空气量:

$$l = \frac{L}{W} = \frac{1}{H_2 - H_1} \tag{9-22}$$

式中 l——单位空气消耗量,kg绝干空气/kg水

③干燥产品量流量:若不计损失,物料中的干物料在干燥过程中保持不变。

$$G = G_1(1 - w_1) = G_2(1 - w_2)$$

干燥产品流量为:

$$G_2 = \frac{G_1(1 - w_1)}{1 - w_2} \tag{9-23}$$

9.2.2 热量衡算

通过干燥系统的热量衡算,可以求得预热器消耗的热量、向干燥器补充的热量和干燥过程消耗的总热量。这些参数可作为计算预热器的传热面积、加热剂用量、干燥器热效率和干燥效率等的依据,干燥器的物料和热量流程示意图如图9-6所示。

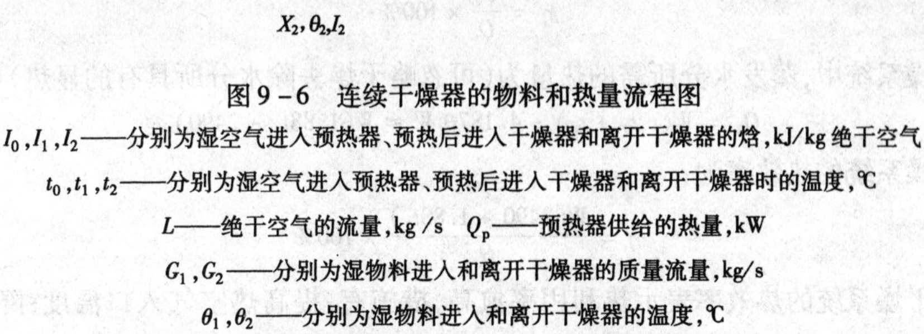

图9-6 连续干燥器的物料和热量流程图

I_0, I_1, I_2——分别为湿空气进入预热器、预热后进入干燥器和离开干燥器的焓,kJ/kg绝干空气

t_0, t_1, t_2——分别为湿空气进入预热器、预热后进入干燥器和离开干燥器时的温度,℃

L——绝干空气的流量,kg/s Q_P——预热器供给的热量,kW

G_1, G_2——分别为湿物料进入和离开干燥器的质量流量,kg/s

θ_1, θ_2——分别为湿物料进入和离开干燥器的温度,℃

I_1', I_2'——分别为湿物料进入和离开干燥器的焓,kJ/kg干物料

Q_D——向干燥器补充的热量,kW Q_L——干燥器损失的热量,kW

(1)预热器的热量衡算 忽略预热器的热损失,由图9-6对预热器进行热量衡算,以kW为单位。

$$Q_p = L(I_1 - I_0) \tag{9-24}$$

(2)干燥器的热量衡算　对图9-6中的干燥器进行热量衡算，有

$$LI_1 + GI_1' + Q_D = LI_2 + GI_2' + Q_L$$

则单位时间内向干燥器补充的热量为

$$Q_D = L(I_2 - I_1) + G(I_2' - I_1') + Q_L \tag{9-25}$$

式中　G——绝干物料进入或离开干燥器的流量，kg/s

(3)干燥系统的热量衡算　干燥系统消耗的总热量 Q 为 Q_p 与 Q_D 之和。在图9-6所示的干燥过程中输入系统的总热量应等于输出系统总热量，得到：

$$Q = Q_p + Q_D = L(I_2 - I_0) + G(I_2' - I_1') + Q_L \tag{9-26}$$

式中　Q——干燥系统消耗的总热量，kW

由湿空气焓的定义和湿物料焓的定义表达式，代入式(9-26)，可得到：

$$Q = Q_p + Q_D = L[(1.01 + 1.88H_2)t_2 - (1.01 + 1.88H_0)t_0] + G[(c_s + c_w X_2)\theta_2 - (c_s + c_w X_1)\theta_1] + Q_L \tag{9-27}$$

式中　c_s——干物料的比热容，kJ/(kg·℃)

c_w——水的比热容，4.187kJ/(kg·℃)

应用式(9-27)时，需要已知湿空气出口湿度 H_2 和温度 t_2。一般需要和物料衡算式联合求解。近似计算时，可以考虑消去 H_2。因为湿空气的焓 I 等于1kg绝干空气的焓 I_a 加 Hkg水汽的焓 HI_v，水气的焓 I_v 等于显热 $c_v t$ 加汽化潜热 r_0，并以汽化潜热为主。所以，近似将入口湿空气焓中的 I_{v0} 等于出口湿空气焓中的 I_{v2}，有 $I_2 = I_{a2} + H_2 I_{v2}$，$I_0 = I_{a0} + H_0 I_{v0} \approx I_{a0} + H_0 I_{v2}$，将两者代入式(9-26)，并结合 $W = L(H_2 - H_0)$ 和绝干空气焓的表达式，得到近似方程：

$$Q = Q_p + Q_D \approx 1.01L(t_2 - t_0) + G(I_2' - I_1') + W(1.88t_2 + 2490) + Q_L \tag{9-28}$$

式(9-28)中湿物料的焓可按照 $I' = c_s + Xc_w$ 计算。

由式(9-28)等号右边各项可看出，干燥系统的总热量消耗于：①加热空气；②加热湿物料；③蒸发水分；④损失于周围环境中。

(4)干燥系统的热效率　干燥系统的热效率是衡量一个干燥过程或干燥器在能量利用方面的重要指标，其定义为蒸发水分所需要的热量与向干燥系统输入的总热量的百分比。

$$\eta = \frac{Q_v}{Q} \times 100\% \tag{9-29}$$

在干燥系统中，蒸发水分所需的热量为(可忽略干燥去除水分所具有的显热)：

$$Q_v = W(c_v t_2 + r_0) - 4.187\theta_1 W \approx W(1.88t_2 + 2490)$$

则干燥系统的热效率为：

$$\eta = \frac{W(2490 + 1.88t_2)}{Q} \times 100\% \tag{9-30}$$

提高干燥系统的热效率表示热利用率愈高，措施有：提高热空气入口温度；降低废气出口温度，提高其出口湿度；用废气预热空气或物料；加强干燥设备的保温，减少热损失等。

【例9-4】某糖厂以温度为20℃、相对湿度为60%的常压空气干燥湿糖物料。空气经预热器被加热到90℃后送入干燥器，排出废气的温度为45℃、湿度为0.022 kg/kg绝干空气。若湿糖喂入量为1100kg/h，湿基含水量为3%，温度为20℃，离开干燥器时温度为60℃，湿基含水量降至0.2%。湿物料的平均比热容为1.28 kJ/(kg干物料·℃)。设干燥器的热损失

为1.2kW,忽略预热器的热损失。求(1)水分蒸发量 W;(2)空气消耗量 L;(3)预热器提供的热量 Q_p;(4)干燥系统消耗的总热量 Q;(5)向干燥器补充的热量 Q_D;(6)干燥系统的热效率 η。

解:已知 $t_0 = 20℃$, $\varphi_0 = 60\%$, $t_1 = 90℃$, $t_2 = 45℃$, $H_2 = 0.022$ kg/kg 绝干气, $G_1 = 1100$kg/h, $w_1 = 3\%$, $\theta_1 = 20℃$, $w_2 = 0.2\%$; $\theta_2 = 60℃$, $c_m = 1.28$kJ/(kg 绝干料·℃), $Q_L = 1.2$kW。

(1)水分蒸发量 W

$$X_1 = \frac{w_1}{1 - w_1} = \frac{3\%}{1 - 3\%} = 0.0309(\text{kg/kg 干物料})$$

$$X_2 = \frac{w_2}{1 - w_2} = \frac{0.2\%}{1 - 0.2\%} = 0.002(\text{kg/kg 干物料})$$

$$\text{绝干物料量 } G = G_1(1 - w_1) = 1100 \times (1 - 3\%) = 1067(\text{kg 干物料/h})$$

由式(9-20)求水分蒸发量

$$W = G(X_1 - X_2) = 1067 \times (0.0309 - 0.002) = 30.84(\text{kg/h})$$

(2)空气消耗量 L

由 $I-H$ 图查得:$H_0 = 0.009$kg/kg 绝干空气,故

$$L = \frac{W}{H_2 - H_0} = \frac{30.84}{0.022 - 0.009} = 2372(\text{kg 绝干空气/h})$$

(3) 预热器提供的热量 Q_p

由 $I-H$ 图查得:$I_0 = 43$kg/kg 绝干气,而 $H_1 = H_0 = 0.009$kg/kg 绝干空气,查得 $I_1 = 115$kJ/kg绝干空气,故

$$Q_p = L(I_1 - I_0) = 2372 \times (115 - 43) = 1.708 \times 10^5(\text{kJ/h}) = 47.4(\text{kW})$$

(4) 干燥系统消耗的总热量 Q

用式(9-28)计算

$$\begin{aligned} Q &\approx 1.01L(t_2 - t_0) + G(I'_2 - I'_1) + W(1.88t_2 + 2490) + Q_L \\ &= 1.01 \times 2372 \times (45 - 20) + 1067 \times 1.28 \times (60 - 20) + \\ &\quad 30.84 \times (1.88 \times 45 + 2490) + 1.2 \times 3600 \\ &= 1.982 \times 10^5(\text{kJ/h}) = 55.1(\text{kW}) \end{aligned}$$

(5) 向干燥器补充的热量 Q_D

$$Q_D = Q - Q_p = 7.7(\text{kW})$$

(6) 干燥系统的热效率 η 若忽略湿物料中水分带入系统的焓,则由式(9-30)可得

$$\eta = \frac{W(2490 + 1.88t_2)}{Q} \times 100\% = \frac{30.84 \times (2490 + 1.88 \times 45)}{198240} \times 100\% = 40\%$$

复杂热风干燥过程的计算原则仍是联合物料衡算、热量衡算、焓的表达式和混合空气状态计算式求解。例如,为节约能量,在出口湿空气温度较高而湿度相对较低时,可以考虑废气循环操作,此时应进行混合点空气状态参数的计算,计算方法是湿空气混合前后的物料衡算和热量衡算,得到混合后湿空气的性质参数后,对系统进行物料衡算和热量衡算,求解问题。

*【例9-5】在常压连续逆流干燥器中将某种物料自湿基含水量50%干燥至6%。采用废气循环操作,即由干燥器出来的一部分废气和新鲜空气相混合,混合气经预热器加热到必

要的温度后再送入干燥器。循环比(废气中绝干空气质量和混合气中绝干空气质量之比)为0.7见图9-6,但需增补废气循环部分。已知新鲜空气的状态为 $t_0=25℃$,$H_0=0.005$kg水/kg绝干气,空气预热后的温度 t_1 为90℃,废气的状态为 $t_2=50℃$。初始湿物料的处理量为1000kg/h,其中绝干物料的比热容为3.28 kJ/(kg·K),初始湿物料的温度为15℃,干燥后物料的温度为40℃。求空气离开干燥器时的湿度 H_2、预热器中空气的湿度 H_m、所需要的新鲜空气量 L_0、预热器的传热量 Q_p。设预热器的热损失可忽略,干燥器的热损失为1.2kW,干燥器不额外补充热量。水的汽化潜热为2490kJ/kg,绝干空气的比热容为1.01kJ/(kg·K),水汽的比热容为1.88 kJ/(kg·K),水的比热容为4.187 kJ/(kg·K)。

解:(1)以m表示混合后空气状态,0表示新鲜空气状态,1表示加热后空气状态,2表示干燥器后的空气状态。设混合后的绝干空气流量为 L_m kg/h,其中 $0.3L_m$ 来自新鲜空气,$0.7L_m$ 来自循环废气。预热器中空气的湿度等于混合后的空气湿度 $H_1=H_m$。

(2)全流程的水分物料衡算

$$0.3L_m(H_2-H_0)=W=G(X_1-X_2)$$

$$G=G_1(1-w_1)=1000\times(1-0.5)=500(\text{kg 绝干料/h})$$

$$X_1=\frac{w_1}{1-w_1}=\frac{0.5}{1-0.5}=1, X_2=\frac{w_2}{1-w_2}=\frac{0.06}{1-0.06}=0.0638$$

(3)空气混合的水分衡算

$$H_m=0.3H_0+0.7H_2=H_1$$

(4)干燥器的热量衡算

$$L(I_1-I_2)=G(I'_2-I'_1)+Q_1$$

$$I'_1=c_s\theta_1+X_1c_w\theta_1=(3.28+1\times4.187)\times15=112.01(\text{kJ/kg 干料})$$

$$I'_2=c_s\theta_2+X_2c_w\theta_2=(3.28+0.0638\times4.187)\times40=141.89(\text{kJ/kg 干料})$$

$$Q_1=1.2\times3600=4320(\text{kJ/h})$$

$$I_1=(1.01+1.88H_1)\times90+2490H_1$$

$$I_2=(1.01+1.88H_2)\times50+2490H_2$$

(5)求解方程组 将(2)、(3)、(4)的4个方程联立求解

$$0.3L_m(H_2-0.005)=W=G_C(X_1-X_2)=500\times(1-0.0638)=468.09 \quad ①$$

$$L_m[1.01\times90+1.88\times90\times(0.3\times0.005+0.7H_2)+2490(0.3\times0.005+0.7H_2)-1.01\times50-1.88\times50H_2-2490H_2]=500(141.89-112.01)+4320=19260 \quad ②$$

由①、②两式解出:$L_m=28120.98$kg/h, $H_2=0.0605$kg水/kg绝干气

(6)新鲜空气用量

$$0.3\times28120.98\times(1+0.005)=8478.476(\text{kg 新鲜空气/h})$$

(7)计算 Q_p

$$H_m=0.3H_0+0.7H_2=0.3\times0.005+0.7\times0.037=0.044(\text{kg 水/kg 绝干气})$$

$$I_m=0.3[(1.01+1.88\times0.005)\times25+2490\times0.005)]+0.7[(1.01+1.88\times0.0605)\times50+2490\times0.0605)]=156.14(\text{kJ/kg})$$

$$I_1=(1.01+1.88\times0.044)\times90+2490\times0.044=207.48(\text{kJ/kg})$$

$$Q_p=L_m(I_1-I_m)=28120.98\times(207.48-156.14)=1.44\times10^6(\text{kJ/h})=401.1(\text{kW})$$

9.2.3　空气通过干燥器的焓变

在干燥器过程中,空气先经预热器加热后进入干燥器,空气在预热过程中仅温度升高,而湿度不变,在干燥器内空气与物料间进行热、质传递,使空气的温度降低、湿度增加,同时还有热量向外界损失,以及给干燥器补充热量等,所以空气离开干燥器时的状态较难确定。通常根据空气在干燥器内焓的变化,将干燥过程分为等焓和非等焓干燥过程讨论。

(1)等焓干燥过程　等焓干燥过程又称绝热干燥过程,其中空气状态变化如图 9－7 所示。经预热器加热,湿空气状态由 $A(t_0, H_0, I_0)$ 到 $B(t_1, H_1, I_1)$ 湿度不变,温度和焓均升高,预热器加热量转化为空气焓的增量;空气进入干燥器与湿物料进行湿热交换,假设在干燥器内无热量补充($Q_D=0$)和热量损失($Q_L=0$),即绝热干燥,空气离开干燥器状态由 B 点沿等焓线变化到 $C(t_2, H_2, I_2)$,空气的温度降低,湿度增大,焓值不变,为等焓干燥过程。

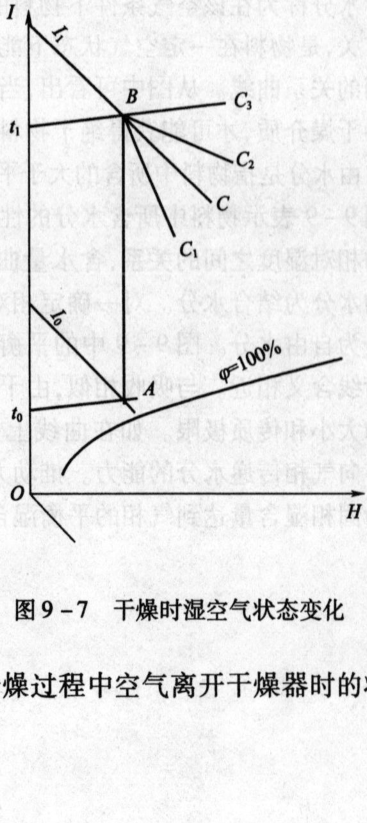

图 9－7　干燥时湿空气状态变化

(2)非等焓干燥过程　实际干燥过程由于干燥器存在热量散失以及物料和输送装置也要带走一些热量。所以 $I_2 < I_1$,空气通过干燥器沿位于等焓线下方图 9－7 中 BC_1 线所示;若向干燥器补充的热量大于损失热量与加热物料所需热量之和,则 $I_2 > I_1$,空气通过干燥器沿等焓线上方图 9－7 中 BC_2 变化。非等焓干燥过程中空气离开干燥器时的状态点可用计算法或图解法确定。

9.3　干燥速率与干燥时间

在干燥工艺和干燥器设计中不仅涉及物料衡算与热量衡算,而且还涉及干燥速率和干燥时间的计算。物料干燥过程是水分从物料内部迁移到物料表面,然后从物料表面汽化到空气中。干燥速率不仅与干燥空气介质及干燥操作条件有关,而且取决于物料中所含水分的性质。

9.3.1　物料中的水分及干燥的相平衡

(1)结合水分与非结合水分　根据水分与物料结合方式不同,可将物料中水分分为结合水分(bound water)和非结合水分(unbound water)。

结合水分包括物料细胞内的水分、物料中可溶固形物溶液中的水分以及物料内毛细管中的水分等。这种水分借助化学力和物理化学力与物料相结合,由于结合力较强,在干燥过程中较难去除。

非结合水分是指物料表面附着水分及孔隙中的水分等。非结合水与物料的结合力弱，其蒸汽压和纯水在同温度下的饱和蒸汽压相同，故非结合水在干燥过程中容易除去。

(2)平衡水分和自由水分　根据物料与在一定条件下所含水分能否用干燥方法除去，将物料中的水分分为平衡水分(equilibrium water)和自由水分(free water)。将物料与一定温度和相对湿度的空气接触，当物料表面水蒸气分压大于空气中水蒸气分压时，物料中水分将向空气中蒸发，直到两者水蒸气分压达到相等，而当物料较干燥，其中的水蒸气分压小于空气中水蒸气分压时，物料将吸收空气中的水分，直到两者水蒸气分压达到平衡状态。此时，物料所含水分称为在该空气条件下物料的平衡水分。物料的平衡水分与物料的种类及空气的性质有关，是物料在一定空气状态下能被干燥的极限。图9－8为物料平衡水分与空气相对湿度间的关系曲线。从图中可看出，当$\varphi=0$时，各物料的平衡水分均为零，表明采用绝干空气作为干燥介质，才可能获得绝干物料。

自由水分是指物料中所含的大于平衡水分，能在一定空气状态下用干燥方法除去的水分。

图9－9表示物料中所含水分的性质。图中曲线是在一定温度条件下，物料的含水量与空气的相对湿度之间的关系，含水量曲线与$\varphi=100\%$交点以上的水分为非结合水分，交点以下的水分为结合水分。对一确定相对湿度的空气，物料有对应的平衡水分，平衡水分以上的水分为自由水分。图9－9中的平衡曲线为干燥的气固相平衡线，与吸收、脱吸和精馏的相平衡线含义相近。与吸收相似，由干燥的气固相平衡线可以判断干燥水分传递的方向、推动力的大小和传质极限。如在曲线上方的点，表示固相的湿含量大于气相的平衡湿含量。固相有向气相传递水分的能力。推动力的大小为固相湿含量减气相的平衡湿含量。过程的极限为固相湿含量达到气相的平衡湿含量。所谓气相的平衡湿含量是将相对湿度为φ的湿

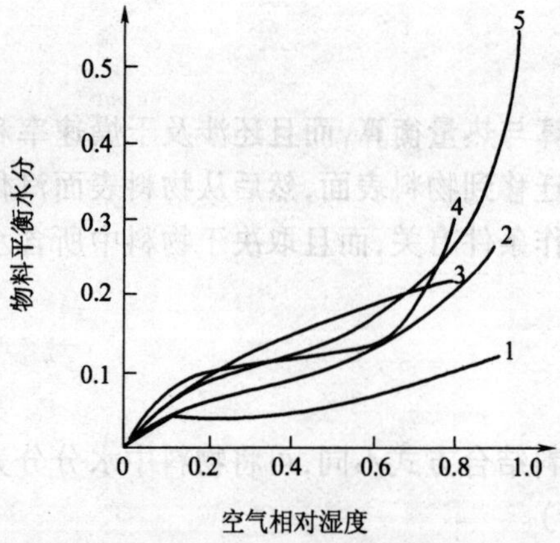

图9－8　物料平衡水分与空气相对湿度的关系

1—纤维素(20℃)　2—蛋白质(25℃)　3—土豆蛋粉(25℃)

4—牛肉(20℃)　5—马铃薯(25℃)

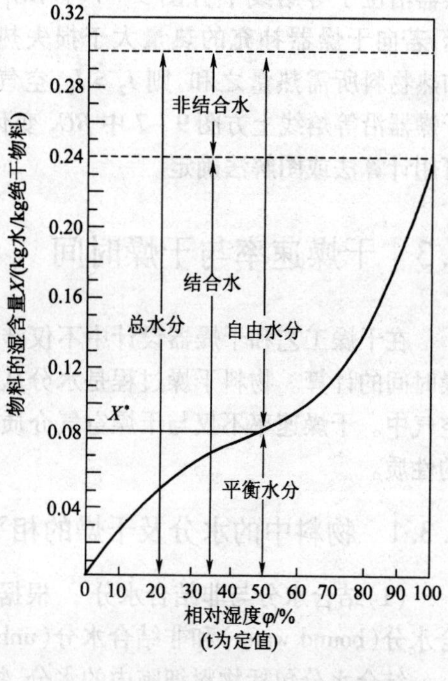

图9－9　物料中所含水分的性质

空气水分浓度依据气固平衡关系折算成固水分浓度，与吸收、精馏等的平衡浓度概念表达含义相近。

(3)物料的水分活度　物料的含水量只表示物料中含水的多少，不能表示食品贮藏的稳定性，例如含水量为13% 的小麦可以稳定贮藏，但同样含水量的乳粉却很快变质，相同含水量的食品有着不同的变质现象，这反映水在食品中存在的活性状态，参与微生物生长和酶反应的活动程度不同，故表征此种性质提出水分活度 a_w 的概念，其定义为：物料表面水蒸气压 p 与同温度下纯水的饱和蒸汽压 p_s 之比称为水分活度(water activity)。物料的水分活度不仅是干燥的重要指标，而且直接关系到食品的贮藏稳定性以及硬度、松脆和发黏等感官指标，决定干燥过程进行的方向。当物料与空气相接触时，如果 $a_w > \varphi$，物料将解湿(moisture desorption)干燥，若 $a_w < \varphi$，则物料将吸湿(moisture sorption)，含水量增加；当 $a_w = \varphi$ 时，解湿和吸湿达到平衡，此时物料的含水量为平衡含水量。

9.3.2　干燥速率曲线

(1)干燥速率　干燥速率是单位时间内单位干燥面积上的水分汽化量，可表示为：

$$U = \frac{\mathrm{d}W}{A\mathrm{d}\tau} = -\frac{G\mathrm{d}X}{A\mathrm{d}\tau} \tag{9-31}$$

式中 U——干燥速率，kg/(m²·s)

A——干燥面积，m²

W——水分汽化量，kg

τ——干燥时间，s

(2)干燥速率曲线　由于物料干燥过程的复杂性，干燥速率曲线通常采用薄层干燥实验确定，在干燥过程中热空气的温度、湿度以及穿过物料的流速均保持不变，测定物料含水量、温度与干燥时间的关系，如图9-10所示，称为物料的干燥曲线。由干燥曲线求出各点的斜率 $\mathrm{d}X/\mathrm{d}\tau$，再按式(9-31)求得干燥速率 U，可绘出图9-11所示干燥速率曲线。

在图9-10和图9-11中，A 点表示物料初始含水量为 X_1，温度为 θ_1，从 A 到 B 为物料预热段，物料温度由 θ_1 预热至 t_w，含水量下降至 X'，此段时间很短，干燥计算常并在恒速阶段；物料干燥速率从 B 到 C 基本保持恒定，称为恒速干燥阶段，在 BC 段内，物料温度保持不变，

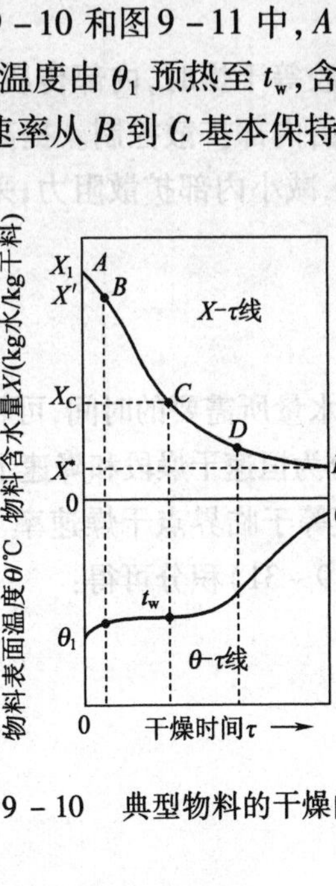

图9-10　典型物料的干燥曲线

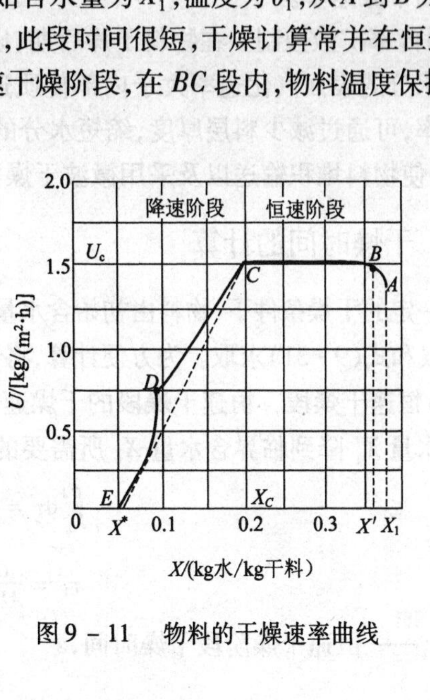

图9-11　物料的干燥速率曲线

含水量快速下降；当物料含水量低于 X_c 后，随着干燥的进行，干燥速率下降，物料温度升高，直到平衡含水量 X^* 为止，图中 CDE 段所示，称为降速干燥阶段。降速干燥阶段中 CD 段称为第一降速段，在该阶段干燥速率开始下降，物料表面不能维持全部湿润，开始出现部分“干区”，物料表面温度大于 t_w 逐渐上升；到达 D 点后进入 DE 段，称为第二降速段，物料表面湿润全部消失，水分汽化向物料内部移动，使热、质传递路径加长，水分扩散阻力增大，干燥速率进一步下降，物料温度快速上升，直到 E 点物料温度达到空气温度，含水量达到平衡含水量 X^*。恒速与降速干燥段的分界点 C 称为临界点，对应的物料含水量 X_c 称为临界含水分量（critical moisture content）。

9.3.3 干燥过程的传质机理

在干燥过程中，热空气将热量传递到物料表面，再由表面传递到物料内部，与此同时，物料表面水分不断汽化，在物料内部与表面间形成湿度梯度，促使物料内部的水分向其表面移动汽化，热空气不断地将汽化的水分带走，从而完成物料干燥，所以物料干燥是一个热、质同传过程。它包含物料内部的传热传质和物料外部的传热传质。通常将物料表面水分汽化传向空气的外部传质，称为表面汽化，由物料内部湿度梯度导致的水分传递称为内部扩散。在干燥过程中，物料中水分的内部扩散和表面气化是同时进行的，但在干燥过程的不同阶段其速率不同，从而对干燥速率的控制机理也不同，进行较慢的传质控制着干燥过程的速度。通常将外部传质控制称为表面汽化控制，内部传质控制称为内部扩散控制。

（1）表面汽化控制　在物料干燥初期，以及像糖、盐等潮湿的晶体，其内部水分能迅速传递到物料表面，使表面保持充分润湿，外部传质的速度小于内部传质速度，此时的干燥主要由表面汽化所控制。为强化该阶段的干燥速率，必须增强外部的传热和传质。例如在对流干燥中，提高空气的温度、降低相对湿度；在真空干燥中，提高干燥时的真空度；在传导干燥和辐射干燥中，提高导热或辐射的强度；以及改善空气与物料间的接触和流动状况等，都有利于提高干燥速率。

（2）内部扩散控制　在物料干燥后期，以及如面包、明胶等干燥时，内部传质速率较小，物料中水分的表面汽化速率大于内部传质速率，干燥过程由内部扩散控制。提高该阶段的干燥速率，可通过减少料层厚度，缩短水分的内部扩散距离，减小内部扩散阻力；采用搅拌翻动物料，使物料堆积输送以及采用微波干燥等。

9.3.4 干燥时间的计算

在一定的干燥条件下，物料由初始含水量干燥到终了含水量所需要的时间，可根据其干燥速率曲线和式(9－31)求取。为方便计算，将干燥时间计算分为恒速干燥段和降速干燥段。

（1）恒速干燥段　恒速干燥段的干燥速率为常数，其值等于临界点干燥速率 U_c，物料由初始含水量 X_1 降到临界含水量 X_c 所需要的时间 τ_1，由式(9－31)积分可得：

$$\int_0^{\tau_1} d\tau = -\frac{G}{AU_c}\int_{X_1}^{X_c} dX$$

即

$$\tau_1 = \frac{G}{AU_c}(X_1 - X_c) \tag{9-32}$$

式中　τ_1——恒速干燥阶段干燥时间，s

U_c——临界干燥速率，kg /(m^2 · s)

临界点干燥速率 U_c 可从干燥速率曲线查得，或由下面的公式计算。在恒速干燥阶段，物料干燥速率保持恒定，此时物料中水分汽化吸收的热量等于热空气对流传递给物料的热量，即：

$$U_c r_{t_w} = \alpha(t - t_w)$$

有

$$U_c = \frac{\alpha}{r_{t_w}}(t - t_w) \tag{9-33}$$

式中　α——对流传热系数，W/(m^2 · K)

r_{t_w}——水在温度 t_w 的汽化热，J/kg

t，t_w——空气的干球温度和湿球温度，℃

式(9-33)为计算恒速干燥段干燥速率 U_c 的公式。其中对流传热系数 α 可根据热空气流量和相对物料的流向等条件，用如下经验公式计算：

①空气平行流过物料表面，空气流量为 $L = 0.7 \sim 8$kg/(m^2 · s)时：

$$\alpha = 14.3 \times L^{0.8}\ \mathrm{W/(m^2 \cdot K)} \tag{9-34}$$

②空气垂直流过物料表面，空气流量为 $L = 1.1 \sim 5.6$ kg/(m^2 · s)时：

$$\alpha = 24.2 \times L^{0.37}\ \mathrm{W/(m^2 \cdot K)} \tag{9-35}$$

(2)降速干燥段　降速干燥段的干燥时间仍可由式(9-31)积分求取，当物料含水率由 X_c 下降到 X_2 时所用的时间 τ_2 为：

$$\tau_2 = \int_0^{\tau_2} d\tau = -\frac{G}{A}\int_{X_c}^{X_2}\frac{1}{U}dX = \frac{G}{A}\int_{X_2}^{X_c}\frac{1}{U}dX \tag{9-36}$$

在降速干燥段，干燥速率是变量，干燥时间可用图解积分法或近似计算法求取。

①图解积分法：由干燥速率曲线查出降速段与 X 相对应的 U 值，以 X 为横坐标，$1/U$ 为纵坐标绘图9-12所示，求得 $X_2 \sim X_c$ 之间的对应面积，其数值即为所求积分值，再由式(9-36)求得降速干燥段的干燥时间 τ_2。

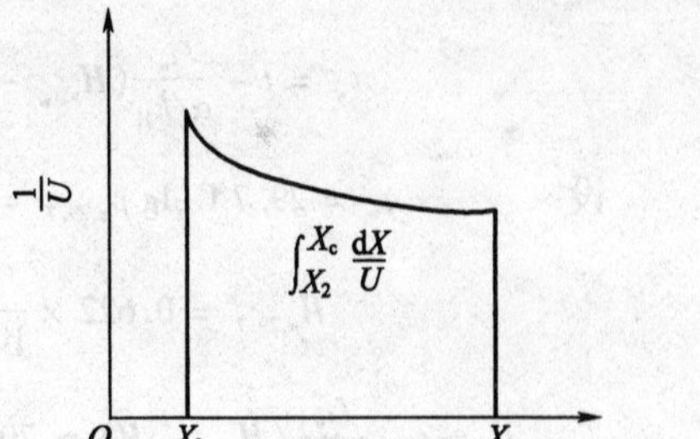

图9-12　图解积分法求 τ_2

②近似计算法：假设降速干燥段的干燥速率与物料的自由水含量($X - X^*$)成正比，用连结临界点C与平衡含水量点E的直线代替降速干燥阶段的干燥速率，可得：

$$\tau_2 = \frac{G}{A}\int_{X_2}^{X_c}\frac{1}{U}dX = \frac{G}{A}\frac{X_c - X^*}{U_c}\int_{X_2}^{X_c}\frac{1}{X - X^*}dX$$

$$= \frac{G}{A}\frac{X_c - X^*}{U_c}\ln\frac{X_c - X^*}{X_2 - X^*} \tag{9-37}$$

因此，若不考虑装卸物料所用的时间则干燥总时间为两阶段干燥时间之和。

*【例9-6】在恒定干燥条件下常压(101.3kPa)干燥某湿物料，湿物料初始含水率为40%(质量，湿基)，干燥至含水3%(湿基)，平衡含水量假设为零。绝干料与干燥面积之比 G_c/A = 18.5kg/m^2，临界点含水量为30%(湿基)，降速阶段干燥速率 $U-X$ 关系可视为直线。空气条件：将20℃，φ = 70%的湿空气预热到70℃后送入间歇干燥器，空气流速为6m/s，平行流过物料

表面，空气－水系统 $\alpha/k_H \approx c_H = 1.01 + 1.88H$ kJ/(kg·℃)。试求预热后热空气的湿球温度、恒速阶段干燥速率和总干燥时间。已知 0～100℃时水蒸气压与温度的关系可由 Antoine 方程求取，$\lg p_s = 8.10765 - 1750.286/(235 + t_D)$，式中，$p_s$ 的单位为 mmHg，t_D 的单位为℃。水在各湿球温度下的汽化潜热近似取 $r_{t_w} \approx 2490$kJ/kg。湿空气对流传热系数 $\alpha = 14.3(L')^{0.8}$，式中 α 的单位为 W/(m²·K)，L' 为湿空气的质量流速，单位为 kg/(m²·s)。

分析题目：$w_0 = 0.4$，$X_0 = \dfrac{w_0}{1 - w_0} = 0.667$（kg 水/kg 干料），

$w_2 = 0.03$，$X_2 = \dfrac{w_2}{1 - w_2} = 0.031$（kg 水/kg 干料），同理

$X_c = 0.43$ kg 水/kg 干料，$X^* = 0$ kg 水/kg 干料

$\tau_1 = \dfrac{G}{AU_c}(X_0 - X_c)$，$\tau_2 = \dfrac{GX_c}{AU_c}\ln\dfrac{X_c}{X_2}$，

关键是求 $U_c = \dfrac{\alpha(t - t_w)}{r_{t_w}}$，由 α，t_w 求出 U_c。

解：(1) 求原始空气的湿度 20℃，$\varphi = 0.7$ 时，$H = 0.622\dfrac{\varphi p_{s,20}}{101.3 - \varphi p_{s,20}}$，20℃水的饱和蒸汽压由 Antoine 方程（题目要求）求取（当然也可查表）：

$$\lg p_{s,20} = 8.10765 - \frac{1750.286}{235 + 20} \qquad p_{s,20} = 2.377\text{kPa}$$

$$H = 0.622\frac{\varphi p_{s,20}}{101.3 - \varphi p_{s,20}} = 0.622 \times \frac{0.7 \times 2.377}{101.33 - 0.7 \times 2.377} = 0.01(\text{kg 水/kg 干气})$$

(2) 求预热到 70℃后的湿球温度 t_w（计算用于不提供图的考核，查图更方便）

$$t_w = t - \frac{r_{t_w}}{\alpha/k_H}(H_{s,t_w} - H) \approx 70 - \frac{2490}{1.01 + 1.88 \times 0.01}(H_{s,t_w} - H)$$

设 $t_w = 29.7$℃，$\lg p_{s,29.7} = 8.10765 - \dfrac{1750.286}{235 + 29.7}$ $\quad p_{s,29.7} = 4.171$kPa

$$H_{s,29.7} = 0.622 \times \frac{4.171}{101.33 - 4.171} = 0.0267(\text{kg 水/kg 干气})$$

$$t_w = t - \frac{r_{t_w}}{\alpha/k_H}(H_{s,t_w} - H) \approx 70 - \frac{2490}{1.01 + 1.88 \times 0.01}(0.0267 - 0.01) = 29.7(℃)$$

计算有效，所以 $t_w = 29.7$℃，这里省略了试差过程。

(3) 求 v_H，ρ_H，L'

$$v_H = \left(\frac{1}{29} + \frac{0.01}{18}\right) \times 22.4 \times \frac{273 + 70}{273} = 0.986(\text{m}^3/\text{kg 干气})$$

$$\rho_H = \frac{1 + H}{v_H} = \frac{1 + 0.01}{0.986} = 1.02(\text{kg/m}^3)$$

$$L' = \rho_H u = 1.02 \times 6 = 6.12[\text{kg/(m}^2\cdot\text{s)}]$$

(4) 求 α

$$\alpha = 14.3(L')^{0.8} = 14.3 \times 6.12^{0.8} = 60.9[\text{W/(m}^2\cdot\text{K)}]$$

(5) 求 U_c

$$U_c = \frac{\alpha(t - t_w)}{r_{t_w}} = \frac{60.9 \times (70 - 29.7)}{2490 \times 1000} = 9.86 \times 10^{-4}[\text{kg/(m}^2\cdot\text{s)}] = 3.55[\text{kg/(m}^2\cdot\text{h)}]$$

(6)求τ

$$\tau = \frac{G(X_0 - X_c)}{AU_c} + \frac{GX_c}{AU_c}\ln\frac{X_c}{X_2}$$

$$\tau = \frac{G(X_0 - X_c)}{AU_c} + \frac{GX_c}{AU_c}\ln\frac{X_c}{X_2} = \frac{18.5 \times (0.667 - 0.43)}{3.55} + \frac{18.5 \times 0.43}{3.55}\ln\frac{0.43}{0.031}$$

$$= 1.235 + 5.9 = 7.14(\mathrm{h})$$

9.4 干燥设备

在食品加工生产中,由于被干燥物料的形态(如块状、粒状、溶液及浆状等)和性质(热敏性、分散性、黏性等)各不相同,对干燥后产品的要求也不一样,且生产规模相差悬殊,因此所采用的干燥方法与干燥器的型式多种多样。

在生产应用中有多种干燥器类型,根据干燥器操作压力可分为常压干燥器和真空干燥器;按操作方式分为连续式、间歇式;按干燥介质和物料的相对运动方式,可分为并流、逆流和错流干燥器;按供热方式分为对流干燥器、传导干燥器、辐射干燥器和介电加热干燥器。下面对几种食品工业中常用的干燥设备作简要介绍,有关各具体干燥器的选用和设计方法请参考有关专著。喷雾干燥和冷冻干燥因在食品工业中有重要用途,在随后小节中加以专门介绍。

9.4.1 对流干燥器

(1)厢式干燥器　厢式干燥器是常压间歇式干燥器。图9-13为厢式干燥器构造示意图。其外形呈厢式,外部用绝热材料保温,厢内有多层托盘,物料置盘中,有的将物料放在托盘小车上推进厢内。空气由风机引入,经加热器加热后流经各层物料。图示为横流式,热空气在物料表面掠过进行干燥。另有穿流式,热空气垂直穿过筛网盘上物料层,以提高干燥速率。为提高热效率,厢式干燥器通常采用气流循环部分换气流程。

厢式干燥器的优点:结构简单,对各种物料适应性强,适用于小批量、多品种物料的干燥。其缺点是干燥过程物料得不到分散,干燥均匀性较差,物料装卸劳动强度较大,热能利用不经济。

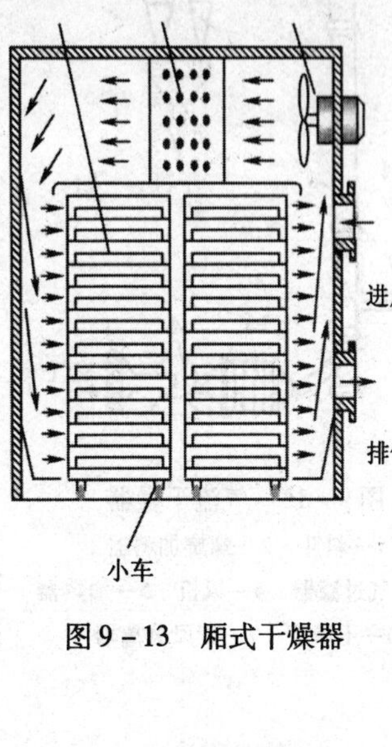

图9-13　厢式干燥器

(2)隧道式干燥器　隧道式干燥器可视为连续式适合大批量生产的厢式干燥器。干燥器有一长的通道,通常隧道宽1.8m,高1.8~2m,长12~18m。采用金属钢板或混凝土保温结构,隧道内铺设轨道供料车通行。在隧道两端进、出料车处设置有密封门,风机将加热的空气强制流过物料,空气流速常为2.5~6m/s。根据料车相对空气流动方向,分为顺流式和逆流式。当干燥好的料车从隧道出口移出,同时装有湿物料的料车从进料口进入干燥室实现连续干燥。

隧道式干燥器结构简单,适应性广,果干、果脯、蘑菇、葱头、茶叶等均可在这种干燥器中干燥。此外,为了提高热能的利用率,设置有废气热能回收装置。

(3)带式干燥器　图9-14为平面带式干燥器的示意图。它由干燥室、输送带、风机、加热器、提升机、排气管等组成。在干燥室中安装有平行多层输送带。湿物料从最上层输送带加入,依次落入下层输送带,加热空气从下方引入,穿过输送带对物料干燥,干物料从下部卸出。废气由排气管排出。

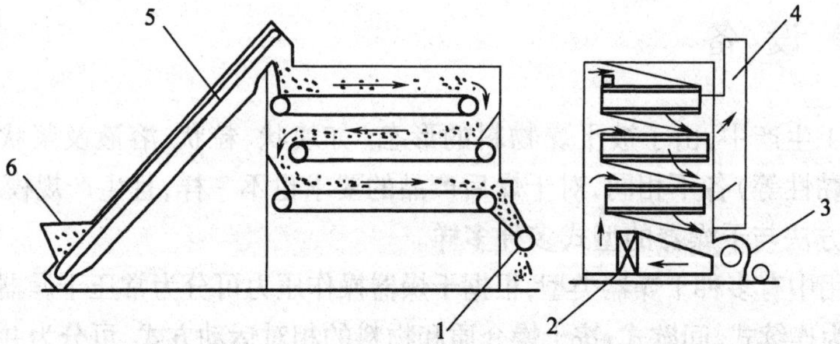

图9-14　带式干燥器

1—卸料螺旋　2—空气加热器　3—风机　4—排气管　5—输送机　6—加料口

带式干燥器适合于散粒状物料干燥,干燥速率较高,适应性较强。为减少体积,节省占地面积,人们设计了螺旋带式干燥器。

(4)转筒干燥器　转筒干燥器为一呈略微倾斜的旋转圆筒。物料从较高的一端进入,随着圆筒的转动而移到较低的一端排出。为使物料均匀分散并与干燥介质充分接触,在转筒内部安装有抄板,随着转筒的转动,物料被抄板升举到一定高度后抛撒下落与干燥介质接触,与此同时,沿倾斜圆筒向低端移动,圆筒每旋转一圈,物料被升举抛撒一次,并向前移动一段距离。转筒干燥器的优点是机械化程度高,生产能力大,对物料适应性较强,干燥产品质量均匀。缺点是体积较大,结构较复杂。

(5)气流干燥器　气流干燥器主要由空气加热器、加料器、干燥管、旋风分离器和风机等组成,如图9-15所示。物料由加料器送入干燥管下部,空气由风机吸入经加热器加热送入干燥管,物料在干燥管内受到气流的冲击,悬浮于气流中,使气、固间充分接触,进行传热传质,物料在气流输送过程中得到干燥。干燥后的物料经旋风分离器分离收集,废气经袋式除尘器后经排气管排出。干燥长度一般为10~20m,气流速度为10~30m/s,物料在干燥管中停留时间很短,所以,气流干燥也称“瞬间干燥”。

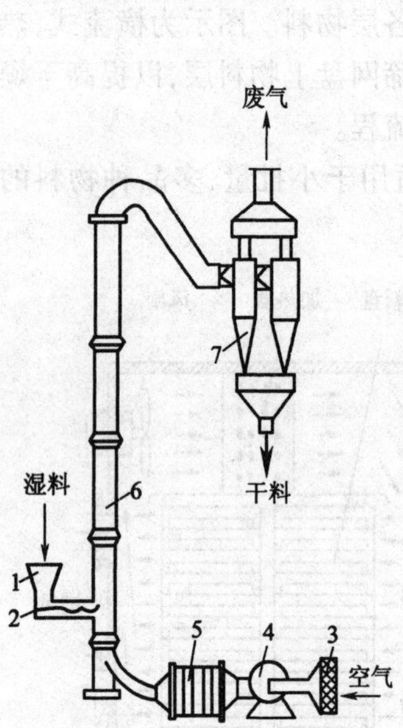

图9-15　气流干燥器

1—料斗　2—螺旋加料器

3—空气过滤器　4—风机　5—加热器

6—干燥管　7—旋风分离器

气流干燥的特点:气、固两相流间传热传质面积大,干燥速率高,干燥时间短,适用于热敏性物料快速干燥;结构简单、紧凑、体积小,生产能力大。缺点:由于气流速度高,流动阻力大，动力消耗大；对干燥负荷很敏感，物料量过大时，影响正常工作。

在气流干燥器的基础上，为减小气流阻力，人们设计了喷动床干燥器。上部圆柱下部圆锥的常规喷动床是其中的一种。物料从底部喷口吹起，在圆柱中央区形成向上的气固喷动区，在物料表面流速降低，固体颗粒返回四周的环隙区形成向下的物料平推流。环隙区具有缓苏的作用，适合干燥需要缓苏的谷类等物料。另外，为适应不同干燥工依序要，以及强化干燥过程的传热传质，还设计了气流对撞干燥器和喷射流干燥器等新型干燥器，相关内容可参考有关专著。

(6) 流化床干燥器　流化床干燥器如图9-16所示，主要由流化床干燥室、均风板、加热器和风机系统等组成。颗粒状物料由流化床的一侧喂入，风机将空气经加热器加热后通过多孔均风板进入流化床干燥室，控制合适的气流速度，使固体颗粒呈悬浮上下翻腾，类似于液体沸腾状态，颗粒间彼此碰撞混合，与热气流进行传热传质，从而得到干燥。干燥后的颗粒物料，从流化床的另一侧排出。流化床干燥器又称为沸腾床干燥器。在连续操作时，由于颗粒运动的随机性，使得颗粒在床层中的停留时间不一致，造成干燥产品的不均匀，若是热敏性物料，个别颗粒可能因停留过久而变性。为避免颗粒返混，常采用多层或多室流化床干燥器。

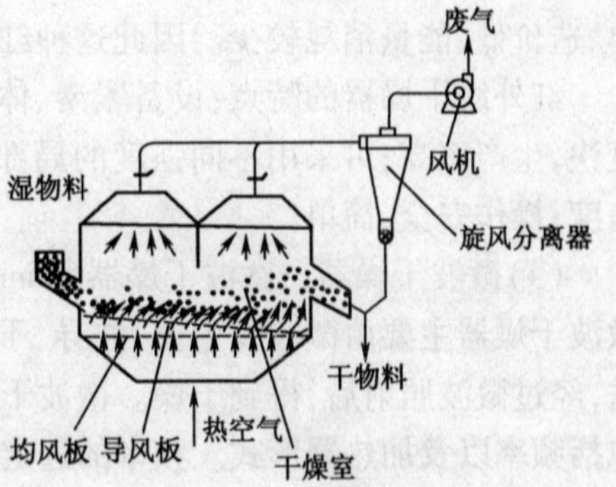

图9-16　流化床干燥器

流化床干燥器的主要优点是：颗粒物料与干燥介质充分接触，干燥速率高；物料在干燥室停留时间可控，适合不同含水量要求的干燥；设备结构简单，维修方便。缺点：对干燥的物料性状有限制，初始流化时空气阻力大，操作控制较复杂。为改进传统流化床干燥器的性能，设计了振动流化床和脉动流化床等新型干燥器。

9.4.2 非对流式干燥器

(1)滚筒干燥器　滚筒干燥器(drum dryer)主要由两个旋转方向相反的滚筒组成，如转筒真空过滤机结构形式。滚筒由加热系统在其内部加热，当浸在浆料中部分表面从料槽中转出时，其表面附着厚度为0.3~5mm的薄层料浆，被热筒壁导热加热干燥，蒸发的水分由滚筒上方的排气罩排出。物料转动到刮刀位置，由刮刀刮下，经螺旋输送器送出。

滚筒干燥器的主要优点是：操作简单，热效率高(可达70%~90%)，动力消耗少，干燥强度大等。其缺点是：结构较复杂，传热面积小，干燥不够彻底，物料含水量较高(3%~10%)。滚筒干燥器适应干燥液状和泥浆状物料。

(2)真空干燥箱　真空干燥箱适用于热敏性易氧化食品的干燥，一般由干燥室、冷凝器和真空泵等组成。干燥室为一密封真空室，内设固定盘架，其上固定加热器。物料盘常用不锈钢或铝板制造。料盘与加热器之间保持良好接触。加热器由中空加热板组成，采用蒸汽加热。装有湿物料的料盘置于加热器之上，加热器通过料盘将热量传导给湿物料。物料中的水分汽化变成水蒸气，进入冷凝器冷凝，不冷凝性气体由真空泵排除。若蒸汽是有价值的物质，如香精等，可采用间壁式冷凝器加以回收。

真空式干燥器为间歇式操作，初期干燥速度较快，干燥后期物料收缩，物料与料盘接触状况逐渐变差，传热速率逐渐下降。为了防止与料盘接触的食品局部过热，应该严格控制加热器的温度。

(3)红外辐射干燥器　红外线干燥器是辐射干燥器的一种，为连续式的辐射干燥设备。在器内，物料由输送带载运，经过红外线热源下方。干燥时间由输送带的移动速度来调节。当干燥热敏性高的食品时，采用短波辐射器，而干燥热敏性不太高的食品时，可用长波的辐射器。金属或陶瓷辐射器干燥器的优点是对于由各种原料做成的不同形状制品的干燥效果相同，操作灵活，温度的任意改变可在几分钟内实现，而不必中断生产。而且辐射器结构简单、造价低、能量消耗较少。因此这种红外线干燥器的应用比较广泛。

红外线干燥器的特点：设备紧凑、体积小、适应性广，便于连续化和自动化生产；干燥速度快，生产率高；可采用不同强度的局部辐射，从而能调节水分从成品各部分向表面的移动速度；操作安全、简单。

(4)微波干燥器　微波干燥器(microwave dryer)是利用微波加热进行物料干燥的设备。微波干燥器主要由微波发生器、波导、干燥室、输送带和排风系统等组成。物料由输送带输送，经过微波照射后，得到干燥。微波干燥器关键是对微波加热器的选择。微波加热的选择包括频率以及加热器形式。频率的选定需要考虑：加工物料的体积和厚度，物料的含水量及介质损耗，总生产量及成本等。加热器形式的选择取决于加工物料的形状、数量及工艺要求。例如被加热物料体积较大或形状复杂时，为了获得均匀加热，可采用隧道式谐振腔型加热器。对于线状物料的干燥可以用开槽波导及脊形波导加热器。由于微波干燥耗电量较大，可采用微波干燥与空气加热干燥联合使用。

(5)太阳能干燥器　太阳能是清洁、廉价、取之不尽用之不竭的能源。太阳能干燥适合于农副产品的干燥，控制温度在60℃以下，不会破坏食品的营养价值。太阳能干燥装置有：温室型、集热器型、集热器与温室结合型等。

温室型干燥器实际上是具有排湿能力的太阳能温室。干燥室的倾斜屋顶和部分墙面采用玻璃或塑料薄膜等透光材料，将透进温室的太阳辐射能被转变成热能，加热空气和物料，使物料干燥。温室型干燥装置的特点是结构简单，可因地制宜，干燥成本低。与常规能源干燥相比，干燥速度较慢，与自然晾晒相比，其干燥速率大，产品质量好；干燥室容量有限，物料干燥均匀性略差，出料、进料劳动力消耗大。

为提高太阳能利用率，保证被干燥物料的干燥质量，在温室外增加集热器，即成为集热器-温室型太阳能干燥装置。利用太阳能空气集热器预热空气后通入干燥室，在干燥室中物料吸收透过玻璃盖层的太阳辐射，同时又受到来自空气集热器的热气流作用，以辐射和对流换热方式加热物料，干燥效率高，适用于干燥含水率较高和干燥温度较高的物料。

9.5 喷雾干燥

喷雾干燥(spray drying)是采用雾化器将原料液分散成雾滴，与干燥介质(热空气、氮气等)接触，使水分迅速蒸发的干燥方法。料液可以是溶液、乳状液、悬乳液或糊状物等，干燥成品根据需要可制成粉状、粒状、空心球或微胶囊等。喷雾干燥干燥速率高，干燥时间短，干燥终了产品温升不高，产品质量好，工艺过程简单，在干燥塔内可直接将溶液制成粉末产品，控制方便，易实现自动化，在食品干燥中占有重要地位。喷雾干燥主要用于干燥乳品、蛋制品、酵母、果蔬粉、速溶饮料以及香料、生物药品、染料等。喷雾干燥的缺点是热效率低，设备较庞大，分离一般需要两级除尘。

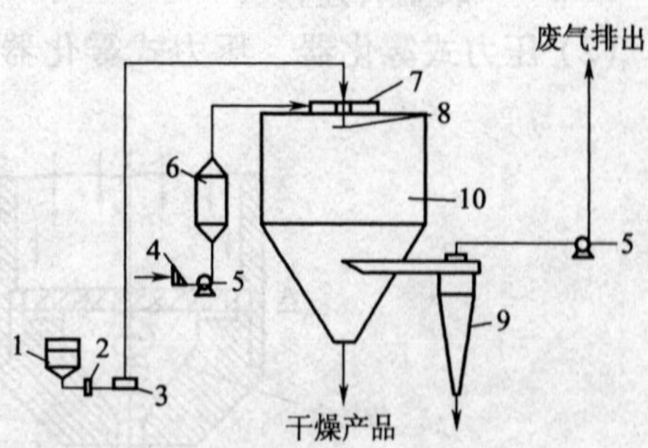

图 9 – 17　喷雾干燥流程

1—料液槽　2—原料液过滤器　3—泵
4—空气过滤器　5—风机　6—空气加热器
7—空气分布器　8—雾化器
9—旋风分离器　10—干燥室

喷雾干燥的典型流程如图 9 – 17 所示，包括空气加热系统、料液供给系统、干燥系统、气固分离系统以及控制系统。料液由料液槽，经过滤器由泵送到雾化器，被分散成雾滴。空气经过滤器由风机经加热器加热，通过空气分布器送到干燥室内，与雾化器喷出的雾滴进行热、质交换，雾滴迅速被干燥，产品落入底部收集。废气经旋风分离器回收夹带的细微颗粒后，由排风机排出。

9.5.1　液滴的雾化

雾化器是喷雾干燥的关键部件，料液通过喷雾器雾化成细小雾滴，使蒸发表面积显著增大，从而达到快速干燥。对喷雾器的设计要求是：产生雾滴均匀、大小满足要求；结构简单、效率高；能耗低、易操作等。常用的喷雾器有三种：离心式雾化器、压力式雾化器和气流式雾化器。

（1）离心式雾化器　离心式雾化器又称转盘式雾化器。转盘由旋转的中心轴带动旋转。当料液被送到高速旋转的转盘上时，由于离心力作用，料液在盘面上伸展成薄膜，并快速向盘的边缘运动。离开盘缘时，液膜碎裂而雾化。离心式雾化器产生的雾滴大小与雾化的均匀性主要取决于转盘的圆周速度和液膜的厚度，而液膜厚度又与溶液性质和进料量有关。通常操作时，圆盘的圆周速度取 90 ~ 150m/s，为保证雾滴均匀，转盘旋转应无振动，进料速率稳定，料液在转盘上分布均匀。转盘有光滑盘和叶片盘两种结构形式，光滑盘表面为光滑的平面或曲面，有平板形、盘形以及杯形等。叶片盘有多种型式，如圆形、弯曲矩形和椭圆形通道转盘。叶片盘将料液限制在由叶片隔开的通道内流动，克服了光滑盘上液体沿表面滑动影响雾化的缺点，能改善雾化效果，在工业生产上应用广泛。

对于叶片式的转盘，采用如下近似公式计算雾滴的直径：

$$d_p = 0.442\frac{V_s^{0.2}\mu^{0.2}\sigma^{0.1}}{\rho^{0.3}n^{0.6}D^{0.2}} \tag{9-38}$$

式中　d_p——液滴平均直径，m

V_s——料液流量，m^3/s

μ——液黏度，Pa · s

ρ——料液密度，kg/m^3

σ——料液表面张力，N/m

D——转盘直径，m

n——转盘转速，s^{-1}

(2) 压力式雾化器　压力式雾化器又称压力喷嘴，主要由液体切向入口，液体旋转室，喷嘴孔等组成。利用高压泵使获得很高压力(2～20MPa)的料液，从切线入口进入喷嘴的旋转室。液体在旋转室中获得高速旋转运动。喷嘴中央形成一压力等于大气压的空气旋流，其外部为液体旋转形成的环形薄膜。由离心力场和重力场双力场中的欧拉平衡方程知，远离轴心处的压强高，故液膜处的压强高于喷口处的压强，压差推动液膜从喷口处喷出，分裂为小雾滴。

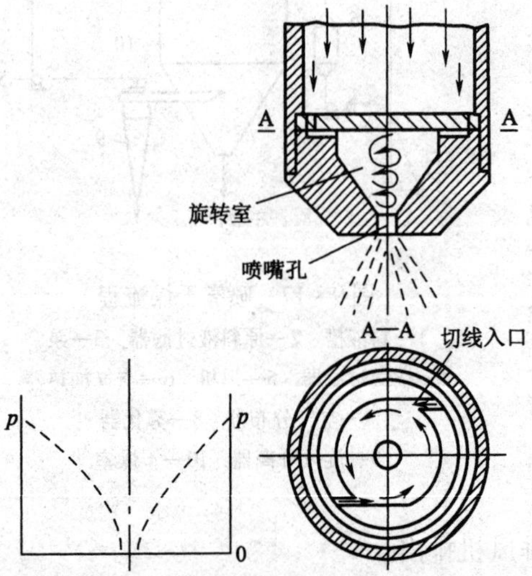

(a) 压力分布示意图　(b) 喷嘴内液体运动示意图

图 9－18　压力式喷雾器操作示意图

压力式喷嘴的内部结构有旋转型和离心型两类。旋转型结构有一切向入口和液体旋转室，如图 9－18 所示。高压液体由切向入口进入旋转室产生高速旋转运动。离心型喷嘴在其内安装有雾化芯，雾化芯有斜槽形、螺旋形和漩涡片等。雾化芯的作用使高压液体产生旋转运动，有利于雾化。

压力式雾化器雾滴平均粒径计算公式为：

$$d_p = 0.0113(d_0 + 0.00432)\exp\left(\frac{3.96}{u_0} - 0.0308u_t\right) \qquad (9-39)$$

式中　d_p——雾滴平均粒径，m

d_0——喷孔直径，m

u_0——液体从喷嘴喷出的流速，m/s

u_t——液体进入旋流室的切向流速，m/s

具有旋流槽即有雾化芯的喷嘴，其平均切向流速计算式为：

$$u_t = \frac{V_s \cos\alpha}{A_g m} \qquad (9-40)$$

式中　V_s——料液经过喷嘴的体积流量，m^3/s

A_g——单个旋流槽的截面积，m^2

b——旋流室切线入口导管宽度，m

m——旋流槽数

α——旋流室与水平面的夹角

式(9－40)的实验速度范围为：$u_0 = 12.2 \sim 45.8$ m/s；$u_t = 2.13 \sim 15.3$ m/s。

(3)气流式雾化器　气流式雾化器通常中心管走料液，100～700kPa 的压缩空气走环隙，当气液两相流接触时，由于从环隙喷出的气流速度很高(200～340m/s)，液体速度很低(小于 2m/s)，在两相流之间产生很大的摩擦力，将料液雾化，带动料液从喷嘴喷出。气流式雾化器的结构型式有：内混合式、外混合式以及内外混合式，如图 9－19 所示。内混合式气-液两相在喷嘴内部混合室混合,在气液接触的平面处,必须保持一定的速度,以造成负压将液体吸入,雾化后从喷口喷出,内混式雾化器能够较好的利用气体能量来雾化液体。外混合式雾化器是气、液两相流在喷嘴外部接触雾化,没有压强分布要求。

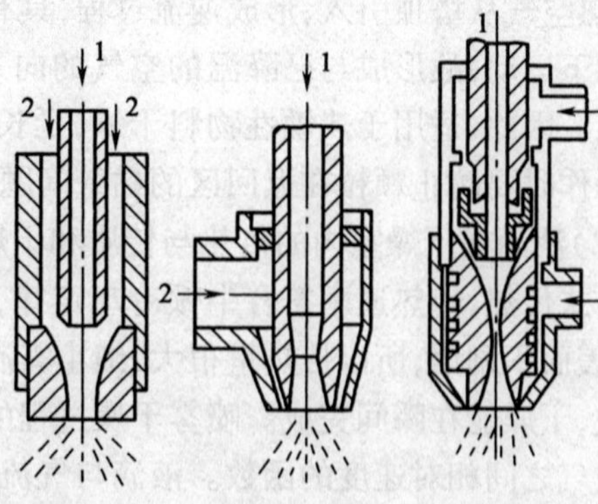

图9-19　气流式雾化器

1—料液　2,3—气体

气流式雾化器的优点:适用范围广,喷嘴结构简单,雾化液滴细小,可处理黏度较大的物料。缺点是:动力消耗大,颗粒均匀性差,不适宜大产量。

对内混合式雾化器雾滴直径的计算式为:

$$d_p = \frac{0.585}{u_r}\left(\frac{\sigma}{\rho}\right)^{0.5} + 53.1\left(\frac{\mu}{\sqrt{\sigma \cdot \rho}}\right)^{0.45} \times \left(\frac{V_L}{V_a}\right)^{1.5} \tag{9-41}$$

对外混合式雾化器雾滴直径的计算式为:

$$d_p = 0.0026\left[\left(\frac{w_L}{w_a}\right) \times \left(\frac{\mu_a}{G_a d_1}\right)\right]^{0.4} \tag{9-42}$$

式中　d_p——雾滴平均粒径,m

u_r——气、液相对速,m/s

V_L/V_a——液、气体积流量比

w_L/w_a——液、气质量流量比

d_1——液体喷嘴外径,m

G_a——气体质量流速,kg/(m²·s)

μ_a——气体黏度,Pa·s

9.5.2　液滴在干燥室内的传热与传质

(1)空气与雾滴的流动方向　在干燥器内,雾滴与空气的运动方向和混合情况,直接影响到产品的性质和干燥效率。可根据具体的生产工艺要求,选择适宜的空气、雾滴的运动方向。空气和雾滴的运动方向可分为并流、逆流和混流三种方式。

雾滴与空气在干燥塔内的运动方向相同称为并流,并流又分为向下并流和向上并流。向下并流式雾化器安装在塔顶,热空气也从塔顶进入干燥器,二者并流向下,干燥制品沉降在底部,废气由靠近底部的排风口经细粉回收装置排入大气。向上并流式喷嘴安装在干燥塔底部,空气从底部进入,两者并流向上运动。并流式喷雾干燥的特点是:空气与雾滴在塔内的最高温区首先接触,水分迅速蒸发,吸收热量,空气温度急剧下降。干燥后的产品与低温空气并行运动,在整个干燥过程中物料升温不高,适合于热敏性物料。

雾滴自上而下运动,而热空气从塔下部进入干燥器,二者运动方向相反,称为逆流。逆流操作特点:干燥的传热传质推动力较大,热利用率较高,最热的空气与最干的物料相接触,适合于耐高温、需要干燥后产品含水率较低的物料干燥。

空气与雾滴的相对运动,既有并流又有逆流称为混流。物料从干燥塔内某高度处向上喷雾,热空气从塔顶引入,形成逆流过程,具有逆流热利用高的特点。物料干燥一定程度后,颗粒向下运动,故形成与已降温的空气的向下并流运动,避免了物料的过热变质,具有并流的特点。因此,适用于热敏性物料干燥,延长颗粒在塔内停留时间,可降低塔的高度。在设计和操作时要防止颗粒在返回区的黏壁问题。

(2)液滴在干燥室内的传热与传质和干燥时间　在喷雾干燥过程中,热空气与雾滴间以对流方式传热,传热速率符合牛顿冷却定律,即 $Q=\alpha A(t-t_w)$。由于物料被分散成细小雾滴,比表面积剧增,所以传热量很大,细小雾滴内水分传递到表面距离很短,使得传热传质速率很快,干燥能在瞬间完成。喷雾干燥过程的传热传质速率是空气温度、湿度、雾滴直径、雾滴与空气之间相对速度的函数。液滴与气流间的传热、传质同时进行,蒸发速率的大小与传热速率成正比。在喷雾干燥过程中,液滴与气流间的相对运动速度一般很低,可认为其运动是在层流区,适用斯托克斯定律。先假设液滴为纯水滴。纯水滴层流时的表面传热系数的准数方程为:

$$Nu = 2 + 0.6\,Re^{1/2}\,Pr^{1/3} \tag{9-43}$$

$$Nu = \frac{\alpha d_p}{\lambda_a},\quad Re = \frac{d_p u \rho_a}{\mu_a},\quad Pr = \frac{c_p \mu_a}{\lambda_a}$$

式中　d_p——颗粒直径,m

λ_a——空气的导热系数,W/(m·K)

u——空气与颗粒的相对速度,m/s

μ_a——空气的黏度,m^2/s

c_p——空气的比热容,J/(kg·K)

式(9-43)中,Re 为 1~70000,Pr 为 0.6~400。实验证明,当液滴的运动处在层流区时,其对流传热与静止的对流传热相比相差甚小,$Nu\approx 2$。

根据热量衡算,干燥空气传给液滴的显热,等于液滴气化所需要的潜热,因此 $dQ/d\tau = \alpha A\Delta t_m = -r_L dW/d\tau$,$r_L$ 为液体的汽化潜热,J/kg。设液滴为球形,则 $W=(\pi/6)d^3\rho_L$,$A=\pi d^2$,故有 $d\tau = -\frac{r_L\rho_L}{2\alpha\Delta t_m}dd$。设 $r_L\rho_L/(2\Delta t_m)$ 为常数,液滴与空气的相对速度为零时的近似取 $Nu=2$,蒸发过程在恒速干燥阶段,液滴直径由 d_0 变到 d_c,将 τ 用 τ_1 代表,积分得到:

$$\tau_1 = \frac{r_L\rho_L}{8\lambda_a\Delta t_m}(d_0^2-d_c^2) \tag{9-44}$$

式中　d_0,d_c——初始和临界点时的雾滴直径,m

料液的物性参数可以用入口空气的湿球温度近似计算,忽略料液液滴从进口温度调整到热空气湿球温度的过程。实际过程的空气温度和相应的湿球温度都在变化,难于严格达到恒速干燥条件,但在计算物性参数时不考虑这种变化的影响。而传热温差用过程对数平均温差代替。气体(因湿度的数值小可按干空气计算)的导热系数按照蒸发液滴周围的平均气膜温度计算。气膜温度可取空气温度和液滴表面温度即湿球温度的平均值。Δt_m 为空气进口温度减料液进口温度与临界点处空气温度减按入口空气湿球温度计的液滴表面温度得到的两个温度差的对数平均值。临界点处空气温度通常未知,可按后面介绍的方法估算。

实际喷雾干燥液滴的蒸干时间与纯液滴不同,主要区别是溶质使水分的活度降低,蒸发速率变慢,溶质也使有效气化表面减小。

在喷雾干燥过程中，雾滴常受到旋转空气流的影响，造成液滴旋转，液滴与空气之间相对速度增加，使液滴的干燥边界层厚度减小，蒸发速率增加。考虑此种情况，蒸发速率计算公式为：

$$\frac{\mathrm{d}W}{\mathrm{d}\tau} = -\frac{2\pi d\lambda_a \Delta t_m}{8r_L}(1 + 0.276Re_p^{0.5}Sc^{0.33}) \tag{9-45}$$

喷雾干燥过程也可分为恒速干燥和降速干燥两个阶段。恒速干燥段可忽略蒸气压降低的影响，表面水分蒸发阻力是过程的控制阻力。在降速干燥期，水蒸气通过产品颗粒孔隙结构的气相的扩散是传质过程，此过程为控制因素。此过程的热量传递为热传导。传热与产品固形物的导热系数和产品孔隙结构参数成正比。对球形产品，降速干燥期的时间可用下式求取：

$$\tau_2 = \frac{d_c^2}{4\pi^2 D}\ln\left[\frac{6}{\pi^2}\left(\frac{X_c - X^*}{X - X^*}\right)\right] \tag{9-46}$$

式中 D——扩散系数

d_c——达到临界含水量后颗粒的直径

X——颗粒干燥终了时的干基含水量

X_c——颗粒的临界干基含水量

X^*——颗粒的平衡干基含水量

均采用标准 SI 单位

扩散系数与水蒸气在空气中的扩散系数相近，但受到食品结构的影响。临界含水量、临界颗粒直径和扩散系数 D 通常需要通过实验测定。

降速干燥阶段干燥时间还可用另一个表达式：

$$\tau_2 = \frac{\rho_p r_L d_c^2 (X_c - X)}{12\lambda_a \Delta t_{m2}} \tag{9-47}$$

喷雾干燥总时间为恒速干燥段和降速干燥阶段所需时间 τ_1 和 τ_2 之和。

在应用式(9-47)时，气体的导热系数按照空气平均温度计算。降速阶段的 Δt_{m2} 可以按照空气出口处和液滴临界点处两相的温差计算对数平均温度。式(9-47)计算的干燥时间在许多情况下与实际干燥时间比较接近，因此，是用于干燥室设计的一个有用计算式。为估算临界点处加热空气的温度，可先假设该温度，再结合式(9-46)和式(9-47)解出 Δt_{m2}，并计算得到临界点处的空气温度，反复核算，得到真解数值。得到该数值后，可计算恒速干燥阶段的 Δt_{m1}，再由式(9-44)计算得到 τ_1。估算过程中物性参数随温度变化可暂时不予考虑，在得到临界处的空气温度后再行核算。

在计算得到总干燥时间后，可根据沉降速度和空气的流动速度等计算设备的高度。一般情形，料液的处理量、加热空气的进口状态、物料的进出口温度、出口空气的温度可由生产任务指定。所需要的热空气的流量和出口空气的湿度由 9.2.1 和 9.2.2 讨论过的物料衡算和热量衡算确定。得到热空气流量后，考虑挂壁、颗粒停留时间等问题决定截面积，需要时可反复核算干燥器的横截面积，如此可完成干燥器的工艺设计。

液滴从喷雾器沿轴向喷出后，由于离心力作用通常都有一定的径向速度，驱使液滴的运动远离轴心，逐渐扩张成圆锥形。液滴在下落过程中遇到空气介质的阻力，径向速度变慢，从而使雾形变成像帐幔一样的形状，称为喷雾幔。通常喷雾幔的大小是以雾滴降落在一定垂直距离的平面上，含有一给定百分比的喷雾的径向距离表示，或称喷幔最大半径（r_{max}）。在喷雾干燥塔设计中，为避免产生液滴黏壁现象，需要考虑喷幔最大半径，喷雾塔的直径应大于喷幔最大半径。

根据弗雷泽等的表示法，喷幔最大半径 r_{max} 是指 99% 的雾滴降落至离心喷雾器下方 0.91m 平面上的喷幔截面半径，并用下式表示：

$$r_{max} = 3.3 \times \frac{D^{0.21} w^{0.2}}{n^{0.16}} \tag{9-48}$$

式中 r_{max}——喷幔最大半径，m

D——转盘直径，m

n——转盘转速，r/min

w——进料质量流量，kg/s

【例 9-7】用并流喷雾干燥方法生产乳粉，热空气进口温度为 120℃，湿度为 0.047kg/kg 绝干空气，出口温度为 62℃。浓乳的初始温度为 35℃，临界含水量为 45%（湿基），乳粉的最终含水量为 4%（湿基），乳粉的平衡含水量为 3.85%（湿基），乳粉的出口温度为 55℃。乳滴的初始和临界点时的直径分别为 120μm 和 45μm，料液和产品的密度分别为 1000kg/m^3 和 1200kg/m^3，水蒸气在产品颗粒中的扩散系数估为 3.8×10^{-10}m^2/s。求干燥时间。

解：根据 $t_1 = 120$℃，$H_1 = 0.047$kg/kg 绝干空气，在空气 $I-H$ 图上可查得 $t_w = 48$℃。由饱和蒸气压表，查得对应此温度的水汽化潜热 $r_L = 2380$kJ/kg。由空气的物理性质表，查得平均气膜温度 $(120+48)/2 = 84$℃ 的 $\lambda_a = 0.031$W/(m·K)。暂不考虑物性随温度变化。

$$X_c = \frac{0.45}{1-0.45} = 0.82(\text{kg/kg 绝干物料})$$

$$X = \frac{0.04}{1-0.04} = 0.042(\text{kg/kg 绝干物料})$$

$$X^* = \frac{0.0385}{1-0.0385} = 0.04(\text{kg/kg 绝干物料})$$

将上述数据代入式(9-46)，可得干燥时间：

$$\tau_2 = \frac{d_c^2}{4\pi^2 D}\ln\left[\frac{6}{\pi^2}\left(\frac{X_c - X^*}{X - X^*}\right)\right]$$

$$= \frac{(45\times10^{-6})^2}{4\pi^2 \times 3.8\times10^{-10}}\ln\left(\frac{6}{\pi^2}\times\frac{0.82-0.04}{0.042-0.04}\right) = 0.73\text{s}$$

$$\tau_2 = \frac{\rho_p r_L d_c^2 (X_c - X)}{12\lambda_a \Delta t_{m2}}$$

$$= \frac{1200\times2.38\times10^6\times(45\times10^{-6})^2\times(0.82-0.042)}{12\times0.031\Delta t_{m2}} = 0.73(\text{s})$$

$$\Delta t_{m2} = 16.5 = \frac{(t_c - 48)-(62-55)}{\ln[(t_c-48)/(62-55)]}$$

得到 $t_c = 80$℃。

$$\Delta t_{m1} = \frac{(120-35)-(80-48)}{\ln[(120-35)/(80-48)]} = 54.25(℃)$$

$$\tau_1 = \frac{\rho_L r_L (d_0^2 - d_c^2)}{8\lambda_a \Delta t_{m1}}$$

$$= \frac{1000\times2.38\times10^6\times[(120\times10^{-6})^2-(45\times10^{-6})^2]}{8\times0.031\times54.25} = 2.19(\text{s})$$

故干燥总时间为2.19+0.73=2.92(s)。如需要，可核算物性参数随温度的变化，再重复上述计算过程，直至得到合理结果。

该过程所需热空气可按照例题9-5的思路进行计算。

9.6 冷冻干燥

冷冻干燥技术的发展始于20世纪30年代，1933年美国宾夕法尼亚州大学Flosdor等首次实现了血清(serum)的冷冻干燥，1938年牛津大学的Chain实现了青霉素的冷冻干燥，并在第二次世界大战中得到临床应用；同年为解决巴西咖啡过剩问题，雀巢公司发明了咖啡的冷冻干燥。20世纪50年代后期，欧美国家相继建立了一批冻干食品厂，开始了食品冻干的工业生产。随着生物药品的发展需求以及20世纪80年代发展起来的“食品聚合物科学(food polymer science)”，促使冷冻干燥技术发展成为应用于生物、医药、食品以及超导和纳米材料制备现代新技术。

9.6.1 冷冻干燥过程原理

冷冻干燥(freeze drying)是将物料降温冻结，然后在真空条件下使物料中的水分由冰直接升华为水蒸气被排除，从而达到干燥的目的。所以又称真空冷冻干燥，简称冻干。它由以下几个过程组成。

(1)物料的预处理(pretreatment)　在对食品冷冻干燥之前，需要进行一些预处理，包括清洗、分级、切片、漂烫、杀菌和浓缩等。对于不同的食品，预处理内容也不相同。在食品冷冻干燥时，一般不加添加剂。对于生物药品在冷冻干燥之前，需要添加一些添加剂，以保证冻干产品的良好效果，保持生物药品中的生物活性等。常用的添加剂有保护剂(lyoprotectant)、乳化剂(emulsifier)、填充剂(bulking agent)、抗氧化剂(antioxidant)和酸碱调整剂(buffer agent)等。

(2)物料冻结过程　图9-20为水的相图，O点为三相点(triple point)，O点状态的水处于固、液、气三相平衡。三相点的压力为610.5Pa，温度为0.01℃。OS、OK和OL曲线分别为水的固-气、液-气和固-液两相平衡线，这三条线将水的相图分为固态、液态和气态三个相区。若将冰在低于三相点O的一定压力下加热，固态冰不经液态直接变为气态，就是冰的升华(sublimation)。冰的升华热为2.84MJ/kg，约为熔化热和汽化热之和。K点为临界点，在此点液体的密度和蒸汽的密度相等，液态和气态之间的界面消失。

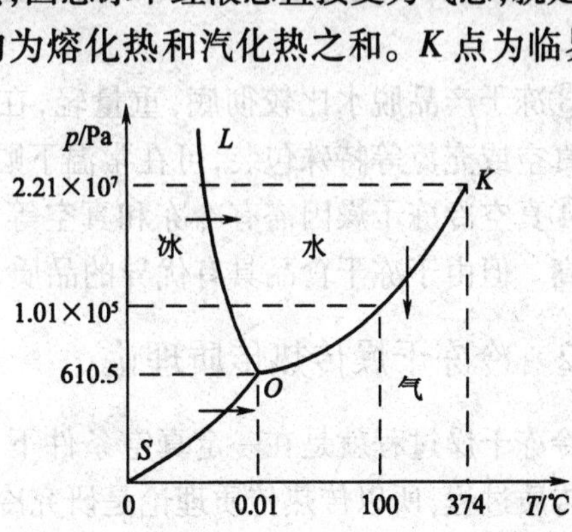

图9-20　水的相图

食品冷冻干燥过程，是其中的水在冻结状态下升华干燥，所以，食品物料要充分冷却。由于食品中的水含有各种溶质，其冻结点下降低于O点，要使食品物料完全冻结，需要将物料温度降低到其共晶点温度(eutectic temperature)以下。

另外，物料冷冻过程的冻结速度也是影响后续升华干燥的主要因素之一。冻结速度较慢时,物料中产生的冰晶较大,可以形成网状的冰晶骨架结构,在后续的干燥过程中,由于冰晶的升华,在干燥层内形成较大的网状通道,有利于升华水蒸气的逸出,因而干燥速率快。但冷却速度过慢,对食品物料的结构破坏较大,影响干燥品质。若物料快速冻结,瞬间形成大量微小冰晶,这对物料组织破坏小,但在干燥过程中形成细小不连续的通道,使水蒸气逸出困难,升华传质阻力增大,甚至封闭住水蒸气因不能及时逸出而达到饱和,导致液态水出现,使冻干失败。因此应通过实验确定合适的冻结速率,既对物料组织造成的破坏小,又能形成较好的物理性状,以有利于干燥过程的升华传质。

(3)升华干燥　将冻结后的物料置于密封的干燥箱中进行加热,与此同时,启动真空系统使干燥箱内保持一定的真空度,冰晶就会升华成水蒸气逸出而使物料干燥。冷冻干燥是从外表面开始逐步向内推移的冰晶升华过程,加热量为冰的升华热。加热方式采用搁板传导或辐射加热。要维持升华干燥的顺利进行,必须满足两个基本条件:一是升华产生的水蒸气必须不断地从升华表面被移走,二是必须不断地给物料提供升华所需要的热量。若控制不好,会出现软化、融化、塌陷等现象。因此,升华干燥是热、质同传过程,所提供的热量应等于从升华界面逸出水蒸气所需要的热量,保持物料冻结部分的温度低于共晶点温度,物料干燥部分的温度必须低于其崩解温度。所谓崩解温度是指冻干过程中,当温度升高到一定值时,产品已干部分构成的“骨架”,因刚度降低而使产品塌陷,此时的温度称为崩解温度。升华产生的水蒸气以及不凝气经冷阱除去大部分水蒸气后由真空泵抽走。

(4)解吸干燥　在升华干燥阶段结束后,在干燥物料的毛细管壁和极性基团上还吸附有10% ~30%的未冻结的结合水。为保证冻干产品的安全贮藏,还应进一步干燥。由于吸附水的吸附能高,活度较低,为使其解吸汽化,需要提供较高的温度和更多的热量,一般在解吸干燥阶段采用30~60℃的温度。待物料干燥到安全贮藏含水量一般应低于5%时,解除真空,取出产品。在大气压下对冷阱加热,将凝霜熔化排出,即可进行下一批物料的冷冻干燥。

真空冷冻干燥与其他干燥方法相比有如下特点:

①冷冻干燥是在低温真空条件下进行的,食品中的热敏成分不被破坏,营养成分和风味损失很少。因真空缺氧,微生物的代谢、酶的活性以及某些细菌的活力受到抑制,易氧化成分不被氧化破坏,因此在冻干中,食品的营养成分和色香味能得到较好保护。

②冷冻干燥过程中,物料先冻结形成稳定的“骨架”,然后升华干燥,干制品能够保持原有的结构形状,不发生收缩、龟裂和表面硬化。冻干产品疏松多孔,具有良好的速溶性和复水性。

③冻干产品脱水比较彻底,重量轻,在物流中不需建立耗资大的冷链,贮运携带方便。若以真空或充氮等特殊包装,可在常温下贮存3~5年。

④真空冷冻干燥因需有冷冻和真空等设备,所以初次投入高,干燥周期长,冻干产品成本较高。但由于冻干食品具有优异的品质,因此多应用于热敏性和附加值高的食品干燥。

9.6.2　冷冻干燥传热传质理论

冷冻干燥过程就是在一定真空条件下,向冻结的物料传热过程和将物料中的水蒸气排出的传质过程,所以传热传质理论是研究冷冻干燥过程的基础。由于食品的导热系数、比热容、密度、质量扩散系数以及结构形状等物性参数和冷冻干燥过程中的冻结方式、冻结温度、加热方式和加热温度、真空度以及冷阱温度等过程参数相互影响,使冷冻干燥过程的传热传质比较复杂。图 9-21 是冷冻干燥的几种传热传质形式。

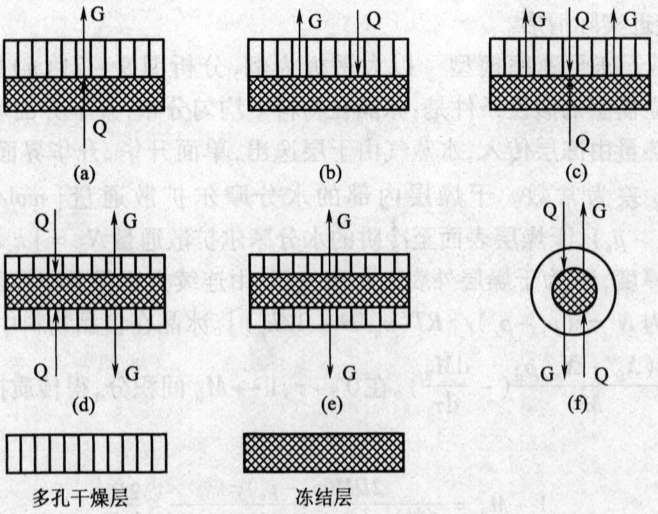

图 9-21 冷冻干燥中常见传热传质方式

Q—热量传递 G—质量传递

图 9-21(a)热量完全从底部冻结层导入,升华的水蒸气沿同一方向扩散出去。在中小型冷冻干燥机上干燥果汁、速溶咖啡等液态食品时,常见此种传热传质方式。

图 9-21(b)热量完全从顶部多孔干燥层传入,升华水蒸气从顶部以相反的方向扩散出去。在大型冷冻干燥机干燥散放颗粒状食品或液态食品时,常见此种方式。

图 9-21(c)热量从底部冻结层和顶部多孔干燥层同时传入,升华水蒸气只从顶部干燥层扩散出去。多层搁板式冷冻干燥机的加热方式类似此种方式。干燥室内中间搁板对其上面的食品以导热方式加热,而对其下面的食品又以辐射方式加热,两种加热方式中以导热为主要。

图 9-21(d)热量从两侧多孔干燥层同时导入,升华水蒸气以相反的方向从两侧扩散出去。这种方式出现在具有特殊形状的食品或带有膨胀网孔的特殊容器上。

图 9-21(e)热量在食品内部产生,升华水蒸气从两侧传出。用微波冷冻干燥机干燥食品时属于此种传热传质方式。

图 9-21(f)为球状或圆柱杆状食品的传热与传质方式。

在冷冻干燥过程中,当传给升华界面的热量等于水蒸气升华并扩散通过已干层所需的潜热时,升华界面的温度和压力达到动态平衡,升华正常进行。若水蒸气因干层传质阻力大,升华界面的压力和温度会升高,使冻结食品融化。这种因水蒸气最大扩散能力所限的冻干过程,称为传质控制过程。若传给升华界面的热量不足,升华速率下降,这种升华速率受传热能力所限的冻干过程,称为传热控制过程。

在冷冻干燥过程中,由于食品物料的多样性和过程参数的变化,有的受传热控制,有的是受传质控制,但大多数物料在升华开始时,干燥层薄,传质阻力小,受传热控制;在升华后期,随着干层厚度增加,扩散阻力增大,变成受传质控制。在分析冷冻干燥过程可分别采用传热控制模型和传质控制模型。

冷冻干燥的传热传质模型有稳态模型和非稳态模型。稳态模型过程温差和压力差为常数,并有各种假设和简化,所以误差较大,只能作为定性分析参考。非稳态模型和简化的准稳态模型,比较接近实际情形。

(1)传质控制下冻干速率模型　以大平板为例,分析图 9-21(a)的传热传质问题。King(1970)年建立模型的假设条件是:冰晶在物料中均匀分布;升华界面后移所形成的多孔层是绝干物质。热量由冻层传入,水蒸气由干层逸出,单面升华,升华界面压强 p_i 与冷阱表面水蒸气压强 p_c 差为常数。干燥层内部的水分摩尔扩散通量[mol/(m^2·s)] $N_1 = [(D/(RTx_d)](p_i - p_s)$,干燥层表面至冷阱的水分摩尔扩散通量 $N_2 = [k_g/(RT)](p_s - p_c)$,$x_d$ 为食品干燥层厚度,Ps 为干燥层外表面水蒸气压。由连续方程得升华界面至冷阱表面的水分摩尔扩散通量为 $N = (p_i - p_c)/[RT(x_d/D + 1/k_g)]$。冰晶在食品物料中均布时有 $x_d/L = 1 - M_R$,则 $N = \frac{L(X_0 - X_e)\rho_d}{M}(-\frac{dM_R}{d\tau})$。在 $0 \to \tau, 1 \to M_R$ 间积分,得传质控制下冻干速率模型:

$$1 - M_R = \frac{2DM(p_i - p_c)\tau}{RTL^2\rho_d(X_0 - X_e)(1 - M_R)} - \frac{2D}{k_g L} \tag{9-49}$$

式中　D——干层内水蒸气扩散系数,m^2/s

R——8.314J/(mol·K)

T——食品干燥层的平均温度,K

p_i——升华界面水蒸气压,Pa

p_c——冷阱表面水蒸气压,Pa

k_g——食品干燥层表面至冷阱间的传质系数,m/s

L——物料厚度,m

M_R——物料水分比,$M_R = (X - X_e)/(X_0 - X_e)$

X_0——物料初始干基含水量,kg/kg 干物质

X_e——冷冻干燥结束残余干基含水量,kg/kg 干物质

M——水分子的摩尔质量,kg/mol

ρ_d——干燥层密度,kg/m^3

τ——干燥时间,s

(2)传热控制下冻干速率模型　仍以图 9-21(a)为例,从加热板到升华界面的总热阻为:$1/k_r = 1/\alpha + x_r/\lambda_r$。$1/\alpha$ 为加热板到制品间的接触热阻,m^2·K/W;x_r 为物料冻层厚度,m;λ_r 为冻层导热系数,W/(m·K);k_r 为总传热系数,W/(m^2·K)。设热量全部从冻层传入升华界面,则总传热系数为 $k_r = \alpha\lambda_r/(\lambda_r + \alpha x_r)$。因 $x_r = M_R L$,L 为物料厚度,干燥过程单位面积传热量 q 为 $q = k_r(T_h - T_i) = \alpha\lambda_r/(\lambda_r + \alpha M_R L)(T_h - T_i)$,$T_h$ 和 T_i 为加热板温度和升华界面温度,K。设干燥过程加热量等于冰晶(量为 $G_r$kg)升华需要的热量,即:$q = G_r I$,I 为冰的气化潜热,J/kg。冰晶 $G_r = -L(X_0 - X_e)\rho_d dM_R/d\tau$。联合三式在 $0 \to \tau, 1 \to M_R$ 间积分得:

$$\tau = \frac{LI\rho_d(X_0 - X_e)}{(T_h - T_i)\lambda_r}\left[\frac{\lambda_r}{\alpha}(1 - M_R) + \frac{L}{2}(1 - M_R)^2\right] \tag{9-50}$$

(3)非稳态冷冻干燥模型　在实际冻干过程中,升华界面的温度和压力随时间而变化。

随着升华界面的推移，所提供的热量，除了用于升华水蒸气的潜热外，还有一部分是提高冻层和干层温度所需的显热，且此显热也是随时间而变化的。因此在建立冷冻干燥传热微分方程时，方程中将含有随时间而变化的项。对图9－22所示的平板状物料冻干进行分析，热量只从其上部和下部传入，干燥层温度为T_1(K)，冻层温度为T_2(K)，制品厚度为L(m)，干层厚度为x_d(m)，冻层厚度为x_r(m)。假设冻干过程受传热控制，建立其冷冻干燥模型。

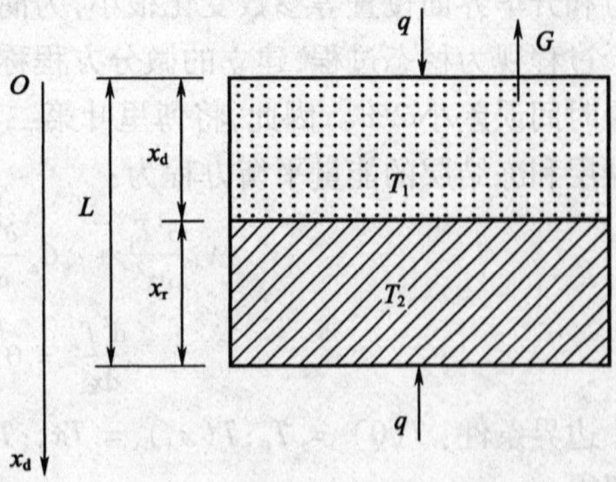

图9－22　平板状物料单面升华冻干示意图

在冻层中取一微元薄层，从下部传入的热量一部分从薄层上部传出，另一部分用来提高该薄层物料的温度，因此其能量方程同非稳态导热，为

$$\lambda_r \frac{\partial^2 T_2}{\partial x^2} = \rho_r c_r \frac{\partial T_2}{\partial \tau}, x_d \leqslant x \leqslant L \tag{9-51}$$

同样，从干层中取一微元薄层，从上部传入的热量，一部分从微元体下表面传出，另一部分用来提高该薄层物料的温度，还有一部分因升华水蒸气经过该层时升温而将热量从上表面带走，因此其能量平衡方程为

$$\lambda_d \frac{\partial^2 T_1}{\partial x^2} + c_g G_g \frac{\partial T_1}{\partial x} = \rho_d c_d \frac{\partial T_1}{\partial \tau} \quad 0 \leqslant x \leqslant x_d \tag{9-52}$$

式中λ、ρ、G_g和c分别代表导热系数、密度、升华通量[$kg/(m^2 \cdot s)$]和比热容，下标d、r和g分别表示已干物质、冻结物质和水蒸气。

初始条件为：$\tau = 0$时，$0 \leqslant x \leqslant L$，$T_1 = T_2 = T_r$，$T_r$为冻结层温度。

边界条件为：

①上部边界$\tau > 0$，$x = 0$时，$q_1 = -\lambda_d \frac{\partial T_1}{\partial x}$。若$q_1$是从顶部搁板或加热器辐射而来，由能量守恒关系得：$q_1 = \varepsilon\varphi_{12}(T_h^4 - T_s^4)$，$\varepsilon$为黑体的辐射常数，取$\varepsilon = 5.67 \times 10^{-8}$ W/($m^2 \cdot K$)；φ_{12}为形状系数；T_h、T_s分别为辐射源和物料表面温度，K。

②下部边界$\tau > 0$，$x = L$时，若q_2是搁板直接接触加热，则$q_2 = \alpha(T_h' - T_b)$，a为从热源（如搁板表面）到制品底部的传热系数，W/($m^2 \cdot K$)；T_h'、T_b分别为热源和物品底部的温度，K。

③在移动的升华界面上，$\tau > 0$，$x = x_d$，从上部干层和下部冻层传入的热量，一部分是用作冰晶升华的汽化潜热，另一部分是使冻层变为干层所需的显热，其能量平衡方程为：$\lambda_r \frac{\partial T_2}{\partial x} - \lambda_d \frac{\partial T_1}{\partial x} = G_g I + \frac{dx_d}{d\tau}(\rho_d c_d T_1 - \rho_r c_r T_2)$，$G_g$为升华通量，kg/($m^2 \cdot s$)；$I$为冰的升华潜热，取$2.8 \times 10^6$ J/kg。

上述关系式是一组非线性非稳态移动边界条件问题的方程组，可用数值解法进行求解。

(4)准稳态冷冻干燥模型　由于冷冻干燥过程进行缓慢，在一个较短时间间隔内，温度、压力和升华界面位置等参数变化很小,为简化非稳态冻干模型的复杂求解,将微元时间内的冻干过程视为稳态过程,建立的微分方程称之为准稳态冻干模型。试验表明,用于计算冷冻干燥时间误差小2%。因此,将傅里叶第二导热定律方程中温度对时间的偏导数设为零,则干燥层和冻结层的能量平衡方程为:

$$\lambda_d \frac{\partial^2 T_1}{\partial x^2} + c_g G_g \frac{\partial T_1}{\partial x} = 0 \qquad 0 \leqslant x \leqslant x_d \tag{9-53}$$

$$\frac{d^2 T_2}{dx^2} = 0 \qquad x_d \leqslant x \leqslant L \tag{9-54}$$

边界条件:$T(0) = T_0$;$T(x_d) = Tx_d$;$T(L) = T_L$移动升华界面上的能量方程不变,则分别解得:

$$\frac{T_1 - T_0}{T_{x_d} - T_0} = \frac{1 - e^{-mx}}{1 - e^{-mx_d}} \tag{9-55}$$

$$\frac{T_2 - T_L}{T_{x_d} - T_L} = \frac{x - L}{x_d - L} \tag{9-56}$$

式中$m = c_g G_g / \lambda_d$。

将式温度T_1、T_2分别对x求一阶导数,并代入移动的升华界面能量平衡方程,整理后得:

$$\beta = \frac{1 + (A - Ky)/y}{B} \tag{9-57}$$

其中$A = \dfrac{\lambda_d (T_r - T_0)}{\lambda_r (T_r - T_L)}$,$B = \dfrac{\lambda_d h}{\lambda_r c_g (T_L - T_r)}$,$K = \dfrac{\lambda_d}{\lambda_r}$,$y = 1 - \dfrac{x_d}{L}$

无量纲冷冻干燥时间τ'为

$$\tau' = \frac{L}{\Delta x}\int_0^1 \frac{dy}{\beta} \tag{9-58}$$

$$\tau' \approx \frac{L}{\Delta x}\frac{B}{(1-K)}\left(1 + \frac{A}{1-K}\ln\frac{1-K+A}{A}\right) \tag{9-59}$$

式中各常数的取值范围为:$0 < A < 10$,$0 < B < 1000$,$0.033 < K < 0.1$。

9.6.3 冷冻干燥机

冷冻干燥机是集制冷、真空、加热干燥、清洗消毒和控制等功能为一体的复杂装置。在生物药品、抗生素、疫苗以及血液制品等的干燥过程得到广泛应用,在食品工业中,主要应用于干燥一些特殊用途食品如:宇航食品、保健食品、速溶咖啡以及调味品等。

(1)冷冻干燥系统　冷冻干燥机主要包括制冷系统、真空系统、加热系统和控制系统。

①制冷系统:冷冻干机的制冷系统有两方面应用。一方面为物料的预冻提供冷量,另一方面,为捕集水蒸气的冷阱提供冷量;如果物料的预冻在干燥箱外进行,则可通过冷空气、低温液体浸渍或喷淋和金属板接触式等方式向物料供冷。固体食品在冷冻干燥过程中,一般需要切分成块、丁、片等颗粒状,加工量大,多采用干燥箱外冷冻方式。如果物料的预冻在干燥箱内进行,供冷方式通常采用搁板接触式向物料供冷。通过搁板供冷也有两种方式:直接供冷和间接供冷。直接供冷时,制冷剂在搁板内设置的管内直接蒸发制冷。间接供冷时,制冷剂在蒸发器内蒸发冷却载冷剂,再用泵将载冷剂输送到搁板的通道中供冷。

在冷冻干燥中,冷阱需保持足够的低温,因此对冷阱提供冷量的一般都是直接供冷即为制冷系统的蒸发器。对于多数食品的冷冻干燥，冷阱表面温度应比干燥箱物料表面低10℃左右，以保持一定的水蒸气传递所需的分压差，同时避免水蒸气进入真空泵。冷阱结构有螺旋盘管式和平板式，其安装方式应保证盘管或平板表面结霜均匀，同时对不凝结气体的流动阻力要小。

②真空系统：真空系统应能在一定时间内将升华产生的水蒸气和不凝气体抽除，维持干燥箱内食品水分升华和解析干燥所需要的真空度。对真空系统的要求是：具有水蒸气的抽除能力，干燥箱空载极限真空度足够低，真空系统的有效抽速满足要求。目前，在食品冷冻干燥中，只有水蒸气喷射泵、水环泵和水喷射泵具备直接抽除水蒸气的能力。其他油封式机械真空泵、旋片式或滑阀式真空泵以及罗茨真空泵等，需要在干燥箱和真空泵间设置冷阱，将升华产生的大量水蒸气凝霜排除，这既可减轻真空泵的抽气负荷，又可防止水汽对油封真空泵润滑油的乳化破坏。

③加热系统：加热系统主要包括干燥箱和加热元件。干燥箱有圆筒形和矩形两种。圆筒形结构强度和受力优于矩形干燥箱，矩形干燥箱有效空间大，但受力差，为避免真空状态下箱体受外压变形，矩形干燥箱一般采用槽钢或角钢在箱体外加固。在大中型食品冷冻干燥机的干燥箱以圆筒形居多，生物药品冻干机的干燥箱多采用矩形结构。箱体密封性好，防止气体渗入，箱内零件布置应尽量减少气体流动阻力。壁面内不应有死角，直角处应为曲面，便于清洗。

加热系统提供冻干时物料中冰升华等所需的足够热量。加热方式有直接加热和间接加热。直接加热一般采用电加热法、红外加热或微波加热法。电加热法通常采用在搁板下的电热丝直接对搁板加热，也可用贴于搁板下的金属片电加热器对搁板加热。电加热丝直接加热特点是结构简单，易实现自动控制，但热惰性较大。间接加热是利用各种热源，在干燥箱外将载热介质加热后，再用泵将载热介质送入搁板的通道中。加热热源有电、煤、气等。载热介质有水蒸气、水、矿物油、乙二醇和水的混合液等。

除上述系统外，冻干机还有控制系统，对设备的起停以及温度、真空度、加热量和时间等进行控制。

(2)冷冻干燥装置型式　冷冻干燥装置按运行方式不同分间歇式相连续式两种型式。

①间歇式冷冻干燥装置：图9-23为一间歇式冷冻干燥装置示意图。干燥箱属盘架式。料盘置于各层搁板上。在物料预冻阶段，由制冷系统4向各搁板直接供冷，当物料预冻达到要求后，启动真空系统3，使干燥箱内达到指定的真空度。由加热系统5将载热介质送到干燥箱内各搁板的通道中，开始干燥。产生的水蒸气进入冷阱2中，大部分形成

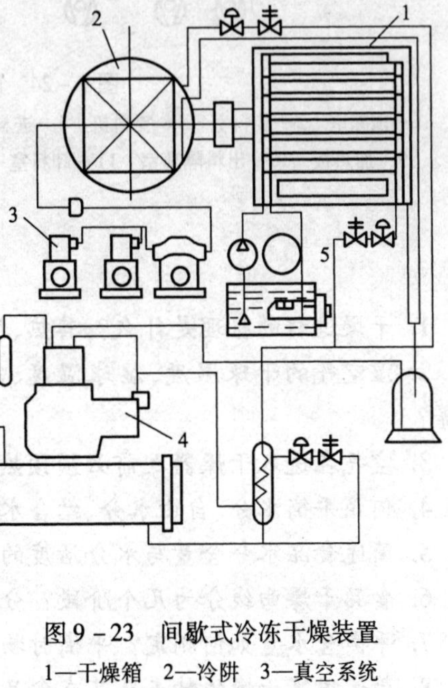

图9-23　间歇式冷冻干燥装置

1—干燥箱　2—冷阱　3—真空系统

4—制冷系统　5—加热系统

凝霜,少量剩余蒸汽与不凝气一起,由真空系统 3 不断抽走。当物料含水量降至预定值后,干燥完成。解除真空,打开干燥箱出料。冷阱去除凝霜后,就可进行下一批物料的冻干。间歇式冻干装置适应多品种小产量的食品生产。操作灵活,维修方便,但设备利用率较低。现代先进的间歇式冻干装置有完善的集中自动控制系统,装料完毕关上干燥箱后,只要在控制盘上按下启动按钮,即开始自动进行间歇操作的各项程序。

②连续式冷冻干燥装置:连续式冻干装置适用于干燥颗粒状制品。在图 9－24 所示的连续式通道冷冻干燥装置中,干燥室为长通道形。已经预冻的物料在装料室中由装料机装盘,送入装料隔离室。当室内被真空系统抽到一定真空度,打开密封门,将物料盘架送到干燥室,物料盘架不断在通道中右移,产生的水蒸气经冷阱由真空系统排出。物料干燥达到要求后经密封门进入出口隔离室,解除真空后送到卸料室,制品由此卸出。盘架经清洗后由吊车运回装料室循环使用。

连续式冻干装置适合于单品种生产,处理能力大,设备利用率高,便于实现生产的自动化。但设备复杂庞大,投资费用较高。

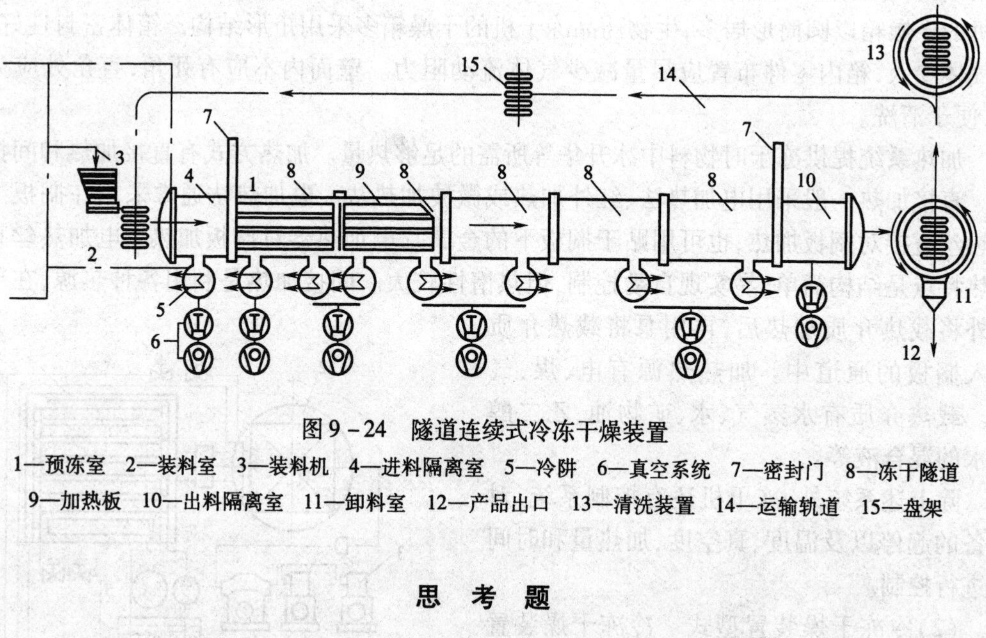

图 9－24　隧道连续式冷冻干燥装置

1—预冻室　2—装料室　3—装料机　4—进料隔离室　5—冷阱　6—真空系统　7—密封门　8—冻干隧道　9—加热板　10—出料隔离室　11—卸料室　12—产品出口　13—清洗装置　14—运输轨道　15—盘架

思考题

1. 干燥过程的机理是什么？其热、质同传过程的推动力分别是什么？
2. 湿空气的干球温度、湿球温度、露点温度三者有何区别？在什么条件下三者数值相等？
3. 空气在进入干燥器之前必须预热,为什么？
4. 何谓平衡水分、自由水分、结合水分及非结合水分,如何区分？
5. 简述食品水分含量与水分活度的区别与关系。
6. 食品干燥曲线分为几个阶段？分别由何种因素控制？
7. 平衡含水量如何测定？平衡时物料中的水蒸气压如何测定？
8. 简述喷雾干燥的特点及其在食品工业中的应用。

习 题

1. 在常压下,试用公式计算温度为70℃、湿含量为0.053kg_v/kg_d 的空气的比焓、相对湿度、湿比热容、比体积和露点。[209.75kJ/kg;25.5%;1.110kJ/(kg·℃);1.05m^3/kg;39℃]

2. 已知湿空气的温度为20℃,水汽分压为2.335kPa,总压为101.3kPa,试求:(1)相对湿度;(2)将此空气分别加热到50℃和120℃时的相对湿度;(3)由以上计算结果可得出什么结论?[(1)100%;(2)18.9%;2.3%;(3)对饱和湿空气加热,加热温度越高,其φ值越小,温度升高后,φ值减小,又可用作干燥介质]

3. 将含1kg绝干空气的空气A($t_A=20$℃,$\varphi_A=0.30$)与含2kg绝干空气的空气B($t_B=90$℃,$\varphi_B=0.20$)混合,得空气C。求(1)空气C的比焓和含湿量;(2)空气由状态A到状态C变化过程的焓湿比。[(1)243.3kJ/kg;(2)0.066kg/kg;(3)3408.06kJ/kg]

4. 在常压下,测得湿空气的干球温度为30℃,相对湿度为50%,试求:(1)湿度;(2)露点;(3)焓;(4)将此状态空气加热到120℃所需的热量,已知空气的质量流量为400kg绝干空气/h;(5)每小时送入预热器的湿空气体积。[(1)0.0133kg水汽/kg干气;(2)18℃;(3)64.3kJ/kg干气;(4)10.35kW;(5)350.5m^3/h]

5. 用热风干燥将切碎的胡椒的湿基含水量由0.90降至0.15。干燥介质为温度32℃,相对湿度0.30的新鲜空气经加热器加热至75℃,假定干燥过程为绝热干燥,要求离开干燥室的空气相对湿度为0.70,求(1)每1kg绝干料所需绝干空气量;(2)处理1000kg物料,加热器对空气供热多少?[(1)588kg绝干气/h;(2)2.353×10^6kJ/h]

6. 某农产品经过5.5h恒定干燥后,其含水量由$X_1=0.35$kg/kg降至$X_2=0.1$kg/kg。若在相同条件下,将该农产品含水量由$X_1=0.35$kg/kg降至$X_2=0.05$kg/kg,试求需要干燥多长时间。物料的临界含水量$X_e=0.15$kg/kg、平衡含水量$X^*=0.04$kg/kg。假设在降速干燥段,干燥速率与物料的自由含水量($X-X^*$)成正比。(9.57h)

7. 试验测得某物料的干燥速率曲线如图9-11所示,将10kg的该物料由湿基含水量30%降至8%,干燥面积为0.52m^2,计算干燥所需时间(降速干燥段近似按直线处理)。(3.94h)

8. 试验证明,以盘架式干燥器在恒定干燥情况下干燥梅子表现为降速干燥的特点,并已证实其干燥速率正比于物料的($X-X^*$)。今在一项试验中得知,初湿含量68.7%的梅子干燥到46.2%需5h,干燥到24.3%需12h,试估计物料的平衡含水量,并求干燥到18%所需干燥时间(以上均为湿基含水量)。(0.17kg/kg,17.1h)

9. 用热空气干燥食品物料,新鲜空气温度为20℃,湿含量为0.006kg/kg。为防止食品中热敏成分破坏,要求干燥室内的温度不能超过90℃。若用两段干燥:先将新鲜空气加热到90℃送入干燥器,空气温度降至60℃;再用中间加热器将其加热至90℃,空气离开干燥器的温度为60℃。假设两段干燥过程都是等焓过程,试在空气$I-H$图上表示出整个过程,并求单位空气用量。(500kg/kg)

10. 某糖厂在常压条件下将砂糖湿基含水量由42%降至4%,处理量为450kg/h,干燥介质为温度20℃,相对湿度30%的空气,经预热器加热后送至干燥器中,空气离开干燥器时温度为50℃,相对湿度为60%。若干燥为等焓变化过程,试求:(1)水分汽化量(kg/h);(2)湿空气的用量(kg/h);(3)预热器向空气提供的热量(kW)。[(1)178kg/h;(2)3999 kg/h;

(3)162kW]

11. 将马铃薯制品100kg经干燥器脱水处理,湿基含水量由80%降至10%。耗用了表压70kPa的加热蒸汽450kg,将22500m^3绝干空气加热,使其由温度25℃、φ为0.30升温至70℃。加热后的空气通过干燥室温度降至50℃。计算单位空气用量及干燥器热效率。(166.67kg/kg;83%)

12. 在常压间歇操作的厢式干燥器内干燥某湿物料。每批操作处理湿基含水量为15%的湿物料500kg,物料提供的总干燥面积为40m^2。经历4h后干燥产品中的含水量可达到要求。操作属于恒定干燥过程。由实验测得物料的临界含水量及平衡含水量分别为0.11 kg水/kg绝干料及0.002kg水/kg绝干料。临界点的干燥速率为1kg水/(m^2·h),降速阶段干燥速率线为直线。每批操作装卸物料时间为10min,求此干燥器的生产能力,以每昼夜(24h)获得的干燥产品质量计。(2468kg干燥产品/昼夜)

13. 用连续式干燥器干燥湿基含水量为1.5%的物料,处理量为9200kg/h,物料初始温度25℃,干燥产品出口温度34.4℃,含水量降至0.2%,其比热容为1.842 kJ/(kg·K)。空气温度26℃,湿球温度23℃,在加热器中升温到95℃进入干燥器。离开干燥器的空气温度为65℃。干燥器的热损失为598.7kJ/(kg·W)。试求:(1)产品量;(2)空气耗量;(3)干燥器的热效率。[(1)9080kg/h;(2)1.2×10^4kg/h;(3)33%]

14. 在干燥某种物料过程中,为控制物料的干燥速率,采用部分废气循环工艺。已知常压下新鲜空气的温度为25℃、湿度为0.005kg水汽/kg干气,干燥器出口废气温度为58℃,相对湿度为70%。控制废气与新鲜空气的混合比以使进预热器时的湿度为0.06 kg水汽/kg干气。设干燥过程为等焓干燥过程,试计算循环比(循环废气中绝干空气质量与混合气中绝干空气质量之比)及混合气体进、出预热器的温度。(0.65;47.6℃,127℃)

15. 某乳品厂用喷雾干燥器生产乳粉,每小时将湿基含水量为50%的牛乳100kg,干燥后乳粉的湿基含水量为2%。空气初始状态为25℃,相对湿度为80%,预热至150℃后送入干燥塔。排出废气的相对湿度为10%,设牛乳进入干燥室的温度为50℃,对外界的热损失为209kJ/kg水分,牛乳进出喷雾塔所带入的热量为146kJ/kg水分,求所需要的空气量。(2130kg/h)

16. 某湿物料5kg,均匀地平摊在长0.4m,宽0.5m的平底浅盘内,并在恒定的空气条件下进行干燥,物料初始湿基含水量为20%,干燥2.5h后含水量降为7%,已知在此条件下物料的平衡含水量为1%,临界含水量为5%,并假定降速阶段的干燥速率与物料的自由含水量(干基)呈直线关系,试求:(1)将物料继续干燥至含水量为3%,所需要的总干燥时间是多少?(2)现将物料均匀地平摊在两个相同的浅盘内,并在同样的空气条件下进行干燥,只需要1.6h即可将物料的水分降至3%,问物料的临界含水量有何变化?恒速干燥阶段的时间为多长?[(1)3.25h;(2)0.05水/kg绝干料,1.43h]

本章主要符号说明

A　传热面积(干燥面积),m^2

c　比热容,kJ/(kg·℃)

D　扩散系数,m^2/s

d　直径,m

I　焓,kJ/kg

H　湿空气的湿度,kg水汽/kg绝干空气

G	干物料流量,kg /s
k_H	湿度差推动的传质系数,kg /(m^2 · s)
k_r	总传热系数,w/(m^2 · K)
L	绝干空气的质量流量,kg /s
l	单位空气消耗量,kg 绝干空气/kg 水
M	摩尔质量,kg/kmol
m	湿物料质量,kg
P	总压,Pa
p_s	饱和水蒸气压,Pa
Q	干燥系统消耗的总热量,kW
Q_D	向干燥器补充的热量,kW
Q_L	干燥器损失的热量,kW
q	传热速率,W/m^2
r	汽化热,J/kg
t	温度,℃
U	干燥速率,kg /(m^2 · s)
u	速度,m/s
v	比体积,m^3/kg
W	水分蒸发量,kg /s
w	湿基含水量,%
X	干基含水量,kg 水/kg 绝干料
x_d	干燥层厚度,m
x_r	冻层厚度,m;
α	对流传热系数,W/(m^2 · ℃)
ε	黑体的辐射常数,W/(m^2 · K)
η	热效率,%
θ	湿物料的温度,℃
λ	导热系数,W/(m · K)
μ	黏度,m^2/s
ρ	密度,kg/m^3
σ	料液表面张力,N/m
τ	干燥时间,s
φ	相对湿度,%
φ_{12}	形状系数
下标	
a	空气
as	绝热饱和
c	临界
e	平衡
d	露点
H	湿空气
p	颗粒
v	水蒸气
w	湿球
0	初始
1	进入
2	离开

附　　录

1　水的物理性质

温度/℃	饱和蒸汽压/kPa	ρ/ (kg/m^3)	焓/ (kJ/kg)	c_p/ [kJ/(kg·℃)]	导热系数 $\lambda\times10^2$/ [W/(m·℃)]	黏度 $\mu\times10^5$/ (Pa·s)	体积膨胀系数 $\beta\times10^4$/ (1/℃)	表面张力 $\sigma\times10^3$/ (N/m)
0	0.6082	999.9	0	4.212	55.13	179.21	−0.63	75.6
10	1.2262	999.7	42.04	4.191	57.45	130.77	+0.70	74.1
20	2.3346	998.2	83.90	4.183	59.89	100.50	1.82	72.6
30	4.2474	995.7	125.69	4.174	61.76	80.07	3.21	71.2
40	7.3766	992.2	167.51	4.174	63.38	65.60	3.87	69.6
50	12.34	988.1	209.30	4.174	64.78	54.94	4.49	67.7
60	19.923	983.2	251.12	4.178	65.94	46.88	5.11	66.2
70	31.164	977.8	292.99	4.187	66.76	40.61	5.70	64.3
80	47.379	971.8	334.94	4.195	67.45	35.65	6.32	62.6
90	70.136	965.3	376.98	4.208	68.14	31.65	6.95	60.7
100	101.33	958.4	419.10	4.220	68.27	28.38	7.52	58.8
110	143.31	951.0	461.34	4.238	68.50	25.89	8.08	56.9
120	198.64	943.1	503.67	4.260	68.62	23.73	8.64	54.8
130	270.25	934.8	546.38	4.266	68.62	21.77	9.17	52.8
140	361.47	926.1	589.08	4.287	68.50	20.10	9.72	50.7
150	476.24	917.0	632.20	4.312	68.38	18.63	10.3	48.6
160	618.28	907.4	675.33	4.346	68.27	17.36	10.7	46.6
170	792.59	897.3	719.29	4.379	67.92	16.28	11.3	44.3
180	1003.5	886.9	763.25	4.417	67.45	15.30	11.9	42.3
190	1255.6	876.0	807.63	4.460	66.99	14.42	12.6	40.0
200	1554.7	863.0	852.43	4.505	66.29	13.63	13.3	37.7

其他温度下的物性数值用线性内插求取，误差传递到工程问题计算的最终误差中。

2 饱和水蒸气(温度基准)

温度/℃	绝压/kPa	ρ/(kg/m³)	焓(液)/(kJ/kg)	焓(汽)/(kJ/kg)	汽化热/(kJ/kg)	温度/℃	绝压/kPa	ρ/(kg/m³)	焓(液)/(kJ/kg)	焓(汽)/(kJ/kg)	汽化热/(kJ/kg)
0	0.61	0.00484	0	2491.1	2491.1	135	313.11	1.715	567.73	2731.0	2163.3
5	0.8730	0.00680	20.94	2500.8	2479.89	140	361.47	1.962	589.08	2737.7	2148.7
10	1.2262	0.00940	41.87	2510.4	2468.5	145	415.72	2.238	610.85	2744.4	2134.0
15	1.7068	0.01283	62.80	2520.5	2457.7	150	476.24	2.543	632.21	2750.7	2118.5
20	2.3346	0.01719	83.74	2530.1	2446.3	160	618.28	3.252	675.75	2762.9	2087.1
25	3.1684	0.02304	104.67	2539.7	2435.0	170	792.59	4.113	719.29	2773.3	2054.0
30	4.2274	0.03036	125.60	2549.3	2423.7	180	1003.5	5.145	763.25	2782.5	2019.3
35	5.6207	0.03960	146.54	2559.0	2412.4	190	1255.6	6.378	807.64	2790.1	1982.4
40	7.3766	0.05114	167.47	2568.6	2401.1	200	1554.77	7.840	852.01	2795.5	1943.5
45	9.5837	0.06543	188.41	2577.8	2389.4	210	1917.72	9.567	897.23	2799.3	1902.5
50	12.340	0.0830	209.34	2587.4	2378.1	220	2320.88	11.60	942.45	2801.0	1858.5
55	15.743	0.1043	230.27	2596.7	2366.4	230	2798.59	13.98	988.50	2800.1	1811.6
60	19.923	0.1301	251.21	2606.3	2355.1	240	3347.91	16.76	1034.56	2796.8	1761.8
65	25.014	0.1611	272.14	2615.5	2343.4	250	3977.67	20.01	1081.45	2790.1	1708.6
70	31.164	0.1979	293.08	2624.3	2331.2	260	4693.75	23.82	1128.76	2780.9	1651.7
75	38.551	0.2416	314.01	2633.5	2319.5	270	5503.99	28.27	1176.91	2768.3	1591.4
80	47.379	0.2929	334.94	2642.3	2307.8	280	6417.24	33.47	1225.48	2752.0	1526.5
85	57.875	0.3531	355.88	2651.1	2295.2	290	7443.29	39.60	1274.46	2732.3	1457.4
90	70.136	0.4229	376.81	2659.9	2283.1	300	8592.94	46.93	1325.54	2708.0	1382.5
95	84.556	0.5039	397.75	2668.7	2270.9	310	9877.96	55.59	1378.71	2680.0	1301.3
100	101.33	0.5970	418.68	2677.0	2258.4	320	11300.3	65.95	1436.07	2648.2	1212.1
105	120.85	0.7036	440.03	2685.0	2245.4	330	12879.6	78.53	1446.78	2610.5	1116.2
110	143.31	0.8254	460.97	2693.4	2232.0	340	14615.8	93.98	1562.93	2568.6	1005.7
115	169.11	0.9635	482.32	2701.3	2219.0	350	16538.5	113.2	1636.20	2516.7	880.5
120	198.64	1.1199	503.67	2708.9	2205.2	360	18667.1	139.6	1729.15	2442.6	713.0
125	232.19	1.296	525.02	2716.4	2191.8	370	21040.9	171.0	1888.25	2301.9	411.1
130	270.25	1.494	546.38	2723.9	2177.6	374	22070.9	322.6	2098.0	2098.0	0

3 某些液体的重要物理性质(20℃,101.33kPa)

名称	分子式	ρ/(kg/m^3)	沸点/℃	汽化热沸点/(kJ/kg)	c_p/[kJ/(kg·℃)]	黏度/mPa·s	导热系数/[W/(m·℃)]	体积膨胀系数$\beta\times10^4$/(1/℃)	表面张力$\sigma\times10^3$/(N/m)
水	H_2O	998	100	2258	4.183	1.005	0.599	1.82	72.8
氯化钠盐水(25%)	—	1186(25℃)	107	—	3.39	2.3	0.57(30℃)	(4.4)	—
氯化钙盐水(25%)	—	1228	107	—	2.89	2.5	0.57	(3.4)	—
硫酸	H_2SO_4	1831	340(分解)	—	1.47(98%)	—	0.38	5.7	—
硝酸	HNO_3	1513	86	481.1	—	1.17(10℃)	—	—	—
盐酸(30%)	HCl	1149	—	—	2.55	2(31.5%)	0.42	12.1	—
二硫化碳	CS_2	1262	46.3	352	1.005	0.38	0.16	15.9	32
戊烷	C_5H_{12}	626	36.07	357.4	2.24	0.229	0.113	—	16.2
己烷	C_6H_{14}	659	68.74	335.1	2.31(15.6℃)	0.313	0.119	—	18.2
三氯甲烷	$CHCl_3$	1489	61.2	253.7	0.992	0.58	0.138	12.6	28.5(10℃)
四氯化碳	CCl_4	1594	76.8	195	0.850	1.0	0.12	—	26.8
1,2-二氯乙烷	$C_2H_4Cl_2$	1253	83.6	324	1.260	0.83	0.14(50℃)	—	30.8
苯	C_6H_6	879	80.10	393.9	1.704	0.737	0.148	12.4	28.6
甲苯	C_7H_8	867	110.63	363	1.70	0.675	0.138	10.9	27.9
苯酚	C_6H_6O	1050(50℃)	181.8(熔点40.9)	511	—	3.4(50℃)	—	—	—
甲醇	CH_4O	791	64.7	1101	2.48	0.6	0.212	12.2	22.6
乙醇	C_2H_6O	789	78.3	846	2.39	1.15	0.172	11.6	22.8
乙醇(95%)	—	804	78.2	—	—	1.4	—	—	—
甘油	$C_3H_9O_4$	1261	290(分解)	—	—	1499	0.59	5.3	63
乙醚	$(C_2H_5)_2O$	714	34.6	360	2.34	0.24	0.14	16.3	18
乙醛	C_2H_4O	783(18℃)	20.2	574	1.9	1.3(18℃)	—	—	21.2
糠醛	$C_5H_4O_2$	1160	161.7	452	1.6	1.15(50℃)	—	—	43.5
丙酮	C_3H_6O	792	56.2	523	2.35	0.32	0.17	—	23.7
甲酸	HCOOH	1220	100.7	494	2.17	1.9	0.26	—	27.8
乙酸	$C_2H_4O_2$	1049	118.1	406	1.99	1.3	0.17	10.7	23.9
乙酸乙酯	$C_4H_8O_2$	901	77.1	368	1.92	0.48	0.14(10℃)	—	—

4 某些气体的物理性质(20℃,101.33kPa)

名称	分子式	ρ(0℃)/(kg/m³)	c_p/[kJ/(kg·℃)]	$\mu\times10^5$/mPa·s	沸点/℃	汽化热/(kJ/kg)	临界温度/℃	临界压强/kPa	导热系数/[W/(m·℃)]
空气	—	1.293	1.009	1.73	-195	197	-140.7	3768.4	0.0244
氧	O_2	1.429	0.653	2.03	-132.98	213	-118.82	5036.6	0.0240
氮	N_2	1.251	0.745	1.70	-195.78	199.2	-147.13	3392.5	0.0228
氢	H_2	0.0899	10.13	0.842	-252.75	454.2	-239.9	1296.6	0.163
氦	He	0.1785	3.18	1.88	-268.95	19.5	-267.96	228.94	0.144
氩	Ar	1.7820	0.322	2.09	-185.87	163	-122.44	4862.4	0.0173
氯	Cl_2	3.217	0.355	1.29 (16℃)	-33.8	305	+144.0	7708.9	0.0072
氨	NH_3	0.771	0.67	0.918	-33.4	1373	+132.4	11295	0.0215
一氧化碳	CO	1.250	0.754	1.66	-191.48	211	-140.2	3497.9	0.0226
二氧化碳	CO_2	1.976	0.653	1.37	-78.2	574	+31.1	7384.8	0.0137
二氧化硫	SO_2	2.927	0.502	1.17	-10.8	394	+157.5	7879.1	0.0077
二氧化氮	NO_2	—	0.615	—	+21.2	712	+158.2	10130	0.0400
硫化氢	H_2S	1.539	0.804	1.166	-60.2	548	+100.4	19136	0.0131
甲烷	CH_4	0.717	1.70	1.03	-161.58	511	-82.15	4619.3	0.0300
乙烷	C_2H_6	1.357	1.44	0.850	-88.50	486	+32.1	4948.5	0.0180
丙烷	C_3H_8	2.020	1.65	0.795 (18℃)	-42.1	427	+95.6	4355.9	0.0148
正丁烷	C_4H_{10}	2.673	1.73	0.810	-0.5	386	+152	3798.8	0.0135
正戊烷	C_5H_{12}	—	1.57	0.874	-36.08	151	+197.1	3342.9	0.0128
乙烯	C_2H_4	1.261	1.222	0.985	-103.7	481	+9.7	5135.9	0.0164
丙烯	C_3H_6	1.914	1.436	0.835 (20℃)	-47.7	440	+91.4	4599.0	—
乙炔	C_2H_2	1.717	1.352	0.935	-83.66 (升华)	829	+35.7	6240.0	0.0184
氯甲烷	CH_3Cl	2.308	0.582	0.989	-24.1	406	+148	6685.8	0.0085
苯	C_6H_6	—	1.139	0.72	+80.2	394	+288.5	4832.0	0.0088

5 干空气的物理性质

温度 t/℃	密度 ρ/(kg/m³)	比热容 c_p/[kJ/(kg·℃)]	导热系数 $\lambda\times10^2$/[W/(m·℃)]	黏度 $\mu\times10^5$/Pa·s	温度 t/℃	密度 ρ/(kg/m³)	比热容 c_p/[kJ/(kg·℃)]	导热系数 $\lambda\times10^2$/[W/(m·℃)]	黏度 $\mu\times10^5$/Pa·s
-50	1.584	1.013	2.035	1.46	80	1.000	1.009	3.047	2.11
-40	1.515	1.013	2.117	1.52	90	0.972	1.009	3.128	2.15
-30	1.453	1.013	2.198	1.57	100	0.946	1.009	3.210	2.19
-20	1.395	1.009	2.279	1.62	120	0.898	1.009	3.338	2.29
-10	1.342	1.009	2.360	1.67	140	0.854	1.013	3.489	2.37
0	1.293	1.005	2.442	1.72	160	0.815	1.017	3.640	2.45
10	1.247	1.005	2.512	1.77	180	0.779	1.022	3.780	2.53
20	1.205	1.005	2.593	1.81	200	0.746	1.026	3.931	2.60
30	1.165	1.005	2.675	1.86	250	0.674	1.038	4.228	2.74
40	1.128	1.005	2.756	1.91	300	0.615	1.048	4.605	2.97
50	1.093	1.005	2.826	1.96	350	0.566	1.059	4.908	3.14
60	1.060	1.005	2.896	2.01	400	0.524	1.068	5.210	3.31
70	1.029	1.009	2.966	2.06					

6 黏度

6.1 液体黏度共线图

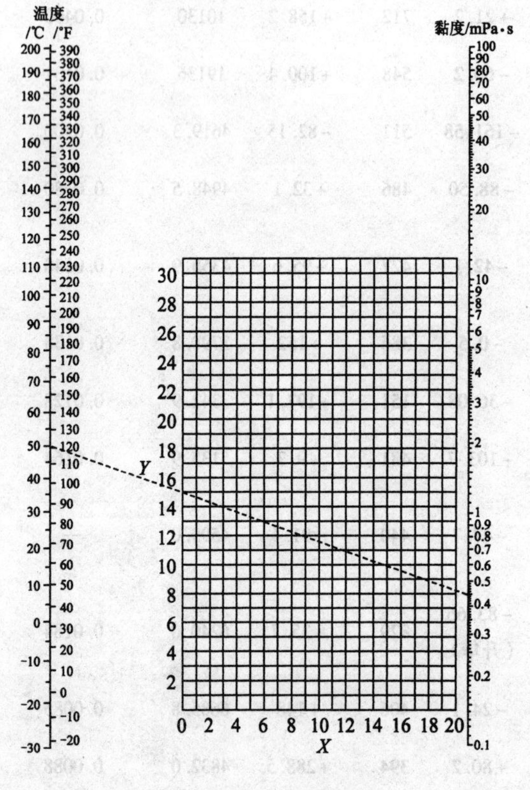

6.2 气体黏度共线图

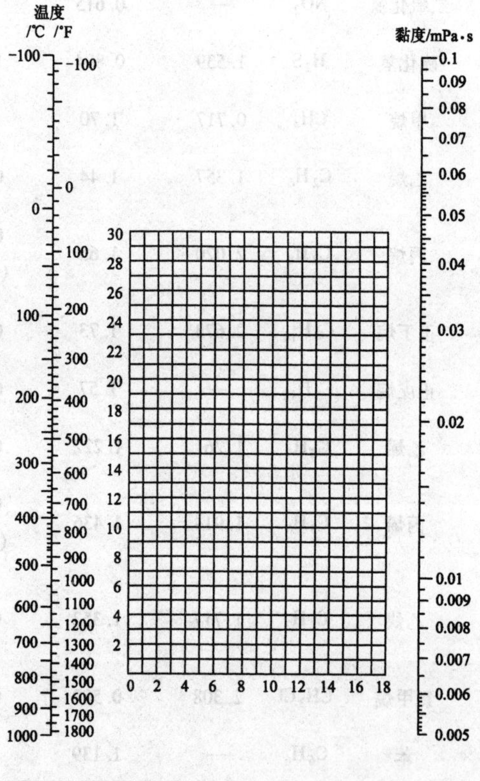

6.3 液体黏度共线图坐标值

序号	名 称	X	Y	序号	名 称	X	Y	序号	名 称	X	Y	序号	名 称	X	Y
1	水	10.2	13.0	16	硝酸 60%	10.8	17.0	31	乙苯	13.2	11.5	46	甘油 50%	6.9	19.6
2	NaCl 25%	10.2	16.6	17	盐酸 31.5%	13.0	16.6	32	氯苯	12.3	12.4	47	乙醚	14.5	5.3
3	$CaCl_2$ 25%	6.6	15.9	18	50% NaOH	3.2	25.8	33	硝基苯	10.6	16.2	48	乙醛	15.2	14.8
4	氨	12.6	2.0	19	戊烷	14.9	5.2	34	苯胺	8.1	18.7	49	丙酮	14.5	7.2
5	氨水 26%	10.1	13.9	20	己烷	14.7	7.0	35	酚	6.9	20.8	50	甲酸	10.7	15.8
6	二氧化碳	11.6	0.3	21	庚烷	14.1	8.4	36	联苯	12.0	18.3	51	乙酸 100%	12.1	14.2
7	二氧化硫	15.2	7.1	22	辛烷	13.7	10.0	37	萘	7.9	18.1	52	乙酸 70%	9.5	17.0
8	二硫化碳	16.1	7.5	23	$CHCl_3$	14.4	10.2	38	甲醇 100%	12.4	10.5	53	乙酸酐	12.7	12.8
9	溴	14.2	13.2	24	CCl_4	12.7	13.1	39	甲醇 90%	12.3	11.8	54	乙酸乙酯	13.7	9.1
10	汞	18.4	16.4	25	二氯乙烷	13.2	12.2	40	甲醇 40%	7.8	15.5	55	乙酸戊酯	11.8	12.5
11	硫酸 110%	7.2	27.4	26	苯	12.5	10.9	41	乙醇 100%	10.5	13.8	56	氟里昂 11	14.4	9.0
12	硫酸 100%	8.0	25.1	27	甲苯	13.7	10.4	42	乙醇 95%	9.8	14.3	57	氟里昂 12	16.8	5.6
13	硫酸 98%	7.0	24.8	28	邻二甲苯	13.5	12.1	43	乙醇 40%	6.5	16.6	58	氟里昂 21	15.7	7.5
14	硫酸 60%	10.2	21.3	29	间二甲苯	13.9	10.6	44	乙二醇	6.0	23.6	59	氟里昂 22	17.2	4.7
15	硝酸 95%	12.8	13.8	30	对二甲苯	13.9	10.9	45	甘油 100%	2.0	30.0	60	煤油	10.2	16.9

6.4 气体黏度共线图坐标值

序号	名 称	X	Y	序号	名 称	X	Y	序号	名 称	X	Y	序号	名 称	X	Y
1	空气	11.0	20.0	11	SO_2	9.6	17.0	21	乙炔	9.8	14.9	31	乙醇	9.2	14.2
2	氧	11.0	21.3	12	CS_2	8.0	16.0	22	丙烷	9.7	12.9	32	丙醇	8.4	13.4
3	氮	10.6	20.0	13	N_2O	8.8	19.0	23	丙烯	9.0	13.8	33	乙酸	7.7	14.3
4	氢	11.2	12.4	14	NO	10.9	20.5	24	丁烯	9.2	13.7	34	丙酮	8.9	13.0
5	$3H_2+1N_2$	11.2	17.2	15	氟	7.3	23.8	25	戊烷	7.0	12.8	35	乙醚	8.9	13.0
6	水蒸气	8.0	16.0	16	氯	9.0	18.4	26	己烷	8.6	11.8	36	乙酸乙酯	8.5	13.2
7	CO_2	9.5	18.7	17	氯化氢	8.8	18.7	27	三氯甲烷	8.9	15.7	37	氟里昂 11	10.6	15.1
8	CO	11.0	20.0	18	甲烷	9.9	15.5	28	苯	8.5	13.2	38	氟里昂 12	11.1	16.0
9	NH_3	8.4	16.0	19	乙烷	9.1	14.5	29	甲苯	8.6	12.4	39	氟里昂 21	10.8	15.3
10	H_2S	8.6	18.0	20	乙烯	9.5	15.1	30	甲醇	8.5	15.6	40	氟里昂 22	10.1	17.0

7 导热系数

7.1 固体导热系数

(1)常用金属在不同温度下的导热系数[W/(m·℃)]

材料＼温度	0℃	100℃	200℃	300℃	400℃
铝	227.95	227.95	227.95	227.95	227.95
铜	383.79	379.14	372.16	367.51	362.86
铁	73.27	67.45	61.64	54.66	48.85
铅	35.12	33.38	31.40	29.77	—
镁	172.12	167.47	162.82	158.17	—
镍	93.04	82.57	73.27	63.97	59.31
银	414.03	409.38	373.32	361.69	359.37
锌	112.81	109.90	105.83	101.18	93.04
碳钢	52.34	48.85	44.19	41.87	34.89
不锈钢	16.28	17.45	17.45	18.49	—

(2)常用非金属的导热系数[W/(m·℃)]

材　料	温度/℃	导热系数/[W/(m·℃)]	材　料	温度/℃	导热系数/[W/(m·℃)]
软木	30	0.04303	泡沫玻璃	-15	0.004885
玻璃棉	—	0.03489~0.06978		-80	0.003489
保温灰	—	0.06978	泡沫塑料	—	0.04652
锯屑	20	0.04652~0.05815	硬橡胶	0	0.1500
棉花	100	0.06978	泥土	20	0.6978~0.9304
厚纸	20	0.1396~0.3489	冰	0	2.326
玻璃	30	1.0932	软橡胶	—	0.1291~0.1593
	-20	0.7560	云母	50	0.4303
聚苯乙烯泡沫	25	0.04187	搪瓷	—	0.8723~1.163
	-150	0.001745	耐火砖	230	0.8723
酚醛加玻璃纤维	—	0.2593		1200	1.6398
酚醛加石棉纤维	—	0.2942	混凝土	—	1.2793
聚酯加玻璃纤维	—	0.2594	绒毛毡	—	0.0465
85%氧化镁粉	0-100	0.06978	聚氯乙烯	—	0.1163~0.1745
聚四氟乙烯	—	0.2419	聚碳酸酯	—	0.1907
木材(横向)	—	0.1396~0.1745	聚乙烯	—	0.3291
木材(纵向)	—	0.3838	石墨	—	139.56

7.2 某些液体的导热系数

液体	温度/℃	导热系数/[W/(m·℃)]	液体	温度/℃	导热系数/[W/(m·℃)]	液体	温度/℃	导热系数/[W/(m·℃)]	液体	温度/℃	导热系数/[W/(m·℃)]
乙酸 50%	20	0.35	正己醇	30	0.164	苯	30	0.159	氯甲烷	-15	0.192
丙酮	30	0.177		75	0.156		60	0.151		30	0.154
	75	0.161	异戊烷	30	0.152	正丁醇	30	0.168	硝基苯	30	0.164
丙烯醇	25 ~ 30	0.180		75	0.151		75	0.164		100	0.152
氨水溶液	20	0.45	水银	28	0.36	异丁醇	10	0.157	硝基甲苯	30	0.216
	60	0.50	盐酸 12.5%	32	0.52	氯化钙盐水 30%	30	0.55		60	0.208
正戊烷	30	0.163	25%	32	0.48	15%	30	0.59	石油	20	0.180
	100	0.154	38%	32	0.44	二硫化碳	30	0.161	蓖麻油	0	0.173
苯胺	0 ~ 20	0.173	甲醇 80%	20	0.267		75	0.152		20	0.168
乙酸乙酯	20	0.175	60%	20	0.329	四氯化碳	0	0.185	橄榄油	100	0.164
乙醇 80%	20	0.237	40%	20	0.405		68	0.163	硫酸 90%	30	0.36
60%	20	0.305	20%	20	0.492	三氯甲烷	30	0.138	60%	30	0.43
40%	20	0.388	100%	50	0.197	甘油 100%	20	0.274	30%	30	0.52
20%	20	0.486	氯化钾 15%	32	0.58	80%	20	0.327	二氧化硫	15	0.22
100%	50	0.151	30%	32	0.56	60%	20	0.381		30	0.192
乙苯	30	0.149	氢氧化钾 21%	32	0.58	40%	20	0.448	甲苯	30	0.149
	60	0.142	42%	32	0.55	20%	20	0.481		75	0.145
乙醚	30	0.133	二甲苯 邻位	20	0.155	100%	100	0.274	氨	25 ~ 30	0.50
	75	0.135	对位	20	0.155	正己烷	30	0.138	汽油	30	0.135
松节油	15	0.128	间位	20	0.155		60	0.135	氯苯	10	0.144

7.3 气体热导率共线图和气体导热系数共线图坐标值(常压)

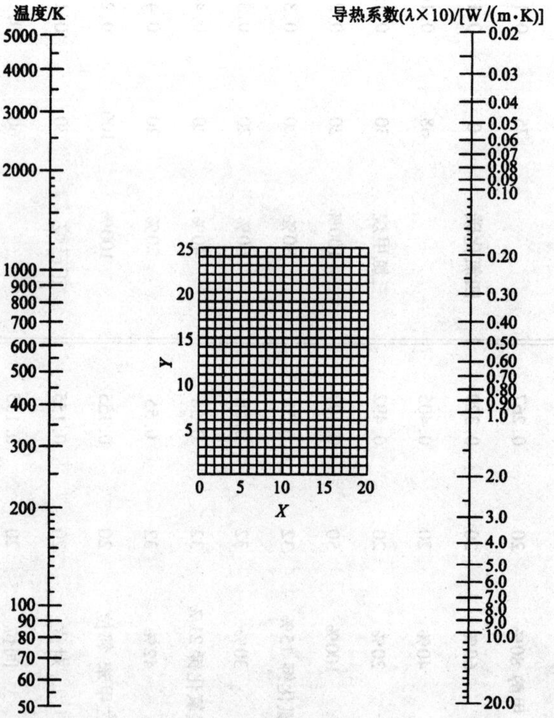

气体	温度范围/K	X	Y
乙炔	200~600	7.5	13.5
空气	50~250	12.4	13.9
空气	250~1000	14.7	15.0
空气	1000~1500	17.1	14.5
氨	200~900	8.5	12.6
氩	50~250	12.5	16.5
氩	250~5000	15.4	18.1
苯	250~600	2.8	14.2
三氟化硼	250~400	12.4	16.4
溴	250~350	10.1	23.6
正丁烷	250~500	5.6	14.1
异丁烷	250~500	5.7	14.0
二氧化碳	200~700	8.7	15.5
二氧化碳	700~1200	13.3	15.4
一氧化碳	80~300	12.3	14.2
四氯化碳	250~500	9.4	21.0
氯	200~700	10.8	20.1
氘	50~100	12.7	17.3
丙酮	250~500	3.7	14.8
乙烷	200~1000	5.4	12.6
乙醇	250~350	2.0	13.0
乙醇	350~500	7.7	15.2
乙醚	250~500	5.3	14.1
乙烯	200~450	3.9	12.3
氟	80~600	12.3	13.8
氟里昂-11	250~500	7.5	19.0
氟里昂-12	250~500	6.8	17.5
氟里昂-13	250~500	7.5	16.5
氟里昂-21	250~450	6.2	17.5
氟里昂-22	250~500	6.5	18.6
氟里昂-113	250~400	4.7	17.0
氦	50~500	17.0	2.5
氦	500~5000	15.0	3.0
正庚烷	250~600	4.0	14.8
正庚烷	600~1000	6.9	14.9
正己烷	250~1000	3.7	14.0
氢	50~250	13.2	1.2
氢	250~1000	15.7	1.3
氢	1000~2000	13.7	2.7
氯化氢	200~700	12.2	18.5
氪	100~700	13.7	21.8
甲烷	100~300	11.2	11.7
甲烷	300~1000	8.5	11.0
甲醇	300~500	5.0	14.3
氯甲烷	250~700	4.7	15.7
氖	50~250	15.2	10.2
氖	250~5000	17.2	11.0
氧化氮	100~1000	13.2	14.8
氮	50~250	12.5	14.0
氮	250~1500	15.8	15.3
氮	1500~3000	12.5	16.5
一氧化二氮	200~500	8.4	15.0
一氧化二氮	500~1000	11.5	15.5
氧	50~300	12.2	13.8
氧	300~1500	14.5	14.8
戊烷	250~500	5.0	14.1
丙烷	200~300	2.7	12.0
丙烷	300~500	6.3	13.7
二氧化硫	250~900	9.2	18.5
甲苯	250~600	6.4	14.8
氩	600~800	18.7	13.8

8 比热容

8.1 液体比热容共线图和液体比热容共线图的编号

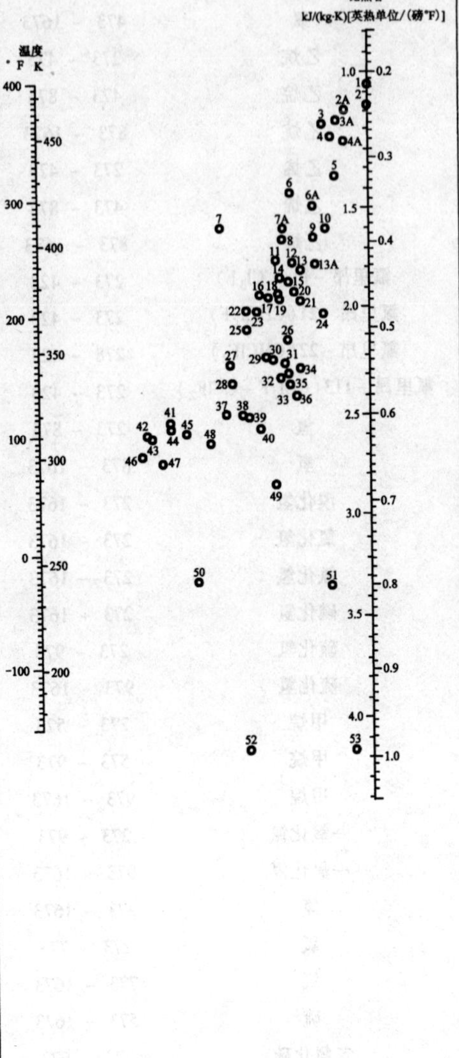

号数	液 体	范围温度/℃	号数	液 体	范围温度/℃
49	$CaCl_2$ 盐水 25%	-40~20	10	苯甲基氯	-30~30
51	NaCl 盐水 25%	-40~20	6A	二氯乙烷	-30~60
16	联苯醚	0~200	5	二氯甲烷	-30~50
16	联苯-联苯醚	0~200	15	联苯	80~120
42	乙醇 100%	30~80	22	二苯甲烷	80~100
46	95%	20~80	24	乙酸乙酯	-50~25
50	50%	20~80	25	乙苯	0~100
2A	氟里昂-11 (CCl_3F)	-20~70	1	溴乙烷	5~25
6	氟里昂-12 (CCl_2F_2)	-40~15	13	氯乙烷	-80~40
4A	氟里昂-21 ($CHCl_2F$)	-20~70	36	乙醚	-100~25
7A	氟里昂-22 ($CHClF_2$)	-20~60	7	碘乙烷	0~100
3A	氟里昂-113 ($CCl_2F-CClF_2$)	-20~70	39	乙二醇	-40~200
48	盐酸 30%	20~100	38	甘油	-40~20
9	硫酸 98%	10~45	28	庚烷	0~60
29	乙酸 100%	0~80	35	已烷	-80~20
19	二甲苯(邻位)	0~100	41	异戊醇	10~100
18	二甲苯(间位)	0~100	43	异丁醇	0~100
17	二甲苯(对位)	0~100	47	异丙醇	-20~50
26	乙酸戊酯	0~100	31	异丙醚	-80~20
2	二硫化碳	-100~25	40	甲醇	-40~20
3	四氯化碳	10~60	13A	氯甲烷	-80~20
3	过氯乙烯	-30~140	14	萘	90~200
52	氨	-70~50	12	硝基苯	0~100
37	戊醇	-50~25	34	壬烷	-50~125
30	苯胺	0~130	33	辛烷	-50~25
23	苯	10~80	45	丙醇	-20~100
23	甲苯	0~60	32	丙酮	20~50
27	苯甲醇	-20~30	20	吡啶	-51~25
8	氯苯	0~100	11	二氧化硫	-20~100
4	三氯甲烷	0~50	44	丁醇	0~100
21	癸烷	-80~25	53	水	-10~200

8.2 气体比热容共线图和气体比热容共线图的编号

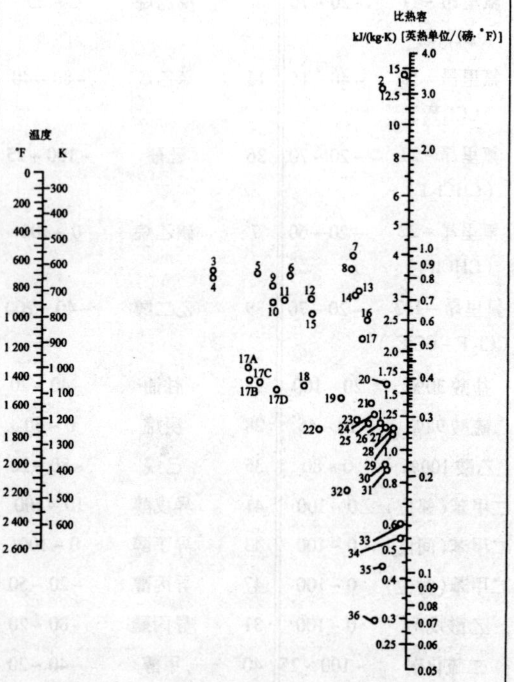

号数	气体	温度范围/K
10	乙炔	273 ~ 473
15	乙炔	473 ~ 673
16	乙炔	673 ~ 1673
27	空气	273 ~ 1673
12	氨	273 ~ 873
14	氨	873 ~ 1673
18	二氧化碳	273 ~ 673
24	二氧化碳	673 ~ 1673
26	一氧化碳	273 ~ 1673
32	氯	273 ~ 473
34	氯	473 ~ 1673
3	乙烷	273 ~ 473
9	乙烷	473 ~ 873
8	乙烷	873 ~ 1673
4	乙烯	273 ~ 473
11	乙烯	473 ~ 873
13	乙烯	873 ~ 1673
17B	氟里昂-11(CCl_3F)	273 ~ 423
17C	氟里昂-21($CHCl_2F$)	273 ~ 423
17A	氟里昂-22($CHClF_2$)	278 ~ 423
17D	氟里昂-113($CCl_2F-CClF_2$)	273 ~ 423
1	氢	273 ~ 873
2	氢	873 ~ 1673
35	溴化氢	273 ~ 1673
30	氯化氢	273 ~ 1673
20	氟化氢	273 ~ 1673
36	碘化氢	273 ~ 1673
19	硫化氢	273 ~ 973
21	硫化氢	973 ~ 1673
5	甲烷	273 ~ 573
6	甲烷	573 ~ 973
7	甲烷	973 ~ 1673
25	一氧化氮	273 ~ 973
28	一氧化氮	973 ~ 1673
26	氮	273 ~ 1673
23	氧	273 ~ 773
29	氧	773 ~ 1673
33	硫	573 ~ 1673
22	二氧化硫	273 ~ 673
31	二氧化硫	673 ~ 1673
17	水	273 ~ 1673

9 表面张力

某些无机水溶液的表面张力（mN/m）和某些有机液体的表面张力共线图

溶 质	温度/℃	质量分数 5%	10%	20%	50%
H_2SO_4	18	—	74.1	75.2	77.3
HNO_3	20	—	72.7	71.1	65.4
NaOH	20	74.6	77.3	85.8	—
NaCl	18	74.0	75.5	—	—
Na_2SO_4	18	73.8	75.2	—	—
$NaNO_3$	30	72.1	72.8	74.4	79.8
KCl	18	73.6	74.8	77.3	—
KNO_3	18	73.0	73.6	75.0	—
K_2CO_3	10	75.8	77.0	79.2	106.4
NH_4OH	18	66.5	63.5	59.3	—
NH_4Cl	18	73.3	74.5	—	—
NH_4NO_3	100	59.2	60.1	61.6	67.5
$MgCl_2$	18	73.8	—	—	—
$CaCl_2$	18	73.7	—	—	—

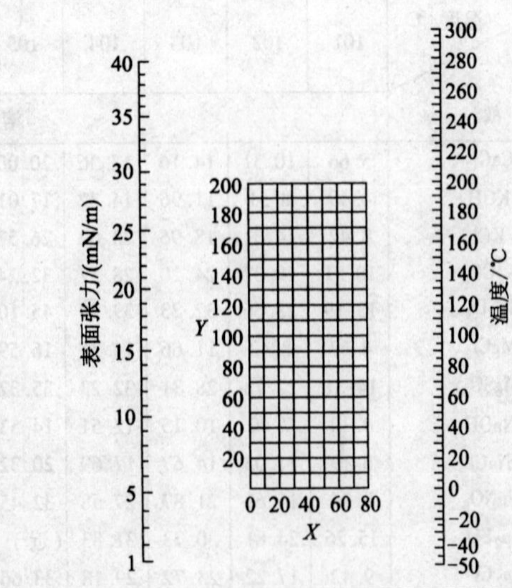

液体表面张力共线图坐标值

序号	名 称	X	Y	序号	名 称	X	Y	序号	名 称	X	Y
1	环氧乙烷	42	83	35	六氢吡啶	24.7	120	69	乙胺	11.2	83
2	1,3,5-三甲苯	17	119.8	36	乙硫醇	35	81	70	乙醇	10	97
3	对异丙基甲苯	12.8	121.2	37	乙醛肟	23.5	127	71	乙醚	27.5	64
4	苯甲酸乙酯	14.8	151	38	乙酰胺	17	192.5	72	乙醛	33	78
5	草酸乙二酯	20.5	130.8	39	间甲酚	13	161.2	73	甲醇	17	93
6	硫酸二乙酯	19.5	139.5	40	对甲酚	11.5	160.5	74	丙胺	25.5	87.2
7	硫酸二甲酯	23.5	158	41	邻甲酚	20	161	75	丙酮	28	91
8	乙酸异丁酯	16	97.2	42	三乙胺	20.1	83.9	76	丁酮	23.6	97
9	乙酸异戊酯	16.4	130.1	43	三甲胺	21	57.6	77	丁醇	9.6	107.5
10	苯二乙胺	17	142.6	44	二甲胺	16	66	78	丁酸	14.5	115
11	乙酰乙酸乙酯	21	132	45	异丙醇	12	111.5	79	氯仿	32	101.3
12	二乙醇缩乙醛	19	88	46	异丁醇	5	103	80	丙醇	8.2	105.2
13	间二甲苯	20.5	118	47	异丁酸	14.8	107.4	81	丙酸	17	112
14	对二甲苯	19	117	48	异戊醇	6	106.8	82	氯苯	23.5	132.5
15	苯基甲胺	25	156	49	环己烷	42	86.7	83	萘	22.5	165
16	苯骈吡啶	19.5	183	50	苯乙酮	18	163	84	苯胺	22.9	171.8
17	1,2-二氯乙烷	32	122	51	苯乙醚	20	134.2	85	苯酚	20	168
18	二硫化碳	35.8	117.2	52	苯甲醚	24.4	138.9	86	氨	56.2	63.5
19	甲酸甲酯	38.5	88	53	乙酸甲酯	34	90	87	苯	30	110
20	甲酸乙酯	30.5	88.8	54	乙酸乙酯	27.5	92.4	88	氯	45.5	59.2
21	甲酸丙酯	24	97	55	乙酸丙酯	23	97	89	己烷	22.7	72.2
22	丙酸乙酯	22.6	97	56	氧化亚氮	62.5	0.5	90	甲苯	24	113
23	丙酸甲酯	29	95	57	二甲醚	44	37	91	甲胺	42	58
24	丁酸乙酯	17.5	102	58	对氯甲苯	18.7	134	92	辛烷	17.7	90
25	异丁酸乙酯	20.9	93.7	59	氯甲烷	45.8	53.2	93	吡啶	34	138.2
26	丁酸甲酯	25	88	60	对氯溴苯	14	162	94	丙腈	23	108.6
27	异丁酸甲酯	24	93.8	61	氰化氢	30.6	66	95	丁腈	20.3	113
28	二乙基酮	20	101	62	硝基乙烷	25.4	126.1	96	乙腈	33.5	111
29	四氯化碳	26	104.5	63	硝基甲烷	30	139	97	苯腈	19.5	159
30	亚硝酰氯	38.5	93	64	溴乙烷	31.6	90.2	98	溴苯	23.5	145.5
31	三苯甲烷	12.5	182.7	65	碘乙烷	28	113.2	99	乙酸	17.1	116.5
32	三氯乙醛	30	113	66	茴香脑	13	158.1	100	噻吩	35	121
33	三聚乙醛	22.3	103.8	67	乙酸酐	25	129				
34	苯二甲胺	20	149	68	乙苯	22	118				

10 沸点

10.1 无机物水溶液的沸点

溶液 \ 温度/℃	101	102	103	104	105	107	110	115	120	125	140	160
	溶液浓度/%（质量分数）											
$CaCl_2$	5.66	10.31	14.16	17.36	20.00	24.24	29.33	35.68	40.83	45.80	57.89	68.94
KOH	4.49	8.51	11.96	14.82	17.01	20.88	25.65	31.97	36.51	40.23	48.05	54.89
KCl	8.42	14.31	18.96	23.02	26.57	32.62		（近于108.5℃）				
K_2CO_3	10.31	18.37	24.20	28.57	32.24	37.69	43.97	50.86	56.04	60.40	66.94	
KNO_3	13.19	23.66	32.23	39.20	45.10	54.65	65.34	79.53				
$MgCl_2$	4.67	8.42	11.66	14.31	16.59	20.23	24.41	29.48	33.07	36.02	38.61	
$MgSO_4$	14.31	22.78	28.31	32.23	35.32	42.86	（近于108℃）					
NaOH	4.12	7.40	10.15	12.51	14.53	18.32	23.08	26.21	33.77	37.58	48.32	60.13
NaCl	6.19	11.03	14.67	17.69	20.32	25.09	28.92					
$NaNO_3$	8.26	15.61	21.87	27.58	32.45	40.77	49.87	60.94	68.94			
Na_2SO_4	15.26	24.81	30.73	31.83	（近于103.2℃）							
Na_2CO_3	9.42	17.22	23.72	29.18	33.66							
$CuSO_4$	26.94	39.98	40.83	44.47	45.12		（近于104.2℃）					
$ZnSO_4$	20.00	31.22	37.89	42.92	46.15							
NH_4NO_3	9.09	16.66	23.08	29.08	34.21	42.52	51.92	63.24	71.26	77.11	87.09	93.20
NH_4Cl	6.10	11.35	15.96	19.80	22.89	28.37	35.98	46.94				
$(NH_4)_2SO_4$	13.31	23.41	30.65	36.71	41.79	49.73	49.77	53.55	（近于108.2℃）			

注：括号内的指饱和溶液的沸点

10.2 常压下溶液的沸点升高与浓度关系

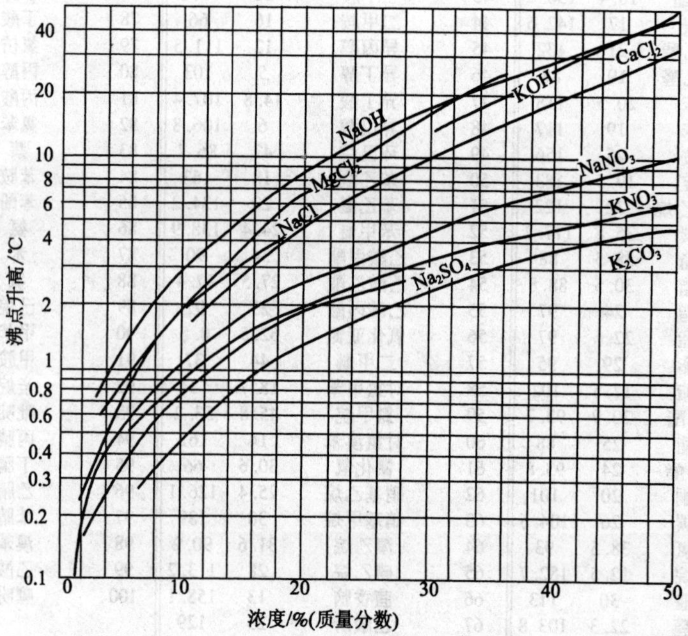

11　液体汽化热共线图

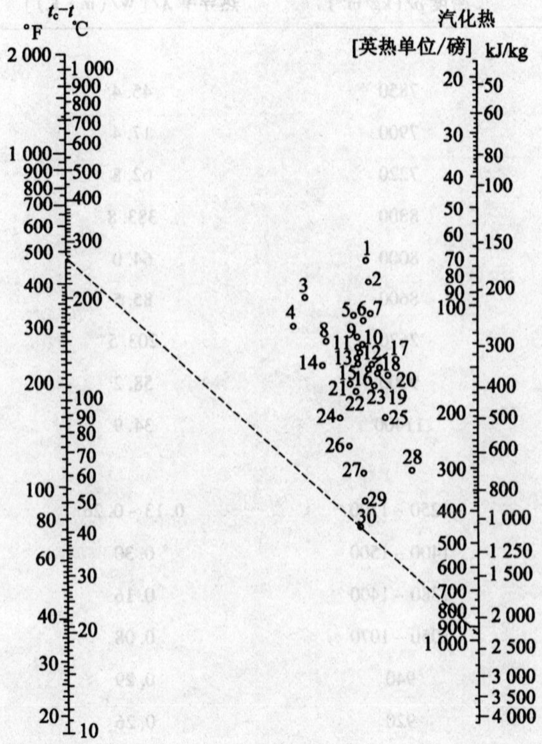

汽化热共线图的编号

号数	化合物	范围 (t_c-t)/℃	临界温度 t_c/℃	号数	化合物	范围 (t_c-t)/℃	临界温度 t_c/℃
18	乙酸	100～225	321	13	乙醚	10～400	194
22	丙酮	120～210	235	2	氟里昂-11(CCl_3F)	70～250	198
29	氨	50～200	133	2	氟里昂-12(CCl_2F_2)	40～200	111
13	苯	10～400	289	5	氟里昂-21($CHCl_2F$)	70～250	178
16	丁烷	90～200	153	6	氟里昂-22($CHClF_2$)	50～170	96
21	二氧化碳	10～100	31	1	氟里昂-113($CCl_2F-CClF_2$)	90～250	214
4	二硫化碳	140～275	273	10	庚烷	20～300	267
2	四氯化碳	30～250	283	11	己烷	50～225	235
7	三氯甲烷	140～275	263	15	异丁烷	80～200	134
8	二氯甲烷	150～250	216	27	甲醇	40～250	240
3	联苯	175～400	527	20	氯甲烷	70～250	143
25	乙烷	25～150	32	19	一氧化氮	25～150	36
26	乙醇	20～140	243	9	辛烷	30～300	296
28	乙醇	140～300	243	12	戊烷	20～200	197
17	氯乙烷	100～250	187	23	丙烷	40～200	96
24	丙醇	20～200	264	30	水	100～500	374
14	二氧化硫	90～160	157				

12 固体物性参数

名 称	密度 $\rho/(kg/m^3)$	热导率 $\lambda/[W/(m \cdot K)]$	比热容 $c_p[kJ/(kg \cdot K)]$
(1)金属			
钢	7850	45.4	0.46
不锈钢	7900	17.4	0.50
铸铁	7220	62.8	0.50
铜	8800	383.8	0.406
青铜	8000	64.0	0.381
黄铜	8600	85.5	0.38
铝	2670	203.5	0.92
镍	9000	58.2	0.46
铅	11400	34.9	0.130
(2)塑料			
酚醛	1250~1300	0.13~0.26	1.3~1.7
脲醛	1400~1500	0.30	1.3~1.7
聚氯乙烯	1380~1400	0.16	1.84
聚苯乙烯	1050~1070	0.08	1.34
低压聚乙烯	940	0.29	2.55
高压聚乙烯	920	0.26	2.22
有机玻璃	1180~1190	0.14~0.20	
(3)建筑材料、绝热材料、耐酸材料及其他			
干砂	1500~1700	0.45~0.58	0.75(-20~20℃)
黏土	1600~1800	0.47~0.53	
锅炉炉渣	700~1100	0.19~0.30	
黏土砖	1600~1900	0.47~0.67	0.92
耐火砖	1840	1.0(800~1100℃)	0.96~1.00
绝热砖(多孔)	600~1400	0.16~0.37	
混凝土	2000~2400	1.3~1.55	0.84
松木	500~600	0.07~0.10	2.72(0~100℃)
软木	100~300	0.041~0.064	0.96
石棉板	700	0.12	0.816
石棉水泥板	1600~1900	0.35	
玻璃	2500	0.74	0.67
耐酸陶瓷制品	2200~2300	0.9~1.0	0.75~0.80
耐酸砖和板	2100~2400		
耐酸搪瓷	2300~2700	0.99~1.05	0.84~1.26
橡胶	1200	0.16	1.38
冰	900	2.3	2.11

材　料　名　称	温度/℃	ε
表面被磨光的铝	225～575	0.039～0.057
表面不磨光的铝	26	0.055
表面被磨光的铁	425～1020	0.144～0.377
用金刚砂冷加工后的铁	20	0.242
氧化后的铁	100	0.736
氧化后表面光滑的铁	125～525	0.78～0.82
未经加工处理的铸铁	925～1115	0.87～0.95
表面被磨光的铸铁件	770～1040	0.52～0.56
经过研磨后的钢板	940～1100	0.55～0.61
表面上有一层有光泽的氧化物的钢板	25	0.82
经过刮面加工的生铁	830～990	0.60～0.70
氧化铁	500～1200	0.85～0.95
无光泽的黄铜板	50～360	0.22
氧化铜	800～1100	0.66～0.84
铬	100～1000	0.08～0.26
有光泽的镀锌铁板	28	0.228
已经氧化的灰色镀锌铁板	24	0.276
石棉纸板	24	0.96
石棉纸	40～370	0.93～0.945
水	0～100	0.95～0.963
石膏	20	0.903
表面粗糙、基本完整的红砖	20	0.93
表面粗糙没有上过釉的硅砖	100	0.80
表面粗糙上过釉的硅砖	1100	0.85
上过釉的黏土耐火砖	1100	0.75
耐火砖	—	0.8～0.9
涂在铁板上的光泽的黑漆	25	0.875
无光泽的黑漆	40～95	0.96～0.98
白漆	40～95	0.80～0.95
平整的玻璃	22	0.937
烟尘，发光的煤尘	95～270	0.952
上过釉的瓷器	22	0.924

13 食品物性数据

13.1 部分食品的导热系数

食品	导热系数 λ/[W/(m·K)]	食品	导热系数 λ/[W/(m·K)]	食品	导热系数 λ/[W/(m·K)]	食品	导热系数 λ/[W/(m·K)]
苹果汁	0.559	梨汁	0.550	蜂蜜	0.502	鲜鱼	0.431
苹果酱	0.692	花生油	0.168	黄油	0.197	猪肉	1.298
胡萝卜	1.263	草莓	1.125	炼乳	0.536	香肠	0.410
人造黄油	0.233	葡萄	0.398	乳粉	0.419	火鸡	1.088
浓缩牛乳	0.505	橘子	1.296	蛋类	0.291	牛肉	0.556
脱脂牛乳	0.538	南瓜	0.502	小麦	0.163		
小牛肉	0.891	燕麦	0.064	马铃薯	1.090		

13.2 部分食品的定压比热容

食品名称	含水量 w/%	比热容 c_p/[kJ/(kg·K)]	食品名称	含水量 w/%	比热容 c_p/[kJ/(kg·K)]
肉汤	—	3.098	鲜蘑菇	90	3.936
豌豆汤	—	4.103	干蘑菇	30	2.345
土豆汤	88	3.956	洋葱	80 ~ 90	3.601 ~ 3.984
油炸鱼	60	3.015	荷兰芹	65 ~ 95	3.182 ~ 3.894
植物油	—	1.465 ~ 1.884	干豌豆	14	1.842
可可	—	1.842	土豆	75	3.517
脱脂牛乳	91	3.999	菠菜	85 ~ 90	3.852
面包	44 ~ 45	2.784	鲜浆果	84 ~ 90	3.726 ~ 4.103
炼乳	60 ~ 70	3.266	鲜水果	75 ~ 92	3.350 ~ 3.768
面粉	12 ~ 13.5	1.842	干水果	30	2.094
通心粉	12 ~ 13.5	1.842	肥牛肉	51	2.889
麦片粥	—	3.224 ~ 3.768	瘦牛肉	72	3.433
大米	10.5 ~ 13.5	1.800	鹅	52	2.931
蛋白	87	3.852	肾	—	3.601
蛋黄	48	2.805	羊肉	90	3.894
洋蓟	90	3.894	鲜腊肠	72	3.433
大葱	92	3.978	小牛排	72	3.433
小扁豆	12	1.842	鹿肉	70	3.391

13.3 各种食品的冰点

名称	含水量 w/%	冰点 t_i/℃	名称	含水量 w/%	冰点 t_i/℃	名称	含水量 w/%	冰点 t_i/℃
牛肉	72	-2.7 ~ -1.7	桃子	86.9	-1.5	芹菜	94	-1.2
猪肉	35 ~ 72	-2.7 ~ -1.7	梨	83	-2	黄瓜	96.4	-0.8
羊肉	60 ~ 70	-1.7	菠萝	85.3	-1.2	韭菜	88.2	-1.4
家禽	74	-1.7	李子	86	-2.2	洋葱	87.5	-1
鲜鱼	73	-2 ~ -1	杨梅	90	-1.3	土豆	77.8	-1.8
对虾	76	-2.0	西瓜	92.1	-1.6	南瓜	90.5	-1

续表

名称	含水量 w/%	冰点 t_i/℃	名称	含水量 w/%	冰点 t_i/℃	名称	含水量 w/%	冰点 t_i/℃
牛乳	87	-2.8	甜瓜	92.7	-1.7	萝卜	93.6	-2.2
胡萝卜	83	-1.7	椰子	83	-2.8	菠菜	93.7	-0.9
青豌豆	74	-1.1	柠檬	89	-2.1	番茄	94	-0.9
卷心菜	91	-0.5	橘子	90	-2.2	芦笋	93	-2.2
龙须菜	94	-2	苹果	85	-2	樱桃	82	-4.5
青刀豆	88.9	-1.3	杏子	85.4	-2	蘑菇	91.1	-1.8
茄子	92.7	-1.6～-0.9	甜菜	72	-2	香蕉	75	-1.7
青椒	92.4	-1.9～-1.1	柑橘	86	-2.2	蛋	70	-2.2
甜玉米	73.9	-1.7～-1.1	葡萄	82	-4			
草莓	90.0	-1.17	兔肉	60	-1.7			

13.4 糖溶液物性经验拟合公式

(1)密度(kg/m^3)

$$\rho = 1005.6 - 0.2473t + 3.726x - 2.0315 \times 10^{-3}t^2 - 1.8453 \times 10^{-3}tx + 0.01809x^2$$

(2)常压下沸点升高(℃)

$$\Delta = \exp(-2.9954 + 0.10877x - 1.0813 \times 10^{-3}x^2 + 6.7381 \times 10^{-3}x^3)$$

(3)导热系数[W/(m·K)]

$$\lambda = 0.56817 + 1.6544 \times 10^{-3}t - 3.1275 \times 10^{-3}x - 6.8327 \times 10^{-6}tx - 4.2345 \times 10^{-6}t^2 + 2.3545 \times 10^{-7}x^2$$

(4)比热容[kJ/(kg·K)]

$$c_p = 4.186 + 2.681 \times 10^{-5}t - 0.02509x + 7.357 \times 10^{-5}tx - 1.564 \times 10^{-7}t^2 - 4.136 \times 10^{-7}x^2$$

(5)表面张力(N/m)

$$\sigma = 72.673 + 0.03693x + 3.5223 \times 10^{-3}x^2 - 4.1485 \times 10^{-5}x^3 + 1.0032 \times 10^{-9}x^4$$

(以上各式温度 t 单位均为℃,x 为糖的质量分数,%)

13.5 冷冻盐水的物性

(1) 氯化钙溶液

浓度 w/%	相对密度	冻结温度 t_i/℃	比热容 c_p(0℃)/[kJ/(kg·K)]	黏度 μ/(mPa·s)				
				-30℃	-20℃	-10℃	0℃	20℃
0.1	1.00	0.0	4.199	—	—	—	1.77	1.03
20.9	1.19	-19.2	3.043	—	—	—	3.28	2.00
21.9	1.20	-21.2	3.001	—	8.61	—	3.44	2.11
22.8	1.21	-23.2	2.964	—	9.02	—	3.62	2.23
23.8	1.22	-25.7	2.930	—	9.48	—	3.82	2.35
24.7	1.23	-28.3	2.897	—	10.00	—	4.02	2.48
25.7	1.24	-31.2	2.867	14.81	10.57	—	4.26	2.63
26.6	1.25	-34.6	2.838	15.89	11.17	—	4.52	2.78
27.5	1.26	-38.6	2.809	17.17	11.85	—	4.81	2.93
28.4	1.27	-43.6	2.780	19.03	12.69	—	5.12	3.14
29.4	1.28	-50.1	2.754	21.29	13.79	—	5.49	3.40
29.9	1.286	-55.0	2.738	22.56	14.39	—	5.69	3.52

(2)氯化钠溶液

浓度 w/%	相对密度	冻结温度 t_i/℃	比热容 c_p(0℃)/[kJ/(kg·K)]	黏度 μ/(mPa·s)				
				-30℃	-20℃	-10℃	0℃	20℃
0.1	1.00	0.0	4.190	—	—	—	1.77	1.03
13.6	1.10	-9.8	3.587	—	—	—	2.15	1.23
14.9	1.11	-11.0	3.550	—	—	3.35	2.24	1.27
16.2	1.12	-12.2	3.512	—	—	3.49	2.32	1.31
17.5	1.13	-13.6	3.474	—	—	3.68	2.43	1.37
18.8	1.14	-15.1	3.441	—	—	3.87	2.56	1.43
20.0	1.15	-16.6	3.407	—	—	4.08	2.69	1.49
21.2	1.16	-18.2	3.374	—	—	4.31	2.83	1.55
22.4	1.17	-20.0	3.340	—	6.87	4.51	2.96	1.62
23.1	1.175	-21.2	3.324	—	7.04	4.71	3.04	1.67

13.6 某些食品的堆密度

物料	堆密度 ρ_b/(kg/m³)	物料	堆密度 ρ_b/(kg/m³)	物料	堆密度 ρ_b/(kg/m³)
辣椒	200~300	桃子	590~690	花生豆	500~630
茄子	330~430	蘑菇	450~500	大豆	700~770
番茄	580~630	刀豆	640~650	蚕豆	670~800
洋葱	490~520	豌豆	700~770	马铃薯	650~750
胡萝卜	560~590	玉米	680~770	甘薯	640
甜菜	600~770	面粉	700		

14 壁面污垢热阻(m²·℃/W)

流体	污垢热阻 R/(m²·K/kW)	流体	污垢热阻 R/(m²·K/kW)
水(1m/s,大于50℃)		溶剂蒸气	0.14
蒸馏水	0.09	水蒸气	
海水	0.09	优质(不含油)	0.052
清净的河水	0.21	劣质(不含油)	0.09
未处理的凉水塔用水	0.58	往复机排出	0.176
已处理的凉水塔用水	0.26	液体	
已处理的锅炉用水	0.26	处理过的盐水	0.264
硬水、井水	0.58	有机物	0.176
气体		燃料油	1.056
空气	0.26~0.53	焦油	1.76

15 泵与风机

15.1 IS 型单级单吸离心泵(摘录)

型号	转速 n/(r/min)	流量 m^3/h	流量 L/s	扬程 H/m	效率 η/%	功率/kW 轴功率	功率/kW 电机功率	必需气蚀余量 $(NPSH)_r$/m	质量(泵/底座)/kg
		7.5	2.08	22	47	0.96		2.0	
IS50-32-125	2900	12.5	3.47	20	60	1.13	2.2	2.0	32/46
		15	4.17	18.5	60	1.26		2.5	
		7.5	2.08	34.3	44	1.59		2.0	
IS50-32-160	2900	12.5	3.47	32	54	2.02	3	2.0	50/46
		15	4.17	29.6	56	2.16		2.5	
		7.5	2.08	82	38	2.82		2.0	
IS50-32-200	2900	12.5	3.47	80	48	3.54	5.5	2.0	52/66
		15	4.17	78.5	51	3.95		2.5	
		7.5	2.08	21.8	23.5	5.87		2.0	
IS50-32-250	2900	12.5	3.47	20	38	7.16	11	2.0	88/110
		15	4.17	18.5	41	7.83		2.5	
		7.5	4.17	35	58	1.54		2.0	
IS65-50-125	2900	12.5	6.94	32	69	1.97	3	2.0	50/41
		15	8.33	30	68	2.22		3.0	
		15	4.17	53	54	2.65		2.0	
IS65-50-160	2900	25	6.94	50	65	3.35	5.5	2.0	51/66
		30	8.33	47	66	3.71		2.5	
		15	4.17	53	49	4.42		2.0	
IS65-40-200	2900	25	6.94	50	60	5.67	7.5	2.0	62/66
		30	8.33	47	61	6.29		2.5	
		15	4.17	82	37	9.05		2.0	
IS65-40-250	2900	25	6.94	80	50	10.89	15	2.0	82/110
		30	8.33	78	53	12.02		2.5	
		15	4.17	127	28	18.5		2.5	
IS65-40-315	2900	25	6.94	125	40	21.3	30	2.5	152/110
		30	8.33	123	44	22.8		3.0	
		30	8.33	22.5	64	2.87		3.0	
IS80-65-125	2900	50	13.9	20	75	3.63	5.5	3.0	44/66
		60	16.7	18	74	3.98		3.5	
		30	8.33	36	61	4.82		2.5	
IS80-65-160	2900	50	13.9	32	73	5.97	7.5	2.5	48/66
		60	16.7	29	72	6.59		3.0	
		30	8.33	53	55	7.87		2.5	
IS80-50-200	2900	50	13.9	50	69	9.87	15	2.5	64/124
		60	16.7	47	71	10.8		3.0	

续表

型号	转速 n/(r/min)	流量 m³/h	流量 L/s	扬程 H/m	效率 η/%	功率/kW 轴功率	功率/kW 电机功率	必需气蚀余量 $(NPSH)_r$/m	质量(泵/底座)/kg
		30	8.33	84	52	13.2		2.5	
IS80-50-250	2900	50	13.9	80	63	17.3	22	2.5	90/110
		60	16.7	75	64	19.2		3.0	
		30	8.33	128	41	25.5		2.5	
IS80-50-315	2900	50	13.9	125	54	31.5	37	2.5	125/160
		60	16.7	123	57	35.3		3.0	
		60	16.7	24	67	5.86		4.0	
IS100-80-125	2900	100	27.8	20	78	7.00	11	4.5	49/64
		120	33.3	16.5	74	7.28		5.0	
		60	16.7	36	70	8.42		3.5	
IS100-80-160	2900	100	27.8	32	78	11.2	15	4.0	69/110
		120	33.3	28	75	12.2		5.0	
		60	16.7	54	65	13.6		3.0	
IS100-65-200	2900	100	27.8	50	76	17.9	22	3.6	81/110
		120	33.3	47	77	19.9		4.8	
		60	16.7	87	61	23.4		3.5	
IS100-65-250	2900	100	27.8	80	72	30.0	37	3.8	90/160
		120	33.3	74.5	73	33.3		4.8	
		60	16.7	133	55	39.6		3.0	
IS100-65-315	2900	100	27.8	125	66	51.6	75	3.6	180/295
		120	33.3	118	67	57.5		4.2	
		120	33.3	57.5	67	28.0		4.5	
IS125-100-200	2900	200	55.6	50	81	33.6	45	4.5	108/160
		240	66.7	44.5	80	36.4		5.0	
		120	33.3	87	66	43.0		3.8	
IS125-100-250	2900	200	55.6	80	78	55.9	75	4.2	166/295
		240	66.7	72	75	62.8		5.0	
		120	33.3	132.5	60	72.1		4.0	
IS125-100-315	2900	200	55.6	125	75	90.8	110	4.5	189/330
		240	66.7	120	77	101.9		5.0	
		60	16.7	52	53	16.1		2.5	
IS125-100-400	1450	100	27.8	50	65	21.0	30	2.5	205/233
		120	33.3	48.5	67	23.6		3.0	
		120	33.3	22.5	71	10.4		3.0	
IS150-125-250	1450	200	55.6	20	81	13.5	18.5	3.0	188/158
		240	66.7	17.5	78	14.7		3.5	
		120	33.3	34	70	15.9		2.5	
IS150-125-315	1450	200	55.6	32	79	22.1	30	2.5	192/233
		240	66.7	29	80	23.7		3.0	
		120	33.3	53	62	27.9		2.0	
IS150-125-400	1450	200	55.6	50	75	36.3	45	2.8	223/233
		240	66.7	46	74	40.6		3.5	

续表

型号	转速 n/(r/min)	流量 m³/h	流量 L/s	扬程 H/m	效率 η/%	功率/kW 轴功率	功率/kW 电机功率	必需气蚀余量 $(NPSH)_r$/m	质量(泵/底座)/kg
IS200-150-250	1450	240	66.7						
		400	111.1	20	82	26.6	37		203/233
		460	127.8						
IS200-150-315	1450	240	66.7	37	70	34.6		3.0	
		400	111.1	32	82	42.5	55	3.5	262/295
		460	127.8	28.5	80	44.6		4.0	
IS200-150-400	1450	240	66.7	55	74	48.6		3.0	
		400	111.1	50	81	67.2	90	3.8	295/298
		460	127.8	48	76	74.2		4.5	

15.2　4-72 型离心通风机性能(部分)

机号	转数/(r/min)	全压/Pa(已换算)	流量/(m³/h)	效率/%	所需功率/kW
6C	2240	2432	15800	91	14.1
	2000	1942	14100	91	10.0
	1800	1569	12700	91	7.3
	1250	755	8800	91	2.53
	1000	480	7030	91	1.39
	800	294	5610	91	0.73
8C	1800	2795	29900	91	30.8
	1250	1344	20800	91	10.3
	1000	863	16600	91	5.52
	630	343	10480	91	1.51
10C	1250	2226	41300	94.3	32.7
	1000	1422	32700	93.3	16.5
	800	912	26130	94.3	8.5
	500	353	16390	94.3	2.3
6D	1450	1020	10200	91	4
	960	441	6720	91	1.32
8D	1450	1961	20130	89.5	14.2
	730	490	10150	89.5	2.06
16B	900	2942	121000	94.3	127
20B	710	2844	186300	94.3	190

15.3 离心通风机综合特性曲线

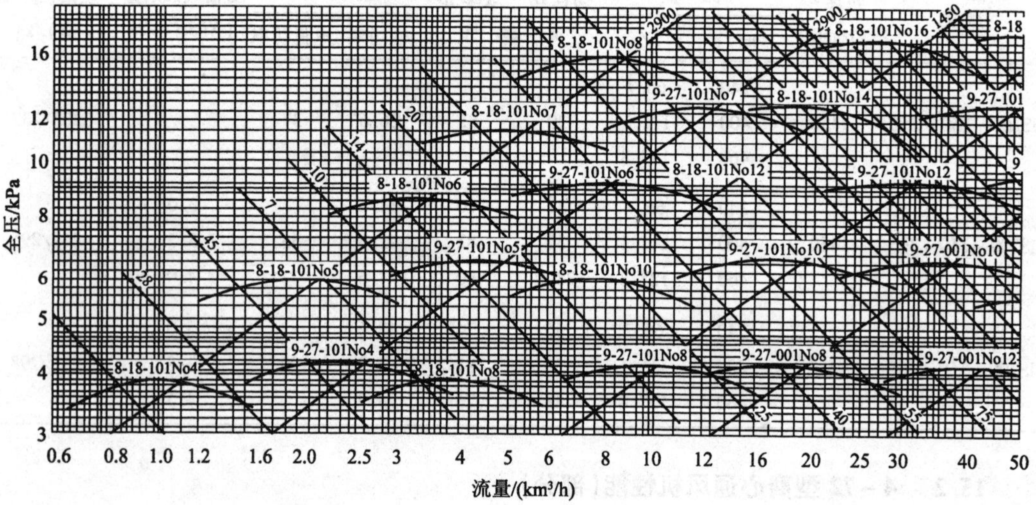

15.4 真空泵技术规格

(1) W 型往复式真空泵的技术性能

型号 性能	W1	W2	W3	W4	W5
抽气速率/(m^3/h)	60	125	200	370	770
极限真空/Pa	1333	1333	1333	1333	1333
转速/(r/min)	300	300	300	200	200
配用电机/kW	2.2	4	5.5	10	22
缸径×行程/mm	170×102	220×130	250×150	350×200	455×250

(2) SZ 型水环式真空泵技术性能

型号	抽气量/(m^3/h)					极限真空/Pa	配带动力/kW	转速/(r/min)
	1.013×10^5/Pa	6.078×10^4/Pa	4.052×10^4/Pa	2.026×10^4/Pa	9.33×10^3/Pa			
SZ-1	90	38.4	24	7.2	—	1.626×10^4	4	1450
SZ-2	204	99	57	15	—	1.306×10^4	10	1450
SZ-3	690	408	216	90	30	7.998×10^4	30	975
SZ-4	1620	1056	660	180	60	7.065×10^4	70	730

(3) 2X 型旋片式真空泵的基本参数

型式	抽气速率/(L/s)	极限压强 p/Pa		配电机功率/kW 不大于	进气口内径 d_i/mm
		关气镇阀	开气镇阀		
2X-0.5	0.5	0.06665	0.6665	0.18	10
2X-1	1	0.06665	0.6665	0.25	15
2X-2	2	0.06665	0.6665	0.4	20

续表

型式	抽气速率/(L/s)	极限压强 p/Pa		配电机功率/kW 不大于	进气口内径 d_i/mm
		关气镇阀	开气镇阀		
2X-4	4	0.06665	0.6665	0.6	25
2X-8	8	0.06665	0.6665	1.1	32
2X-15	15	0.06665	0.6665	2.2	50
2X-30	30	0.06665	1.333	4.0	65
2X-70	70	0.06665	1.333	7.5	80
2X-150	150	0.06665	1.333	14	125

(4)ZJ型罗茨真空泵的基本参数

型式	抽气速率/(L/s)	极限压强 p/Pa	允许入口压强 p_i/Pa	进口直径 d_i/mm	出口直径 d_i/mm	推荐配用前级泵型号
ZJ-15	15	0.06665	1999.5	40	32	2X-2
ZJ-30	30	0.06665	1999.5	50	40	2X-4
ZJ-70	70	0.06665	1999.5	80	50	2X-8
ZJ-150	150	0.06665	1333	100	80	2X-15
ZJ-300	300	0.06665	1333	150	100	2X-30
ZJ-600	600	0.06665	1333	200	150	2X-70
ZJ-1200	1200	0.2666	666.5	300	200	H-150
ZJ-2500	2500	0.2666	666.5	300	200	H-300
ZJ-5000	5000	0.2666	666.5	400	300	2XH-300
ZJ-10000	10000	0.06665	266.6	400	300	ZJ-2500,2XH-300
ZJ-20000	20000	0.06665	266.6	600	400	ZJ-5000,3XH-300
ZJ-40000	40000	0.06665	133.3	800	600	ZJ-10000,ZJ-2500,3XH-300

16　管子规格

16.1　水煤气输送钢管(摘自GB/T 3091-2008)

公称直径DN/mm(in)	外径/mm	普通管壁厚/mm	加厚管壁厚/mm	公称直径DN/mm(in)	外径/mm	普通管壁厚/mm	加厚管壁厚/mm
8(1/4)	13.50	2.25	2.75	50(2)	60.00	3.50	4.50
10(3/8)	17.00	2.25	2.75	65(2.5)	75.50	3.75	4.50
15(1/2)	21.25	2.75	3.25	80(3)	88.50	4.00	4.75
20(3/4)	26.75	2.75	3.50	100(4)	114.00	4.00	5.00
25(1)	33.50	3.25	4.00	125(5)	140.00	4.50	5.50
32(1.25)	42.25	3.25	4.00	150(6)	165.00	4.50	5.50
40(1.5)	48.00	3.50	4.25				

16.2 无缝钢管规格简表

(1)热轧无缝钢管(摘自 GB 8163－2008,部分规格,外径 152～630mm 请查国家标准)

外径/mm	壁厚/mm 从	壁厚/mm 到	外径/mm	壁厚/mm 从	壁厚/mm 到	外径/mm	壁厚/mm 从	壁厚/mm 到
32	2.5	8.0	63.5	3.0	14	102	3.5	22
38	2.5	8.0	68	3.0	16	108	4.0	28
42	2.5	10	70	3.0	16	114	4.0	28
45	2.5	10	73	3.0	19	121	4.0	28
50	2.5	10	76	3.0	19	127	4.0	30
54	3.0	11	83	3.5	19	133	4.0	32
57	3.0	13	89	3.5	22	140	4.5	36
60	3.0	14	95	3.5	22	146	4.5	36

壁厚有 2.5,3,3.5,4,4.5,5,5.5,6,6.5,7,7.5,8,8.5,9,9.5,10,11,12,13,14,15,16,17,18,19,20,22,25,28,30,32,36mm。

(2)冷拔无缝钢管(摘自 GB 8163－2008,表中所列为部分规格,外径 57～120mm 请查国家标准)

外径/mm	壁厚/mm 从	壁厚/mm 到	外径/mm	壁厚/mm 从	壁厚/mm 到	外径/mm	壁厚/mm 从	壁厚/mm 到
6	0.25	2.0	20	0.25	6.0	40	0.40	9.0
7	0.25	2.5	22	0.40	6.0	42	1.0	9.0
8	0.25	2.5	25	0.40	7.0	44.5	1.0	9.0
9	0.25	2.8	27	0.40	7.0	45	1.0	10.0
10	0.25	3.5	28	0.40	7.0	48	1.0	10.0
11	0.25	3.5	29	0.40	7.5	50	1.0	12
12	0.25	4.0	30	0.40	8.0	51	1.0	12
14	0.25	4.0	32	0.40	8.0	53	1.0	12
16	0.25	5.0	34	0.40	8.0	54	1.0	12
18	0.25	5.0	36	0.40	8.0	56	1.0	12
19	0.25	6.0	38	0.40	9.0			

壁厚有 0.25,0.30,0.40,0.50,0.60,0.80,1.0,1.2,1.4,1.5,1.6,1.8,2.0,2.2,2.5,2.8,3.0,3.2,3.5,4.0,4.5,5.0,5.5,6.0,6.5,7.0,7.5,8.0,8.5,9,9.5,10,11,12mm。

16.3 不锈钢管

(1)不锈钢管热轧无缝钢管(摘自 GB/T 1476－94)

外径/mm	壁厚/mm 从	壁厚/mm 到	外径/mm	壁厚/mm 从	壁厚/mm 到	外径/mm	壁厚/mm 从	壁厚/mm 到
68	4.5	12	114	5	14	194	8	18
70	4.5	12	121	5	14	219	8	18
73	4.5	12	127	5	14	245	10	18
76	4.5	12	133	5	14	273	12	18
80	4.5	12	140	6	16	325	12	18
83	4.5	12	146	6	16	351	12	18
89	4.5	12	152	6	16	377	12	18
95	4.5	14	159	6	16	426	12	18
102	4.5	14	168	7	18			
108	4.5	14	180	8	18			

壁厚有 4.5,5,6,7,8,9,10,11,12,13,14,15,16,17,18。

(2)不锈钢管冷拔无缝钢管(摘自 GB/T 1476－1994,部分规格,外径 75～159mm 请查国家标准)

外径/mm	壁厚/mm		外径/mm	壁厚/mm		外径/mm	壁厚/mm	
	从	到		从	到		从	到
6	0.5	2.0	21	0.5	5.0	45	0.5	8.5
7	0.5	2.0	22	0.5	5.0	48	0.5	8.5
8	0.5	2.0	23	0.5	5.0	50	0.5	9.0
9	0.5	2.5	24	0.5	5.5	51	0.5	9.0
10	0.5	2.5	25	0.5	6.0	53	0.5	9.5
11	0.5	2.5	27	0.5	6.0	54	0.5	10
12	0.5	3.0	28	0.5	6.5	56	0.5	10
13	0.5	3.0	30	0.5	7.0	57	0.5	10
14	0.5	3.5	32	0.5	7.0	60	0.5	10
15	0.5	3.5	34	0.5	7.0	63	1.5	10
16	0.5	4.0	35	0.5	7.0	65	1.5	10
17	0.5	4.0	36	0.5	7.0	68	1.5	12
18	0.5	4.5	38	0.5	7.0	70	1.6	12
19	0.5	4.5	40	0.5	7.0	73	2.5	12
20	0.5	4.5	42	0.5	7.5			

壁厚有 0.5,0.6,0.8,1.0,1.2,1.4,1.5,1.6,2.0,2.2,2.5,2.8,3.0,3.2,3.5,4.0,4.5,5.0,5.5,6.0,6.5,7.0,7.5,8.0,8.5,9.0,9.5,10,11,12mm。

16.4　有机玻璃离子交换柱规格

序号	直径/mm	有效高度/mm	壁厚/mm	序号	直径/mm	有效高度/mm	壁厚/mm
1	500	2500	12	15	250	1500	8
2	500	2000	14	16	235	2000	12
3	500	2000	12	17	220	1500	10
4	430	2000	14	18	200	1800	10
5	385	2000	14	19	200	1500	5
6	325	1700	12	20	200	1500	6
7	325	1500	10	21	200	1100	10
8	320	1700	10	22	170	1500	5
9	307	1500	10	23	164	1000	5
10	300	2000	8	24	150	1500	6
11	300	1500	10	25	120	930	10
12	300	1500	8	26	100	1000	4
13	280	1700	10	27	100	1000	5
14	262	2000	6	28	75	800	7

17 换热器管壳式热交换器系列标准（JB/T4714—1992、JB/T4715—1992）

(1)固定管板式

换热管为Φ19mm 的换热器基本参数（管心距 25mm）

公称直径 D_N/mm	公称压力 P_N/MPa	管程数 N	管子根数 n	中心排管数	管程流通面积/m^2	计算换热面积/m^2					
						换热管长度 L/mm					
						1500	2000	3000	4500	6000	9000
159	1.60 2.50 4.00 6.40	1	15	5	0.0027	1.3	1.7	2.6	—	—	—
219		1	33	7	0.0058	2.8	3.7	5.7	—	—	—
273		1	65	9	0.0115	5.4	7.4	11.3	17.1	22.9	—
		2	56	8	0.0049	4.7	6.4	9.7	14.7	19.7	—
325		1	99	11	0.0175	8.3	11.2	17.1	26.0	34.9	—
		2	88	10	0.0078	7.4	10.0	15.2	23.1	31.0	—
		4	68	11	0.0030	5.7	7.7	11.8	17.9	23.9	—
400	0.60 1.00 1.60 2.50 4.00	1	174	14	0.0307	14.5	19.7	30.1	45.7	61.3	—
		2	164	15	0.0145	13.7	18.6	28.4	43.1	57.8	—
		4	146	14	0.0065	12.2	16.6	25.3	38.3	51.4	—
450		1	237	17	0.0419	19.8	26.9	41.0	62.2	83.5	—
		2	220	16	0.0194	18.4	25.0	38.1	57.8	77.5	—
		4	200	16	0.0088	16.7	22.7	34.6	52.5	70.4	—
500		1	275	19	0.0486	—	31.2	47.6	72.2	96.8	—
		2	256	18	0.0226	—	29.0	44.3	67.2	90.2	—
		4	222	18	0.0098	—	25.2	38.4	58.3	78.2	—
600		1	430	22	0.0760	—	48.8	74.4	112.9	151.4	—
		2	416	23	0.0368	—	47.2	72.0	109.3	146.5	—
		4	370	22	0.0163	—	42.0	64.0	97.2	130.3	—
		6	360	20	0.0106	—	40.8	62.3	94.5	126.8	—
700		1	607	27	0.1073	—	—	105.1	159.4	213.8	—
		2	574	27	0.0507	—	—	99.4	150.8	202.1	—
		4	542	27	0.0239	—	—	93.8	142.3	190.9	—
		6	518	24	0.0153	—	—	89.7	136.0	182.4	—
800	0.60 1.00 1.60 2.50 4.00	1	797	31	0.1408	—	—	138.0	209.3	280.7	—
		2	776	31	0.0686	—	—	134.3	203.8	273.3	—
		4	722	31	0.0319	—	—	125.0	189.8	254.3	—
		6	710	30	0.0209	—	—	122.9	186.5	250.0	—

续表

公称直径 D_N/mm	公称压力 P_N/MPa	管程数 N	管子根数 n	中心排管数	管程流通面积/m^2	计算换热面积/m^2 换热管长度 L/mm					
						1500	2000	3000	4500	6000	9000
900	0.60	1	1009	35	0.1783	—	—	174.7	265.0	355.3	536.0
		2	988	35	0.0873	—	—	171.0	259.5	347.9	524.9
		4	938	35	0.0414	—	—	162.4	246.4	330.3	498.3
	1.00	6	914	34	0.0269	—	—	158.2	240.0	321.9	485.6
1000		1	1267	39	0.2239	—	—	219.3	332.8	446.2	673.1
	1.60	2	1234	39	0.1090	—	—	213.6	324.1	434.6	655.6
		4	1186	39	0.0524	—	—	205.3	311.5	417.7	630.1
	2.50	6	1148	38	0.0338	—	—	198.7	301.5	404.3	609.9
(1100)		1	1501	43	0.2652	—	—	—	394.2	528.6	797.4
		2	1470	43	0.1299	—	—	—	386.1	517.7	780.9
	4.00	4	1450	43	0.0641	—	—	—	380.8	510.6	770.3
		6	1380	42	0.0406	—	—	—	362.4	486.0	733.1

注:表中的管程流通面积为各程平均值,括号内公称直径不推荐使用。管子为正三角形排列。

换热管为 Φ25mm 的换热器基本参数(管心距 32mm)

公称直径 D_N/mm	公称压力 P_N/MPa	管程数 N	管子根数 n	中心排管数	管程流通面积/m^2		计算换热面积/m^2 换热管长度 L/mm					
					Φ25×2	Φ25×2.5	1500	2000	3000	4500	6000	9000
159	1.60	1	11	3	0.0038	0.0035	1.2	1.6	2.5	—	—	—
219			25	5	0.0087	0.0079	2.7	3.7	5.7	—	—	—
273	2.50	1	38	6	0.0132	0.0119	4.2	5.7	8.7	13.1	17.6	—
		2	32	7	0.0055	0.0050	3.5	4.8	7.3	11.1	14.8	—
325	4.00	1	57	9	0.0197	0.0179	6.3	8.5	13.0	19.7	26.4	—
	6.40	2	56	9	0.0097	0.0088	6.2	8.4	12.7	19.3	25.9	—
		4	40	9	0.0035	0.0031	4.4	6.0	9.1	13.8	18.5	—
400	0.60	1	98	12	0.0339	0.0308	10.8	14.6	22.3	33.8	45.4	—
	1.00	2	94	11	0.0163	0.0148	10.3	14.0	21.4	32.5	43.5	—
	1.60	4	76	11	0.0066	0.0060	8.4	11.3	17.3	26.3	35.2	—
450	2.50	1	135	13	0.0468	0.0424	14.8	20.1	30.7	46.6	62.5	—
	4.00	2	126	12	0.0218	0.0198	13.9	18.8	28.7	43.5	58.4	—
		4	106	13	0.0092	0.0083	11.7	15.8	24.1	36.6	49.1	—

续表

公称直径 D_N/mm	公称压力 P_N/MPa	管程数 N	管子根数 n	中心排管数	管程流通面积/m^2		计算换热面积/m^2 换热管长度 L/mm					
					Φ25×2	Φ25×2.5	1500	2000	3000	4500	6000	9000
500	0.60	1	174	14	0.0603	0.0546	—	26.0	39.6	60.1	80.6	—
		2	164	15	0.0284	0.0257	—	24.5	37.3	56.6	76.0	—
		4	144	15	0.0125	0.0113	—	21.4	32.8	49.7	66.7	—
600	1.00	1	245	17	0.0849	0.0769	—	36.5	55.8	84.6	113.5	—
		2	232	16	0.0402	0.0364	—	34.6	52.8	80.1	107.5	—
	1.60	4	222	17	0.0192	0.0174	—	33.1	50.5	76.7	102.8	—
		6	216	16	0.0125	0.0113	—	32.2	49.2	74.6	100.0	—
700	2.50	1	355	21	0.1230	0.1115	—	—	80.0	122.6	164.4	—
		2	342	21	0.0592	0.0537	—	—	77.9	118.1	158.4	—
	4.00	4	322	21	0.0279	0.0253	—	—	73.3	111.2	149.1	—
		6	304	20	0.0175	0.0159	—	—	69.2	105.0	140.8	—
800		1	467	23	0.1618	0.1466	—	—	106.3	161.3	216.3	—
		2	450	23	0.0779	0.0707	—	—	102.4	155.4	208.5	—
		4	442	23	0.0383	0.0347	—	—	100.6	152.7	204.7	—
		6	430	24	0.0248	0.0225	—	—	97.9	148.5	119.2	—
900	0.60	1	605	27	0.2095	0.1900	—	—	137.8	209.0	280.2	422.7
		2	588	27	0.1018	0.0923	—	—	133.9	203.1	272.3	410.8
		4	554	27	0.0480	0.0435	—	—	126.1	191.4	256.6	387.1
		6	538	26	0.0311	0.0282	—	—	122.5	185.8	249.2	375.9
1000	1.60	1	749	30	0.2594	0.2352	—	—	170.5	258.7	346.9	523.3
		2	742	29	0.1285	0.1165	—	—	168.9	256.3	343.7	518.4
	2.50	4	710	29	0.0615	0.0557	—	—	161.6	245.2	328.8	496.0
		6	698	30	0.0403	0.0365	—	—	158.9	241.1	323.3	487.7
(1100)		1	931	33	0.3225	0.2923	—	—	—	321.6	431.2	650.4
		2	894	33	0.1548	0.1404	—	—	—	308.8	414.1	624.6
	4.00	4	848	33	0.0734	0.0666	—	—	—	292.9	392.8	592.5
		6	830	32	0.0479	0.0434	—	—	—	286.7	384.4	579.9

注：表中的管程流通面积为各程平均值，括号内公称直径不推荐使用。管子为正三角形排列。

(2)浮头式(内导流)换热器的主要参数

单位:mm

D_N	N	n①		中心排管数		管程流通面积/m^3			A②/m^2							
		d				$d \times \delta_r$			$L=3m$		$L=4.5m$		$L=6m$		$L=9m$	
		19	25	19	25	19×2	25×2	25×2.5	19	25	19	25	19	25	19	25
325	2	60	32	7	5	0.0053	0.0055	0.0050	10.5	7.4	15.8	11.1	—	—	—	—
	4	52	28	6	4	0.0023	0.0024	0.0022	9.1	6.4	13.7	9.7		—	—	—
426	2	120	74	8	7	0.0106	0.0126	0.0116	20.9	16.9	31.6	25.6	42.3	34.4	—	—
400	4	108	68	9	6	0.0048	0.0059	0.0053	18.8	15.6	28.4	23.6	38.1	31.6	—	—
500	2	206	124	11	8	0.0182	0.0215	0.0194	35.7	28.3	54.1	42.8	72.5	57.4	—	—
	4	192	116	10	9	0.0085	0.0100	0.0091	33.2	26.4	50.4	40.1	67.6	53.7	—	—
600	2	324	198	14	11	0.0286	0.0343	0.0311	55.8	44.9	84.8	68.2	113.9	91.5	—	—
	4	308	188	14	10	0.0136	0.0163	0.0148	53.1	42.6	80.7	64.8	108.2	86.9	—	—
	6	284	158	14	10	0.0083	0.0091	0.0083	48.9	35.8	74.4	54.4	99.8	73.1	—	—
700	2	468	268	16	13	0.0414	0.0464	0.0421	80.4	60.6	122.2	92.1	164.1	123.7	—	—
	4	448	256	17	12	0.0198	0.0222	0.0201	76.9	57.8	117.0	87.9	157.1	118.1	—	—
	6	382	224	15	10	0.0112	0.0129	0.0116	65.6	50.6	99.8	76.9	133.9	103.4	—	—
800	2	610	386	19	15	0.0539	0.0634	0.0575	—	—	158.9	125.4	213.5	168.5	—	—
	4	588	352	18	14	0.0260	0.0305	0.0276	—	—	153.2	120.6	205.8	162.1	—	—
	6	518	316	16	14	0.0152	0.0182	0.0165	—	—	134.9	108.3	181.3	145.5	—	—

续表

D_N	N	n①		中心排管数		管程流通面积/m^3			A②/m^2							
		d				$d \times \delta_r$			$L=3m$		$L=4.5m$		$L=6m$		$L=9m$	
		19	25	19	25	19×2	25×2	25×2.5	19	25	19	25	19	25	19	25
900	2	800	472	22	17	0.0707	0.0817	0.0741	—	—	207.6	161.2	279.2	216.8	—	—
	4	776	456	21	16	0.0343	0.0395	0.0353	—	—	201.4	155.7	270.8	209.4	—	—
	6	720	426	21	16	0.0212	0.0246	0.0223	—	—	186.9	145.5	251.3	195.6	—	—
1000	2	1006	606	24	19	0.0890	0.105	0.0952	—	—	260.6	206.6	350.6	277.9	—	—
	4	980	588	23	18	0.0433	0.0509	0.0462	—	—	253.9	200.4	341.6	269.7	—	—
	6	892	564	21	18	0.0262	0.0326	0.0295	—	—	231.1	192.2	311.0	258.7	—	—
1100	2	1240	736	27	21	0.1100	0.1270	0.1160	—	—	320.3	250.2	431.3	336.8	—	—
	4	1212	716	26	20	0.0536	0.0620	0.0562	—	—	313.1	243.4	421.6	327.7	—	—
	6	1120	692	24	20	0.0329	0.0399	0.0362	—	—	289.3	235.2	389.6	316.7	—	—
1200	2	1452	880	28	22	0.1290	0.1520	0.1380	—	—	374.4	298.6	504.3	402.2	764.2	609.4
	4	1424	860	28	22	0.0629	0.0745	0.0675	—	—	367.2	291.8	494.6	393.1	749.5	595.6
	6	1348	828	27	21	0.0396	0.0478	0.0434	—	—	347.6	280.9	468.2	378.4	709.5	573.4
1300	4	1700	1024	31	24	0.0751	0.0887	0.0804	—	—	—	—	589.3	467.1	—	—
	6	1616	972	29	24	0.0476	0.0560	0.0509	—	—	—	—	560.2	443.2	—	—

①排管数按正方形旋转45°排列计算。

②计算换热面积按光管及公称压力2.5MPa的管板厚度确定。

18　气液平衡数据(常压)

18.1　乙醇－水溶液

液体组成		蒸气组成		液体组成		蒸气组成	
质量分数/%	摩尔分数/%	质量分数/%	摩尔分数/%	质量分数/%	摩尔分数/%	质量分数/%	摩尔分数/%
0.01	0.004	0.13	0.053	20.00	8.92	65.0	42.09
0.03	0.0117	0.39	0.153	24.00	11.00	68.0	45.41
0.04	0.0157	0.52	0.204	29.00	13.77	70.8	48.68
0.05	0.0196	0.65	0.255	34.00	16.77	72.9	51.27
0.06	0.0235	0.78	0.307	39.00	20.00	74.3	53.09
0.07	0.0274	0.91	0.358	45.00	24.25	75.9	55.22
0.08	0.0313	1.04	0.410	52.00	29.80	77.5	57.41
0.09	0.0352	1.17	0.461	57.00	34.16	78.7	59.10
0.10	0.04	1.3	0.51	63.00	40.00	80.3	61.44
0.15	0.055	1.95	0.77	67.00	44.27	81.3	62.98
0.20	0.08	2.6	1.03	71.00	48.92	82.4	64.70
0.30	0.12	3.8	1.57	75.00	54.00	83.8	66.92
0.40	0.16	4.9	1.98	78.00	58.11	84.9	68.76
0.50	0.19	6.1	2.48	81.00	62.52	86.3	71.10
0.60	0.23	7.1	2.90	84.00	67.27	87.7	73.61
0.70	0.27	8.1	3.33	86.00	70.63	88.9	75.82
0.80	0.31	9.0	3.725	88.00	74.15	90.1	78.00
0.90	0.35	9.9	4.12	89.00	75.99	90.7	79.26
1.00	0.39	10.75	4.51	90.00	77.88	91.3	80.42
2.00	0.79	19.7	8.76	91.00	79.82	92.0	81.83
3.00	1.19	27.2	12.75	92.00	81.82	92.7	83.25
4.00	1.61	33.3	16.34	93.00	83.87	93.4	84.91
7.00	2.86	44.6	23.96	94.00	85.97	94.2	86.40
10.00	4.16	52.2	29.92	95.00	88.15	95.05	88.25
13.00	5.51	57.4	34.51	95.57	89.41	95.57	89.41
16.00	6.86	61.1	38.06				

18.2　水－乙酸平衡数据

水摩尔分数		温度/℃	水摩尔分数		温度/℃
液相	气相		液相	气相	
0.0	0.0	118.2	0.833	0.886	101.3
0.270	0.394	108.2	0.886	0.919	100.9
0.455	0.565	105.3	0.930	0.950	100.5
0.588	0.707	103.8	0.968	0.977	100.2
0.690	0.709	102.8	1.00	1.00	100.0
0.769	0.845	101.9			

18.3 甲醇－水物系相平衡数据

甲醇摩尔分数		温度/℃	甲醇摩尔分数		温度/℃
液相	气相		液相	气相	
0.0531	0.2834	92.9	0.2909	0.6801	77.8
0.0767	0.4001	90.3	0.3333	0.6918	76.7
0.0926	0.4353	88.9	0.3513	0.7347	76.2
0.1257	0.4831	86.6	0.4620	0.7756	73.8
0.1315	0.5455	85.0	0.5292	0.7971	72.7
0.1674	0.5585	83.2	0.5937	0.8183	71.3
0.1818	0.5775	82.3	0.6849	0.8492	70.0
0.2083	0.6273	81.6	0.7701	0.8962	68.0
0.2319	0.6485	80.2	0.8741	0.9194	66.9
0.2818	0.6775	78.0			

19 常用的特性参数

19.1 散装填料

(1)金属拉西环特性数据

公称直径 D_N/mm	外径×高×厚 $d\times h\times\delta$/mm	比表面积 a/(m^2/m^3)	空隙率 ε/%	个数 n/(个/m^3)	堆积密度 ρ_p/(kg/m^3)	干填料因子 Φ/(m^{-1})
25	25×25×0.8	220	95	55000	640	257
38	38×38×0.8	150	93	19000	570	186
50	50×50×1.0	110	92	7000	430	141

(2)金属鲍尔环特性数据

公称直径 D_N/mm	外径×高×厚 $d\times h\times\delta$/mm	比表面积 a/(m^2/m^3)	空隙率 ε/%	个数 n/(个/m^3)	堆积密度 ρ_p/(kg/m^3)	干填料因子 Φ/(m^{-1})
25	25×25×0.5	219	95	51940	393	255
38	38×38×0.6	146	95.9	15180	318	165
50	50×50×0.8	109	96	6500	314	124
76	76×76×1.2	71	96.1	1830	308	80

(3)聚丙烯鲍尔环特性数据

公称直径 D_N/mm	外径×高×厚 $d\times h\times\delta$/mm	比表面积 a/(m^2/m^3)	空隙率 ε/%	个数 n/(个/m^3)	堆积密度 ρ_p/(kg/m^3)	干填料因子 Φ/(m^{-1})
25	25×25×1.2	213	90.7	48300	85	285
38	38×38×1.44	151	91.0	15800	82	200
50	50×50×1.5	100	91.7	6300	76	130
76	76×76×2.6	72	92.0	1830	73	92

(4)金属阶梯环特性数据

公称直径 D_N/ mm	外径×高×厚 $d\times h\times\delta$/mm	比表面积 a/ (m^2/m^3)	空隙率 ε/ %	个数 n/ (个/m^3)	堆积密度 ρ_p/ (kg/m^3)	干填料因子 Φ/ m^{-1}
25	25×12.5×0.5	221	95.1	98120	382	257
38	38×19×0.6	153	95.9	30040	325	173
50	50×25×0.8	109	96.1	12340	308	123
76	76×38×1.2	72	96.1	3540	306	81

(5)塑料阶梯环特性数据

公称直径 D_N/ mm	外径×高×厚 $d\times h\times\delta$/mm	比表面积 a/ (m^2/m^3)	空隙率 ε/ %	个数 n/ (个/m^3)	堆积密度 ρ_p/ (kg/m^3)	干填料因子 Φ/ m^{-1}
25	25×12.5×1.4	228	90	81500	97.8	312
38	38×19×1.0	132.5	91	27200	57.5	175
50	50×25×1.5	114.2	92.7	10740	54.8	143
76	76×38×3.0	90	92.9	3420	68.4	112

(6)金属环矩鞍特性数据

公称直径 D_N/ mm	外径×高×厚 $d\times h\times\delta$/mm	比表面积 a/ (m^2/m^3)	空隙率 ε/ %	个数 n/ (个/m^3)	堆积密度 ρ_p/ (kg/m^3)	干填料因子 Φ/ m^{-1}
25(铝)	25×20×0.6	185	96	101160	119	209
38	38×30×10.8	112	96	24680	365	126
50	50×40×1.0	74.9	96	10400	291	84
76	76×60×1.2	57.6	97	3320	244.7	63

(7)球形填料结构参数

填料名称	公称直径/mm	个数/(个/m^3)	堆积密度/(kg/m^3)	孔隙率/%	比表面积/(m^2/m^3)
TRI	45×50	11998	48	0.96	185
Teller花环	47	32500	111	0.88	185
	73	8000	102	0.89	127
	95	3600	88	0.9	94

19.2 规整填料的性能参数

(1)金属孔板波纹填料

型号	理论板数 N_T/ (1/m)	比表面积 a/ (m^2/m^3)	空隙率 ε/ %	液体负荷 U/ [$m^3/(m^2\cdot h)$]	最大 F 因子 F_{max}/ [$m/s(kg/m^3)^{0.5}$]	压降 ΔP/ (MPa/m)
125Y	1~1.2	125	98.5	0.2~100	3	2.0×10^{-4}
250Y	2~3	250	97	0.2~100	2.6	3.0×10^{-4}
350Y	3.5~4	350	95	0.2~100	2.0	3.5×10^{-4}

续表

型号	理论板数 N_T/(1/m)	比表面积 a/(m^2/m^3)	空隙率 ε/%	液体负荷 U/[$m^3/(m^2 \cdot h)$]	最大 F 因子 F_{max}/[$m/s(kg/m^3)^{0.5}$]	压降 ΔP/(MPa/m)
500Y	4～4.5	500	93	0.2～100	1.8	4.0×10^{-4}
700Y	6～8	700	85	0.2～100	1.6	$4.6\sim6.6\times10^{-4}$
125X	0.8～0.9	125	98.5	0.2～100	3.5	1.3×10^{-4}
250X	1.6～2	250	97	0.2～100	2.8	1.4×10^{-4}
350X	2.3～2.8	350	95	0.2～100	2.2	1.8×10^{-4}

(2)金属丝网波纹填料

型号	理论板数 N_T/(1/m)	比表面积 a/(m^2/m^3)	空隙率 ε/%	液体负荷 U/[$m^3/(m^2 \cdot h)$]	最大 F 因子 F_{max}/[$m/s(kg/m^3)^{0.5}$]	压降 ΔP/(MPa/m)
BX	4～5	500	90	0.2～20	2.4	1.97×10^{-4}
BY	4～5	500	90	0.2～20	2.4	1.99×10^{-4}
CY	8～10	700	87	0.2～20	2.0	$4.6\sim6.6\times10^{-4}$

(3)塑料孔板波纹填料

型号	理论板数 N_T/(1/m)	比表面积 a/(m^2/m^3)	空隙率 ε/%	液体负荷 U/[$m^3/(m^2 \cdot h)$]	最大 F 因子 F_{max}/[$m/s(kg/m^3)^{0.5}$]	压降 ΔP/(MPa/m)
125Y	1～2	125	98.5	0.2～100	3	2×10^{-4}
250Y	2～2.5	250	97	0.2～100	2.6	3×10^{-4}
350Y	3.5～4	350	95	0.2～100	2.0	3×10^{-4}
500Y	4～4.5	500	93	0.2～100	1.8	3×10^{-4}
125X	0.8～0.9	125	98.5	0.2～100	3.5	1.4×10^{-4}
250X	1.5～2	250	97	0.2～100	2.8	1.8×10^{-4}
350X	2.3～2.8	350	95	0.2～100	2.2	1.3×10^{-4}
500X	2.8～3.2	500	93	0.2～100	2.0	1.8×10^{-4}

20 扩散系数

(1)一些物质在 H_2、CO_2、空气中的扩散系数 $D\times10^4/(m^2\cdot s)$(0℃,101.3kPa)

物质名称	H_2	CO_2	空气	物质名称	H_2	CO_2	空气
H_2		0.550	0.611	NH_3			0.198
O_2	0.697	0.139	0.178	Br_2	0.563	0.0363	0.086
N_2	0.674		0.202	I_2			0.097
CO	0.651	0.137	0.202	HCN			0.133
CO_2	0.550		0.138	H_2S			0.151
SO_2	0.479		0.103	CH_4	0.625	0.153	0.223
CS_2	0.3689	0.063	0.0892	C_2H_4	0.505	0.096	0.152
H_2O	0.7516	0.1387	0.220	C_6H_6	0.294	0.0527	0.0751
空气	0.611	0.138		甲醇	0.5001	0.0880	0.1325
HCl			0.156	乙醇	0.378	0.0685	0.1016
SO_3			0.102	乙醚	0.296	0.0552	0.0775
Cl_2			0.108				

(2)一些物质在水溶液中的扩散系数(0℃,101.3kPa)

溶质	浓度/(mol/L)	温度/℃	扩散系数 $D\times10^9$/(m^2/s)	溶质	浓度/(mol/L)	温度/℃	扩散系数 $D\times10^9$/(m^2/s)
HCl	9	0	2.7	NH_3	0.7	5	1.24
	7	0	2.4		1.0	8	1.36
	4	0	2.1		饱和	8	1.08
	3	0	2.0		饱和	10	1.14
	2	0	1.8		1.0	15	1.77
	0.4	0	1.6		饱和	15	1.26
	0.6	5	2.4			20	2.04
	1.3	5	1.9	C_2H_2	0	20	1.80
	0.4	5	1.8	Br_2	0	20	1.29
	9	10	3.3	CO	0	20	1.90
	6.5	10	3.0	C_2H_4	0	20	1.59
	2.5	10	2.5	H_2	0	20	5.94
	0.8	10	2.2	HCN	0	20	1.66
	0.5	10	2.1	H_2S	0	20	1.63
	2.5	15	2.9	CH_4	0	20	2.06
	3.2	19	4.5	N_2	0	20	1.90
	1.0	19	3.0	O_2	0	20	2.08
	0.3	19	2.7	SO_2	0	20	1.47
	0.1	19	2.5	Cl_2	0.138	10	0.91
	0	20	2.8		0.128	13	0.98
CO_2	0	10	1.46		0.11	18.3	1.21
	0	15	1.60		0.104	20	1.22
	0	18	1.71 ±0.03		0.099	22.4	1.32
	0	20	1.77		0.092	25	1.42
NH_3	0.686	4	1.22		0.083	30	1.62
	3.5	5	1.24		0.07	35	1.8

21 亨利常数

气体	温度/℃															
	0	5	10	15	20	25	30	35	40	45	50	60	70	80	90	100
	$E\times10^{-3}$/MPa															
H_2	5.87	6.16	6.44	6.70	6.92	7.16	7.38	7.52	7.61	7.70	7.75	7.75	7.71	7.65	7.61	7.55
N_2	5.36	6.05	6.77	7.48	8.14	8.76	9.36	9.98	10.5	11.0	11.4	12.2	12.7	12.8	12.8	12.8
空气	4.38	4.94	5.56	6.15	6.73	7.29	7.81	8.34	8.81	9.23	9.58	10.2	10.6	10.8	10.9	10.8

续表

气体	温度/℃															
	0	5	10	15	20	25	30	35	40	45	50	60	70	80	90	100
	$E\times10^{-3}$/MPa															
CO	3.57	4.01	4.48	4.95	5.43	5.87	6.28	6.68	7.05	7.38	7.71	8.32	8.56	8.56	8.57	8.57
O_2	2.58	2.95	3.31	3.69	4.06	4.44	4.81	5.14	5.42	5.70	5.96	6.37	6.72	6.96	7.08	[illegible]
CH_4	2.27	2.62	3.01	3.41	3.81	4.18	4.55	4.92	5.27	5.58	5.85	6.34	6.75	6.91	7.01	[illegible]
NO	1.71	1.96	1.96	2.45	2.67	2.91	3.14	3.35	3.57	3.77	3.95	4.23	4.34	4.54	4.58	[illegible]
C_2H_6	1.27	1.91	1.57	2.90	2.66	3.06	3.47	3.88	4.28	4.69	5.07	5.72	6.31	6.70	6.96	[illegible]
	$E\times10^{-2}$/MPa															
C_2H_4	5.59	6.61	7.78	9.07	10.3	11.5	12.9	—	—	—	—	—	—	—	—	—
N_2O	—	1.19	1.43	1.68	2.01	2.28	2.62	3.06	—	—	—	—	—	—	—	—
CO_2	0.737	0.887	1.05	1.24	1.44	1.66	1.88	2.12	2.36	2.60	2.87	3.45	—	—	—	—
C_2H_2	0.729	0.85	0.97	1.09	1.23	1.35	1.48	—	—	—	—	—	—	—	—	—
Cl_2	0.271	0.334	0.399	0.461	0.537	0.604	0.67	0.739	0.80	0.86	0.90	0.97	0.99	0.97	0.96	—
H_2S	0.271	0.319	0.372	0.418	0.489	0.552	0.617	0.685	0.755	0.825	0.895	1.04	1.21	1.37	1.46	1.062
	E/MPa															
Br_2	2.16	2.79	3.71	4.72	6.01	7.47	9.17	11.04	13.47	16.0	19.4	25.4	32.5	40.9	—	—
SO_2	1.67	2.02	2.45	2.94	3.55	4.13	4.85	5.67	6.60	7.63	8.71	11.1	13.9	17.0	20.1	—

参考文献

[1]陈敏恒,丛德滋,方图南．化工原理．第3版．北京:化学工业出版社,2006.

[2]管国锋,赵汝溥．化工原理．第3版．北京:化学工业出版社,2008.

[3]姜绍通,周先汉,刘伟民等．食品工程原理．北京:化学工业出版社,2010.

[4]冯 骉,夏素兰,卢晓黎等．食品工程原理．北京:中国轻工业出版社, 2009.

李云飞,葛克山,黄阿根等.食品工程原理.北京:中国农业大学出版社,2002.

夏 清,陈常贵．化工原理,修订版．天津:天津大学出版社,2005.

Paul Singh, Dennis R. Heldman. 食品工程导论,第3版．许学勤译．北京:中国轻工业出版社,2006.

arren L. McCabe, Julian C. Smith, Peter Harriott. Unit operations of chemical engineering. Fourth edition. New rk: McGraw – Hill Book Company, 1985.

汪家鼎,余国琮,陈敏恒.化学工程手册.第2版．北京:化学工业出版社,1996.

,赵杰文,黄阿根等．单元操作类教材编写新主线的研究．化工高等教育,2011(10).

刘伟民,傅亮,柴春祥等．单元操作类教材中一些疑难点的分析．化工高等教育,2010.

[12]干彩云,李南琦,刘伟民,黄阿根等．食品工程原理．北京:中国农业科技出版社,1995.

[13]丛德滋,方图南.化工原理示例与练习.上海:华东化工学院出版社,1988.

[14]姚玉英．化工原理例题与习题．北京:化学工业出版社,1998.

[15]谭天恩,麦本熙,丁惠华.化工原理.第3版．北京:化学工业出版社,2006.

[16]高福成．食品工程原理．北京:中国轻工业出版社,1998.

[17]赵思明．食品工程原理．北京:科学出版社,2009.

[18]王志魁.化工原理.北京:化学工业出版社,1998.

[19]高福成．食品工程全书(第一卷)．北京:中国轻工业出版社．2004

[20]张旭光．食品工程原理．北京:中国轻工业出版社．2006.

[21]曾庆孝,芮汉明,李汴生．食品加工与保藏原理,第2版．北京:化学工业出版社,2007.

[22]冯霄,何潮洪．化工原理,第2版．北京:科学出版社,2007.

[23]蒋维钧,余立新．化工原理．北京:清华大学出版社,2003.

[24]杨座国．膜科学技术过程与原理．上海:华东理工大学出版社,2009.

[25]王学松．现代膜技术及其应用指南．北京:化学工业出版社,2005.

[26]王保国．化工过程综合实验．北京:清华大学出版社,2004.

[27]陈涛,张国亮．化工传递过程基础,第2版．北京:化学工业出版社,2002.

[28]姚玉英,陈常贵,曾敏静等．化工原理．天津:天津大学出版社,1999.

[29]成都科技大学化工原理教研室．化工原理．成都:成都科技大学出版社,1991.

[30]刘伟民,徐圣言．喷动床干燥//潘永康,王喜忠,刘相东．现代干燥技术,第二版．北京:化学工业出版社,2007.

[31]刘伟民,马海乐,李国文．超临界 CO_2 连续浓缩鱼油 EPA 和 DHA 的研究．农业工程学报,2003,19(2),167~170.

[32]无锡轻工业学院,天津轻工业学院合编．食品工程原理．北京:轻工业出版社,1985.

[33]余文琳,赵贵选,钱萍等．化工原理解题分析．南京:江苏科学技术出版社,1988.

[34]杨世铭,陶文铨．传热学,第4版．北京:高等教育出版社,2006.

[35]R. Byron, Bird Warren E. Stewarf, Edwin N. Lightfoot. Transport phenomena. 北京:化学工业出版社,2002.

[36]Warren L. McCabe, Julian C. Smith, Peter Harriott. Unit operations of chemical engineering. Seventh edition. / 伍钦,钟理,夏清等．化学工程单元操作学．北京:化学工业出版社,2008.

参考文献

[1] [illegible]. 化工原理. 第3版. 北京: 化学工业出版社, 2006
[2] [illegible]. 化工原理. 第3版. 北京: 化学工业出版社, 2008
[3] [illegible]. 食品工程原理. 北京: 化学工业出版社, 2010
[4] [illegible]. 食品工程原理. 北京: 中国轻工业出版社, 2009
[5] [illegible]. 食品工程原理. 北京: 中国农业大学出版社, 2002
[6] [illegible]. 化工原理. 天津: 天津大学出版社, 2005
[7] [illegible]. 北京: [illegible]工业出版社, 2008
[8] Warren L. McCabe, Julian C. Smith, Peter Harriott. Unit operations of chemical engineering. Fourth edition. New York: McGraw - Hill Book Company, 1985
[9] [illegible]. 第2版. 北京: 化学工业出版社, 1996
[10] [illegible]. 化工高等教育, 2011, (3)
[11] [illegible], 2010
[12] [illegible]. 北京: [illegible]出版社, 1996
[13] [illegible]. 上海: 上海科学技术出版社, 1963
[14] [illegible]. 北京: 化学工业出版社, 1995
[15] [illegible]. 第3版. 北京: 化学工业出版社, 2006
[16] [illegible]. 北京: 中国轻工业出版社, 1998
[17] [illegible]. 北京: 科学出版社, 2009
[18] [illegible]. 北京: 化学工业出版社, 1998
[19] [illegible]. 食品工程全书(第一卷). 北京: 中国轻工业出版社, 2004
[20] [illegible]. 食品工程原理. 北京: 中国轻工业出版社, 2009
[21] [illegible]. 第2版. 北京: 化学工业出版社, 2003
[22] [illegible]. 化工原理. 第2版. 北京: 科学出版社, 2009
[23] [illegible]. 化工原理. 北京: 清华大学出版社, 2004
[24] [illegible]. 上海: 华东理工大学出版社, 2009
[25] [illegible]. 北京: 化学工业出版社, 2006
[26] [illegible]. 北京: 清华大学出版社, 2004
[27] [illegible]. 化工传递过程基础. 第2版. 北京: 化学工业出版社, 2002
[28] [illegible]. 化工原理. 天津: 天津大学出版社, 1999
[29] [illegible]. 1993
[30] [illegible]. 北京: 化学工业出版社, 2007
[31] [illegible] CO [illegible] EPA 和 DHA [illegible], 2003, (3): 16-19
[32] [illegible]. 北京: 轻工业出版社, 1985
[33] [illegible], 1994
[34] [illegible]. 北京: [illegible]出版社, 2006
[35] R. Byron Bird, Warren E. Stewart, Edwin N. Lightfoot. Transport phenomena. 北京: 化学工业出版社, 2002
[36] Warren L. McCabe, Julian C. Smith, Peter Harriott. Unit operations of chemical engineering. [illegible]
[37] [illegible]. 化学工程[illegible]. 北京: 化学工业出版社, 2006